中国邮政集团公司年鉴

（2016）

图书在版编目（CIP）数据

中国邮政集团公司年鉴．2016 / 中国邮政文史中心（中国邮政邮票博物馆）编．—北京：北京燕山出版社，2017.4

ISBN 978-7-5402-4459-0

Ⅰ．①中…　Ⅱ．①中…　Ⅲ．①邮政业务－企业集团－中国－2016－年鉴　Ⅳ．①F426.63-54

中国版本图书馆 CIP 数据核字（2017）第 055879 号

中国邮政集团公司年鉴（2016）

编　　者：中国邮政文史中心（中国邮政邮票博物馆）
责任编辑：金贝伦　王　迪
特约编辑：郑晶晶
责任校对：石书贤
出版发行：北京燕山出版社
地　　址：北京市西城区陶然亭路 53 号
邮政编码：100054
发行电话：（010）65243837
印　　刷：三河市灵山红旗印刷厂
开　　本：889mm*1194mm　1/16
印　　张：23.5
字　　数：900 千字
版　　次：2017 年 10 月第 1 版
印　　次：2017 年 10 月第 1 次印刷
书　　号：ISBN 978-7-5402-4459-0
定　　价：218.00 元

版权所有　违者必究
如有印刷质量问题，请与印厂联系退换

编辑说明

一、从上个世纪90年代起，全国各省（自治区、直辖市）邮电部门纷纷启动邮电年鉴的编纂工作。2001年，国家邮政局办公室牵头，由国家邮政局邮政文史中心承担《中国邮政年鉴》编纂工作，一直延续到2008年。因为各种原因，《中国邮政年鉴》记载的内容至2007年12月，编纂工作止于2008年12月。为了客观、全面、系统地反映中国邮政集团公司的发展历程，充分展示邮政改革、创新、开拓和所取得的成就，2016年3月，中国邮政集团公司决定开展邮政年鉴编纂工作，由中国邮政文史中心承担编纂任务。

二、本年鉴定名为《中国邮政集团公司年鉴》，它是一部全面、翔实记录中国邮政集团公司工作的纪年性、年度性资料工具书，所载内容主要包括中国邮政集团公司总部、中国邮政集团公司控股公司及直属单位、各省（市、自治区、直辖市）分公司工作。

三、《中国邮政集团公司年鉴（2016年）》的起止时限为2015年1月1日至12月31日，个别条目采取了追溯的办法，以保证文献的连贯性。2008年至2014年的内容，将适时以文献汇编的形式进行编纂。

四、《中国邮政集团公司年鉴（2016年）》以年鉴体例为基础，根据邮政特点采用分类编辑，分为特载、大事记、综述、网路建设、邮政服务、业务发展、邮票发行及集邮、集团公司控股及直属单位工作、各省（自治区、直辖市）分公司工作、邮政科技、交流与合作、企业管理、党群工作与精神文明建设、重要文献、统计资料等15个栏目。重点记述了邮政基础性业务、金融业务、速递物流业务和电子商务等。

五、本年鉴的资料由中国集团公司总部各部门、集团公司控股公司及直属单位和各省、自治区、直辖市分公司提供。

六、本年鉴所载全国性统计资料和数据未含香港、澳门特别行政区和台湾省。全书数据因各单位统计层级、口径不同略有差异。

七、本年鉴所涉及单位名称时，行文采用简称，如中国邮政集团公司简称“集团公司”，中国邮政集团公司内蒙古自治区分公司简称“内蒙古分公司”，中国邮政集团公司广西壮族自治区分公司简称“广西分公司”，中国邮政集团公司西藏自治区分公司简称“西藏分公司”，中国邮政集团公司宁夏回族自治区分公司简称“宁夏分公司”，中国邮政集团公司新疆维吾尔自治区分公司简称“新疆分公司”，中国邮政储蓄银行股份有限公司简称“邮储银行”，中国邮政速递物流股份有限公司简称“速递物流”，中邮人寿保险股份有限公司简称“中国邮政储蓄银行”或“中邮保险”，中邮证券有限责任公司简称“中邮证券”，中国邮政广告传媒公司简称“中邮传媒”，石家庄邮电职业技术学院（中国邮政集团公司培训中心）简称“石邮学院”。

八、文章、条目和图片等结尾之处，皆采用括弧，以表明作者或供稿单位。

本年鉴在编辑过程中，得到各单位的大力支持，在此致以诚挚的感谢。因编辑水平有限，不足之处，敬请批评指正。

《中国邮政集团公司年鉴》编辑部

2017 年 4 月

中国邮政集团公司机构设置

内设机构

- 办公室（党组办公室）
- 战略规划部（法律事务部）
- 市场协同部
- 邮政业务局
- 网路运行部
- 财务部
- 人力资源部（党组组织部）
- 信息科技与建设部
- 国际合作部
- 邮票发行部
- 采购管理部
- 审计局
- 纪检组监察局
- 党组党建工作部（直属机关党委、纪委）
- 集团工会
- 机关事务部

控股公司及直属单位

- 中国邮政储蓄银行
- 中国邮政速递物流股份有限公司
- 中国集邮总公司
- 中国邮政航空有限责任公司
- 中邮人寿保险股份有限公司
- 中国邮政集团公司信息技术局
- 邮政科学研究规划院
- 中国邮政集团公司上海研究院
- 石家庄邮电职业技术学院（中国邮政集团公司培训中心）
- 中国邮政集团公司邮票印制局（北京邮票厂）
- 中国邮政集团公司新闻宣传中心
- 中国邮政集团公司数据中心
- 中国邮政文史中心（中国邮政邮票博物馆）
- 中邮信通实业投资有限公司
- 中邮证券有限责任公司
- 中国邮政广告传媒公司
- 中邮资本管理有限公司
- 中邮资产管理有限公司
- 中国邮政电子商务局
- 中国邮政集团公司软件开发中心

31个省（区、市）邮政分公司

- 省会、地、市（州）分公司
  - 县（市）分公司

《中国邮政集团公司年鉴（2016）》编委会

主　　任：李国华

副 主 任：李丕征　康　宁　张荣林　孙国栋　李　雄　吕家进

常务委员：（按姓氏笔画排序）

马丕中　王　旭　云文智　方志鹏　邓慧国　石纯斌　叶　军
田克美　冯　跃　邢　力　朱　斌　孙晓强　杜　福　李　明
李　凯　李书杰　李玉杰　李玉峰　李陕川　杨建国　宋英忠
张　帆　张力扬　陈明志　陈跃军　陈智泉　郎秋洪　赵双占
赵玉刚　赵永祥　党秀茸　高　山　高　军　曹　明　龚永恒
龚启华　彭敏安　韩广岳

委　　员：（按姓氏笔画排序）

丁　乔　丁永红　万卫民　马志民　马俊林　马洪宁　马葆生
王　刚　王　杰　王　俭　王小东　王志奇　王宏斌　王明仁
王爱平　王雪清　王雄飞　王新立　王曙东　史军保　付晓林
冯红旗　吕兴华　任永信　任国庆　刘于明　刘义龙　刘国华
刘荣国　刘俊峰　刘景峰　刘福义　闫志斌　孙　栋　孙江涛
孙黎焰　杜卫红　杜标岭　李　光　李　斌　李　强　李红石
李克超　李凯乐　李金良　李晓良　杨　全　杨鹤敏　肖天星
吴　斌　吴全兵　吴祖讲　邱淮元　余红永　谷德凯　宋庆泽
张　军　张　泽　张　斌　张伟健　张利平　张宗梁　张晓阳
陆小鹏　陆学鹏　陈　丹　陈　清　陈友云　陈必昌　陈建宏
陈洪涛　范建生　罗　燕　罗志安　金春花　周　丽　周巨龙
周亚平　周贤胜　周新峰　郑双印　宝勒德　宗庆丰　赵志刚
赵铁良　胡　非　胡建华　胡绍波　洪晓成　祝张尧　姚　杰
袁　军　袁志杰　耿　黎　夏小平　徐红静　徐茂君　徐维进
徐德强　高长海　高向荣　黄一芳　龚晓坤　银青志　董志宏
敬宗泉　韩四喜　韩新强　程　峰　焦玉泉　曾家春　温少祺
路文斌　蔡明辉　裴英杰　廖　涛　熊　荣　熊勇武　熊振邦
潘自力　魏惊涛

《中国邮政集团公司年鉴》编辑部

主　　编：王　旭
执行主编：吕兴华
执行副主编：谢成章
编辑统筹：郑晶晶
编　　辑：（按姓氏笔画排序）
毛　怡　孙鑫如　刘天天　许　诺　何俊波　张　坷
张媚荣　杨洲梓　范子跃　赵　强　祝振宇　唐甜甜
特约编辑：（按姓氏笔画排序）
马　静　王　丽　王　欣　王　媛　王　婷　王　馨
王少宾　王春瑞　王昶太　王新征　王淼龙　甘　静
艾凤海　龙　潜　叶金平　吉　克　全广文　刘　洁
刘丹旭　刘新蕊　孙久臣　孙勤瑜　苏永胜　李　壮
李　昂　李　凯　李　峰　李　磊　李　燕　杨天志
杨文振　吴俊华　何　威　汪　洋　宋　超　张丽娟
张明凯　张泽华　张茜倩　张洪伟　张晨曦　陆怡琼
陈丽涵　武梦恬　幸振华　周　静　郑凌燕　赵　伟
赵军泰　钟　劲　钟伟华　洪文娴　秦　佳　郭　艳
唐　艳　黄　玲　盛柯文　康　燕　韩　建　韩文颖
韩世中　程　钰　曾宪京　蔡　菡　蔡　玮　蔡敏杰
谭　卓　魏普金

目录

特载

综述

大事记

网路建设

邮政服务

业务发展

邮票发行及集邮

企业管理

邮政科技

党群工作与精神文明建设

交流与合作

控股公司及直属单位工作

各省、自治区、直辖市分公司工作

重要文献

统计资料

中国邮政
CHINA POST

特载

- 国务院总理李克强考察河南省郑州市跨境贸易电子商务
- 中央政法委书记孟建柱视察南宁市邮件处理中心
- 国家邮政局局长马军胜考察调研甘肃省分公司
- 中国邮政集团公司总经理李国华调研情况
- 认清形势　坚定信心　在新常态下推动中国邮政平稳健康发展
  ——李国华总经理在2015年中国邮政集团公司工作会议上的报告
- 李国华总经理在全国邮政工作座谈会上的讲话
- 落实全面从严治党责任，开创党建工作新局面为新常态下邮政改革发展提供坚强保证
  ——张亚非书记在集团公司党的建设工作暨纪检监察工作会议上的报告
- 张亚非书记在全国邮政工作座谈会上的讲话
- 全国邮政工作会议
- 邮政工作座谈会
- 中国邮政集团公司“十二五”发展概述

国务院总理李克强考察河南省郑州市跨境贸易电子商务

9月24日，国务院总理李克强在时任河南省委书记郭庚茂，时任河南省委副书记、省长谢伏瞻及省委常委、郑州市委书记吴天君等的陪同下，到国家跨境电子商务试点单位——河南保税物流中心，考察河南跨境电子商务产业发展和货物通关模式。其间，他到位于6号保税仓库内的邮政进出口国际邮件分拣流水线，察看邮政跨境贸易电子商务的运行情况。河南省邮政速递物流分公司副总经理马俊林向李克强介绍邮件分拣流水线的作业流程，汇报河南邮政发挥优势，创新服务，全程参与郑州市跨境贸易电子商务服务试点项目运营，促进地方经济发展的情况。李克强对河南省邮政速递物流发展状况给予充分肯定，并对未来发展提出殷切希望。（河南省分公司）

中央政法委书记孟建柱视察南宁市邮件处理中心

11月24日，中央政法委书记孟建柱在广西自治区党委书记、自治区人大常委会主任彭清华，中央政法委副秘书长姜伟和集团公司总经理李国华的陪同下，视察调研南宁邮件处理中心。孟建柱察看邮件分拣、安检等工作流程并指出，寄递、物流业快速发展，在方便人们工作生活的同时，也存在一些安全隐患。他强调，寄递、物流企业要强化安全制度，有效防范消除各种风险；要不断加强技术创新，改进寄递环节安检方式方法，提高效率；要完善用户信息保护制度，加强对用户个人隐私的保护。（广西分公司）

国家邮政局局长马军胜考察调研甘肃省分公司

1月24日，国家邮政局局长马军胜一行调研兰州邮政速递物流邮件集散中心。他指出：当前全国快递业快速发展，增势迅猛，快递企业面临难得发展机遇。对看准的事，要切实改善工作的质量，要迅速抓紧开展，要舍得投入、不怕短期亏本、积极培育，不要等到业务量上去了再办，只有这样才能更好地服务电商产业发展，才能满足电商客户对时限的要求。他强调：甘肃地域狭长，省内网运行成本很大，邮政多年来为全网做出了很大贡献，在全网结算上不能一刀切，必须精细测算，合理覆盖运行成本。

马军胜在调研中要求：要切实增强机遇意识，抢抓机遇，搞活机制，深入推进专业化、市场化经营，加速发展；要充分利用好兰州集散中心空余场地，加快仓储能力建设，引进电商物流规模企业，形成“仓配”一体发展模式，形成综合效益；要探索借鉴报刊分拣格口系统经验，实现进口邮件扫描后自动匹配相应的分拣格口，防止邮件错分；要争取集团公司和速递公司总部支持，进一步开拓思路，探索利用兰州到南京晚航班包仓的办法，参与南京集散，迅速增加省际次日递城市范围，提高产品质量，支持业务发展。（甘肃省分公司）

中国邮政集团公司总经理李国华调研情况

5月20日~21日，集团公司总经理李国华调研南宁市分公司荣和邮政所、方园投递部、南宁市邮政速递物流分公司万象营业部、邮储银行区分行会计与营运部业务处理中心、营业部贷款中心等广西邮政三大板块基层单位。他强调：邮银双方要坚定不移抓好金融业务的发展，要从战略上推进自助机具布放的标准化和电子银行业务的推广，合力管控好资金及业务风险。邮速双方要集中资源，大力发展有巨大潜力和竞争优势的包裹快递业务，严格遵守集团确定的原则，守住价格管控的底线，避免内部无序竞争。邮政企业要认真落实集团公司农村电商发展战略，探索农村电商业务，着力打通“工业品下乡”和“农产品进城”两条通道，通过给农民提供更多、更好、更便捷的消费选择权来拓展市场空间。（广西省分公司）

6月15日~17日，集团公司总经理李国华调研浙江省分公司。调研期间，李国华与省政府领导及阿里巴巴集团主席马云会面，并在杭州市邮政分公司召集全省部分员工召开座谈，作重要讲话。李国华充分肯定浙江所取得的发展成绩，特别指出：“浙江省分公司提出的‘三个一把手工程’非常好，既符合集团的总体战略，也符合浙江的发展实际。”他要求：一要集中精力抓好金融业务这一“吃饭工程”。金融业务市场前景大，收入贡献高，企业效益好。对各省来说，把代理储蓄业务做好了，饭碗才是端稳了；二要加强发展国际小包业务的紧迫感和危机感，发扬浙江精神，尽快做出规模和效益，巩固和稳定目前邮政的主渠道地位；三是统一思想，加快行动，在农村电商发展上重点解决好“工业品下乡”和“农产品进城”两大任务，积极探索、率先实践，为邮政在农村地区全产业链发展闯出新路。（浙江省分公司）

11月22日~23日，集团公司总经理、邮储银行董事长李国华，邮储银行副行长邵智宝，集团公司市场协同部副总经理李唐一行到海南邮政调研。李国华一行先后赴海口分公司美苑路支局、海口邮区中心局、速递物流分公司海口金盘揽投站、全省邮政集中监控中心、邮储银行省分行直属支行等基层生产经营单位了解情况，并听取海南邮政三大板块的工作汇报。李国华充分肯定海南邮政新班子组建以来的经营、管理等各方面工作，评价新班子：思路清晰、措施具体、工作扎实、初见成效，并对海南邮政加快推进代理金融、包裹快递、农村电商业务发展等提出要求。（海南省分公司）

11月24日，集团公司总经理李国华深入南宁市金浦路“邮码头”保税进口商品直销店、集邮营业网点、邮储银行金浦路支行和东盟商务区支行调研。他提出：对于基层党支部建设，一要继续探索基层党支部建设工作与业务发展相互促进的思路和方法；二要持续挖掘党员在业务发展中的先锋模范作用；三要通过不断丰富基层党组织活动，凝聚团队，拓展业务。（广西分公司）

认清形势　坚定信心
在新常态下推动中国邮政平稳健康发展

——李国华总经理在2015年中国邮政集团公司工作会议上的报告

这次会议的主要任务是：深入贯彻落实党的十八大、十八届三中、四中全会和中央经济工作会议精神，以习近平总书记系列重要讲话精神为指导，认真总结2014年邮政工作，分析邮政面临的形势，安排部署2015年邮政工作任务，进一步动员全国邮政干部职工主动适应新常态，认清形势，坚定信心，坚持改革创新，加快转型升级，推动中国邮政平稳健康发展。

一、2014年主要工作情况

一年来，我们认真贯彻落实党中央、国务院的各项方针政策，积极应对复杂多变的经济环境，开拓进取，攻坚克难，全面深化改革，加快转型发展，圆满完成了全年目标任务。

集团公司会计报告口径总收入完成4055.9亿元，比上年增长11.9%；利润完成355.6亿元，比上年增长15.1%。集团公司内部口径总收入完成2862.2亿元，比上年增长12.4%。其中，邮政公司完成收入1106.8亿元，比上年增长5.4%；邮储银行完成收入1734亿元，比上年增长19.8%；速递物流完成收入279.2亿元，比上年下降3.9%；中邮保险完成收入260亿元，比上年增长8.1%；中邮证券完成收入2.4亿元，比上年增长82.2%。集团公司财务状况持续改善，国有资产保值增值率达117%。

邮政工作得到了中央领导的高度重视。习近平总书记考察郑州跨境贸易电子商务服务试点项目邮政保税物流；李克强总理考察陕西省镇安县邮政储蓄网点；李克强总理、汪洋副总理和马凯副总理等中央领导还多次对邮政工作作出批示，给予充分肯定，进一步增强我们加快发展中国特色邮政事业的信心。

总结2014年工作，主要有以下六个方面。

（一）转型发展取得新进展

一是大力推进业务转型。邮务板块："两包"业务高速增长，完成收入80.8亿元，比上年增长90%；国际小包在跨境电商轻小件寄递市场的占有率达55.3%，比上年提高14%。账单业务完成收入18.6亿元，实现稳中有升。日常封片业务完成收入13.8亿元，比上年增长28.8%。报刊大收订流转额完成198.2亿元，比上年增长2.7%。集邮业务通过打造集邮文化产业链，完成收入74.5亿元。金融板块：邮储银行（含代理）通过网点转型，各类存款余额年净增6044亿元，储蓄存款新增份额居银行业第2位；贷款余额（含专项融资）近1.9万亿元，比上年增长26.2%；信贷资产不良率0.64%，优于银行业平均水平。中邮保险重点发展期交、团险业务，开业5年来首次盈利。中邮证券大力推进网点转型升级，完成利润1.1亿元。中邮资产创新投资模式，完成利润4000万元。速递物流板块：国际快递业务完成收入62.1亿元，比上年增长25%。初步建立集团总部板块联动和业务协同工作机制，联动开发"供应链金融""自提网络渠道复用"等总部重点联动项目共29个。

二是全面推进邮政电子商务化。推行"互联网+邮政业务"模式，用户体验得到改善。电子邮政方面，网上营业厅实现了在线办理报刊订阅、中邮保险、明信片、集邮预订等功能；安全电子邮箱成功实现与电子账单系统的对接。速递物流完善网上下单、手机下单和微信公众平台等功能，非人工话务派揽订单占比提升到45%。邮乐网年交易额达64.9亿元，是上年的4.6倍。电子银行方面，完善网上银行、手机银行、微信银行功能，试点开办互联网金融小企业信贷业务；建设2200多个电子银行体验中心，布放了9200台ATM、CRS等金融自助机具；电子银行交易替代率达63.4%，比上年提高13%。成立中邮电子支付有限公司，进军移动支付领域。

三是推动对外合作发展。参与交通运输部全国高速公路ETC联网工程建设，与民政部、国家税务总局、共青团中央、公安部交通管理局等合作推进服务项目；与江西、浙江、宁夏、陕西、河北和重庆等6个省（区、市）政府签署战略合作协议；与中国联通、中国石化、国家电网等大型企业集团及阿里巴巴、京东、亚马逊（中国）等电商企业加强合作，初步实现了共赢发展。

四是着力拓展国际市场。国际小包开通了中－哈－俄等4条专线渠道，国际“E邮宝”新开俄罗斯和法国路向，推出跨境电商保税进口模式，开通美国中邮海外仓、中邮海外购业务。国际寄递业务完成收入116.5亿元，比上年增长44%。邮储银行发放首笔境外项目贷款，开展金融租赁跨境担保业务。中邮保险获准开展境外投资业务。

（二）深化改革取得新突破

一是企业组织形式改革取得进展。启动集团公司、速递物流股份公司与所属省公司的“子改分”工作。目前，改革方案已经国务院批准，各项准备工作就绪。完成全国地市邮政企业的更名工作。

二是企业组织架构得到优化。在集团公司总部新成立了战略规划部、市场协同部等部门，进一步加强集团管控和资源共享，突出信息化引领作用；组建电子商务局、数据中心等单位，加快邮政电子商务发展和大数据应用。开展“以客户为中心”的省邮政公司及以下组织架构改革试点工作。速递物流公司根据经营需要，压缩管理机构2105个，精简管理人员1596人，取得了较大成效。

三是激励约束机制进一步完善。修订省邮政公司利润管理办法，按月控制利润缴拨，以绩效激励调动各单位超收减亏的积极性。制定对省邮政公司的三年期经营绩效考核办法，修订对控股子公司的3年期经营绩效考核办法，更加注重长期激励，鼓励各单位多创效益、多作贡献。

四是干线运输方式改革取得明显成效。打破60多年干线主要依靠铁路运输邮件的方式，撤销150条时限较差的中短途火车邮路，取消81个火车邮件转运站，新开198条汽车邮路；推进干线运输外包，推行干线汽车邮路甩挂运输方式。普邮网运能比上年增长31%，初步形成长距离火车运输和中短途汽车运输相结合的干线运输模式。全网运输时效显著提升，2860条重点线路运输时限由96小时降至82小时。

（三）能力建设迈上新台阶

一是加强信息化建设。编制信息化规划，明确邮政信息化建设的方向和路径。推广上线储蓄系统逻辑集中工程，在国内银行业首次应用开放式系统小型机集群技术建设核心系统，为国家实现核心技术“自主可控”的安全战略作出了积极探索。李克强总理和马凯副总理分别对我们的这项工作作出重要批示：李克强总理不仅对我们的这项工作给予肯定，还要求相关部委大力支持；马凯副总理要求其他的银行也要像邮储银行一样，在信息化自主可控方面积极推进。

国际业务综合信息平台顺利上线，“两包”业务平台订单系统实现与天猫、速卖通等电商平台的对接；金融网点授权集中系统、个人客户营销系统、保险精算管理平台等上线运行。还建成邮政指挥调度中心，实现网运生产的可视化管控。ERP工程进展顺利，省集中核算平台在山西、辽宁、江苏上线试运行。

二是加大实物传递网投入力度。对贵阳等中心局进行流水化作业改造；新投产8个配置自动化工艺设备的速递邮件处理中心。引进6架全货运飞机，日运能比上年增长33%，自主航空网已覆盖24个省。干线运输新增347辆大吨位汽车。增配PDA、邮政汽车和电动三轮车，发展自提点7.2万个，布放智能包裹柜3066台，增强投递服务能力。

三是推进综合便民服务平台建设。明确平台建设思路、客户发展战略和渠道管控模式。新增便民服务站7.8万个，新建、更新报刊亭1484个。23个省邮政公司推广加盟店批销模式，新增加盟店6000处；14个省邮政推广农民专业合作社直销模式，成立合作社750多家。

（四）管理效能得到新提高

一是财务管理更加精细。加强全面预算管理，加大业务资金集中力度。强化成本管理，函件印制成本率、集邮商品成本率比上年分别下降1.3和2%，管理费用比上年下降9.2%。科学设置区域标杆和全国标杆值，深化各单位的对标管理。在9个省试点省级会计集中核算。顺利落实“营改增”税收政策和免税政策，降低了企业税负。出台支持西部地区邮政发展的政策措施。配合财政部开展了普遍服务成本核算工作，财政追加邮储银行资本金100亿元、普遍服务补贴12.5亿元。

二是资本运营工作初显成效。签署中法人寿股权转让协议，可实现投资收益2.1亿元，投资收益率达211%。清理了97个对外投资项目，收回资金2.6亿元。发行4期私募债，融入资金130亿元，节约财务费用1.2亿元。邮乐网成功融资1.1亿美元。向中邮保险注资25亿元，提高偿付能力；向中邮证券增资15亿元，扩大经营范围及业务规模上限。

三是人力资源管理更加规范。加强人力资源集中管控，出台B类合同用工管理办法，积极推进业务外包、劳务承揽，全系统用工总量控制在90.3万人，比上年减少5.1万人，劳务工占比下降8.5%，降至39.8%。加大人员配置的调整优化力度，各省邮政公司共精简管理人员4700人、邮政营业人员1.7万人。完善工效挂钩办法，科学核定新增效益工资，对管理人员实行人工成本单列管理。建立集团公司总部和直属单位的企业年金制度。

四是集中采购和商务谈判取得实效。加强集团公司和控股公司、省公司两级集中采购管理力度，规范采购工作流程，全年完成采购项目4390项，节约预算资金13.3亿元。

加强商务谈判，完成国际邮件航空运能集中采购工作，年可节约运费2.96亿元；与14国邮政就终端费下调谈判达成共识，节约函件终端费3.3亿元。

五是合规经营管理得到加强。认真落实审计署有关整改意见，在全行业开展财务收支真实性审计，对2014年生肖邮票、集邮收支情况和速递物流公司开展专项审计。严格落实新"八条禁令"，认真查处违规经营、业务摊派、虚列收入等问题。邮储银行完善授信管理、评级标准、风险评估机制；邮银联动开展"合规大行动"，组织开展民间借贷、非法集资和案件风险等专项检查，进一步夯实合规经营基础。

六是安全生产形势总体稳定。严格落实一把手责任制，加强资金、邮件、消防、交通、航空和信息网安全管理。对全网消防安全状况和信息网机房基础设施开展专项检查，切实整改各种安全隐患，为生产经营保驾护航。

（五）服务水平实现新提升

一是普遍服务和特殊服务扎实有效。认真做好邮政局所空白乡镇的网点补建运营工作，开业运营率达74.3%，超额完成年度目标；全国邮政普遍服务网点达到5万余处。在全国开展提升邮政服务质量专项活动，进一步加强职业道德教育，加大质量监督检查力度，邮件全程时限准时率和服务满意度均高于监管部门的考核要求。机要通信服务质量连续7年全优。通过"爱心包裹"和"母亲邮包"项目合计募集捐赠额5300万元，提升了中国邮政公益品牌形象。

二是服务"三农"和小微企业品牌彰显。邮储银行高举普惠金融旗帜，开展助农存取款业务，金额超过48.8亿元；加大涉农和小微企业贷款服务力度，涉农贷款余额新增2021亿元，增幅52%，小微企业贷款余额新增1543亿元，增幅38%。中邮保险公司强化县域保险保障服务，新增县域网点4786个，县域保费达163亿元，占总保费的74.3%，理赔额达7529万元，被权威机构评为年度最佳社会责任保险公司、最佳诚信保险公司。邮政公司开展农资、快消品、农产品配送服务，全年配送额58.2亿元。

三是邮政商务寄递服务质量明显改善。"两包"业务通过优化作业组织，全程时限明显改善。速递物流采取主动客服模式，实现对地市级以上VIP协议客户全覆盖，提升客户满意度。国家邮政局公布行业服务质量报告，EMS的客户满意度居行业领先。特别值得肯定的是，"双11"期间，全网强化"两包"和速递物流服务质量管控，服务质量明显提升，得到用户和媒体的广泛好评。

（六）党风廉政和队伍建设取得新成效

一是扎实开展党的群众路线教育实践活动。在中央督导组的指导下，在第一批活动取得积极成效的基础上，开展第二批教育实践活动，增强广大党员干部的理想信念、宗旨意识、党性修养、规矩准则意识。完善以改进作风为重点的制度体系，加强了基层党组织建设。"四风"突出问题得到进一步整治，关系员工切身利益和服务人民群众"最后一公里"的突出问题得到进一步解决。教育实践活动得到广大干部职工的认可和中央督导组的肯定。

二是加大党风廉政建设力度。制定落实党风廉政建设"两个责任"实施意见，通过约谈、抽查等方式推动责任落实，加强对执行党的纪律、落实中央八项规定情况的监督检查。聚焦"四个着力"，对3个省12个单位领导班子及其成员开展巡视监督，对信访举报情况进行核查。加强宣传教育，推进源头治理。对各单位对外投资清理工作开展效能监察。

三是加强干部人才队伍建设。按照"五好干部"标准，加强各级领导班子建设，优化班子结构。加大后备干部选拔培养工作力度，成立集团公司党校，举办中青年干部培训班。全面加强干部监督工作，聚焦领导人员违规兼职、"裸官"、参加社会化培训等六个方面开展专项整治，取得初步成效。开展人才发展规划编制工作，推进各类人才队伍建设，高级专业技术人才和高技能人才选拔培养工作取得进展。开展大规模分类分级培训，提升队伍整体素质。通过公开招聘，加大集团和控股公司总部人才引进力度。完善集团总部与基层干部双向交流工作机制，多方式锻炼培养干部。

四是推进和谐企业建设。积极推进企业文化建设，形成全国邮政统一的企业文化理念识别系统初步方案。开展"双先"评选表彰、"寻找最美邮递员"活动，弘扬社会主义核心价值观。全国邮政有20多家单位、近20人荣获"全国五一劳动奖状""全国五一劳动奖章"等荣誉。开展关爱帮扶活动，加强"职工小家"建设，受益职工达30多万人。成功举办两岸四地邮政员工乒乓球比赛，丰富了职工文体生活。

同志们，过去的一年，很不平凡。在严峻的经济形势下，我们取得了令人欣慰、令人鼓舞的成绩。在2014年《财富》"世界500强企业排行榜"中，中国邮政位列第168位，比上一年前移28位；在《银行家》"2014年全球银行1000强排名"中，邮储银行总资产位居28位。成绩来之不易，这是党中央、国务院高度重视、正确领导的结果，是中央有关部门、地方党委政府大力支持的结果，是全体员工团结拼搏、真抓实干的结果。在此，我代表集团公司和集团公司党组，向关心、支持邮政事业发展的各级领导，向全国邮政干部职工、离退休老同志，表示衷心的感谢并致以崇高的敬意！

二、新常态下邮政面临的形势和推动邮政发展的重要举措

经济发展进入新常态，是以习近平同志为总书记的党

中央审时度势作出的重大战略判断。经济发展进入新常态，增长速度、经济发展方式、经济结构、经济发展动力等都将发生很大变化。我们一定要认真贯彻落实中央的决策部署，认清大势，把握大局，在新常态下推动中国邮政平稳健康发展。

（一）新常态下邮政面临的形势

新常态下，中国邮政面临的形势发生了深刻变化，一些长期影响邮政发展的因素仍然存在，同时一些新的因素不断出现；老的因素力度不减且变换方式，新的因素逐渐产生并加剧作用。这些因素互相交织，既给邮政发展带来了重大挑战，又带来了新的机遇。呈现以下特征：

从市场需求看，新常态下社会对一些传统邮政业务的需求逐步减少，但新的需求不断涌现，且呈现出个性化、便利化、多元化特征。一是新技术、新产品、新业态对信函、报刊等邮政传统业务造成冲击；但移动互联网、云计算、大数据、物联网等新技术的推广应用，催生了电子商务、快递物流、互联网金融等新业态的蓬勃发展，给邮政发展寄递类业务、互联网金融、电子商务以及信息服务业带来空前机遇。二是随着经济社会的发展，市场总体已由卖方市场过渡到买方市场，人们的消费习惯发生了深刻变化，更趋个性化、便利化、多元化，用户自主选择产品和服务的机会越来越多，议价话语权不断增强，对邮政产品和服务的要求越来越高。因此，我们必须树立用户体验至上的理念，深入研究市场需求，加快创新邮政产品和服务，积极培育新的业务增长点。

从竞争态势看，新常态下邮政面临的市场竞争更加激烈，表现为竞争主体多元化，竞争手段多样化，竞争趋于白热化。一是随着利率市场化、金融脱媒、互联网金融不断发展，传统银行在渠道、结算、支付、融资等领域的优势不断减少，同时还面临着业务分流、利差收窄、竞争激烈、风险加大等巨大挑战。社区银行、村镇银行不断出现，对邮储银行的冲击明显高于其他商业银行。二是快递物流市场竞争主体不断涌入，价格战异常惨烈。民营快递加大信息化、自动化、机械化投入，加快提升干线运输能力、揽投力量，加大“向西部、向县下、向境外”布局网络、拓展市场的力度，竞争能力明显增强。三是价格战、质量战、收购兼并重组战、商业模式创新战层出不穷、相互交织，竞争手段多元多变，对企业的经营管理提出更高要求。市场竞争的规律是优胜劣汰。不在竞争中崛起，就在竞争中倒闭。我们必须以更加积极的态度、更加灵活的机制、更加优势的核心竞争力参与竞争。

从宏观环境看，新常态下国家出台的政策和措施，机遇和挑战同在，压力和动力并存。一是党中央、国务院对国企改革发展和邮政事业发展高度重视。总书记习近平在中央经济工作会议上指出，国有企业是我国经济发展的重要力量，也是我们党和国家事业发展的重要物质基础，一定要搞好。要坚定不移把国企做强做优做大，以增强企业活力、提高效率为中心，提高国企核心竞争力。总理李克强明确指出，邮政业是现代服务业的关键产业，是推动流通转型、促进消费升级的现代产业，是物流领域的先导产业。中央一号文件连续多年鼓励邮政服务“三农”，支持邮储银行在农村金融中发挥作用。二是国家出台了促进物流业、保险业、证券业、农村电子商务发展等方面的政策；国家发改委赋予邮政企业明信片、印刷品及延伸服务定价权；国家邮政局明确提出要“加强国家公文寄递管理，依法查处违法行为”，为邮务类、金融类和寄递类业务发展提供了有利的条件。三是近期有关部门出台的一些政策，对邮政一些业务如函件、集邮、分销等带来冲击。人民银行、银监会等五部委联合印发的《关于规范金融机构同业业务的通知》，银监会印发的《关于规范商业银行同业业务治理的通知》对同业业务范围和期限等进行限制；不对称降息后金融市场和信贷业务增收困难，利润大幅收窄，都使邮储银行面临比其他银行更大的挑战。保险费率市场化、保险新政等监管改革举措的实施，使中邮保险面临的竞争形势更加严峻。国家鼓励证券创新和民营资本进入，大力推进互联网证券，导致传统经纪业务佣金下降，中邮证券面临的竞争日趋激烈。国家决定进一步放开国内快递市场，国内外快递企业同台竞争。四是随着依法治国的推进，对企业合规经营要求更加严格。我们以往的一些营销手段、劳动用工方式需要规范，财税制度纪律执行要更加严格。这些宏观政策既有有利的一面，也有不利的因素，关键是我们要抓住机遇，因势利导，顺势而为，用好用足有利条件，同时要善于化解不利因素，化危为机。

从发展方式看，新常态下邮政原有的粗放式增长越来越走不通，亟需向集约式增长转变。一是过去几年，伴随着宏观经济的高速发展，邮政也保持了多年的快速增长，但我们过去的快速发展更多的是依靠生产要素的投入推动的，发展方式较为粗放。随着人工、土地、资源等生产要素成本不断上升，市场竞争愈演愈烈，企业盈利空间收窄，传统的以成本拉动增长的路子越来越走不通。我们要更加注重依靠体制机制改革、科技进步、人力资本素质提升、精细化管理和商业模式创新来驱动发展，努力提高全要素生产率。二是过去我们的资产少、资质少，注重抓具体业务，对资产运营重视不够。现在，我们的综合实力不断增强，资产规模不断扩大，截至2014年底，集团公司总资产不含银行、保险等业务资金已达3580亿元；但部分固定资产使用效率不高，亟需盘活。因此，我们要从单纯抓业务经营，转向抓好业务经营的同时注重抓好经营资产。三是过去我们习惯于单打独斗抓经营发展，资金、技术、人才积累慢，难以快速做强做大。现在，通过收购、兼并重组来实现快速扩展，正成为企业做强做大的有效手段。因此，我们要积极探索开展收购、兼并重组、合资合作等方式，实现企业快速发展壮大。

从内部情况看，新常态下邮政发展的基础依然坚实，但长期积累的问题和新出现的问题对我们的发展影响较大。经过多年的不懈努力，中国邮政已发展成为具有较强实力、拥有良好品牌的现代企业集团。我们的网络优势、功能优势，在国内是独一无二的，品牌形象深入人心，发展空间不断扩大，特别是中国邮政的广大干部职工经过实践磨炼，提升了能力，积累了经验。可以说，我们在物质、精神两个方面,具备应对挑战的条件。但是,我们也要看到，当前企业运行中存在的一些问题，如果解决不好，将会影响新常态下的发展。一是体制机制、组织架构行政色彩比较浓，机构多，管理人员多，用工矛盾突出，用工机制不活，激励和约束机制亟待完善。二是板块间、地区间发展不平衡的问题将影响到集团整体的发展。速递物流与行业的高速发展相比差距较大，要缩小与竞争对手的差距还需要付出很大努力。邮储银行由于存贷比比较低，信息技术总体水平与其他商业银行相比存在差距，人才和经验较为不足，受宏观政策、经济环境影响很大，自主可控、自我调节能力较弱。有些省发展方式粗放，收入增长乏力，成本控制不严，发展困难的局面没有大的改观。三是邮政的业务和产品繁多，部分需求已经萎缩的业务和产品占用了较多的企业资源，而需求旺盛的新兴高效业务和产品能力投入不足，未能快速成长为中国邮政新的增长极。邮政业务的电子商务化水平还不高，线上线下相融合的综合便民服务平台建设还没有完全到位，还不能适应互联网时代用户的需求。四是邮政信息网、实物网仍然存在多而不精、大而不强的问题，还不能完全引领支撑经营发展。面对这些问题，我们必须进一步加快改革步伐，进一步加大创新力度，进一步推进转型升级。

综观新常态下中国邮政面临的形势，难和险在增多，但时和势总体有利。古人云：谋事是小智，谋人是中智，谋势是大智。我们一定要沉着应对，周密谋划，切实增强工作的系统性、预见性、主动性，用好发展机遇，克服发展困难，创造发展条件，把握发展全局，促进中国邮政平稳健康发展。

（二）新常态下推动邮政发展的重要举措

新常态下，中国邮政面临的市场需求、竞争态势、宏观环境等都发生了广泛而深刻的变化，企业内部情况也出现了一些新的趋势性变化。我们必须主动适应经济发展新常态，科学谋划，采取有效措施，推动中国邮政平稳健康发展。

1. 坚持以改革创新统领邮政工作全局。改革创新是中国邮政发展的根本途径。中国邮政能有今天的局面，靠的就是不断地改革创新。今后，我们仍要以改革创新统领邮政工作全局，针对长期积累的老问题和新挑战，以改革攻坚破除体制机制羁绊，以创新驱动夯实科学发展基础。一要以建设世界一流邮政企业为目标，根据国务院的要求和《公司法》等法律体系，进行体制改革，建立规范的公司法人治理结构。二要以适应市场化为目标，进一步优化集团组织架构，完成集团公司、速递物流股份有限公司与所属省公司的“子改分”工作，推动邮务板块事业部制改革，完善速递物流市场化组织架构改革，积极探索推进其他板块市场化组织架构改革。三要根据市场环境和业务发展格局的变化，积极探索省邮政公司经营体制改革工作，加快建立“以客户为中心”的经营组织体系。四要进一步完善激励约束机制。对省邮政公司，要在精准核算普遍服务成本的基础上，通过区域对标，完善以利润为导向的激励机制，用2~3年时间，逐步调整利润基数与区域经济发展不相称的问题，并全面实行零基预算，从而准确合理地评价各省公司的发展成果。对控股公司，要确立利润指标在绩效评价中的主导地位，完善以利润为导向的业绩考核体系，科学合理地评价控股公司绩效。同时，要在科学考核评价的基础上，适度调整工资总额存量部分，合理确定工资总额增量部分，使工资总额等企业重要资源真正向经营好、管理好、贡献大的单位倾斜。

2. 坚持把转型升级作为邮政发展的内生动力。在新常态下，经济发展方式正从规模速度型粗放增长转向质量效率型集约增长。我们要自觉主动转变发展方式，以转型升级保持邮政平稳健康发展的势头。一要明确业务发展的重点。要大力发展适合邮政网络资源、市场潜力大、成长性好、效益高的业务，如金融类业务、寄递类业务；限制发展占用资源多、经营难度大、企业效益低的业务，如都市类报刊、广告类印刷品。二要用互联网思维谋划邮政发展。要深入推进邮政业务电子商务化，加快完善邮政网上营业厅功能，为用户提供方便快捷的邮政服务，吸引新生代消费者。要加快发展互联网金融，完善邮储银行网上银行、手机银行、微信银行的功能，提升金融竞争能力。要充分利用邮乐网平台，并发挥线下渠道优势，积极发展国际国内电商业务，重点发展农村电商。三要提升发展的质量和效益。通过实施对标管理、资源占用考核等措施，使各单位进一步树立投入讲产出、运营讲效率、经营讲效益的理念，实施精细化管理，严格控制成本增长，努力提高邮政发展的质量和效益。

3. 确立“一体两翼”经营发展战略。为进一步明晰三大板块之间的关系，使之既发挥好各自的优势开拓市场，又聚合资源协同发展，集团公司从业务层面提出“一体两翼”的经营发展战略。

“一体”是指以邮政窗口资源为基础、以市场需求为导向、适应现代电子商务发展模式、线上线下相结合的邮政综合便民服务平台。要依托平台，高举普遍服务和特殊服务大旗，创新发展函件、报刊、集邮等邮政标志性业务，重点发展代理金融、代理速递物流等邮政战略业务，积极承接政府公共服务，加快发展各类外部代理业务，面向社会公众做好综合便民服务。

“两翼”就是金融翼和寄递翼。金融翼是指以银行服务为基础，包括保险、证券、投行、资产管理等在内的综合性金融产品及服务，要推进邮储银行、中邮保险、中邮证券、中邮资产的业务不断创新和协同，为客户提供综合性一站式金融理财服务。寄递翼是指中国邮政所经营的各类寄递业务，要整合全网资源，加快能力建设，整合产品体系，提升运营质量，以电子商务寄递发展为契机迅速扩大市场份额，重新确立邮政在寄递市场的主导者地位。

“一体”与“两翼”是紧密相联、相依共生的有机整体。“一体”要为“两翼”提供强力支撑，“两翼”要带动“一体”实现中国邮政的腾飞。“一体两翼”是三大板块相互关系的形象表述，是方向性的、动态的经营发展战略。三大板块各级领导都要正确认识“一体两翼”的经营发展战略，都要站在中国邮政集团全局的高度看问题，正确定位，相互理解，相互支持，相互借力，实现中国邮政资源利用最大化、整体利益最大化。

4. 确立信息化引领的科技兴邮战略。一是要发挥信息技术在企业发展中的重要作用，运用移动互联网、大数据、云计算、物联网等信息技术，促进转型升级，改造传统业务，引领业务创新，推动流程优化，辅助科学决策，全面提升邮政信息化水平。二是要将信息化贯穿到企业生产、运营、管理及客户服务的各个环节，优化作业组织，提高处理效率，降低运营成本，统一全网运营标准和管理理念。重点采用先进的工艺流程，配置自动化、流水化工艺设备，对处理中心进行全面升级改造，打造面向电商寄递市场的高效处理平台。大力推进终端机具的配备，提供多种方式的客户自助服务手段，进一步增强服务能力。三是要按照“前台模块化、简单化，后台工厂化、标准化”的理念，以客户为中心，以提升客户体验为目标，推进流程优化，简化前台作业环节，强化后台集中处理，实现运营流程标准化、集约化，整合资源，提高效率，防控风险。

近年来，在推动中国邮政发展的过程中，我们不断地对内外部环境进行分析研判，不断地对取得的成绩和经验进行梳理总结，努力从战略高度指导全国邮政的改革发展实践。提出“建设世界一流邮政企业”的发展战略，制定了到 2020 年要达到的具体目标；明确在当前和今后一段时期内实现战略目标的中心任务，即“深化改革，创新发展，转变方式，整合资源，科学管控，构建和谐”的二十四字方针；这次会议我们又围绕总体发展战略，提出“一体两翼”的经营发展战略，并且把信息化引领的科技兴邮作为实现战略目标的重要举措。可以说，从发展战略到中心任务，从发展路径到重要举措，初步形成一个系统的发展框架，初步构成比较完整的战略体系。中国邮政发展的目标越来越明确，发展的路径越来越清晰，发展的理念越来越成熟。我们要坚定信心，奋勇前行，努力保持中国邮政平稳健康发展的良好势头，在经济社会发展中作出新的更大的贡献。

三、2015 年主要工作任务

2015 年是全面深化改革的关键之年，是全面推进依法治国的开局之年，也是全面完成“十二五”规划的收官之年。做好 2015 年工作，对于推动世界一流邮政企业建设具有重要意义。

2015 年工作的总体要求是：全面贯彻落实党的十八大、十八届三中、四中全会和中央经济工作会议精神，以习近平总书记系列重要讲话精神为指导，主动适应新常态，把握稳中求进的工作总基调，认清形势，坚定信心，以提高经济效益为中心，坚持改革创新，加快转型升级，提升核心能力，强化科学管理，改善服务质量，全力推动中国邮政平稳健康发展。

2015 年的发展目标是：按内部口径，集团公司总收入达到 2968.4 亿元，比上年增长 3.7%，利润总额 323 亿元。其中，邮政公司收入 1184.3 亿元，比上年增长 7%；邮储银行收入 1761.8 亿元，比上年增长 1.6%；速递物流收入 310.5 亿元，比上年增长 11.2%；中邮保险收入 275.6 亿元，比上年增长 6%；中邮证券收入 2.9 亿元，比上年增长 23.4%。劳动生产率稳步提升，员工收入增长与企业发展基本同步。

为了实现上述目标，要重点抓好以下几个方面的工作。

（一）认清形势，统一思想，坚定发展信心

今年我们面临着前所未有的困难，也将可能是邮电分营以来中国邮政发展最为艰难的一年。集团公司经过反复测算和研究，提出今年的发展速度预算目标，是邮电分营以来最低的一次，利润是负增长。对此，我们要有正确的认识，坚定发展的信心。

近年来，伴随国民经济高速发展，我们一直保持高速增长。但是，任何企业都不可能一路高歌猛进，伴随着经济周期性波动，企业发展速度有高有低属于正常现象。因此，我们一方面要充分认识到今年经营发展的困难局面，增强危机感、压力感、紧迫感；另一方面，又要保持正常心态，不要一遇到困难就灰心丧气，一遇到问题就妄自菲薄。

邮电分营十多年来，中国邮政的发展大致是一个抛物线的过程。那么，明年及以后几年还会持续下降吗？经过认真分析，我们认为不会。一是邮储银行正处于发展的转换期。银行高效益的信贷业务发展势头良好，邮储银行的存贷比将会不断提升。影响和困扰银行发展的资本金问题，集团公司正在通过引入战略投资者、发行次级债等方式加以解决。邮储银行正在积极进行业务创新，在切实抓好零

售金融业务的同时，不断加大公司金融业务的发展力度，大力发展投资银行、资产管理等新兴业务。二是中邮保险、中邮证券进入快速发展期，将为集团公司的整体发展作出更大的贡献。三是邮政公司经过不懈的努力，已经探索出了邮务类业务转型发展的经验，发展的后劲不断增强。四是速递物流公司虽然最近三年来经营发展不理想，但是也要看到，近年来速递物流的服务品质明显提升，体制机制改革已取得初步成效，能力建设步伐不断加快，集团公司又正在积极研究应对措施，即将走出最困难的时期。

因此，我们既要充分认识新常态下邮政发展形势的严峻性和复杂性，把困难估计得更充分一些，把应对措施考虑得更周密一些，又要注重从变化的形势下捕捉和把握稍纵即逝的发展机遇，进一步增强发展的信心。

（二）实施“一体两翼”经营发展战略，加快转型发展

各板块要按照集团公司确定的“一体两翼”经营发展战略，以集团价值最大化为目标，加快转型发展步伐。

一要创新发展邮务类业务。目前，虽然账单、贺卡、报刊、分销乃至集邮业务的发展遇到很大的挑战，但仍有不少市场空间和发展潜力，我们不能轻言放弃。要用理性的思维、务实的态度、创新的视角，全面认识邮务类业务发展的问题，推动创新发展。一是要从注重产品销售向注重渠道建设转变，加强综合便民服务平台建设；二是要从以对公消费为主向个人和商务市场转变；三是要从单纯依靠线下优势，向线上线下结合转变。

二要重点发展金融业务。要按照“产融结合、协同发展”的理念，加强邮政公司、邮储银行、中邮保险、中邮证券、中邮资产的合作，打造邮政金融综合产业链。

银行业务：坚持“存款立行”的理念，充分发挥“自营+代理”的优势，以结算业务为抓手，以信贷资源为依托，推动公司存款业务发展，保持储蓄存款市场地位，提升主动负债能力。要把握农业现代化、新型城镇化机遇，抓住经济结构调整带来的客户拓展机会，巩固“两小”和消费金融业务优势。大力拓展城市金融市场，积极发展信用卡、国际业务、资产管理等新兴业务，提升中间业务收入占比。积极推进板块联动发展，加强与中邮证券、中邮资产的合作，推动资管、投行等业务实现新突破。

保险业务：要充分发挥“自营+代管”政策优势，夯实“承保+投资”双轮驱动的盈利模式。着力提升产品研发、运营支撑、营销培训、风险管控、资金运用等专业能力。要拓展城市市场，壮大“自营”业务，全面推进期交业务“百亿工程”，加快发展期交、团险等高效业务。要建立完善市县“代管”管控机制，从岗位设置、人员配备、考核激励等方面夯实“代管”基础。要用足用好行业政策，继续拓展投资渠道，优化投资结构，不断提升资金运用综合收益。

证券业务：要依托邮政公司稳步推进分支机构建设，强化与邮储银行的合作，提升金融板块整体效益。要加大互联网证券创新力度，积极推进互联网证券业务创新试点。要努力发挥经纪、自营、资管和投行业务的“四轮驱动”作用，快速做大规模。大力推动基层邮政企业和金融网点发展证券经纪业务，不断提升证券业务规模。

资产业务：要推进系统内不动产盘活，整合系统内外部金融资源，加快资产证券化步伐，持续探索公司多元化融资之路。加强风控体系建设，努力提升资本市场投资效益。做好“子改分”过程中股权划转、资本运营等相关工作。

代理金融业务：要强化网点转型，推动板块联动、联合营销、项目驱动，进一步释放邮政大网营销能量。进一步加强总部、省、市三级代理机构人才队伍建设。重点抓好余额增长，巩固储蓄存款市场地位。积极探索发挥代理网点作用，做好小额贷款业务、公司业务的市场推广、客户推介、产品营销等工作。突出发展中邮保险期交业务，实现邮政渠道代理中邮保险期交业务占比达到80%，稳步推进保险理财类业务发展；加快自助终端和线上渠道发展，形成新的收入增长点。

三要加快发展寄递类业务。目前，国际、国内电商寄递业高速发展，市场空间巨大。邮政公司和速递物流公司要充分发挥各自优势，联合对外，抢占市场，加快发展，提升中国邮政在寄递市场的份额。

标准快递业务要以73个重点城市互寄次日递的时限承诺为抓手，重点拓展商务类市场，巩固在“单证照”政务类市场的主导地位。国内、国际电商寄递业务要加快与主流电商平台对接，深化与电商客户的合作。国内方面要根据电商客户需要，提供仓配一体化服务，快速扩大客户规模。国际方面，要形成符合市场需求的产品体系，进一步巩固邮政在跨境轻小件寄递市场的主渠道优势；充分发挥多边平台和双边合作优势，在美国、欧洲及亚太等重点市场设立海外仓。加快完善邮政国内中转仓、保税仓、商业口岸建设，全力推动出口中邮海外仓和进口中邮海外购业务规模化发展。代理速递业务要完善邮速联动发展机制，加大协议客户开发力度，提升服务品质，加快发展；非一体化地区要加大能力投入，提升揽投质量。合同物流业务要以世界500强企业、跨国公司和行业领先企业为目标客户，为其提供行业供应链综合物流服务。

四要大力发展农村电商业务。在中央经济工作会议和中央农村工作会议上，总书记习近平和总理李克强分别对电子商务以及农村电商发展作了重要的讲话，总理李克强还两次提到邮政要在农村电商方面发挥积极的作用。我们要把握电子商务发展的机遇，充分利用国家支持发展农村电商的政策，把发展农村电子商务作为集团公司的战略重点。

一是要以邮乐网为中国邮政唯一网购平台，“邮掌柜”为中国邮政统一的农村电商品牌，将实体网点逐步打造成农村电商体验店和服务中心，打造中国邮政农村电子商务O2O平台，使中国邮政成为县及县以下农村电子商务服务的重要渠道。二是要大力推进“工业品下乡，农产品进城”，促进农村地区商品流通。充分调动线上线下资源，组织各地引入具有区域性特点的优质产品。积极开放平台，与社会电商公司合作，引入适合农村地区销售、有价格竞争力的商品。要组织区域内特色农产品，在邮乐网上打造“邮乐农品”专区，拓展农产品进城的线上销售渠道。三是要科学布局农村地区的仓储配送服务，改善用户体验，有效解决农村电商“最后一公里”难题。在部分有网络能力支持的区域开展农资配送、生鲜农产品和药品网购B2C业务。

五要加大板块协同发展力度。加快落实板块联动“建制度、推项目、抓落实”的协同工作模式，建立三大板块业务协同、信息沟通和项目联动机制，实现产品服务、营销体系、客户资源共享，着力提升各板块渠道复用效率，推动板块间业务交叉互用，修订完善各板块业务关联交易政策。要加强与相关部委和企业总部的合作，抓好重点总部项目落实，明确板块重点项目的实施路径，推进项目落地。邮储银行、速递物流、中邮保险、中邮证券要主动研究利用邮政渠道发展代理业务，做好指导、培训和支撑工作，推动代理业务发展。

（三）全面深化改革，增强企业发展活力

要根据中央关于国有企业改革的要求，通过深化改革增强企业发展活力。

一要完善集团管控体系。要确保“子改分”工作保质保量完成。要以建设世界一流邮政企业和实现集团整体利益最大化为目标，进一步优化集团现有的组织架构，健全管控科学、运转高效、权责明晰的集团管控体系。集团已经明确，对邮务板块实施运营管控，对金融板块实施财务管控，对速递物流板块实施战略管控。要据此明晰总部与各控股公司和下属公司的权责边界，明确集团公司对控股公司和下属公司的重点管控事项，将综合管理职能上收、经营管理权限下放，着力提升集团公司在战略规划、资源整合、技术驱动、服务共享和风险防范等方面的整体管控能力。同时，要根据《公司法》等法律制度体系，不断完善企业法人治理结构。积极研究探索邮务板块事业部制改革。做好中国邮政“十三五”发展规划的编制工作。

二要积极推进资本运营工作。大力推进邮储银行引进战略投资者的工作，争取在上半年完成第一轮引战交割并择机登陆资本市场。要积极探索战略性产业投资，通过新设、收购等方式，加快完善在金融产业链上的布局。整合金融牌照优势，发挥资本协同效应，逐步探索多元化的投融资渠道，打造集团公司的资本运营平台。探索通过收购兼并方式，延伸寄递业务产业链，构建速递物流国际重点区域运营网络。

三要稳步推进省邮政公司经营组织体系改革。要总结上海市、福建省等邮政公司的改革试点经验，研究制定省级及以下经营管理体制改革方案，逐步推进。

要加快研究推动寄递类业务快速发展的措施。目前，邮政寄递类业务，特别是快递业务的发展，与快速膨胀的市场发展相比有非常大的差距。我们必须增强紧迫感、压力感和危机感，采取得力措施，尽快扭转这种被动局面。集团公司前不久对如何加快寄递类业务发展进行了既积极又慎重的研究，反复听取各方面意见，最终在三个方面基本达成共识：一是产品统一整合；二是仓储处理中心等统一规划、统一建设；三是信息系统统一整合。至于组织架构、资产划分、人员调整、运营管控等问题，由于改革十分复杂、十分敏感，集团公司会非常慎重、稳妥地处理。集团公司不管采取哪种方案，都会继续听取各方面的意见和建议。在这期间，大家一定要讲政治、讲纪律、讲大局，做到“三要三不要”：要一如既往地加快经营发展，要高度负责地确保队伍稳定，要心无旁骛地抓好当前工作；不要胡乱猜测、妄议改革思路，不要在此期间对组织架构和人员进行调整，不要乱花钱。这是考验一个干部的政治素质、纪律观念和工作能力的非常时期。对散布小道消息、胡乱猜测造成职工队伍混乱、工作滑坡的行为，我们将严肃追究领导的责任，特别是在座一把手的责任。不管出台的改革方案如何，中国邮政做大做强寄递业务，发挥国家队主力军的作用是不能变的，速递物流专业化、市场化的方向也是不会变的。

（四）加快能力建设，增强企业竞争实力

围绕经营发展战略，集团公司将重点推进邮政信息化和基础能力建设，计划安排固定资产投资215亿元。

一要加快邮政信息化建设。一是要全面推动集团信息化规划的实施，完成ERP系统、省集中核算系统等工程建设。抓紧启动集团CRM、大数据平台的建设，通过集中管控数据资产，开展数据整合、分析和应用，提升运营效率、强化精准营销。二是要制定和完善各业务板块信息化规划，抓紧重点业务信息系统的建设。启动收寄、分拣、运输、投递全环节的新一代寄递类核心业务平台，以及农村电商和综合服务平台的建设。金融板块要启动核心业务系统群、互联网金融云平台等重点工程，打造“智慧型银行”。三是要推进信息化资源的共享共用，以北京亦庄全国中心机房、合肥金融后台基地、省际网和省中心网络建设和改造为契机，实现集团各板块信息资源的综合利用，降低投资成本和运行成本。四是要加快完善邮政信息化体系，完善信息化工作体制与机制，重点强化业务需求的审核与整合。要尽快组建自主研发队伍，成立集团公司软件开发中心。

二要加快实物传递网络建设。计划用两年的时间，彻底改造实物传递网，打造一个全新的实物传递网络。一是

要做好寄递类业务处理能力的规划和建设，整合邮政和速递网络资源，统筹规划航空网和陆运中心布局，明晰功能定位和建设方案。全面实施网运流程再造，推行流水化处理、散件化运输，实现网路转型升级。重点做好面向电子商务寄递市场的处理场地建设和工艺流水化改造工作。采用国际先进水平的工艺流程和工艺设备，对全国71个主要处理中心进行大规模建设和改造，完成新一代处理中心核心能力建设。二是要加大干线运输改革所需的车辆、PDA等设备投入，全面提升寄递类业务能力。三是要强化投递能力建设，加大投递车辆和信息化终端配备，优化投递站点布局，推进人工自提点和智能包裹柜建设，增强物品型邮件投递能力。四是要优化国际网络布局，加快推进邮政口岸能力建设，加大重点市场电商物流仓储及跨境电商寄递能力建设力度，加强互换局、交换站能力建设。

三要加快综合便民服务平台建设。今年要在综合便民服务平台建设上取得实质性进展，重点加强农村电商服务能力建设。一是要加强互联网和移动互联网应用，通过对网站、移动终端、呼叫中心、自助终端等电子渠道的整合，实现多种服务功能叠加、多渠道业务办理和互动式营销，加强线上线下互动。二是要通过对接更多的政府、行业的信息系统，充分发挥网点、便民站、“三农”服务站、村邮站、报刊亭等各类实体渠道的优势，拓展公共服务项目。三是要通过综合便民服务平台系统建设，实现对用户、渠道、运营、产品、销售的全方位支撑和管理。

（五）加强精细化管理，提升运营效率

要加强精细化管理，严格按制度办事，强化全网执行力。

一要构建科学的财务管控体系。以提升发展效益为中心，强化预算管控和财务对标工作，实施利润目标摘档管理，逐步调整利益格局，为全面实施零基预算打基础。实施全网资金集中管理，搭建总部资金收支两条线管理体系，积极开展资金运营，提高资金利用效率。发挥中邮资产管理公司优势，加大对全网闲置转运中心、处理中心资产和其他闲置房屋、土地资产的集中盘活力度。继续推进省级会计集中核算，逐步构建管理会计体系，加快财务管理转型升级。各控股公司也要以利润为导向，以全面预算管理为抓手，不断强化集中管控力度。

二要完善绩效考核体系。坚持效益导向和责、权、利相匹配的原则，进一步完善集团公司对省邮政公司、各控股子公司以及直属单位的绩效考核办法。要突出企业经营效益、市场竞争能力、劳动生产率等方面的考核，增加战略执行、业务协同、渠道复用、资源共享等方面的考核指标和权重，尤其是要充分发挥工资总额配置在绩效考核激励中的重要作用。适时启动各级管理部门绩效考核工作。

三要创新人力资源配置机制。完善邮政企业用工管理办法，建立以合同用工为主体、多元化用工方式并存的用工管理体系。继续按照“四个一部分”的思路，推进业务外包和劳务承揽，适当加大择优招用力度。严格控制用工总量，研究建立用工总量科学调控和重点环节合理配员的机制，通过多种用工方式有效缓解投递等核心能力不足的问题。适时启动薪酬分配制度调整优化工作，完善突出激励导向的多种分配方式。逐步建立以评价分析、预算编制、运行监控为重点的弹性人工成本管控体系，今年要在构建人工成本评价分析体系的基础上，综合考虑企业经营发展成果、地区差异等因素，对各单位工资总额存量进行适当调整，并加大新增效益工资总额与企业经营效益的挂钩力度，建立起人工成本能增能减的动态调控机制，逐步解决工资总额与企业发展现状不匹配、人均工资差距过大等问题。加大管理人员精简力度，按层级细化对管理人员人工成本单列管理，严格控制管理人员收入增长水平，新增效益工资主要向生产一线员工倾斜。加快开展岗位标准体系建设和省级人力资源共享服务平台建设。

四要强化规范经营和金融板块风险管控。严格落实新“八条禁令”和相关行业监管要求，从严惩处低资费、跨界揽收、强行摊派、集邮卖大户等违规经营行为。建立健全金融板块全面风险管控机制，落实银监会“一加强、两遏制”要求，守住不发生重大风险事件的底线。不断完善中邮保险风险管控机制，做好偿付能力二代标准实施准备工作，邮银协同积极应对满期给付和高现价产品的集中退保。

五要提高集中采购效率。重点做好集团控股公司、省邮政公司和直属单位集中采购管理工作。推进集中采购和物资供应保障体制建设，健全两级采购管理机构。强化采购管理工作标准化、采购操作规范化，注重物资供应管理，提高采购品质及运行效率。

六要强化审计监督职能。进一步加大财务收支审计、经济责任审计、工程建设项目审计和专项审计力度，开展对金融、速递物流企业的财务收支审计。规范企业职工投资行为，对邮政出资的各级子公司、参股公司、关联公司等职工持有的股权进行清退，防止国有资产流失。

七要切实抓好安全生产。要以贯彻落实新《安全生产法》为契机，强化落实安全责任制，强化安全过程管控，强化隐患问题整改，促进安全生产落到实处。要突出抓好资金、邮件（机要）、消防、交通、航空、信息网和员工等安全管理工作。尤其要着重做好资金安全管理工作，切实抓好金融案件防控工作，杜绝发生重大、特大金融案件；加强对高价值邮件及分拣、运输和投递等重点环节、多次发生邮件丢损问题的地区进行重点监控；防止禁限寄物品、危险品和非法出版物等通过邮政渠道传播，防止邮政企业敏感信息和客户隐私信息泄露。

（六）着力提高服务质量，改善用户体验

牢固树立用户至上、用户满意的服务理念，适应用户需求的变化，切实做好邮政服务。

一要持续改进邮政服务质量。深入开展提升邮政服务质量专项活动，要高度重视普遍服务质量。做好邮政局所空白乡镇网点补建开业运营工作和农村乡镇汇兑业务开办工作。严守擅自撤销邮政普遍服务营业场所、停限办邮政普遍服务和特殊服务业务行为两条“红线”。确保党报党刊发行时效；通过有效的人防、技防、物防等手段，做好机要通信服务，确保机要通信安全畅通。努力提升平信寄递质量，缩短普包全程时限。继续做好慈善公益服务，拓宽邮政公益服务领域。速递物流要全面提升邮件时限稳定性、服务质量和安全水平。

二要做好服务“三农”和小微企业工作。高举普惠金融旗帜，优化调整实体网络布局，创新电子银行产品和渠道，形成线上线下协同发展的态势。深化“银政、银协、银企、银担、银保”五大平台的合作，抓好小额贷款“招牌业务”，积极服务农业现代化、新型农业主体。推进小企业特色支行建设，加大县域产业链开发力度。加快发展中小企业私募债业务，及时推出低起点、高收益的理财产品。深入研究农村市场保险需求，加强“三农”保险产品研发、销售宣传和客户服务工作。做好送科技下乡和农资、快消品、农产品配送服务。

三要健全服务质量监督检查体系。健全省、市、县三级服务质量监督检查体系，充实各级视检人员。探索利用信息化对生产服务全过程进行管控，变事后监督为事前防范和事中控制。抓紧出台邮政服务质量管控办法，建立三大板块服务质量长效管控机制。强化三大板块客户投诉管理，做到投诉处理及时率100%、投诉回访率100%。加大对三大板块执行服务规范的暗查暗访力度，着力解决经营服务中热点和难点问题。速递物流要将主动客服推广到所有协议客户，进一步降低客户投诉申诉率。要加强各类进出口国际邮件的质量管控，加大监控考核力度。

（七）加强党风廉政建设，转变工作作风

习近平总书记指出，要把抓好党建作为最大的政绩。中央提出“一岗双责”，各级党组（党委）是党风廉政建设的责任主体。各单位的一把手要切实把党风廉政建设放在很重要的位置上来抓，切实加强党风廉政建设，加大反腐败力度。

一要切实加强党风廉政建设。要认真贯彻落实习近平总书记在中央纪委五次全会上的重要讲话精神，强化落实党风廉政建设主体责任，党组（党委）要切实把党风廉政建设当做分内之事、应尽之责，进一步健全制度、细化责任、以上率下，将开展廉洁风险防控工作作为有力抓手，推动责任落实。

二要严明党的纪律。针对当前邮政企业不同程度存在的规章制度落实不到位、纪律规矩意识不强的问题，要进一步严明政治纪律、组织纪律和工作纪律，把守纪律讲规矩摆在更加重要的位置，把规章制度的执行作为一项重要工作来抓。对于重大问题该请示的请示，该汇报的汇报，增强守纪律、讲规矩的自觉性，不允许超越权限办事，努力在邮政企业营造守纪律、讲规矩的氛围。要强化全网执行力，在落实集团公司的统一部署方面，不许擅自变通，单独搞一套。纪检监察和审计部门要加强监督，各单位的办公室或综合部门要做好督办工作。

三要加强监督检查。各级党组（党委）要加强监督检查，对不守纪律的行为要严肃处理。加大巡视工作力度，全面推进巡视工作，5年内实现对所属单位巡视全覆盖。进一步加强作风建设，坚持不懈纠正“四风”，靠常抓的韧性抓出习惯来，靠常抓的耐心抓出成效来，向制度建设要长效。

四要坚决惩治腐败。着力健全党内监督制度和选人用人管人制度，加强对领导班子和领导成员、尤其是“一把手”的监督，依规依纪管党治党，坚持以法治思维和法治方式反对腐败。继续加大信访举报、案件查办工作力度，以零容忍的态度惩治腐败，形成强大震慑。

（八）加强干部职工队伍建设，构建和谐邮政企业

要坚持以人为本，加强干部职工队伍建设，推进企业文化建设，着力构建和谐邮政企业。

一要切实抓好干部队伍建设。按照中央有关精神要求，修订完善邮政企业领导人员管理规定，研究制定高管人员综合考核评价管理办法，构建有效管用、简便易行的选人用人制度体系，探索建立干部能上能下的工作机制。严格选拔标准和任职条件，选好配强各级领导班子，逐步加大省级机构副职的异地交流任职力度，进一步优化各单位领导班子结构。加强后备干部队伍建设，畅通优秀年轻干部发展通道，促进后备干部健康成长。坚持从严选拔、从严教育、从严管理、从严监督，提高干部监督管理工作的规范化水平。

二要大力提升员工队伍素质。要加快实施人才发展规划，完善人才评价选拔制度和人才激励机制，推进人才测评中心建设，健全人才评审工作组织，搭建人才管理工作平台。加强集团级专业领军人才和高级专业技术人才队伍建设，组织开展营销能手培养选拔工作，开展邮政业务营销员全国技能竞赛。推进中国邮政企业大学建设，构建涵盖全员全岗的资格认证体系，系统开展分类分级岗位培训。发挥邮政党校干部培训主渠道作用，重点办好中央党校分校班，抓好二级领导副职和后备干部的培训。

三要推进企业文化建设。确定理念识别系统方案并适时发布，启动行为识别系统和视觉识别系统建设工作。修订完善《中国邮政企业形象管理手册》。全方位、多层次开展企业文化宣贯工作。将企业文化建设情况纳入各单位绩效考核体系。

四要构建和谐邮政企业。要加强党对工会、共青团等

群团组织的领导，深入开展群众性的精神文明创建活动，做好先进典型选树、全国文明单位以及全国青年文明号的评选工作。加强新闻宣传和品牌宣传工作，引导员工自觉践行社会主义核心价值观。组织开展好“纪念中国邮政成立120周年”系列活动。全面实施“关爱工程”，积极推进重大疾病保险和意外伤害保险的全覆盖。落实好有关离退休干部政策，完善员工福利保障体系。畅通员工诉求渠道，维护员工合法权益。全面推进职工小家建设，关心员工生产生活，提升员工幸福感。（集团公司办公室）

李国华总经理在全国邮政工作座谈会上的讲话

（2015年7月21日）

一、上半年主要工作情况

我们贯彻落实党中央、国务院的方针政策，主动适应经济发展新常态，认真开展“三严三实”专题教育，积极实施“一体两翼”经营发展战略，坚定信心，开拓进取，攻坚克难，实现了时间任务“双过半”，业务发展和经济效益明显好于预期。

业务发展增长较快。集团公司会计报告口径总收入完成2305.4亿元，比上年增长10.5%。集团公司内部口径总收入完成1669.6亿元，比上年增长12.4%，完成预算进度56.3%。其中，邮政公司完成收入659.6亿元，比上年增长11.5%；邮储银行完成收入918.9亿元，比上年增长11.7%；速递物流完成收入130.3亿元，比上年增长12.4%；中邮保险完成收入234.5亿元，比上年增长11.1%；中邮证券完成收入2.6亿元，比上年增长299%。

企业经济效益显著提升。集团公司完成利润280.5亿元，比上年增长24.1%，完成预算进度86.9%。其中，31个省（区、市）分公司完成利润26.5亿元，比上年增长25.5%；邮储银行完成利润260.7亿元，比上年增长12.8%；速递物流公司单月亏损连续3个月收窄；中邮保险完成利润4.6亿元，超出全年预算目标4.1亿元；中邮证券完成利润1.7亿元，比上年增长8倍。

总结上半年工作，主要有以下6个方面。

（一）转型发展成效明显

一是重点业务快速发展。包裹快递业务，邮政公司和速递物流共完成收入188.7亿元，比上年增长16%；其中，国际业务完成收入73.6亿元，比上年增长29.8%。金融业务，邮储银行抓住机遇，加大信贷投放力度，贷款余额较年初净增3729亿元，增幅在六大行中排名首位；中邮保险实现期交总保费30亿元，比上年增长84.6%；邮政公司加快网点转型，代理金融完成收入402.2亿元，比上年增长18.3%。邮务类业务，约投挂号业务收入比上年增长159%；报刊业务日常收订流转额比上年增长11%；集邮业务收入比上年增长9.5%；增值业务收入比上年增长18.9%。

二是邮政业务互联网化稳步推进。集邮网上营业厅点击量1.5亿次；手机邮局实现邮件、邮编、网点查询和报刊订阅、包裹预约自提功能；“邮生活”客户端已整合生活缴费、商旅票务、车险在线销售等功能。“邮E贷”系列互联网金融产品已陆续上线。电子银行客户数达1.3亿，交易替代率68%，交易金额3.8万亿元，其中手机银行客户数达7965万，交易金额5928亿元，比上年增长3.8倍。

三是对外合作领域进一步拓宽。集团公司与河南省政府、天津市政府、中国外文局签署战略合作协议；邮储银行与中国科协、国务院扶贫办签署战略合作协议，与福建省政府、湖南省政府签署了战略合作协议。积极参与交通运输部ETC联网工程，与国家税务总局、公安部交通管理局等的合作项目取得成效。协办世界海关组织－万国邮政联盟邮关合作联合研讨会。美国海外仓系统建设进展顺利，开展针对日、韩和台湾地区的进出口海运业务，中－哈－欧陆路运邮协议基本达成一致，郑州、重庆等国际口岸建设进展顺利。

四是农村电商发展初见成效。积极承接财政部、商务部电子商务进农村综合示范工作，与团中央共同推进农村青年电商培育工程。累计安装“邮掌柜”系统7.8万个，实现了在31个省（区、市）全覆盖，活跃度超过50%。邮乐网交易额达65.6亿元，比上年增长1.7倍。

（二）深化改革取得进展

一是"子改分"工作基本完成。各省邮政、速递物流公司已完成全部省级分公司和所属分支机构的工商设立、变更工作，明晰了事权划分。5月1日起，集团公司及所属速递物流股份公司已各自按照总分体制正式运行，资产权属变更等工作正在加紧进行。

二是包裹快递业务改革有序推进。完成产品整合、客服体系整合等工作，配套出台资费标准和优惠政策、陆运网资源整合及统一指挥调度、客户管理等办法。完成了22个相关信息系统改造，打通邮速间的信息系统，实现信息资源的整合与共享。加快陆运网资源整合，优化网路干线节点布局，全网共调整设置75个一二级中心局。省际、省内陆运网干线邮路由集团公司统一管控和指挥调度，原速递物流组开的208条省际干线邮路、642条省内干线邮路全部纳入陆运网统一管理。目前，包裹快递业务已按照新的产品、整合后的信息系统、网路调度体系、客服体系和列收结算体系运行。

三是资本运营工作取得实效。邮储银行引战工作已完成第一轮竞标。中邮消费金融公司筹建获银监会批准。设立了中邮资本管理有限公司。将集团公司在香港的公司和业务重组整合到中国邮政香港有限公司旗下。参与发起设立前海再保险股份有限公司，投资参股中证机构间报价系统和证通公司，推动中邮创业基金公司股改和新三板挂牌工作。投资参股福建跨境通、浙江融易通跨境电商服务平台。战略投资湖北特别关注传媒公司。完成中法人寿股权转让工作，收回投资3.1亿元，是初始投资额的3.1倍，确保国有资产的保值增值。邮乐网在去年完成第一次融资后，正在启动第二次融资，市场估值有望达到200亿人民币，按增发约10%的新股计算，融资约3亿~4亿美金。

（三）能力建设步伐加快

一是信息化建设进一步加快。ERP工程和省集中核算系统在辽宁等3省试点上线。新一代寄递业务核心平台、CRM、大数据平台、邮政硬件资源池等重点信息化项目进入立项及实施阶段。完成跨境电商及海外仓系统建设，试点应用电商仓储系统。实施邮储银行新一轮IT规划，全面推进云平台建设，加快开发移动展业等系统。制定在线业务平台整合方案，加快全国各级各专业在线业务平台、在线购物平台和移动互联网应用等线上资源整合。

二是实物网建设力度加大。推进武汉、成都等22个重点城市邮件处理中心工艺改造，加快无锡等7个速递物流处理中心施工建设，启动沈阳等17个陆运中心的异址建设和西安等10个航空中心的新建。在上海、南京等电商重点城市间开通21条一级干线汽车邮路。启动1万余辆投递电动三轮车、4万余台投递PDA、5000台智能包裹柜的集中采购，安排投递作业场地的改造和扩建工作，将重点城市5000个人工自提点嵌入天猫网站。邮政快递包裹全程时限比干线运输方式改革前缩短了24个小时。

三是综合便民服务平台建设深入推进。加强顶层设计，制定了进一步加强综合便民服务平台建设运营的实施意见，推进渠道建设、业务叠加、客户营销、技术支持和平台开放等工作。新增便民服务站1万个、"三农"服务站1.6万个，新增ATM和CRS设备4676台。

（四）企业管理进一步加强

一是财务管控体系得到完善。实施利润目标摘档管理，提高了预算编制的科学性。完善财务标杆指标体系和纪特邮票印制费管理机制，修订集中资金办法、投资分摊办法和资产盘活办法。制定省级会计集中核算指导意见。完成包裹快递改革相关的核算、结算、税务等工作。

二是人力资源配置持续优化。创新用工总量调控管理模式，健全人员退出机制，进一步优化人员配置。全系统全口径用工总量较上年末减少1.5万人，劳务用工占比较上年末下降1.4%。继续精简压缩管理人员，31个省（区、市）邮政分公司管理人员较上年末减少765人。完善工效挂钩办法，实行工资总额可增可减政策；对领导人员和一般管理人员工资总额实行单列管理，严格控制收入增长。

三是板块协同发展机制更加健全。以总部项目为抓手，整合各板块资源，推动总部项目的联动开发，促进板块业务协同发展。完成邮银关联交易定价机制和同业竞争业务边界梳理工作。解决邮银之间代理公司业务的客户营销、收益分配与激励机制等问题，激发邮政分公司发展公司业务的积极性。明确邮速双方在客户营销、运输投递等方面的责任，促进包裹快递业务发展。

四是服务水平持续提升。认真履行普遍服务义务和特殊服务任务，强化邮政普遍服务管理机制。深入开展提升邮政服务质量专项活动，普通邮件全程时限、局内处理时限达标率和及时卸车率指标全面完成，分拣封发正确率达99.8%；无着邮件清理整治活动取得显著成效。开展机要通信质量安全和服务水平专项整治活动；开展退信质量专项检查，进行外勤投递质量监控试点；做好邮政局所空白乡镇网点补建运营，上半年新开业空白乡镇补建局所2132处，累计达到8401处，开业运营率达99.5%。速递物流服务质量持续改善，国际业务服务质量有较大提升。服务"三农"和小微企业力度进一步加大，涉农贷款余额新增1056亿元，小微企业贷款余额新增664亿元。

五是审计监督和集中采购管理不断强化。加大经济责任审计力度，强化领导人员任中、任前审计。加强工程建设项目、中央预算内资金建设项目、全行业跨年度财务收支、速递业务资费管理、2015年生肖邮票发行管理等专项审计检查，推进金融、速递物流企业的财务收支审计和邮政员工持股、投资清退工作。加强采购规范化管理，严格按规定程序招标，加强供应商资格审查，保证了采购工作的质量。上半年，集团公司完成采购项目29个，节约预算资金5亿元。

六是安全生产管理和风险防控得到加强。加大安全检查力度，整改安全隐患。实施覆盖三大板块的信息网运行维护考核，全网安全运行质量稳步提升。深入开展“两加强，两遏制”专项检查和民间借贷风险排查整治“回头看”等活动，加大案件、风险事件和不良贷款追责力度。妥善做好代理保险集中退保和满期给付工作。

（五）认真落实党风廉政建设“两个责任”

我们严格按照党中央要求，认真抓好党风廉政建设党组（党委）的主体责任和纪检组（纪委）的监督责任落实工作。在集团公司总部增设干部监督和巡视工作机构，在各二级单位设立党组（党委）办公室。制定下发《坚持从严治党、切实加强党风廉政建设有关问题的规定》，要求各二级单位纪检组长（纪委书记）专司纪检监察工作。开展落实中央八项规定纠“四风”、信访问题线索大起底、工程建设和物资采购项目招投标、选人用人等8个方面的专项自查。完成13个下属单位的巡视工作。截至7月底，集团公司纪检组监察局收到信访件783件，较去年同期增长38.8%，直接核查信访件34件，函询领导干部29人次，诫勉谈话3人，提醒谈话6人；直接立案查处9件，责成下属单位立案查处6件，给予党纪处分21人、行政处分3人，共涉及二级干部17人、三级干部5人。通报了9起严重违反财经纪律私设“小金库”和5起违反中央八项规定精神的典型违纪问题。

（六）干部职工队伍素质实现新提升

一是认真开展“三严三实”专题教育。根据中央总体部署，在全系统三级以上党员领导干部中深入开展“三严三实”专题教育。集团公司及所属各二级单位党组织书记带头讲党课，带头学习，带头交流研讨。各级党员领导干部重点学习习近平总书记系列重要讲话，促进了思想认识的提高。全系统基层党组织书记培训有序进行。

二是坚持从严管理干部。加强各级领导班子和后备干部队伍建设。加强干部监督，开展领导干部个人有关事项报告抽查核实、干部档案专项审核、因私出国（境）专项治理、选人用人和领导人员薪酬发放合规自查等工作，对发现的问题依规严肃处理并督促整改。全面推进“一报告两评议”工作，进一步提升选人用人公信度。

三是加大人才培养力度。制定《中国邮政集团公司人才发展规划（2015~2020年）》，建立人才分类体系和人才工作体系。推动人才评价选拔制度和人才测评体系建设，上收高级职称评审权限。制定邮政党校2015~2017年培养规划，举办首期中央党校分校班和第二期邮政党校自办班。启动省市邮政企业主要领导战略管理轮训工作。开展邮政业务营销员全国技能竞赛。中邮网院再次获得国际人才发展协会“卓越实践奖”。

四是着力推进精神文明创建。全国邮政有41家单位荣获全国文明单位、全国青年文明号称号，39名职工荣获全国劳动模范称号。举行“金方向盘汽车驾驶员”表彰活动，弘扬社会主义核心价值观。邮政企业文化建设取得阶段性成果，形成邮政企业文化理念识别系统初步方案。

我们十分关心员工生产生活，完成意外伤害和重大疾病保险供应商的招标工作。集团公司年金计划投入运营。31个省（区、市）分公司的互助补充保险全部覆盖到劳务工。慰问困难职工和受灾职工5万余人，发放慰问金4900多万元。

上半年，面对复杂困难的形势，全体干部职工认真贯彻集团公司各项决策部署，凝心聚力，锐意进取，取得良好成绩。在2015年《财富》“世界500强企业排行榜”中，中国邮政位居143位，比2014年提升25位，较2011年提升了200位；在《银行家》“2015全球银行1000强排名”中，邮储银行总资产位居23位，比2014年前移5位。这些成绩的取得，得益于党中央、国务院的正确领导，得益于中央有关部门、地方党委政府的大力支持，得益于广大干部职工的顽强拼搏、奋发有为。在此，我代表集团公司和集团公司党组，向全体干部职工表示诚挚的感谢！

在看到上半年取得成绩的同时，我们还要看到当前邮政改革发展中仍然存在的一些困难和问题。

第一，包裹快递业务发展与行业发展差距较大。2012~2014年，邮政速递物流每年收入增幅均不足10%，远低于快递行业35%左右的增幅。今年上半年，在快递行业收入比上年增长33.2%的情况下，邮政包裹快递业务收入比上年增长16%。造成这一问题的主要原因：一是发展战略不够稳定。近年来，我们对速递物流板块的发展战略不断调整，工作重心的改变，客观上影响了业务发展。二是体制机制不适应市场竞争需要。速递物流管理体制行政色彩较浓，实行两级法人体制，全网运行效率低，市场反应慢，执行力弱，成本高。人事、用工、分配机制不灵活，与市场不接轨，造成企业活力不足、人才流失。三是能力建设滞后于市场需求。近年来，电子商务蓬勃兴起，快递业进入迅猛发展时期。民营企业通过多种举措，加快网络布局，快速拓展市场；而速递物流公司近几年在实物传递网和信息化建设上，与主要竞争对手差距较大。四是经营管理不到位。我们的产品研发、营销体系建设滞后，制约了业务发展。

第二，企业管理方式和发展方式相对粗放。集团公司科学管控能力有待提升，符合现代企业制度要求的公司治理结构、管理体制、管控模式，尤其是对金融板块的科学管控模式需要进一步完善。企业发展更多地依靠要素投入拉动，经营上重速度规模、轻质量效益的现象还不同程度地存在；对行业发展趋势的预判能力和利用新技术推出新产品、新商业模式的能力还需进一步加强。

第三，企业经营管理方面存在薄弱环节。邮政服务质量离群众的要求还有差距，存在服务态度不佳、邮件错退误投、丢失损毁等问题。在营业窗口存在“被办卡”“被保险”“被短信”等现象。速递邮件传递慢、质量不稳定。少数单位存在低资费跨界揽收、违规向职工摊派任务、集邮卖大户、私设“小金库”等问题。同时，企业风险防控不到位，自去年年底以来，连续出现多起邮政金融案件。

第四，党风廉政建设“两个责任”落实不到位。有些党员领导干部对新形势下全面从严治党的重要性和紧迫性认识不足，没有把管党治党责任真正扛起来，重业务轻党建、“一手硬一手软”的问题比较普遍，特别是纪律意识和规矩意识不强，对中央三令五申的规章制度置若罔闻。有些单位党风廉政建设“两个责任”落实不到位，执行“三重一大”决策制度不严格，“四风”问题时有发生，在选人用人上存在问题，在对违规违纪问题的处理上失之于宽、失之于软。

对上述问题，我们必须高度重视，坚持问题导向，保持清醒头脑，认真研究，积极应对，抓紧解决。

二、下半年重点工作

上半年我们的发展明显好于预期，但是我们也要看到，这样的发展趋势是不可持续的。上半年成绩的取得是我们实施“一体两翼”经营发展战略，坚持改革创新、加快转型升级的结果。寄递翼通过包裹快递改革，业务发展开始好转。金融翼的快速发展，成为拉动集团公司收入和利润增长的主要力量。

然而，我们必须充分看到，宏观形势依然严峻，我国经济发展的国内外环境依然错综复杂，世界经济弱势复苏，国内经济下行压力依然较大，邮政发展面临的不确定因素依然很多。上半年原来对我们发展有利的一些因素正在发生巨大变化。一是宏观环境变化对金融行业发展带来很大挑战。互联网金融快速发展、金融脱媒加剧、国家降低民营银行准入门槛，尤其是利率市场化的不断推进，去年11月份以来，央行已3次降准、4次降息。特别是今年4月份以来，资金价格持续大幅下行，中长期资金需求不旺、短期资金收益很低，对邮储银行金融市场业务产生较大影响。与此同时，由于实体经济发展不好，信贷有效需求不足，不良贷款加速暴露，银行整体发展受到很大影响，银行业收入和利润增幅明显下降。受股票市场、投资理财渠道多元化等影响，存款增长乏力的趋势将进一步加剧，存款利率上浮空间的扩大也使银行负债端成本不断攀升。“偿二代”监管体系推出，将倒逼我国保险业产品结构调整升级、资产配置优化、风险管理能力提升，中邮保险面临着巨大的资本压力和转型压力。二是寄递市场竞争愈演愈烈。民营快递服务升级和外资企业、电商巨头进入寄递市场，加剧了寄递市场竞争。在国际寄递市场，一方面，跨境电商出口市场面临多种竞争压力。民营快递企业通过拓展专线、海外建仓、跨界联合等方式进军跨境电商寄递市场。境外邮政与电商平台、快递物流公司的合作日益紧密；另一方面，跨境电商进口市场竞争格局逐渐成形。进口业务的市场规模不断扩大，外资、民营快递公司纷纷谋划进口业务布局，以抢占先机。在国内寄递市场，民营快递企业和电商巨头加快市场布局。三是传统邮政业务市场需求日渐萎缩。互联网和移动互联网、新型支付方式分流了邮政窗口增值业务，商函、账单等基础函件业务收入持续下滑，报刊业务增长难度较大。

我们要准确研判形势，注重在不利环境中寻找有利因素，在战胜挑战中捕捉发展机遇。要紧跟互联网特别是移动互联网迅猛发展的步伐，抓住国家实施“互联网+”“一带一路”“大众创业、万众创新”等战略的机遇，加快改革创新、转型升级，积极实施“一体两翼”经营发展战略和信息化引领的科技兴邮战略，不断创新商业模式，打造竞争优势，优化业务结构，转变发展方式，牢牢把握邮政发展的主动权。

下半年，我们要继续贯彻落实党中央和国务院的方针政策、集团公司年初工作会议和党的建设暨纪检监察工作会议部署，进一步深化改革，加快能力建设，强化集团管控，提升服务品质，加快业务发展，确保完成全年各项目标任务。

我们要重点抓好以下几项工作。

（　）集中全网资源，做大做强包裹快递业务

包裹快递业务，是中国邮政转型发展的战略重点，是做强“寄递翼”的重中之重，必须举全网之力加快发展。邮政公司和速递物流公司要发挥各自优势，加强协作，一致对外，争占市场。尤其是速递物流公司要增强发展信心，采取有效措施，加快发展步伐，赶上行业发展水平。

最近，集团公司研究，对速递物流增加注册资本金70亿元，使速递物流强身健体；投资94亿元，全面提升包裹快递业务处理、运输和投递能力；投资6亿元，加强信息化建设，对现有寄递类信息系统进行梳理整合、改造升级，打造支撑包裹快递业务的先进信息系统，构建国内一流、行业领先的新一代寄递业务信息平台。总之，集团公司要用2~3年时间，投资100多亿元，彻底改造现有的陆运网、投递网和信息网，建成国内领先、世界一流的陆运网，同时对现有航空运输网进行优化升级，提升寄递翼的核心竞争力。

一要全力开发包裹快递业务市场。一是要建好“一个体系”，即包裹快递业务市场营销体系。邮速双方都要加强包裹快递业务营销体系建设，重点做好营销机构建设、充实营销队伍、创新激励机制、加大市场开拓力度等工作。二是要抓好“两个产品”，即标准快递和快递包裹。国内

标快业务是快递业的标志性业务，又是高效益业务，要打好国内标准快递重点城市会战和文件类标件战役，推出时限承诺服务，加快营销拓展。快递包裹业务市场规模大、成长性好，要快速提升市场份额。三是要强化“三项管理”，即时限、资费和客服管理，提升客户体验，树立邮政品牌。要加强时限管理，加快邮件传递速度，全力保障邮件的全程时限稳定性，加强对民航网运输邮件质量的管控和考核，进一步优化陆运邮路。要进一步健全资费规范管理体系，加强资费管理、监督检查，加大对违规行为的查处力度。要加强客户服务管理，优化内部客服流程，推行主动客服，提升客户服务能力，推动客服受理进一步向多媒体和自助渠道转移，推动理赔流程信息化。四是要拓展“四个市场”，即政企、电商、国际和合同物流市场。在政企市场，要在巩固和挖掘政务客户的基础上，加大商企客户标准快递的开发力度。在电商市场，要开展优势线路和仓配业务营销活动，加快推进“仓储＋配送＋供应链金融”的电商服务模式，着力提升国内电商寄递市场占有率。在国际市场，要深化与跨境电商平台的对接，加快海外市场布局，加大直客开发，加快海外仓开发步伐，持续做大出口业务规模。同时，还要大力开发进口业务市场，巩固邮政在跨境电商包裹寄递市场主渠道地位。在合同物流市场，要强化重点物流客户的服务支撑，提升合同物流专业化服务能力。

二要全面推进网运转型升级，为包裹快递业务发展提供支撑。一是要抓紧实施22个省际邮件处理中心包件分拣机更新和流水化改造项目，确保9月底前竣工投产，积极推动36个二级局的工艺改造和79个重点地市处理中心能力建设，确保“双11”前投产使用，加快推进西安等27个处理中心的新建工作。二是要以时限为先，贯彻落实快递包裹运营标准，全面优化全国干线、省内和同城网路组织，实现收寄、内部处理、运输和投递的全环节大提速，建立陆运网质量管控体系和运行质量评价考核机制；推行散件化、流水化生产作业改革，应用新型邮件容器，大力推行甩挂运输，推进陆运网资源整合升级，实现陆运网全环节实时监控和动态指挥调度。三是要完善集散、辅助集散加直飞的航空网运行模式，加强与陆运网的衔接，缩短全程运输时限。四是要增强大宗收寄预分拣、预安检处理能力，加快重点口岸互换局、交换站能力建设，加大与承运商、海关协调力度，提升国际邮件处理能力。五是要制定“双11”和旺季生产应急预案，做好运能、场地、人员、设备等的生产保障工作。

三要加快投递网建设，提高投递服务水平。要加快电动三轮车、汽车、PDA配备和投递作业场地改造扩建。充实投递管理力量，合理增配投递人员，积极探索与当地落地配公司合作。科学组划包裹快递混投、专投、中转接力等组网模式，优化作业流程。整合社会自提网络，加快自提网络布局，实行联网管理、开放运营，扩大重点城市人工自提点和智能包裹柜嵌入天猫等购物网站的数量，拓展自提点的服务功能。要运用技术手段强化投递质量管控，全面推广外勤投递质量监控系统。研究社区信报箱智能化改造问题。

（二）加强板块联动，加快金融业务发展

金融业务是集团公司的主要利润来源，必须加快发展。要加强板块间、条线间的业务创新、交叉营销和协同发展，打造邮政金融产业链。

邮储银行要坚持“存款立行”理念，充分发挥“自营＋代理”优势，优化物理网点布局，完善邮政代理机制。做好“三农”和小微企业金融服务，加大消费金融市场开发。要围绕国家战略新兴行业和重点项目，加快公司客户拓展和储备，加大重点领域信贷投放力度。抓好同业投融资、资产管理业务发展，稳定金融市场业务收入，提高中间业务收入占比。推进邮政互联网金融布局，加快推出网贷产品，以大数据驱动金融业务发展。

中邮保险要进一步优化“自营＋代管”配套机制，推进期交业务“百亿工程”，构建自营体系，加快拓展城市、团险、个险业务，增强投资能力，扎实推进“偿二代”过渡期工作。

中邮证券要依托邮政渠道推进分支机构建设，充分利用邮银渠道与资源优势，大力发展资管、投行业务；抓住邮储银行“第三方存管”业务上线契机，迅速扩大客户规模。

中邮资产要针对邮政资产特点确立运营方向和主题，整体规划、系统推进全网不动产盘活，加强“子改分”划入的对外投资股权管理。要努力培育投资和风控能力，发挥邮政品牌优势，积极开拓投融资渠道，打造综合资产管理平台。

邮政公司要以存款为核心，加快代理金融业务转型发展。突出抓好余额增长，确保市场份额稳中有升，助推邮储银行向现代大型商业银行转变。提升小额贷款和公司业务的推介能力，努力实现负债和资产业务联动发展。深入推进网点转型，加快拓展手机银行客户，电子银行交易替代率和转型网点覆盖率力争年底前分别达到65%和45%。大力发展高收益理财类业务。规范发展代理保险业务，控制经营风险。对中邮保险开业省要突出发展中邮期交业务，全年实现业务规模和渠道占比双达标。对中邮证券开业省要加大协同力度，加快发展证券账户，为证券业务发展奠定基础。精心组织开展代理金融跨年度营销活动，提升储蓄存款市场占有率。

（三）发挥线上线下优势，大力发展农村电子商务

要充分利用国家支持发展农村电商的政策，积极对接地方政府、财政和商务部门，做好电子商务进农村示范工作。要依托邮乐网、“邮掌柜”系统、便民服务站系统和分销渠道资源，加快打造线上线下一体化的邮政农村电子商务O2O平台。提高邮乐网平台开放度，加强与社会互联网公司、农产品龙头企业等单位的合作，进一步丰富邮乐网、“邮乐优选”及“邮乐农品”专区的商品种类。增强“邮掌柜”系统和“邮乐优选”服务功能，加大推广力度，提升系统应用和代购服务水平。尽快完成与分销信息系统的互联互通，推动非农资商品的线上运营。各省分公司要狠抓县级运营中心建设，完善物流配送和售后服务，做出邮政农村电商品牌特色。要推广合作社直销和加盟店批销模式，加快农资分销模式升级。科学布局农村地区的仓储和配送网络，构建邮政与社会共同参与的县乡物流体系，解决农村电商末端配送问题。

要抓好旺季生产经营。要积极推动报刊转型，不断开拓图书、动漫、数字阅读市场。创新开展好2016年封片卡营销，积极推进函件媒体化转型，使传统函件走上跨界融合发展道路。积极应对国家对化肥税收政策的变化，加大新型高效农资推广，提升经营效益。抓住北京成功申办冬奥会机遇，做好集邮业务，完善集邮网厅建设，创新线上线下发展模式，开展好新邮预订、形象年册、生肖季和文化季营销工作。

（四）强力推进改革，激发企业活力

习近平总书记指出，“推进国有企业改革，要有利于国有资本保值增值，有利于提高国有经济竞争力，有利于放大国有资本功能”。我们要按照中央关于全面深化国企改革的要求，以改革创新破除体制机制羁绊，为中国邮政平稳健康发展注入活力。

一要积极推进国际寄递业务改革。要按照提高国际市场竞争力、强化集中统一管控、专业高效运营的总体思路，研究出台国际寄递业务改革方案。要进一步完善国际寄递业务的经营管理体系，在体制机制、产品服务、能力布局、信息技术等方面提升专业化运营能力，实现国际寄递业务的快速发展。

二要加快推进资本运营工作。要全面研究收购兼并等资本运作手段，制定集团公司内部资本协同机制，积极推进资本运营平台建设。研究通过合理利用保险资金、收购第三方支付牌照和多元化投融资等方式，快速提升集团公司资本运营能力。要稳健、高效推进邮储银行引战上市工作，按照法律法规和监管部门要求，进一步规范邮银关联交易管理。加快落实中邮保险2015年增资扩股计划。做好邮乐网二期融资工作。要探索通过收购兼并和股权投资方式，向寄递翼产业链的上下游延伸，快速提升中国邮政在寄递市场的竞争力。

三要探索研究省邮政分公司经营组织体系改革。要结合“一体两翼”经营发展战略，深入总结上海市、福建省邮政分公司改革试点做法，制定以客户为中心的经营组织体系改革方案，提升产品开发和营销能力，增强市场竞争力。同时，要研究集团公司总部和省邮政分公司内设职能部门的战略绩效管理模式，构建战略导向绩效管理体系。

（五）加快信息化建设，发挥信息化引领作用

要积极推进信息化引领的科技兴邮战略，认真落实国务院提出的“互联网+”行动计划，加快信息化建设，实现邮政信息化的转型升级，提升邮政核心竞争力。

一要构建高效统一的信息化平台。要通过组建集团公司软件开发中心，逐步实现核心业务系统自主开发，提高信息系统自主可控和快速响应市场的能力。要加快完成ERP系统和省集中核算系统在全网的推广实施，加快推进业财一体化。启动CRM系统建设，整合邮政品牌、客户、营销和渠道资源，逐步实现以产品为中心到以客户为中心的转型。要全面实施邮储银行新一轮IT规划，加快推进金融网点集中授权系统推广工作。加快整合各大板块线上资源，打造品牌统一，服务专业，运营有序的邮政在线业务平台体系。启动大数据平台建设工作，实现邮政数据资源的集中和整合，推动大数据的分析挖掘和落地应用；积极推进邮政硬件资源池和云平台建设，促进信息化资源动态调度。尽快完成亦庄信息中心等改造工程。

二要持续推进线上线下相结合的综合便民服务平台建设。要加快制定完善平台建设规划的制度和标准，推进实体和电子渠道统一接入管理系统、板块核心业务平台建设。优化自有网点，拓展社会加盟渠道。不断丰富平台功能，叠加邮政便民服务项目。统一渠道形象和积分兑换，完善支付手段，加强会员信息和客户管理工作，提升服务客户能力。各省分公司要从用户、渠道、运营、产品和销售等方面完善区域平台运营体系，整合渠道资源，加强渠道管控，实现N站合一。加大与政府部门的沟通协调力度，加快实现由经营业务向经营平台的转型。

三要积极落实“互联网+”行动计划。要尽快成立电商运营中心，全面支撑网站、手机、微信等各类电子渠道的业务运营。加快研究制定中国邮政“互联网+”行动方案，把“互联网+”作为邮政业务转型的战略突破口。重点推进大数据、云计算、物联网、移动互联网等新技术与邮政金融、包裹快递、邮政业务、电子商务的融合创新，充分发挥邮政整体资源优势，催生邮政新业态，跨界拓展新领域，打开发展新空间，形成新的增长点，推进中国邮政转型升级。

（六）强化企业管理，提高运行效能

要围绕完善现代企业制度，进一步强化集团管控，不断提升科学管理水平。

一要加大财务集中管控力度。加快推进全网资金收支两条线管理和省级会计集中核算工作。深化财务对标管理，进一步引导各单位提升效益意识。全力做好“子改分”后续工作。加强中央财政预算内资金管理。

二要强化人力资源管理。一是要切实做好用工结构调整工作。各单位一把手要高度重视，按照集团公司制定的2015年“四个一部分”调整目标，确保完成全年调整计划。二是要制定弹性人工成本管控体系实施方案。建立人工成本能增能减的动态调控机制，将人工成本更多地向效益好、产出高的企业配置。各控股公司要结合所处行业的特点，按照弹性人工成本管控的思路，建立与经营业绩联动的人工成本配置机制。三是要进一步加强领导人员薪酬分配集中管理。集团公司对各省邮政分公司、集团公司直属各单位领导班子成员实行薪酬直接发放；各省邮政分公司将县分公司领导班子成员绩效薪酬纳入集中管控范围。从严控制领导人员薪酬增长，实行领导人员工资总额和薪酬水平"双调控"政策，将更多的工资总额投向一线员工。四是要推动年金大集中管理。各单位要按照集团公司的统一部署和企业年金总体方案，调整完善本单位的实施方案。

三要狠抓质量管理，改善客户体验。要进一步强化普遍服务的内控机制，认真做好机要通信、党报党刊发行等特殊服务。加强邮政局所空白乡镇网点的持续运营和服务规范管理。深入开展提升邮政服务质量专项整改活动，进一步强化无着邮件管理工作。要建立质量管控长效机制，明确生产管理体系和质量管控体系的职责功能，加快手机APP、投递智能手机（PDA）应用，提升生产管理和服务质量信息化管控水平。完善服务质量监督检查体系，组建邮政社会督查员队伍，配齐配足各级视察人员，特别是县分公司视察人员，加大服务检查力度。要切实抓好金融服务管理，提升窗口服务能力，严厉禁止"被办卡""被保险""被短信"等违规行为，妥善处理好客户投诉。

四要切实抓好安全生产管理。要进一步强化资金、邮件、消防、交通、航空、信息网和员工等方面的安全管理。深入落实安全生产责任制，强化监督检查，及时整改隐患，建立重大安全隐患挂牌督办制度。加强邮件收寄安全检查，严防违禁物品通过邮政渠道寄递。特别是邮银双方要联合开展金融安全等专项检查，推进风险隐患集中整治，强化风险管控。要做好邮政各类网站的安全检查，防止非法攻击和数据泄露。要高度重视汛期的安全生产工作。

要做好"十三五"邮政发展规划的编制工作，积极配合有关部门做好相关法律法规的修订完善。

（七）认真落实党风廉政建设"两个责任"，加强干部职工队伍建设

要切实履行党风廉政建设"两个责任"，深入开展"三严三实"专题教育，坚持以人才驱动创新，为企业发展提供精神动力和智力支撑。

一要强化党风廉政建设"两个责任"。各级邮政企业党组（党委）要认真学习贯彻《中国共产党党组工作条例（试行）》和《关于在深化国有企业改革中坚持党的领导加强党的建设的若干意见》等文件精神，切实提高对国有企业党建重要性的认识，增强做好企业党建工作的自觉性和主动性。要进一步贯彻落实好集团公司党组党风廉政建设"两个责任"实施意见，针对工作中存在的薄弱环节和突出问题，研究落实举措，推动"两个责任"有效落实。要进一步强化责任意识和责任体系建设，重点强化纪律意识和规矩意识，把守纪律讲规矩挺在前面，做到知敬畏、明底线、受警醒。特别是要严格执行民主集中制、"三重一大"决策制度、干部选拔任用制度，强化工程建设和物资采购招投标管理，重拳整治"小金库"，持之以恒纠正"四风"，坚决防止"四风"反弹。当前，各级邮政企业要认真按照中央巡视组的工作要求和集团公司党组的工作部署，认真查找和梳理问题清单、整改清单，认真进行整改工作，对在巡视中发现的各种违规违纪问题要严肃处理，并追究主体责任和监督责任。

二要继续做好"三严三实"专题教育。要按照中央要求和集团公司党组的统一部署，认真做好专题教育各项工作。要突出问题导向，开好专题民主生活会和组织生活会。进一步健全制度，细化目标责任，严明纪律规矩，强化工作落实，形成从严从实的氛围，营造风清气正的良好政治生态。通过"三严三实"专题教育，锤炼一支优秀的党员干部队伍，使勇于担当的精神树起来，主动作为的行动实起来，推动改革的能力强起来，促进邮政企业深化改革和转型升级。

三要加强干部人才队伍建设。要加快修订完善邮政企业领导人员管理规定等制度办法，严格选拔标准、规范选拔程序，严明选拔任用纪律、强化责任追究。要加强干部监督管理，抓好个人事项随机抽查核实，开展选人用人专项检查。要成立人才测评中心，加快人才测评体系建设，推动人才选拔试点工作。要健全集团级专业领军人才选拔、使用、考核等管理机制，启动集团级会计领军人才选拔工作，加大高层次专业人才特别是互联网人才队伍建设力度。围绕集团公司经营发展战略，继续对省市邮政企业主要领导实施战略管理轮训。筹建邮政企业大学，继续办好中央党校分校班、邮政党校自办班。开展岗位资格认证试点，推进员工持证上岗。举办邮政业务营销员国家级职业技能竞赛决赛，全面带动营销队伍能力提升。

要大力推进企业文化建设。完善邮政企业文化理念识别系统，加快企业文化理念落地，推动行为和视觉识别系统建设。组织做好全国文明单位、交通运输行业先进集体、全国青年文明号的检查和先进经验推广工作，开展纪念中国邮政开办120周年系列宣传活动，激发员工干事创业热情。

要贯彻落实《中共中央国务院关于构建和谐劳动关系的意见》，把构建和谐劳动关系作为一项重要任务抓实抓好。要切实关心员工生产生活，让员工分享发展成果。探索建立统一的员工补充医疗保险制度。深入推进职工小家建设，改善员工生产生活条件。做好信访工作，维护员工合法权益，构建和谐企业。

同志们，2015年是中国邮政全面深化改革、加快转型升级的关键之年。面对繁重的改革发展任务，我们要继续发扬顽强拼搏、奋发有为的精神，开拓创新、扎实工作，全面完成各项目标任务，为推进世界一流邮政企业建设和全面建成小康社会作出更大的贡献！（集团公司办公室）

落实全面从严治党责任，开创党建工作新局面 为新常态下邮政改革发展提供坚强保证

——张亚非书记在集团公司党的建设工作暨纪检监察工作会议上的报告

（2015 年 2 月 28 日）

这次会议的主要任务是：全面贯彻党的十八大、十八届三中、四中全会和十八届中央纪委五次全会、全国组织部长会议等重要会议精神，深入学习贯彻习近平总书记系列重要讲话精神，回顾 2014 年邮政系统党建工作，分析形势明确任务，部署 2015 年邮政党建重点工作。

一、2014 年邮政系统党建工作回顾

2014 年，我们以习近平总书记系列重要讲话精神为指导，坚持党要管党、从严治党，围绕中心、服务大局，不断加强党的建设，邮政系统党建工作呈现出以上率下、以点带面、突出重点、推动全局的良好态势。

（一）深化政治理论学习，党员干部的思想理论武装得到加强

各级党组织把思想建党作为邮政党建工作的首要政治任务，把深入学习贯彻习近平总书记系列重要讲话精神、十八届三中、四中全会精神，十八届中央纪委三次、四次全会精神、中央关于教育实践活动重要部署以及中央经济工作会议精神等，作为政治理论学习的重点内容抓好落实。一是强化党组理论中心组学习。集团公司党组带头示范，全年组织 19 次理论中心组和领导干部集中学习。各二级单位对党组中心组学习也越加重视，落实计划，精心组织。二是加强党员领导干部重点培训。落实集团公司党组《2013~2017 干部教育培训规划》，成立中国邮政集团公司党校，并成功举办首期中青年干部培训班。组织全系统 6000 多名三级副以上干部开展学习总书记系列重要讲话精神集中轮训，党组书记、纪检组长作专题学习辅导。同时，各二级单位党组织开展了县及县以下邮政单位党支部书记轮训。三是结合实际做好党员干部和职工群众的宣传思想工作，坚持正确的舆论导向，加强思想政治工作研究，强化思想理论武装。通过学习，各级党组织和党员干部增强了中国特色社会主义“三个自信”，提高对新时期党建理论和党建工作的认识水平。

（二）深入开展党的群众路线教育实践活动，干部作风持续改进

按照中央部署，第二批教育实践活动在全系统 6600 个基层单位、15.4 万名党员中进行，各单位党组织认真制定方案，周密组织部署，强化指导督导，持续用力推进，严把专题民主生活会和组织生活会质量关，抓好中央要求的 21 个专项整治，制定并落实整改方案。同时积极推动第一批活动整改任务的落实，全系统第一批活动“两方案一计划”完成率均在 90% 以上，制度建设与实施取得新成效。在此基础上，根据中央部署，在全系统第一批活动单位认真组织召开民主生活会，集团公司组成 11 个督导组进行了指导督导。教育实践活动使广大党员干部的理想信念、宗旨意识、党性修养、规矩准则意识进一步增强，“四风”突出问题得到有力整治，关系员工群众切身利益和服务人民群众“最后一公里”的突出问题得到进一步解决。中央督导组和全系统干部职工对活动给予充分肯定。

（三）突出抓好班子和人才队伍建设，干部人才队伍素质明显提升

一是把选好配强各级领导班子作为干部工作的重中之重，认真贯彻干部选拔任用条例，严格遵守干部选拔工作程序，按照新时期好干部标准，做好领导班子补充调整工作。邮政系统全年补充调整高管人员 265 人次，进一步优化班子的年龄、知识和专业结构。加大干部交流工作力度，各省三大板块主要领导异地交流任职的比例达到 66.7%。二是根据中央要求，完善后备干部选拔培训工作制度，改进选拔方式和程序，开展二级领导人员后备干部和中长期培养对象的选拔推荐工作，集团公司和所属各二级单位两级班子后备干部队伍初步建立。同时，按规定开始对二级单位开展“一报告两评议”。三是全面加强干部监督，特别是围绕选人用人开展“六个专项整治”，全系统共清理“裸官”10 人；清理党组管理的干部违规在企业兼职 51 人次；对 8 名党组管理的干部参加高收费培训项目（EMBA）的，责令立即整改；对“三超两乱”问题，跑官要官、说情打招呼问题，认真清理、严肃整改；启动干部人事档案

专项审核工作；实施了管理人员工资总额单独管控。四是创新人才工作体制机制，构建了6大类26小类的邮政人才分类体系，规划后备人才、专业领军人才等6项重点人才工程；召开全国邮政人才援藏工作座谈会；继续实施总部机关与基层单位干部双向交流。

（四）健全基层组织体系，党建工作基础进一步夯实

集团公司党组出台了《关于加强基层服务型党组织建设的意见》。开展清理整顿软弱涣散基层党组织工作，特别是针对一些县及县以下部分邮政单位基层党组织不健全问题，通过采取成立联合党支部、异地人员调整和加快培养发展新党员等办法，使这一问题得到有效解决。同时，进一步理顺邮政三大板块党的组织体系，解决邮储银行党组织关系归属问题，邮储银行各省分行党委书记不再兼任省邮政公司党组成员。强化基层党组织跟踪管理，及时根据机构人事变动健全党组织机构和班子配备。做好总部机关及直属单位党委（总支）换届、增补委员工作。更加注重党员发展的质量标准，党员发展和管理工作进一步严格规范。

（五）全面落实“两个责任”，党风廉政建设走向深入

一是年初集团公司党组与各二级单位主要领导签订2014年党风廉政建设责任书，并强化检查监督。制定下发《惩治和预防腐败体系2013~2017年工作规划的实施意见》和关于落实党风廉政建设主体责任、监督责任的两个《实施意见》，并认真抓好落实和检查。二是建立党风廉政建设联席会议制度和信访工作联席会议制度，召开联席会议推动工作开展。举办集团公司直属各单位党委主要负责人落实“两个责任”培训班，带动全系统培训工作。三是在所有二级单位党组织自查的基础上，集团公司党组领导采取调阅资料和当面约谈的方式，对55个单位落实“两个责任”情况进行检查，检查面占到所属单位的50%。四是启动并开展巡视工作，组建3个巡视组，对所属12个省级单位驻点巡视，并计划用3年时间完成全部二级单位巡视工作。坚持教育在先，继续推进新任领导干部廉政考试和任前廉政谈话制度。五是重视做好信访工作，加大信访核查和案件查办力度，全国邮政企业共收到来信2194件，（其中集团公司收到1120件），全年初核951件，立案35件，结案36件，对76人给予党纪政纪处分。

（六）践行党的群众路线，群团工作取得新成效

在各级党组织领导下，群团工作有声有色，发挥桥梁纽带作用。一是深化企业民主管理，维护员工合法权益。全系统31个省（区、市）邮政公司、36个邮储一级分行、31个速递物流省级公司全部建立了省级职代会制度，有24个单位建立职代会民主评议领导干部制度。二是畅通员工诉求表达渠道，在全系统组织合理化建议征集活动。三是加强“职工小家”“投递员之家”“网运职工之家”建设，受益职工达30多万人。四是成功举办两岸四地邮政第二届“和谐杯”乒乓球比赛。五是贯彻中央老干部工作精神，组织参加全国离退休先进个人评选工作。关心关爱离退休干部职工，落实政治待遇和生活待遇。

（七）坚持继承和创新并重，扎实推进企业文化建设和精神文明创建工作

在集团公司党组领导下，按照“统一部署、内外结合、上下互动、整体推进”的思路，组成内外项目组，通过内脑、外脑做好系统设计，发动员工广泛深入参与，扎实推进邮政统一的企业文化建设工作。在深入进行企业诊断和企业文化诊断基础上，先后发动全系统干部职工70余万人次，参与上下互动研究，初步形成邮政统一的企业文化理念识别系统方案。同时，在过程中强化邮政企业文化内涵的认知、传承和创新，强化邮政文化的感染力和凝聚力。

精神文明创建工作取得新突破。年内新增全国文明单位23家，累计达到87家；新增交通行业文明单位和个人12个，累计达到50个；新增全国青年文明号17个，累计达到86个；全国邮政省级文明单位新增102家，累计达到847家。全年有20多家单位、近20人荣获“全国五一劳动奖状”“全国五一劳动奖章”等荣誉称号。开展“双先”评选表彰、“寻找最美邮递员”活动，弘扬邮政的光荣传统，树立了良好的社会形象。

过去一年邮政系统党建工作取得的成绩，得益于党中央和上级党组织的坚强领导和大力支持，得益于全系统各级党组织、广大党员干部和职工群众的共同努力和积极参与，得益于全系统党建工作战线同志们的辛勤工作和不懈奋斗。在此，我代表集团公司党组，向关心支持邮政党建工作的上级党组织，向为邮政党建工作付出辛勤汗水的同志们，表示诚挚的感谢并致以崇高的敬意！

在看到成绩的同时，也要清醒认识当前邮政系统党建工作存在的问题和不足。一是有些党员领导干部对新形势下党建工作重要性的认识不到位，重业务、轻党建、“一手硬一手软”的现象仍不同程度存在。二是有些单位对“两个责任”的落实不到位，有的党政主要负责人没有把党风廉政建设主体责任真正扛在肩上，纪检监督责任也没有到位，少数领导干部纪律意识和规矩准则意识弱化，没有认真执行“三重一大”决策制度。三是“四风”问题虽然得到一定遏制，但变相、隐身的“四风”问题仍时有发生，防止反弹任务艰巨。四是基层党组织作用在一些单位发挥得不够，党组织活动存在形式化现象，企业思想政治工作的针对性和实效性不强，党组织的战斗堡垒作用发挥不够。五是党建工作的体系、队伍还不适应新时期全面从严治党的要求等。对此，我们必须高度重视，在今后工作中认真加以解决。

二、经济发展新常态下邮政系统党建工作的总体要求

党的十八大以来，以习近平同志为总书记的党中央从坚持和发展中国特色社会主义全局出发，提出并形成全面建成小康社会、全面深化改革、全面依法治国、全面从严治党的战略布局，确立新形势下党和国家各项工作的战略方向、重点领域、主攻目标。去年底召开的中央经济工作会议，从9个方面论述我国经济发展进入新常态的阶段性特征。今年初召开的全国邮政工作会议，在深入分析中国邮政面临的挑战和机遇的基础上，确定新常态下推动邮政发展的总体思路和工作任务。

党的建设工作要为中心工作提供动力和保证。认识新常态，适应新常态，引领新常态，是当前和今后一个时期我国经济发展的大逻辑，企业党建工作要服务好这个中心和大局。党的十八大以来特别是全党广泛深入开展群众路线教育实践活动以来，党的建设发生了深刻变化，全面从严治党已经成为贯穿党的建设的核心和主线。中央高度重视国企党建工作，习近平总书记强调指出：国有企业特别是中央企业，在关系国家安全和国民经济命脉的主要行业和关键领域占据支配地位，是国民经济的重要支柱，是中国共产党领导和中国特色社会主义政权的重要政治基础和物质基础。同时尖锐指出：一些国有企业在管党治党、党风廉政建设上也出现了这样那样的问题，有的问题相当突出。王岐山同志强调：坚持从严治党，加强党风廉政建设和反腐败斗争，国有企业不能例外。

根据这一形势任务，邮政系统当前和今后一个时期党建工作的总体要求是：深入学习贯彻习近平总书记系列重要讲话精神，认真落实党的十八届三中、四中全会精神和中纪委三、四、五次全会精神，按照“一心一意谋发展，聚精会神抓党建”的要求，牢牢把握全面从严治党这条主线，突出抓好“五个着力”，全面推进邮政系统党建工作，不断增强党建工作的实效性，为邮政改革发展提供坚强的政治和组织保证。

*一是着力提高思想建党水平。*落实始终把思想建党放在首位的要求，以领导班子和党员领导干部为重点，加强政治理论学习。要坚持用马克思主义中国化的最新理论成果特别是习近平总书记系列重要讲话精神武装头脑、指导实践、推动发展。要通过系统学习，进一步提高对党建工作重要意义的认识，牢固树立党要管党、从严治党理念，强化管党治党责任；牢固树立正确的政绩观，把抓好党建工作作为最大的政绩；牢固树立党风廉政建设“两个责任”意识，切实增强责任担当。

*二是着力把握工作重点。*按照中央的部署和要求，结合邮政系统实际，进一步明确工作重点和工作标准，解决好“抓什么、怎么抓”的问题。今后几年党建工作的重点要放在抓班子以上率下、抓基层夯实基础、抓热点解决问题、抓责任强化监督上。即：按照新时期好干部标准，突出抓好班子建设，配齐配强和用好管好干部，提升政治素养和领导能力；围绕发挥基层党组织作用，突出抓好省、市及以下基层邮政企业单位党建工作，做到重心下移，建立党建工作责任制，分层级落实管党治党责任，提高基层党组织的凝聚力和战斗力；围绕邮政改革发展和职工切身利益的热点难点问题，突出抓好调查研究，科学决策，民主管理，群团工作，以及思想文化建设等工作，推动改革发展，维护大局稳定；围绕落实“两个责任”，突出抓好监督检查和考核评价工作，完善党建工作述职考核机制，强化监督机制，加强巡视工作，形成推动党建和反腐倡廉工作的有效抓手。

*三是着力强化制度建设。*认真落实制度治党要求，突出抓好制度建设和落实，以法治思维和法治方式建制度、明法度、严约束，用有效的制度推动党建各项具体工作的落实，实现理论武装、组织建设、作风转变、能力提升、反腐倡廉等工作的常态化、长效化。同时，在党员领导干部中进一步强化规矩准则意识。要重点在党内政治生活方面，在干部选拔任用和监督管理方面，在党风廉政方面，在加强企业民主管理方面，在作风建设等方面，在认真贯彻落实好中央一系列制度规定的同时，紧密结合邮政实际，进一步制定和完善相关配套制度，形成制度体系，织密扎紧制度的笼子。要进一步强化制度执行力，推动全系统党员干部形成遵规守纪的思想自觉和行动自觉。集团公司党组每年将对重要制度规定的执行情况开展专项检查，促进制度规定的有效落实。

*四是着力推进机制完善。*立足邮政实际，积极探索完善邮政系统党建工作体制机制。一要进一步完善符合三大板块实际的邮政系统党建工作组织体系，完善组织架构，理顺工作关系，畅通工作渠道。二要进一步加强全系统党建工作机构和队伍建设，完善基层党建工作体系，明确职能定位与分工，强化党务干部队伍的素质能力培训，建立齐抓共管、分工协作机制，促进上下联动、部门互动，形成党建工作合力。三要进一步建立健全监督检查机制，运用专项检查、巡视督查、调研走访等方式，对各单位党建工作情况进行检查指导。同时健全党组织书记向上级党组织报告党建工作制度。四要建立健全考核评价机制，把企业党建工作和领导干部抓党建工作的考核情况与企业绩效考核挂钩，真正把中央提出的“业绩考核考党建、工作述职述党建、民主评议评党建、评优选先比党建、选拔任用看党建”的要求落到实处。五要建立追责问责机制，对管党治党不严致使不正之风滋长蔓延、腐败案件频发的领导干部要严格问责。

*五是着力推进方法创新。*积极探索符合邮政实际和员

工特点的党建工作方法，使邮政系统党建工作更加符合党的建设大局，体现各板块各专业特点。要结合企业改革热点问题和员工诉求，开展不同形式的思想政治工作。要把思想政治工作与企业文化建设紧密结合起来，使企业文化建设与思想政治工作相互促进。要加强党建工作调查研究，增强党建工作的针对性，注重推进党建工作经验交流。要积极探索加强干部管理、强化作风建设、推进党风廉政建设等方面行之有效的方法。要高度重视做好新形势下党的群团工作，加强对群团工作的组织领导，创新群众工作方法，充分发挥群团组织的桥梁纽带作用，积极开展群众喜闻乐见的文化活动。要重视企业民主管理工作，发挥员工主人翁作用，维护员工合法权益。

全国邮政系统各级党组织和广大党员干部，要切实增强使命感和责任感，以更加奋发有为的精神状态和求真务实、开拓创新的工作作风，扎实推进党的建设各项工作，做到观念上适应、认识上到位、方法上对路、工作上得力，努力开创邮政系统党建工作新局面。

三、2015年邮政系统党建工作的重点任务

2015年是中国邮政全面深化改革、加快转型升级的关键之年。做好全系统党建工作，对促进和保障全年工作目标任务顺利完成意义重大。

全年要重点抓好以下工作：

（一）坚持思想建党，把学习贯彻习近平总书记系列重要讲话精神引向深入

一是坚持把学习贯彻习近平总书记系列重要讲话精神作为思想政治建设的重要内容，着力在坚定理想信念上下功夫，在入脑入心上下功夫，在知行合一上下功夫。进而把理想信念牢固树立起来，把党性原则牢固树立起来，把政治规矩牢固树立起来。要进一步深入学习《习近平总书记系列重要讲话读本》等书目，深入学习党的十八大和十八届历次全会以及中纪委历次全会精神，全面系统把握思想内涵和精神实质。二是强化集团党组中心组和各二级单位党组（党委）中心组“两个龙头”的示范作用，带动基层党组织和党员干部学习，集团公司党组适时派人参加各单位党组（党委）中心组学习。各级领导干部要带头讲党课，带头作专题辅导报告，带头联系实际开展专题学习研讨。三是进一步加强邮政党校能力建设，充分发挥邮政党校主阵地作用，把学习习近平总书记系列重要讲话精神作为主课，切实加强邮政系统党员干部的理想信念教育、党性党风党纪教育、法治教育和道德教育，不断提高思想理论素质。今年要重点办好中央党校分校班和集团公司党校培训班，分三批培训轮训干部500人左右。四是坚持联系实际，学以致用。要结合邮政实际抓好企业宣传思想教育。引导广大党员和员工深刻认识我国经济发展新常态，深刻认识和理解集团公司各项重大改革政策措施，正确对待风险挑战和利益调整，统一思想，凝聚共识，助力改革。要进一步完善员工思想动态反映机制，及时把握社会舆情和员工思想状况，理性回应员工利益关切。要充分发挥党的工作优势，充分发挥基层党组织的战斗堡垒作用和党员先锋模范作用，深入开展岗位建功活动，激发奉献企业的内在动力。要创新思想政治工作理念和方法，提高运用网络、微博、微信、手机客户端等新媒介开展思想政治工作的能力，进一步增强工作的吸引力和针对性。

（二）坚持久久为功，持续深化作风建设

牢固树立作风建设永远在路上的思想，在巩固、拓展、深化教育实践活动成果上下功夫，在抓常、抓细、抓长上下功夫，锲而不舍、驰而不息地推进作风建设。一要切实抓好整改落实、深化专项整治。这是巩固教育实践活动成果的重要任务。各单位要不折不扣落实整改方案，上下联动推进整改，一条一条兑现整改承诺。春节前，集团公司印发了办公用房清理整改工作的通知，对各级干部办公用房标准和整改工作提出了明确要求，各单位一定要认真抓好落实。今年底前，根据中央部署，适时开展整改情况“回头看”。对整改不力、问题反弹的要严格问责。二要始终保持反“四风”高压态势。深入落实中央八项规定和集团公司党组的20条实施意见，继续紧盯问题频发多发时点，加大日常检查、查处和公开曝光力度，发现一起就查处一起，坚决防止不良作风复发反弹。对变相和隐身的“四风”问题，要有效应对、及时遏制。在正风肃纪问题上，决不搞法不责众，不搞下不为例，不搞情有可原。三要扎实开展“三严三实”专题教育。中央部署，今年要在县处级以上领导干部中，深入开展“三严三实”专题教育，这项工作是教育实践活动的延展深化，是推进作风建设的重要举措。集团公司党组将统一安排全系统的专题教育活动。“七一”前后，以践行“三严三实”为主题召开班子民主生活会，各级党组织书记要上一次专题党课，推动形成践行“三严三实”的浓厚氛围。四要进一步完善改进作风常态化机制。认真贯彻执行中央已颁发和将颁发的各项制度，并结合邮政系统实际，及时修订完善相应的配套措施，推动形成科学规范、务实管用、指导性强的作风建设制度体系。以巩固教育实践活动成果为目标，进一步完善作风建设的长效机制，把作风建设纳入党组（党委）中心组学习和集体学习中，推行各级企业机关部门联系基层、干部联系群众“双联系”制度，落实党员干部直接联系群众制度。进一步重视和加强宣传舆论工作，努力营造抓作风树新风的良好舆论氛围。五要重视领导干部家风建设。中央强调，领导干部的家风不是个人小事、家庭私事，而是领导干部作风的重要表现。要把家风建设作为加强领导班子和领导

干部作风建设的一项重要内容，定期检查有关情况。领导干部要从自身做起，正好家风、管好家人、处好家事，使家庭真正成为自己拒腐防变、永葆本色的坚强阵地。

（三）坚持从严治吏，切实加强各级领导干部队伍和人才队伍建设

总书记习近平强调，“从严治党的重点，在于从严管理干部，要做到管理全面、标准严格、环节衔接、措施配套、责任分明”，这为我们从严管理干部指明方向。一要健全科学有效的选人用人机制。坚持新时期好干部标准，深入落实新修订的《党政领导干部选拔任用工作条例》，突出德才兼备、人岗相适，严格条件程序、严守纪律要求，选好用好干部，选优配强企业各级领导班子特别是一把手。要发挥好各级党组织和组织人事部门的领导和把关作用，落实党组（党委）在选人用人上的主体责任，各级纪检组长要从选人用人的初始酝酿阶段参与研究并全程监督。要增加任前考察深度，把考察干部的功夫下在平时。要加大对个人有关事项报告抽查核实的力度，对三级以上拟提拔人选、后备干部人选、转任重要岗位人选都要核实。要继续认真开展“一报告两评议”工作，严厉查处选人用人上的不正之风，铲除产生带病提拔的潜规则。二要重点加强企业各级领导班子和领导干部的监督管理。进一步强化规矩准则意识，强化政治纪律、组织纪律、廉政纪律、财经纪律，坚决做到总书记要求的5个“必须”、5个“决不允许”，自觉维护党的集中统一和中央权威，保证中央政令畅通，保证集团公司党组各项要求落到实处。继续抓好中央要求的6个专项整治，特别是进一步整治跑官要官、说情打招呼问题，对跑要和托人说情的，一律不得列为考察对象；进一步整治“三超两乱”问题、干部档案造假问题，对发现的问题，要一个一个地核实、一项一项地纠正，并严肃追究责任。此外，还要进一步抓好整治领导干部违规兼职、整治“裸官”、干部参加高价培训等。要加强对干部的日常管理和监督，制定并实施对领导干部进行提醒谈话、函询诫勉的实施细则；对巡视、审计、信访举报、监督检查、个人有关事项报告抽查中发现的问题，要认真核实、严肃查处。三要进一步做好人才工作。统筹推进各类人才队伍建设，突出抓好集团级领军人才和高级专业技术人才队伍建设。抓好人才队伍和后备干部队伍培养，加大培训力度，完善交流机制。创新人才工作体制机制，推进人才测评中心建设，实施人才动态评价管理。集团公司党组已审议通过了《中国邮政集团公司2015~2020年人才发展规划》，近期将印发执行，各单位各部门要认真抓好贯彻落实。

（四）坚持强化责任落实，深入推进党风廉政建设和反腐败斗争

一要强化落实党风廉政建设“两个责任”。党风廉政建设主体责任，是党章规定的政治责任，能否把这份沉甸甸的责任扛起来，是对全系统各级党组织和领导干部担当精神的检验。各单位党政主要领导作为第一责任人，既要挂帅又要出征，做到对重要工作亲自部署、重大问题亲自过问、重要环节亲自协调、重要案件亲自督办。今年要重点加强集团公司各二级单位主体责任落实，推动地市邮政企业单位党组织落实主体责任。要认真贯彻落实集团公司党组下发的落实两个责任的实施意见，对年度党风廉政建设责任书的内容逐条研究落实；认真贯彻落实党组下发的《关于坚持从严治党、切实加强党风廉政建设有关问题的规定》（集团公司党组［2015］6号），一一对照、逐条落实。要强化落实党风廉政建设监督责任。特别是抓好集团公司党组《规定》中要求的纪检组长（纪委书记）专司纪检工作的落实工作。3月底前，各二级单位纪检监察机构、领导职数和人员编制必须调整落实到位。同时做好下级企业党组织和纪检部门及时向上级党组织和纪检部门汇报履行“两个责任”、推进党风廉政建设工作情况，及时请示报告有关事项。二要加强巡视工作。今年中央要实现对中管国有重要骨干企业巡视全覆盖，集团公司党组和各级党组织要全力支持配合中央巡视组开展工作；同时，全面开展对所属二级单位的巡视工作，从2季度起，分3批对12个省的邮政企业单位开展巡视，力争3年内对所有单位全覆盖。同时继续有重点地开展好约谈工作。三要加强反腐倡廉教育和廉政文化建设。深入开展党性党风党纪教育、马克思主义权力观教育，强化宗旨意识。加强依法治企和以德治企方面的教育，教育广大党员干部遵纪守法、不踩红线。针对近年来查处的系统内领导干部严重违纪违法案件，特别是陶礼明、张志春等典型案件，开展警示教育，引导党员干部受警醒、明底线、知敬畏，增强廉洁从业的自觉性。四要继续保持惩治腐败的高压态势。加大查处违法违纪案件力度，重点查处党的十八大后不收敛、不收手的干部，问题线索反映集中、群众反映强烈的干部。认真落实“一案双查”，对违反党的政治纪律和政治规矩、组织纪律，“四风”问题突出，出现系统性腐败案件的单位，既追究主体责任、监督责任，又严肃追究相关领导责任。今年中央将加大问责力度，会达到前所未有的程度。五要认真做好信访和举报案件查办工作。进一步加大信访案件查办工作力度，对按规定该核查的信访线索，做到应查尽查。对重要来信，一把手要亲自过问和督办。对发现的问题要按照“三个不放过”原则进行认真核查处理。党组决定，对全系统2010年以来的信访案件，按照干部管理权限，立即着手开展大排查、大起底，对该核查的遗留问题全部核查处理，4月底前完成。

（五）坚持从党建工作需要出发，切实加强邮政系统党建工作体系和队伍建设

进一步健全和完善党建工作体系，提升党建工作队伍能力，是落实从严治党要求的重要基础，各级党组织要高

度重视，认真抓好落实。

一要认真落实集团党组重点举措，进一步强化党建工作职能任务，明确工作要求。根据中央有关精神，结合邮政企业机构设置情况，集团公司党组研究明确了相关职能部门的党建工作职能和要求。在各二级单位成立党组（党委）办公室，负责党建工作的综合协调；在加强选人用人和干部管理工作的基础上，又在集团人力资源部增设干部监督处，进一步强化干部监督考核工作；在不断强化党风廉政建设和反腐败工作，推进落实"两个责任"的基础上，又在集团纪检组监察局增设巡视工作室，进一步强化巡视监督力度。党组根据新时期企业党建的工作布局和邮政实际，进一步明确和强调：各级党群工作部要作为企业党建工作的综合职能部门，发挥好推动各级企业党建主体责任落实的重要作用。要协助党组（党委）抓好各级企业党的思想建设、基层党组织建设、作风建设，组织开展好党的专题教育活动，协调推动好各级党组织党风廉政建设主体责任的落实，推动好党的制度建设和落实；要负责好党的宣传思想政治工作、企业文化建设工作、精神文明创建工作，做好党的群团工作和统战工作，开展思想政治工作研究，凝聚推动企业发展的正能量。各级党组（党委）要重视和加强党群部门的能力建设，使其能较好地担当起新时期党建工作的重任。与此同时，党组要求各级企业、各专业板块、各业务部门的党员领导干部，要真正把企业党建特别是党风廉政建设责任扛在肩上、落在实处，把党风廉政建设与业务工作同部署、同检查、同落实。党建工作各相关部门和各级邮政企业既要各负其责、履职尽责，又要加强协调、密切配合，共同落实好从严治党的各项任务。

二要从适应新形势下党建工作新要求出发，着力加强党建工作队伍建设，提高队伍素质能力。新时期落实好从严治党的要求责任重大，任务艰巨，必须有一支政治上有担当、能力上过得硬的专兼职党务干部队伍来保证。各级党组（党委）要充分认识加强新时期党建工作队伍的重要性和紧迫性，要从讲政治的高度选优配强各级党组织书记，选好配强专兼职党务干部，切实强化基层党建工作队伍建设。要进一步强化能力培训，分级分类开展好党务工作队伍培训工作。今年要根据中组部要求，突出抓好基层党组织书记的集中轮训工作；同时抓好专职党务干部的集中培训，着力提升他们的政治理论素养，提升做好新形势下党建工作的能力，切实支撑好新形势下企业的党建工作。

（六）坚持固本强基，大力加强基层党组织建设

邮政系统党建工作既要加强顶层设计，又要推动重心下移，切实解决基层党建工作薄弱问题，突出政治功能、强化服务功能。一要深入推进基层服务型党组织建设。创新各基层党组织设置方式，扩大党组织和党的工作覆盖面。开展基层服务型党组织创建活动，建设一批基层服务型党组织示范点。抓好党员队伍教育服务与管理，认真做好发展党员工作。二要严格和规范党内政治生活。今年，中央将制定出台新形势下加强和规范党内政治生活的决定。集团公司党组将结合邮政实际，研究制定实施办法。要以此为新的起点，对全系统基层党组织民主生活会、组织生活会等党内生活制度进一步规范。要完善"三会一课"、民主评议党员、党员党性分析、领导干部双重组织生活会等制度，不断提高党内生活的政治性、原则性、战斗性。三要健全完善基层党建工作制度。要建立党组织书记向上级党组织报告党建工作制度，完善党组织书记抓基层党建工作述职评议考核制度。建立督促检查机制，采取各种方式对各地各单位党建工作进行经常性检查。建立党建工作考核评价制度，制定党建工作考核评价办法，明确考核的内容和方法，并与企业绩效考核挂钩。四要积极推动基层党建工作创新。深入开展党建工作调研，今年重点进行对党组织建设和制度建设的调查研究。加强基层党建工作交流，发挥各类信息媒体作用，促进党建工作好的做法经验及时推广。加强和改进党建基础工作，做好数据统计、档案管理等工作。加强对基层党务干部的教育培训工作，不断提高基层干部履行职责的政治素质和能力水平。

（七）坚持党对群团工作的领导，做好党的群团工作和离退休工作

群团事业是党的事业的重要组成部分，群团组织是联系广大员工、推动邮政事业发展的基本力量。要加强党对群团工作的领导，把群团工作纳入党建工作总体部署，充分发挥他们在推进依法治企、服务群众、凝聚人心、促进和谐中的作用。一要发挥各级工会组织作用。紧紧围绕企业中心工作，结合各板块特点，因地制宜开展劳动竞赛和岗位练功活动。要积极探索多层次、立体化的关爱员工工作机制，关爱对象覆盖职工及职工家庭成员、劳模先进、艰苦特殊工种职工，关爱内容涉及职工生产生活、职业发展、薪酬待遇、思想动态等多个方面。要积极参与中华全国总工会成立 90 周年活动，组织好劳模、先进集体评选推荐和事迹宣讲工作。要进一步发挥各级职代会作用，促进民主协商，加强企业民主管理。要进一步畅通员工群众反映诉求渠道，听取和反映员工心声，维护员工合法权益。二要突出做好青年和女工工作。贯彻落实《中共中央关于加强和改进党的群团工作的意见》，把青年生力军、妇女半边天作用，转化成促进企业改革发展的强大力量。要高度关心关注青年群体，支持各级团组织针对企业青年员工快速增长的现状，紧密结合青年员工特点开展工作，搭建各种学习、交流平台，拓宽培训渠道，助推青年员工爱岗敬业，成长成才。要高度关心关注女职工群体，更好地发挥女工委员会作用，针对女职工特点开展好女工工作。注重培养、树立女职工先进典型，还要在干部选拔任用中充分考虑女干部的成长发展。三要做好离退休管理工作。认真贯彻总书记在

全国老干部“双先”表彰大会上的重要讲话精神，落实好中央关于离退休干部的各项政策，对老干部要始终保持敬重之心、倾注关爱之情、多做务实之事，加强离退休党组织建设，更好地关心老同志、服务老同志，凝聚正能量。

（八）坚持统筹推进，不断深化企业文化建设和精神文明创建工作

企业文化和精神文明建设工作是企业的铸魂工程，各级党组织必须高度重视。一要深入推进全系统统一的企业文化建设工作。尽快完善确定企业文化理念识别系统，采取多种形式推进企业文化宣贯落地工作，要创新载体，拓宽渠道，培训队伍，形成浓厚氛围，内化于心、外化于形。从第2季度起，开始启动行为识别系统和视觉识别系统研究制定工作，完善员工行为规范制度手册，完善视觉形象手册，进而努力实现对邮政企业文化的传承和创新。各板块要按照集团公司党组统一部署，做好本专业板块特色企业文化的研究和落地工作。二要广泛深入开展精神文明创建工作。要认真分析和明确国家、行业、省级文明单位的争创标准和要求，紧密结合邮政实际深入开展创建工作，形成目标明确、标准清晰、层层递进的精神文明创建格局。要统一规划、分类指导各板块精神文明创建工作，认真总结推广基层单位创建工作经验，推进创建工作上水平、见实效。要做好精神文明创建的基础工作，建立基础档案，及时更新信息，加强日常管理，加强对各级文明单位创建工作的自查自检和荣誉维护。要注重发挥各级文明单位的示范带动作用，推进企业文明建设。

同志们，党中央把全面从严治党作为治国理政的重大战略部署已在全党展开。全系统各级党组织和党员领导干部特别是党政一把手，一定要以高度的政治责任感和历史使命感，以“爱党、忧党、兴党、护党”的政治品质，切实把党的建设责任担当起来，牢固树立不抓党建就是最大失职的观念。面对繁重的改革发展和党建工作任务，科学谋划，统筹安排，突出重点，抓好落实。我们要紧密团结在以习近平同志为总书记的党中央周围，以钉钉子的韧劲，扎实工作，锐意进取，推动中国邮政党的建设工作迈上新台阶，不断以党建工作的新成效，促进和保障中国邮政改革发展目标的实现，为建设世界一流邮政企业、实现中华民族伟大复兴的中国梦作出新的更大贡献！（党组党建工作部）

张亚非书记在全国邮政工作座谈会上的讲话

（2015年7月21日）

这次全国邮政工作座谈会，总结上半年工作情况，安排下半年重点任务，动员全系统广大党员干部职工，深化改革创新，加快转型升级，坚持全面从严治党，努力完成全年各项任务。这次会议十分重要，昨天上午，国华总经理作重要讲话，同志们要认真领会，抓好落实。

下面我代表党组，就贯彻落实习近平总书记系列重要讲话精神，对邮政系统坚持党的领导和加强党的建设、落实全面从严治党要求的有关问题，讲几点意见。

一、深刻认识邮政系统坚持党的领导加强党的建设的重要性紧迫性

党的十八大以来，中央高度重视党的建设，总书记习近平多次强调要从严治党。在去年10月召开的党的群众路线教育实践活动总结大会上，总书记系统阐述了全面从严治党的科学内涵，对推进全面从严治党提出了明确要求。今年6月11日，中央印发《中国共产党党组工作条例（试行）》；7月31日，中央办公厅印发《关于在深化国有企业改革中坚持党的领导加强党的建设的若干意见》。这些文件明确要求在协调推进“四个全面”战略布局的伟大进程中，必须毫不动摇坚持党对国有企业的领导，毫不动摇加强国有企业党的建设。明确提出“四个同步、四个对接”，即：在国有企业改革中坚持党的建设同步谋划、党的组织及工作机构同步设置、党组织负责人及党务工作人员同步配备、党的工作同步开展，实现体制对接、机制对接、制度对接和工作对接，充分发挥党组领导核心作用、党委政治核心作用、基层党组织战斗堡垒作用和党员先锋模范作用，确保党的领导、党的建设在国有企业改革中得到充分体现和切实加强。这些要求，都是中央根据当前国有企业

党的领导和党的建设存在的实际问题，有针对性地提出的。我们一定要深入学习习近平总书记系列重要讲话和中央有关精神，深刻认识新形势下邮政系统坚持党的领导、加强党的建设的重要性紧迫性，切实增强贯彻落实中央要求的自觉性主动性。

从推进“四个全面”战略布局看。总书记习近平指出：“面对复杂多变的国际形势和艰巨繁重的改革发展稳定任务，实现‘两个一百年’奋斗目标，实现中华民族伟大复兴的中国梦，必须坚持党要管党、从严治党，不断提高党的领导水平和执政水平、提高拒腐防变和抵御风险的能力，确保党始终成为中国特色社会主义事业的坚强领导核心。”我们要深刻认识到，全面建成小康社会是奋斗目标，全面深化改革、全面依法治国是实现奋斗目标的两条根本路径，而全面从严治党，锻造坚强领导核心，则是推进全面深化改革和全面依法治国并顺利实现奋斗目标的根本保证。全面从严治党与其他“三个全面”相辅相成，相互促进，体现了党的建设与治国理政的统一、伟大事业与伟大工程的统一。

从国有企业的地位作用看。总书记习近平多次指出，国有企业是全面建成小康社会的重要力量，是中国特色社会主义的重要支柱，也是党执政的重要基础，为经济社会发展作出了重要贡献。坚定不移把国企做强做优做大，最根本的是加强党的领导，只能加强、不能削弱；最关键的是深化改革、强化管理，在深化改革中加强党的领导，确保国有资产保值增值。去年以来，中央加大对国有企业巡视工作的力度，在这一过程中发现并指出国有企业普遍存在的突出问题是：党的领导弱化，主体责任缺失，管党治党不严，党的路线方针政策未能得到有效贯彻，问题的症结还是在于企业党组织自身。明确提出，全面从严治党，国有企业党组织决不能置身事外；决不能因为是市场主体、是上市公司，就只强调企业的经济属性、市场属性，而把党的领导放在一边，忘记党性原则和政治立场；企业的行业、领域有差异，但管党治党不能有特殊；要唤醒国企党员干部的党章党规党纪意识，同样把纪律和规矩挺在前面，一把尺子量到底。我们要深刻认识到，坚持和加强党对国有企业的领导是重大的政治原则，离开党的领导，就不叫央企、不叫国有企业。

从我们邮政企业自身看。这几年我们持续深化企业改革，推动转型升级，针对邮政改革发展中的深层次问题，不断推出促进改革发展的重要举措，并取得明显成效。同时，改革越深入，遇到的各种矛盾也会越突出，困难越多，挑战越大。我们一定要认识到，面对艰巨复杂的改革发展任务，只有切实坚持邮政系统党的领导和加强党的建设，认真落实全面从严治党要求，党的路线方针政策才能在集团公司真正得到全面贯彻，才能确保中国邮政改革发展的正确方向。这几年我们邮政系统改革发展的实践以及系统内发生的党员领导干部违纪违法案例也表明，忽视了党的领导和党的建设工作，不坚持从严治党、从严管理干部，我们的领导班子和干部队伍就可能出现这样那样的问题，企业改革发展的各项工作也很难顺利进行。

总之，在全国邮政系统坚持党的领导，加强党的建设，是中央对我们的要求，是时代赋予我们的历史使命，意义重大，时不我待。全系统广大党员领导干部，对此一定要有深刻的认识，时刻保持政治上的清醒和坚定，坚决同以习近平同志为总书记的党中央保持高度一致，切实保障党的路线方针政策和中央的各项重大战略部署在中国邮政集团公司得到坚决贯彻执行。

二、高度重视和解决邮政系统党建工作存在的突出问题

党的十八大以来，我们以习近平总书记系列重要讲话精神为指导，认真贯彻落实中央“四个全面”战略布局，党要管党、从严治党的认识逐步提高，党风廉政建设主体责任逐步落实，从严管理干部的力度逐步加大，全系统党建工作不断加强，较好地保障和促进了中国邮政的改革发展。

在这里，我不想更多地总结党建工作取得的成绩和所做的工作，而主要是坚持问题导向，侧重讲讲我们存在的问题，目的是引起大家的高度重视。我们必须清醒地认识到，对照党章规定和中央要求，我们党建工作的差距还很大，全系统党风廉政建设和反腐败斗争的形势依然严峻复杂，特别是在一些地方、一些单位、一些领导人员中，有些问题还比较突出和严重。

（一）在党建工作的思想认识和体制机制方面

一是思想认识不到位，重业务轻党建、一手硬一手软的问题不同程度上普遍存在。从总体上来讲，党的十八大以来，虽然集团公司党组和各级党组织不断加大党建工作力度，制定了不少制度，实施了不少办法措施，但在实际落实上仍存在上紧下松、层层衰减现象。一些干部错误认为，我们是国有企业，与党政机关不一样，有其特殊性，生产经营和业务工作是硬指标，党建工作是软任务。因此对党建工作说起来重要，做起来次要。加之绝大多数单位一把手党政一肩挑，生产经营任务繁重，不少同志能够真正静下心来研究并抓好本单位党建工作的时间和精力很少。二是党建工作责任体系没有真正落到实处。一些单位党组织书记第一责任人和党组织其他成员“一岗双责”的要求没有很好落实，有的领导班子和党员领导干部没有把管党治党责任真正扛在肩上，党建工作的部署、检查、考核、监督不到位。有的抓党建不联系企业、党员干部和自身实际，不触及实质问题，一定程度上存在形式化现象，基层党组织的政治核心作用、战斗堡垒作用和党员的先锋模范

作用没有得到充分发挥。三是党建工作机构、人员编制和队伍能力素质还不适应新形势下全面从严治党的要求。无论集团公司总部还是基层企业单位，都不同程度存在党建工作的力量不足、职责不清、功能弱化的问题；一些较大单位甚至二级单位没有单独设置党的工作机构；全系统党务干部队伍无论数量还是能力素质，都不适应新时期加强国有企业党的建设的新要求。

（二）在落实党风廉政建设“两个责任”方面

一是落实主体责任不到位。一些党组织主要负责人，党风廉政建设领导者、执行者、推动者的意识不强，作用发挥不够，重部署、轻落实。有的每年签完党风廉政建设责任书就把它束之高阁，不再过问。制度落实差距较大，对执行制度的监督检查不力。对违纪违规、破坏制度规定踩“红线”、越“底线”、闯“雷区”问题的追责和惩处，还失之于软、失之于宽。二是履行监督责任不到位。表现在全系统党风廉政建设和反腐败工作的体制不健全、机制不适应、发挥合力不够；对信访线索核查及存在的一些问题处理不够及时，执纪问责偏松、偏慢、偏软，存在重问题轻处理、轻问题不处理的现象，因而没有起到警示教育作用。虽然年初党组落实中央和中纪委要求，明确所属各二级单位纪检组长（纪委书记）要专司纪检监察工作，对纪检监察部门转职能转方式转作风的工作进行了部署，但目前还没有完全落实到位；不少纪检干部是新手，虽然身在纪检监察岗位，但思想不到位、能力不到位，不会监督、不敢监督，仍是纪检干部队伍建设急需解决的突出问题。

（三）在执行党的纪律规矩和遵守中央八项规定、反对“四风”方面

一是少数党员领导干部纪律规矩意识淡薄。有的对上级组织的重大决策部署，合意的就听，不合意的就打折扣、提条件、搞变通；有的说一套、做一套，对别人要求严，自己却在违规违纪、无规无矩；有的不认真贯彻民主集中制原则，不按组织原则和程序办事，个别领导干部存在个人说了算或变相个人说了算的现象；有的主要领导干部在党组织研究干部问题或总经理办公会研究重大经济事项时，先行发表倾向性意见；对向上级组织报告个人重要事项的制度，仍有一些领导干部不严格遵守，该报告的不报告，重大事项也不及时报告、如实报告；个别领导人员不如实答复组织函询提出的问题。二是执行“三重一大”决策制度不严格。虽然集团公司党组和各二级单位普遍建立了“三重一大”集体决策及其配套制度，但在执行上还存在较大差距。有的单位对于一些属于“三重一大”决策的事项，没有集体研究决定；有的虽然上了会，但决策程序不规范。一些单位在重大工程建设、物资采购、项目招投标方面，没有严格执行“三重一大”决策等相关规定。三是仍然存在违反纪律私设“小金库”问题。中央对此问题三令五申，集团公司党组多次强调并采取措施解决，但一些单位和领导人员仍然置若罔闻。前段时间党组纪检组对一些单位和个人私设“小金库”等违纪违规典型问题进行了通报、作出了处理。各单位必须引以为戒，举一反三，采取切实有效措施进行整改。四是“四风”问题仍时有发生。有些领导干部到基层单位调研不深、不实，对基层反馈的意见研究得不细，出台的一些政策规定可操作性不强。个别领导人员借工作名义公款旅游、公款吃喝、公款送礼的现象还没有杜绝；公车私用、公务接待超标的现象仍有发生；特别是“三个以后”，个别领导人员仍然我行我素，顶风违纪。之所以出现上述问题，一个很重要的原因是，我们的一些领导同志长期以来对党章党规党纪的学习淡化，纪律和规矩意识弱化，违纪违规的边界模糊，致使对发生的违纪违规案件不以为意，甚至组织查处起来还感到诧异，抱怨处理得太严太重，等等。对这些问题全系统各级党组织和党员领导干部必须引起高度重视。

（四）在惩处腐败行为和违纪违法人员方面

十八大以来，全国邮政企业共发生违纪违法案件250件，涉及各类人员364人。其中局级干部23人，处级干部73人，科级干部118人，一般人员150人。这些案件中，由司法机关立案查处的有97件，由地方纪委立案查处的有27件，企业自办案件是126件。特别是2012年发生的陶礼明、张志春等人严重违纪违法案件，暴露出我们在企业管理和干部监督教育等方面还存在很多问题和漏洞，每一个案件都可以说是一个深刻的教训！为什么这几年在我们系统内出现这些严重违纪问题，甚至出现一些贪污、受贿、挪用公款、私分国有资产等违法犯罪问题？为什么这些人长期受到党的教育，从开始的一个好同志逐步沦为“阶下囚”？反思这些案件的发生，我们不能不看到，除了他们主观方面的原因外，各级党组织在从严治党、从严教育监督管理干部上存在很多不足，在咬耳朵扯袖子、早打招呼早提醒、抓早抓小方面做得不够，还没有做到党纪严于国法，没有真正把纪律规矩挺起来、立起来、严起来。

（五）在选人用人和干部管理方面

一是干部制度建设不够完善。近年来，虽然集团公司党组出台了一系列干部人事制度，但随着中央新的规定要求陆续出台，以及企业改革发展的变化，我们一些制度没能及时补充完善；部分基层单位没能结合实际，及时制定本单位的选人用人制度规定，也没有很好地抓落实。特别是个别单位的主要领导人员违反干部人事纪律，存在突击提拔干部等问题。二是执行选拔任用程序不严格。从党组专项巡视检查和问题线索核查情况看，一些单位选人用人视野不宽，执行制度程序不严；有的单位对个别领导干部的提任没有履行民主推荐程序，或以届中、届满民主测评结果代替民主推荐意见；有的单位存在违规破格提拔干部问题；个别单位主要领导在研究干部提任时，对涉及本人亲属的，没有执行回避制度。三是选人用人方面的专项整

治工作还不到位。去年下半年以来，集团公司党组对“三超两乱”、干部档案造假、领导干部违规兼职、“裸官”、天价培训等问题开展了专项整治。但目前还存在个人有关事项报告核查结果应用不得当、档案管理不到位，以及非领导职数超标等问题。

（六）在企业思想政治工作方面

主要问题是思想政治工作的针对性实效性不强。这几年，邮政深化改革的力度大，机构调整、体制机制变化、板块发展不平衡，带来了一系列的新情况新问题；随着用工政策调整和新员工大量增加，职工的年龄结构、知识结构发生了很大变化，思想状况和利益诉求也越来越显多样化；互联网和多媒体的发展也让企业和社会变得更加透明。这些变化，都对企业思想政治工作提出新的更高要求。而我们不少单位在思想政治工作方面，对企业改革发展热点难点问题研究得不够，对职工思想状况把握得不准，开展思想政治工作的形式单一、方法不灵活；有的单位在思想政治工作方面，党政工团还没有形成合力，群团组织的作用发挥得不够。这些都说明，邮政系统思想政治工作与中央要求和职工期盼还有较大差距。

对于上述问题，我们全系统各级党组织和党员领导干部，都要高度重视，深刻反思。我们要以强烈的事业心、责任感，从认真贯彻落实党中央提出的“四个全面”战略布局的高度，抓紧研究措施，加大整改力度，落实整改责任，以实际行动加强和改进邮政系统党的建设，把全面从严治党的要求落到实处。

三、着力抓好邮政系统党的建设的重点工作

在年初召开的邮政系统党的建设工作暨纪检监察工作会议上，党组对全年党建工作作了安排部署，各单位党组织要继续认真抓好落实。结合当前实际，我再强调几点。

（一）真正把管党治党责任扛在肩上

一要认真学习贯彻中央关于国有企业坚持党的领导加强党的建设的精神。继续深入学习贯彻习近平总书记系列重要讲话精神，当前要突出抓好《中国共产党党组工作条例（试行）》和中央《关于在深化国有企业改革中坚持党的领导加强党的建设的若干意见》的学习贯彻。要把这两个文件作为邮政系统加强党的领导、落实从严管党治党责任的重要指导性文件，认真组织学习，深刻领会贯彻。集团公司党组将根据中央精神，在年底前修订完成集团公司党组工作规则、总经理办公会议事规则和“三重一大”决策制度等；抓紧研究制定邮政系统坚持党的领导加强党的建设的实施意见。各单位党组织要根据集团公司党组的统一安排，搞好调查研究，认真梳理本部门本单位党建工作的制度办法以及存在的薄弱环节和突出问题，积极研究办法措施，切实把中央精神和集团公司党组要求落到实处。

二要强化责任担当，落实党建工作责任制。落实管党治党责任必须从班子做起。各单位党组（党委）班子要坚持从严治党、思想建党、制度治党，增强管党治党意识，落实管党治党责任，聚精会神抓好党建工作，做到守土有责、守土负责、守土尽责。党组（党委）书记要树立抓好党建是本职、不抓党建是失职、抓不好党建是不称职的责任意识，切实履行党建工作第一责任人职责；党组（党委）班子其他成员要切实履行“一岗双责”，结合业务分工抓好党建工作；纪检组长（纪委书记）要坚持原则，主动作为，强化监督，执纪必严。要按照中央要求进一步强化领导班子建设，特别是加强班子中党的工作的领导力量，在这方面集团公司党组将根据中央规定，提出具体措施意见。为加强对邮政系统党建各项工作的统筹领导，集团公司党组成立党建工作领导小组，正在制定具体工作规则，并将加强对各单位党组织和党员领导干部落实管党治党责任的监督检查，采取切实有力措施，督促大家把管党治党责任真正地扛起来。

三要强化组织体系和工作机制建设，推动机制创新和工作落实。按照中央要求，结合邮政实际，不断完善全系统党的建设组织体系，进一步理顺三大板块党的组织关系。着力完善党建工作体系，健全党的工作机构，强化工作职能，落实人员编制，配齐配强党务干部，坚决防止以改革为名撤并党的工作机构、裁减党务工作人员、压缩党务经费开支。要重点在加强思想理论武装、抓好制度落实、严肃党内政治生活、强化纪律规矩意识、加强干部选拔任用和监督管理、推动党风廉政和反腐败工作、加强企业民主管理、加强作风建设等方面，进一步细化和明确有关要求。要切实加强对党建工作的领导和指导，不断完善党组（党委）抓、书记抓、有关部门抓，一级抓一级、层层抓落实的党建工作格局。要通过调研指导、专项检查等方式，确保中央精神在邮政系统扎实有效落实。

四要继续深入落实党风廉政建设“两个责任”。各单位党组织要认真贯彻执行集团公司党组关于党风廉政建设“两个责任”实施意见，坚决落实党风廉政建设主体责任和监督责任。要加快邮政系统纪检监察体制机制改革创新，抓紧建立适应新时期纪检监察工作要求和符合邮政企业特点规律的体制机制，实现对集团公司三大板块企业单位的有效监督。要狠抓党风廉政教育，加强廉洁风险防控机制建设，强化对权力的监督和制约，以零容忍的态度惩治腐败，努力营造风清气正的良好氛围。

（二）切实把守纪律、讲规矩挺在前面

一要唤醒党章党规意识，强化政治纪律政治规矩。党要管党、从严治党，关键要靠党章党规党纪。全系统各级党员领导干部要时刻牢记，党规党纪保证着党的理想信念宗旨，是共产党员不可逾越的底线，党纪严于国法。各单

位党组织要结合“三严三实”专题教育，组织党员干部进行党章党规党纪学习教育，原原本本地学，结合中央新要求新精神学，带着问题和思考学，紧密联系本单位和个人实际学，唤醒党章党规意识，用纪律和规矩管住管好全体党员特别是党员领导干部。

二要及时“扯袖子咬耳朵”，坚持抓早抓小。很多严重违纪违法的案例表明，领导干部“破法”者，无不从“破纪”开始。这就要求各级党组织要坚持用党的纪律来教育和规范党员干部的行为，坚持抓早抓小、防微杜渐，发现苗头问题要及时提醒，违反纪律要及时处理，绝不能养痈遗患、放任自流。要重视和抓好巡视和信访线索核查结果的运用，各级党组织和有关部门发现党员干部出现一些问题和苗头时，要及时进行批评教育、警示谈话、组织函询，扯袖子、咬耳朵，这些都要成为我们对党员干部教育监督管理的工作方法。

三要严格执行纪律，坚决惩处违纪违规和腐败问题。动员千遍不如问责一次。各单位党组织和纪检监察机构要强化责任担当，坚持“一案双查”，加大问责力度，对违反党的政治纪律和政治规矩、组织纪律，“四风”问题突出、发生顶风违纪问题，出现区域性、系统性腐败案件的单位，既追究主体责任、监督责任，又严肃追究领导人员责任。要死死看住作风建设突出问题，一刻也不能放松。特别是严防中秋、国庆、春节等重要时间节点的违纪问题，坚决扼制“四风”反弹。对十八大以后、中央八项规定出台以后、党的群众路线教育实践活动以后发生的顶风违纪违规问题，必须严肃处理，对典型案件要点名道姓通报曝光，真正起到处理一案、教育一片的作用。

（三）认真把从严管理干部和选人用人的要求落到实处

一是尽快修订完善干部选拔任用管理制度。集团公司层面，党组将认真落实中央制定的干部任用条例和推进领导干部能上能下若干规定等制度要求，结合实际尽快修订集团公司领导人员管理暂行规定、领导人员任免工作程序等制度，研究制定集团公司外派董事监事管理办法、领导人员异地交流任职管理办法、领导人员综合考核评价办法等制度，完善选人用人制度体系，推进干部能上能下。各单位党组织要坚持问题导向，根据集团公司党组要求，系统梳理、制定完善本单位的相关规章制度，并认真抓好贯彻落实。要严肃纪律、加强问责，对违规、变通、规避等不认真落实规章制度的，将严肃问责追责。

二是严格规范干部选拔任用工作。要坚持新时期好干部标准，进一步拓宽选人用人视野和渠道，严格把好政治关、品行关、廉洁关，重点选好配强集团公司所属各二级单位领导班子成员特别是一把手。各级党组织和组织人事部门必须严格执行干部选拔任用程序规定，坚决防止随意变通和程序空转。要突出把好推荐考察这个环节，进一步加强记实管理。要认真落实，纪检组长（纪委书记）从初始酝酿阶段开始全过程参与选人用人监督的要求，这是必须遵守和严格执行的规矩和程序。要建立起违规用人问题倒查机制，对违规问题不仅追究当事人，而且追究责任人，一查到底，问责到人。

三是切实巩固专项整治成果。特别是重点抓好领导干部个人有关事项抽查核实、干部人事档案专项审核、领导干部因私出国（境）管理等工作。这里，我再次强调领导干部报告个人有关事项工作。能不能如实向组织报告个人有关事项，反映了党员干部对组织是否忠诚，也是党员干部组织纪律观念的重要体现。下一步，我们将严格按照中央规定，对在申报个人有关事项中违反规定要求的，进行严肃处理；对情节严重的，将暂缓或停止选拔任用程序、取消考察对象资格，直至给予必要的纪律处分。

（四）不断把“三严三实”专题教育引向深入

全系统“三严三实”专题教育自5月22日启动以来，各单位按照集团公司党组的统一部署，讲党课，读原著，结合实际开展“严以修身”专题研讨，目前已进入专题二“严以律己”学习研讨。从这两个多月的情况看，总体上专题教育开展得认真扎实、有序推进，但有些单位与中央和集团公司党组的要求仍有差距。下半年各单位要重点抓好以下几个方面：

一是要继续深入学习贯彻总书记习近平关于“三严三实”专题教育的重要指示。通过学习，使各级领导干部深刻领会总书记习近平关于领导干部要可信、做人干事都让组织放心的要求；深刻领会关于学习老一辈革命家崇高品德的要求；深刻领会关于把“三严三实”贯穿改革全过程的要求；深刻领会关于领导干部要带头搞好专题教育的要求。切实做到知行合一，推动专题教育做到位、见成效。

二是要以反面典型为镜，深刻汲取教训，知敬畏、明底线、受警醒。深刻总结反思周永康、薄熙来、徐才厚、苏荣、令计划等严重违纪违法案件，还要紧密结合邮政系统出现的陶礼明、张志春等人严重违纪违法案件，深刻反思，汲取教训，引为镜鉴。从而使我们各级党员领导干部时刻警醒自己：党纪国法是带电的“高压线”，任何时候任何情况下都必须把党的纪律和规矩挺在前面，带头遵纪守法，真正在思想上、工作上、作风上严起来、实起来。

三是要开展好专题学习研讨。以“严守党的政治纪律和政治规矩”为题，组织专题二集中学习研讨，并按照要求安排好专题三学习研讨。各级领导班子成员参加学习研讨的发言提纲，要在认真学习思考的基础上，紧密联系实际，自己动手认真准备，防止“照本宣科”。9月初全系统要完成专题二集中研讨，各二级单位班子成员发言材料要统一报集团公司党组。

四是要开好班子专题民主生活会和专题组织生活会。能否开出一个高质量的专题民主生活会，是对之前专题教育是否扎实深入的检验。党组班子和党员领导干部会前一定要做好充分准备，查摆问题要深入具体，谈心交心要充分，自我剖析要深刻，相互批评要有辣味，整改措施要实在。集团公司党组将适时组织召开座谈会，交流工作经验，并将派员参加部分二级单位的专题民主生活会。

（五）着力把巡视监督和巡视整改抓好抓实

一要全力配合中央巡视工作。这次中央对中国邮政开展专项巡视，充分体现了党中央对中国邮政的高度重视和关心，是对中国邮政党的建设和各项工作的政治体检和有力促进。集团公司各部门、直属各单位、各省邮政单位党组织要继续积极配合中央第六巡视组开展工作，统一思想，端正态度，主动诚恳接受监督检查。要坚持实事求是，对反映的问题不回避、不遮掩、不护短。

二要继续抓好内部巡视工作。按照集团公司党组统一部署，今年下半年要继续抓好对所属二级单位的巡视工作，努力实现3年内对所有二级单位全覆盖的目标。要进一步提高巡视工作规范化、制度化水平，定位上要聚焦、内容上要深化、方式上要创新，不断增强巡视工作的实效性、针对性，充分发挥巡视工作在党风廉政建设和反腐败斗争中的利剑作用。

三要从严从实抓好整改。对中央巡视中反馈的问题，我们要闻风而动、即知即改，找出病灶、举一反三、全面整改。对违纪违规问题涉及到的人员，该纪律处分的纪律处分，该谈话提醒的谈话提醒，对违法犯罪的，决不姑息。集团公司党组针对前期巡视和专项自查整改等情况，已经初步列出了问题清单、整改清单、责任清单。下一步各单位要按照党组要求，落实责任，抓紧整改。

（六）切实把思想政治工作做深入做细致

全系统各级党政工团组织要合力加强新形势下的职工思想政治工作。要紧密结合企业改革发展和职工群众普遍关切的热点难点问题，不断创新思想政治工作的方式方法，因势利导开展形势任务教育，引导职工把思想和行动统一到集团公司全面深化改革、加快转型升级的决策部署上来，凝聚改革发展正能量。要把思想政治工作与企业文化建设紧密结合起来，使企业文化建设与思想政治工作相互促进。要坚持全心全意依靠职工群众办企业，尊重职工群众的首创精神和实践经验，关心职工生产生活，特别是解决好三大板块一线职工生产生活中的实际困难和问题，让职工群众共享企业改革发展成果。各级党组织要进一步加强对群团工作的领导，把群团工作纳入党建工作的总体格局，建立健全党组织召开专门会议定期听取群团组织工作汇报制度，以党建带群建。各级群团组织要切实发挥好桥梁纽带作用，面对面、心贴心地了解职工的所思所想所急所盼，积极推动解决职工急需解决的问题，同时重视做好企业民主管理工作，维护职工合法权益。

同志们，当前邮政改革发展已经进入新的历史阶段。按照中央要求，切实加强邮政系统党的领导和党的建设工作，确保中国邮政的改革发展顺利进行，是全系统各级党组织义不容辞的责任。让我们在以习近平同志为总书记的党中央正确领导下，紧紧围绕“四个全面”战略布局，一心一意谋发展，聚精会神抓党建，不断推动邮政系统党的建设和改革发展各项工作迈上新台阶，向党和人民交出一份合格的答卷。（党组党建工作部）

全国邮政工作会议

1月20日，全国邮政工作会议在京召开。会议的主要任务是：深入贯彻落实党的十八大、十八届三中、四中全会和中央经济工作会议精神，以习近平总书记系列重要讲话精神为指导，认真总结2014年邮政工作，分析邮政面临的形势，安排部署2015年工作任务，进一步动员全国邮政干部职工主动适应新常态，认清形势，坚定信心，坚持改革创新，加快转型升级，推动中国邮政平稳健康发展。

会前，国务院副总理马凯对邮政工作作出重要指示，充分肯定2014年集团公司认真贯彻落实党中央、国务院决策部署，主动推进改革，着力转型发展，服务水平和经营效益“双提高”，希望在新一年里深入贯彻落实党的十八大、十八届三中、四中全会和中央经济工作会议精神，围绕中心、服务大局，锐意改革、开拓创新，强化管理、优化服务，继续发挥好服务“三农”和小微企业的独特优势，争做世界一流邮政企业，为国家经济社会发展作出新的更大贡献。

交通运输部部长杨传堂出席会议并讲话，国家邮政局局长马军胜以及中组部、国家发改委、财政部、人社部、交通运输部、中国人民银行、审计署、国家税务总局、证监会、国家邮政局等相关部门领导出席会议。集团公司总经理李国华作工作报告，党组书记张亚非主持会议，集团公司党组全体成员出席会议。

李国华在工作报告中回顾2014年的主要工作。他强调，邮政工作得到中央领导的高度重视。总书记习近平考察郑州跨境贸易电子商务服务试点项目邮政保税物流；总理李克强考察陕西省镇安县邮政储蓄网点；中央领导还多次对邮政工作作出批示，给予充分肯定，加快发展中国特色邮政事业的信心增强。认真贯彻落实党中央、国务院的各项方针政策，积极应对复杂多变的经济环境，开拓进取，攻坚克难，全面深化改革，加快转型发展，圆满完成了全年目标任务。集团公司总收入比上年增长 11.9%；集团公司财务状况持续改善，国有资产保值增值率达 117%。在 2014 年《财富》“世界 500 强企业排行榜”中，中国邮政位列第 168 位,比上一年前移 28 位；在英国《银行家》“2014 年全球银行 1000 强排名”中，邮储银行总资产位居第 28 位。

李国华提出，经济发展进入新常态，是以习近平同志为总书记的党中央审时度势作出的重大战略判断。一定要认真贯彻落实中央的决策部署，认清大势，把握大局。新常态下，中国邮政面临的市场需求、竞争态势、政策环境都发生了广泛而深刻的变化，企业内部情况也出现了一些新的趋势性变化，必须主动适应经济发展新常态。他提出新常态下推动邮政发展的四大重要举措：坚持以改革创新统领邮政工作全局；坚持把转型升级作为邮政发展的内生动力；确立“一体两翼”经营发展战略；确立信息化引领的科技兴邮战略。

李国华就 2015 年工作提出总体要求：全面贯彻落实党的十八大、十八届三中、四中全会和中央经济工作会议精神，以习近平总书记系列重要讲话精神为指导，主动适应新常态，把握稳中求进工作总基调，认清形势，坚定信心，以提高经济效益为中心，坚持改革创新，加快转型升级，提升核心能力，强化科学管理，改善服务质量，全力推动中国邮政平稳健康发展。他从坚定发展信心、加快转型发展、全面深化改革、加快能力建设、加强精细化管理、提高服务质量、加强党风廉政建设、加强干部职工队伍建设等八个方面进行具体部署。

会议期间，中国邮政储蓄银行、中国邮政速递物流公司、中邮人寿保险公司分别召开了工作会。（集团公司办公室）

邮政工作座谈会

8 月 13 日 ~14 日，全国邮政工作座谈会在北京召开。会议总结上半年工作，分析面临的发展形势和存在的问题，安排下半年重点工作。集团公司总经理、党组副书记李国华作重要讲话，要求进一步深化改革，加快发展，确保完成全年目标任务。集团公司党组书记、副总经理张亚非代表党组就贯彻落实习近平总书记系列重要讲话精神，对邮政系统坚持党的领导和加强党的建设、落实全面从严治党作重要讲话。副总经理刘明光、李丕征分别主持会议。集团公司党组全体成员出席会议。

李国华指出，上半年全国邮政企业主动适应经济发展新常态，认真开展“三严三实”专题教育，积极实施“一体两翼”经营发展战略，坚定信心，开拓进取，攻坚克难，实现了时间任务“双过半”，业务发展和经济效益明显好于预期。1~6 月，集团公司总收入比上年增长 10.5%，完成利润比上年增长 24.1%。企业转型发展成效明显，深化改革取得进展，能力建设步伐加快，企业管理进一步加强，认真落实党风廉政建设“两个责任”，干部职工队伍素质实现新提升。

李国华强调，在看到上半年取得成绩的同时，还要看到当前邮政改革发展中仍然存在的一些困难和问题，一是包裹快递业务发展与行业发展差距较大，二是企业管理方式和发展方式相对粗放，三是企业经营管理方面存在薄弱环节，四是党风廉政建设“两个责任”落实不到位。李国华要求，对上述问题必须高度重视，坚持问题导向，保持清醒头脑，认真研究，积极应对，抓紧解决。

在深入分析宏观经济形势、市场竞争形势和邮政业务市场需求的基础上，李国华提出，要准确研判形势，注意在不利环境中寻找有利因素，在战胜挑战中捕捉发展机遇。要紧跟互联网特别是移动互联网迅猛发展的步伐，抓住国家实施“互联网 +”“一带一路”“大众创业、万众创新”等战略的机遇，加快改革创新、转型升级，积极实施“一体两翼”经营发展战略和信息化引领的科技兴邮战略，不断创新商业模式，打造竞争优势，优化业务结构，转变发展方式，牢牢把握邮政发展的主动权。下半年要重点抓好七项工作，确保完成全年各项目标任务。

张亚非在讲话中指出，从推进“四个全面”战略布局看、从国有企业的地位作用看、从邮政企业自身看，要深刻认识邮政系统坚持党的领导，加强党的建设的重要性、紧迫性。在党建工作的思想认识和体制机制方面，在落实党风廉政建设“两个责任”方面，在执行党的纪律规矩和遵守中央八项规定、反对“四风”方面，在惩处腐败行为和违纪违法人员方面，在选人用人和干部管理方面，在企业思想政治工作方面，要高度重视和解决邮政系统党建工作存在的突出问题。

对当前邮政系统党的建设的重点工作，张亚非强调，要真正把管党治党责任扛在肩上，认真学习贯彻中央关于国有企业坚持党的领导、加强党的建设的精神；强化责任担当，落实党建工作责任制；强化组织体系和工作机制建设，推动机制创新和工作落实；继续深入落实党风廉政建设"两个责任"。要切实把守纪律、讲规矩挺在前面，唤醒党章党规意识，强化政治纪律政治规矩；及时"扯袖子咬耳朵"，坚持抓早抓小；严格执行纪律，坚决惩处违纪违规和腐败问题。要认真把从严管理干部和选人用人的要求落到实处，尽快修订完善干部选拔任用管理制度；严格规范干部选拔任用工作；切实巩固专项整治成果。要不断把"三严三实"专题教育引向深入，继续深入学习贯彻习近平总书记关于"三严三实"专题教育的重要指示；以反面典型为镜，深刻汲取教训，知敬畏、明底线、受警醒；开展好专题学习研讨；开好班子专题民主生活会和专题组织生活会。要着力把巡视监督和巡视整改抓好抓实，全力配合中央巡视工作；继续抓好内部巡视工作；从严从实抓好整改，切实把思想政治工作做深入做细致。

在分组讨论中，与会的各省（区、市）邮政分公司总经理、党组（党委）书记，集团公司各部门和直属各单位的主要负责同志纷纷表示，面对繁重的改革发展任务，要带领干部职工继续发扬顽强拼搏、奋发有为的精神，一心一意谋发展，聚精会神抓党建，把集团公司的总体部署和经营战略、改革举措落到实处，全面完成各项目标任务。（集团公司办公室）

中国邮政集团公司"十二五"发展概述

一、总体发展情况

"十二五"期间，中国邮政集团公司认真贯彻落实党中央、国务院的各项方针政策，积极应对复杂多变的经济社会发展形势，主动适应经济发展新常态，坚定不移地按照"建设世界一流邮政企业"的目标，全面深化改革，加快转型发展，在多元化经营、商业化运行和传统网络转型等方面走在世界邮政前列。

"十二五"期间，中国邮政实现了跨越式发展，收入和利润均实现两位数增长，远高于同期国民经济增幅。集团公司总收入"十二五"规划期内年均增长18%，2015年完成4376亿元；利润年均增长28%，2015年完成399亿元。在世界500强的排名连续4年不断提升，2015年名列《财富》世界500强排行榜第143位，中国企业500强第22位。"十二五"期间，中国邮政实施一系列推动发展的重大举措，企业改革加快推进，业务结构调整优化，网络建设持续加强，普遍服务水平稳步提升，资本运营迈出步伐，企业实力和经济影响力迈上新的台阶。

二、主要成绩

（一）发展战略更加清晰。继2012年集团提出中国邮政24字中心任务，2013年提出世界一流邮政企业宏伟目标，2014年提出做好中国邮政工作最核心的是要全面深化改革、加快转型发展后，2015年集团提出新常态下要坚持以改革创新统领邮政工作全局，坚持把转型升级作为邮政发展的内生动力，并确立"一体两翼"经营发展战略。5年来，集团公司在加强对内外部发展环境的科学研判基础上，逐步形成较完备的战略体系，发展目标日益明确，发展理念日益成熟，发展路径日益清晰。

（二）业务结构调整优化。"十二五"期间，中国邮政紧抓电商网购迅猛发展机遇，开办国内小包等业务，并系统梳理邮政各类业务产品，明确以包裹快递为寄递类核心业务的发展策略。2015年进一步整合包裹快递业务产品体系，邮速合力加快发展电商包裹业务，有效缓解传统业务量收下滑的压力，促进邮政整体收入的快速持续增长。通过跨界合作，传统邮政业务加快了转型发展。邮储银行坚持零售金融升级、公司金融拓展、金融同业创新、电子银行优先发展的策略，优化客户结构。中邮保险高效业务发展迅速，期交保费和团险保费收入占比大幅攀升。中邮证券公司经纪和资管业务收入贡献度持续上升，邮政证券业务特色逐渐显现。

（三）普服水平稳中有升。"十二五"期间，中国邮政全面完成8千多个空白乡镇局（所）接收运营工作。装修改造西部和农村局所1万余处，改造危旧县局房近4百处。大力推进便民服务站、委办代投点和自提点建设，邮政普遍服务网络覆盖更广，基础设施得到较大改善。完成

“十二五”空白汇兑网点业务开办工作，提高邮政普遍服务的范围和水平。普遍服务全程时限不断加快，用户满意度稳中有升，两项指标均高于交通运输部考核标准。同时，还较好地完成中央提出的党报党刊发行量稳定增长目标，以及机要通信和其他各项特殊服务任务。

（四）企业改革加快推进。按《公司法》要求规范控股子公司的治理结构和运行机制。优化总部组织架构，设立战略规划部（法律事务部）、市场协同部、信息科技与建设部，组建了数据中心、中邮资产公司、中邮资本公司、电子商务局、软件开发中心等单位。集团公司、速递物流的管理体制，由母子公司两级法人体制改为总分公司一级法人体制。推进经营组织体系改革，出台省级及以下邮政分公司经营组织架构建设方案。邮储银行完成了股份制改造以及总行、省及省以下组织机构改革，初步建立起适应现代流程银行的架构体系。启动包裹快递业务改革，完成产品体系、客服体系的整合，加强陆运网资源的整合利用和统一指挥调度，逐步打通邮速信息系统。推进国际寄递业务改革，成立国际寄递业务工作组，全面负责国际寄递业务的经营管理。建立起以利润为导向的激励约束机制，完善了对省级邮政分公司和控股子公司的 3 年期经营绩效考核办法，加大对效益贡献的激励力度。

（五）网络实力明显增强。“十二五”期间，全网投资300 亿用于重大基础设施建设，着力打造国内领先、世界一流的陆运网。实施干线运输方式改革，构建长途以火车为主、中短途以汽车为主的新型运输网络，建立邮件快速集散和散件化、流水化作业模式，优化网路干线节点布局，推行干线运输外包，网运质量逐步提升。自主航空运力大幅提升，邮航飞机从 2010 年的 17 架增加到 2015 年的 26 架。南京集散中心、北京综合邮件处理中心等一批枢纽中心投入使用，邮件处理中心流水化改造工作快速推进，全网日处理能力达到 1200 万件。加快投递网建设，智能包裹柜达 1.1 万台，人工自提点达 9.5 万个，大力投入了投递汽车、电动三轮车、PDA 等设备。线上线下相结合的综合便民服务平台建设初具规模。开通网上营业厅、手机邮局、微信邮局，搭建名址信息电子地图查询营销平台。依托实体渠道及电子渠道，与多部委和省级人民政府、大型公司和公用事业单位开展战略合作，开办多种综合便民服务，推进“十分钟”便民服务圈的打造。在重点城市布放智能包裹柜的同时，积极吸纳社会加盟网点，初步构建覆盖广泛的自提服务网络。邮储银行开通个人网银、手机银行、微银行等电子渠道，电子银行客户数居行业第 5 位，速递物流公司建设基于互联网全国受理的政务类项目集中办理平台和客户自助下单渠道。

（六）科技引领作用凸显。“十二五”期间，中国邮政加大科技投入，推动二维码数字邮资、RFID 等技术在投递管理、挂号邮件、时限监控等方面的普及应用；加强产品时限、客户构成等数据分析工作，有效支撑业务发展和经营决策；深入推进流程优化，梳理业务产品和生产流程，实现全国范围营业到网运环节封发清单无纸化；采用新技术、新流程、新工艺，自主研发达到国际先进水平的大型分拣设备，推进实物网络转型升级；梳理、完善和补充制订了工程建设、网点建设等方面的重大标准达 500 多项。全网新建和改造 60 余个信息系统。亦庄全国信息中心一期、合肥金融后台服务基地数据中心一期投入使用，为各板块共享数据中心资源奠定基础。完成 21 个邮政基础业务生产作业信息系统的建设和推广，完成速递物流公司客户服务、生产运营及经营管理等独立信息网络建设和邮储银行网点授权集中系统、个人客户营销系统的推广上线，以及电子商务信息平台的建设。邮储银行逻辑集中工程顺利上线，创造性地采用小型机集群技术替代大型机构建核心系统的技术路线，实现核心技术自主可控。加快财务、人力、办公自动化、业务量收、指挥调度等集团管控类信息系统的完善与建设。完成 ERP 项目财务主要模块在邮务和速递板块的上线运行。新一代寄递业务信息平台、CRM 系统、大数据平台和硬件资源池工程等重点项目稳步推进。

（七）资本运营迈出步伐。“十二五”期间，中国邮政在以资本为纽带整合内外资源、深化对外合作、推进战略协同、提升竞争实力方面迈出坚实步伐。组织设立中邮资本管理有限公司和中邮资产管理有限公司，搭建资本运作的平台。成功为邮储银行引进战略投资者，参与设立前海再保险公司，投资参股中证公司和证通公司，成立消费金融公司，完善集团公司金融产业链。投资参股跨境电商服务平台、供应链管理公司等，促进形成综合快递物流服务能力。战略投资蚂蚁金服、特别传媒，启动邮乐网第二轮融资，探索邮政品牌资本化和产融结合的发展道路。整合集团公司在港企业，完成中法人寿股权转让，清理省公司和集团公司直属单位对外投资，优化股权投资结构。

（八）人才培养卓有成效。制定了《中国邮政集团公司人才发展规划（2015-2020 年）》，建立邮政人才分类体系和人才工作体系。推动人才测评中心建设，建立健全人才评价选拔机制。完善跨地区交流、上下交流、岗位交流工作机制，搭建起人才培养锻炼平台。制定并实施《中国邮政集团公司 2013-2017 年干部教育培训规划》；构建中国邮政领导力培训体系，组织实施省市邮政企业一把手轮训；成立中国共产党中国邮政集团公司党校，打造邮政党员领导干部教育培训主阵地；完善中邮网院平台建设，分类分级开展大规模教育培训。重视高层次、专家型人才队伍建设，进一步拓宽集团公司总部选人用人渠道，积极从社会引进金融、电子商务、物流等人才，人才队伍结构持续优化。员工收益同步增长、企业凝聚力明显增强。

（九）党建工作扎实开展。严格按照党中央要求，落实党风廉政建设党组（党委）的主体责任和纪检组（纪委）的监督责任。开展“三严三实”专题教育。落实中央专项巡视整改要求，将巡视反馈的“四个淡漠”突出问题细化，落实责任，加大整改力度。创新完善纪检监察体制机制，加强纪检监察组织建设。对下属单位开展内部巡视工作。开展落实中央八项规定的专项自查整改工作，查处和纠正各类违规违纪行为。

三、存在的不足

从自身情况看，经过多年努力，中国邮政已发展成为具有较强实力、拥有良好品牌的现代企业集团，网络优势、功能优势较明显，发展空间不断扩大，服务能力不断提升。但与此同时，这些年也积累了一些不利于发展的问题，表现在以下方面。

（一）体制和机制仍需完善。内部审批决策链条较长，应对市场变化的时效性、灵活性有限。组织架构行政色彩较浓，总部机构多，管理人员多，用工矛盾突出，用工机制不灵活，激励和约束机制不完善。

（二）集团管控能力有待提升。虽初步明确集团公司对各板块的管控类型，但总部与各控股公司和下属公司的权责边界还不够明晰，管控流程不够顺畅，管控体系尚不健全，集团公司在战略规划、资源整合、服务共享和风险防控等方面的整体管控能力有待提升。

（三）实物网络优势亟需加强。邮政干线运输网仍存在大而不强、全程时限不稳定等问题，不能有力支撑包裹快递业务的快速发展；综合便民服务平台效益和商业价值有待继续挖掘；投递网亟需根据电商末端配送竞争状况和发展趋势优化作业组织、强化能力配备和运营管控。

（四）邮政信息化建设任务依然艰巨。邮政信息化建设横跨多个板块和多个层级，系统体系结构复杂，实施难度较大。整体信息化在引领业务市场拓展和商业模式创新方面还有较大提升空间。随着新技术的发展和市场环境的变化，各类业务生产作业和经营管理系统均亟需功能的调整扩充和系统结构的改造。

（五）板块协同机制尚需加快完善。目前板块间的协同更多地依赖行政指令，未能形成良性的协同运营机制和科学的商业模式，客户资源得不到充分共享，协同项目利益分配机制也不够完善，市场开发合力有待进一步增强。

（六）人才短缺仍是制约发展的瓶颈。现阶段员工整体素质尚不能很好地适应企业转型创新发展的需要，特别是面向电子商务、物流、金融专业及信息化、互联网等领域的高层次、创新型人才匮乏。加快创新人才选拔、培养、使用和激励机制，成为“十三五”期间迫切需要解决的问题。

（七）服务水平有待提升。以客户为中心的服务理念尚未完全建立，目前客户管理、开发和维护能力有限，尤其与互联网融合的客户需求关注不够，产品、服务创新能力有待提高。

“十二五”期间发展取得的经验，对做好“十三五”工作带来重要启示：一要坚持战略引领，这是实现企业长远可持续发展的重要前提。二要坚持改革创新，这是增强发展内生动力的基本要求。三要坚持科技兴邮，这是提升企业核心竞争能力的重要途径。四要坚持以人为本，这是发展邮政事业的本质要求。五要坚持党的领导，这是推动企业改革发展的根本保证。（战略规划部）

综述

2015年，集团公司认真贯彻落实党中央、国务院的决策部署，主动适应经济发展新常态，实施“一体两翼”经营发展战略，锐意改革，圆满完成全年目标任务。总收入完成4381.6亿元，比上年增长8.3%。按利差口径，集团公司总收入完成3179.9亿元，比上年增长10%，其中，邮政公司完成收入1271.2亿元，比上年增长9.2%；邮储银行完成收入1897亿元,比上年增长9.4%；速递物流完成收入276.5亿元，比上年增长11.6%；中邮保险完成收入283.6亿元，比上年增长9.1%；中邮证券完成收入4.6亿元，比上年增长95.6%。集团公司实现利润总额393亿元，比上年增长10.2%。国有资本保值增值率达122%。

集团公司总部大楼。（集团公司办公室/提供）

一、邮政经济平稳健康发展

（一）平台功能

按照“一体两翼”经营发展战略，初步建成线上线下相结合的邮政综合便民服务平台。线上：推进邮政与互联网融合发展，网上营业厅、手机邮局、微信邮局、网上银行、手机银行、微银行等电子渠道功能不断完善。线下：推进实体渠道建设，邮政网点改造和转型升级效果明显。新增便民服务站、“三农”服务站、村邮站10.4万个，新增ATM、CRS1.5万台。依托平台，认真做好普遍服务和特殊服务，创新发展函件、报刊、集邮等邮政基础性业务；积极承接政府公共服务，开办各类代理代办代收代缴等便民业务；支撑金融翼、寄递翼发展，大力发展农村电商。

（二）金融翼

邮储银行总资产达7.3万亿元，位居国内商业银行第5位；各项存款（含代理）达6.3万亿元，比上年增长8.6%；贷款余额（含专项债）达2.5万亿元，比上年增长31.6%。中邮保险期交保费收入达62亿元，期交规模列银保系寿险公司首位。邮政公司代理金融业务收入达723.5亿元，比上年增长13.9%。中邮证券客户数量和资产规模比上年分别增长293%和62%。

（三）寄递翼

包裹快递业务量收分别完成21亿件、384.6亿元，比上年分别增长29.1%、10.6%。国际寄递业务量收分别完成6.8亿件、162.2亿元，比上年分别增长67.4%、23.2%，跨境电商轻小件寄递市场占有率超过60%。

（四）资本运营

邮储银行引进战略投资者工作完成，融资451亿元。成立中邮资本管理公司，参与设立前海再保险公司，战略投资蚂蚁金服。邮储银行成立消费金融公司。邮乐网启动第二轮融资。

二、企业改革不断深化

（一）完成“子改分”工作

集团公司、速递物流与所属省公司由母子公司制改为总分公司制。

（二）包裹快递业务改革

按照“三统一”的原则，完成产品整合，推进邮速间信息资源的整合与共享，强化集团公司对省际和省内陆运网的统一管控和指挥调度。

（三）网运改革

实施陆运网转型升级，调整优化 75 个一二级邮区中心局，推进甩挂运输和散件化、流水化作业流程再造，完成 8 个省的陆运网资源整合，提升全网运输时效，快递包裹全程时限较改革前缩短 32 个小时。

（四）健全板块协同发展机制

整合各板块资源，实施邮政代理营销银行公司业务、中邮期交“百亿工程”等 7 个跨板块重点协同项目。完成邮银关联交易定价机制和同业竞争业务边界梳理工作。

三、能力建设取得进展

（一）信息化建设

ERP 项目财务模块在邮速全面上线运行。新一代寄递业务信息平台、CRM 系统、大数据平台和硬件资源池工程等全网重点信息化项目稳步推进，金融网点集中授权系统顺利推广实施。

（二）实物网能力建设

航空机队规模达 26 架，自主航空网已覆盖 22 个省。完成22 个大型工艺改造项目、51 个小型改造项目，实现分拣、转运环节流水化作业，全网日处理能力达 1200 万件。加快投递网建设，智能包裹柜达 1.1 万台，人工自提点达 9.5 万个，新增投递汽车 3688 辆、电动三轮车 1 万多辆、PDA 4.8 万台。

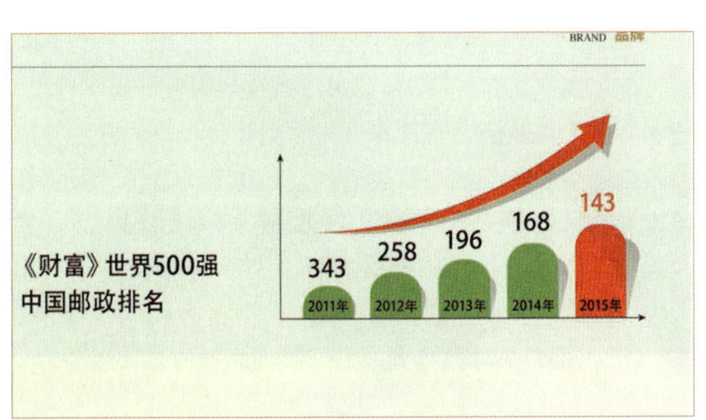

中国邮政排名图。（集团公司办公室/提供）

四、管理效能进一步提升

（一）财务管控

全面推进省级会计集中核算，对省邮政分公司实施利润目标摘档管理，配合财政部建立普遍服务亏损核算和补偿长效机制。

（二）人力资源配置

通过业务外包、劳务承揽等方式，减少使用从业人员 8.2 万人。完成薪酬分配制度调整优化工作，对领导人员实行工资总额与人均工资“双调控”政策，进一步缩小内部收入分配差距。

（三）经营秩序规范

严厉查处违规经营、业务摊派、虚列收入等问题。开展“两加强，两遏制”专项检查和民间借贷风险排查整治“回头看”等活动，加大案件和不良贷款追责力度。

（四）审计监督和集中采购管理

加强邮政全行业财务收支、工程建设、中央预算内资金建设项目等专项审计检查。规范采购工作流程，完成集团公司两级集中采购项目 2160 个，节约预算资金 22.5 亿元。

（五）安全生产管理

严格落实安全生产主体责任，强化资金、邮件、信息网、航空、消防、交通和员工等安全管理，保障全网安全运行。

五、邮政服务

（一）普遍服务和特殊服务

参与《邮政法》和《邮政普遍服务监督管理办法》修订工作。全面完成列入国家“十二五”规划的 8440 处空白乡镇局所补建运营工作，邮政网点乡镇覆盖率达 100%。做好党报党刊发行工作，深入推进机要通信专项整治活动。开展提升服务质量专项活动和无着邮件清理整治活动，普邮全程时限达标率达 99.8%。全国邮政服务满意度 88.55 分，与上年比稳中有升。用户申诉处理满意率位列 27 家参评寄递企业的第 2 名。商务寄递服务质量明显改善。城市快递包裹当日妥投率稳定在 89% 以上，妥投信息实时反馈率提高到 88%。EMS 客户满意度居行业领先地位，首度达到五星级快递企业标准。

（二）服务“三农”和小微企业

截至 2015 年末，邮储银行涉农贷款余额 7479 亿元，比上年增长 26.7%；小微企业贷款余额 6552 亿元，比上年增长 17.6%。强化县域中邮保险服务保障，累计保额达 276 亿元。做好电子商务进农村示范工作，全面推广应用邮掌柜系统，完善农村地区物流配送服务，推进“工业品下乡，农产品进城”，农村电商交易额累计达 131 亿元，全年配送农资 112 万吨。

（三）商务寄递服务

城市快递包裹当日妥投率稳定在 89% 以上，妥投信息实时反馈率提高到 88%。EMS 客户满意度居行业领先地位，首度达到五星级快递企业标准。

（四）邮政规模和通信能力

2015 年，中国邮政认真贯彻落实党中央、国务院的各项方针政策，积极应对复杂多变的经济环境，深化改革，拓展市场，强化管理，提质增效，实现平稳较快发展。集团公司总收入完成 4376.3 亿元，比上年增长 8.1%。

函件业务通过积极融合线上线下渠道，建立账单、传媒营销和封片产品服务新模式，全年累计完成业务量 45.8 亿件。

报刊业务通过转型创新和项目拉动，完成报刊订销业务量 198 亿份、报刊发行流转额 230 亿元。

集邮业务创新发展模式，拓展经营渠道，全年销售集邮邮票 15.7 亿枚、集邮品 4912 万册，完成收入 79.15 亿元，比上年增长 6.19%。

增值业务快速发展，实现收入 71.6 亿元，比上年增长 15.8%。

邮政电子商务信息平台交易额保持高速增长，总交易额突破 1735 亿元，邮乐网全年交易额规模达 230 亿元。

邮储银行坚持科学发展，创新驱动，不断优化业务结构，提升竞争力。截至 2015 年末，总资产规模达 7.3 万亿元，居商业银行第 5 位；各项存款余额 6.3 万亿元，居同业第 4 位。

代理金融业务通过网点深化转型、增强渠道能力、提升风险管控能力，全年完成收入 723.4 亿元，比上年增长 13.8%。其中，代理储蓄余额净增 2682.2 亿元，总余额达到 3.94 万亿元。

中邮保险积极推进转型发展和价值成长，累计实现总保费收入 247.4 亿元，比上年增长 12.7%，其中实现期交保费 62 亿元，比上年增长 72.2%。

中邮证券主动适应经济发展新常态，着力推进业务结构调整，加快推进市场化转型，整体业务取得快速发展。

集团包裹快递业务全年完成业务收入 391.8 亿元，比上年增长 10.3%，完成业务量 21 亿件，比上年增长 29%。

截至 2015 年末，中国邮政有运输飞机 26 架、火车邮厢 292 辆、各类邮政汽车 8.9 万辆。邮路总数 2.5 万条，其中航空邮路 2543 条，铁路邮路 103 条，汽车邮路 2 万条。邮路总长度（单程）638.3 万公里。农村投递路线 9.1 万条，城市投递路线 5.6 万条。共有邮政支局所 5.4 万处，邮政储蓄网点 4 万处，自办投递服务网点 2.8 万处。全国邮政信筒信箱 13 万个，邮局用户信箱 2.8 万个，邮件直投点 1 亿个。

规模和综合通信能力

名　称	数量	单位
邮政支局所	5.4	万处
邮政生产用房	2441	万平方米
邮路	2.5	万条
邮路总长度（单程）	638.3	万公里
航空邮路	355.9	万公里
各类生产用汽车	7.9	万辆

服务水平和服务质量

名　称	数量	单位
全国电子化支局	4.2	万处
全国邮政信函、包刷分拣机	306	套
全国邮政用微机	46	万台
ATM柜员机	8.3	万台

（财务部）

六、党风廉政建设

严格按照党中央要求，认真落实党风廉政建设党组（党委）的主体责任和纪检组（纪委）的监督责任。认真开展“三严三实”专题教育。落实中央专项巡视整改要求，将巡视反馈的“四个淡漠”突出问题细化为 29 个重点问题，落实责任，加大整改力度，对腐败问题“零容忍”。创新完善纪检监察体制机制，加强纪检监察组织建设。对 13 个下属单位开展内部巡视工作。开展落实中央八项规定纠“四风”、清理“小金库”、选人用人等 8 个方面的专项自查整改工作，查处和纠正各类违规违纪行为。

七、干部职工队伍建设

（一）全面加强干部队伍建设

全年调整高管人员 251 人次，加强各级领导班子建设，充实后备干部队伍。首次举办中央党校分校班。开展省市邮政企业主要领导战略管理轮训。强化干部监督，聚焦领导人员档案造假、违规兼职、“裸官”“天价培训”等开展专项整治，深入推进“一报告两评议”，不断提高选人用人公信度。

（二）提升人才队伍素质

制定人才发展规划，实现薪酬分配体系与人才评价体系的衔接。开展大规模职业技能鉴定，成功举办邮政业务营销员国家级职业技能大赛。

（三）推进精神文明建设

推进企业文化理念识别系统建设。开展“金方向盘汽车驾驶员”表彰活动。39名同志荣获“全国劳动模范”称号。启动中国邮政开办120周年系列宣传活动。

2015年是“十二五”的收官之年。回顾“十二五”时期，邮政工作得到党中央、国务院的高度重视。五年来，习近平总书记、李克强总理等中央领导到邮政生产经营场所考察工作。李克强总理、张德江委员长、汪洋副总理、马凯副总理等中央领导多次对邮政工作作出重要指示。尤其是2015年，李克强总理先后在深化国有企业改革和发展座谈会、金融企业座谈会上听取中国邮政工作汇报，充分肯定了邮政改革发展和服务民生成绩。

在坚持科学发展的前提下，制定符合邮政实际的发展战略，着力推进转型升级，实现了跨越式发展。2015年业务收入年均增长18.2%，比同期中国GDP年均增幅高出10.4%。5年累计实现利润1631.2亿元，年均增长27.6%。在2015年《财富》“世界500强企业排行榜”中，中国邮政位居143位，比2011年提升200位；在“2015中国企业500强”排名中位居22位，比2011年上升15位。

全面深化改革，完成邮储银行股份制改造，对包裹快递业务进行改革。实施“子改分”改革，确立以利润为导向的财务管理体系。实施干线运输方式改革，打破60多年干线主要依靠铁路运输邮件的方式，构建长途以火车为主、中短途以汽车为主的新型运输网络。

累计投入资金886亿元，加强邮政能力建设。以平台化理念编制信息化规划，加快推进信息网建设，提升企业战略决策、集约管理、业务协同等能力；采用新技术，按照“新架构、新标准、新流程、新制度、新工艺、新系统”的理念，加快建设“国内领先、世界一流”的陆运网。

坚持发展依靠员工，发展成果由员工共享。集团公司3次调增基本工资，主要向基层一线员工倾斜，各级企业加大绩效奖励力度，员工收入实现较快增长。与2010年相比，截至2015年底合同用工人均工资增长64%，劳务用工人均劳动报酬增长120%，分别是国有企业在岗职工平均工资增幅的1.2倍和2.2倍。员工五险一金综合参保率较2010年提高10%，建立全集团统一的重大疾病保险和意外伤害保险制度，实现企业年金全覆盖，增强了企业的凝聚力和向心力。

高举服务旗帜，做好邮政普遍服务和特殊服务，积极承接政府公共服务，为社会提供各类邮政便民服务，积极践行普惠金融，得到各级党委政府和社会各界的充分肯定。《人民日报》《光明日报》《经济日报》等主流媒体在头版头条报道中国邮政改革创新、转型升级的新成就，展示中国邮政良好的社会形象。

回顾“十二五”时期的工作，集团公司创造了不平凡的业绩，也积累了十分宝贵的经验。

一是集团战略引领中国邮政科学发展。“十二五”期间，集团公司坚持把发展作为第一要务，准确研判形势，明晰战略方向，从战略高度指导全国邮政改革发展实践。提出“建设世界一流邮政企业”的战略目标，明确“廿四字中心任务”，确立“一体两翼”经营发展战略和信息化引领的科技兴邮战略，初步构成比较完整的战略体系。在集团战略的引领下，中国邮政全面深化改革，加快转型升级，发展的质量和效益不断提升。

二是改革创新激发企业发展活力。“十二五”期间，集团公司坚持以改革创新促发展，针对长期积累的老问题和面对的新挑战，明确改革创新的方向和重点，推出一系列事关邮政长远发展的重大改革举措，进一步理顺体制机制，解放和发展生产力。

三是科技兴邮提升企业核心竞争能力。“十二五”期间，集团公司坚持信息化引领的科技兴邮战略，落实“互联网+”行动计划，将信息化贯穿到企业生产、经营、管理及客户服务全过程，推动流程优化，辅助科学决策，进一步提升中国邮政的核心竞争能力。

四是以人为本是邮政事业发展的本质要求。“十二五”期间，集团公司坚持“人民邮政为人民”的服务宗旨，扎实做好普遍服务和特殊服务，积极服务“三农”和小微企业。坚持人才强邮，提升干部职工队伍素质。不断改善员工生产生活条件，切实提高员工收入，增进员工福祉。

五是加强党建是邮政改革发展的根本保证。“十二五”期间，集团公司坚持全面从严治党，加强思想建设、组织建设、作风建设、党风廉政建设和制度建设，促进全系统形成风清气正、崇廉尚俭、干事创业、遵纪守法的良好政治生态，为中国邮政持续健康发展提供坚强的政治和组织保证。

“十二五”期间的成绩，是在宏观经济形势严峻复杂、变化很大的形势下取得的，是在改革不断深入、新旧矛盾相互交织的环境下取得的，是在金融市场竞争更加激烈、利率市场化快速推进的情况下取得的，成绩来之不易。这是党中央、国务院正确领导的结果，是中央有关部门、地方党委政府大力支持的结果，是全体员工奋勇拼搏的结果。（集团公司办公室）

中国邮政
CHINA POST

大事记

- 中国邮政集团公司
- 中国邮政储蓄银行
- 中国邮政速递物流股份有限公司
- 中邮人寿保险股份有限公司
- 中邮证券有限责任公司

中国邮政集团公司

1月

20日　2015年全国邮政工作会议在京召开。本次会议深入贯彻落实党的十八大、十八届三中、四中全会和中央经济工作会议精神，以习近平总书记系列重要讲话精神为指导，总结2014年邮政工作，分析邮政改革发展面临的形势，安排部署2015年工作任务。

24日　速递物流中邮海外仓1号仓（位于美国东部新泽西）上线启用，标志着中国邮政"走出去"战略迈出重要一步。

2月

1日　中共中央、国务院《关于加大改革创新力度加快农业现代化建设的若干意见》(即2015年中央"一号文件"），提出支持邮政系统更好服务"三农"，鼓励邮储银行拓展农村金融业务。

4月

27日　中国邮政投资设立中邮资本管理有限公司，标志着中国邮政资本运营平台的建立。

28日　2015年庆祝"五一"国际劳动节暨表彰全国劳动模范和先进工作者大会在北京人民大会堂隆重举行。中共中央总书记、国家主席、中央军委主席习近平在会上发表重要讲话。39名邮政员工光荣当选全国劳动模范，接受表彰。这是在历次全国劳动模范表彰中，邮政系统受到表彰人数最多的一次。

28日　中国邮政集团公司在北京全国政协礼堂举办庆祝"五一"国际劳动节暨中国邮政"金方向盘汽车驾驶员"表彰大会，徐洪平等10名邮运驾驶员荣获"金方向盘汽车驾驶员"称号。

5月

1日　经财政部批准，自5月1日起，集团公司31个省级分公司及所辖分支机构正式对外运营。同时，速递物流与所属省级公司也完成吸收合并。至此，集团公司、速递物流公司与所属省级分公司由"母子公司制"改为"总分公司制"。

11日　集团公司党组印发《关于在邮政系统开展"三严三实"专题教育方案》，对全系统开展"三严三实"专题教育作出部署，要求各单位把此项专题教育作为重要的政治任务，扎实有效地加以推进。

18日　被誉为"全球培训业奥斯卡"奖的ATD奖项在美国揭晓。集团公司"基于互联网的实操技能训练系统"荣获ATD学习技术类大奖——"卓越实践奖"，同时夺得一项提名奖。

6月

1日　中国邮政包裹快递业务改革工作启动。此次改革的总体思路是统一产品管理，统一营销政策，统一信息系统，统筹能力建设，强化运营管控，发挥整体优势，加快专业发展，做大做强中国邮政包裹快递业务。

7月

1日　中国邮政指挥调度中心正式投入运行，实现对邮务和速递板块业务的全程全网运行质量实时动态监控，标志着集团公司利用信息化手段构建全网生产可视化管理平台，实现对全网的集中管控。

1日　英国《银行家》杂志公布"2015年全球银行1000强排名"，邮储银行以总资产近6.3万亿元位居第23位，较上年度上升5位。

17日　集团公司与天津市人民政府签署战略合作协议。双方将在电子商务与航空物流快递、邮政金融、文化传媒、便民服务等领域加深合作，共同打造邮政金融服务中心和邮政电子商务平台、"一带一路"文化传媒平台、邮政综合便民服务平台。

22日　美国《财富》杂志发布"2015年世界500强"排行榜，集团公司排名第143位，比上年上升25位。在"2015中国企业500强"排名中，集团公司位居第22位，比上年上升6位。

8月

27日　中国邮政通过中邮资本管理有限公司战略入股浙江蚂蚁小微金融服务集团有限公司。这是中国邮政首次以私募股权形式开展对外股权投资。

9月

3日　在国家主席习近平和俄罗斯总统普京的共同见证下，集团公司总经理李国华与俄罗斯联邦邮政总裁德米特里·E·斯特拉什诺夫在人民大会堂签署《关于响应“一带一路”倡议 加强合作推进跨境电商市场发展的协议》。双方将共同开发一款名为“7日递包裹”的跨境电商配送新产品，并将开启中俄间铁路运邮合作。

14日 “2015年中国技能大赛——第四届全国邮政通信特有职业（营销）技能竞赛”决赛在石家庄邮电职业技术学院举办。该竞赛正式列为国家级二类竞赛项目，三大板块共14.07万名员工参赛。

15日 中国邮政自主研发的新版集邮网厅系统正式上线，手机APP、微信等移动端也同步上线，实现“互联网+集邮”的落地实施。

18日 在国务院召开的深化国有企业改革和发展座谈会及10月16日召开的金融企业座谈会上，总理李克强高度评价中国邮政通过深化国企改革、创新发展模式取得的成绩和邮储银行在服务实体经济中的作用。在考察河南郑州跨境贸易电子商务服务试点项目时，勉励邮政要做全国快递行业第一。

25日 由集团公司主办的“2015（第二届）中国国际集藏文化博览会”在北京开幕。为期4天的博览会以“集藏·创造财富 收获文明”为主题，得到国内外集藏爱好者的广泛关注。

10月

12日 中邮保险成功入选“2014年度中国价值成长性十佳保险公司”榜单并荣列第2位，对于树立保险行业创新标杆、促进险企更好更快发展起到引领作用。

11月

16日 集团公司成立中国邮政国际寄递业务工作组，全面负责国际寄递业务经营管理，加强国际寄递业务的统一管控和资源整合，做大做强国际寄递业务。

21日 集团公司与恒大地产集团有限公司签署战略合作协议。双方将在金融、互联网产业、营销渠道、物流寄递、农村电商等方面开展合作。

12月

9日 邮储银行宣布成功引进战略投资者，实现从集团公司单一股东向股权多元化的成功迈进。此次战略引资，全部采取发行新股方式，融资规模451亿元，发行比例为16.92%，是中国金融企业单次规模最大的私募股权融资，也是近5年来中国金融企业规模最大的股权融资。

15日 中国邮政航空公司与波音公司在北京签署关于购买7架757-200改装货机、10架新一代波音737改装货机的协议，这是邮航历史上最大的一笔订单，标志着邮政航空主力机型升级为波音757飞机。

21日 集团公司党组向中央巡视工作领导小组办公室报送《中央专项巡视整改情况的报告》。中央专项巡视反馈会后，集团公司党组高度重视，迅速行动，聚焦重点问题，研究制定整改方案。用“三严三实”的作风推进整改，取得阶段性初步成果。“两个责任”进一步落实，创新完善了纪检监察体制。（集团公司办公室）

中国邮政储蓄银行

3月

20日 邮储银行“亿路有你”营销活动在全国范围开展，推动电子银行重点业务指标顺利实现。

4月

1日 “邮储银行电子银行”微信公众号获得中国金融认证中心（CFCA）颁发的“2015金融业最佳微信公众平台”。

5月

5日 邮储银行与经济日报社在京联合发布“经济日报—中国邮政储蓄银行小微企业运行指数”。

6月

8日 邮储银行中标全国首个地方高铁PPP项目—济青高铁（潍坊段）征地和拆迁项目。

12日 邮储银行与国务院扶贫办在京举行金融扶贫合作战略协议签约仪式。双方将在全国范围内通力合作，搭建扶贫小额信贷平台，缓解贫困群众“贷款难”问题，加快贫困群众脱贫致富、贫困地区全面建成小康社会的步伐。

17日 邮储银行《新一轮IT规划项目报告》成果评审会在北京召开，对邮储银行信息系统等工作进行了全面规划，对实现邮储银行业务发展战略将起到至关重要作用。

26日 在中国银行业协会举办的《2014年度中国银行业社会责任报告》发布暨社会责任工作表彰会上，邮储银行获得年度“社会责任最佳民生金融奖”；邮储银行乌什县支行获年度“最佳社会责任特殊贡献网点奖”；中国邮政储蓄银行西藏拉萨市大楼支行获年度“最佳社会责任特殊贡献网点奖”。

7月

1日 英国《银行家》杂志公布“2015年全球银行1000强排名”，邮储银行以总资产近6.3万亿元位居第23位，较上年度上升5位。

17日 邮储银行财富“鑫鑫向荣B款”荣获《证券时报》2015年中国最佳财富机构评选活动“最佳开放式银行理财产品奖”。

20日 邮储银行基于国产Linux系统的ATM机在北京、广州顺利试点上线，作为中国金融行业首台正式使用国产操作系统的ATM机，得到监管部门的充分肯定，并作为银监会2015年会的主要国产化成果向同行业展示。

8月

6日 邮储银行正式获得证券公司客户交易结算资金第三方存管业务开办资格。

31日 邮储银行与中国农业发展银行签订《中国农发重点建设基金资金划拨操作备忘录》。

9月

7日～9日 邮储银行在银行间市场成功发行250亿元二级资本债券。

17日 95580客服中心在中国银联2015年跨行客户服务活动中荣获“客户服务突出奖”。

21日 邮储银行与农发重点建设基金公司签署《中国农发重点建设基金托管协议》。

28日 中国邮政储蓄银行与国开发展基金有限公司签订《国开发展基金托管协议》，标志着邮储银行成为国开发展基金的托管银行。

10月

1日 邮储银行获得中国国际金融服务展组委会颁发的“2015年优秀金融服务奖”。

12日 邮储银行正式启动2015年“合规回头看”活动，增强各级机构和人员合规意识，提升合规执行力，为全行改革发展提供有效支撑。

22日 邮储银行与中国科学技术协会在首届全国“双创活动周”上签署合作备忘录，打造科技与金融相结合的一站式“双创”服务平台。副总理马凯出席签约现场，董事长李国华出席致辞，行长吕家进代表邮储银行签署协议。

23日 邮储银行小企业金融部荣获银监会颁发的“全国银行业金融机构服务小微企业优秀团队奖”。

30日 邮储银行消费贷款余额首破7000亿元大关，新增贷款市场占有率排名第六位，服务的客户超过300万人，新产品和高收益产品占比均大幅提升。

11月

11日 邮储银行申报银行业信息科技风险管理课题“基于小型机集群的大型银行核心系统研究与应用”，获得银监会2015年度银行业信息科技风险管理课题研究一类成果。

20日 中邮消费金融公司在广州正式揭牌成立。

30日 “邮储银行杯”2015年中国青年涉农产业创业创富大赛全国赛总决赛在江苏盐城落下帷幕，这是邮储银行连续6年在全国范围内举办创富大赛系列活动。

12月

1日 邮储银行获得由中国互联网协会、全国大学生网络商务创新应用大赛组委会颁发的“网络商务人才突出贡献奖”。

3日 邮储银行个人网银获得中国金融认证中心（CFCA）颁发的“2015年中国最佳网上银行用户体验奖”和“2015年中国最佳手机银行安全奖”。

9日 邮储银行在北京举办新闻发布会宣布成功引进战略投资者，融资规模451亿元，实现从集团公司单一股东向股权多元化的迈进。

11日 “2015邮储银行高峰论坛”在京举行。

18日 《金融时报》发布“2015中国金融机构金牌榜”，邮储银行凭借在风险管理方面的优秀表现和经验创新，荣获“年度最佳风险管理银行”。

29日 邮储银行成为国内第四家电子银行客户数突破1.5亿户的全国性商业银行。

31日 邮储银行完成2015年4批次共7780亿元的专项债券认购工作。（邮储银行）

中国邮政速递物流股份有限公司

1月

24日　速递物流中邮海外仓1号仓（位于美国东部新泽西）上线启用。

3月

速递物流无锡长三角邮件集散中心工程开工建设，其中仓储面积6万平方米，日均处理能力120万件。

5月

以山东樱桃寄递项目为代表的“极速鲜”业务正式上线。

6月

贝因美婴幼、老板电器云仓战略协调签署与全国22省云仓实施落地，标志速递物流云仓网络覆盖全网。

8月

1日　速递物流成功与海澜之家服饰有限公司签约，成功开创“EMS调换货业务运营模式”。

速递物流云仓金融项目试点上线运行，实现仓储信息系统与京东金融系统、客户ERP的三方互通，丰富供应链金融系统解决方案。

9月

25日　苹果新品手机全球首发，速递物流首日共发货25万件，当日投递率99.84%，整体投递率99.82%，零丢失零破损。

11月

速递物流“双11”各国仓配业务实现出库493万单，环比增长373%，揽收及时率70.1%，单仓最大出库量35万单，实现历史新高。

12月

1日　速递物流开通全国电子支付功能。全年电子渠道总体粉丝突破500万，新增296万，电子渠道下单量全年突破110万单，电子政务平台服务扩展到10省，电子政务订单全年突破100万单。

15日　引进7架波音B757-200飞机和10架波音B737-800飞机客改货，邮政航空运输力提升107%。（速递物流）

中邮人寿保险股份有限公司

1月

20日～21日　中邮保险2015年工作会议在京召开。

2月

11日　首届“中邮保险杯”大学生保险产品创意设计大赛圆满落下帷幕。来自中央财经大学、北京工商大学、江西财经大学等高校学生的10件设计作品进入最终评审阶段，并分别获得一、二、三等奖与单项奖。

5月

26日～28日　第一届“中邮保险杯”职工羽毛球比赛在湖南长沙邮政会展中心举行。

6月

2日　中邮保险快速应对“东方之星”沉船事故。开展乘客及相关人员排查，发现中邮保险客户2人，并第一时间完成客户慰问和理赔服务。

12日　由亚太顾客服务协会主办的“2014年度中国杰出顾客关系服务奖”评选结果揭晓，中邮保险荣获“最佳顾客关系服务杰出奖”“最佳企业社会责任领袖奖”“最佳技术运用奖”“最佳企业雇主奖”等4个奖项。

7月

6日　中邮保险“五年、五天、五座城市、五种团聚”公益活动和“送知识、送温暖、做调研”三下乡活动入选首届中国保险公益“好声音”“好品牌”联播联展项目。

8日　中邮保险联动开展7·8保险公众宣传日活动，宣传保险文化，提升行业形象。

21日　全国保险系统先进集体、劳动模范、先进工作者表彰大会在京举行，中邮保险江苏分公司合规与风险管理部副总经理曾小艺、江西分公司信息技术部系统管理员陶遂2名同志荣获“全国保险系统劳动模范”称号。

8月

12日　中邮保险迅速应对天津滨海新区危险品仓库爆炸事故。在确认1名客户遇难后，启动理赔绿色通道，简化理赔手续，赔付款在24小时内到达家属账户。

20日　中邮保险工作座谈会在京召开。

9月

10日　中邮保险第一届“星火传递杯”讲师技能大赛决赛在京成功举办。

10月

9日　中邮保险上海分公司正式挂牌成立，成为中邮保险第18家省级分公司。

12日　“2014年度中国价值成长性十佳保险公司”榜单揭晓，中邮保险成功入选。

28日　中邮保险在米兰世博会中国馆举行“邮政连天下，保险惠万家”主题宣传活动。

30日　中邮保险“十三五”发展规划启动会在京召开。

31日　中邮保险在全国组织开展“重走长征路，播撒中邮情”主题公益活动。

11月

7日　第八届中国保险文化与品牌创新论坛暨第十届中国保险创新大奖颁奖典礼在云南大理隆重举行，中邮保险获得“年度最受客户关注保险品牌”“年度管理创新奖”等文化品牌大奖。

12月

18日　由金融时报主办的“2015金融时报年会暨中国金融机构金牌榜颁奖盛典”在北京圆满落下帷幕。中邮保险荣获2015“年度最具成长性保险公司”荣誉奖项。（中邮保险）

中邮证券有限责任公司

1月

6日　中邮证券正式获得中小企业私募债券承销业务资格。

23日～25日　2015年中邮证券工作会议在北京召开。

3月

2日　中邮证券正式获准开展互联网证券业务试点。

4月

23日　中邮证券四川省分公司正式开业。

5月

6日　集团公司副总经理张荣林到中邮证券宣布宋英忠同志任中邮证券党委书记。

15日　中邮证券江西省分公司正式开业。

6月

16日　中邮证券湖北省分公司正式挂牌成立。

8月

20日～21日　中邮证券公司召开2015年工作座谈会。集团公司副总经理张荣林出席会议并作重要讲话。

11月

17日　马建军任中邮证券纪委书记。

22日　中邮证券湖南省分公司正式成立。

12月

3日　中邮证券福建省分公司正式成立。

23日　中邮证券正式获得险资受托管理资格。（中邮证券）

中国邮政
CHINA POST

网路建设

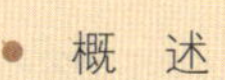

概　述

全国邮政网路运行部门落实包裹快递业务改革，推进网运转型升级，努力打造“国内领先，世界一流”邮政陆运网。网路运行部按照贴近市场组网的原则，重新调整和规划网络组织结构，邮政网运节点调整、设置为75个一二级中心局，覆盖全国前50名电子商务主要产出地市，总体上形成省际、本地网两层网络组织架构。各省按计划完成79个重点地市的包件处理能力建设工作。作业模式上，实行“出口相对集中、进口分层作业”；省际出口环节，发挥机械化处理效能，实现核心节点快进快出；省内进口环节和地市进口分拣强化，实现全网作业运行效率最佳。

为配合实施邮政包裹快递业务改革，7月，制定下发《快递包裹运营标准》，统一邮政、速递的快递包裹生产运输作业，实施收寄、内部处理、运输和投递全环节的大提速。全国邮政陆运干线网实施优化，各省分公司于9月30日前完成省内网优化。全年速递物流组开的208条一级干线汽车邮路、201条省内二级干线邮路、441条邮区内邮路，划归陆运网统一管理。资源整合后，邮政快递包裹业务量比上年增长50%的情况下，全程时限平均76小时，比上年加快12小时，较改革前加快32小时。10月1日起，全国邮政陆运网统一执行快递包裹运营标准，全国地市同城互寄次日递率达到95%；各省内互寄快递包裹（不含农村地区）的次日递率（按邮件量）东部省份达到85%、中部省份达到80%、西部省份达到70%，邮政快递包裹的全程时限指标达到陆运寄递产品的行业先进水平。

为强化陆运网统一管理，6月，成立邮政指挥调度中心，规范网运指挥调度规程，上收对二级干线邮路的管理职责，对二级干线邮路的组开、撤销、计划调整等进行统一管理和审批，在全网一二级干线、区内邮路全面推行封车、解车操作，实施陆运网统一动态指挥调度，加强网运生产事中控制，强化与经营部门、客服部门的沟通联动；加快推进全国指挥调度体系建设，成立省分公司邮政指挥调度中心，建立业务生产上的垂直管理关系和管理流程，业务行政管理职能向生产运营职能转变，全网生产运输管理和协调更加顺畅、高效。

以网运转型推进落实包裹快递业务改革为契机，大力推行网运甩挂运输模式。将涉及22个流水化改造中心局的一级干线往返汽车邮路，由整车运输调整为甩挂运输模式。集团全年为各省配备甩挂牵引车头284辆、半挂车厢463辆，开通328条甩挂汽车邮路，提升干线运输能力。为提供运力保障，招标入围17家实力强、信誉好的社会运输企业，纳入集团公司干线运输外包企业名录。

为支撑邮政包裹快递业务快速发展，全网主动打造重点城市间的精品线路。尤其为满足长三角、珠三角间包裹快递业务市场竞争的需要，组开广州—南京、上海—福州等40条精品线路，通过开通直达、增加运输频次、调整截邮时间、优化内部处理流程等手段，预期快递邮件的全程运行时限将压缩半天或一天。

广州邮件处理中心。（网络运行部/提供）

集团公司投入9.2亿元，集中启动19个邮件处理中心的流水化工艺建设，推动常州、衡阳等35个二级中心局、各省79个重点地市处理中心的能力建设。在全国各邮件处理中心实施以邮件网上收寄信息为依据的自动化分拣、取消传统邮袋封发、以分拣机OBR扫描替代人工供件扫描和封发扫描、应用新型邮件容器实现信刷报包裹化、集装笼单元化移动和装发车等一系列改革。彻底打破邮件多次扫描、总包多次封拆、盘驳装卸、层层滚存的传统生产作业方式，是网运生产方式的又一次革命性的变革。包裹自动化处理能力、处理效率处国内行业领先地位，具有世界先进水平。配置双层包裹分拣机在流水化作业模式下，实际处理能力高达到40万件/日以上，处理能力是改革前5倍以上，生产一线员工的劳动强度极大降低。

强化对陆运网的质量管理工作，建立集团公司、省分公司、地市邮政企业三级质量管控体系，从运行时限、安全生产、操作规范、计划执行情况、应急处置情况等角度，建立并落实陆运网的运行质量评价、考核机制。制定并实施陆运网运行质量的管理办法，定期公布网运 KPI 指标的分省（区、市）排名。

在推行全环节结算的基础上，集团公司制定“邮政陆运网运行质量考核办法”，实施与结算收入挂钩的经济考核办法，并将根据各环节、各责任主体的生产质量及其业务完成情况，对各责任省（区、市）邮政分公司和速递物流分公司进行奖励和惩罚。（网路运行部）

邮 路

【邮政陆运网组织架构】

以贴近市场为导向，以加快时限为核心，优化调整陆运网结构。6 月，集团公司指挥调度中心成立，规范网运指挥调度规程，对二级干线邮路的组开、撤销、计划调整等进行统一管理和审批，在全网一二级干线、区内邮路全面推行封车、解车操作，实施陆运网统一动态指挥调度。同时，全国指挥调度体系建设加快推进，省分公司邮政指挥调度中心成立，建立起业务生产垂直管理关系和管理流程，业务行政管理职能向生产运营职能转变。重新调整设置 75 个一二级邮区中心局和邮区覆盖范围，强化 337 个地市包件进口处理功能，实行“出口相对集中，进口分层作业”的处理模式，在一二级干线邮路推行甩挂甩箱运输，二级干线下行邮路以地市直达为主。《陆运网运输组织及指挥调度管理办法》明确邮政陆运网运输管理职责、邮路管理、运输组织、指挥调度及应急处置要求。（网路运行部）

【陆运干线网能力建设】

全网一级干线汽车邮路 668 条，二级干线汽车邮路 2916 条。全面推进陆运网资源整合，速递物流组开的 208 条一级干线汽车邮路、201 条省内二级干线邮路、441 条邮区内邮路，划归陆运网统一管理。网络整体运行效率和效益得到有效提升。全国邮政共有生产用运输汽车 4.6 万辆，其中一级干线车辆 2529 辆；集团公司 2015 年更新一级干线车辆 360 辆，配备甩挂牵引车头 284 辆、半挂车厢 463 辆，开通 328 条甩挂汽车邮路，建立陆运网运行质量统一管理机制，制定陆运网运行质量管理办法，全面启动全环节质量管控，促进陆运网运行水平的整体提升。（网路运行部）

【城乡投递】

邮政投递网投递各类邮件报刊 268 亿件。全国新增邮政投递汽车 4000 余辆、电动三轮车 1 万余辆、PDA4 万余台。增加快递包裹处理场地面积，物品型邮件投递能力明显增强。实行混投、专投相结合，深圳等重点城市推行营揽投一体化，同时结合中转接力、区域协作等投递作业组织方式，提高投递效率。杭州、广州、成都等 8 个试点城市布放智能包裹柜累计达到 6209 台，全国人工自提点总数达到 9.6 万个，重点城市人工自提点陆续嵌入阿里系购物网站，满足客户自提服务需求，邮件自提量逐步提升。推广投递 PDA 系统，加快邮件信息接收和反馈效率，城市快递包裹妥投信息实时反馈率提高到 88%。制定《快递包裹投递服务质量规范》。明确城市、农村投递时限、频次、深度、投交手续等服务质量要求。强化重点业务投递质量日常监控、检查和通报考核，开展提升投递服务质量劳动竞赛活动，评选五星投递员、五

中国邮政集团公司指挥调度中心。（网络运行部/提供）

星投递班组，营造比学赶超氛围，促进投递服务质量提升。城市快递包裹当日妥投率保持在89%以上，约投挂号当日妥投率提高至81%。（邮政业务局）

【山西省分公司全货机快递】

10月27日，中国邮政航空公司波音737-300型全货机专航在太原武宿国际机场安全着陆，标志着中国邮政航空公司顺利开通呼和浩特—太原—南京往返航线。山西邮政成为全省首家开通全货机的快递企业。依托该航线，山西邮政EMS被正式纳入中国邮政航空网络体系，邮政EMS标准邮件进口山西、出口全国、通达全球的航空通道打通。该航线实行"全夜航"作业，相比之前山西寄往全国22个省（市、区）60个重点城市的EMS标准邮件，时限水平提升56%，实现"次日递"时限水平在环渤海、长三角、珠三角经济圈和全国主要经济带的全覆盖。同时，通过陆运网衔接邮政航空南京中心的集散，山西邮政EMS标准快递发往全国主要城市均实现次日上午递或次日递。（山西省分公司　孙久臣）

【江苏省分公司"次日递"网路】

江苏省分公司组建以南京、常州为集散点的快递包裹省内"次日递"网路和江苏、上海互发快递包裹"次日递"网路，提升邮件时限，全力支撑业务发展。按照快递包裹的运营标准，对全省网路组织进行优化改造升级，构建以南京、苏州、徐州、常州为省际邮件集散中心，新增二级中心局相关路向够量直达组开省际干线邮路的网路布局。加强网运能力建设，完成南京、苏州中心局新高速包分机建设、徐州中心局搬迁和淮安、扬州、连云港、镇江、无锡等中心局流水化工艺改造。推进网运转型，实施包状邮件散件化、流水化作业模式和干线邮路的甩挂运输。加强邮速网运融合，南昌、长沙等路向省际邮路实现互带邮件。加快投递网优化转型，初步构建普专组合、大件直投、中转接力与自提网络结合的投递组网和作业新模式，累计发展自提点5279个。加强实物网基础能力建设，更新生产车辆528辆，投递摩托车609台，电动三轮车483台，电动自行车508辆，可拉伸式马鞍袋3901条，新增上线PDA1511台。（江苏省分公司）

【首架国际航线全货机开通】

4月13日，由中国邮政航空公司执飞的济南—韩国仁川货运航线首航成功，该航线机型为波音737—300全货机，是中国邮政首架国际航线全货机，载重14吨，每周一、三、五执行，5月份增加为每周五班。飞行时间为10时从济南机场起飞，12时35分降落韩国仁川机场；13时10分从韩国仁川机场起飞，14时40分到达济南国际机场。该航线由山东凯撒国际旅行社、山东省邮政速递物流公司承包运营。"济南—仁川"货运航线是济南空港口岸开通的首个国际货运航线，对于济南全力打造的中日韩自贸区济南先行示范区和跨境电子商务平台建设起到积极的推动作用，标志着济南空地联接、快捷便利的立体综合运输网络和鲁西运输枢纽正式形成，明显改善济南国际邮快件的环境运输设施条件。（山东省分公司）

【广西分公司全区陆运网重组】

广西分公司出台《广西陆运网资源整合改革实施方案》《广西邮政速递陆运网整合意见稿》等文件。5月，全区陆运网启动整合工作。内部处理资源整合方面，区内89个市县进行邮速内部处理场地、设备、人员的融合。运输网络资源整合方面，全区原有快速、普通邮件运输网络资源重新规划，融合接收速递公司6条一级干线邮路，42条区内干线邮路，经优化整合，新增一级干线4条，区内干线37条，两网整体运输成本下降约500万元。同时优化区内陆运网24个路向，巩固提升邮件运递时限。11月，全区陆运网重组全面完成。（广西分公司）

【海南省分公司实现省内邮件"次日递"】

9月，海南省分公司出台省内互寄邮件"次日递"实施方案，省内各市县（不含三沙市）同城互寄的快递邮件"次日递"率达100%；省内各市县城区（不含三沙市）之间营业终了收寄的互寄快递邮件"次日递"率达100%；省内重点乡镇（镇区）互寄快递邮件实现"次日递"率达100%。10月9日，海南邮政省内互寄邮件"次日递"开始试运行。19处邮件投递处理场地得到改造，东线海口—三亚、西线海口—东方的直线邮路调整为西去东回、东去西回的环岛邮路，沿途省内互寄邮件可以"卸交"。同时，实施邮件与报纸分开运输，优化调整投递作业组织，加快省内互寄邮件传递时限。（海南省分公司　韩冰、洪文贤）

1月5日，"三沙1号"交通补给船首航，使海南岛与永兴岛之间的邮件运输更加便捷。图为邮车将邮件运抵文昌清澜港码头。（海南省分公司/提供　韩冰/摄）

【青海省分公司"限时递"业务】

12 月 15 日，青海省分公司召开省内邮运网优化调整暨"限时递"业务开办信息发布会，向社会承诺：青海省内限时递服务限时未达，邮费退还。青海省邮政先后投资 300 多万元购置车辆 20 多台，增加运输吨位 200 多吨，解决省内快递、物流配送"最后一公里"的问题。青海省内邮运网的覆盖范围扩大，增开西宁至共和、平安、同仁等 6 条市县点对点快速往返邮路。组建同仁、德令哈等 4 个市县邮运中心，开通州内支线邮路；将西宁至果洛、玉树邮路调整为每日一班"一站式"邮路；调整部分县域邮件经转路径，缩短青海省内和市州县内邮件运输时限。西宁市与全省各市州府互寄邮件、党报党刊传递均可实现"次日递"，全程运输时限缩短 8~10 小时。"限时递"业务方面，推出省内限时递和区域限时递邮件寄递服务，青海省内及所有市州县之间根据地区不同互寄邮件均可实现"次日递""两日递"和"三日递"，投递时限标准在 24 小时、48 小时和 60 小时之内。青海省内寄递大客户可享受"限时递"+仓储物流服务、"限时递"+开办专线服务、"限时递"+多元化服务等个性化服务。（青海省分公司　韩建）

【甘肃省分公司陆运网处理流程】

6 月 1 日包裹快递业务改革实施，甘肃分公司根据改革后出现的问题，协调省速递标准特快、经济快递邮件的省内运输处理。全省出口经济快递邮件由速递负责内部处理，进口经济快递邮件由邮政负责内部处理，部分混封在经济快递里的标准特快邮件由中心局以最快时间频次交省速递处理，解决了改革初期前台业务种类复杂、速递与网运操作系统无法互联互通给生产实际造成的严重困难，确保全省改革的顺利推进。7 月 20 日，甘肃省分公司研究制定省内陆运网发展规划。第一阶段：省内二级干线邮路取消县以下交接点和分拣格口，加快地市邮件运输处理时限，同时加快市州网运生产场地建设；第二阶段：市州网运生产场地建成投入使用；第三阶段：省际进出口中心局按照邮件快进快出流水化模式组织生产作业，原则上邮件分拣至市州，由市州本地中心完成所属县域进出口邮件的处理运输，实现全网运均衡作业，重点节点城市邮件全面提速。（甘肃省分公司）

【新疆分公司陆运干线网】

3 月 16 日，乌鲁木齐至杭州 K596 次火车干线邮路正式开通。火车干线邮路全长 4168 公里，沿途交接点分别为乌鲁木齐、兰州、宝鸡、西安、郑州、合肥、杭州共 7 个交接点，其中哈密交接机要邮件。该邮路的开通，不仅使新疆和华东沿海及周边地区各省市互发邮件的传递速度加快，还为邮政融入西部大开发，促进面向欧亚地区的跨境电商业务发展开辟了新通道。3 月 16 日，新疆乌鲁木齐—阿克苏大吨位点对点直达邮路开通。该条邮路采用大吨位甩挂接力运输方式与阿克苏邮政局衔接，输运南疆地区的邮件，这是干线汽车运邮方式的又一次变革，有效缩短南疆地区邮件的传递时限。6 月 9 日，乌鲁木齐至塔城直达邮路正式开通，该邮路的开通，使塔城进口邮件的时限缩短，较原进口邮件最快可提前一天，为邮件全面提速奠定了基础。（新疆分公司　康燕）

12 月 3 日新疆阿拉山口国家邮件试运营。（新疆邮政分公司/提供）

【国际邮运网路拓展】

集团公司国际合作部协调中国铁路总公司在国际铁路组织内对《国际铁路货物联运协定》进行修改。自 7 月 1 日起，解除对国际货运班列进行邮件运输的法务限制。在海关、铁路及重庆、郑州、新疆等地方政府的支持下，新疆经阿拉山口出境至哈萨克斯坦阿拉木图的新欧货运铁路运邮测试成功，邮件全部妥投。重庆至哈萨克斯坦的测试邮件经新疆霍尔果斯成功抵达阿拉木图，并随后全部妥投。郑州至俄罗斯的测试邮件经郑新欧运输至哈萨克斯坦，并由当地邮政卡车经转运输至莫斯科后投递。几次成功的测试证明中欧铁路具备运邮条件。另外，中国邮政已开通"中哈俄"汽运专线；并与哈萨克斯坦邮政签署邮件转运协议，开通"中哈欧"陆路运输渠道，可通达欧洲大部分国家。（国际合作部）

【吉林省长春市至莫斯科邮政国际货运线开通】

6 月 23 日，长春至莫斯科邮政国际货运航线正式开通。该航线的开通改变长春至莫斯科必须中转北京的历史，缩短长春运往莫斯科的邮件寄递时限。长春—莫斯科邮政货运包机采用 TU204C 飞机，7 月起每周发 1 班。（吉林省分公司　蔡敏杰）

【郑州至新西伯利亚国际航空邮路开通】

5 月 4 日，郑州至新西伯利亚国际航空邮路开通，将全国出口的俄向航空邮件由北京、上海等互换局调运至郑州出境，使郑州成为除北京、上海、广州、深圳之外的全国又一个国际航空邮件经转口岸。郑州直飞新西伯利亚国际航线共带运邮件 2.6 万袋，约 362 吨。10 月 24 日起开通郑州飞温哥华、巴黎的国际小包航空邮路，11 月 7 日起开通郑州飞旧金山、伦敦 、悉尼、首尔的国际小包航空邮路。邮件在郑州直飞后，省去国内段运输环节，加快国际小包传递时限。截至年底，共开通郑州至 14 个国家（地区）18 个国际城市的直航邮路，将河南省出口的美向、欧向航空邮件由北京互换局调运至郑州直飞出口，实现河南省国际邮件的 90% 通过郑州直航出口发运。2015 年直航发运量 1244 吨，比上年增长 185%，是口岸建设前的 4 倍。（河南省分公司）

处理中心

【邮件处理中心改造】

2015 年，集团公司集中投入 9.2 亿元，启动流水化工艺建设，更新 19 个邮件处理中心的包裹分拣机，确保了“双 11”和春节旺季的平稳渡过。各省分公司同步启动省内地市处理场地工艺改造，共 27 个省为 412 个地市、县局配置装卸传输和信息化设备，投资总额达 3.3 亿元（租用场地 36.6 万平方米，扩建场地 7 万平方米，邮件处理和信息设备投资近 1.3 亿元），其中甘肃、安徽、陕西、广西、江西、黑龙江、山东等省投资额度均超过两千万元，地市处理能力得到有效加强。（网路运行部）

【长春邮区中心局和邮件处理中心改造】

按照中国邮政集团公司工艺设备改造的统一安排，6 月 28 日，长春邮区中心局工艺改造工程正式开始，结合长春邮区中心局的生产需求，在原有场地安装双层包分机、胶带机。11 月 8 日，长春邮件处理中心流水化作业改造工程上线，日处理包裹能力可达 30 万件。（吉林省分公司　蔡敏杰）

11 月 8 日，长春邮件处理中心流水化作业改造工程竣工，日处理量可达 30 万件。（吉林邮政分公司 / 提供）

【浦东邮件处理中心工艺改造】

浦东邮件处理中心工艺改造工程项目为集团公司投资建设项目，获投资 2523 万元，主要建设内容为增设两台直线包件分拣机及相关配套传输设备。2015 年 6 月起，上海邮政对项目整体方案、工艺流程、生产配套、土建改造、施工周期、进度计划等都作出周密部署，同时对施工现场安全防范、施工质量、安装进度、现场协调等工作进行监督和管理。“双 11”前完成直线、环形分拣机的设备安装工作，两台直线分拣机日处理能力共 10 万件。（上海市分公司）

【长沙邮区中心局流水化工艺改造】

11 月 9 日，长沙邮区中心局流水化工艺改造作为全国首批流水化项目成功投产运行。该项目以世界最先进包裹分拣技术的双层高速环形包裹分拣机为硬件基础，总投资近 7000 万元，占地 1 万平方米，处理效率达到 2 万件 / 小时、总处理能力达 30 万件 / 天，处理效率提高 6 倍。该项目的投产标志着“国内领先、世界一流”的邮政陆运网系统湖南节点翻开新的篇章。统筹营分运投四大生产环节，加大对省内网配套调整优化，系统再造流程，实施无缝衔接和协调联动力度，从组网理念、时限标准、生产流程、处理工艺、规章制度等方面进行彻底改造，构建新架构、新标准、新流程、新制度、新工艺、新系统，有力促进省内网转型升级，实现能力提升、全程提速、运营提效的大突破。（湖南省分公司　王佼　康艳）

【乌鲁木齐邮区中心局工艺流程项目改造】

11 月 14 日，乌鲁木齐邮区中心局流水化工艺改造工程主体设备安装完成，并投产试运行。同日对发往库尔勒市的包件采用直连胶带输送装车系统发运。11 月 15 日，对发往库尔勒、阿克苏、伊宁、石河子、克拉玛依等五条疆内干线邮路的包件，运用包分机直连输送装车系统进行车等邮件模式的分拣，一改以往包件总包开拆、初分供包入格、细分入袋、封发装盘、交转运装车发运等程序的处理方式，实现邮件从进口接收到装车发运不落地式的快速集散，减轻员工劳动强度，节省生产性费用支出，提高了邮件内部处理速度。据统计，改造后日处理包件可达13万件，分拣量大约3万件。（新疆分公司　康燕）

运　行

【网运传统作业方式变革】

利用自动化分拣设备和信息技术手段，对网运传统作业方式进行变革，系统性地开展流程优化工作。推行包件散件外走，取消邮袋封发；以分拣机OBR扫描替代人工供件扫描和封发扫描；探索应用新型邮件容器实现信刷报包裹化；合并分拣、转运车间；推广集装笼单元化移动和装发；推行车等邮件、快进快出。新流程与新工艺紧密结合，充分释放自动化分拣设备的生产能力，降低了人工劳动强度。（网路运行部）

【网运信息化建设】

完成分拣资料库全国上线应用，开展网运信息系统转型升级改造，全年信息系统15次版本升级，实现以运输计划控制内部分拣处理的生产和信息处理模式，有力保障新生产流程落地。全年为地市县配置6195台PDA，实现邮件全程轨迹无断点管控。（网路运行部）

【邮政陆运网运行管控】

组建中国邮政指挥调度中心，加强全网邮政运行统一指挥、动态调度工作。启动全国指挥调度预警信息平台，对重点中心局生产现场进行视频监控；实时监测各类运行关键指标，提高指挥调度精准度，有序应对“双11”“双12”、春节等生产旺季及强台风“苏迪罗”等突发事件；安全管控强化，保障“抗战胜利70周年纪念活动”、西藏自治区成立50周年、新疆自治区成立60周年等重要活动的网运生产安全。（网路运行部）

【快递包裹运营标准】

以抢占电商寄递市场为目标，以客户体验为中心，对标行业先进水平，集团公司2015年首次制定快递包裹运营标准，实施收寄、内部处理、运输和投递的全环节大提速。各省邮政分公司完成省内网优化调整，全面实施邮政快递包裹统一运营。各省邮政和速递物流分公司以落实快递包裹运营标准为抓手，主动自我加压，开邮路、增频次、调时刻。全国一二级中心局全部增设大夜班，大幅压缩内部处理作业时限，多省二级干线邮路开通三个及以上运输频次，有力保障快递包裹的及时发运。（网路运行部）

南昌邮区中心局邮件处理中心流水化工艺改造项目竣工。改造后的邮件处理中心，邮件分拣达到2万件/小时，日均处理邮件30万件的水平，处理能力较以前提高4倍多。（江西邮政分公司/提供　尹杰/摄）

【网路运行人才培训】

集中举办年度业务技术培训班共4期，培训业务技术骨干520人次。组织各省网路运行指挥调度管理人员到集团公司交流轮训、集团公司网路运行部到基层锻炼共计35人（次），为网运转型升级、流水化改革做好业务、技术人员培养。开展全国邮政网路运行“达标争先”劳动竞赛活动，评选南京、长沙、武汉、济南、石家庄、成都、沈阳等7个先进单位，31个先进集体和100名先进个人。“干线运输方式改革”项目获得交通运输部“全国交通企业管理现代化创新成果”一等奖，网路运行部获得集团公司“2015年全国邮政企业现代化创新成果”一等奖。（网路运行部）

【河北省分公司投递综合经营服务平台建设】

6月，河北省分公司投递改革实施方案出台，要求整合邮政营业网点与社会渠道网点资源，搭建“投递＋渠道＋营销”投递综合经营服务平台，支撑快递包裹业务改革和服务农村电子商务工作，对接网运流水化作业改造工程，确保年内完成全省投递改革工作。省分公司成立投递管理中心，各市分公司将投递与发行专业剥离，成立专业管理、管控有效、独立运营核算的投递业务局，县分公司配备专兼职投递业务管理人员。全省各市分公司采取适应当地特色的投递模式，逐步形成以邮政直投为主，社会代投和客户自提相结合，混投与专投相互补充的组网模式。建立与业务发展相匹配的投递配员机制，适当增加投递人员。全面推广投递业务流程管控系统，实现投递平台动态指挥调度。自 8 月 1 日起，全面推广“投递外勤监控系统”，利用条码和 GPS 技术强化实时监控。（河北省分公司　程钰）

【安徽省分公司网运提速】

以合肥、蚌埠、芜湖为中心，构建往长三角各省 T+1 网络、往珠三角 T+2 网络，明确以邮件流量达到 12 吨车的 70% 作为省际直达干线邮路组开标准。开通合肥—厦门一级干线汽车邮路，直达省会城市由 7 个增加到 14 个，通达安徽省的一级干线邮路由 11 条增加到 24 条。调整优化合肥—南京、蚌埠—南京、芜湖—南京、合肥—广州一级干线汽车邮路，基本实现快递包裹安徽省至江苏全省地市以上城区 T+1、至广东全省地市城区 T+2。各市与本地网范围内的所属县均开通本地网邮路，邮路频次根据邮件量和时限要求确定。以合肥为中心的省内普邮集散网正式开通运行，地市城区间互寄邮件次日上午 8 时 30 分前到达寄达市，县城区互寄邮件次日上午 12 时前到达寄达县。省内互寄县以上城区基本达到 100%，地市城区实现“次晨达”。省内网改革共调整干线邮路 59 条，本地网邮路 68 条，改革后网络结构更加合理、层次更加清晰。加快农村县域网建设。以进一步提升客户体验、打造开放式县域最强物流网络平台为中心，全省共分示范、试点、推广三个阶段推进农村物流体系建设，霍山、绩溪、岳西、砀山、怀远、金寨、巢湖等县域网相继完成，无为、歙县、桐城等 8 个试点县方案已完成审核。完成县域网建设的县，实现乡镇快递包裹邮件当日出口、当日进口投递。完善与速递物流公司的沟通协调机制，不定期召开两网资源整合协调会。根据集团公司《中国邮政包裹快递业务改革方案》和《邮政陆运网资源整合及统一调度实施方案》，全面梳理两网网路资源，共同制定省内陆运网整合实施方案。强化两网指挥调度的协调配合，确保双方作业计划和运输计划的衔接。全年两网共整合干线邮路 13 条，本地网邮路 56 条，速递撤销二级干线邮路 1 条、本地网邮路 10 条。（安徽省分公司　黄玲）

【山东省分公司网运平台化集中管控】

根据集团公司“前端操作标准化，后台处理专业化，运营管控集中化”的总体思路，按照专业化、规模化、扁平化、标准化的原则，设立省邮政运营管理中心，以平台化集中运营管控推动企业实现管理创新。中心内设监控调度、运行保障、业务支撑和话务处理 4 个工作组，重点对全省的视频安防监控系统、网运 GPS 系统、国内小包和资助设备等业务系统的运行情况进行监控。全省 17 个市分公司和济南邮区中心局 3600 多个监控主机、4.3 万多路监控摄像头已接入，形成了省、市两级管理模式的集中管控系统。监控范围抵达全省邮政各市分公司的 17 个监控中心、97 个金库、2800 多个营业网点、3200 多台自助设备，5 个二级邮区中心局。陆续将 16 个分散在各部门的业务管理系统接入到统一的平台集中管控，并设专人进行监控调度，实现对全省营业网点、生产作业现场、金融业务库、邮运车辆、邮资机、媒体播放、邮资机管理系统、网运 GPS 监控、商务投递查询系统等的实时监控和检查。全年 GPS 系统报警量从最高每月 15845 个下降至 5632 个；国内小包异常邮件 8 小时处理率达到了 99.49%，较年初提升 7.37%；小包异常邮件反馈准确率达到了 98.75%，在小包进口量持续增长的情况下，异常邮件率由 1 月的 8.29% 下降到 1.74% 左右。（山东省分公司）

【福建省分公司对台邮件处理中心项目】

8 月 15 日，启动平潭县对台邮件处理中心项目。该项目占地 81.8 亩，按“两中心一园区”进行功能规划，包括国际邮件处理中心、对台邮件处理中心、集团公司海峡电子商务服务中心园区。加强对台邮件处理中心建设，逐步凸显福建对台区位优势，提升平潭在两岸快件处理中的地位，助力平潭打造成大陆对台快件重要的集散枢纽基地。国际邮件处理中心建成后，平潭将成为继北京、上海和广州之后的第四个国际邮件处理互换局和交换站。（福建省分公司　杨文振）

【西藏分公司邮运提速】

1 月 1 日，正式实行邮政代理速递邮件分拣封发，速递邮件区内封发关系由对各地市直封调整为对全区各县投递机构直封，减少分拣层级；省际省内进出口经济快递和标准特快邮件全部由邮政网组开的普邮邮路带运，市趟邮路则根据网点实际情况由邮政公司和速递公司共同承担。统一使用网运信息系统分拣封发速递邮件，达到统一信息应用的目的。拉萨邮区中心局与速递物流西藏分公司直营仓储调换生产场地后，新场地由东向西依次划分七个作业区域，解决邮件处理生产场地紧张的压力。优化调整拉萨邮区中心局省际出口信函封发和发运计划，将挂信、平信、平刷分拣封发作业计划由逐日封发改为隔日封发，发运计划由逐日发运调整为隔日发运，全年减少运行费用 360 万元。3 月 19 日，拉萨邮区中心局整合进口国内小包和经济快递内部作业环节，将进口国内小包和经济快递内部处理开拆、分拣环节由两个单独的作业场地调整至同一个作业场地，实现两项业务开拆、分拣环节同场地同步运作，盘活生产场地 80 平方米，提快拉萨市内标准特快投递发班时间近 1 个小时。4 月 15 日，拉萨邮区中心局整合内部处理分拣封发作业环节，全面实施邮件混封模式。运行首日，中心局共计处理国内电商小包 5611 件、特快 7515 件。普通包裹、快递包裹和挂号印刷品混封处理，拴挂快递包裹袋牌；平信和挂信合封（单独捆把），拴挂挂信袋牌；经济快递和国内小包进行混封处理，拴挂经济快递袋牌；发往各县标准特快、经济快递和国内小包进行混封处理，拴挂经济快递袋牌，缩短内部处理时间近 2.5 小时。10 月 10 日，西藏第一台包裹分拣辅助设备投产使用，邮政内部处理工艺由传统的手工作业模式向机械化作业模式转变。3 个小时处理省际进口包状类邮件 8000 件。10 月 18 日，第一批航空邮件通过日喀则和平机场发往四川成都，标志日喀则分公司航空邮路正式开通运营。日喀则发往成都的特快邮件总包可直达成都，缩短速递邮件传递时限 2 至 3 天。12 月 3 日，拉萨邮区中心局制订《拉萨邮区中心局邮运班次及路线增调方案》并正式实施，增开拉萨—日喀则（日喀则—拉萨）逐日正班邮路一条，取消日喀则加班车派发；拉萨市内转趟一次东段邮运路线增加一频次，专门运输新增投递部的邮件，以确保邮件投递时限，提升用户用邮体验。（西藏分公司）

【陕西省分公司投递网点改造】

陕西省分公司完成 141 处城市投递网点标准化改造，购置投递汽车 192 辆、电动三轮车 935 辆、手持终端 2747 部、图形终端 678 套，建成 1400 多个社会自提网点。继续推行“平常邮件日投一个频次”“优化早报早投种类”和“取消普通包裹详情单投递”三项优化措施，推进商务投递网点及专段、专频、混投模式，确保“双 11”“双 12”业务旺季的顺利运行。调整优化质量管理考评办法，实施包快业务投递规范、外勤监控系统上线，投递质量得到有效加强，重点业务城市当日和三日妥投率、农村及时妥投率、接收及时率、投递及时率等指标均远高于集团公司考核标准，PDA 使用率、平常函件跟段检查参与率两项指标排全国前三名。（陕西省分公司）

【宁夏分公司投递质量管控】

宁夏分公司提升服务能力，为经营发展提供坚实支撑保障。新增及更新投递车辆 26 辆、电动三轮车 72 辆，配备 PDA 设备 469 个；优化投递段道，进一步加强包裹快递等重点业务的投递质量管控。全区 50 处空白乡镇补建网点全部开业运营。全年全区客户满意度为 87.85 分，超过集团公司 75 分和区分公司 80 分的考核指标。普邮全程时限全面达标，超过集团公司 95% 的考核目标。强化风险内控管理，组建 40 余人专职检查队伍，加强日常检查。（宁夏分公司）

【新疆分公司“双 11”网运能力】

11 月，乌鲁木齐邮区中心局包件分拣量持续增长，11 月 15 日 16 日两天，日处理量突破 10 万大关。11 月 15 日，处理包件 12.4 万件；11 月 16 日处理包件 13.1 万件，突破历史峰值。11 月 15 日 ~16 日共接收省际干线邮路汽车 66 辆，省际进口邮件 108765 袋 / 件；接收省际干线火车 7 趟，省际进口邮件 12131 袋。省内汽车干线邮路汽车 30 辆，省内进口邮件 11181 袋。发运干线火车 14 趟，发运省际出口邮件 9435 袋；成都大列 3 节 2423 袋；发运省内正班邮路 26 趟车，发运省内出口邮件 17852 袋；发运省际、省内加班汽车 48 趟，发运出口邮件 56758 袋 / 件。面对严峻的“双 11”旺季生产形势，乌鲁木齐邮区中心局在压力测试的基础上，确定《乌鲁木齐邮区中心局旺季生产预案》，细化、量化人员投入、设备利用，加强生产现场安全管控、质量检查，密切与业务承揽公司的协作配合和有效衔接，全力确保“双 11”邮件快进、快出、快运。（新疆分公司　康燕）

【“传统邮政网络转型升级方案”项目】

2015 年，集团公司开展“传统邮政网络转型升级方案”立项研究，由上海研究院承担。上海研究院项目组运用科学方法构建模型，借助信息化手段实现，于 6 月完成最终方案，并被采纳实施。方案制定坚持以市场为导向，以市场业务量为重要依据，调整网络结构，呈现“量大点密、量小点稀”特点，同时以市场流量流向为基础，以满足时限为前提，优化干线邮路。该方案对网络结构进行重大调整，涉及 25 个二级中心局，一二级中心局总数基本持平，将以地理位置和交通为主要标尺的均匀分布格局变为以市场容量为首要考量指标的非均匀分布格局，取消铁路沿线小局，重点在市场容量大的东部地区增设，使生产更贴近市场。（上海研究院　龙潜）

【北京市分公司增加网点设备投入】

北京市分公司投入 1.28 亿元，改造代理金融网点 33 处、邮政和机要网点 20 处、投递批销及其他生产场地 19 处；接收统建配套邮政局所 4 处；新增 ATM/CRS 设备 145 台，为一线投递配备 1131 台 PDA、639 辆电动三轮车和 166 辆机动车；建设自提点 2029 个，布放智能包裹柜 195 台。完成 ERP 系统和代理网点授权集中工程上线。研制开发北京电商便民配送系统、同城电商小包处理系统、跨境电子商务邮件信息管理系统（二期）等生产急需项目，为发展提供有力支撑。大宗印刷品智慧标签打印系统、国际局签证勾核系统等21个项目投入试运行。全年北京邮政科技开发项目共20项，全年验收应用技术成果24项。投入资金购置ATM、CRS等金融自助设备1020台，提升了科技设备应用对人工的替代率；购置PDA智能终端5700台，电动两轮车2965辆，电动三轮车1635辆，提升投递服务能力；购置机动车800辆，提升机动车投递及干线、市内邮运力量；北京综合邮件处理中心顺利投产使用，大幅度提高北京邮政邮件处理能力；国际小包处理场地的投入使用，使得国际小包实现当日交寄、当日交航。规范邮政业务处理流程，出台国内退回邮件处理、国际小包退件处理、无法投递又无法退回邮件管理、委办代投点邮件管理等系列办法，有效提升各环节服务质量，退转无着邮件比清理整治前下降92.8%，库存无着邮件下降90.5%。（北京市分公司　石边城、陈丽涵）

【上海研究院邮件处理中心包裹分拣机建设项目】

5月，上海研究院中标集团公司中心局工艺流程改造重大工程项目中的郑州、武汉、济南、南京、杭州、长春、呼和浩特等7个城市的邮件处理中心包裹分拣机建设项目（7月增补成都一地，共8个城市）。新设备全部采用双层结构，分拣机组件数量众多，系统非常复杂，所有项目均要求当年“双11”前投产使用。设备投产后，在“双11”业务高峰期间，有5个城市的邮政设备日上机分拣量超过20万件，最高的南京市接近30万件，有效解决了各个处理中心在“双11”期间包裹量积压严重的问题。（上海研究院　龙潜）

11月3日，位于中南邮政物流集散中心的郑州邮区中心局，正式投入使用新型双层包件分拣机。双层包件分拣机单圈周长325米，共有托盘1086个，各类格口114个，可实现邮件不落地的自动化、流水化分拣作业。（河南邮政分公司/提供 李平/摄）

中国邮政
CHINA POST

邮政服务

概　述

1. 参与普遍服务法律法规修订。

市场协同部参与《邮政普遍服务监督管理办法》《邮政法》《邮政普遍服务标准（修订草案）》和《邮政企业设置和撤销邮政营业场所管理规定（暂行）（修订草案）》等法律法规的修订工作。针对《邮政普遍服务监督管理办法》提出45条修改意见，其中38条被采纳，为邮政企业争取到多项关键性权益；针对《邮政法》提出的5点修改意见和建议均被立法部门采纳，首次确立邮政普遍服务业务既有政府定价也有企业自主定价的新定价模式。

2. 初步建立普遍服务企业内控管理机制。

明确全国省、市两级市场部作为本级企业普遍服务的归口管理部门，初步形成集团公司、省公司、地市公司普遍服务管理工作的架构体系，普遍服务管理初见成效。

3. 建立四个工作机制。

建立普遍服务考核机制，加大对违反“两条红线”等法律禁止性规定的考核力度；建立与邮政监管机构定期联系沟通机制，要求各省（区、市）分公司要与监管机构建立定期联系沟通机制，及时沟通处理相关问题；建立信息通报机制，要求省分公司按月上报受邮政行政处罚情况和地方政府的邮政立法立规情况，遇重大问题要及时上报集团公司。集团公司根据热点问题适时通报全国普遍服务运行质量和典型案例，引导基层企业认真履行普遍服务义务；建立法规政策咨询服务机制，组织系统梳理邮政法律法规规定，帮助基层解决实际问题，为基层邮政企业开展普遍服务管理工作，提供法律法规政策支持。

4. 加强普遍服务管理日常督导工作。

依法配合国家邮政局开展18项重点监管工作，完成8440个空白乡镇网点补白工作、完成全国1422个农村乡镇网点新开汇兑业务任务、普遍服务满意度得分为80.9分，比上年提升1.8分。2015年行政处罚案件数量和处罚金额比上年分别下降20%和45%。

5. 完成国内印刷品资费调整工作。

12月1日，国内印刷品资费调整完成。此次调整是印刷品业务由政府定价转变为企业自主定价后的第一次资费调整。社会反响平稳，客户整体基本稳定，11185方面没有收到与此相关的用户投诉，网上舆情平稳，基本无负面信息产生。12月9日，国家发展改革委员会组织召开邮政业务资费改革评估会，价格司和国家邮政局普遍服务司对印刷品资费调整工作给予高度肯定，并指出：集团公司印刷品资费调整调查准备工作细致，措施到位，舆情应对得力，市场反应平稳。资费调整后，印刷品当月业务量降幅增约12%，业务收入降幅收窄9%。经初步估算，因平均单价上升，业务收入增加1642万元，因业务量降幅增大，减少收入1047万元。综合考虑量收变化，当月业务收入实际增加600万元左右。同时，企业投递等方面的支出随业务量减少也相应有所降低。印刷品资费调整基本达到原定目标。（市场协同部）

全国劳模朱正琴服务苗乡群众。（贵州省分公司/提供）

网 点

【全国空白乡镇局所补建】

为实现全国农村乡镇局所的全覆盖和邮政服务均等化目标，完成全国8440个空白乡镇局所补建运营工作。全国邮政营业普遍服务网点达到5.38万处，平均服务半径达到7.5公里，平均服务人口达到2.4万人，实现邮政网络在乡镇一级全覆盖。10月，《关于进一步加强邮件寄递安全管理工作的紧急通知》下发，明确收寄快递实名制相关规定。全国便民服务站累计新增5.2万个，累计存量达到30万个；邮政便民服务功能进一步丰富，提供代收水电费、通信费，代售体育彩票、汽车票等120余种服务。（邮政业务局）

【北京市邮政业务服务网点】

开办代收代缴代办、公共服务、便民服务和政府采购服务等业务，形成以780个营业网点、1852个报刊亭、3729个村邮站、514个便民服务站、195个智能包裹柜组成的遍布城乡的邮政实体服务网络，有效融入政府“一刻钟服务圈”，邮政公共服务体系逐步健全。以村邮站和便民服务站为渠道，以“邮掌柜”为抓手，与北京市社区服务协会合作，在全市7个区、48个乡镇的1000个行政村提供代投代揽、代购体验、养老助残等服务，服务人口1.8万余人；成立首家校园邮e站；在全部29个空白乡镇补建网点开办汇兑业务。探索首都城市金融的转型发展路径，转型网点达到264个，占全部网点的62%，超额完成集团公司任务目标；建成复外大街、杨庄东街等转型示范金融网点81个。中邮保险“自营+代管”模式运行平稳。国内函件收入规模保持全国前列。国际小包融入北京跨境电商综合服务平台建设，年处理量由400万件发展至1.06亿件，累计收寄10640.3万件，业务收入达到9.58亿元，比上年业务量、收增幅分别达到40%和2.8%。北京邮政成为北京市政府首家认证跨境物流企业。（北京市分公司　石连城、陈丽涵）

【内蒙古分公司便民服务平台】

全区新建邮政综合便民服务平台1407处，累计8249处，其中苏木乡镇及以下层面6375处，每个服务点服务半径内的城乡居民2617人，可实现代收代缴农电、通讯等各类公共服务费、助农取款、报刊订阅、邮件代揽代投等10多类便民惠民基础服务，有效地满足了农村牧区末端服务需求。（内蒙古分公司　苏永胜）

【上海市分公司智能包裹柜布局规划】

上海市分公司立足于推进上海智慧城市建设的战略高度，将智能包裹柜布点建设从企业单向行为上升到关系社会民生的具体措施。总结和推广与虹口区政府合作布放智能包裹柜的经验，坚持“政府主导、邮政主体、社会参与”的运作思路，争取各区县政府、街道、社区、用户的支持，主动对接房办、物业、机柜供应商等单位，拓展和引进社会合作力量，提升智能包裹柜运作效率效益。全面完成年内布放2000个智能包裹柜的目标任务，为社区和电商公共服务提供平台。（上海市分公司）

智能包裹柜（邮政业务局/提供）

【江苏省分公司综合服务平台】

江苏省分公司以质量为先为原则，分类推进平台基础网络建设，全年累计改造网点244个，累计加盟网点10832个、村邮站8619个、市级仓储中心9个、县级邮政电子商务服务中心18个、社区便民服务窗口443个，开通邮掌柜5902个；累计农村合作社3264个，发展会员38.8万名。与省交通厅、苏宁易购等合作，丰富产品体系，拓展平台功能；加快农产品进城，相继运作阳澄湖大闸蟹、阳山水蜜桃等10个优质农产品项目，实现销售额1000万元。南京、无锡、淮安等地争取政府相关政策对平台建设

的支持，下拨资金补贴或列入地方“为民办实事”项目，提升平台影响力。（江苏省分公司）

【浙江省分公司 E 邮站建设】

1 月，浙江省政府明确将 E 邮站建设列入 2015 年省政府十件民生实事。全年城乡社区新建 6000 个以上“E 邮柜”等电子商务投递终端，解决电子商务“最后一百米”问题，让更多人享受到电子商务带来的便利。（浙江省分公司　周静）

【海南省三沙市增开邮政代办所】

1 月 5 日，三沙市赵述岛、晋卿岛邮政代办所正式挂牌营业。这两个代办所开办信件和印刷品业务，分别由三沙市七连屿管理委员会和永乐群岛管理委员会代办。至此，包括永兴岛营业厅和南沙群岛邮政所，中国邮政在三沙市的服务网点增至 4 个。（海南省分公司　韩冰、洪文贤）

【四川省分公司补建空白乡镇邮政局所】

5 月 21 日 ~22 日，四川省分公司在阿坝州汶川县召开空白乡镇补建局所建设运营工作现场会，推行空白乡镇补建局所分类分级运营模式，要求 6 月 30 日前完成补建项目竣工率、运营率“双百目标”。全省邮政把空白乡镇邮政局所补建作为一项政治任务、硬性任务，细化措施、挂牌督办，于 6 月 23 日全面完成 1406 个空白乡镇邮政局所补建工作，实现空白乡镇邮政局所补建项目“双百目标”。作为全国空白乡镇邮政局所补建数量最多、难度最大、覆盖最广的省，四川省补建数量占全国补建总数的 16.7%，涉及全省 21 个市（州）、145 个县（市、区）。12 月 30 日，省分公司荣获集团公司空白乡镇邮政局所补建工作突出贡献奖、冲刺突破奖、运营创新奖，全省 8 个县分公司被授予“空白乡镇邮政局所补建工作县级优秀集体”光荣称号，20 名个人被授予“空白乡镇邮政局所补建工作先进个人”光荣称号。（四川省分公司）

【云南省分公司补建空白乡镇邮政网点】

云南省分公司履行边疆少数民族地区普遍服务和特殊服务义务，做好空白乡镇网点的补建工作。6 月，全省 111 个邮政空白乡镇补建局所全部开业运营，完成 10 个新增代理金融网点的建设工作和 36 个代理金融网点的装修改造。全年代理金融网点达到 703 个，电子银行客户 78 万户，ATM/CRS 机具 1216 台。为支撑农村地区金融业务发展，云南省分公司自主研发，为县域以下乡镇地区量身定制助农终端设备，满足各类农电、烟草等农特经济的开发需要，全年布放 129 台助农终端。（云南省分公司　甘静）

6 月 12 日 ~16 日，第三届中国—南亚博览会暨第 23 届中国昆明进出口商品交易会在滇池国际会展中心举行。昆明市分公司在现场设点，提供综合便民服务。（云南省分公司 / 提供　崔莹 / 摄）

【云南省分公司邮政综合便民服务平台】

云南省分公司响应中央服务“三农”的号召，创新服务，按照集团公司“一体两翼”经营发展战略，初步建成线上线下相结合的邮政综合便民服务平台。线上：推进邮政与互联网融合发展，网上营业厅、网上银行、手机银行等电子渠道功能不断完善。线下：推进实体渠道建设，邮政网点改造和转型升级效果明显。云南省分公司利用全省 1736 个营业局所、564 个报刊亭、4172 个便民服务站、596 个“三农”服务站，依托平台，做好普遍服务和特殊服务，创新发展函件、报刊、集邮等邮政基础性业务；承接政府公共服务，开办各类代理代办代收代缴等便民业务；支撑金融翼、寄递翼发展，大力发展农村电商。全省各级邮政企业围绕邮政业务与地方经济建设的契合点，拓展各类业务市场，开展服务中小企业活动，有效提升邮政品牌形象。（云南省分公司　甘静）

【贵州省分公司增建校园邮局】

贵州省分公司要求各级邮政企业加强对校园邮局建设的顶层设计，制定个性化方案，融入高校风格，努力将校园邮局打造成高校学子创业实践、勤工助学的平台，让学生参与邮政产品的设计、制作、营销、推广、运营、宣传等工作，提升校园邮局影响力。全年全省建成校园邮局 28 个。（贵州省分公司　李昂）

普遍服务

【机要业务】

全年累计传递机要邮件 1711.7 万件。（邮政业务局）

【普遍服务、机要服务和服务“三农”投资计划】

国家发展和改革委员会等部门提供资金支持，完成邮政普遍服务、机要服务和“三农”服务投资计划下达。其中，普遍服务和机要服务投资争取中央预算内资金 8 亿元，普遍服务方面共安排土建项目 4353 个，采购车辆 2286 辆；机要服务方面共安排土建项目 480 个，采购车辆 800 台；“三农”服务投资方面共争取财政部资金 2.5 亿元，安排土建项目 942 个，采购车辆 2638 台。申请物流重大基础设施专项基金建设项目，争取到低息贷款 3 亿元。推进中央预算内资金建设项目实施，对项目进度较慢的省份进行重点督导，对部分实施确有困难的邮政服务“三农”项目进行批复调整，以确保项目顺利完成。2014 年邮政服务“三农”项目完成下达计划的 95%，2015 年项目完成 80%；2014 年邮政普遍服务基础设施建设项目完成下达计划的 84%，2015 年项目完成 73%；2014 年邮政机要通信基础设施建设项目完成下达计划的 93%，2015 年项目完成 83%。（信息科技与建设部）

【北京市分公司服务质量提升】

全年完成 91 万户 1.7 万栋楼房信报箱的更新和补建工作；建成村邮站 3729 个，配备村邮员 3972 名，在全国第一个实现村邮站全覆盖；在全市 1000 个行政村提供代投代揽、代购体验、养老助残等服务。加强中央首长驻地邮件安检，为中央和国家各大机构提供邮政通信服务安全保障。顺利完成全国“两会”通信服务保障，收到代表委员表扬信 67 封，大会秘书处总务组专门来函致谢；完成 2015 年世界田径锦标赛和中国人民抗日战争暨世界反法西斯战争胜利 70 周年纪念活动期间的通信服务保障任务，被北京市纪念活动领导小组授予“中国人民抗日战争暨世界反法西斯战争胜利 70 周年纪念活动北京市服务保障工作先进集体”。北京市委书记郭金龙、市长王安顺在视察抗战胜利 70 周年阅兵村邮局时，对邮政进驻服务给予充分肯定。机要服务连续 26 年无通信事故，服务品牌和能力建设稳步提升。配合慈善部门，在开发爱心包裹的基础上，开发母亲邮包等政府公益类项目。持续做好新生儿先天性疾病及耳聋基因筛查血片寄送、北京市读书益民项目和中高考录取通知书投递工作。设立签证服务中心，提供内部处理、核发护照、封发邮寄签证一条龙服务。（北京市分公司　石连城、陈丽涵）

【内蒙古分公司保障极端天气邮件运输】

11 月中旬，内蒙古自治区中、西部地区遭遇严重雾霾天气，东部赤峰市、呼伦贝尔盟出现大规模降雪。激增的邮件和恶劣的天气给各级网运部门的邮件处理、运输带来双重挑战。内蒙古分公司启动应急机制，网运指挥调度中心 24 小时向各盟市分公司网运值班人员发布邮件发运量、加车等信息；各盟市分公司和各级邮件处理中心迅速启动生产应急预案，利用和挖掘现有场地、运能、人员等资源，抢时间赶时限。全区各级邮件处理中心除部分高速路段封闭邮件有延误情况外，其他均无邮件积压、延误等情况。（内蒙古分公司　苏永胜）

呼伦贝尔邮政分公司暴风雪天气保邮运畅通。（内蒙古分公司/提供）

【黑龙江省分公司机要通信】

黑龙江机要通信以安全为核心，坚持政治服务第一、通信质量第一、社会效益第一，加强质量管理、制度管理、业务管理和服务管理，开展机要通信运输环节保密安全管理专项整治活动，全年完成机要通信业务量 924423 件，其中，出口 308990 件，进口 439952 件，转口 193301 件；完成机要业务收入 540 万元，其中，现业业务收入 366 万元。（黑龙江省分公司）

【湖北省分公司《关于进一步做好邮政普遍服务工作的意见》】

3 月 3 日，湖北省分公司出台《关于进一步做好邮政普遍服务工作的意见》（鄂邮公司函〔2015〕45 号）。文件规定，2015 年邮政企业普遍服务目标："两禁止、三不得、五达标"。"两禁止"：即设置"两条红线"，一是禁止未经邮政管理部门批准擅自撤销邮政普遍服务营业场所。二是禁止未经邮政管理部门批准擅自停限办邮政普遍服务业务和特殊服务业务。"三不得"，一是不得未经监管部门同意，擅自停业装修。二是不得未经批准擅自迁移更改局所名称。三是不得未经省公司同意，减少农村投递段道。"五达标"，一是普遍服务营业场所营业时间达标。二是农村乡镇（含空白乡镇网点）普遍服务信件、印刷品、包裹、汇兑四项业务开办率达到 100%。三是邮政营业窗口服务公示内容合格率 100%。四是邮件全程时限达到 96%。五是信筒（箱）设置合格率 100%。（湖北省分公司）

【福建省机要通信局重组】

3 月 6 日，福建省机要通信局揭牌。重组后的福建省机要通信局实行全省机要通信管理与省会现业机要通信一体化管理体制，负责全省机要通信保密安全管理职能和省会福州市本现业机要通信生产任务。福建省机要通信局为省公司三级正直属单位，人员编制 37 人，其中管理人员编制 5 人（含领导职数 1 人），生产人员按 32 人配备，内设综合办公室、业务科和通信科等 3 个正科级机构，其中综合办公室和业务科实行"两块牌子一套人马"。（福建省分公司　杨文振）

重大活动和重大事件服务

【天津市分公司应对天津港"8·12"爆炸事故】

8 月 12 日，天津港瑞海公司危险品仓库发生爆炸事故，邮政部分网点不同程度损坏，给邮政通信生产造成一定影响。集团公司总经理李国华、党组书记张亚非非常关注天津邮政情况，对抢险救灾工作做出批示，要求确保员工的人身安全、确保邮件和资金安全，切实做好邮政通信和邮政金融的服务保障。由于事故原因，开发区 19 个投递段中有 4 个段无法正常投递，投递员克服困难多次电话联系收件人，改址投递，全力保障服务。滨海新区分公司办公室陈富华、包裹业务局张君瑞等员工到医院，作为志愿者为受伤群众和家属服务。员工通过献血的方式献爱心，党员干部捐款 19180 元，以己之力传播正能量，共渡难关。（天津市分公司　魏普金）

【内蒙古分公司服务第十届全国少数民族传统体育运动会】

8 月 9 日，第十届全国少数民族传统体育运动会在内蒙古鄂尔多斯市开幕。内蒙古邮政在运动员村、主场馆等地设立 4 处邮政电子化服务网点，并派驻 20 多名员工，为运动员及观众提供国际国内邮件收寄、纪念邮品销售、加盖纪念邮戳等综合服务，全力确保民运会期间邮件寄递安检、邮件运输安全保障服务工作。为纪念第十届全国少数民族传统体育运动会的成功举办，内蒙古邮政特向中国邮政集团公司申请发行纪念邮资明信片、首日纪念封各一枚。（内蒙古分公司　苏永胜）

【西藏分公司抗震救灾服务】

4 月 25 日，尼泊尔发生 8.1 级强震，波及日喀则市定日、聂拉木和吉隆等地区。日喀则通往聂拉木县城、聂拉木通往樟木口岸道路多处出现泥石流和山体滑坡，邮路阻断。吉隆镇邮政所围墙倒塌，1 名乡邮员的房屋倒塌。4 月 26 日，

4 月 25 日，尼泊尔"8.1 级大地震地震发生后，日喀则市邮政在樟木口岸加龙沟集中安置点设置临时邮政服务点，提供邮件寄递和邮政储汇业务。（新闻宣传中心 / 提供）

集团公司领导致电慰问地震灾区邮政员工，要求西藏分公司党组在自治区党委和政府的领导下，做好抗震救灾工作，保障员工人身安全，保障灾区通信畅通。4月26日和28日，西藏分公司先后派出两批工作组，赴灾区慰问受灾员工，送去纯净水、压缩饼干、衣服等应急物品和67000元慰问金。5月5日，西藏邮政11家单位向灾区群众捐款228691元。8月5日，西藏分公司联手《半月选读》杂志社在吉隆沟举办“小包裹、大爱心”捐赠活动，为灾区3所小学送去15万元的爱心捐款和354件爱心邮包。（西藏自治区分公司）

服务质量

【邮政服务质量】

全面完成8440处空白乡镇局所补建运营任务，覆盖率达到100%，完成“十二五”规划汇兑网点开业工作。做好党报党刊发行，发行量稳中有升。加强“特殊时期”机要通信保密安全管理工作，完成各项机要通信服务任务。组织开展全国普遍服务履职情况专项检查活动，全面提升履职水平。明确省、市分公司牵头管理部门，初步形成普遍服务管理工作架构体系。参与《邮政法》和《邮政普遍服务监督管理办法》修订工作，确立普遍服务定价新模式，新增禁止外商和境外邮政在华提供邮政服务、保障邮政设施布局建设和保护普遍服务有序提供等条款，并实施印刷品业务调价，为做好普遍服务营造良好环境。

制定下发《快递包裹投递服务质量规范》，明确城市、农村投递时限、频次、深度、投交手续等服务质量要求。

北京国际邮电局的投递员到牙买加驻华大使馆，将包裹送到使馆签证工作人员手中。（新闻宣传中心/提供　王苏钰、李巍/摄）

加强重点业务日常监控检查，城市快递包裹当日妥投率稳定在89%以上，妥投信息实时反馈率从年初的29%提高到88%；约投挂号当日妥投率提高到81%。全面推广投递外勤监控系统，布放条码监控点79.2万个，覆盖1.5万个投递网点。开展提升投递服务质量劳动竞赛活动，评选五星投递员、五星投递班组，促进投递服务质量提升。

在全国开展提升邮政服务质量专项活动和无着邮件清理整治活动，普邮全程时限达标率达99.8%，用户申诉处理满意率达95.1%，位列27家参评寄递企业第二名。无着邮件库存和新增量分别下降55%和62%。邮政企业受行政处罚案件数量明显下降。普服满意度和大客户满意度进一步提高，全国平均得分分别为88.6分和93.4分，均为近5年最高得分。（邮政业务局）

【服务质量监督检查体系】

*提升邮政服务质量专项活动。*市场协同部牵头制定该活动方案，持续跟踪活动开展情况，组织召开4次电视电话会议，编发5期通报，赴部分省开展督导工作，有力推进全国专项活动的开展；后续组成24个检查验收小组，分五批对全国31个省邮政分公司开展"提升邮政服务质量专项活动"检查验收和专项活动"回头看"工作。全国31个省分公司专项活动综合得分全部达标；活动目标基本完成，其中逾期未领邮件及时清退率和及时卸车率较前期检查分别提升5.97%和2.16%；视察人员配备率有较大提升，市、县级视察人员配备率分别上升17%和22%；用户申诉满意率有所提升。管控制度逐步完善，活动期间全国各级邮政企业新制定流程优化、作业组织、时限管理、质量考核等方面的制度94个。

*无着邮件集中清理整治活动。*活动前期，市场协同部开展调研工作，牵头制定活动方案，组织"无着邮件集中清理整治活动"检查验收和"回头看"检查；下发《中国邮政集团公司国内普通邮件的无着邮件管理办法》，无着邮件处理流程调整，明确管理、考核制度，建立无着邮件长效管控机制。活动取得显著效果，六项活动目标基本完成；库存无着邮件数量明显下降，10月较4月下降95万件，降幅达50%；新增无着邮件数量降幅较大，10月较4月下降33万件，降幅达82%；无着邮件管理进一步加强。

*完善服务质量管控制度。*制定《中国邮政集团公司服务质量管控暂行办法》，制定各板块质量管理资料上报、联席会议、联合检查等管控制度，明确客户满意度、申诉率等重点管控指标，建立集团公司服务质量长效管控机制；制定《三大板块用户满意度测评方案》，在开展对各省分公司满意度测评的基础上，新增对邮储银行、速递物流、中邮保险用户满意度测评工作。

严肃查处违规经营问题。《印发中国邮政集团公司关于违反经营纪律处理处罚办法（试行）的通知》（中国邮政〔2015〕403号），加大对违规经营的考核力度；查处北京分公司低资费收寄大宗商函，上海、江西分公司跨界低资费揽收国内小包，速递物流内蒙古分公司使用假邮票寄递国际小包，山东滨州市分公司强行搭售邮政产品等多个违规经营问题，对责任单位通报批评，并给予相应的经济处罚。（邮政业务局）

【陕西省分公司提升服务质量专项活动】

全省以两岗履职、时限达标、平常邮件安全寄递、客户申投诉处理、无着邮件清理整顿、业务档案调审等多种方式的检查活动为抓手，开展全面提升服务质量专项活动，不断完善售后服务体系，服务质量、用户认可度持续提升。省分公司再次荣获全国用户满意企业称号；全省邮政用户满意度93.78分，位列全国前茅；各类邮件时限达标率全部达到集团公司95%的考核标准；无着邮件管控得力，受到集团公司认可并在全国推广经验；用户有责申诉率从上年的45.6%下降至19.1%；提升服务质量专项活动顺利通过集团公司验收，投递服务获全国"提升投递服务质量劳动竞赛"优秀组织奖。同时，履行普遍服务和特殊服务职责，全面落实空白乡镇补建邮政局所开业运营工作，全省接收475处并全部开业，提前完成集团公司下达计划，获得集团公司运营创新奖和冲刺突破奖。机要业务质量全红，机要用户满意度达到98.73分。（陕西省分公司）

【宁夏分公司服务质量管理】

宁夏分公司提升服务能力，为经营发展提供坚实支撑保障。新增及更新投递车辆26辆、电动三轮车72辆，配备PDA设备469个；优化投递段道，进一步加强包裹快递等重点业务的投递质量管控。全区50处空白乡镇补建网点全部开业运营。全年全区客户满意度为87.85分，超过集团公司75分和区分公司80分的考核指标。普邮全程时限全面达标，超过集团公司95%的考核目标。加强风险内控管理，组建40余人专职检查队伍，加强日常检查。（宁夏分公司）

中国邮政
CHINA POST

业务发展

- 邮政业务
- 速递物流业务
- 邮政金融业务

邮政业务

【邮政业务概述】

1. 收入规模增长。

全年累计实现收入 1194.5 亿元，增长 9.5%，完成预算 102.7%。代理金融收入 723.5 亿元，增长 13.9%；包裹快递收入 145.2 亿元，增长 9.4%；报刊收入 90.7 亿元，增长 -0.2%；集邮收入 79.2 亿元，增长 6.3%；增值业务收入 71.6 亿元，增长 15.8%；函件收入 68.9 亿元，分销收入 12.8 亿元。31 个省分公司完成利润 15.8 亿元，增加 8.7 亿元，17 个省分公司实现盈利，9 个省分公司盈利过亿元。

2. 业务转型创新。

包裹快递业务。全年累计完成包裹快递经营收入（剔除结算收入与进口函件终端费收入）135.87 亿元，比上年增长 11%；业务量 10 亿件，比上年增长 43.7%。电商快包业务：全年电商快包累计业务量 3.15 亿件，增长 49.5%；收入 25.72 亿元，增长 51.4%。全国电商快递包裹交寄客户达 2.95 万家，较上年增加 6742 家，日均百件以上的规模客户 2637 家，较上年增加 633 家。重点推动“仓储 + 寄递”服务，全国有 108 个地市建设各类仓储 311 个，面积 61 万平方米，入驻客户 612 家。电商快包县及县以上全程时限从 92 小时缩短至 86 小时；省内互寄时限 T+1（含）以内占比达到 53.6%，较上年提高 7.6%。收寄效率提升，订单系统新增 PDA 收寄功能。电子面单推广取得成效，12 月电子面单占比 41.6%，较年初提高 29%。客服工作扎实推进，推进邮速客服整合，实现“三统一”（统一工作调度、统一处理流程、统一客服标准），协查工单 48 小时回复率 88.9%，一次解决率 86.4%，升级到集团比率 6.4%。国内标准特快邮件业务：全年国内标准特快邮件累计业务量 7764 万件，下降 10.5%；业务收入 16.37 亿元，下降 16.3%。6 月 ~12 月，业务量收降幅分别较 1 月至 5 月收窄 11.8%、7.7%；协议客户增加 1.9 万户，收入占比提高 11%，达 24%；同城业务量比上年增长 59.4%，业务收入增长 37.8%，量收占比分别较 1 月至 5 月提高 5.7% 和 6.1%；发挥营揽投人员揽收标准特快邮件积极性，以投促揽，标准特快邮件散件揽收量 97 万件，实现收入 2337 万元。普通包裹业务：全年普通包裹累计 3382 万件，下降 12.6%；业务收入 8.76 亿元，下降 8.7%。公益包裹项目持续推进，全国累计募集捐款额 9620 万元，增长 43%；受理公益包裹 83.1 万件，增长 51%，全国 351 万名贫困学生、1.3 万所学校因此受益，惠及 40 余万贫困母亲及家庭。国际小包业务：全年国际小包累计业务量 5.3 亿件，增长 71.3%；收入 76.71 亿元，增长 20.7%，2 千克以下寄递市场占有率为 61%，较 2014 年提高 6%。全年实现对接平台 21 个，对接城市达到 14 个。速卖通、wish、paypal 三大平台对接业务量超 1.2 亿件，业务收入 9.7 亿元。国际小包累计客户超 11.1 万家，其中直客达 10.96 万家，直客占比超 98.8%。统一客户服务标准和服务流程、制订统一的客户手册、揽收标准和揽收时限，初步实现集团、省、地市三级客服体系。平台对接 14 个城市揽收时效统一至 48 小时，推行专业局 + 支局网点 + 外包揽收组合模式，保证整体揽收能力。一体化面单上增加打印分拣码，降低分拣难度，提高分拣效率；平小包条码化顺利实施，启动平小快速直封模式试点，减少平小包分拣封发操作，提升国内段处理时效；重点加强收寄信息质量，收寄信息上网率达 100%，俄向 EDI 信息准确率在 95% 以上；持续加强收寄规范和预安检，安检退包率低于 3%；创新推进大型寄递企业基于互联网技术服务模式—“平台对接、线上派单、属地揽收”，该模式荣获 2015 年全国交通企业管理现代化创新成果一等奖和全国邮政企业管理现代化创新一等成果。

湖南省分公司开展多形式、多渠道大力宣传捐赠“爱心包裹”。图为在国防科大特别设立的捐赠“爱心包裹”办理点，同学们踊跃办理捐赠手续。（湖南省分公司 / 提供）

代理金融业务。全年实现收入 723.07 亿元，增长 13.79%，提升 2.94%。其中，利差收入 544.23 亿元，增长 8.06%；保费收入 113.30 亿元，增长 70.64%。全年新增余额 2682 亿元，储蓄存款市场占有率 7.508%；新单保费 3534.4 亿元，较去年多增 1196.9 亿元，增幅 51.2%；新增手机银行客户2095万户，规模达到5684万户；累计签约存管账户17.77万户，账户余额达1.75亿元；全国通过验收的转型网点新增9726个，总量达到19150个，转型覆盖率达60%。中邮期交较上年增长近80%，超额完成目标。企业收益较高的权益类基金产品占比较去年提升27%。电子银行全年新增电子银行客户2000多万户，渗透率较上年底提升5%，交易替代率较上年提升10.3%。网点转型覆盖率60%，余额规模亿元以上网点达到1.7万个，VIP客户占比较上年提升2%。中邮证券第三方存管业务渠道占比60%。代理营销公司业务县分公司开办覆盖率达73%。

函件业务。全年收入68.94亿元，增长-10.2%。商函业务：结合“互联网+商函”“微信+商函”“在线申领”等支撑平台，实现线上线下互通互融；整合邮政营业厅、信报箱、邮政编码牌、报刊亭、楼宇、村镇宣传栏等自有媒体和社会媒体，打造“通政、通商、通民”信息主渠道，为用户提供多媒体解决方案；举办文化下乡、送农产品进城等各类惠民活动，增加农产品宣传传播渠道。账单业务：通过搭建主动服务平台，协助社保、税务、交警等政府部门提供安全可靠的社保个人权益记录单、交通违章告知单等寄递服务；协助公用事业企业单位提供水、电、燃气账单等民生类寄递服务；为银行、保险公司等金融业机构提供信用卡卡函寄递、电网销保单寄递（配送）等安全程度高的个性化账单寄递服务；充分利用账单媒体平台做好国家政策等重要信息的传播。封片卡业务：打造“家书”“把美丽城市寄出去”等一批具有影响力的品牌项目，重温书信情结、呼吁笔墨真挚，传递社会正能量。加强产品创意研发，围绕大众文化消费、生活消费新需求，运用互联网等新技术，研发适销对路的封片卡产品500余款，新增封片卡特色网店、微店36家，新增主题邮局253家，新增代销渠道2478个，为客户带来更加时尚、方便、快捷的用邮新体验。

报刊业务。全国报刊发行业务收入80亿元，报刊发行流转额230亿元。市场开发形成分类市场和重点产品全面协调发展局面。老年类报刊由5亿元增长到6亿元，增幅19%。全国商务报刊流转额6亿元，形成广告收入7000万元。邮政专属图书发行规模达到7040万元，比上年增长21%。利用邮储活期客户资源，11个省开办“中邮阅读”业务，覆盖8000个邮储网点，业务规模达到88万户，实现收入550万元。联合40家媒体，共同开展“五个一”工程，25个省成为“全民阅读”承办单位，举办“书香中国”活动3800余场，以“公益讲座”“励志教育”“绘画比赛”“动漫艺术节”等喜闻乐见的方式，面向学校青少年、社区老年人推介产品，激发需求，实现社会效益和经营效益的同步提升。

7月16日~20日，由江苏省政府主办，省委宣传部、省新闻出版广电局等单位承办的第五届江苏书展在徐州举行。图为江苏邮政馆。（江苏省分公司/提供）

集邮业务。持续加强市场开发，生肖贺岁和集邮文化季项目收入翻番，形成收入占全年四成。新邮预订、企业年册、邮票零售等重点业务信息化和规范化程度得到有效加强，发展质量进一步提升。集邮网厅增加手机APP、微信商城移动互联渠道，开办在线个性化邮票定制服务，网站运营能力大幅提升，仅移动端线上业务增收超亿元。

3. 加强平台建设。

渠道建设加强。线下：扩大实体建设规模，邮政网点5.3万处；新增便民服务站、三农服务站、村邮站10.4万个，累计达56.3万个；报刊亭累计达3万个。平台累计布放金融类机具29.8万台，覆盖率达50%。累计安装邮掌柜12.1万处。线上：网上营业厅、手机邮局、微信邮局等电子渠道功能不断完善。网上营业厅注册用户465万，日均点击量超166万人次，年交易规模约6亿元；“手机邮局”累计安装量突破100万人次。

增值服务。承接代开税票、代收电费等近百种便民服务，交易规模超1700亿元，实现收入11亿元。与中华联合、中国平安、中国人保开展“总对总”层面的车险业务合作；与国家体彩中心、恒大集团、中国旅行社总社、同程旅游网开展合作，争取专有销售政策。同时，加大力度推动项目落地。公安交管项目：已进驻25个省的186个车管所提供服务，实现收入4.54亿元，比上年增长48.9%。国税总局项目：18个省代收税款实现收入1.24亿元，比增20.6%；代收电费项目：已覆盖56%的行政村，代收金额1059.7亿元，比增19%；代销体彩项目：18个省开展网点销售、物流配送、媒体宣传、资金归集等方面合作；综合商旅服务：销售机票、火车票、汽车票、门票超过500万张。

农村电商。“邮乐购”站点实现所有省份全覆盖，总量12万户，交易规模超130亿元，月活跃度提升至79%。通过召开农村电商片区会、分省分批对口直接走访县级基层单位，深入参与示范县项目建设，对接200个县，获得1.27亿元政府支持资金。其中28个县表示将电子商务进农村综合示范项目相关工作交予邮政全面承接，89个县表示将物流体系交予邮政建设。

分销业务。全年累计实现销售额52.15亿元，业务收入12.98亿元，比上年下降14.10%，全国共建设分销业务直营店2.34万处，加盟店10.4万处，合作社7096处，发展会员3.65万名。库存欠费总额6.69亿元，比上年减少2.44亿元，降幅26.72%，其中库存4.98亿元，欠费1.70亿元。月均库存欠费和占销售额比例21%，低于控制目标4%。严格商品引入机制，下发《分销业务商品引入和运营管理办法》、《关于进一步加强分销商品引入管理工作的通知》等文件，规范项目引入流程，实现项目管理从分散向集中转变，累计清理低效项目5220个，目前有效项目1150个，总部统签和省签项目收入占比达到92.69%。严肃经营纪律和财经纪律，围绕商品引入运营、供应商履约、库存欠费、信息系统应用、“小金库”、账外账等方面全面开展自查整改。农资业务全年实现农资配送量80万吨，其中新型高效产品22万吨，占比28%，比上年提高5%。预收预订量占比达到86%，比上年提高13%。邮乐优选项目运作范围拓展到17个省，累计实现销售额3.22亿元，实现代理服务费3637万元。项目累计注册服务专员47万名，发展会员505万名，累计寄递邮政快递包裹90万个。实现泸州老窖、联合利华、蜗牛洗澡机等项目上线运行。与财政部财政科学研究院接洽，推进邮政服务“三农”项目的整体规划研究工作；配合邮政科学规划研究院编制邮政服务“三农”项目支出定额标准体系；配合信建部梳理2012年以来邮政服务“三农”补贴项目，督促项目落地。邮政分销农资连锁配送信息系统2期开发基本完成。

4. 夯实发展基础。

投递能力。加大投递车辆、设备投入，新增投递汽车4000余辆、电动三轮车1万余辆、PDA4万余台。调整作业场地布局，加快投递网点改造扩建，增加包裹快递邮件处理场地。适应包裹快递业务改革要求，合理增员，科学组网，实施混投、专投相结合，调整作业流程，提高投递效率。自提网络建设初具规模，人工自提点达9.6万个，其中嵌入阿里系购物网站5382个。8个试点城市布放智能包裹柜6209台，格口数达30万个，建设人工自提点7737个。

营销水平。完善省、市、县分级管理，专业营销与综合营销相结合组织模式，推行方案营销、项目营销和团队营销，促进营销方式的转变。以包裹快递、代理金融为重点，打造以客户经理、理财经理为主体的专职营销队伍，全国专职理财经理达1.3万名。推广电子商务智能营销工具安装和应用，发展客户经理4.7万人，发展客户6.7万人。成功举办第四届全国邮政特有职业技能竞赛，全面提升营销人员综合素质。

风险管控。加大对2014年底以来的代理金融案件查处力度，上追两级、从严问责。开展“两加强两遏制”、民间借贷排查和“合规回头看”等系列合规检查活动，全面排查风险隐患。下发《邮政金融员工十条禁令》，设立金融案件举报中心，营造合规文化氛围。出台《关于进一步加强邮政代理金融风险管控的实施意见》，加强风险管控体系建设。启动邮政金融风控合规管理信息系统建设，1.2万个代理网点上线应用远程授权集中系统，技防水平不断提升。

邮件收寄安全保障。严格落实收寄验视、实名收寄、安全检查、与协议客户签订安全协议“四个百分百”要求，确保生产安全，在抗战胜利70周年庆祝等重大活动期间实现万无一失。组织开展营业收寄质量专项整治活动，开展验收检查，营业收寄质量进一步提高。继续加强国际小包预安检工作，加强禁限寄物品的检查力度，安检退件率保持在2%以下。

规范经营落实。严格落实《关于违反财经纪律处理处罚办法（试行）》和《关于违反经营纪律处理处罚办法（试行）》要求，严肃查处个别省低资费揽收、业务摊派、虚列收入等案件，有效遏制了违规经营。严把收寄关和出口关，超大超重邮件明显减少；推广应用新型面单标签和包裹外覆保护袋，加强窗口收寄质量安全。国际平常小包全部实现邮件条码化管理。严格执行“两级引入”制度，构建分销商品体系，加强库存欠费管理和项目、渠道清理，累计清理项目5220个，清理全年无销售渠道网点3.5万个。配合ERP项目建设，开展客户、期初数据清理，通过系统集成强化收入归集，提高业财数据准确性。（邮政业务局）

函件业务

【吉林省分公司主题明信片业务开发】

吉林省分公司配合第24届中国金鸡百花电影节，开发“百万邀约”、电影节主题邮资明信片开发等系列营销项目，实现收入440万元。12月18日，吉林市分公司主办“2015好声音群星演唱会·吉林市站”，成为全国邮政系统举办好声音演唱会商演的先河，实现收入270万元。（吉林省分公司　蔡敏杰）

【黑龙江省分公司创新函件业务】

黑龙江省分公司以地域特色为出发点，抓高效业务，巩固媒体业务，加强合作，通过项目拉动、业务创新强化函件核心业务，全年全省邮政实现函件业务收入11249万元，增加26.3%，完成计划进度84.4%。实现邮资机业务收入4426万元，比上年减少1.9%，账单业务在社保账单拉动下实现收入2329万元，增幅32.2%；数据库商函业务收入2098万元，减少23.8%；邮资封片实现收入4279万元，

增加3.1%。账单、数据库商函、邮资封片三项重点业务比上年增幅均高于全国平均水平。(黑龙江省分公司)

【湖北省分公司协办中国邮政明信片第三期开奖活动暨“最佳明信片”颁奖活动】

12月1日，2015年中国邮政明信片第三期开奖活动暨“最佳明信片”颁奖活动在武汉举行。此次评选由业内外7位专家对全国邮政报送的600余套参评作品投票评选，11件作品分获金、银、铜奖，其中云南省分公司报送的《彝族绣党》获最佳创意设计金奖、北京市分公司报送的《回眸北京》获最佳工艺制作金奖，最佳技术创新金奖空缺。集团公司副总经理张荣林，省公司总经理任永信，集团公司邮政业务局副总经理、中国邮政广告传媒公司总经理李陕川等出席相关活动并为“最佳明信片”获奖者颁奖。活动由集团公司主办，中国邮政广告有限责任公司、湖北省分公司协办。同期，2015年中国邮政“最佳明信片”展暨湖北省主题邮局展在武汉园博园举办，2015中国邮政明信片第三期开奖暨“最佳明信片”颁奖晚会在武汉剧院举办。(湖北省分公司)

【“把大美青海寄出去”万人寄递明信片活动】

8月13日，青海省分公司在西宁市国际会展中心举办青海文化旅游节之“把大美青海寄出去，把远方的朋友请进来”万人寄递明信片活动。青海省省长郝鹏书写明信片，带头把“大美青海”寄出去，并对邮政部门发挥渠道优势，开展“把大美青海寄出去”万人寄递明信片活动，宣传大美青海、释放青海热情，给予肯定。该活动由青海省分公司联合国家级热贡文化生态保护实验区管理委员会、青海省体育局、青海省旅游局共同承办。青海省分公司无偿提供2个系列54款3万枚明信片给游客免费寄递，用于宣传大美青海。为纪念该活动，特发行纪念封一套两枚，奥运冠军王丽萍、焦刘洋，冬奥会银牌得主庞清、佟健在现场进行签售。(青海省分公司　韩建)

【“新疆礼物”明信片主题营销】

为庆祝新疆维吾尔自治区成立60周年，新疆人民广播电台“961行风热线”栏目于10月1日特别推出“天山南北尽欢歌”活动。新疆分公司以此为契机与新疆人民广播电台合作推出“新疆礼物传祝福”活动，即以庆“60年”寄“新疆礼物”为切入点，全疆人民可到就近指定邮政营业网点免费领取活动专属明信片，并作为新疆人民的礼物将它寄往祖国各地，营造全社会使用寄递明信片的氛围。“新疆礼物”明信片将商家广告有机结合于明信片中，招商价格最低2000元起，可定制1000枚本次活动指定的明信片，收到明信片的客户可以通过扫码到指定网站购买商家提供的产品并得到特有的优惠。区公司统版“新疆礼物”明信片配发至参加活动的107个邮政营业网点，同时，各地均设计制作明信片纪念戳，用于活动现场宣传造势。“新疆礼物”明信片主题营销活动是新疆邮政紧密贴合时点热点，以惠及民生为出发点实施的一次创新举措，是传统函件业务利用媒体化理念运营的一次新尝试，对提升邮政产品社会影响力、助力宣传新疆、推广新疆特色大有帮助。(新疆分公司　康燕)

报刊发行业务

【第三届中国(武汉)期刊交易博览会】

9月18日，第三届中国(武汉)期刊交易博览会在武汉国际会展中心开幕。会期三天，45个国家和地区参展，推出包括中央国家机关期刊荟萃馆、中国军事期刊馆、青少年期刊馆在内的12大类主题馆展区，首设韩国专题展区。展品达2.6万种、5万多册，包括海外期刊、图书、音像制品、数据库等。还有美国数学学会、英国物理学会、《自然杂志》《国家地理杂志》《经济家》等一批国际知名学会、杂志社、报社参展。本届刊博会还组织包括高端论坛、研讨会、知名作家见面会、讲座等100多场期刊文化活动。(湖北省分公司)

【黑龙江省分公司完成全年报刊发行目标】

全省邮政报刊发行业务实现收入22607.47万元，完成集团计划的100.3%；其中，零售业务实现收入4742.64万元，增长1.83%，县级分公司整体零售业务收入增长50.7%。2016年度报刊收订实现流转额44206万元，完成集团公司计划的92.1%，下降5.3%；党报党刊收订实现流转额1.13亿元，增长11.1%；新华社报刊收订实现流转额2360万元，增长1.1%；行业报刊收订实现流转额9590万元，增长1.6%。实现《生活报》收订158904份，完成计划的102.5%，完成收订目标。

政务市场稳定党报党刊发行，做好政务图书发行，加强与行业报刊及其主管部门的协作，党报党刊收订实现流转额增加1125万元。商务市场转变营销方式，推广深度定制专刊、小微企业媒体平台、私费定制期刊、节日商务期刊四种模式，项目经营向私费定制、中小商户、县域市场、深度定制延伸，商务期刊收订流转额实现3188.43万元，增长23.12%，对整体业务的增长贡献率达到16%。《知音》《家庭医生》等8种热销期刊的流转额规模超过百万。零售市场推进图书、动漫业务发展，把两会、中央全会等时政热点作为营销时点，响应“书香社会”建设，广泛组织举行图书巡展，带动县域零售业务发展。建设邮乐动漫城，举办动漫节，打造全省动漫销售展示服务平台，并推进各地市建设动漫城连锁店和动漫报刊亭，拓展销售渠道。2015年全省开展广场大型图书展销活动40余场、社区小型展销 100 余场，销售图书 719 万元；在哈尔滨、黑河、伊春建设动漫店，在哈尔滨市区建立 10 个动漫主题报刊亭，全省动漫产品销售额达 698.14 万元。

利用党报党刊客户资源，销售政务图书，《习近平谈治国理政》发行 14000 套，实现销售额 117 万元。《中国大阅兵》销售 16854 套，实现销售额 319.1 万元。与北师大出版集团合作，引入北师大版本的《国学》教材和书法教辅产品，开展书法资源包项目及国家教材项目的开发，全省累计要数 7300 余套，实现流转额 47 万元。发行《动漫加分宝》及“易邮天下”等数媒产品，探索数字发行，为构建数字发行经营平台做出有益的尝试，“易邮天下”实现流转额 385.4 万元，增幅 35.71%；《动漫加分宝》实现流转额 85.86 万元。借助全民阅读契机，推广“邮韵龙江快乐阅读”活动，在全省开展图书巡展；推广“万场校园活动行”系列公益活动，联合报刊社，通过讲座、比赛、试读、巡展、论坛、捐赠多种营销方式及主题营销活动，破解入校收订难题，全年实现校园市场收订流转额 3771.78 万元，比上年增长 9.17%。推广互联网订阅、手机订阅、11185 电话订阅等多种便民服务。增加微信订阅、短信订阅等服务手段，扩大网上产品宣传，实现线下营销向线上营销的转移。

交邮发行《佳木斯三江晚报》《佳木斯广播电视报》，增加流转额 100 万元；《双鸭山日报》所辖县交邮代投，增加代投收入 30 万元。开展报刊亭竞标经营，提升管理费 42%；借助广告经营、代收费、彩票、快销品等业务，提高盈利能力，促进了报刊亭的经营转型。加大欠费催缴力度，全省应收报刊款比上年减少 3737.88 万元，下降 49.98%，运营质量提升。（黑龙江省分公司）

【广东省分公司开发报刊专业零售终端】

2015 年通过报刊销售、便民业务叠加、广告业务拓展，发挥报刊亭综合便民服务平台的效用。全年全省 2600 个在营报刊亭共计产生收入 13179 万元，报刊零售收入 10981 万元，报刊亭租金收入 1671 万元，渠道展示配送收入 500 万元，累计点均收入达 4.22 万元。借助国家“倡导全民阅读，建设书香社会”的东风，全省累计销售图书 1200 万元。其中政务、商务图书累计实现销售额 650 万元。在校园开展“中高考”“快乐六一”“快乐暑假”等系列主题营销活动，共计实现销售额约 180 万元，比上年增长 90%。开展“小小报童”报刊销售体验活动，打造体验式的、公益性的儿童（学生）社会实践平台，共有 8 个地市分公司举办“小小报童”活动，累计开展 56 场次，参与人数超过 2500 人，售卖各类报纸份数约 1.3 万份。（广东省分公司）

包裹快递业务

【包裹快递业务改革】

制定包裹快递业务改革政策。按照包裹快递业务改革总体要求，先后制定下发《中国邮政集团公司关于印发中国邮政包裹快递业务（国内）资费标准、优惠办法和产品开发规定的通知》（中国邮政 [2015]220 号）和《中国邮政集团公司关于开办中国邮政包裹快递业务的通知》（中国邮政 [2015]290 号）两个文件，确保国内包裹快递业务改革的顺利实施。完善包裹快递业务资费政策。调整省内和重点区域快递包裹资费政策，针对国内包裹快递业务产品资费政策执行情况、重点区域资费进行调研，完善资费政策。完成对全国 13 个省（市、自治区）上报的省内快递包裹资费政策调整申请的审核和批复工作，提出重点区域快递包裹产品资费政策调整原则。加强包裹快递产品运行监控。市场协同部协同邮政业务局和速递物流建立国内包裹快递产品监控机制，按月编制包裹快递业务月报，对全国邮政国内包裹快递业务总体情况、运行特征以及市场动态进行汇总和分析。（市场协同部）

1. 吉林省分公司。5 月 26 日，根据《中国邮政包裹快递业务改革方案》，全省邮政组建省、市、县三级包裹业务机构，整合分销和电子商务专业，分销业务职责调整至电子商务局。（吉林省分公司　蔡敏杰）

2. 黑龙江省分公司。黑龙江省分公司成立省、市两级包裹业务局，配置 149 名专职揽收人员。实现收入 3.93 亿元，下降 22.3%，交寄标准特快邮件 135.69 万件，快递包裹 269.56 万件。其中，包裹业务实现收入 4593 万元，下降 14.8%；快递业务实现收入 1.2 亿元，比上年下降 19.4%；国际小包业务实现收入 1.95 亿元，下降 27.9%；物流业务实现收入 581 万元，下降 12.9%。全省邮政快递包裹业务利润完成 4463 万元。按损益中心测算，速递业务完成利润 4601 万元，含国际包裹业务利润；物流业务完成利润 128 万元。（黑龙江省分公司）

3. 河南省分公司。5 月 27 日，河南省分公司启动包裹快递业务改革。河南省分公司及郑州市分公司组建包裹业务局，洛阳、新乡、驻马店、南阳市分公司组建包裹业务中心，其他市分公司和各县（市）分公司明确专人负责包裹业务经营工作，初步组建起省、市、县专业人员队伍。协同客服体系基本到位，组建“11183 呼叫中心—省客服（11185）—地市包裹专业客服—生产机构”四级客服处理体系架构。强化培训工作，提高专业队伍业务技能，组织超过 1.6 万人次的培训。加大市场拓展力度，对 1.4 万户客户进行走访营销。全年包裹快递业务实现业务收入 3.63 亿元，增幅达 49.15%。（河南省分公司）

【江苏省分公司包裹业务新模式】

全年累计实现快递包裹业务量5908万件，日均16.2万件，比上年增长66.8%，市场占有率3.7%，增长0.36%。省内件市场和省际重点线路业务拓展，省内件日均业务量达2.1万件，增长109%，重点线路日均业务量达7万件，增长64.5%。探索“仓储＋寄递”“订单执行＋寄递”等模式，尝试发展“电商贷”供应链金融服务，与阿里巴巴公司在邳州试点开展农村淘宝“村镇通”项目。加强国际小包出口通道建设，新增多个南京禄口直发国家路向，实现重点路向省内直发，日运能超10吨；苏满欧铁路专线成功试运行，增设苏州为两岸邮件封发局。组织“双11”等旺季营销活动，期间全省快递包裹实现业务量451万件，约占全国的20%，业务收入3658万元，业务量和峰值均列全国第一。（江苏省分公司）

【山东省分公司奋战“双11”】

“双11”期间，山东省各地邮政抢抓市场发展业务，确保邮件及时传递。11月11日~16日，共收寄包裹达70多万件。济南市分公司在开发新客户的同时，对老客户走访激活，提高老客户贡献度，快递包裹收寄量达31392件，比上年增加3456件。济宁市分公司整合函件、集邮、报刊、零售、分销五大专业资源推出线下钜惠购活动，错峰“双11”线上抢购热潮，延续高端客户抢购体验，现场签约客户85户，订货167.42万元。德州市分公司在“双11”前后收寄快递包裹6.9万件，实现收入50.9万元。聊城市分公司电商平台在11月11日产生订单9681笔，活跃户数超过2173户，当日电商总流量突破186.5万元。青岛市分公司针对“双11”包裹量激增情况新建日均邮件处理能力达到万件的即墨快递包裹处理中心，增开胶州和即墨至济南、青岛至烟台加车邮路。济南邮区中心局新建双层包分机赶在“双11”之前投产运营，新包分机累计处理邮件325万多件，上机分拣包裹居全国第3位，接发邮车近两千辆。（山东省分公司）

【湖北省分公司“双11”快递包裹收寄201.3万件】

“双11”期间，湖北省收寄快递包裹201.3万件，增长74.6%，超全国平均水平（34.4%）40%，业务量列全国第4位。（湖北省分公司）

【广东省分公司国际小包业务量收全国第一】

广东省全年实现国际小包收入21.5亿元，业务量1.73亿件，业务量收均列全国第一，累计收入增幅列六大重点省市首位，高于全国增幅水平33%。“双11”期间，广东邮政日均量80.6万件，日均收入1080万元，较节前日均量增幅达58%，比全国平均水平高出10%。11月18日、19日单日收寄量超过100万件，分别为104万件、101万件，创全国之最。（广东省分公司）

“双11”期间，广州邮区中心局处理包状邮件338.9万件，其中快递包裹328.7万件，比上年增长43.7%。11月14日为历史高峰，分拣包状邮件44.3万件，高峰日比上年增长39.4%。发运各类邮件总包211万袋件，比上年增长215.6%。（广东市分公司/提供　秋林/海摄）

代理金融业务

【黑龙江省分公司代理业务计划超额完成】

全年实现代理金融业务收入27.54亿元，比上年增长12.37%，完成集团年收入计划的107.18%。其中，邮政储蓄代理费实现收入20.83亿元，比上年增长1.77%；代理保险业务实现收入5.52亿元，比上年增长61.97%；基金理财业务实现收入1.06亿元，比上年增长140.61%。金融总资产规模达1378.48亿元，绝对值比上年增加265.51亿元，其中，新增储蓄余额4.83亿元、新增保费162.43亿元、销售基金28.04亿元、销售理财（含国债）437.47亿元。全年累计发放绿卡293.48万张，比上年增长3.19%，完成年计划的104.81%；累计发放绿卡通卡247.13万张，比上年增长19.2%，占绿卡发卡总量的84.21%；累计发放绿卡通VIP卡15.6万张，比上年增长46.48%。全年新增网上银行注册客户46.17万户，比上年减少37.42%；新增手机银行注册客户63.2万户，比上年减少21.24%。电子银行交易量和交易金额均保持高增幅，激活率稳步提升，累计发生交易4992万笔、交易金额508亿元；网上银行新增客户激活率达到82.09%，比年初提升28.71%。手机银行新增客户激活率36.5%，比年初提升20.23%。

以产能提升为中心，“一点一策”推广、片区开发、客户分层管理为重点，努力实现金融总资产、价值客户、电子银行注册及激活率、理财经理贡献率四项指标提升。全省邮政累计完成1084处转型网点流程推广工作，其中，标准转型网点478处、简化版转型网点606处，转型覆盖率达到81%。转型网点新增总资产180.79亿元，比上年多增8.84亿元，增幅提升5.14%；点均新增总资产2483.34

万元，高于非转型网点 1342.24 万元。面对邮政储蓄余额下降的压力和挑战，通过业务和营销方式转型，以项目带动大理财业务发展，实现超收 1.8 亿元，有力支撑收入大局。以客户为中心，加强服务，确保金融总资产和总客户在激烈的市场竞争中稳中有升，代理金融总资产增长 249.23 亿元，比上年增长 11.31 亿元；总客户数 1764.99 万户，比上年增长 1.87%，适应商业化运营的发展方式、管理手段、营销模式逐步确立。全省新增邮政代理金融网点 5 处，邮政代理金融网点总数 1332 处。（黑龙江省分公司）

【广东省分公司刷新银信通业务量】

全省银信通邮银合计在网用户 2834 万户，业务量收均再创历史新高，全年收入突破 5.6 亿元，净增 6798 万元。全年围绕新开户加办率、新增用户数、新增包年用户占比（含账户安全管家）、撤办率、扣款成功率、收入增量等六项指标对各市分公司网点实施考核与分析，加强精细化管控。转变业务发展策略重点，由包月用户开发向包年用户开发转变，提升用户的有效收益，并向集团公司申请取消包年加办免费一个月的设置，提高包年用户的扣款成功率；以“中国邮政开办 120 周年系列宣传纪念活动”为契机，开展办理包年免费 2 个月并赠送小礼品的优惠活动；加大考核力度，与领导班子考核挂钩包年用户的发展。全省邮银新增包年加办率由原来的 49% 上升至 76%。（广东省分公司）

【广西分公司建设代理金融电子渠道】

抓好代理金融离行式自助银行建设、自助设备布放及电子银行渠道建设。全年新增 ATM 或 CRS 自助设备 844 台，累计 2115 台，自助设备替代率 50.92%。电子银行建设方面，新增电子银行客户数 49 万户，全区累计结存电子银行客户数 247 万户，电子渠道交易替代率为 79.36%，上年提升 7.7%，排全国第 2 位。（广西分公司）

【四川省分公司代理金融】

四川省分公司全年累计投入资金 4.93 亿元用于提升代理金融网点硬件能力，完成 778 个转型网点装修改造，安装 ATM/CRS 达到 3215 台，点均 1.26 台，电子银行交易替代率 62.62%。2015 年，转型网点点均新增资产 2372 万元，是全省平均值的 1.71 倍；全省新增储蓄余额 243 亿元，规模达到 3215 亿元；实现中邮保费 20 亿元，列全国第 3 位。全年四川邮银在川存款市场占有率为 12.45%，列全省第 3 位，新增市场占有率为 12.96%，列全省金融机构第 3 位，邮政依然是最大的保险代理渠道和普惠金融的重要渠道。（四川省分公司）

【贵州省分公司代理金融业务】

以加快发展为中心，以风险防控为基石，坚持经营与合规并重，转型发展与风险管控双趋动，通过开展“三羊开泰·再创辉煌”旺季营销活动和其他季节性活动，着力抢抓春节返乡务工市场和分类客群市场、节日市场，实施精细化营销和经营转型，通过召开业务发展专题研讨会、县区分组分片现场会等，推广先进经验，主动解决发展难题，全力推进贵州邮政代理金融业务持续稳定发展。2015 年实现业务收入 12.53 亿元，占邮政企业总收入的 55.52%，比上年增长 6%，2015 年一季度实现季度新增余额 53.69 亿元、单月新增余额超 50 亿元、单日新增余额超 5 亿元的历史同期最好经营业绩，网点经营转型覆盖率达到 100%；为加强监控、降低风险，在全省 9 个市州分公司建立远程集中授权中心，累计 308 个网点上线远程集中授权系统。（贵州省分公司　李昂）

增值业务

【集团公司承接政府公共服务项目】

市场协同部推动集团公司与公安部、交通部、民政部等部委开展战略合作，承接政府公共服务，不断叠加“一体”的公共服务内容。10 月，公安交管项目已签订 10 个省级合作协议，邮速人员进驻 25 省的 186 个车管所，完成项目收入 3.39 亿元。共有 17 省的 216 县的 2132 个网点开办代开国税发票业务，实现收入 9760 万元，比上年增长 21.4%。社保中心项目共有 27 省开展社保账单寄递服务，共寄递 6214 万件，收入 6350 万元，比上年增长 14.1%。邮政代收电费网点达 29.2 万个，覆盖 56% 的行政村，共代收电费 886 亿元，现金代收总额 691.5 亿元，比上年增长 25.3 %。（市场协同部）

【北京市分公司跨板块业务创新】

北京市分公司推出电子账单业务，发寄 8 万余份。在 e 时代新媒体发展的大趋势下，报刊业务继续扩大数字发行；以中邮阅读网为平台，推广数字阅读等创新型业务。“纸媒 + 数媒”复合发行、邮储客户中邮阅读代扣两个项目助力数字发行业务在全国推广。融入“互联网 +”，利用互联网和微信平台，开展各类营销活动，建立中国集邮网上营业厅北京专区、京东北京邮政网上商城和当当网中邮期刊旗舰店，提供在线便民服务。在实现产品服务创新方面，融入文化创意产业发展，搭建主题文化平台，重点打造太空邮局、祈福邮局、红楼梦邮局、体育邮局、抗战纪念馆邮局、北海皇家邮驿、皇城驿站和骑行驿站邮局等 30 家主题邮局，网点效能提高；转变经营发展模式，开发国家博物馆独立邮资图、全聚德全国首个企业专用邮资图明信片和万达集团、京东集团的梦想启航、缤纷祝福全国首

3月14日~5月3日，第三届北京农业嘉年华在昌平区兴寿镇草莓博览园举行。昌平区邮政局为本届农业嘉年华定制明信片门票，游客可将门票作为游览纪念邮寄给家人或朋友；同时，在入园口安置10台检票机，利用后台系统帮助主办方统计游客数量及游览高峰时段等相关数据。（新闻宣传中心/提供　万宇、陈曲/摄）

批企业个性化邮票主图。重新组建大客户中心，建立“综合营销+专业支撑”的组织架构体系和三级营销管理模式。全年与10家单位签署战略合作协议，在政府经济、电子商务、文化产业等方面开展合作；成功开发抗战胜利70周年纪念、世界田径锦标赛等32个项目，实现收入6.7亿元。（北京市分公司　石连成、陈丽涵）

【山西省分公司特色主题邮局建设】

为充分发挥邮政“三流合一”资源优势，寻找邮政产品与文化旅游的结合点，融入省委省政府“文化强省”战略，促进地方文化旅游产业发展，山西省分公司在学习借鉴全国部分省市先进经验的基础上，围绕省内各地独有的历史文化、人文景观，探索尝试策划建设多处主题邮局，开发多款具有当地文化旅游特色的产品。主题邮局通过经营具有当地人文内涵、景观特色的邮票、明信片以及融入地方元素的纪念品（册），提供土特产品寄递、火车和机票代售、代缴手机话费、金融服务等业务，既可为游客提供方便、快捷的服务，满足消费需求，弘扬当地历史文化，提升景点知名度，推进旅游产业发展。全年共建成五台山祈福邮局、黄河邮局、平遥古城邮局、云冈北魏邮局、关帝庙忠义邮局等30处主题邮局。（山西省分公司　孙久臣）

【内蒙古分公司启动国税“双代”业务】

6月，内蒙古分公司与区税局在全区联合启动邮政“代征税款、代开发票”的国税“双代”项目，发挥邮政企业遍布城乡的网点资源优势，解决全区纳税人地域分布广，国税部门征税压力大，特别是个体零散税收管理和为零散纳税人代开发票不便等难题。全年全区12个盟市有269个邮政网点开通此项服务，旗县（市、区）覆盖率达到95%，累计代征税额1.05亿元。该项合作通过邮政融入政府公共服务领域，协助国税部门优化征管资源，提升税收征管质效；有效解决服务纳税人“最后一公里”问题，节约办税成本和时间。（内蒙古分公司　苏永胜）

【吉林省分公司开展合作办税】

9月10日，吉林省分公司与省国家税务局、省地方税务局合作办税签约仪式举行。三方在邮政代征税款、代开发票、文书送达等方面达成共识，确定建立长期稳定的合作关系。自此，纳税人均可在附近的邮政网点享受便捷的税务办理服务。（吉林省分公司　蔡敏杰）

【湖北省分公司税务代征工作】

9 月 17 日，湖北省分公司与省国税局联合召开邮政代开代征暨发票网上申领工作启动会，启动网上申领发票、邮政专递送达和委托邮政代开发票、代征税款工作。全省 1683 个邮政部门网点可办理国税发票代开业务，需代开发票的纳税人可就近到离"家门口"最近的邮政网点代开发票。（湖北省分公司）

【电子商务局与公安部合作项目】

2015 年推进警邮平台硬件设备、专线部署和开发建设工作；督导省内推进警邮合作，明确邮政营业窗口开展交管便民业务及各省相关工作；《车务代办暨自邮一族会员服务系统业务需求》已批准立项建设。（电子商务局）

车管邮政便民服务。（电子商务局／提供）

【电子商务局车险业务】

2015 年，与中华联合保险公司、平安、人保保险公司签署合作协议，并与平安与中华联合两家保险公司策划 2016 年车险业务营销方案，依托邮政遍布城乡的服务网点及营销人员，为车主提供车险服务咨询、代办车险等服务。完成车险业务 APP 开发并试点上线新自邮一族客户端 1.0 版本，已实现交违法及车险全流程等功能。（电子商务局）

【电子商务国税项目】

结合税务部门的需求，中国邮政已在新疆、湖南等多个地区开展代征代收税款服务，受到税务部门和纳税人的双重欢迎。17 个省 223 个县 3000 个邮政网点开办代开税票业务，全年实现代征税额 40 亿元，实现收入 1.2 亿元。（电子商务局）

【电子商务局国电合作】

2015 年，中国邮政开办代收电费站点累计 22 万个，现金代收金额 831 亿元，实现收入 4.5 亿元，比上年增长 26.2%。（电子商务局）

【电子商务局与体育彩票合作项目】

2015 年，制定下发内蒙古、河北、浙江、福建 4 个示范省体彩邮政合作实施方案及《关于加快推进体育彩票销售合作的指导意见》；完成即开型彩票销售系统需求方案编写和立项；自 10 月总部签订框架协议合作，全国新增 8 个省签约合作，全国销售体育彩票实现收入 861 万元，比上年增长 9.2%。（电子商务局）

【全国电子商务进农村示范项目】

市场协同部配合国家财政部、商务部开展全国电子商务进农村示范项目，国家规定的 25 个示范省（区、市）中，24 个省（区、市）邮政均不同程度参与农村电子商务示范县工作，全国 200 个示范县中已有 23 个示范县政府表示将电子商务进农村综合示范项目的相关工作交予邮政承接。（市场协同部）

【全国邮政农村电商现场推进会】

12 月 15 日～16 日，全国邮政农村电商现场推进会在绍兴召开。集团公司总经理李国华对浙江邮政在农村电子商务发展上作出的积极尝试表示高度肯定，就全国农村邮政电子商务发展作出重要指示。副总经理刘明光总结回顾全国邮政农村电商工作，对下阶段工作提出要求。会议期间，与会代表参观绍兴邮政农村电商服务点。浙江、江西、湖北等 10 省分公司在大会上做经验介绍。（浙江省分公司　周静）

【辽宁省分公司"三农"业务】

辽宁省分公司从铁岭试点起步，结合特色农业发展优势特点，形成具有辽宁邮政特色的农村电商发展模式，创新邮政服务"三农"的形式和内涵。全年金融业务收入达 27.76 亿元，占总收入比重超过 75%；储蓄余额从 2012 年的 1203 亿元增长到 2015 年的 1439 亿元，年均增长 6.2%；代理保险业务高速发展，实际保费从 2012 年的 23.9 亿元增长到 2015 年的 148.9 亿元，实现历史性突破。推动邮务业务从"卖大户"转向"卖大众"，调整主攻市场、创新产品设计、转变营销方式，寻找新的突破口。函件封片业务在有奖贺卡收入比上年下滑 64% 的情况下，通过旅游套票、电影票等创新项目拉动，实现增长 20%，全省邮政旅游套票明信片册收入列全国邮政第 7 位，电影票收入列全国邮政第 5 位。报刊零售专业在全省图书零售市场下降 23% 的形势下，通过参与省委、省政府"全民读书节"活动，拉动图书销售收入比上年增长 31%。（辽宁省分公司　王欣）

【辽宁省分公司"邮农丰"】

"邮农丰"作为辽宁邮政发展农村电商的专属品牌，组织农民成立大田、果蔬、养殖、农机等"邮农丰"农民专业合作社，参与和服务农业生产全过程。以"邮农丰"农民专业合作社生产的果蔬、蛋肉、米面油、杂粮等日常消费的农产品为主，利用邮政物流优势，取消农产品中间流通加价环节，依托邮政"线上＋线下"相融合的农村电商平台展示销售，让城乡居民都能享受到质优价廉的农产品。跨区域、跨省份运作大连樱桃、鞍山南果梨、丹东艳红桃、盘锦河蟹、岫岩地瓜、朝阳大枣等几个万斤项目，将辽宁特产推向全国。每年3月5日为辽宁省分公司的"爱心邮路活动日"，邮政爱心公益活动正式加入"郭明义爱心团队"。"爱心邮路""爱心驿站"事迹引起社会良好反响，新华每日电讯、辽宁日报等多家主流媒体予以报道。（辽宁省分公司　王欣）

辽宁邮政邮农丰合作社与直营店遍地开花，又一家邮农丰直营店盛大开业。（辽宁省分公司 / 提供）

【黑龙江省分公司电子商务业务】

全年实现业务收入26176.8万元，比上年增长6.1%；全省有5个地市分公司完成业务收入计划，7个县（市）分公司业务收入超过400万元，6个县（市）分公司业务收入超过300万元。全年实现分销业务收入2 855.9万元，比上年下降43.7%；全省有1个地市分公司完成业务收入计划，2个县（市）分公司分销业务收入超过百万元。

开展邮储短信提速发展示范点建设工作，加强数据分析与培训宣传，全年全省净增邮政储蓄短信用户314.2万户，加办率21.8%，实现短信业务收入18295.8万元，比上年增长23.4%。将便民服务站建设与邮掌柜推广有机结合，通过农电、水费、燃气等区域性业务整合及邮生活APP手机端代收代缴业务、PC+宽带模式便民服务站资金归集系统、国通便民服务站银联刷卡缴费业务上线，促进业务推广，全年全省累计建设便民服务站10006处，实现代收代缴业务收入5699.4万元，比上年下降0.1%。继续开展电信"存款担保购机"活动，开展"宝宝去哪儿"亲子手机销售及尝试与销售手机终端公司合作创收项目，全年实现代理放号业务收入1168.7万元，比上年下降54.6%。加强农村电子商务业务示范点建设，全力协助各市、县（市）分公司与当地政府对接，通过开展"农村电商'红五月'主题营销"活动，结合"一元换购""一元秒杀"及"半价抢购"等活动，加快邮掌柜推广速度，全年全省邮掌柜累计开通3523户，密山县金沙邮政支局建成省内首家村邮乐购运营中心。加大邮乐业务招商力度，稳步开展市、县（市）馆建设，针对节假日特点开展主题团购活动，全年全省建成县馆36个、上线商品4284个，完成销售订单4.7万笔，销售商品23.5万个；实现邮乐项目销售额211.6万元，邮乐业务收入17.7万元，比上年下降17.4%。车务代办业务致力打造车险超市品牌，与13家保险企业开展合作，实现车务代办业务收入464.0万元，比上年下降37.5%。商旅业务加快转型发展速度，通过"关爱考生，放飞心情"等旅游产品促销活动，销售旅游产品1589人次，实现商旅业务收入301.6万元，比上年下降15.1%。通过抓好"送科技、送服务、送农资下乡"活动，营销叶面肥项目。全年实现化肥销售4.3万吨、叶面肥销售1.3万箱。（黑龙江省分公司）

【安徽省分公司农村电商业务】

2015年，全省邮政与各级政府签订16个农村电商合作协议。各地政府给予邮政在承接物流网建设、渠道建设、电商培训以及仓储中心建设等方面的资金及政策支持，资金总计逾5000万元。初步探索出农村电商发展的模式和经验。安徽省分公司主导建设的霍山县电子商务进农村工作得到国家农业部、商务厅等各级政府部门的认可。霍山县被列为全省"媒体走进示范县"活动的重点县。投入建设"邮乐农品"霍山馆、线下特色产品展示大厅，农村电子商务站点58个，开通县域邮路4条，共孵化商家62家，上线商品307款，销售量突破2.3万单。"邮掌柜"创业模式得到政府认可，庐江县泥河"邮掌柜"站主被政府选定为全国农交会唯一站点代表作经验介绍。加快推进农村电商物流体系建设，通过升级原有县域网，紧密衔接省内干线网，加快县乡邮件传递时限，打造最强县域网，实现乡镇邮件"当日收寄当日出口，当日进口当日投递"，增强了县域邮政寄递业务竞争能力。全省已完成霍山、绩溪、岳西等9个县分公司的县域物流网建设工作。农村电商产业运营初显成效，依托邮乐农品网和"邮掌柜"平台，促进农产品进城。全省累计建成"邮掌柜"站点6867个，月均活跃度71.53%，点均代购笔数8.32笔；全省建成"邮乐农品"地方馆25个，销售额突破400万元。全年"邮乐农品"网交易额41.7亿元，其中安徽省内农产品交易额24.4亿元。（安徽省分公司　黄玲）

【江西省电子商务进农村工作现场推进会】

4月2日，江西省电子商务进农村工作现场推进会暨农村电子商务发展高峰论坛在赣州市宁都县举行。活动以实地参观、举办论坛和会议推进相结合的方式进行。江西省分公司将电子商务进农村作为“最大民生工程”，以“牢记使命，扛好旗帜，树立口碑，赢得未来”为宗旨，在中国邮政“农村邮乐”统一品牌下，以“农村e邮”为抓手，构建江西农村电商O2O生态体系，帮助农民实现“销售不出村”“购物不出村”“收寄不出村”“生活不出村”和“金融不出村”。江西邮政推出“百县万村”计划，3年内将投资4亿元，建设100个“农村e邮”县级运营服务中心和10000个村镇服务站。（江西省分公司　叶金平）

为满足农村群众的电子商务需求，江西省南丰县分公司于4月率先在全县31个村配置电商代办员，帮助村民代购商品、代销土特产、代缴水电费及电话费等，受到村民欢迎。5月3日，南丰县三溪乡石邮村的“农村e邮”站点迎来众多客户，村民们在网上挑选满意的衣服。（江西省分公司/提供　黎兴旺/摄）

【山东省分公司“邮掌柜”进农村】

2014年10月，山东邮政“邮掌柜”系统全面推广。2015年上半年山东邮政在全省符合条件的商超型便民服务站全部安装邮掌柜系统，安装邮掌柜10400多个，累计进销存销售金额3.1亿元，获取农村商品交易数据406万余条。邮乐代购业务在第二季度取得突破，全省代购3.4万笔，较上季度增长253%。2015年，邮乐网农村电商工作小组在全国9万多个已安装邮掌柜系统的站点中筛选出100名“天才掌柜”，山东邮政有16个便民服务站邮掌柜入围，入围数量位居全国之首。（山东省分公司）

【广东省分公司农村电子商务项目】

河源龙川、潮州饶平、梅州平远、韶关南雄顺利入围全国电商进农村示范县。梅州市平远县分公司11月4日与县政府签订电商进农村合作协议，首年1850万补贴资金交由邮政主导，并会同相关部门制定具体预算及实施计划。韶关南雄市分公司于10月16日与市政府签订农村电商建设合作协议，确定邮政成为实施主体单位，明确邮政最少获得600万元的专项资金补贴。潮州市饶平县分公司电商创业园利用邮政自有场地由政府出资改造建设。清远市分公司探索建立珠三角地区工业产品下乡和山区农产品进城的农村电商运营模式。4月，广东邮政在清远市选取4个便民站点试点推广邮掌柜系统，逐步推广至韶关、梅州、潮州、河源等地市。全年开通邮掌柜208个。（广东省分公司）

【重庆市分公司电子商务进农村】

2015年，与市商委、市农委及秀山、黔江、忠县、彭水、城口5个区县政府签订战略合作协议，政企融合、共同推进农村电商发展；成立市分公司农村电商推进办公室，落实专人专责，指导基层单位加快农村电商平台与渠道建设；组织开展“百日大战”专项活动，确保全市8个全国“电子商务进农村”综合示范县建设进度；加快邮乐优选项目运营，大力发展会员，加快打造邮乐农品网县级“特产馆”，初步构筑邮政服务“三农”新阵地。2015年，全市共建成区县邮政农村电商运营中心15个、乡镇服务中心112个、村级服务站586个；17个区县在“邮乐农品网”上建成本地“特产馆”，引进农业企业113家、上千款特色产品销向全国；开通“邮掌柜”账号2179个，产生订单171万笔，实现交易额2.36亿元；开通便民缴费系统账号2712个，交易订单929.3万笔，实现交易额7.95亿元；安装助农取款设备1108台，产生交易61万笔，实现交易金额13亿元；发展“邮乐优选”服务专员1.3万名、会员7.8万名（6384名会员实现交易），培训农村地区内外部电商带头人共2000余名。（重庆市分公司）

【四川省分公司农村电商业务】

推广线上线下渠道建设、发展氛围营造、争取政策支持等方面取得良好进展。一是将发展农村电商放在突出位置。4月10日，出台《2015年全省邮政农村电子商务发展指导意见》，明确四川邮政农村电子商务工作思路和重点工作。组建四川邮政农村电商发展领导小组，加强发展农村电商组织保障，统筹配置人、财、物等资源。二是积极营造良好外部发展环境。主动对接省商务厅、省农工委，有关工作汇报得到省委常委专门批示。省公司连续3次在商务系统全省性会议上推介邮政农村电商。中国（四川）电子商务发展峰会上，四川省分公司以央企和服务电子商务进农村重点单位亮相大会，展示四川邮政践行“互联网+”新形象，得到省内各级政府广泛关注。三是探索邮政特色农村电商发展模式。以邮掌柜系统推广和服务站建设为载体，对接电子商务进农村示范项目，发展邮掌柜6649个，活跃度 60.32%，建成“村邮乐购”农村电商服务站近 1000 个。7 月 10 日，四川省分公司总经理杜卫红与西充县人民政府代县长陈泽斌签订“西充县全国电子商务进农村综合示范项目”，开启四川邮政服务农村电子商务发展的新路径。全省邮政先后与西充、三台、安岳等 12 个国家级、省级示范县开展电商进农村项目合作。（四川省分公司）

10 月 15 日 ~17 日，“2015 中国（四川）电子商务发展大会”在中国科技城（绵阳市）隆重召开。四川省分公司以央企和服务电子商务进农村重点单位亮相大会，全面展示了四川邮政践行“互联网 +”新形象。（成都市分公司 / 提供　林芝 / 摄）

【贵州省分公司农村电商业务】

通过召开农村电商现场会和专题推进会等，引导全省各级邮政企业主动抢抓市场机遇，对接地方政府“精准扶贫”战略，加快打造线上线下一体化农村电商 O2O 平台；贯彻落实“一体两翼”经营发展战略，在便民服务站、代办点等渠道叠加“邮掌柜”系统功能，加快邮政农村电商渠道建设；学习先进经验，组建运营团队，加快运营试点，建设农村电商示范点。全年全省建成农村电商便民服务站 2553 个，安装“邮掌柜”系统 3535 套，交易量达 1.41 亿元；建成邮乐贵州馆并成功招商 97 家，上线商品 666 种。（贵州省分公司　李昂）

【青海省分公司首个农村电子商务综合服务站】

5 月 21 日，由青海省湟源县分公司、湟源县经济和商务技术局合作建设的青海省邮政首家农村电子商务综合服务站在湟源县和平乡落户开业。服务站的开通可为当地农民提供优质便捷的代收代缴话费电费，代投邮件，代购商品、机票和网络代销，商品进销存管理，商品批发，助农取款汇款等综合服务。村民可享受“购物不出村、销售不出村、生活不出村、金融不出村、创业不出村”的“五不出村”服务，解决村民的购物难、购票难、行路难等实际问题。（青海省分公司　韩建）

【新疆分公司跨境电商业务】

与浙江金华金义都市新区、乌鲁木齐经济技术开发区三方共建新疆邮政跨境仓，吸引速卖通平台 7 家。为 22 家国际小包协议客户提供跨境电商服务，累计收寄国际小包 521 万件，累计实现出口贸易额约 1.5 亿人民币。深入服务“三农”，与自治区商务厅签订农村电商发展战略合作协议，布局线上线下渠道，建成农村电子商务体验店 39 处，布放邮掌柜 13 个，开发新邮寄微商城销售平台，引入 17 类 360 余种特色农产品线上交易额 266.9 万元，寄递干鲜果品 2.27 万件，代付各类涉农资金近 15 亿元，助力自治区新农村建设。（新疆分公司　康燕）

【广西分公司“海陆空三位一点”跨境电商发展格局】

广西分公司基于钦州、凭祥、南宁保税区及梧州国际小包集中收寄点，打造“海陆空三位一点”的跨境电商发展渠道和平台。9 月 26 日，与钦州保税港区合作，广西分公司投资建设的三个保税进口商品直销店（中心）分别在南宁、钦州开业，销售来自亚洲、欧洲、澳洲等地多国原装进口产品；为保税进口商品直销店量身打造的微信商城“邮码头”同步上线运营。加快进驻凭祥综合保税区，打造面向东盟的跨境电商监管仓和通关服务平台，共建电商产业园区。自南宁市 2014 年正式获批为国家第 17 个跨境贸易电子商务服务试点城市后，广西邮政主动与南宁市商务、联检、保税物流中心管委会等部门沟通联系，获准成为园区物流主渠道和负责招商聚商的工作。4 月，梧州市分公司获批成为邮政国际小包集中收寄点，拓宽广西区内国际小包业务发展通道。广西分公司与广西北部湾投资集团合作共建跨境电商进出口渠道，打造跨境电商个人物品通关综合服务平台，依托北投集团在南宁、凭祥、东兴等地的对外合作平台，共同打造电子商务产业园区。广西分公司与列入自治区重点项目的东盟商贸城合作，共建“中国邮政·东盟商贸城电商产业园”，建设仓配一体化中心，打造电商运营中心，搭建进出口通关综合服务平台。（广西分公司）

【山东省启动跨境电商海运进口转关业务】

12 月 21 日，山东省跨境电商海运进口转关业务正式启动；山东邮政速递物流公司与韩国邮政在济南签署中韩跨境电商合作备忘录。双方通过中韩海运邮路价格优势降低物流成本，推进济南及周边 11 市对韩跨境电商发展，将开通仁川—济南全货机以及仁川—威海—济南海陆空多式联运通道。山东邮政速递物流在韩国建立海外仓，使济南口岸在海外延伸，提升济南及全省出口企业物流效率，提高本地售后服务能力。欧美跨境电商产品以海外仓为中转，以海运邮路为渠道，进入济南等跨境电商口岸进行清关、分拣、派送。中韩跨境交易中曾受航空管制限制的电

7 月 10~12 日，2015 国际电子商务服务产业博览会在济南区举行。山东省分公司“新模式 新商业 新邮政”主题展区，展示互联网时代邮政崭新的品牌形象、服务能力，推介了邮政电商线上线下、“三流融合”及城乡一体的特点。（新闻宣传中心 / 提供　崔鹏森 / 摄）

子、仪表、化工、酒类等产品，可通过海运邮路实现出口，在济南汇总报关，计入济南出口贸易总额。邮政速递将申请济南成为互换局兼交换站，实现国际邮件总包直封直飞，使跨境快件时限缩短 1~2 天。（山东省分公司）

邮政金融业务

【邮储银行个人银行业务】

全行个人客户达 4.98 亿户，其中个人 VIP 客户 1700 余万户。

1. 个人存贷款业务。

个人存款余额 5.39 万亿元，比年初增加 3543 亿元，增长 7.04%。其中，个人活期存款增长 7.91%，个人定期存款增长 6.51%。个人贷款余额 1.22 万亿元，比年初增加 2595.04 亿元，增长 26.95%。推进借力平台模式，搭建“银政、银协、银企、银担、银保”，小额贷款余额 1362.07 亿元，净增 17.30 亿元。个人消费贷款业务净增 2260.24 亿元，新增贷款市场占有率至同业第 6 位，不良率 0.24%。全面加快“快捷贷”推广工作，个人商务贷款结余 3049.30 亿元。

一是合理利用抢抓旺季存款业务发展，采取加大理财类业务发展、加强价值客户及 VIP 客户维护以及推进客户分群管理等措施，确保个人存款市场份额的稳定。二是多点突破，形成平台合作新格局。持续推进小额贷款业务转型升级，不断深化“银政”“银协”“银企”“银担”和“银保”五大平台营销体系。“银政”继续深化与农业部、共青团中央、国务院扶贫办和中国科协的战略合作。与农业部合作推进现代农业示范区建设，开展现代农业金融服务。与国务院扶贫办签署金融扶贫战略协议，在集中连片特殊困难地区、连片地区外重点县（区）等重点贫困地区开展金融扶贫业务。与团中央合作组织创富大赛，挖掘有潜力的客户群体。“银协”，与中国科学技术协会签订合作框架协议。“银企”，通过“走总部”专题营销活动，发展农业产业链贷款业务。已开发农业产业链贷款项目120余个，与众多国家级龙头企业建立合作关系。同时，通过农业产业链贷款业务模式拉动结算卡、商易通、代发工资等其他条线业务发展。“银担”，推动涉农担保机构准入新标准，全行已准入涉农担保机构超过40家。“银保”，与人保财险、太平洋保险、人寿财险、国元农险、华安财险、中华联合保险、安信农保等保险公司展开保证保险贷款业务合作。三是践行普惠金融，全力做好民生金融服务。2015年，向农村地区投放消费贷款超过1200亿元，是2014年全年投放量的1.5倍，占比将近40%。重点支持新型城镇化建设金融需求，加大对农民新建房屋、旧房改造等方面的信贷支撑力度，试点开办集体土地房产抵押综合消费贷款业务，继续加大农房集聚住房贷款投放力度，大力支持美丽宜居乡村建设，为改善民生、推进新型城镇化建设进行积极探索和实践。

2. 三农金融业务。

涉农贷款余额7479亿元，比年初增加1577亿元，增速26.71%，实现“三农”金融业务利息净收入105亿元。一是着手建设现代农业示范区支行超过500家；举办“中国青年涉农产业创业创富大赛”；启动农村支付环境建设项目，建立助农业务平台，推出助农服务点专属产品“助农通”，共设立助农服务点15万个。二是丰富完善三农贷款产品体系，制定农业产业链贷款业务、三农保证保险贷款业务等新产品制度，抓紧研究“掌柜贷”“农E贷”等新产品，推动“三农”贷款创新试验区建设。

3. 银行卡业务。

全行借记卡结存发卡量7.49亿张，全年消费金额17369亿元，比上年增长26.04%。其中，绿卡通IC借记卡结存发卡量1.79亿张。信用卡全年消费金额3517亿元，比上年增长51%；期末透支余额445亿元，比上年增长45%。一是组织开展以消费营销为核心的绿卡借记卡营销活动，促进绿卡借记卡交易活跃度，提升借记卡卡户活期余额。二是调整发展策略，主动改善客户结构，回归信用卡消费本质。通过持续打造“悦享”系列品牌，加强特惠商圈建设，以产品创新为抓手，细分客群结构。同时，积极推进信用卡评分模型建设；针对优质客户，开展核心客群试点；针对高风险客户，实行高风险地区管控政策、高危客户拒绝政策、低评分交叉拒绝等审批政策。

4. 养老金业务。

全行代收代付养老金7.38亿笔，其中代收养老金7578万笔，代发养老金6.62亿笔，代收“新农保”交易笔数1769万笔，交易金额44亿元。

5. 代销基金、国债业务。

加强与优秀基金公司合作，代销基金的产品总额994亿元。代销凭证式国债4期，实际销售82亿元，代销储蓄国债（电子式）10期，实际销售187亿元。

6. 代理保险业务。

全年共准入寿险、财险、健康险、意外险等产品119款，其中保障型保险产品65款，占比达55%；全年实现代理保险保费3887亿元。进一步促进代理保险业务转型。通过完善产品体系、加强与财险公司的总对总合作、与保险公司合作开展转型营销等多种举措推进业务转型，初步完成转型理念宣导和体系搭建。（邮储银行）

9月8日，邮储银行北京分行首家“邮益财富中心”开门纳客。该中心整合邮储银行总行、北京分行、支行及网点多层次资源，拥有一支包括国际金融理财师在内的金融财富管家团队，可为客户量身定制适合的金融解决方案。（新闻宣传中心/提供　高永珍、刘颀/摄）

【邮储银行公司银行业务】

1. 公司存贷款业务。全年公司存款总额9176亿元，比年初增长1475亿元，增幅达19.2%；公司贷款余额12493亿元，比年初增长3366亿元，根据人民银行统计数据，公司存款、公司贷款增速分列全国性商业银行第一位、第2位。一是加大客户储备力度。通过购买地方政府债券、积极参与国库现金管理等措施，持续巩固政银关系及传统机构客户；依托银企直联、现金管理、智能资金池等产品，带动企业客户增长；下发新兴行业营销指引，引导分行拓宽公司贷款客户，积累现代农业、文化旅游、医疗卫生行业的优质客户，在PPP、保障房等项目上取得较大突破。二是不断提升综合服务能力。创新县乡财政服务模式，开发智能资金池、交易性资金监管、理财质押承兑、国债质押贷款等新产品。各种产品、与渠道之间实现组合、叠加式服务，与客户的合作更加深入。对总行级战略客户，在综合授信的基础上，存款结算、公司贷款、内保外贷、债券投资、商业承兑汇票等多业务联动，累计为三一重工、四川长虹、中国重汽、南方石化等285家大中型客户提供了优质的票据综合服务。三是营销体系逐步完善，初步建立总行级重点客户营销服务体系，形成总行级重点客户关系树及分支行营销团队，在公司客户营销系统中创建226个总行级重点客户群，定期跟踪营销进度和成果。对战略客户的联动营销机制、营销协调机制以及收益分配机制进一步明确。

2. 小微企业金融业务。全年全行小企业法人贷款结余1572.10亿元，比年初净增30.85亿元，法人客户34686户，户均453.24万元。布局民生行业、新兴产业、科技产业链及新三板企业，主动退出高风险领域。相继推出医院、电力、供热收费权质押、冷饮快消、理财质押、组合担保、佣金、连锁企业等贷款新产品，布局新兴产业和民生行业；推进科技产业链开发，推出科技企业开发方案；重点围绕新三版挂牌及拟挂牌的中小企业，分层研发挂牌贷、理财资金参投定增以及股权质押、PE投联贷及财务顾问等综合金融服务产品，初步形成邮储银行服务新三版中小企业的产品体系。开展"走政府"专项活动，构建政银合作新模式，达成意向金额超千亿元。主动对接各级政府牵头设立的助保金、风险补偿金、产业发展基金，推出政府增信、政策性担保、政府推荐、政府直补四大合作模式。

3. 国际结算与贸易融资业务。加快拓展边贸特色结算业务，推动跨境电商金融服务发展，已与境内外900家银行建立代理行关系，国际结算业务全年结算量165亿美元，贸易融资业务余额988亿元。大客户服务能力得到提升，推动与中石化、恒大集团、华能集团、万科、万达等客户的流动资金贷款、内保外贷等多项金融合作。加强重点区域建设，充分利用国家政策红利，加强自贸区分行建设，在广西成立"中国邮政储蓄银行中国—东盟货币中心"，在厦门市成立"两岸金融研发中心""两岸人民币业务中心"。加强集团板块联动发展，启动与邮政国际小包、邮政速递、邮乐网的对接方案，推出"保税E融""跨境E贷"等跨境电商金融服务起联动产品，为集团内板块联动发展扩宽了业务范畴。

4. 票据业务。直贴业务规模扩大，承兑业务增速较快，票据大管家、商票贴现等新产品不断发展，票据贴现余额2683亿元，比年初增加1599亿元。面对"低利率、低利差"环境，票据业务引导分行加快买卖周转向"交易型"转变，通过波段操作、周转套利，增加套利收入，提高整体收益，减少资金不足和市场收益率下降的不利影响，业务品种上电票比重超过30%，电子化票据交易进程进一步加快。（邮储银行）

【邮储银行资金业务】

1. 金融市场业务。

市场交易业务：本外币市场交易规模431611亿元，比年初增长144.49%，交易笔数84910笔。投资业务：全行债券及同业存单投资的利息收入462亿元。投资（包括委托其他金融机构投资）的商业银行理财产品、信托投资计划、资产管理计划及证券投资基金的余额总计10864亿元。同业融资业务：存放同业及其他金融机构款项和拆放同业及其他金融机构款项合计余额5246亿元，同业及其他金融机构存放款项和同业及其他金融机构拆入款项合计余额1622亿元。

一是把握市场机遇，主动适应融资模式变化，加大产品创新和业务转型，有效化解"资产荒"难题，超额完成收入利润目标。参与财政部PPP国家引导基金、工信部中小企业发展基金等产业基金，意向规模超过5000亿元；成功中标全国首单地方高铁PPP项目——济青高铁潍坊段；兰州轨道交通项目PPP融资方案入选财政部第二批示范名单。全年线上交易融入资金达14.4万亿元，线下非结算性同业存放余额达到450亿元，实现单向资金运用向"先筹资、后用资"转型。

二是获批开展第三方存管业务和债券主承销商资格。在增加客户粘性、实现客户资金闭环运行和提高综合服务能力上迈出一大步，为大力开展投资银行业务、提升中间业务收入占比打下坚实基础。

三是按照国务院部署，圆满完成4批次共7780亿元专项债券认购，成功争取税收优惠政策和专项基金托管资格。解决了国家重点项目资本金问题，对于促投资、稳增长、调结构、惠民生有着重大意义，也提高了邮储银行在国民经济建设中的重要地位。

2. 理财业务。

全年全行理财产品余额4746亿元，比年初增长2245亿元，增幅90%；机构理财产品余额709亿元。保持理财类业务持续快速发展。创新推出净值型和保本型理财产品，优化开放式理财产品，加大中高净值客户系列产品发行力度；上线证券公司客户资产管理计划、信托公司集合资金计划业务，丰富投资理财产品种类。

3. 贵金属业务。

全年共推出实物贵金属产品284款，黄金自营交易量0.51吨，白银自营交易量2.06吨，代理贵金属交易金额363亿元，实物贵金属交易金额4亿元。按季度准入特色鲜明且契合渠道的贵金属项目产品，继续丰富贵金属产品种类，开办自有品牌贵金属与黄金定投试点。

4. 托管业务。

全年全行托管资产规模22508亿元，比上年增长152.67%。参加重大项目托管投标，成功托管民航股权投资基金、国开行及农发行专项建设基金等产业基金及资产证券化产品，提升邮储银行在托管业务市场的地位。同时，加强重点客户维护与持续营销，举办首期总行级重点客户见面会，促进托管客户综合合作。（邮储银行）

【电子银行业务】

全行构建新型互联网金融服务体系，推出移动展业、商乐贷、掌柜贷、银证转账等13项新产品，新增、优化功能111项，电子银行交易替代率达到71.7%，交易笔数75

亿笔。个人网银注册客户 1.3 亿户，网上银行总交易金额 1.8 万亿元；手机银行注册客户 9750 万户，交易金额 1.4 万亿元；电话银行注册客户 10507 万户，交易金额 11.6 亿元。加大自助设备投放力度，ATM 总量达到 77350 台，交易金额 4.6 万亿元；新建电子银行体验中心 3700 个。（邮储银行）

【邮储银行业务渠道拓展】

1. 网点建设。

全行共有营业网点 40055 个，其中：自营网点 8306 个，占比 20.74%；代理网点 31749 个，占比 79.26%；营业网点县域覆盖率达到 98.9%。一是持续推进低效网点治理工作。督促分行通过内部挖潜、迁址、撤并等方式治理低效网点。二是有效推进网点规范化服务水平。围绕“服务问题诊断、服务规范普及、百佳网点创建、服务形象宣传”活动，推进全年服务规范管理工作。

2. 电子银行。

全行构建新型互联网金融服务体系，推出移动展业、商乐贷、掌柜贷、银证转账等 13 项新产品，新增、优化功能 111 项，电子银行交易替代率达到 71.7%，交易笔数 75 亿笔。个人网银注册客户 1.3 亿户，网上银行总交易金额 1.8 万亿元；手机银行注册客户 9750 万户，交易金额 1.4 万亿元；电话银行注册客户 10507 万户，交易金额 11.6 亿元。加大自助设备投放力度，ATM 总量达到 77350 台，交易金额 4.6 万亿元；新建电子银行体验中心 3700 个。（邮储银行）

【山东省分公司搭建金融数据云平台】

山东省分公司探索创新金融发展模式，将网点转型与产能提升紧密结合，搭建金融数据云平台，建设增值服务体系，加快实施业务精细化管理与精准营销，金融保险业务发展连创佳绩。至 11 月 25 日，山东省储蓄余额年增 349.3 亿元，成功赶超河南，位居全国之首。截至 11 月 30 日，金融业务总量净增突破 800 亿元。（山东省分公司）

【中邮保险银保业务】

组织首季开门红营销，强化年年好新 A 款产品的销售组织，为全年保费目标的完成奠定基础。二季度组织开展期交新单保费发展竞标，竞标奋斗目标实现 34.8 亿元。开展长期期交专项营销活动，持续优化期交业务结构，长期期交增幅高于期交新单增幅。强化经营指标考核与管理，将月均网点出单率指标纳入四季度营销活动考核，加强网均产能、客户数分析通报，引导各省分公司关注网点发展水平和客户资源开发情况。（中邮保险）

【中邮保险团险业务】

大力发展团险业务。全面承接邮政意外、重疾“两项保险”项目，覆盖 15 省邮政分公司、10 省邮储银行和 5 省速递物流公司，实现保费收入 6730 万元，承保人数 18.4 万人。5 省试点推进企补医疗项目，实现保费收入 4582 万元。9 省试点推进团险兼业代理业务，专兼并举团险渠道布局初步形成，实现团险兼业代理保费 145.6 万元，比上年增长 77%。（中邮保险）

7 月 8 日，中邮保险开展保险公众日宣传活动。（中邮保险 / 提供）

【中邮保险“三农”及小额保险】

2010 年 3 月，中邮保险获得农村小额人身保险试点资格，成为国内第 6 家获批的保险公司。自 2010 年以来，中邮保险高度重视小额保险发展，在费用政策、产品研发、营销培训等方面给予倾斜和支持，实现小额保险销售在开业省份全面覆盖。2015 年在售“三农”小额保险产品共 6 款，包括在银保渠道销售的贷贷喜 1 号小额贷款意外伤害保险、贷贷喜 2 号信贷意外伤害保险、禄禄通 1 号小额定期寿险、禄禄通 2 号务工人员小额意外伤害保险、禄禄通 3 号交通意外伤害保险以及在团险渠道销售的禄禄通 10 号交通意外伤害保险。“三农”小额保险共计承保 18252 件，实现保费 838.89 万元，比上年增长 9.39%。其中，银保渠道承保 18148 件，实现保费 478.97 万元，比上年增长 34.49%；团险渠道承保 104 件，实现保费 359.91 万元。（中邮保险）

【中邮保险自主研发保险产品】

按照“看得懂、买得起、用得着”的思路，中邮保险自主研发“富富余”“绵绵寿”“贷贷喜”“禄禄通”“年年好”五大系列共 33 款产品，形成集理财、养老、教育、意外等多种保障在内的差异化产品体系。本年开发储备福寿绵绵年金、附加万能年金和附加定期寿险 3 款新产品，在团险渠道开发团体境内、境外救援医疗 2 款健康险产品，研发 2 款万能型新产品。调整在销产品功能，开办富富余 3 号和年年好百倍保的可选附加险，增加年年好重疾计划的选择期限范围，实现主附险自由搭配，提升附加医疗产品的承保额度，整个产品体系更加符合客户多元化保障需求。中邮保险期交产品结构更趋优化。在期交保费收入占比中，年年好百倍保占比 13.2%，比上年增加 1.5%，年年好重疾保障计划在放开保障期限后，保费收入占比提升至 3.6%；富富余多多保占比达到 3.5%，富富余 3 号产品的期交占比由 2014 年的 84.2% 下降到 2015 年的 79.6%，产品集中度明显降低，期交产品多元化格局初步形成。（中邮保险）

【中邮保险风险管控】

中邮保险始终坚持“先基础再发展、先模式再发展、先合规再发展”，创造性地提出“联动管控”的管理思路，深化与邮政公司、邮储银行三方联动，以做好基层业务的风险管理为重点，在合规管理、风险防范上加强协调，强化业务质量监督与检查，打造风险防火墙。

提升风险管理能力。组织开展偿付能力风险管理能力评估，通过自评、复评和审核，对 180 个评分点进行逐项评估，梳理出 99 项欠缺项目，形成详尽整改计划。夯实风险管理基础，启动风险管理信息系统和风险偏好体系建设。完善风险管理组织构架，规范经营层风险管理委员会运作机制，成立 7 个风险管理工作小组。优化风险管理流程，建立和优化涵盖管理机制、管理工具等方面的制度 89 项。

加强操作风险管理。着力完善操作风险关键指标、操作风险控制与自评估、操作风险损失数据库三大管理工具。结合同业公司操作风险关键指标管理经验，对 7 大风险监控指标进行整理，初步确定出风险监测指标 68 项，确认操作风险与控制自评估的工作方法和评估标准，对潜在的 131 个风险点进行流程盘点和内控梳理，完善操作风险损失数据库管理办法，明确操作风险损失数据搜集标准。

做好“两个加强、两个遏制”专项检查。2014 年 11 月 ~2015 年 5 月，根据中国保监会要求组织开展“两个加强、两个遏制”专项检查。针对公司治理、业务经营、财务管理和偿付能力管理、保险资金运用、消费者权益保护、信息系统安全性和案件管控有效性等 7 个方面进行全面自查。组织开展对 9 家省分公司的现场检查，通过自查发现存在问题和风险隐患共计 27 项，形成问题整改清单并及时整改。

配合完成监管现场检查工作。6 月 ~10 月，中国保监会及各地保监局陆续对总公司及 13 家省分公司进行合规内控现场检查，内容包括公司治理、财务管理、运营管理、业务管理、产品管理等方面。本次检查共查阅总公司资料 180 余项，问询人数 46 人次，各省分公司配合保监局检查组完成访谈 112 人次，情况说明 98 份，协调相关部门提供规章制度 556 项。未发现公司存在重大违法违规行为，未发现重大经营问题和管理缺陷，得到了监管部门的肯定和认可。（中邮保险）

【前海再保险公司】

战略规划部（法律事务部）开展关于集团公司完善金融产业布局的研究，抓住保监会、深圳市政府建设前海再保险中心的政策机遇，组织参与发起设立国内第二家中资再保险公司。2 月，集团公司联合深圳市前海金融控股有限公司、深圳市远致投资有限公司等国有股东和浙江爱仕达电器股份有限公司、福建七匹狼实业股份有限公司、深圳市腾邦国际商业服务股份有限公司、启天控股有限公司等民营股东共同发起设立前海再保险股份有限公司，公司注册资本 30 亿元，上述发起人持股比例分别为 20%、20%、20%、14.5%、10.5%、10%、5%。前海再保险股份有限公司是国内第一家由非保险集团筹备设立的再保险公司，标志着集团公司将步入再保险领域，标志着中国邮政集团公司在完善金融产业布局上将又迈出重要一步。（战略规划部）

【广东省分公司简易保险业务】

广东邮政在车险、安心险业务开展基础上，分析研究邮政的固有服务客户群的保险诉求，开发简易保险产品，陆续上线包括涵盖银行卡盗刷险、车主安心险、泰康综合意外伤害保险、家庭财产综合保险等简易保险产品 21 个，形成由车辆保险、意外保险、财产损失保险、责任保险、健康保险组成的全面覆盖的简易保险产品体系，进一步丰富财险产品品种，提升了财险产品的综合竞争力。全省累计实现非车险的简易保险保费 3779 万元。全省各地均配备以车险为核心的简易保险专职人员，人员配备比例 111.9%，完成全省专职人员配备目标。其中县区局专职人员 155 名，全省车险专职人员持证（保险从业人员资格证）比例 84.52%，深圳、阳江、韶关、清远、江门、梅州、珠海等 7 市公司人员持证 100%。广东邮政简易保险营销体系基本形成。车财险为核心的简易保险业务累计销售保费 5.03 亿元，完成全年计划的 125.75%，比上年增长 111.34%。（广东省分公司）

【中邮证券经纪业务】

全年经纪业务条线累计实现收入 2.86 亿元，比上年增长 179%，完成计划的 205%；实现利润 2 亿元。全年新增客户 24.4 万户，客户总数增长 296%；新增客户资产 74.5 亿，增长幅度 62%。

一是抢抓 2015 年政策契机和市场机遇，加强对分支机构经营过程的跟踪考核，加大服务和支撑力度，拉动传统经纪业务收入快速增长。二是融资融券业务成为重要增长极。大力推动两融业务快速发展，在成功应对市场极端风险的情况下，全年实现利息收入 7325 万元，比上年增长 305%，超出行业平均水平 40%。三是客户规模增长。抓住邮储银行“第三方存管”业务上线的契机，全力支撑各地展业，已设分支机构地区及空白地区齐头并进，客户账户增长 3 倍。四是市场营销能力稳步提升。在依托邮政资源发展业务的同时，参与行业竞争，全面推行经纪人制度，有效提升新设分支机构的市场竞争能力。主题营销项目成效明显，全年完成发展目标的 220%。五是特色化客户服务初见成效。面向邮政打造一支近 50 人的讲师团队，为各级邮政提供业务和营销培训，并通过讲师技能大赛等活动，多方位提升讲师队伍能力。全年开展培训近千场，赢得各级邮政的肯定。依托中邮智赢客户俱乐部，打造多元化投资组合，股票池盈利水平稳赢大盘，为开发和巩固客户提供有力支撑。（中邮证券）

【中邮证券资产管理业务】

贯彻“强化主动管理、做大业务规模”的战略部署，通过调整管理团队，激发员工活力，有效增强市场开发能力，实现规模和效益大幅增长。全年公司资管业务总规模 594.43 亿元，比上年增长 540.14%。主动管理规模 431 亿元，比上年增长 2335.03%。实现收入 7422.64 万元，比上年增长 162.12%。实现利润 6561.78 万元，比上年增长 181.13%。

一是主动管理能力显著增强。主动管理规模达到 431 亿元，行业排名由第 83 位跃升至 18 位，进入行业第一梯队，实现收入 4800 万元；鸿利来一号产品普通级收益率达到 44.6%，居行业同类计划第 2 位；投资 131 支债券，有 17 支主体评级上调，无评级下调和负面展望，得到邮储银行等合作方的高度认可。二是市场化运作能力大幅提升。市场化项目从零起步，全年实现收入 2047 万元，占比达到 27.7%，较好的实现了“两条腿”走路的预期目标；运作公司自有资金净资产收益率达 137%，居行业领先水平；开发了济青高铁 SPV，邮储个人贷款资产证券化等多个行业领先的创新项目。（中邮证券）

【中邮证券自营业务】

2015 年实现自营投资业务收益率稳健增长。自营业务严格按照董事会和公司总经理办公会授权，采取稳健的投资策略，权益类投资规模约为 2 亿元，其余资金均投资到固定收益类资产中。在下半年的股票市场大幅波动中，自营部门严控投资风险，稳健运作资金，实现较为稳定的收益。自营业务实现收入 11860.11 万元，其中权益类收入 322.13 万元，固定收益类收入 11537.98 万元，较 2014 年业务整体收益稳步提升。

一是融资手段进一步丰富。借助银行间市场进行质押融资，为两融业务提供资金支持，改善公司流动性。二是投资能力显著提升。债券投资方式由持有到期转变为可供出售，提高应对市场波动的能力。三是引入模型开展信用分析，及时调整投资品种，着力防范债券信用风险，在市场多只债券违约的情况下，确保公司债券投资收益。（中邮证券）

【中邮证券信用交易业务】

2015 年信用交易业务继续发展，融资融券业务规模及收入比上年持续增长，对经纪业务利润贡献度进一步加大，对托管资产增长、高净值客户绑定及二次开发发挥重要的作用。风险管控扎实有效，成功应对市场断崖式下跌对两融业务的冲击，有效维护了客户利益和公司资金安全。报告期内，整个市场融资融券余额较去年底增长 14.51%，公司余额较去年增长 28.37%。2015 年公司融资融券业务当年开户 517 户，累计开立信用账户数 1647 户，融资余额为 76048 万元。信用账户合计带来收入 11361.11 万元，其中产生佣金收入合计 3815.50 万元，融资利息 7325.70 万元，两融其他收入 219.91 万元。（中邮证券）

【中邮证券投资银行业务】

2015 年投资银行部组建专业团队充实投行力量，建立市场化运作机制。全年筛选公司债券项目 40 余个，完成湘邮科技股权划转财务顾问业务，在集团板块联动中有效发挥证券牌照作用。派遣专业人员到省分公司进行驻点服务、培训和业务开发，为下步业务大发展进行技术储备。投资银行部积极发掘项目资源，储备企业债、公司债、资产证券化等债权融资业务。推进板块联动，通过业务培训与交流，与集团公司及邮储银行初步建立合作模式，为整合集团的客户和资金资源，发挥集团整体优势推动投行业务顺利开展奠定基础。（中邮证券）

【中邮证券各省（区、市）分公司业务概况】

全年有 6 家分公司完成筹建并正式开始营业，分公司达到 10 家，累计实现收入 1292 万元；公司设有营业部 8 家，其中陕西地区分布证券营业部 7 家，北京地区设有证券营业部 1 家。分公司和各营业部设施完备、交易品种齐全、服务优质、运作规范。

制度建设方面，对包括筹建手册、培训课件、业务宣传资料、公司形象标准化等分支机构筹建所需的文件进行标准化梳理、整理、更新、完善，以支撑分支机构筹建和业务开展。人员培训方面，针对人员特点，组织进行证券业务基础知识、公司各部门职责和分工、筹备期注意事项等培训，使分支机构员工迅速提高对证券行业的整体认识；选派骨干组成业支撑小组到各个分支机构，手把手的传授开户、审核、报送、合规、风控等各个业务环节，使分支机构人员迅速掌握各项业务技能，做到业务熟练、确保合规。此外，公司派驻客服中心专业投顾人员进行巡回讲座，以市场分析、投资策略、分析技巧等内容为出发点，帮助客户了解国内外 最新的金融资讯，指导客户如何运用资讯进行投资分析，为分支机构客户的投资提供有力的指导作用。

各分支机构积极相应监管部门号召，充分履行社会责任。陕西辖区分支机构以“普及金融知识，提升金融素养，共建和谐金融”为主题，开展2015年度陕西省金融知识普及月活动，推动金融知识普及工作，提高投资者金融风险防范意识和自我保护能力。通过活动促进社会公众对金融知识的普及，提升风险防范意识，树立公司形象，扩大市场影响力。（中邮证券）

表1　公司营业收入地区分部情况　　单位：万元

地　区	2015年			2014年			变动%
	营业部数量	分公司数量	营业收入	营业部数量	分公司数量	营业收入	
陕西（含公司总部）	7	1	37900	7	0	21158	79.13%
北京	1	1	9029	1	1	2279	296.18%
深圳	0	1	349	0	1	61	472.13%
山东	0	1	142	0	1	1	14100.00%
江苏	0	1	392	0	1	0	–
湖北	0	1	–15	0	0	0	–
江西	0	1	357	0	0	0	–
四川	0	1	129	0	0	0	–
湖南	0	1	–36	0	0	0	–
福建	0	1	–29	0	0	0	–
合计	8	10	48218	8	4	23499	105.19%

表2　公司营业利润地区分部情况　　单位：万元

地　区	2015年			2014年			变动%
	营业部数量	分公司数量	营业利润	营业部数量	分公司数量	营业利润	
陕西（含公司总部）	7	1	19718	7	0	9468	108.26%
北京	1	1	7385	1	1	1239	496.05%
深圳	0	1	–51	0	1	20	–355.00%
山东	0	1	–95	0	1	–97	–2.06%
江苏	0	1	90	0	1	–	–
湖北	0	1	–58	0	0	–	–
江西	0	1	–10	0	0	–	–
四川	0	1	33	0	0	–	–
湖南	0	1	–44	0	0	–	–
福建	0	1	–35	0	0	–	–
合计	8	10	26933	8	4	10630	153.37%

（中邮证券）

【中邮资产股权业务】

7月20日，入股湖北特别关注传媒股份有限公司立项后放款，投资金额1000万元。8月，通过投资北京中邮投资中心（有限合伙）3.82亿元，从而入股“蚂蚁金服”项目，股权占比21.18%。12月，基本完成物联网基金项目研究与审核，拟投资金额是9000万，投资期限5年。12月7日，投资中航智公司无人机项目顺利通过公司投资决策委员会的审议，拟投资金额是1.5亿元，投资期限6年。与此同时，配合集团战略部完成广州证券增资扩股的立项，通过公司投资决策委员会的审议，完成款项的投放工作，投资金额5242万元。（中邮资产管理公司）

【中邮资产量化业务】

1. 外部培训。

2015年7月，组织参加外部培训，调研市场量化团队，搜集和整理相关资料，完成量化投资项目可行性报告，与银行对接量化投资事宜。8月，开始推进外部部分投资项目，与量化投顾团队商议相关投资策略及合同条款。9月，公司自营量化业务完成投资硬件设备和数据库的建设及调试。

2. 博普鸿信。

7月，完成博普鸿信量化1号项目的立项工作。12月，确定证券期货商、拟定投资比例与限制，并对各项费用、合同细节等内容进行沟通。该项目拟投资5000万元，投资期限12个月。

3. 永安鸿泰。

8月，完成永安鸿泰量化1号项目的立项，上报公司投资决策委员会审议并通过。12月，完成出款2亿元，该项目投资2亿元，投资期限12个月。

4. 鹏华鸿达。

8月，完成鹏华鸿达量化1号项目的立项，上报公司投资决策委员会审议并通过。12月，与鹏华基金沟通探索变更产品合作模式，此项目拟投资3亿元，投资期限12个月。

5. 鸿安。

8月，完成上海系数公司鸿安量化1号项目的立项，上报公司投资决策委员会审议通过。该项目拟投资5亿元，投资期限12个月。

12月，赴华软对FOF一期项目及基金评价体系进行尽职调查，与永安期货程序化部讨论FOF量化合作及系统搭建，并完成华软FOF合作项目初稿。（中邮资产管理公司）

【中邮资产固收业务】

9月，完成长安信托—八大处房地产项目的立项，经公司投资决策委员会审议通过。10月完成放款，该项目投资3亿元，投资期限24个月，预期收益率是8.80%。9月，完成东方汇智—同煤建材项目的立项工作，经公司投资决策委员会审议通过，并放款。该项目投资18750万元，投资期限60个月，预期收益率是9.08%。12月，完成贵州开磷项目，该项目投资3亿元，投资期限12个月，预期收益率是7.50%。（中邮资产管理公司）

【中邮资产蚂蚁金服】

5月，为更好地支撑集团公司发展战略、开拓多元化、市场化的投融资渠道，集团公司决定成立中邮资本管理有限公司，作为集团公司资本运营平台。中邮资本成立后，即开展战略投资蚂蚁金服的相关工作。经尽职调查、交易谈判、投资者筛选等流程，中邮资本利用自有资金和筹集社会资金，成功入股蚂蚁金服，实现邮政品牌资本化。这是集团公司首次以私募股权的形式开展对外股权投资，该项投资的收益超过50%。（战略规划部）

速递物流业务

【速递物流业务发展情况】

1. 转型升级加快。

国内标快业务结构优化和项目拓展齐头并进。与地方政府搭建“政务专递服务平台”，全网开办公安交管、检察专递、国家机关公文等寄递业务，共拓展单证照项目全国级336个和省级212个。纵深推进文件战役，文件类业务实现收入47亿元，增幅比上年提高16.2%，占标快业务比重提高7%。加强总对总项目联动开发，形成以海澜之家项目为代表的调换货运营模式，以亚马逊、小米项目为代表的总分仓+省内落地配模式，以苹果项目为代表的贵品服务模式，总部统签新项目21个，完成收入5.5亿元，比上年翻番。建立“极速鲜”寄递平台和运营标准，扩大服务品类和内容，先后运作12个品类共16个项目，收入比上年增长2.5倍。

国际速递业务渠道和海外布局同步拓展。国际e邮宝业务开通11个路向，业务增速保持70%以上，巩固e邮宝在跨境轻小件寄递市场的品牌地位。建设完成并投入运营商业口岸19个，保税口岸9个，口岸通关能力显著提升，进出口邮件、商业快件业务量分别增长70%和160%。与亚马逊、京东等多家大型电商平台合作对接，为客户提供一揽子跨境物流解决方案。积极实施“走出去”战略，在香港、美国设立分支机构，并将中邮海外仓、海外购服务拓展至美、德、日、港、台等国家和地区，稳步推进全球布局战略。

电子商务业务差异化服务能力显著增强。推进差异化的经营策略，仓配业务快速发展，“总分仓”服务模式向供应链全环节深度合作延伸。业内首创电商产品动态质押的中邮“云仓京融”。一级以上电商规模客户新增4345家，其中新增仓配规模项目104个。建立总部—省—重点城市三级项目监控与管理体系，重点项目和电商重点线路提高了时限质量，订单处理能力大幅提升。“双11”期间仓配总计出库近500万单（占电商寄递业务量

20%），单仓单日高峰出库效率居行业首位（广东清远仓35万单）。

合同物流业务客户开发和运营管理能力显著提升。华东营运中心试点先行，构建区域核心优势，打造区域发展战略高地，探索物流专业化、市场化发展新路径。创新B2B+B2C综合服务模式，为老板电器等行业领先企业提供传统销售渠道与电子商务销售相结合、仓库出货与门店调换货相结合的物流综合服务。持续提升供应链规划和解决方案能力，为高露洁、恒大集团提供全国供应链物流网络规划咨询方案，出台汽车行业解决方案白皮书。

2. 能力建设。

质量保障体系。深入推进“一（时限质量分析）会一中心（运营质量监控中心）”制度，标快异常邮件跟单工作推广到56个重点城市，重点城市标快次日妥投率（不含旺季）比上年提升10.5%。建成11183、协议客户主动客服、揽投部内部客服全方位客服平台，11183接通率、服务调度及时解决率和一次解决率分别达到92%、95%、90%。强化全面质效考核和客户申投诉追责，组织开展服务质量和资费管理规范性专项整治活动，各省运营质效平均提高6分。严抓国际业务质量提升工作，落实“关键环节、关键指标和关键人体系”，卡哈拉邮件全程时限准时率比上年提升11.6%，在卡哈拉成员邮政中排名第2，比上年上升3名；美向国际e邮宝全程时限准时率较年初提升48%。

网络支撑能力。新开通158条民航线路。完成武汉、成都、北京国航库区等处理中心的建设投产工作，新增日处理能力486万件。重点项目运营能力显著增强，“极速鲜”、锂电类、贵品寄递及电商客户大促等重点项目的网络保障模式日趋成熟。山东大樱桃项目整体次日递率近80%。苹果新品发售项目新品面市当天的投递及时率达到99.99%。“双11”期间通过优化投递组网模式、提高处理中心能力、集中全国11个省实施联动指挥调度等措施，全网寄递高峰期运行平稳，得到社会各界好评。

信息化水平。新增135台服务器，完成收寄系统扩容、数据仓库迁移、数据总线扩容等改造工作，对客户信息反馈、生产查询等近20个主要系统进行结构优化，主要系统运行效率显著提升，保障了极速鲜、大件运输、政务专递服务、云仓京融供应链金融产品等重点项目运作，平稳度过“双11”业务高峰。完善系统安全管理，建设全国中心互联网安全隔离区，全年系统运行完好率达99.7%，超过集团公司一级系统运行标准。推进ERP财务模块上线工作。推广标准化处理中心233个，上线投递代办点566个。支撑差异化业务运作和客户服务能力的提升，推广国际营销管理、新版国际在线发运及海外仓等系统。完善电子渠道，试点支付宝、微信支付和电子优惠券、PDA电子签收等功能。电子面单全网应用比例达到47%。

流程优化。186个城市处理中心上线生产作业标准化系统，实现“一把枪”操作和全环节信息化分拣。设计双程业务操作流程，全程使用热敏打印和系统清分结算。严控超规格、无信息邮件进入南京中心，推进南京中心配套流程优化工作，有效保障南京集散邮件次日递率。持续推进内部处理分拣封发改革，进口、出口全功能分拣省际封发局压缩至102个。文件提速工作全面启动，单独编制全程发运计划、制定分拣封发关系、制作封装容器、安排专岗全程监控，文件类邮件次日递率提高4%。（速递物流）

广州11183客服中心。（速递物流公司/提供）

【国内标准特快邮件业务】

国内标准特快邮件业务是速递物流的精品业务，通过自有的22架波音737和4架波音757全货机，建立直达国内28个城市、覆盖140多个城市的自主邮航网络。并与国内各大航空公司紧密合作，建立直达74个城市、覆盖全国的民航运输网络，与自有邮航网配合，以高速度、高质量为用户传递国内紧急文件资料及物品。业务范围遍及全国内地31个省（区、市）全部333个地级行政区划和2,800多个县级行政区划。提供国内异地、同城等“次日递”“次晨达”“当日递”等时限服务，以及代收货款、收件人付费、返单等增值服务，同时提供多种形式的邮件跟踪查询服务。（速递物流）

【电子商务速递业务】

电子商务速递业务是中国邮政依靠中国邮政速递优质的物流服务质量，根据电子商务商家运营特点和消费者需求，结合自身资源、发展方向，特别为从事电子商务交易的个人和企业量身定做的速递服务。自2007年起，速递物流陆续在全国全境推出以航空运递为主的“e标准”业务和以全程特快路陆运为主的“快递包裹”业务。业务开办以来，运行质量稳定，服务便捷，且全年无休，速递物流已为几十万网络商家、超亿人次网购消费者提供服务，先后形成“仓储+理货综合服务模式”“派驻客户仓储嵌入式服务模式”“电商集配模式”“落地配模式”“社会化运营服务模式”等先进的服务模式，为客户提供集仓储管理、订单处理、配送、逆向物流及代收货款等于一体的一揽子综合服务。（速递物流）

【电商“云仓”产品】

电商云仓业务是指集成分析客户、资源、运营、市场等各环节的碎片数据，通过总部的顶层设计和集中管控及执行层的标准化运营，高效协同营销、仓储、配送、客服、财务、信息系统等模块，搭建全国单体总仓和总分仓网络，为客户提供以仓储为核心的供应链物流服务。（速递物流）

【电商云仓京融】

电商云仓京融是股份公司总部联合京东金融定制的一款电商专属动产质押类金融服务产品，进驻中邮仓库，使用中邮仓储服务的电商客户凭借其库内的货品做质押获取融资。其中，京东金融提供资金，邮政速递物流负责仓储运营和质物监管，电商企业则为贷款方。涉及行业大到家用电器，小到日百鞋服，品项覆盖电商客户主要销售行业。实际操作中通过运用互联网＋大数据分析，质押物清单每8小时更新一次，保证质押的同时，不影响平台销售正常发货。

此外针对线下渠道商与经销商还制定出B2B订单融资产品，由京东作为存货人，厂家直接发货至指定中邮仓库进行监管，经销商仅需支付小额定金，就可以充分利用该产品解决资金需求根据厂家的销售政策来订货，目前模式试用于电器、3C数码、酒水行业。（速递物流）

【合同物流业务】

合同物流是基于速递物流覆盖全国的航空、陆运网络、丰富的仓储配送服务经验、先进的信息技术平台、完善的品质保障体系和持续改进措施，以强大的项目管理能力和资源控制能力，从物流体系设计、流程控制、项目执行三个层面提高物流体系的运作效率，保障供应链稳定性，为客户提供定制化的专业服务。借助于强大的资源管控能力和丰富的行业服务经验，以最合理的成本，满足客户不断变化的供应链需求，为客户的供应链设计提供最大的自由度，帮助客户创造价值。（速递物流）

【国际及台港澳特快专递】

速递物流与各国（地区）邮政合作开办的中国大陆与其他国家、台港澳间寄递特快专递（EMS）邮件的一项服务，可为用户快速传递国际各类文件资料和物品，同时提供多种形式的邮件跟踪查询服务。该业务与各国（地区）邮政、海关、航空等部门紧密合作，打通绿色便利邮寄通道。此外，速递物流还提供代客包装、代客报关等一系列综合延伸服务。（速递物流）

【中速国际快件业务】

“China International Express”（以下简称“中速快件”）是指速递物流与商业公司合作办理的国际快件业务。通达全球220多个国家和地区。中速快件根据重量、运递时限和服务方式的不同，分为“标准快件”“经济快件”重货快件等；同时提供门到门、门到港、港到港以及增值服务（收件人付费、代垫关税等）。（速递物流）

【国际及台港澳电子商务业务】

国际及台港澳电子商务业务是速递物流为适应跨境电子商务（以下简称“跨境电商”）及大陆与台港澳之间电商物品寄递的需要，整合邮政速递物流网络优势资源，与主要电商平台合作推出的寄递解决方案。针对跨境电商市场不同的寄递需求，速递物流跨境电商产品以经济实惠的资费及稳定的发运质量吸引众多忠实客户，并发展成为跨境电商的首选物流方式之一。速递物流跨境电商产品有：e邮宝、e速宝，同时，速递物流推出中邮海外仓（跨境电商出口）和中邮海外购（跨境电商进口）一站式综合物流解决方案。

e邮宝是速递物流为适应跨境电商轻小件物品寄递需要推出的经济型国际速递业务，利用邮政渠道清关，进入合作邮政轻小件网络投递。单件限重2公斤，主要路向参考时限7~10个工作日，价格实惠。e速宝是速递物流针对跨境电商卖家的商业渠道物流解决方案，须详细申报物品明细、税则号、申报价值和重量。参考时限7~10个工作日，价格实惠。

中邮海外仓是速递物流为跨境电商卖家量身定制的灵活、经济、优质的一站式跨境出口解决方案。帮助国内跨境电商卖家实现销售区域本土发货、配送，全面缩短从出单到收件的时限。

中邮海外购是速递物流为满足国内消费者“足不出户，买遍全球”的购物需求，专门设计开办的跨境电商个人包裹进口转运、入境申报配送等综合物流服务。实现在线制单，海关电子申报，在线关税缴纳，一票到底，全程状态追踪。（速递物流）

【国际及台港澳包裹】

现行国际及台港澳包裹业务主要分为航空包裹、空运水陆路包裹（SAL）、水陆路包裹三种基本业务类型。用户既可以到邮政营业窗口办理业务，也可以通过邮政速递揽收交寄。航空包裹是指利用航空邮路优先发运的包裹业务；空运水陆路包裹（SAL）是指利用国际航班剩余运力运输，在原寄国和寄达国国内按水陆路邮件处理的包裹；水陆路包裹是指全部运输过程利用火车、汽车、轮船等交通工具发运的包裹。此外，为适应我国与周边国家和地区间边贸市场发展的需要，近年来在部分设有边境口岸的省（区）地区与临近国家的地区邮政间开办边境包裹业务。边境包裹业务是以双边协商的方式开办的特定处理方式、结算价格和服务标准的区域性包裹业务。（速递物流）

邮票发行及集邮

【邮票发行概述】

全年发行纪特邮票30套，其中纪念邮票12套，特种邮票17套，特别发行邮票1套，共计97图（含小型张4枚），面值139.7元，另发行小全张1枚，小本票1本，总售价158.3元。另发行《乙未年》《拜年》《瘦西湖》《中国古典文学名著——西游记（一）》《中国船舶工业》《环境日》《感恩父亲》《包公》《鸳鸯》《中国人民抗日战争暨世界反法西斯战争胜利七十周年》《故宫博物院》《诗词歌赋》和《图说我们的价值观》版式二；发行《中国人民抗日战争暨世界反法西斯战争胜利七十周年》小型张双连张、《第35届全国最佳邮票评选纪念张》《中国古典文学名著—《西游记》（一）》邮票折、《钱塘江大潮》邮票折、《包公》小型张四连体、《黄河》长卷版、《挥扇仕女图》绢质小型张、《包公》本票册、《故宫博物院》本票册等品种。

1. 突出邮票选题系列性。

以《拜年》《二十四节气》《西游记》系列为龙头，发行《挥扇仕女图》《包公》《中国梦》《黄河》《古代文学家》《诗词歌赋》等系列邮票，不仅在集邮爱好者群体中形成新一轮系列集邮热潮，也带动2016年系列邮票选题；配合《抗战胜利七十周年》邮票发行协同集邮联举办全国集邮巡展；成功运作《北京申办2022年冬奥会成功纪念》特别邮票的发行；组织《丙申年》邮票印制开机仪式，邀请黄永玉、白岩松等名人出席。发挥个性化邮票、邮资封片的补充作用，支撑集邮经营。安排抗战题材个性化邮票、纪念邮资片、纪念邮资信封、邮资邮简等全系列的邮资票品。配合“公祭日”发行《徐悲鸿作品选》特种邮资明信片。

2. 提升邮票图稿设计和印制水平。

邮票设计呈现“名家”效应。邮票图稿设计名家有：冯远、刘金贵、高云、陈全胜、张桂徵、吴冠英、李晨、沈尧伊、何洁等。印刷工艺创新，全息烫印覆盖工艺设计的《感恩父亲》、配合冷烫叠加胶印工艺设计的《世界计量日》和《故宫》；加大雕刻邮票比例的《钱塘江大潮》《古代文学家》《瘦西湖》《清源山》《鸳鸯》《诗词歌赋》等。全年影写邮票占比45%，雕刻邮票占比20%，胶印邮票占比35%。保持印制企业任务分配比例基本稳定。北京厂印制占比66%；河南厂印制占比22.7%；沈阳印制占比11.3%，做到生产资源的合理利用，发挥三个印制企业的各自优势。《感恩父亲》《环境日》《天津大学》《邮政120周年》等邮票向社会公开征集稿件。《拜年》邮票征集对联活动，扩大邮票的社会影响力。举办人民网生肖访谈活动。出版生肖主题图书《猴票她爹和爹的猴儿》，形成大众对生肖邮票的持续关注。六是版式创新。“70”字样抗战版式二设计与抗战阅兵的飞机方阵异曲同工，采取雕刻工艺的《瘦西湖》邮票版式二边饰设计，《二十四节气》邮票的扇形齿孔，《故宫》邮票主票与副票的完美结合，为邮票发行和集邮经营增加亮点。

3. 规范生产与管理。

完善邮票印制安全管理制度，规范邮票销毁流程，下发《关于加强外票承印业务管理的通知》。同邮票印制企业一把手签订确保邮票印制生产安全责任状。制定《邮票印制工艺竞争组织管理办法》《挥扇仕女图》邮票组织三个印厂竞争。出台《邮票印刷企业管理标准》。配合采购部门邮资票品印制企业招标工作，参与纪特邮票印制价格调价工作，推进邮票喷码设备更新工作，参与邮资票品印制技术规范研究项目，组织参与新邮票纸试制工作。

4. 创新邮票版式

打破以往安排8~10套左右的邮票版式二惯例，适当增加邮票版式二的数量，全年达到13套，为集邮经营做好资源支撑。对于量小邮票、特殊品种的安排，提前做好规划，如期发行版式，形成系列化效应。如黄河长卷、包公四连张等，为合理安排集邮经营策划工作营造良好氛围。

5. 配合国家重大纪念活动

安排发行抗战系列的个性化邮票、纪念邮资片、纪念邮资信封、邮资邮简等全系列的邮资票品。其中，配合抗战的《和平鸽》个性化邮票，增印抗战70周年字样。安排发行《徐悲鸿作品选》特种邮资明信片，延续该系列产品的发行，为今后的邮资票品发行增添宝贵资源。为配合邮票个性化业务的转型发展，推出大企业主图的个性化邮票，包括迪士尼、中国探月、飞天、缤纷祝福等，在探索中不断总结经验。（邮票发行部）

《北京申办2022年冬奥会成功纪念》邮票北京首发，北京冬奥申委总策法务部负责人杨澜在图案上签字留念。（新闻宣传中心/提供　王冬秋/摄）

【集邮业务概述】

全年完成收入79.15亿元，比上年增长6.19%；完成年计划79亿元的100.19%，全国31省集邮产品毛利润率46%，比上年提高11%；31省有效收入35.08亿元，比上年增长21.44%，高于收入增幅16%；集邮产品库存成本金额24.78亿元，较2014年同期下降5082万元，下降2%；全年集邮专业欠费3733万元，比上年降幅27%，环比降幅 39%。

1. 科学统筹邮票发行。

根据邮票题材设置长短不一的发行数量，维护二级市场价格相对稳定，满足业务发展需要。适度增加生肖贺岁题材、社会热点题材和传统文化题材邮票发行量。严格控制地方题材、冷门题材邮票发行量。坚持票源配额与集邮收入相匹配的原则，相对统一全国分配标准。新票分配计划，以各省集邮业务收入预算和实际完成进度作为主要依据，参考邮票题材、具体产品需求等因素。统筹重点项目的老票资源分配标准和配额，保障票源分配的公平性。

2. 紧密结合社会热点。

一是抓住社会热点，扩大社会影响力，极大宣传和提升中国邮政的品牌形象。成功发行《北京申办 2022 年冬奥会成功纪念》《中国人民抗日战争暨世界反法西斯战争胜利七十周年》《图说我们的价值观》《中国梦》等重大题材邮票,弘扬社会主旋律。《拜年》《二十四节气》《西游记》等系列邮票发行，满足集邮爱好者集藏愿望。二是邮票版式兼顾传承与创新，社会反响良好。适当增加邮票版式二的数量，“70”字样抗战版式二设计与抗战阅兵的飞机方阵异曲同工，采取雕刻工艺的《瘦西湖》邮票版式二边饰设计,《二十四节气》邮票的扇形齿孔,《故宫》邮票主票与副票的完美结合，为邮票发行和集邮经营增加亮点。发挥个性化邮票、邮资封片的补充作用，支撑集邮经营。安排抗战题材个性化邮票、纪念邮资片、纪念邮资信封、邮资邮简等全系列的邮资票品。发行《徐悲鸿作品选》特种邮资明信片，为今后的邮资票品发行安排增添宝贵资源。三是推出重点服务大型企业的个性化邮票主图，包括迪士尼、中国探月、飞天、缤纷祝福等。纪特邮票选题亮点倍出。既呈现出“国家风范”，涵盖了国家大事、百姓热点、传统文脉、国际视野，又呈现出邮票发行系列化，让发行计划有规律可寻，整体规划。如配合国家战略“一带一路”内涵的《玄奘》和《海上丝绸之路》，新推出的系列邮票《月圆中秋》、重大题材和政治题材的《长城》《长征》和《孙中山》邮票。

3. 提升邮票图稿质量。

邮票设计呈现“名家”模式。邀请众多名家设计，使用众多名家绘画，引起社会高度关注。充分使用印制新工艺，例如配合全息烫印覆盖工艺设计的《感恩父亲》、配合冷烫叠加胶印工艺设计的《世界计量日》和《故宫》、以及经典的浅雕刻《钱塘江大潮》等。积极创新，进一步完善邮票图稿约稿方式，形成名家特约、内外竞争比稿、社会公开征稿的新模式。

4. 支撑集邮经营和宣传工作。

深挖邮票选题和图稿设计亮点。为基层提供邮票背景资料和营销亮点，出版生肖主题图书《猴票她爹和爹的猴儿》，在集邮网厅和微信连载，提前预热，形成大众对生肖邮票的持续关注。借助于名人宣传效应，开展事件营销，形成社会关注热点。如组织《丙申年》邮票印制开机仪式、人民网生肖访谈活动，借势申冬奥成功发行《申冬奥》邮票。借助外事活动，提升中国邮政的知名度和美誉度。习近平总书记出访英国，采用邮票作为国礼，是对中国邮票和中国邮政的最大宣传。策划组织第一位莅临集团公司的外国元首波黑总统参加外交封首法发活动。在吉隆坡国际奥委会第 128 次全会现场，第一时间展示北京申办冬奥会成功邮票。开展全国线上线下联动宣传。如向全国各省统一提供生肖贺岁季 VI、海报、宣传视频、系列讲稿和新闻通稿，组织各级集邮经营部门在全国同步造势宣传。组建了 40 位集团级集邮文化宣讲师队伍，为全国各地推广集邮文化、开展集邮活动提供有力支撑。

5. 加强邮票印制管理。

适当提高影写、雕刻邮票比重。全年影写邮票占比 45%，雕刻邮票占比 20%，胶印邮票占比 35%。保持印制企业任务分配比例基本稳定。北京厂印制占比 66%；河南厂印制占比 22.7%；沈阳印制占比 11.3%。任务分配公平、公正，既做到生产资源的合理利用，也有效发挥出三个印制企业的优势特色。加强个性化邮票、专用邮票、邮资封片生产组织管理。根据巡视工作要求和业务管理需要，在业务系统增加回传广告邮资封片的实物图片功能，实施纪特邮资封片产品号码化管理，严格废品销毁流程和审批，严防废品流入市场。完成配套管理工作。如配合采购部门做好邮资票品印制企业招标工作，参与纪特邮票印制价格调价工作，推进邮票喷码设备更新工作，参与邮资票品印制技术规范研究项目，组织参与新邮票纸试制试验工作。

6. 推动集邮业务发展。

两季营销活动。两季项目收入 30.35 亿元，占全年集邮收入 38%。围绕三类客户，开展特色文化营销活动，形成首发活动、品鉴活动、巡展活动、客户回馈活动等特色鲜明的文化营销模式。将两季文化营销活动业绩纳入劳动竞赛，将票品资源分配与各省活动方案、推广效果挂钩，激发了基层创新发展的活力，其中 60 个重点地市、445 个县域的两季活动收入占到全国的 55%。

形象年册业务。适度控制发展速度，突出发展质量，客户稳定率逐年提升。提高结算价和上缴集团的收支差额结算比例，降低形象年册低价流入二级市场的风险。实施项目开发责任制与黑名单制度，申报审批责任到人等措施，增强邮政人员的责任意识和风险意识。开展联合检查，确定违规标准，严肃处理违规单位和人员。本年度集团审计、纪检监察、业务部门对二级市场进行检查，未发现批量的形象年册低价销售，这说明市场经营秩序和二级市场价格明显好于往年。

新邮预订。新增互联网和 APP、微信移动端渠道，新增普通邮资封片和集邮协会会员特供邮品的预订资源，对增量预订实施预约摇号方式，替代以往先到先得、售完为止预订方式。今年新邮预订实现业务收入16.88亿元，比上年增长16%，线上渠道预订收入3.5亿元，占总预订收入21%。移动端预订收入超亿元。

规范仿印邮票图案业务。开发集邮仿印产品管理系统，结合防伪标签的使用，全程跟踪监控仿印产品的申报、数量管控、产品销售的环节。在邮政官网和集邮网厅公示仿印邮票贵金属产品相关信息，增加透明度，防范虚假宣传。

7. 完善集邮网厅运营模式。

提升网厅功能。新增集邮品预销售、摇号销售、原地封实寄、线上邮展和秒杀、竞买等多种促销功能。9月完成集邮网厅的全面优化升级，增加手机APP、微信商城移动互联渠道，实现在线个性化邮票定制服务，网站运营性能得以有效提升。

引入互联网思维模式。目前O2O经营模式和扁平化管理模式已具雏形，形成线上支付、线下自提、相互引流的格局，为地方产品打开销路，丰富服务项目。实现线上线下同步预约摇号销售方式，大幅降低管理成本，提高管理效能。

推出集邮商品特许经营商业模式。形成以邮票发行部为牵头单位，集邮总公司为审批单位，各省集邮分公司及社会合作单位共同参与的特许经营模式。

8. 规范经营管理。

强化业务管理。持续宣贯，加强管控，完善和健全相关集邮业务制度，确订收缴违规邮品标准和财务处理流程，进一步强化规范经营意识。

提升信息化管控能力。在线下网点配置二代身份证识别设备、在集邮网厅增加身份证信息验证环节、实施信息系统自动采集数据、对主要经营指标预警监控、开展ERP业财系统数据对接与稽核等措施，形成对潜在违规行为的事前围堵、事中监控、事后处罚，很大程度上降低新邮预订水份、形象年册低价销售、虚假列账等违规风险。

加大违规查处力度。核查集邮市场、网络信息、用户来信来访渠道反映的问题，多次组织开展业务、财务、审计、监察等部门联合检查活动，严厉处罚违规经营责任人及责任单位。

完善普通邮资封片销售方式。确定预订和线上零售的销售方式，通过系统对邮资封片审批、制作、入库、出库、销售、结算等环节进行全流程管控。

实行纪特邮资封片喷码管理。自8月9日发行的纪念邮资片起，在外包装箱上标记箱号，其后全面实现在邮资封片及外包装箱上喷码管理。

加强专业运营质量管控。一是严密监控各省业财数据差异，有效防范随意冲减收入和成本的违规行为，加强资金回收力度，降低库存风险；二是及时分析邮票资源配置与收入、集邮产品毛利率、库存邮品的关系，进一步提升邮票资源使用效率。三是推进集邮ERP项目，年内31省可实现主要业务板块全部上线。

业务培训持续加强。一是每季度通过中邮网院面向全国集邮专业管理人员、营销人员和创意设计人员进行分类培训；二是针对重点营销项目和重点选题开设专项营销课程培训；三是针对集邮网厅和电商业务模式开展专项培训。（邮票发行部）

【2015（第二届）中国国际集藏文化博览会】

9月25日~28日，2015（第二届）中国国际集藏文化博览会在北京展览馆举办，国内外超过145家单位、企业和个人进场参展，约12万人次到场参观。中国集邮总公司实现收入4890万元，利润2600万元，带动各省实现收入约9200万元，获得社会效益和经济效益双丰收。（集邮总公司）

9月25日~28日，由中国集邮总公司和中国国际贸易中心股份有限公司共同主办的第二届中国国际集藏文化博览会在京举行。来自40余家国家和地区以及全国31个省市的200余个展商参展。（中国集邮总公司/提供）

【纪念抗战胜利 70 周年全国集邮巡回展览】

6 月 27 日 ~28 日、7 月 1 日 ~2 日，“纪念中国人民抗日战争暨世界反法西斯战争胜利 70 周年全国集邮巡回展览”先后登陆内蒙古自治区包头市及呼伦贝尔市。中华全国集邮联合会会长杨利民宣布巡展活动开幕，内蒙古自治区党委常委、包头市委书记王中和，呼伦贝尔市委书记罗志虎分别参加两地活动开幕式并为巡展纪念封揭幕。本次巡展展出来自北京、上海、辽宁、山西、广西、内蒙古等 11 个省级集邮协会选送的超过 152 框集邮作品，从不同角度再现中国共产党领导中国人民进行全民族伟大抗战的历史进程。（内蒙古分公司　苏永胜）

【全国最佳邮票评选颁奖活动】

4 月 25 日，以“秀美赣鄱，动情井冈”为主题的第 35 届全国最佳邮票评选颁奖活动在江西省井冈山市举办。全国人大常委会原副委员长、中华全国集邮联合会名誉会长何鲁丽，中华全国集邮联合会会长杨利民、江西省人民政府副省长李贻煌，国家邮政局副局长赵晓光，集团公司副总经理李丕征出席活动并颁奖。2014 年，中国邮政发行纪特邮票 30 套，计 96 个图案，经过明信片选票投票、网络投票、手机投票、微信投票产生第 35 届最佳邮票评选结果。为丰富颁奖活动、凸显集邮魅力，更好地服务广大邮迷，颁奖活动期间还安排全国邮协秘书长工作会议，纪念中国人民抗日战争胜利暨世界反法西斯战争胜利 70 周年全国巡展会议，“江西风景独好”2015 年全省集邮展览、邮票设计家签名、邮品展销等活动。本届佳邮评选活动对评选办法进行创新，增加大众评审团投票环节，提升活动的公平性和影响力。（江西省分公司　叶金平）

【中邮传媒建立明信片开奖商业化运作模式】

自 3 月 1 日起，中邮传媒配合集团公司邮务局，将以往每年一次的贺年有奖贺卡开奖活动，改为一年 4 次的中国邮政明信片开奖活动。采用邮政搭台、媒体直播、社会招商的运作模式，成功举办三期中国邮政明信片开奖活动，全年共实现招商收入 383 万元。第一期“我爱明信片·校园行”中国邮政明信片开奖活动在石家庄邮电职业技术学院举行，实现招商收入 80 万元，涉及保险、银行、旅游、地产、航空、百货、物流、酒业等 17 家企业；第二期“我爱明信片·泉州悦动”中国邮政明信片开奖活动在福建泉州市成功举办，实现招商收入 103 万元；同期举办的“全国首届主题邮局文化展”聚焦泉城目光，实现销售收入 12.3 万元；第三期“我爱明信片·武汉园博欢迎你”中国邮政明信片开奖活动与湖北武汉“中国国际园博会”同期举行，实现招商收入 200 万元。开奖活动的商业化运作成功，打破依靠集团公司拨款筹办函件业务宣传活动的传统做法，基础函件业务品牌影响力大幅提升，筑牢基础函件转型发展的信心，使个性化、商业化、市场化转型的步伐更扎实、更稳健。（中邮传媒）

【2015 年纪特邮票发行计划】

邮票名称	邮票名称	类别	枚数	发行日期	面值	备　注
乙未年	乙未年	T	1	0105	1.20元	另发行小本票，售价12元
拜年	拜年	T	1	0110	1.20元	
遵义会议八十周年	遵义会议八十周年	J	2	0115	1.20元、1.20元	
二十四节气(一)	二十四节气（一）	T	6	0204	1.20元、1.20元、1.20元、1.20元、1.20元、1.20元	
挥扇仕女图	挥扇仕女图	T	3+1	0322	1.20元、1.20元、1.50元、6元	
中国古代文学家（四）	中国古代文学家（四）	J	6	0404	1.20元、1.20元、1.20元、1.20元、1.20元、1.20元	
瘦西湖	瘦西湖	T	3	0418	1.20元、1.20元、1.50元	

续表

邮票名称	邮票名称	类别	枚数	发行日期	面值	备 注
中国古典文学名著——《西游记》（一）	中国古典文学名著——《西游记》（一）	T	4+1	0503	1.20元、1.20元、1.50元、1.50元、6元	
世界计量日	世界计量日	J	1	0520	1.20元	
中国船舶工业	中国船舶工业	T	4	0603	1.20元、1.20元、1.20元、1.50元	
环境日	环境日	J	1	0605	1.20元	
感恩父亲	感恩父亲	T	1	0613	1.20元	
钱塘江大潮	钱塘江大潮	T	3	0701	1.20元、1.20元、1.50元	
清源山	清源山	T	3	0718	80分、1.20元、1.20元	
中国梦—人民幸福	中国梦——人民幸福	T	4	0725	80分、1.20元、1.20元、1.20元	另发行小全张，售价6.60元
包公	包公	T	2+1	0808	1.20元、1.20元、6元	
西藏自治区成立五十周年	西藏自治区成立五十周年	J	3	0901	1.20元、1.20元、1.20元	
鸳鸯	鸳鸯	T	1	0820	1.20元	
黄河	黄河	T	9	0823	1.20元、1.20元、1.20元、1.20元、1.20元、1.20元、1.50元、1.50元、3元	
中国人民抗日战争暨世界反法西斯战争胜利七十周年	中国人民抗日战争暨世界反法西斯战争胜利七十周年	J	13+1	0903	一二图80分、三至十三图1.20元、型张6元	
故宫博物院	故宫博物院	T	4	1010	1.20元、1.20元、1.50元、1.50元	
人工全合成结晶牛胰岛素五十周年	人工全合成结晶牛胰岛素五十周年	J	1	0917	1.20元	
第十届中国国际园林博览会	第十届中国国际园林博览会	J	2	0925	1.20元、1.50元	
联合国成立七十周年	联合国成立七十周年	J	2	0926	1.20元、1.50元	
新疆维吾尔自治区成立六十周年	新疆维吾尔自治区成立六十周年	J	3	1001	1.20元、1.20元、1.20元	
天津大学建校一百二十周年	天津大学建校一百二十周年	J	1	1002	1.20元	
诗词歌赋	诗词歌赋	T	4	1112	1.20元、1.20元、1.20元、1.20元	

续表

邮票名称	邮票名称	类别	枚数	发行日期	面值	备　注
中国首架喷气式支线客机交付运营	中国首架喷气式支线客机交付运营	J	1	1128	1.20元	
图说我们的价值观	图说我们的价值观	T	3	1129	1.20元、1.20元、1.50元	
北京申办2022年冬奥会成功纪念	北京申办2022年冬奥会成功纪念		1	0731	1.20元	特别发行
			93+4		139.70元	总售价：158.30元

（邮票发行部）

【己未（羊）年生肖邮票】

1月5日，第三轮生肖邮票发行结束。自1980年2月15日首次发行庚申（猴）年生肖邮票以来，已经完整地发行三轮生肖邮票。第三轮生肖邮票的特色，可以概括为“文化先行，创新时尚”。《乙未年》邮票上的羊以绵羊作为造型基础，羊角装饰有缠枝花草纹，羊身上为牡丹、莲花等花卉图案，并伴以祥云、水波纹，整个画面蕴含着吉祥、圆满和幸福绵长的寓意，寄托了对新的一年的美好祈盼。邮票图案中的牡丹花为三层，两侧为12卷毛，寓意中国生肖邮票发行三轮，每轮12套邮票。（邮票发行部）

【《拜年》系列邮票】

1月10日，中国邮政发行《拜年》系列邮票首套票1套1枚。邮票以两个卡通形象的儿童为主要元素，衣着、配饰具有现代特点，旁边是代表中国建筑文化的门墩，以及中国传统节日—春节时家家户户都会张贴的一副对联。卡通形象的背后是朱漆大门，象征着富裕、殷实。门内有照壁一方，上贴福字和剪纸风格的羊形象。为提升邮票的鉴赏性和文化内容，特邀著名书法家欧阳中石为该套邮票题名，欧阳先生所书的“拜年”二字被印制在《拜年》邮票的版式一和版式二的边饰上。《拜年》系列邮票将传统民俗文化中关于拜年的各类活动、景观汇聚在邮票画面中，对于弘扬传统文化，传承民俗有着重要意义。（邮票发行部）

1月10日，《拜年》特种邮票首发。新疆维吾尔自治区乌鲁木齐市邮政分公司通过给在当天出生的新生儿赠送《拜年》邮票，创新了新邮发行的宣传模式。（新闻宣传中心／提供）

【《遵义会议八十周年》纪念邮票】

1月15日，《遵义会议八十周年》纪念邮票在贵州省遵义市遵义会议会址纪念广场首发。1月15日暨“遵义会议”召开80周年纪念日之际，中国邮政发行《遵义会议八十周年》纪念邮票，全套两枚。第一枚“遵义会议会址”，图案为位于贵州省遵义市老城子尹路96号的遵义会议会址外景；第二枚“遵义会议”，图案表现的是当年中央召开遵义会议的会场内景。两枚邮票原图采用的是我国著名画家沈尧伊创作的两幅同名油画。

【《二十四节气》系列邮票】

2月4日，《二十四节气（一）》特种邮票首发式在安徽省淮南市举行。根据统筹规划，24枚邮票将依照四季的概念分四组发行，发行时间是2015年、2016年、2018年、2019年，最终在2019年—新中国成立70周年时完成整套邮票发行，在画面上形成一个圆满的图样。《二十四节气（一）》表现的内容分别为立春、雨水、惊蛰、春分、清明、谷雨，该套邮票采用国画小品的形式，将艺术与生活有机地结合在一起。邮票以物候、民俗、农事等为对象，表现出季节轮转中各个节气的变化，反映几千年来中华文化生生不息传承下来的智慧、文化与思想，兼具了科学性和趣味性。（邮票发行部）

【《瘦西湖》特种邮票】

4月18日，为配合中国第一代邮票设计大师孙传哲诞辰百年及扬州建城2500周年，中国邮政发行《瘦西湖》特种邮票1套3枚，图案内容分别为：五亭桥、二十四桥、白塔。邮票采用新中国第一代邮票设计家孙传哲生前的创作作品，以工笔勾线的画法，展现了五亭桥、白塔、钓鱼台、二十四桥等标志性景点，画面精巧别致，意境广阔。（邮票发行部）

【《环境日》纪念邮票】

6月5日，《环境日》纪念邮票分别在西安、宝鸡、渭南、商洛、延安5地市首发。《环境日》纪念邮票1套1枚，采用卡通漫画形式，描绘一幅绿色生态、环保宜居的生活环境，倡导可持续发展的生活方式，鼓励和支持新能源的开发利用，传递积极向上、健康的生活态度。为配合邮票发行，各市分公司开发的多种邮品，深受集邮爱好者喜爱。同时，陕西省分公司联合省环保厅开展的以“绿色生活、从我作起”为主题的为期四个月环境宣传教育系列活动也正式拉开帷幕。（陕西省分公司）

【《清源山》特种邮票】

7月18日，《清源山》特种邮票首发式在福建省泉州市区文庙广场举行。《清源山》特种邮票是中国邮政发行的有关泉州题材的第八套邮票，也是继2012年《中国陶瓷—德化窑瓷器》邮票后，泉州地区独立发行的第二套地方题材邮票。该套邮票共3枚，内容选自清源山最具代表性的景点，融入泉州多元的宗教文化、丰厚的历史底蕴以及璀璨的“海丝”文化。首发式现场设立临时邮局，启用《清源山》首发纪念邮戳，为集邮爱好者提供《清源山》特种邮票及相关邮品的销售和现场盖戳。《清源山》特种邮票的发行，将有助于泉州更好地展现东亚文化之都魅力，丰富“文都”文化内涵，助推泉州旅游、文化、历史等领域的发展具有重要的现实意义。（福建省分公司　杨文振）

【中国梦邮票系列】

7月25日，中国邮政发行《中国梦—人民幸福》特种邮票1套4枚，小全张1枚。中国梦邮票系列于2013年启动，分三组展现国家富强、民族振兴、人民幸福。第三组邮票由清华美院视觉传达设计系何洁教授和周岳副教授采用插画的形式设计，国家博物馆吕章申馆长为本套邮票题写票名。4枚邮票画面分别表现了人民安居乐业、社会保障完善、社会和谐发展以及共同期待美好生活的场景，营造出一幅人民幸福的美好愿景，艺术地反映了“中国梦—人民幸福”的主题。此套邮票的发行也是该题材的收官之作。（邮票发行部）

【《北京申办2022年冬奥会成功纪念》特种邮票】

7月31日，为纪念北京申办2022年冬季奥运会成功，中国邮政特别发行《北京申办2022年冬奥会成功纪念》邮票，1套1枚。该套邮票由夏竞秋设计，突出表现北京申办2022年冬奥会的标志，同时辅以白雪覆盖的长城为衬托，带给人们冬季白雪茫茫的视觉感受，寓意着百年奥林匹克与中华文明的再相逢。（邮票发行部）

【《黄河》特种邮票】

8月23日，中国邮政发行《黄河》特种邮票，其中《塞上江南》单元展现出宁夏的人文自然景观，有关中卫地区的题材再次登上“国家名片”。发行日当天，中卫市政府，中卫市分公司在沙坡头旅游景区举行“大漠黄河·相约中卫”《黄河》特种邮票首发暨“中卫新十景”发布仪式。为满足广大集邮爱好者的需求，首发现场开展《黄河》特种邮票、邮品和纪念封发售活动，特邀著名邮票设计师现场签售，为集邮爱好者免费加盖纪念戳。《黄河》邮票首发活动的开展提升了集邮文化的社会知名度，实现社会效益和经济效益双赢。（宁夏分公司）

【《中国人民抗日战争暨世界反法西斯战争胜利七十周年》纪念邮票】

9月3日，《中国人民抗日战争暨世界反法西斯战争胜利七十周年》纪念邮票首发式在西安市邮政分公司举行，1套13枚，小型张1枚。邮票内容分别为“九·一八”历史博物馆、东北烈士纪念馆、中国人民抗日战争纪念馆、上海淞沪抗战纪念馆、侵华日军南京大屠杀遇难同胞纪念馆、台儿庄大战纪念馆、延安革命纪念馆、八路军总部旧址纪念馆、百团大战纪念馆、平型关大捷纪念馆、冉庄地道战纪念馆、新四军纪念馆、滇西抗战纪念馆，小型张为中国人民抗日战争暨世界反法西斯战争胜利七十周年。（邮票发行部）

【《新疆维吾尔自治区成立六十周年》纪念邮票】

10月1日，作为新疆维吾尔自治区成立六十周年庆祝活动的重要内容，《新疆维吾尔自治区成立六十周年》纪念邮票首发式暨邮展在乌鲁木齐市举行。《新疆维吾尔自治区成立六十周年》纪念邮票1套3枚，邮票内容分别为繁荣昌盛、美丽家园、团结和谐，将新疆维吾尔自治区六十年来的发展与成就有机的容纳于数字“60”当中，从社会发展、经济进步、人民幸福等不同角度表现了新疆六十年来的巨大变化。自治区党委常委、宣传部部长李学军，自治区人民政府副秘书长姚晓君，中国邮政集团公司党组成员、副总经理李雄出席首发式并与社会各界集邮爱好者共同参观了庆祝新疆维吾尔自治区成立60周年集邮展览。此次邮展由非竞赛类和竞赛类展品

组成，共展出邮展 84 部，260 框，集邮文献 7 部。（新疆分公司　康燕）

【《图说我们的价值观》特种邮票】

11 月 29 日，《图说我们的价值观》特种邮票首发式在中国邮政体育邮局举行，1 套 3 枚。邮票通过《鸟巢》《牛精神》《梦娃》三个画面进行表现，分别代表着核心价值观的三个层面。第一枚邮票表现富强、民主、文明、和谐，是国家层面的价值目标；第二枚邮票表现自由、平等、公正、法治，是社会层面的价值取向；第三枚邮票表现爱国、敬业、诚信、友善，是公民个人层面的价值准则。版张边饰采用了《图说我们的价值观》书中图片《中国日子好天天像过年》中男女老少过大年的欢乐场景。中宣部宣教局陈瑞锋局长和中国邮政集团公司李丕征副总经理共同为邮票揭幕。（集邮总公司）

【“中国集邮 承载历史 弘扬文化”纪念邮资明信片】

1 月 9 日，集邮总公司成立 60 周年纪念大会在集团公司报告厅举行。集团公司总经理李国华、副总经理李丕征、全国集邮联合会副会长徐建洲、中国轻工业联合会副会长王世成、集团公司各部室及在京直属单位领导、集邮总公司部分老领导、各省集邮公司代表以及集邮界、集邮媒体、总公司员工共同为集邮总公司 60 华诞庆生，并专门发行“中国集邮 承载历史 弘扬文化”纪念邮资明信片。（集邮总公司）

【《丙申年》特种邮票印刷开机仪式】

8 月 6 日，《丙申年》特种邮票印刷开机仪式在邮票印制局举行。《丙申年》邮票设计师、中国美术界泰斗黄永玉先生、集团公司总经理李国华、副总经理李丕征等共同见证第四套生肖邮票首套邮票的开机印刷。李丕征在致辞中提到，中国邮政高度重视《丙申年》邮票的印刷，邀请中国印钞造币总公司和九位专业雕刻师共同参与，最终由黄永玉先生亲自选定雕刻布线效果。对《丙申年》猴票印样进行审核后，李国华与黄永玉分别在样张上签字，并共同启动开机按钮。（邮票印制局 刘洁）

【黑龙江省分公司集邮业务】

全年完成集邮业务收入 23148 万元，比上年增加 6%，完成集团预算 99.24%；集邮品毛利率为 49%，集邮品库存周转天数 120 天。其中，邮票收入 4648 万元，邮品收入 18500 万元，票品收入比为 1：3.98。全省新邮预订实现套票 218775 套、大版 2300 版、小版 34257 版、年册 30892 册、邮资封片 66493 套、香港邮票册 4599 套、澳门邮票册 4506 套，累计实现预订产品总收入 6151 万元，收入比上年增长 629 万元，增幅 11%。全省网厅套票预订 4078 套，占套票预订总量的 2%，收入 77 万元，网厅年册预订 1125 册，占年册预订总量的 4%，收入 24 万元。贯彻集团公司 2015 年企业形象年册业务发展思路，全年开发企业年册 6.325 万册，形成收入 1400 万元。完成定向邮品开发业务 358 项，形成收入 5417 万元，比去年增加 856 万元，开发产品平均毛利率 76.17%，比去年提高 12.86%；累计申报个性化邮票 121 项，折合 16 枚版为 14.25 万版；省集邮业务局开发产品 45 项，形成收入 1935 万元。通过市县联动推进县域集邮发展，全省县域集邮业务收入 8281 万元，超过半数的县（市）局集邮业务收入超百万。专卖店业务发展平稳，全省 5 个中国集邮专卖店销售收入 3600 余万元，占全省专业销售收入的 15%。在总公司组织的“中国集邮专卖店生肖贺岁季”中国集邮专卖店活动先进评比中，哈尔滨专卖店被评为最佳单店营销奖。5 月 1 日，黑龙江网厅专版上线运营，5 月 ~12 月，全省网厅销售集团公司上线的量小产品 11 个品种，形成销售收入 689 万元；省内网厅专区上线的产品 105 种，订单近 2700 单，形成销售收入 60 万元，网厅合计实现销售收入 750 万元。（黑龙江省分公司）

【吉林省分公司集邮榜样建设】

2 月 16 日，中国集邮专卖店长春市人民大街店在 2014 年中国集邮专卖店星级考评中再获五星级资格，名列第 1 名。4 月 25 日，第 35 届全国最佳邮票评选结果在江西井冈山揭晓，吉林省被评为佳邮评选活动组织奖。11 月 6 日，“北京 2015 年中华全国现代集邮展览”在北京东城区第一文化馆举行，吉林省分公司报送的杨成录的《中国国内快件》和张晓刚的《长白山野生动植物》两部各五框邮集，分别获得镀金与大银奖。（吉林省分公司　蔡敏杰）

9 月 1 日，中国——东北亚博览会（简称东博会）在长春国际会展中心拉开帷幕。长春市分公司在参与集邮展的同时，还负责展会的门票销售和票、证检验及现场制证、现场临时邮局服务等工作。图为东北亚博览会中的邮政展台。（吉林省分公司 / 提供）

【上海集邮网上营业厅】

3月，上海集邮网上营业厅建设成功并投入试运营，通过线上、线下结合，最大程度满足集邮爱好者的多样需求。上海集邮网厅以具有上海特色的邮品、上海自主开发的精品邮品为主，如豫园纯银仿印邮票、2014上海精装年册、"挥扇仕女图""春·24节气系列"邮品等。为稳定和巩固新老客户群，还推出预售服务。集邮网厅建成后，也为外地集邮爱好者购买上海邮品提供了一个窗口。（上海市分公司）

【广东省分公司推动集邮产品预销售模式】

集邮专业推动产品预销售模式，实现预销售常态化、系统化。针对资源类产品、常规产品和拓展产品等不同性质的产品，综合运用集邮业务系统预订、线下样板预销售、线上产品预登记等多种手段开展预销售，并设置饥饿营销、让利促销等诱因，提高预销售工作的效率，除总公司产品外，广东自制产品和市购产品已经实现100%预销售。此外，广东邮政把握《中国梦—人民幸福》和《中国人民抗战胜利暨世界反法西斯胜利70周年》两套年度热点邮票发行开展预订，分别创收830万元和661万元，提前完成销售目标。利用2016年新邮预订的时机，同步开展《丙申年》生肖邮品预订工作，推出生肖传统票品类、跨界拓展类和贵金属投资类三类产品共21款。全年生肖预订实现收入3758万元。（广东省分公司）

【广东省分公司开发集邮全员微营销系统】

集邮专业转型发展面临着营销人员不足、营销能力不足、产品库存压力大、客户老龄化、激励机制不到位、一线营销活动受到束缚等难题，为解决以上难题，广东集邮以微信这一用户规模最庞大、活跃度最高的营销工具为突破口，以"去中心化、全员创收"为核心思想，开发基于微信平台的集邮全员微营销系统。该系统兼具电商销售平台、仓配管理平台和营销支撑平台三大功能。全员微营销系统打破专业界限，降低营销门槛，形成"全员创收、专业创新"的局面；通过实时激励，激发一线的营销活力；带动仓配一体化建设，解决网点库存问题，降低集邮品库存风险。深圳、惠州、云浮等单位已经接入微营销系统，累计实现销售额300多万元。（广东省分公司）

【云南省分公司集邮业务】

云南省分公司以生肖贺岁季项目为依托，利用岁末年初的营销时点，结合年册上市、《乙未年》邮票和《拜年》邮票的发行，积极开展生肖文化宣传和营销推广，打造集邮文化品牌，深化集邮业务转型发展。借《拜年》邮票的发行，将集邮文化与地方特色文化、民俗文化有机结合，组织了集邮"大拜年"活动，各州市分公司积极创新活动模式，因地制宜开展特色营销。5月13日~15日，在昆明、玉溪、曲靖三地举行《云之南》云南题材邮票册首发仪式，并在全省全面启动。9月3日，在保山市腾冲县滇西抗战纪念馆举行《中国人民抗日战争暨世界反法西斯战争胜利七十周年》纪念邮票首发式，为满足广大集邮爱好者的珍藏需求，云南省邮政分公司开发系列集邮文化品，如《滇西抗战》纪念馆邮折、《滇西抗战》票品一体册、《飞虎风云》邮折等。联合昆明分公司以"方寸舞动七彩云南"为主题首次参加云南文化产业博览会，大力提升云南邮政的知名度和云南集邮的认知度。以"指尖上的云南民族刺绣文化"为主题，积极参加2015年中国国际集藏博览会，获得最佳展商铜奖。（云南省分公司　甘静）

中国邮政
CHINA POST

企业管理

- 综合管理
- 人力资源管理
- 战略规划
- 财务管理
- 采购管理
- 审计监督
- 纪检监察

综合管理

【集团公司重大制度制定和修改工作】

修改完善《中国邮政集团公司党组工作规则》《中国邮政集团公司总经理办公会议事规则》《中国邮政集团公司“三重一大”决策制度暂行办法》《中国邮政集团公司进一步加强公务用车配备使用管理暂行办法》《中国邮政集团公司总部业务招待管理办法》《中国邮政集团公司机关调查研究工作管理办法》《全国邮政企业管理现代化创新成果评审推荐办法》等8项规章制度，为全面从严治党和依法治企提供制度保障。（集团公司办公室）

【集团公司各项对外形象宣传活动】

组织中国（重庆）国际投资暨全球采购会，展示“互联网＋邮政”新形象，集团公司荣获组委会颁发的“优秀组织单位”，邮政展厅设计获得一等奖。推进中国邮政开办120周年系列宣传纪念活动方案制定与实施，开展中国邮政开办120周年主题口号、活动创意和邮票选题征集活动、“我爱邮政更时尚”中国邮政卡通形象创意征集活动，做好邮政“十二五”成就报道工作，策划中国邮政开办120周年央视财经频道特别节目《玩转邮局》。做好第46届“世界邮政日”主题宣传活动的组织实施，在《人民日报》《经济日报》《光明日报》上全文刊发世界邮政日致辞，新华社以访谈形式刊发题为《中国邮政集团公司将打造线上线下综合便民服务平台》的通稿，与《光明日报》《经济日报》共同举办“迎接中国邮政开办120周年”主题征文活动。做好CCTV经济生活大调查10周年活动的组织协调工作，协调全国10个省邮政分公司安排央视记者拍摄事宜。（集团公司办公室）

【官方微信、视频、网站等新媒体】

做好“中国邮政”官方微信公众订阅号信息发布工作，2015年共推出微信245期，发布信息980条，据国资委统计报告该微信影响力测评始终位居全国企业官方微信50强。完成全年50期中国邮政电视新闻审核及邮政10件大事宣传片编辑制作工作，全年审核相关视频新闻705条。协调完成中国邮政英文网内容更新及运维工作，全年处理来自73个国家的各种信件近6000封，全年独立访客达130万人次，总页面浏览量达300万人次。牵头中国邮政官方网站整合事宜。（集团公司办公室）

【新闻宣传工作指导与管理】

组织新闻宣传工作媒体座谈会，召集在京10余家重要媒体局级领导及跑口记者参加的邮政新闻宣传座谈会。组织召开加强新闻宣传全国电视电话会议，汇总党建宣传各单位联系人名单。完成《关于加强和改进邮政新闻宣传工作的指导意见》的制定下发，该指导意见是政企分开后首个新闻宣传工作的指导性文件。组织完成2013-2014年度全国邮政新闻宣传工作先进集体和个人评选活动，促进整体宣传水平提升。组织全国邮政系统“新媒体和舆情管理培训班”，提升各单位宣传管理人员新媒体应用能力和舆情应对水平。（集团公司办公室）

【舆情工作】

做好舆情专报和舆情处置工作，继续与人民网等相关媒体合作，持续加强日常舆情信息的监测管理，为各省开通新华网监测二级平台，提高各省舆情监测工作的及时性和全面性。全年共完成舆情专报44期，处理地摊出售国际退件、六六微博吐槽EMS、江苏邮政“苏邮惠民”等负面舆情事件，有效控制负面舆情扩散。加大对百度贴吧的掌控力度。做好总经理信箱及督办工作，共处理信件3083封，有效化解矛盾和问题，共承担督办事项37件，实现“件件有落实、件件有回复”。（集团公司办公室）

【日常新闻宣传固定项目及综合管理工作】

完成《2014年集团公司年报》印刷版和电子版的编辑、印制和下发工作，完成《中国交通年鉴》邮政篇约3万余字的文字组稿、编辑工作，做好邮政形象宣传片的摄制与修改。做好日常新闻媒体的咨询和接待工作，全年接待各类社会媒体记者近百人次，同时做好与行业媒体，特别是《中国邮政报》的紧密联系，做好重要新闻以及专刊、专版、专题的宣传报道工作。（集团公司办公室）

【重大活动期间寄递安全专项检查】

为贯彻落实国家邮政局、公安部、国家安全部三部委对寄递安全的相关部署，保障抗战胜利70周年纪念活动、世界田径锦标赛、西藏自治区成立50周年、互联网大会等重大活动期间安全保障工作。7月，办公室组织成立集团公司安全生产委员会，充分落实集团公司各部门的安全职责，齐抓共管安全工作，切实加强安全生产工作。8月～

12月，在全国邮政系统组织开展寄递安全专项检查，共组织8个验收组对北京、天津、上海、浙江、新疆等13个省份的收寄验视、实名收寄、协议客户安全协议签订情况以及过机安检四个“百分之百”情况进行检查，确保了重大活动期间寄递安全平稳顺利。（集团公司办公室）

【邮政金融安全评估验收工作】

为全面、客观地了解邮政金融系统在安全管理基础工作、安全防范设施、案件防控能力、员工安全防范意识等方面的基本情况，深入查找邮政金融安全存在的薄弱环节，办公室于3月~9月在全国邮政系统组织开展新一轮邮政金融安全评估工作。组织7个检查组对全国14个省份安全评估情况进行了验收。各单位自查评估工作措施到位，成效显著。（集团公司办公室）

【消防安全隐患整改工作】

进一步巩固2014年消防安全专项检查成果，堵塞消防安全漏洞。全国903处隐患已整改848处，整改率94.0%。部分隐患顽疾，如杭州市邮政一枢纽消防系统痼疾已经得到解决，西安邮区中心局消防系统也在施工中。（集团公司办公室）

【安全培训工作】

为提高全国邮政安全保卫人员的业务能力，12月举办邮政安全保卫管理培训班。以专题辅导等形式对邮政消防安全设施设备配置、管理与检查、《银行营业场所安全防范要求》《邮政业安全生产设备配备规范》《邮政行业安全监督管理办法》等内容进行详细讲解。重点培训全国各省（区、市）分公司和集团公司部分直属单位安全保卫部门的负责人和省会分公司、邮区中心局的安全管理干部100余人。（集团公司办公室）

【信访工作】

信访档案处按照《信访条例》规定共办理内部职工及外部群众来信731件，共接待处理来访246批458人，其中集体访27批187人。交办件办复率为100%，达到国家信访局的标准要求。信访档案处共报送信访专报8期、信访摘报8期、信访要情11期，及时将基层职工、企业客户的诉求、意见整理反馈至集团公司相关领导。针对经营、票品、服务类等简单易办事项，做到速办速决，提高一次性办结率；针对申诉、待遇、纪检等较为复杂的事项，压实首办责任、层层落实到位，避免信访事项出现空转、甚至推诿扯皮现象。逐步加大督查密度，促进信访事项有效化解，对个别提交回报内容不尽详实、避重就轻的单位进行电话质询和二次交办。

引导信访人依照规定程序向有关政法机关提出诉求，促使职工群众合理合法诉求通过法定途径得到解决。指导各省分公司信访部门规范信访工作程序，在确保信访渠道畅通，履行主体责任的同时，建立起信访事项正常退出机制。对长期上访老户等信访案件依法终结；将长期求决劳动关系等事项向司法途径引导；整体梳理、逐一落实内退群体信访答复、复查、复核工作，有效地化解、分流一批信访积案。（集团公司办公室）

【档案工作】

信访档案处根据国家档案局要求，结合集团公司总部各部门调整实际情况，重新编制《中国邮政集团公司总部文件材料归档范围和管理类档案保管期限表》，并报国家档案局审核。围绕档案工作的组织管理、设施设备、基础业务建设、信息化建设、开发利用5个方面的21项具体内容，对各直属单位开展了档案工作实地检查，现场下达《反馈意见书》，督促指导部分直属单位对一批积压已久的文件材料进行了抢救性归档；对若干未达到归档标准的档案进行深度规范，共整理文书、会计档案17595卷（件）。此外，重点组织各省（区、市）分公司开展对下档案安全专项检查工作，梳理下级单位在档案馆室建筑、制度建设、要害部位和设施设备等方面存在的安全隐患和问题，督促各单位及时健全规章制度、增配设施设备、改善保管条件、加强人员培训。（集团公司办公室）

【机关事务部管理概述】

1. 严格机关财务管理。

严格执行各项财经制度和纪律，加强机关财务管控的程序化、规范化和精细化；优化支出，开源节流，提高资金的使用效益，促进依法依规财务运行，努力建设高效节约型机关。全年，集团公司总部日常办公实际使用经费较核定经费节约7.89%。其中，机关三公经费比上年下降10.69%；差旅费全年支出比上年下降17.97%。

2. 提升集团公司总部机关服务水平。

为总部员工谋求各项福利。下发《关于提高集团公司总部差旅住宿费标准的通知》《关于实行集团公司总部住宅物业费和采暖费改革的通知》等文件，使集团公司的一福利津贴惠及更多员工；协同人力资源部拟定《中国邮政集团公司异地交流任职领导人员管理暂行办法》，为异地交流任职领导人员的住房补贴、采暖费管理等提供政策支持和理论依据。

加强交流干部宿舍管理。随着集团公司双向交流力度不断增大，为做好交流干部的服务保障工作，通过竞争性谈判的方式新增一家价格实惠、交通便利、条件尚好的宾馆作为集团交流干部宿舍，得到了交流干部的一致好评。

做好集团公司总部安保和后勤保障工作。配合集团公司各部门，协调地方公安机关、综合治理部门维护总部机关的日常办公秩序，协助集团公司各部门组织筹备“中国邮政梦2015年团拜会”“集邮总公司60周年系列活动”“2015年集团工作会议”“中国珍邮开机仪式”“邮政服装展示活动”“中国国际集藏文化博览会”、22层新闻发布厅的签约仪式、媒体新闻发布会等各项重要活动的安保和后勤保障工作；组织安排“波黑总统访问”等重要来宾来访的安保执勤；做好各种节假日的安全检查和值班等；配合信访部门接待处理信访人员上访等。

做好各项日常服务工作。做好固定资产管理、交流干部管理、周转房管理、物业管理、办公用品管理、社保医保、员工体检、计划生育等大量日常事务性工作。（机关事务部）

【全国邮政系统办公用房清理整改】

3月，下发《关于进一步做好中国邮政集团公司各单位办公用房清理整改工作的通知》，明确集团公司办公用房使用面积标准；6月~7月，下发落实整改通知和复查整改通知，要求对办公用房清理整改情况再次自查整改；6月，对浙江等省（市）对三大板块办公用房情况进行抽查。截止年底，集团公司办公用房清理整改工作基本完成，共清理整改办公用房2万余间，清理腾退办公用房面积38万余平方米，综合利用腾退后办公用房出租的房间数量331间。（机关事务部）

【集团公司总部公务用车管理】

2014年4月起，办公室组织开展邮政系统公务用车调查摸底统计工作。6月，制定下发《中国邮政集团公司进一步加强公务用车配备使用管理暂行办法》，按照编制办法、配备要求重新规范管理邮政系统公务用车。完成对各省车辆方案的批复，超标准、超编制公务用车的封存。做好超标车辆的集中清理工作，收回5辆领导用车，封存2辆超标准车辆，节约费用15万元；严格落实“一车一台账”，对每台车的油料费、维修费等费用都详细记录，全年实现了集团公司总部公务用车使用费用的大幅下降，比上年去年降幅达38.23%。集团公司总部公务用车安全行驶56万公里无事故，被北京市西城区安委会评为“北京市交通安全先进集体”。（集团公司办公室）

【集团公司总部金鼎大厦地下车库】

通过重新规划车位并清理长期滞留车辆、建立高性能智能化停车管理系统、重新统计和录入员工车辆信息、拟定《金鼎大厦地下车库使用暂行管理办法》、合理分配车库资源等措施，加强地下停车场管理，根绝拥堵、排队、乱停车等现象，实现集团公司总部公用资源的优化配置，为员工提供方便。（机关事务管理局）

【珍品邮票库房项目前期工作】

机关事务部负责实施邮票印制局珍品邮票库房改造工程。通过与邮票印制局的紧密沟通，机关事务部正式启动该项目的实施工作，完成库房设备及安装、设计的采购招标工作。（机关事务部）

【亦庄信息中心项目监管】

工程方面，派项目组驻扎施工现场一线，对施工单位严格管理，严格控制工程增量，节约工程建设资金；与监理公司、项目管理公司对施工单位施工方案、工艺进行充分分析和论证；牵头组织信息技术局、施工单位、北邮物业等对工程功能、技术规格、参数指标等进行充分沟通；主体楼设备扩建工程按期完成，外电扩容项目也按期竣工并开始供电。三期工程方面，报建工作相继完成规划条件办理、项目核准、建设用地许可等；招投标工作完成地质勘探、设计单位招标等；设计管理工作完成初步设计方案。（机关事务部）

人力资源管理

【概述】

邮政企业用工总量93.85万人，其中合同用工62.91万人，占全部从业人员的67.03%；劳务用工18.05万人，占全部从业人员的19.23%；劳务承揽人员12.89万人，占全部从业人员的13.74%。

1. 推动战略人力资源管理转型。

坚持战略导向，增强支撑改革发展的有效性。加强人力资源工作顶层设计，以企业发展战略为指引，研究制定人力资源规划，明晰人力资源工作方向和主要任务，提升人力资源工作的前瞻性和导向性。加强制度体系建设，以国家政策为指导，按照建立现代企业管理制度的要求，进一步深化干部人事、劳动用工、薪酬分配制度创新，提升人力资源工作科学化、规范化、制度化水平。创新人力资源配置机制，依据市场化规则，围绕企业“一体两翼”的经营发展战略，着力优化人力资源配置，提升市场竞争力。

坚持效益导向，促进人力资本价值最大化。树立人力资本价值观念，按照经营理念运用开发人力资本，推动人力资本的保值增值。全面推动人才工作，提升人力资本的价值创造力，推动企业发展方式向依靠提升人力资本素质和创新驱动的转变。提升人力资本投入产出水平，坚持效率效益原则，创新优化配置机制，调整管控方式，促进人力资源配置实现效益最大化。

坚持集约导向，提升人力资源工作效能。健全科学管控体系，根据集团管控模式，明晰集团公司、省公司、控股公司人力资源管理工作的职责和权限，加强省级管控力度，弱化地市县级管理。调整人力资源管理流程，按照管理与服务相分离的原则，简化管理层级，逐步推进薪酬发放、社会保险、档案管理、劳动合同、信息管理等基础性事务工作的集中化服务。增强人力资源工作的系统性，以人才开发为引领、岗位管理为基础、信息系统为支撑，有效整合政策制定、资源配置与培养开发工作，形成相互衔接、有机融合的运行机制。

2. 加强人才开发工作。

制定人才发展规划，坚持以用为本的导向，围绕发挥人才的引领作用，健全完善人才工作体系，创新人才工作机制，激励员工岗位成才，促进人力资本素质提升。

建立人才分类分层体系。参考国家人才分类和职业分类标准，结合邮政企业实际，构建邮政人才分类体系，为有针对性地培养、使用和管理人才奠定基础。遵循国家人才评价导向，按照“综合评价、择优晋升”的原则，建立邮政人才分层管理体系，打通人才发展通道，促进企业人才梯队建设。

健全人才评价选拔机制。建立多维度人才评价指标体系，制定人才基本条件及评价标准，明确人才评价选拔与晋级方式，严格资格条件和选拔程序，从严控制各级人才规模和晋级比例，确保人才质量。

创新培训开发体系。按照与企业战略相适应、与岗位要求相匹配、与员工职业发展相衔接的原则，建立完善基于岗位能力需求的培训开发体系，提升人才开发的针对性和实效性。

完善人才激励机制。建立健全体现人才价值和贡献的激励制度，将人才评价选拔与薪酬分配相挂钩，增强邮政企业对人才的吸引力。

3. 着力优化人员配置。

以提升人员投入效率和市场竞争力为目标，按照用工总量调控和重点环节人员结构优化相结合的方式，建立具有市场导向的人员配置机制，推动用工总量、用工环节、用工方式结构的持续优化，满足企业发展战略和增强核心竞争力的需要。

调整用工总量调控机制，在满足普遍服务需求的基础上，根据影响企业用工总量的关键因素，建立科学、动态的用工总量决定机制，使人员投入与市场竞争相接轨、与企业经营发展相匹配。

调整重点环节用工配置，运用定额、定比、定效配员方法和理念，综合考虑规模、效益、市场竞争环境、科技设备投入等因素，建立综合因素确定的代理金融和投递岗位配员机制，加大重点环节人员配置结构优化调整力度。

调整用工方式结构，按照“建立以合同用工为主体，多元化用工方式并存的用工体系”的总体思路，结合人员分布现状和岗位要求，遵循市场化用工和社会化用工相结合的原则，统筹规划各环节、各岗位的用工方式，进一步搞活企业用工机制。

4. 优化人工成本配置。

突出效益导向，坚持分类管理、动态调整的原则，推动人工成本配置方式由“工效挂钩”向“基本预算＋弹性预算”转变，不断提升人工成本投入产出水平，逐步实现人工成本配置效能最大化。

创新人工成本预算配置。在保障企业正常经营发展、员工正常待遇的基础上，研究建立人工成本的“基本预算”和“弹性预算”机制，形成人工成本随企业经营效益动态调控、能增能减的配置机制，逐步解决人工成本投入与企业发展成果不匹配和地区间不平衡的问题。

调整优化薪酬分配制度。根据国家深化收入分配制度改革的有关精神，以及健全人才激励机制的需要，建立兼顾效率与公平、体现员工个人能力价值、多种用工形式纳入统一的薪酬制度体系。

加强人工成本运行监控。建立对人工成本预算执行、预算使用和预算效能的监控机制，通过全流程运行监控，确保人工成本的合理提取和规范使用。

5. 推动组织架构优化。

按照“综合管理职能上收　经营权限下放”的思路，积极推进省邮政公司及以下组织架构优化调整。

调整职能机构设置。坚持精简、效能和扁平化原则，以综合管理职能上收为重点，理清各级企业管理职能界面，优化调整各级职能机构设置，进一步压缩管理层次，提升管理效率。

推动服务支撑职能集中化。全面梳理业务流程，合理划分事权，推进省级会计核算中心和人力资源服务支撑中心建设，提升基础管理工作的标准化、集中化、规范化水平。

6. 加强信息化建设。

以促进管理扁平化、资源整合和效能提升为重点，运用互联网思维和手段创新管理，完善系统功能，深入推进由管理型系统向应用服务型系统转变。

围绕企业 ERP 平台建设，配套改造人力资源管理系统，推进信息化与业务深度融合，实现人力资源、业务、财务重要信息共享，为人力资源科学精细配置提供依据。

围绕人力资源服务支撑中心建设，推进人力资源管理流程再造，实施人力资源工作在线管理，实现管理组织扁平化、工作流转信息化、信息传递互动化，为提升人力资源管理效率提供支撑。（人力资源部 谭卓）

【用工管理机制】

依据国家劳动法律法规与企业相关规章制度，制定《关于建立健全员工正常退出机制的指导意见》，明确试用期间退出、违规违纪退出、履岗考核退出、医疗期满退出、企业裁员退出、办理退休退出、其他方式退出等 7 类退出情形及其配套的管理办法，建立健全员工考核评价体系，分类制订退出标准，依法规范退出流程，细化完善配套措施，健全能进能出的用工管理机制。（人力资源部 谭卓）

【劳务派遣工作】

贯彻落实《劳务派遣暂行规定》，按照“四个一部分”总体思路，明确劳务用工调整方式，统筹规划各环节、各岗位的调整目标，推进用工结构调整工作。劳务用工总量 18.05 万人，占用工总量的 19.23%，较上年末下降 20.6%。坚持采取“基本积分 + 绩效积分”的评价方式，开展劳务用工择优招用工作，2015 年择优招用劳务用工 8.37 万人。（人力资源部 谭卓）

【用工总量调控和重点环节配员机制】

研究建立基于关键因素的用工总量调控模型和代理金融配员模型，并通过深化人力资源盘活、加大设备设施投入等配套措施，有效压缩用工总量，进一步优化人员结构，有效保障重点业务发展的用工需求。2015 年全国邮政用工总量 93.85 万人，比上年增加 1.16 万人。（人力资源部 谭卓）

【寄递类业务投递方式和用工方式研究】

通过生产流程优化，推行先进作业组织方法，调整存量人力资源配置等措施，充实一线投递人员队伍。同时，通过创新投递模式、优化业务结构，加快投递工具更新、信息化建设和智能包裹柜布放、大力拓展社会渠道、完善激励机制等配套措施，有效支撑寄递类业务改革和发展。2015 年全国投递人员较上年增加 0.53 万人。（人力资源部 谭卓）

【人工成本配置机制】

制定三大板块的工效挂钩办法，取消新增效益工资保底，实行工资总额可增可减的政策，与国家对集团公司的工效挂钩方案相衔接；引入邮政企业收入分配差距系数对各省分公司分配差距进行综合评价，对领导人员（含非领导）和一般管理人员参与新增效益工资分配的水平分别进行调控；采取“分档递增”的方式对上缴超额利润奖励政策进行完善；对全年劳动报酬基数计算到月，按季度进行核定，实现劳动报酬额度与人员规模相匹配。（人力资源部 谭卓）

【机构设置调整】

调整集团公司邮政业务局、网路运行部、市场协同部、纪检组监察局和人力资源部机构设置和人员编制，进一步调整总部组织架构；研究、制定包裹快递业务改革组织机构调整方案，指导省邮政分公司调整包裹快递业务管理机构；正式下发《邮政企业机构编制管理工作规定》，上收机构编制方案的审批职能，进一步强化集团管控。研究制定各级邮政企业可设置使用的职务名称，加强了邮政企业职务名称设置的规范管理。（人力资源部 谭卓）

【薪酬分配制度调整】

制定《邮政企业薪酬分配制度调整优化方案》，进一步优化薪酬结构，完善岗位职级体系，构建符合邮政企业实际、激励与约束相结合的薪酬分配体系。明确管控权限，对集团公司和省分公司、控股子公司在薪酬分配管理上的权责进行初步划分；清晰付薪理念，按照“为能力、为岗位、为绩效”付薪的理念，分别设置独立的薪酬单元；加强绩效导向，通过绩效体现部门之间的贡献差异，加强绩效考核结果的应用；完善增长机制，建立依据个人能力素质变化和绩效考核结果的双重正常晋升模式；促进合规管理，将劳务用工纳入企业统一的薪酬体系；重点倾斜一线，提高操作、技术、营销人员的基本工资水平，缩小收入分配差距。（人力资源部 谭卓）

【领导人员薪酬合规发放管理】

出台《关于进一步加强邮政企业领导人员薪酬分配管理的通知》，实行领导人员工资总额和收入水平“双调控”政策，对直属单位和各省分公司领导班子成员薪酬实行集团公司统一直接发放，加强邮政企业领导人员薪酬集中管控。实行高管人员合规领取薪酬承诺制度，开展各级领导人员违规领取薪酬的自查工作，对违规发放薪酬的行为进行全面整改。（人力资源部 谭卓）

【年金管理】

组织开展年金管理人 2014 年度绩效评估及调整补充工作，做好集团总部和直属单位企业年金计划缴费和投资运营。全年邮政企业共建立 34 个年金计划，有 75 个投资组合参与投资运作，年度累计投资收益率为 8.36%。（人力资源部 谭卓）

【邮政企业员工重大疾病和意外伤害保险制度】

推进构建邮政企业员工的安全健康保险保障体系。制定印发《中国邮政集团公司关于建立邮政企业员工重大疾病保险和意外伤害保险制度的指导意见》，集团公司通过统一招标确定两项保险的供应商，指导并督促各省、各板块加快落实。全年共有27个省分公司建立两项保险（其中新参保的有18个省），参保人数达到66.53万人（其中新参保36.7万人）。其中，重大疾病保险参保人数为53.86万人，参保率达到65.19%；意外保险参保人数为58.63万人，参保率达到70.97%。（人力资源部　谭卓）

【邮政人才测评中心】

石邮学院推进人才测评中心建设，支撑建立邮政企业人才评价管理体系，推动《中国邮政集团公司人才发展规划（2015—2020年）》实施，制定《邮政人才测评体系建设方案》《邮政人才评价选拔测评方案》《邮政人才测评中心机构设置方案》。围绕专业、科技、营销、基层经营骨干和技能人才评价选拔工作，支撑集团公司分5个批次，组织22个专业近100名邮政企业业务专家开展人才选拔专业实践测评体系建设；研究制定《人才评价选拔试题命制规范》，组织开展综合理论知识测评体系建设，初步形成人才测评组织实施及资源建设模式。完成人才评价管理和专业技术职务评审信息化系统业务需求撰写，支撑集团公司研究制定《中国邮政集团公司专业技术职务任职资格证书管理办法》，为实现邮政人才信息化管理奠定了基础。（石邮学院　王少宾）

【干部队伍建设】

加强领导班子建设。认真落实中央选拔任用领导干部的有关政策，严格选拔任用程序，不断完善工作机制，加大干部交流力度，选好配强各级领导班子，全年补充调整高管人员251人，领导班子结构进一步优化。

加强后备干部队伍建设。坚持执行干部考察与后备干部专题调研相结合，多途径、近距离接触考察干部，对15个二级单位开展了后备干部和中长期培养对象专题调研工作，把优秀人才，调整充实到后备干部队伍，逐步形成动态管理机制。

加强干部制度建设。根据中央关于干部工作有关要求，结合邮政企业领导班子建设实际，修订《中国邮政集团公司领导人员管理规定》《中国邮政集团公司党组管理的领导人员职务名称表》《中国邮政集团公司领导人员任免工作程序》《中国邮政集团公司二级非领导职务设置与管理规定》《中国邮政集团公司领导班子后备干部和中长期培养对象管理暂行规定》5个办法，制定出台《中国邮政集团公司外派董事、监事管理暂行办法》《中国邮政集团公司领导人员异地交流相关问题暂行规定》《中国邮政集团公司领导人员选拔任用纪实工作实施办法（试行）》《关于加强邮政企业干部监督工作的指导意见》《中国邮政集团公司选人用人专项检查办法》5个办法，初步形成较为完备的干部管理制度体系。

从严干部监督管理。加强干部监督制度建设，制定《关于加强邮政企业干部监督工作的指导意见》《中国邮政集团公司选人用人专项检查办法》，提升邮政企业干部监督工作的规范化、制度化水平。结合巡视工作，对13个单位进行选人用人专项检查，对检查发现的问题限期进行整改。开展领导干部个人有关事项报告工作，组织全集团6999名领导干部集中填报个人有关事项报告，按照个人有关事项报告抽查核实要求，进行了提任抽查核实、重点抽查核实和随机抽查核实。组织开展干部人事档案专项审核工作，共审核集团公司党组管理干部档案310人。开展干部因私出国（境）管理专项整治，对领导人员因私出国（境）证件全部按规定进行了集中管理。组织开展了"裸官"问题和"天价培训"问题专项整治。对29个省分公司和8个直属单位开展了选人用人"一报告两评议"工作。（人力资源部　谭卓）

【人才发展规划制定】

贯彻落实中央有关人才工作方针政策，围绕企业发展战略，制定出台《中国邮政集团公司人才发展规划（2015—2020年）》，确立人才发展规划总体目标：到2020年，培养造就一支数量充足、结构合理、素质优良、精干高效，适应邮政深化改革和转型发展要求的人才队伍。参考国家人才分类和职业分类标准，结合企业实际，构建六大类27小类的邮政人才分类体系。明确"着力强化经营管理人才队伍建设、突出抓好重点专业领域人才队伍建设、加快推进科技人才队伍建设、大力加强营销人才队伍建设、切实加强基层经营骨干人才队伍建设、持续推进技能人才队伍建设"六项主要任务，提出"领导力提升工程、经营管理后备人才培养工程、专业领军人才培养工程、营销精英人才打造工程、急需紧缺人才引进与培养工程、青年人才培养开发工程"六大重点人才工程。（人力资源部　谭卓）

【人才队伍建设】

完善人才工作制度，制定《集团级专业领军人才管理暂行办法》《专业技术职务评聘管理办法》。组织开展中国青年科技奖候选人、会计领军人才培养计划候选人选拔推荐、国际组织中高级人才信息报送工作；统一组织经济、工程系列高级职称评审审批工作。集团公司信息技术局、上海研究院各1名同志荣获交通运输部"交通青年科技英才"称号。全国邮政高层次经营管理人才5636人，高层次专业技术人5591人，高级营销人才7684人，高技能人才12.07万人，"四高"人才总量较2010年增长42.1%，全国邮政企业生产人员持证率突破80%，高技能人才占持证人数的25.8%。（人力资源部　谭卓）

【技能人才队伍建设】

研究调整技师、高级技师考评模式，统筹利用鉴定站资源，加强鉴定考评的精细化管理，将工作目标分解为全职业全等级的计划管理模式。截至2015年末，有16.8万人参加鉴定，鉴定考核合格9.3万人。邮政通信特有职业持证率达84.1%。配合子改分工作调整省职鉴中心举办单位，推护试点企业技能人才培养的自主权；组织开展职业资格清理整顿专项督查活动，确保职业资格证书制度的规范实施；启用初中级理论知识在线考试系统，配合各单位高效地完成鉴定考评工作计划；推进第二轮基础资源建设，提升技能鉴定服务水平。（人力资源部　谭卓）

【第四届全国邮政通信特有职业技能竞赛】

9月14日~16日，为期3天的第四届全国邮政通信特有职业技能竞赛决赛在石邮学院成功举办，来自全国各级邮政企业、邮储银行、速递物流的129支代表队、516名选手参加比赛，15人获得个人全能奖，45人获得个人优秀奖，120人获得个人单项奖；24个代表队获得团体优胜奖，24个代表队获得团体组织奖；石邮学院获得特殊贡献奖。此次竞赛是由中国邮政集团公司与中国就业培训技术指导中心、中国国防邮电工会联合举办的国家级二类职业技能竞赛，同时也是中国邮政开办120周年系列宣传纪念活动之一。竞赛从筹备启动，历经远程培训、鉴定考证、案例评优、知识竞赛、省级选拔赛等阶段，历时10个多月，4.67万名销售、理财人员，9.4万名邮政投递、速递揽投人员参赛，是历届竞赛中覆盖业务板块最全、参赛组队最多、评判难度最大的一次竞赛。石邮电学院创新竞赛项目题和营销知识竞赛活动，执行严格的保密规定和管理标准，和竞赛模式，支撑实例点评和案例评优工作，组织网上答竞赛远程培训合格率达98%，本人客户开发实例提交率达97%，营销知识网上答题参与率达95%，实实在在地体现了全员练兵、全员技能水平提升的竞赛要求。（人力资源部　谭卓；石邮学院　王少宾）

7月9日，宁夏分公司举办第四届职业技能大赛现场。（宁夏分公司/提供）

【全网培训资源建设开发】

全年新增1272门、1400课时学习资源。持续开展课件评优等活动，进一步提升各省课程开发的能力和制作水平。充分发挥内训师队伍的支撑作用，组织内训师参与岗位资格培训、业务技术培训和各类专项培训。配合开展中邮人寿第一届内训师大赛、邮航内训师授课技能提升项目，以及ERP大规模培训项目，内训师队伍、课件开发水平和授课质量得到进一步提升。（人力资源部　谭卓）

【新型教育培训体系建设】

制定《中国邮政企业大学建设方案》，统筹全网培训资源，根据企业战略发展需要重构培训体系。制定《集团公司业务技术培训班管理办法》，提高培训资源使用效能。修订《国家开放大学邮政学院建设试点方案》，通过学分银行建立在职培训与学历教育相互衔接的机制，在专业设置上突出邮政办学特色。制定《岗位资格认证体系建设方案》《邮政企业岗位资格认证管理办法》等基础文件，为开展岗位资格试点创造条件。（人力资源部　谭卓）

【领导干部培训工作】

开办中央党校分校班，累计培训三级副及以上领导干部496人。推进落实全网干部教育培训规划，经营管理人员人均年集中培训率达到98.7%；专业技术人员培训率达到85.1%，落实干部教育培训规划成效显著。（人力资源部　谭卓）

【重点人群分类分级培训】

围绕集团公司“一体两翼”经营发展战略落地实施，举办省市一把手战略管理轮训，共497人参训。持续做好专业骨干人才出国培训，切实提升业务技术培训的针对性实效性。新开通中邮保险分院，实现对三大板块四大业务的全覆盖支撑，持续开展省中心升级省分院评估验收工作，促进中邮网院从应用型向服务型平台转变，远程培训专业能力进一步提升。（人力资源部　谭卓）

【中国邮政网络学院再获ATD大奖】

1月，中邮网院申报的“基于互联网的实操技能训练系统”项目获得2014年度ATD“卓越实践奖”，该项目为中国邮政集团公司继2011年之后再次赢得此项奖项；“满足大型企业培训需要的全功能在线考试系统”项目同时荣获ATD“卓越实践奖提名奖，中国邮政在国内首家实现同时有两个项目获ATD奖项的历史性突破。5月17日~20日，中国邮政代表团应邀全程参加ATD2015年国际会议会展并接受颁奖。实操培训环境创造性地通过互联网 +VPN 的方式解决远程实操培训一直以来的难点，节约培训成本，满足企业培训诉求，受到国际同行的高度评价和肯定；在线考试系统满足邮政企业大规模、多形式的考试竞赛需要，为邮政企业实现考试竞赛的高效自主组织，建设企业试题、试卷资源库，节约企业考试竞赛的管理成本，具有独特的价值和意义。中邮网院技能培训方式和在线考试系统的创新发展，实现了传统理论培训与技能培训、培训考核的有机结合。ATD 奖项的取得为邮政企业赢得了荣誉，邮政远程教育培训工作得到国际国内高度关注和认可。（石邮学院　王少宾）

【省级人力资源服务支撑中心建设】

7 月，正式制定印发《省级人力资源服务支撑中心建设方案》，在各省分公司全面开展中心建设。11 月，在苏州召开人力资源服务支撑中心建设推进会，推介人力资源共享服务的最新理论和实践成果，四川省分公司介绍试点经验，明确今后一段时期人力资源服务支撑中心的建设目标、推进原则、工作措施和相关要求。（人力资源部　谭卓）

【邮储银行教育培训和科技研发工作】

1 月，石邮学院成立金融研修学院，在集中培训、远程培训、知识竞赛、教材建设和课题研究等方面对邮储银行进行全方位的支撑。石油学院为支撑邮储银行总行举办集中培训班 107 期，培训员工 1.3 万人次，重点开展 7 期邮储银行中高级管理人员培训，培训省市分行和各省代理金融局负责人共计 1100 余人；运行远程培训项目 72 个，培训 111 万人次；策划实施全行级学习考试项目 102 个，参考 166.7 万人次；支撑开展网点负责人、理财经理、个人客户经理、信贷类客户经理等 16 个岗位 28 个方向的资格认证培训及考试工作，参考 16.7 万人次；支撑邮储银行总行组织实施公司结算集中处理操作技能竞赛、公司客户经理技能大赛和授信业务审查人技能竞赛等 3 个现场决赛；围绕邮储银行转型发展需要，组织核心骨干团队，开展电子银行、国际业务、小额信贷等金融课题研究 30 余项。（石邮学院　王少宾）

【石邮学院设立领导力培训体系】

石邮学院支撑集团公司人力资源部构建省市县三级战略管理领导力培训体系，形成从战略宣贯到战略执行的培训解决方案。全面支撑 5 期 493 名省市邮政企业主要领导轮训，完成需求调研、方案策划、教学管理及课题组织等工作,形成 50 项课题研究成果。围绕战略管理的重点难点，创新“战略解析 + 课题研究”的领导力培训模式；运用移动互联技术，探索“诊断测评 + 知识输入 + 迭代研讨 + 成果输出”的学习运营组织模式。围绕利率市场化下商业银行经营发展创新，开展 7 期 1100 余人邮储银行中高级管理人员培训。面向贵州、黑龙江等省自主策划领导力培训项目 22 个，实施培训班 14 个，培训学员近 800 人。完善领导力在线测评系统，支撑邮政党校 10 个班次，以及福建省邮政领导力培训测评共计548 人。（石邮学院　王少宾）

【数据中心完成薪酬优化】

按照集团公司统一部署，完成薪酬优化工作。通过绩效考核、项目评比奖励的实施，让想干事、能干事、干成事的员工整体收入水平得到明显提升。建立员工岗位工资正常增长机制。根据相关政策，完善“五险二金”综合参保，实现企业年金的全覆盖以及重大疾病险和意外伤害险的投保。（数据中心）

【河北省分公司完善选人用人程序】

进一步完善选人用人程序，严格任职资格条件，加快中青年干部培养选拔，不断优化干部队伍的年龄、知识和专业结构。落实干部监督重点工作，组织实施选人用人工作“一报告两评议”和干部报告个人有关事项工作，提高选人用人公信度。健全完善三、四级领导人员选拔任用制度，严格干部选任的标准条件和程序，补充和调整三级领导人员 22 人全省邮政企业从业人员总量 27901 人，严格控制在集团公司下达的计划范围内；全员劳动生产率达到 17.00 万元，较上年提高 9.2%。优化用工配置。全年减少管理人员 137 人。对代理金融专业用工总量实行单列管理，加强大堂经理、理财经理队伍建设，代理金融从业人员增加 105 人。在金融、投递以及关键岗位的优秀劳务用工中择优招用合同用工 4082 人；将 5497 名劳务用工转化为劳务承揽备案人员。全年劳务用工占比达 12.2%，较上年下降 33.5%，基本形成以合同用工为主体的用工格局。（河北省分公司　程钰）

【山西省分公司激励考核体系】

为适应代理金融网点转型发展，出台代理金融网点内部分配指导意见，将网点员工集体收益与净增平均余额、金融总资产、业务收入等企业发展关键指标有机结合；将网点员工个人收益与完成业绩、团队配合、客户维系等网点发展关键指标有机结合；加强重点岗位履职考核，将支局长、综合柜员、大堂经理的发展责任与获得利益有机结合。为深化和完善全省县域邮政经济发展激励机制，出台 30 强县（市）局、10 强区局管理办法。通过对县（市）局、区局劳动生产率、新增代理金融总资产、新增业务收入的综合排名，评选出规模大、发展快、效益高的县（市）局与区局，并给予领导和员工相应待遇，以激励全省县（市）局、区局比发展速度、比效益水平，形成争先创优的发展氛围。为进一步强化对经营一线的激励，出台百强支局管理办法。通过支局新增代理金融总资产和新增业务收入指标的综合排名，评选出120个效益好、发展快的支局予以表彰，并给予支局长和员工相应待遇，激活经营一线的发展活力，形成上下联动的发展氛围。第四，为突出重点工作过程管理和全省统一行动的管理理念，出台季度重点工作绩效挂钩考核办法。以各市公司、省公司直属各单位的领导班子为考核对象，将部分年终绩效与省分公司部署的季度重点工作挂钩。通过这种方式，有效落实重点工作的责任主体，加强过程管控，确保重点工作的有序推进。第五，为进一步加快邮政代理金融业务和电子商务业务转型发展，出台分管储汇、保险、电子商务副总经理年终绩效考核办法。将三个专业的发展情况与市分公司分管副总经理的年终绩效挂钩，充分发挥分管领导的创新性和能动性作用。第六，为进一步推动寄递业务发展，出台省、市寄递业务局薪酬分配方案、领导班子绩效考核办法、管理人员月度绩效考核办法。对一线生产人员采取了按量计酬的模式；对各级领导和管理人员采取绩效激励与主要经营发展指标、质量指标挂钩考核的模式。（山西省分公司　孙久臣）

【山西省分公司员工教育培训】

深入推进各类教育培训。在组织参加集团公司各类远程业务学习培训班的基础上，按照培训前课件不完备不开班、培训中无员工考勤及培训后无通关考试成绩不予通过的原则，持续有效推进省内大规模分层分类全员培训。全年课程学习达28603人次，考试竞赛16480人次。为加强理财经理队伍的岗位胜任力，调整客户经营理念，加强销售技能，提升理财专业度，启动全省千名理财师培训认证工程项目。通过系统化培训和标准化认证评审，评出助理级180人、初级59人、中级4人，共计243人的理财经理队伍。为提升中邮网院山西省中心的运营管理水平，制定出台远程教育培训管理办法，进一步明确远程培训职责分工、过程管理、考核激励等内容。加强省内自主课件开发力度，共开发远程课件56个，其中微课28个，有效提升远程培训质量和效率。全年共开展26个批次11个职业初、中、高、技师4个等级的邮政通信特有职业技能鉴定，累计鉴定4918人，其中初级工1818人、中级工2256人、高级工820人、技师24人。总体鉴定合格率44.98%，其中初级工49.3%、中级工45.7%、高级工32.56%、技师62.5%。组织开展第四届全国邮政特有职业技能竞赛邮政业务员培训班，全省共4141名员工参加邮务销售、代理金融和邮务投递班培训学习，参训人员合格率达100%。在组织开展邮政业务员省赛和赛前培训的基础上，组队参加第四届全国邮政特有职业技能竞赛，获得1个团体优秀奖、2个个人单项第8名的成绩。（山西省分公司　孙久臣）

【内蒙古分公司人才体系及用工结构优化】

根据邮政改革发展总体战略，区分公司做好企业人才中长期发展规划，加快构建人才工作体系，形成党组（党委）统一领导，人力资源部门牵头，有关部门各司其职、密切配合的人才工作新格局。全区邮政企业员工大专化率达到66.86%，其中研究生以上学历78人，本科以上学历2911人，占比22%。探索更加科学合理、符合企业实际需求的分类分层招聘管理模式，2015年招聘金融保险、电子商务、信息技术等专业高校毕业生185人。持续开展分层分类教育培训，全年共举办各类培训班378期，培训45589人次。

为解决全区邮政人工成本居高不下、营业网点整体性冗员和结构性缺员并存的状况，区分公司于2014年启动营业网点人员优化盘活工作，2015年启动旗县层面人员优化盘活工作。全区邮政从业人员较2013年末减少1586人，盘活到理财经理、大堂经理、安保等岗位557人，网点人员配备不合理、冗员现象严重、工时利用率不高等问题逐步得到解决。为企业节省的近9000万元人工成本优化用于各单位奖励政策，激励一线员工增收创收，并对企业起到持续降本效应。同时，加大管理人员精简力度，全区共减少管理人员297人，占比由9.1%下降到7.88%。（内蒙古分公司　苏有胜）

【安徽省分公司干部人才队伍建设】

落实《党政领导干部选拔任用工作条例》，坚持重德才、重实绩、重基层的导向，严格“五好干部”标准，全年共调整三级领导30人次（含纪委书记专司纪检工作调整24人次）、提任三级领导6人，领导班子结构持续优化，后备干部队伍建设得到进一步加强。开展全省各市级邮政单位选人用人“两个责任”约谈工作，组织开展三级副及以上干部个人有关事项报告和干部人事档案“三龄二历一身份”专项审核，组织高管人员签订合规领取薪酬承诺书，集中管理全省邮政三级以上领导人员因私护照，全面审批各市分公司四级干部提任，组织各市分公司开展选人用人“一报告两评议”。三是认真抓好人才规划落实工作。根据集团公司部署，做好《中国邮政集团公司人才发展规划》（2015—2020年）宣贯工作，结合安徽邮政实际，制定人才规划实施方案。（安徽省分公司　黄玲）

【湖北省分公司离退休劳模荣誉津贴】

3月20日，湖北省分公司印发《关于恢复劳模荣誉津贴的通知》（鄂邮公司函[2015]65号）。通知规定，全国劳模（全国劳动模范是指党中央、国务院表彰的劳动模范）每人每月150元，省部级劳模（省部级劳动模范是指省人民政府表彰的劳动模范和国务院各部委表彰的劳动模范）每人每月100元，市级劳模荣誉津贴参考地方市级劳模标

准执行。（湖北省分公司）

【广西分公司用工结构】

按照"四个一部分"的总体思路，打通多种用工渠道，逐步建立和完善了包含合同用工、劳务用工、劳务承揽、业务外包及委代办在内的、符合邮政实际的用工结构体系，逐步规范各生产环节和岗位的用工模式。全年劳务用工2360人，占全部从业人员的18.9%，劳务承揽人员4046人。（广西分公司）

【海南省分公司优秀年轻员工选拔】

6月24日，海南省分公司出台选拔与培养优秀年轻员工的指导意见。12月29日，全省邮政2015年优秀年轻员工选拔工作圆满结束，30名优秀年轻员工脱颖而出。其中，冯群、李金珠、吴敏、刘霞玲、吴毓才、饶心怡、符方高、林华肖、吴宁格、朱达植入选2015年度海南邮政十佳年轻员工。（海南省分公司　韩冰、洪文娴）

【四川省分公司第六届邮政通信特有职业技能竞赛】

7月28日，由四川省人力资源和社会保障厅、省总工会和四川省分公司联合主办的2015年中国技能大赛—四川省第六届邮政通信特有职业技能竞赛在德阳市拉开帷幕。竞赛组委会主任、省分公司总经理、党组书记杜卫红，竞赛组委会副主任、省总工会副主席彭闯，省人力资源和社会保障厅副巡视员吴开平，省邮政管理局副局长张生泰、省分公司副总经理万立、刘晓泉等领导出席开幕式，开幕式由万立主持。经过3天的激烈角逐，来自各市（州）分公司的63支代表队、231名选手完成了各项赛事。7月30日，比赛圆满结束，四川省分公司领导出席闭幕式，并为优胜单位及选手颁奖。此次竞赛，宜宾市分公司摘得一等奖，成都、资阳市分公司获二等奖，巴中、达州、德阳、眉山、泸州市分公司获三等奖。成都市分公司任晓琳、巴中市分公司王秀清、德阳市分公司袁倩分别摘得邮政业务营销员职业个人全能冠、亚、季军；资阳市分公司柳敏、达州市分公司罗登念、宜宾市分公司范燕分别摘得邮政储汇业务员职业个人全能冠、亚、季军。（四川省分公司）

【云南省分公司职业技能大赛】

云南省分公司按照"三年一个周期、每年一个主题"的原则，紧紧围绕企业改革发展转型的要求，组织第三届职工素质提升年系列活动。圆满完成信息技术人员和邮政储蓄业务员岗位技能大赛，这两项技能大赛均纳入云南省第十二轮职工技术技能大赛；配合开展云南省邮政业务员职业技能大赛；全面完成邮政职工法律知识远程培训竞赛；组织员工参加第四届全国邮政特有职业技能竞赛，获得了现场知识竞答团体三等奖、一个优秀组织奖和两个个人单项奖的佳绩。（云南省分公司　甘静）

【甘肃省分公司"基础管理年"活动】

4月17日，甘肃省分公司全面安排部署"基础管理年"提升活动。夯实基础管理工作，提升全员执行力，保证基本的工作效率，有效解决基础管理薄弱这一制约发展的突出问题。此次活动按照"明确基本职责、完善基本制度、健全基础资料、理顺基本流程"的总体要求，以"三明确，两健全，一提升"为主题，以理顺职责、完善制度、规范流程、明确标准、健全资料为内容。活动从4月开始至12月底结束，通过动员部署、实施推进、检查督导和总结评比四个阶段，使各单位、各部门、各岗位、各环节真正做到岗位有职责、工作有标准、作业有规范、考核有依据、分配有办法，形成基础工作科学管理的长效机制，为企业全面改革创新、转型发展、强化管控、规范运行奠定坚实基础。（甘肃省分公司）

战略规划

【概述】

1. 推进各项改革工作。

全面部署包裹快递业务改革。编制印发《中国邮政包裹快递业务改革方案》，全面部署包裹快递业务改革，指导各省邮政企业按要求制定改革实施方案，组织相关部门和单位制定和完善改革配套措施，推进改革全面落实，做大做强包裹快递业务。

组织开展国际寄递业务改革。研究制定国际寄递业务改革方案，组织下发《关于成立中国邮政国际寄递业务工作组的通知》，统一国际业务管控主体，提升国际业务市场竞争能力，应对跨境电商市场竞争。

研究实施经营组织架构改革。编制印发《省级及以下邮政分公司经营组织架构建设方案》，启动以客户为中心的经营组织架构改革，围绕客户、产品、渠道，构建资源充分整合、部门分工协作的经营体系。开展对集团总部经营组织架构建设的研究，提出组建邮务事业部的思路，为下一步改革奠定基础。

组织开展投递网改革。研究制定《关于加快中国邮政投递网建设发展的指导意见》，明确近期投递网建设的组网原则、组网模式，对相关重点问题提出解决思路和策略，提升末端投递服务水平和竞争能力，满足电商包裹快速增长的需求。

做好"子改分"股权划转工作。根据"子改分"总体安排，牵头拟定各省公司对外投资单位股权安排方案，组织各省公司报送股权划转方案并对方案进行批复；研究拟定邮政企业投资设立保安押运公司的方案；做好配套法务工作，根据需要提供法律分析论证、法律咨询和指导，有力支撑子改分工作的顺利推进。

2. 组织编制"十三五"发展规划。

集团公司"十三五"规划编制体系由1个总体规划（《中国邮政集团公司十三五发展规划》）、4个专项规划（邮储银行、速递物流、中邮保险、中邮证券）和31个省（区、市）分公司规划构成。《中国邮政集团公司"十三五"发展规划》，分析了"十三五"时期中国邮政面临的形势，提出中国邮政"十三五"发展目标、发展思路和实施路径。在规划编制过程中，通过访谈、发函、会议等多种方式，广泛征求各层级、各板块单位和部门的意见和建议，不断完善规划文本；组织召开集团战略规划咨询委员会会议，对规划涉及的发展指标和重大问题进行讨论和审议。安排部署各控股子公司专项规划和省分公司规划的编制，界定各控股子公司专项规划的主要内容，拟定各省分公司"十三五"规划编制模板，明确规划组织领导、时间进度安排以及规划对外报送等具体要求。

3. 探索资本运营途径。

完善金融产业布局。发起设立国内第二家中资再保险公司—前海再保险股份有限公司，研究提出设立"邮政系"基金管理公司方案，进一步丰富集团公司金融牌照；组织中邮证券投资参股中证机构间报价系统股份有限公司、证通股份有限公司，布局互联网背景下的新兴金融领域。

支撑寄递翼生态建设。研究批复速递物流公司投资入股福建跨境通电子商务有限公司、深圳和东莞电子商务服务公司、浙江融易通企业服务有限公司，促进打造邮政综合快递物流服务商。

探索邮政品牌资本化。组织设立中邮资本管理有限公司，实现对蚂蚁金服的投资，完成了集团公司第一单私募股权投资交易；组织中邮资产投资参股湖北特别传媒股份有限公司，分享期刊行业成长成果和资本溢价收益。

调整股权投资结构。完成向中邮保险增资15亿元的内部决策程序；完成中法人寿股权转让工作，投资收益率高达211%；组织拟定邮政在港公司整合方案；联合中国移动、中国联通成为一致行动人，推动转让集团公司所持上海通茂的股权；配合完成中邮创业基金股改和新三板挂牌工作。

夯实股权管理基础。修订《邮政企业对外投资管理办法》；积极稳妥地推进市值管理；按照ERP项目进度安排，明确股权信息管理模块的详细需求；完成中邮资本、中邮投资中心和中邮鼎泰等三个公司财务建账、税务申报、建章立制工作。

4. 完善绩效管理

制定绩效考核办法。修订完善经营绩效考核办法，增加对三大板块战略执行与协同情况的考核；对邮速双方包裹快递市场占有率实行双挂钩双考核；强化邮储银行、速递物流和中邮保险的行业对标考核；对中邮资产、中邮信通和数据中心等单位实行绩效考核，实现绩效管理对象全覆盖。

组织绩效考核评价。严格执行考核办法规定，充分发挥绩效管理的激励约束作用；首次对审计和巡视中发现的问题严格扣分，首次对各单位经营业绩评价完全遵循客观测算结果，首次于上半年完成了考核评价工作。

争取主管部门支持。争取到交通部对集团公司普惠金融、金融和信息安全技术及管理创新的考核加分，确保集团公司连续六年考核结果均为A级；配合交通部和国家邮政局完成对集团公司的经营业绩考核办法的修订工作，争取到较为有利的考核环境，新的考核办法不再设置三年期考核指标，取消年度考核结果的分级，改变经济效益指标以目标值考核的方式，邮政服务质量指标评分细则和目标值更加符合实际。

启动绩效管理体系建设。明确思路，选定德勤公司作为战略绩效管理项目合作方，形成绩效管理现状诊断报告，就2016年集团公司重要战略举措达成共识；在全国邮政工作会议上对战略绩效指标体系和流程优化思路进行宣贯。

初步建立全网绩效管理队伍。梳理现状，通过建立绩效管理交流平台，积极宣贯集团绩效考核政策及绩效管理体系构建思路，指导省邮政分公司开展绩效管理工作。

5. 强化法律事务保障。

保障企业改革发展。扎实完成"子改分"改革、包裹快递业务改革等重大改革项目的配套法务工作；进行集邮网厅直销竞买业务、干线邮运车辆甩挂改革等经营生产方式转变的法律可行性论证；为集团公司入股蚂蚁金服、前海再保险、天津航空港等股权投资项目和中邮基金股份制改革等项目提供专项法律服务；参与邮、银业务边界梳理清分研究讨论，为邮储银行引战上市扫清障碍。

参与行业法规和企业规章制度修订。参与过路法规的修改完善，对《普遍服务监督管理办法》等12部法律法规和规范性文件提出60多项修改意见和建议，被有关政府部门采纳40多项；组织开展企业规章制度的梳理和自查自纠，被集团公司各部门吸收采纳60多项，为企业依法合规经营奠定基础。

夯实合同基础管理工作。履行合同日常审查、管理、登记备案等职责，对采购部门的重大采购项目的招投标和商务谈判全程参与，为集团公司有关部门提供法律咨询服务。共参与集团公司干线运输外包项目等约20个重大项目招标和商务谈判，合同总金额合计达17.98亿元。创新合同管理手段，启动OA系统合同管理模块建设，制定下发邮政企业常用合同范本。

做好法律纠纷案件处理。参与11起重大非诉纠纷处理，为减少和制止非法闹访、妥善处理突发事件提供有力的法律支持；严守诉讼案件作为维护企业权益的最后关口，先后直接参与19起对全网有重大影响或以集团公司为共同被告的重大诉讼案件，避免或挽回经济损失1100多万元。

初步建立授权管理制度。为满足“子改分”后各级分支机构对集团公司持续增长的专项授权需求，在对同类企业调研和广泛征求意见的基础上，制订集团公司《授权管理办法》。

6. 做好相关基础研究。

针对“一带一路”等国家重点实施的战略，开展相关研究。主动研究集团公司资本规划，为科学合理进行资产业务重组、推进有条件的板块引战上市和集团公司整体上市做准备。研究分析邮政储蓄银行进入银行卡清算市场的利弊，并提出相关意见和建议。针对都市报邮发业务进行研究，提出通过实行按发行标准版面确定发行资费价格以及全面规范都市报代投业务等措施，调整都市报发行业务的经营策略。顺应党中央“简政放权”的形势要求，就取消经营邮政通信业务审批和仿印邮票图案审批的管理两项行政许可，废除制约邮政企业发展的行政备案和行政处罚进行研究论证。（战略规划部）

【战略绩效管理】

战略规划部（法律事务部）对现行的经营绩效考核办法进行修订与完善：增强绩效考核对战略目标的承接传导作用；建立健全板块协同发展的激励约束机制；体现市场化运营和行业对标的要求；四是进一步清晰考核指标框架，突出战略重点。新的考核办法更加符合战略导向，促进“一体两翼”的协同发展与战略落地；对邮政、速递物流双方包裹快递市场占有率实行双挂钩双考核，有力推动寄递翼的提速发展；加强邮政储蓄银行、速递物流和中邮保险的行业对标考核，促进金融翼增强行业竞争力；对中邮资产、中邮信通和数据中心等单位实行绩效考核，实现绩效管理对象全覆盖。

经多次沟通汇报，争取到交通部对集团的考核加分，同时配合交通部和国家邮政局完成对集团公司的经营业绩考核办法的修订工作，争取到较为有利的考核环境。9月8日交通运输部公布2014年度经营业绩考核结果，集团公司荣获A级。2012年~2014年集团公司贯彻落实党中央、国务院的各项方针政策，应对复杂多变的经济环境，开拓进取，攻坚克难，全面深化改革，加快转型发展，完成各项目标任务，连续三年经营业绩优秀，蝉联A级。

9月10日，集团公司启动战略绩效管理体系建设工作，通过深入解析集团发展战略，制定各板块和单位的战略地图，构建以战略为导向的绩效目标体系；通过调整绩效管理流程，加强战略执行的过程监控；通过探索集团公司总部和邮政公司内设职能部门的战略绩效管理模式，构建更加科学高效的管理体系，为企业经营发展战略落地提供有效支撑。12月26日，战略规划咨询委员会成员召开集团公司首次战略解码会议，从整体战略层面梳理分解年度重点任务，通过战略解码会中明确2016年度重点战略举措，即“必须打赢的仗”，并根据解码会达成的共识，确定各主体年度重点工作任务。（战略规划部）

【法律保障】

4月8日《光明日报》《中国邮政报》、中国邮政网等媒体发布集团公司《吸收合并公告》，宣布集团公司吸收合并31个省邮政公司及其所属分支机构。5月14日发布《开业公告》，标志着集团公司运行20年的两级法人体制结束，新的“大法人”体制开始运行。

6月，《邮政企业合同示范文本汇编》定稿，本次合同文本汇编组织编写了邮政企业常用的7大类48个合同范本，为节约印刷、发行成本，为基层邮政企业提供直接帮助和指导，将示范文本分类上传到OA系统中“法务园地”模块，供下载使用，提升合同审签效率。

2015年，《政府核准和备案投资项目管理条例》《普遍服务监督管理办法》等12部过路法规征求意见，共计提出60项修改意见和建议。集团公司采纳58项，已有25项修改意见和建议转化为部门规章或规范性文件，为企业营造有利的外部法治环境起到了应有的作用。

2015年，先后对《关于违反经营纪律律的处理处罚规定》《企业年金方案实施细则》《外派董事监事管理办法》等9个企业规章制度进行法律审核。先后提出75项建设性的修改建议和建议。其中，有68项得到有关部门的认可采纳，为企业建设依法合规经营的内部法治环境起到重要作用。

全年收到十多起以集团公司为共同被告、要求集团公司承担连带责任的案件。战略规划部（法律事务部）对此类案件均采取主动、稳妥的方式进行处理，积极同省分公司及法院协调，办理诉讼案件相关授权委托手续并密切跟

踪案情发展，力求妥善解决纠纷，降低邮政企业败诉风险，减小企业经济损失。（战略规划部）

【企业组织架构改革】

战略规划部（法律事务部）负责研究实施经营组织架构改革。在分析固有组织架构存在问题的基础上，按照集团公司"一体两翼"经营发展战略，从建设符合行业发展态势、市场反应迅速、机制创新灵活、运营管理高效的经营组织架构出发，将现有经营组织架构由"以专业为中心向客户提供服务"调整为"以客户为中心提供专业服务"，提出了实现对外营销时以客户为中心、内部协作时以营销前端为中心、提供服务时以提升客户体验为中心的组织架构设计方案。12 月 23 日，《中国邮政集团公司关于印发省级及以下邮政分公司经营组织架构建设方案的通知》（中国邮政 [2015]699 号）下发，对邮政企业经营组织架构做出重大调整，围绕客户、产品、渠道，建立资源充分整合、部门分工协作的经营体系：在省、市分公司，整合营销资源设立市场营销部，设立渠道平台部，设立服务质量部，整合代理金融、代理保险、代理证券、对账短信等金融相关业务设立代理金融部，设立包裹快递部，整合集邮、报刊、函件专业设立文化传媒部，整合分销、除对账短信外的电子商务业务，划入渠道平台部进行管理。同时，还开展对集团公司总部经营组织架构建设的研究，提出组建邮务事业部的思路，为下一步改革奠定基础。（战略规划部）

【"子改分"法人体制调整】

根据集团公司的总体部署，财务部与其他部门配合，推进完成 31 个省分公司、速递物流省分公司及南京集散中心分公司的工商设立，及所有分支机构的组织机构代码证、税务登记证和银行账户的变更工作，确保各省邮政分公司、速递物流分公司及更名后的分支机构于 5 月 1 日正式对外运营。随后，启动子改分后续工作，组织开展相关资产划转、债权债务、人事关系、业务的承接等工作，积极推进办理股权、土地、房产、车辆、在建工程和知识产权等资产权属变更工作。积极与主管税务机关沟通协调，指导和协助各省做好"子改分"省公司注销前所得税汇算清缴、特殊重组备案等的准备工作，解决集团公司和省分公司汇总缴纳企业所得税问题，为切实降低企业税负提供制度保障。（财务部　盛柯文）

【包裹快递业务改革】

2014 年 9 月，战略规划部（法律事务部）成立，负责包裹快递业务改革工作。战略规划部（法律事务部）在寄递业务改革课题研究的基础上负责制定改革方案，方案以"坚持战略引领，坚持专业化、市场化，坚持资源整合，坚持统筹谋划、分步实施"的原则和"整合产品体系，统一信息系统，统筹能力建设，强化运营管控，发挥整体优势，加快专业发展，做大做强中国邮政包裹快递业务"的总体思路为指导思想。5 月 4 日，《中国邮政包裹快递业务改革方案》（中国邮政〔2015〕199 号）正式印发，对包裹快递业务改革作出全面部署。随后，各省邮政企业向集团公司报送改革实施方案，战略规划部（法律事务部）协同相关部门对实施方案进行会审。组织相关部门和单位按照改革方案的要求，制定和完善改革配套措施，确保改革有序推进。参与宣传贯彻、培训工作，接受各种途径的咨询，承担与包裹改革相关的研究性或事务性工作，保证改革按照既定方向推进。（战略规划部）

【国际寄递业务改革】

5 月，国际寄递业务改革启动。由战略规划部（法律事务部）牵头研究制定改革方案。通过访谈和实地调研对国际寄递业务的发展环境、业务现状和存在问题进行深入分析总结，针对中国邮政国际寄递业务发展中面临的突出问题，将"集中统一管控和专业高效运营"作为研究切入点，本着有利于加强国际寄递业务的统一管控和资源整合，有利于调动邮速双方的积极性的原则，最终确定成立国际寄递业务工作组，代表集团公司全面对中国邮政国际寄递业务进行统筹协调、指挥调度，统一对外交流与合作。11 月 10 日，《关于成立中国邮政国际寄递业务工作组的通知》（中国邮政〔2015〕616 号）印发，统一国际业务管控主体，提升国际业务市场竞争能力，应对跨境电商市场竞争。（战略规划部）

【北京市分公司体制机制改革】

5 月 1 日起，"北京市分公司"更名为"中国邮政集团公司北京市分公司"，完成市分公司及下属机构设立、股权划转、证照更名、161 个银行账户体系切换、500 余枚印章刻制等有关工作，各项工作平稳过渡。成立包裹业务局，整合两网资源，初步建立并完善市场经营、客户管理、业务协调、专业支撑等运营体制机制，为促进电商寄递业务发展奠定基础；打破原城区局管理格局，按照与行政区划有效对接的原则，设置城区邮局管理体制。各级地方政府在新建功能区邮政配套设施建设、政府采购服务等方面给予邮政大力支持。实行营投合一，实现人员、场地和营销资源复用。推进代理金融网点转型，加大代理金融网点改造和设备的投入。全年调整充实金融岗位人员 344 人、营销岗位 440 人，长期制约支局发展的结构性缺员和冗员问题得以缓解，促进代理金融和营销工作有效开展。延伸中心局服务功能，汽运局整建制划入中心局，解决支局与汽运局、汽运局与中心局多次作业，重复交接问题。调整投递道段 303 个。实施中心局扁平化管理，减少生产机构5个。推进商函制作和大宗邮件处理流程优化，实施分拣前置和预处理，提升网运服务能力。（北京市分公司　石连成、陈丽涵）

【安徽省分公司企业改革】

制定“子改分”实施方案，主动与税务、工商等部门沟通联系，争取到相关费用减免政策。组织完成所有分支机构的工商、税务等变更手续，以及资产划转、债权债务、业务承接等大量工作。全省股权权属变更完成率100%、房屋权证变更完成率97.8%、土地权证变更完成率93.8%，分别位居全国第1位、第2位、第2位。在包裹快递业务由“代理”变“自营”改革中，将成本核算、关联结算及税务政策事项同步推进。研究制定包裹快递业务改革财务配套实施方案，并多次与税务部门沟通，及时争取到包裹快递汇总缴纳增值税及收派与运输收入按比例清分的优惠政策。按时完成省、市、县三级税务证登记变更及“货物运输业增值税专用发票”申领工作，为包裹快递改革顺利实施提供政策保障。按照中央纪委和集团公司要求，安徽省分公司完成纪检监察体制机制改革。省分公司单设纪检组长，不兼任其他职务，不参与除纪检监察工作之外的分工；健全纪检组领导班子，新增人力资源部、党群工作部、审计部主要负责同志为纪检组成员；省分公司单设纪检监察室并核定编制，保证监督执纪问责工作正常开展；全省16个市分公司、合肥邮区中心局的纪委书记全部调整到位，以党风廉政建设作为主要工作，并从选人用人的动议环节参与研究，对选人用人工作的全过程进行监督。（安徽省分公司　黄玲）

【山东省分公司金融转型】

为做好金融转型工作，山东省分公司专门成立转型办公室，制定省市县相关部门包挂联系点政策，督导全省网点转型推进工作；建立捆绑考核机制，包挂部室与网点业绩挂钩考核；创新网点绩效考核办法，加大激励政策；建立责任落实机制，各职能部门对包挂单位和网点每月至少下基层监督帮扶2次，各市分公司、县市区分公司班子成员每周至少4次到包挂网点参加晨夕会。山东邮政代理金融转型网点转型工作取得明显成效。7月，山东邮政代理金融网点转型以99.09分的总成绩通得过集团公司验收，总分位列全国第1，其中，转型组织情况交叉验收满分。（山东省分公司）

【湖北“大邮政”协调机制】

6月19日，湖北省分公司、省邮政管理局、邮储银行湖北省分行、邮政速递物流湖北省分公司联合下发《关于建立全省“大邮政”协调机制》的会议纪要（鄂邮联[2015]1号），在坚持“合作共赢、平等协商、合法合规”原则的前提下，建立全省“大邮政”协调机制，明确协调内容，加强组织落实，努力实现全省邮政整体利益的最大化。

自三季度起，每季度第一个月联合召开协调会议，由各单位主要负责人及相关人员参加会议，共同研究决定涉及全省邮政协调发展的有关重大事项。对各单位的有关干部调整、主要生产经营情况、重大联合营销项目的安排和执行情况、网络重大调整情况、上级领导部门政策及变化情况等，将及时互相通报有关情况；相互联系紧密的对口部门，建立更为密切的联动机制，如案件和安全防范联动机制、应急联动机制等，加强日常的沟通联系，共同推进相关工作。各单位协调的内容，主要包括涉及规划衔接、业务发展、资源共享、关联交易、其他相关事项等5个方面的内容。（湖北省分公司）

【湖北省分公司电子商务和分销业务机构整合】

9月7日，湖北省分公司整合全省内市（州）、县（市、区）分公司电子商务和分销业务机构。将市（州）分公司的电子商务局、分销业务局合并，合并后的机构名称为“中国邮政集团公司XX市（州）分公司电子商务（分销）局”；将县（市、区）分公司电子商务、分销局合并，合并后的机构名称为“中国邮政集团公司湖北省XX县（市、区）分公司电子商务（分销）局”。（湖北省分公司）

【四川省分公司“子改分”法人体制调整】

按照集团公司统一部署，全省邮政上下联动、通力配合，于4月28日前全面完成省、市、县及各级营业机构的工商、税务、组织机构代码等证照变更和公章刻制，吸收合并协议、资产划转协议签订，债务承接公告对外发布，5月1日中国邮政集团公司四川省分公司正式对外运营。全年全省邮政企业共完成3126宗房屋权证、1359宗土地权证、3199台车辆和22处在建工程权属的变更工作。（四川省分公司）

【广西分公司各县域资源优化】

扩大县分公司在业务发展上适应市场适应客户更大的资源支配权。设置县分公司专项固定资产零星购置项目，下放部分资产出租和固定资产项目的审批权限；完善营销费用使用与管理指导意见，重新核定县局备用金额度，明确邮政新业务代办费、发展酬金的核发标准及列支渠道；加强派驻会计队伍的建设管理；结合区分公司战略发展规划，对全区所有县分公司正副职领导进行分类培训；通过集中培训和远程培训两种形式，区分公司直接指导、组织开展支局长轮训及学习交流；区分公司就部分产品、项目发展直接策划、指导、帮扶到县。（广西分公司）

【宁夏分公司机构改革】

按照精简高效和扁平化的原则，设置省级财务核算中心、人力资源支撑服务中心，取消代理速递物流业务局，成立包裹快递业务局；制定《包裹快递业务发展与投递网优化实施方案》及资费标准、审批权限、客户管理等办法，从体制机制上保证包裹快递业务的快速发展。撤销区分公司企发部、机关服务局、大客户中心、建设中心等机构；调整"邮虹一卡通"公司和邮盛通达国际货运代理公司隶属关系，由银川市分公司管理；取消集邮公司、电商分销业务局的自主营销职能，强化专业管理职责。（宁夏分公司）

财务管理

【概述】

1. 构建以利润为导向的财务体系。

财务部实施各省分公司利润目标摘档管理，扭转以前年度多数省公司上报利润缺口较大、上下级反复博弈的状况，激励省公司提质增效，企业经济效益不断提升。全年17个省分公司实现盈利，其中河南、安徽、江苏、山东、广东、重庆、湖北、辽宁、四川9省分公司利润均过亿元。

2. 支撑集团公司体制机制改革。

在集团公司、速递物流与所属省公司由"母子制"改为"总分制"的改革中，财务部在较短时间内，完成所有分支机构的工商、税务等变更手续。随后继续开展资产划转、债权债务、业务承接等后续工作，推进资产权属变更。在包裹快递业务改革中，财务部反复进行收入和税负比较分析，及时建立对速递物流的利益补偿机制，调整包裹快递业务结算价格，妥善解决增值税汇总纳税等问题，为包裹快递改革的顺利推进提供了政策保障。

3. 筹措资金支撑重点建设和业务发展。

财务部切实发挥聚财理财用财职能，通过发行私募债、保理融资、售后回租以及加大内部资金集中力度等方式，筹集资金，降低融资成本，确保企业改革发展对资金的需求，特别是重点建设项目、重点业务发展的资金需求。比如，先后完成中邮保险、中邮证券、速递物流的追加注资和部分对外股权投资项目；对西部地区和重点城市给予了专项资金支持，确保一大批包裹分拣机升级改造、邮件处理中心项目、信息化项目的资金需求。

4. 争取政府部门支持。

财务部向国家有关部门争取政策支持。在普遍服务补贴方面，有关政府部门认为几年来中国邮政的发展整体向好，希望能够减少普遍服务补贴。财务部和国家有关部门特别是国家财政部进行沟通，汇报邮政改革发展和履行邮政普遍服务、特殊服务义务的情况，得到国家财政部理解和支持。配合财政部建立新的邮政普遍服务补偿机制，对促进邮政普遍服务工作、实现邮政企业收支平衡具有重大意义。在邮储银行资本金、普遍服务基础能力建设、"三农"项目建设等方面，财政部给予大力支持。在争取税收优惠方面，相关政府部门出台普遍服务业务和代理金融业务免税政策，实施"营改增"，使邮政企业降低税负。

5. 财务管理创新。

组织开展对标管理。进一步修订完善标杆指标，初步实现"三个前移"：从事中成本控制前移到预算编制和审核环节的事前成本控制，从财务结果对标前移到业务发展和经营管理过程对标，从总部强制要求对标前移到基层主动对标。引导各级邮政企业立标、对标、达标、创标，促进了企业资源的优化配置和管理水平的提升。通过对标，各企业能够找到自身存在的问题，进而持续改进。各板块、各控股子公司都要推进对标工作。

推进省级会计集中核算中心建设。自2013年启动省级会计集中核算试点工作以来，历经三年时间，至2015年，31个省分公司全部上线集中核算平台系统，初步建立起省级会计集中核算体系。通过集中核算，提高了会计信息质量，促进财务转型、提高效益。

稳步实施全网资金集中。提高折旧资金上缴比例，集中资金办大事。适时提出全网资金收支两条线方案，制定一系列具体的实施细则。在2014年6个省分公司试点的基础上，2015年其余25个省分公司已全部纳入集团资金收支两条线体系。

健全财务管理制度体系。财务部门狠抓财务制度建设，严格执行财经纪律，修订完善一系列管理制度。制定《关于违反财经纪律处理处罚办法（试行）》和《关于违反经营纪律处理处罚办法（试行）》，规范经营秩序，严肃财经纪律；结合"小金库"专项治理工作，建立健全相关长效机制，规范业务招待费等费用管理流程，为强化企业内控建设完善相关财务制度。（财务部　盛柯文）

【战略和改革实施的资金保障】

财务部统筹谋划，通过发行私募债、保理融资、售后回租等多种方式，降低融资成本，满足集团公司对资金的总体需求。先后完成对速递物流的注资和蚂蚁金服的股权投资，对前海再保险和天津物流等项目的拟投入资金准备到位，确保23个包裹分拣机升级改造、一大批邮件处理中心项目、信息化项目对资金的需求。（财务部　盛柯文）

【普遍服务补贴机制】

在组织开展基础数据采集和成本核算的基础上，启动邮政普遍服务与特殊服务人员、资产、设备等标准配置研究。按照财政部建立健全邮政普遍服务补偿机制的相关安排。启动普遍服务与特殊服务人员、资产、设备等标准配置研究。经过多个部门的共同协作，在较短的时间里，制定一套较为完整的邮政普遍服务与特殊服务资源配置标准规范，既为财政部核定邮政普遍服务标准成本提供重要依据，也为集团公司进一步完善省分公司普遍服务补偿机制发挥了重要作用。积极沟通汇报，初步争取到较为有利的普服补偿机制。近两年的时间里，通过反复沟通、汇报和补充提供各类资料，财政部基本确定新的邮政普遍服务补偿机制。（财务部　盛柯文）

【利润目标摘档管理】

集团公司改革对省分公司利润管理办法，实施省分公司利润目标摘档管理，重点从资产占用回报、增量收入创利以及成本费用对标管理三个方面考虑，设置五档利润值，从摘档结果看，省分公司总体反映积极，23个省公司摘取2档及以上，其中5省摘5挡，3省摘4挡，4省摘3挡，摘档目标总体超出利润基数3.5亿元，多数省公司上报利润缺口较大、上下级反复博弈的状况得以扭转。结合利润目标摘档管理办法配套激励需要，集团公司修订省分公司领导班子的经营绩效考核办法，以及对省分公司的工效挂钩办法，引导省分公司关注发展效益、对标优化成本、提高投入产出水平。（财务部　盛柯文）

【财务对标管理】

为引导省分公司关注总资产回报、加强用户欠费和应收款项的管理以及更加准确地反映省公司经营发展状况，通过充分征求各省对财务标杆体系的意见和建议，对财务标杆指标体系完善，新增“总资产利润率”“用户欠费率”“现金比率”“人均人工成本增幅”等指标，调整“劳动生产率”“管理成本占总成本费用比”“集邮商品周转率”“业务直接成本率”“运输费用率”等指标计算方法。在对以上财务标杆指标进行完善的基础上，继续按季发布标杆数据，进一步引导各级邮政企业对标、达标、创标，促进企业资源的优化配置和管理水平的提升。（财务部　盛柯文）

【ERP预算模块建设】

根据集团公司ERP系统建设整体规划，组织开展预算模块建设，提升预算管理水平，推动预算编制向业务预算驱动财务预算转型。通过系统权限分配，明确和强化各业务部门对相关收入、成本费用的归口管理职责，做到全面预算管理横向到边。预算目标的分解和预算编制的起点均可达最末级单位，实现对最基层单位的可视化管理，做到全面预算管理的纵向到底。通过梳理预算驱动因子、制定预算编制标杆、设计预算编制模型，建立业务驱动因子与业务收入间的严密逻辑关系，做到预算编制以业务预算为起点，业务预算驱动财务预算，实现业财预算的有效衔接。通过预算模块与其他模块的对接，强化预算控制力度，提升集中管控能力，维护企业经营秩序和财经法规纪律。（财务部　盛柯文）

【资产盘活】

为适应法人体制调整后加强和规范资产盘活工作的需要，修订资产盘活管理办法，加大集团集中盘活力度，确定纳入集团集中盘活管理范围，明确中邮资产公司作为集团固定资产集中盘活具体实施部门。根据相关省上报的已撤销火车转运站资产盘活方案，组织相关部门共同审核，区分内部优化调配、出租、出售、转为汽运邮件处理场地、拆迁补偿、退租等多种盘活方式，提出盘活处置意见。组织开展账外资产和闲置资产的调查工作，重点对账外房屋土地资产和集团集中盘活的闲置资产进行摸底，为下一步加强账外资产管理和加大闲置资产盘活力度提供数据支持和决策依据。（财务部　盛柯文）

【集中核算平台建设】

下发关于全面推进省级会计集中核算的指导意见和省级会计核算中心建设方案，指导督促各省分公司做好机构、人员、场地等集中核算准备工作。分层次逐步推进报销报账系统推广建设工作，在三个试点省成功上线的基础上，有序推进全国报销报账系统推广及切换工作。组织进行与ERP财务相关模块的集成规则制定及相关功能的开发、测试工作，已完成报销报账系统与ERP应付、总账、管理会计、主数据等相关模块的集成开发与联调测试工作。组织完善省集中核算平台管理咨询方案，完成会计核算中心详细流程设计、岗位工作说明书、操作规范手册等一系列规范性方案的编写及方案完善工作。31个省分公司全部上线集中核算平台系统，初步建立省级会计集中核算体系。（财务部　盛柯文）

【财务管理制度办法】

制定《关于违反财经纪律处理处罚办法（试行）》和《关于违反经营纪律处理处罚办法（试行）》，规范经营秩序，严肃财经纪律。制定《中国邮政集团公司邮政服务“三农”补贴项目管理办法》，完善邮政服务“三农”补贴项目管理方式。修订《邮政企业责任中心成本核算办法》和损益核算年报编制方法，适应财政监管要求，加强邮政企业成本核算。修改《集团财务部资金缴拨支付管理办法》，理顺流程，改善缴拨款工作效能。修订《中国邮政集团公司集中资金办法》，提升统筹管理和运用全网建设资金水平。调整纪特邮票印制费管理机制，将纪特邮票印制费结算方式由按邮票售价 7% 结算调整为按版式、工艺进行结算，并对年度邮票印制费实施预算控制。（财务部　盛柯文）

【统计基础工作】

调整统计指标体系，提升统计数据的可用性和易用性。组织开展统计现场检查，督促指导省分公司加强统计工作。按照包裹快递改革方案，做好新旧统计指标衔接。围绕生产经营热点问题，做好月度经营分析。组织开展专项调查与分析，先后完成《邮政公司百强地市经营发展情况》《城市地区与县及县以下农村地区邮政业务发展比较分析》《2015 年邮政公司经营发展情况》等专项报告。加强信息分析与报送工作，充分发挥《财务工作动态》交流平台作用。（财务部　盛柯文）

【邮银、邮速关联交易定价机制】

为配合邮政储蓄银行引战，在对现行邮银关联交易政策和存量事项梳理的基础上，重点分析代理储蓄业务各项成本动因，采用直接成本法测算 2011 年 ~2014 年代理储蓄业务成本，提出采用成本加成法作为邮政代理储蓄业务代理费定价的原则和依据，确定“相对合理、简便易行、动态调整”的代理费调整机制，稳定代理金融业务的发展预期。配合包裹快递改革，进一步完善邮速关联交易结算政策，加大支持速递物流力度，促进资源共享和协调发展。（财务部　盛柯文）

【财务人员培训】

举办全面预算管理培训班、税收管理培训班、结算培训班、通信用邮资票品管理系统培训班；在厦门国家会计学院举办两期由各省分管财务副总和财务负责人参加的高级财务管理培训班；各单位的财会部门组织各种形式的培训班。2015 年邮政财务管理、会计核算、统计工作得到主管部门的肯定，先后获得财政部 2014 年度预算绩效管理工作二等奖、2014–2015 年中央部门预算管理工作三等奖、2014 年财务决算工作通报表扬以及国家邮政局授予的 2014 年邮政行业统计工作先进企业称号。（财务部　盛柯文）

【北京市分公司企业管理】

加强大额资金管控，成立会计核算中心，对二级单位支付金额超过 80 万元以上的经济项目实行集中审批。成立房屋资产经营管理中心，盘活出租房屋场地，实现出租收入 1.2 亿元，成立采购中心，不断扩大招投标采购范围。实行预算标杆管理。实行邮运车辆集中管控，减配车辆 238 部，单车日均行驶里程提高 20%。对 43 条外包汽车邮路进行集中采购，有效控制运输成本。在投递、内部处理、运输和生产辅助等岗位开展劳务承揽招标，减少劳务费支出 415 万元。调整人员结构，通过劳务承揽，统一合同文本、统一结算方式、统一管理单价，降低企业用工风险。对国际小包实行集中收寄，统一价格和管理。取消北京市邮票公司现业，提升专业化经营水平，推进邮政服务质量专项整治活动。结合 ERP 系统上线，规范经济事项审批流程。加强安全管理，强化审计监督，完善企业风险防控体系。出台公章证信、合同管理、效能监察等有关制度，按流程办事，按制度管人，进一步规范业财经营行为。（北京市分公司　石连成、陈丽涵）

【山西省分公司财务管理】

全力确保 ERP 顺利上线，成立 ERP 组织机构，下设 7 个工作小组，制定实施方案，分解各项工作任务，逐项明确责任分工、实施步骤和具体推进措施。根据集团公司指导意见，结合省内实际情况，逐步建立起与 ERP 项目相匹配的制度体系和操作流程。开展数据清理工作，共清理组织机构信息 4034 条、供应商主数据 7439 条、人员信息 23977 条、客户信息 1963 条。强化省内培训工作，组织培训 17 次，各层级管理和操作人员 1407 人次参训。组建 ERP 项目内训师队伍，利用电视电话会议、OA、QQ 群、省内信息新闻等平台，开展 ERP 项目基础知识培训和宣传。组建省级支持中心，按照 ERP 系统功能模块划分配置运行支持人员，组建省级 ERP 项目支持中心，收集、解决和上报最终用户提出的操作问题，建立集中管理、分级保障的运行支持团队，为后期正常运行做好支撑。7 月 ~8 月完成 ERP 模块、集中核算平台试运行工作，以及营业、集邮、人力资源、网点核算等外围集成系统测试工作。同时，根据集团公司反馈意见完善实施方案，完成软硬件设备配备与调试，搭建具有相应承载力的网络环境，加强系统维护。截至年底，ERP 核算、管会、报销报账、资金、报表等模块功能正式上线，外围系统集成也顺利实施。此外，在项目推进过程中，省分公司全力配合集团公司项目组开展工作，派驻骨干力量 5 名参加集团公司 ERP 项目组，以支持全国上线工作。深入推进省级会计集中核算，随着 ERP 系统的正式上线，集中核算平台也同步上线。省分公司成立省级会计集中核算中心，完成核算中心场地的建设改造、系统设备的调试、人员的配备、组织架构的设计等工作。全年总账、应收、应付、固定资产、管会、资金、报销报账、主数据模块等运行基本平稳。加强资金集中管控，围绕 ERP 系统资金管理系统上线，年内主要完成银行账户、资金计划组织层级、资金计划模板项目与填报单位映射关系、资金模块用户职责初始设置等工作，实现在系统中进行各单位支出账户的额度设置及调整。初步实现由下级单位财务部门在资金模块填报资金计划，自下而上逐级进行资金计划的审批、汇总，将最终确认的资金计划发布至前端报销报账系统，有效提升资金集中管控能力。强化资产集中管理，围绕 ERP 上线，组织开展 ERP 资产模块期初数据的整理工作，完成部门映射 1.1 万多条，动态数据模板核对修改和期初数据导入核对 5.47 万条，以及试点省 ERP 资产模块试运行期间各项测试等工作，确保 ERP 资产模块试运行和正式上线工作的顺利完成。（山西省分公司　孙久臣）

【内蒙古分公司预算管理】

内蒙古分公司将财务预算管控前移到生产经营一线，把预算管理的触角延伸至支局、网点、班组以及营业、分拣、运输、投递等全部门、全过程、全环节，设置水、电、取暖费等 15 项评价指标，覆盖近 2500 个“最小单位”，发现管理上的盲区和漏洞，挖掘出许多降本空间，使员工树立关注成本和节约成本的意识，成功打通企业成本管理的“最后一公里”。（内蒙古分公司　苏永胜）

【安徽省分公司财务管理】

完善利润目标管理及配套办法。完善利润标杆核定办法。将资金占用成本和网间结算成本纳入专业直接成本管理考核，更加全面真实反映各专业直接利润水平。制定空白乡镇补建网点运行成本配置方法和标准，引导市分公司降低网点运营成本。完善中心局利润目标管理办法。增加二级邮区中心局省干邮路补贴及分拣内部处理补贴，建立与处理效率挂钩的人工成本增长机制，激发了支撑业务发展的积极性。修订普遍服务补贴核定办法。新增对已开办运营的空白乡镇网点的补贴，提高机要业务补贴标准，同时加大对二级邮区中心局普服补贴力度。

修订绩效考核评价办法。强化对寄递和金融“两翼”收入考核。专门设置“国内包裹快递收入市场占有率”和“新增储蓄余额”指标。体现效益类考核指标核心地位。效益类考核分值占比达到 50%，最高加分分值达到 25.5 分。加大服务质量考核力度。新增“包裹快递运营质量”考核指标，服务质量指标考核分值比上年增加了 9 分。新增战略执行与协同考核指标。为集团公司及省公司确定的发展战略目标及重点项目协同的落实提供有效保障。（安徽省分公司　黄玲）

【安徽省分公司资产运营】

加强资金运营管理。将资金价值纳入专业直接利润管理，引导各单位、各专业减少资金占用。通过上存集团公司资调存款和协定存款运作方式增加企业资金收益，2015 年全省集中运作资金实现收益 5130 万元。重新明确纳入“三重一大”大额资金运作事项及标准，制定《安徽省邮政企业资金调动管理办法》，规范企业大额资金使用及内部资金调动流程、审批手续，有效控制资金风险。组织对省、市、县三级银行账户进行清理与核对工作，重新搭建全网资金收支两条线体系，为全网资金管理做好准备工作。

加强欠费及库存管理。将应收款项及存货管理作为重要考核指标，纳入对市分公司及省公司直属单位年度绩效考核，并分专业下达应收账款欠费率考核控制目标。加强应收账款及存货业财系统数据核对，在全省范围内开展通信用邮资票品清查，省集邮票品库现场盘点，真实反映欠费及库存状况。开展应收账款清理。先后两次开展应收账款清理，按照集团公司指导意见，对清理结果及时进行核销处理，为 ERP 上线提供系统初始化数据支撑。

加强存量固定资产管理。开发安徽邮政经营租入资产管理系统，实现对经营租入资产及账外资产的信息化管理。制定《安徽邮政企业资产评估管理办法》和《关于房屋土地资产拆迁补偿安置工作的指导意见》，修订《安徽省邮政企业资产盘活管理办法》。为资产盘活、拆迁补偿、资产处置及评估提供制度依据。2015 年政府拆迁处置房屋 7 处，资产增值 1240 万元。明确资产报废的职责权限及操作流程，将相关资产的报废手续以表格和制度形式予以固化，建立省分公司归口管理部门及计划财务部门双重审批制度。（安徽省分公司　黄玲）

【湖北省分公司会计核算中心成立】

3 月 8 日，湖北省分公司成立会计核算中心，标志着作为全国邮政首个设立为直属单位的省级会计核算中心步入运行阶段。此中心全面负责全省邮政会计集中核算工作。根据工作分工和职责界定，中心将按照会计准则相关规定和内部控制相关要求，负责全省邮政企业的会计政策、会计核算办法、内控管理制度的制定及执行；负责报表管理、会计检查、通信票管理和会计基础工作；负责实施会计处理、资金结算和财务报告编制、关联交易及内部交易核对、业财对账、银企对账、管理会计报告编制等工作。（湖北省分公司）

【广西分公司资源管理系统上线】

10 月 1 日，广西分公司资源管理系统成功上线运行。

该系统实现对经营情况、财务管控、客户管控、运行管控、管理管控、资源管控、系统管理等方面的全面管理，覆盖范围包括区市分公司、各专业局、全部邮政网点，为邮政现代化科学管控工作提供重要的信息技术支撑。（广西分公司）

采购管理

【概述】

1. 落实中央巡视对采购整改工作要求。

配合中央巡视工作，按照集团公司党组要求，组织对集团公司及所属二级单位 2007 年以来的采购项目招投标及合同管理情况进行全面自查梳理。根据《中国邮政集团公司关于中央专项巡视反馈意见整改方案》，将整改任务细化为 8 项具体整改措施，组织各省邮政分公司、集团控股公司及集团直属单位认真进行整改。开展对河北等 12 省分公司及速递物流分公司计划建设和采购工作检查，邮储银行也组织对省分行的全面检查，并对检查情况进行通报。通过检查和通报，摸清现状、发现问题、促进整改。经过各单位的共同努力，12 月 20 日前，按时全部完成 8 项具体整改措施。

2. 持续加强采购管理制度体系建设。

采购管理部进一步制定完善管理制度和管理规范，下发《中国邮政集团公司采购档案管理办法（暂行）》《中国邮政集团公司采购实施办法（暂行）》《中国邮政集团公司总部集中采购流程规范》《中国邮政集团公司框架协议集中采购管理办法》《集团公司总部采购项目资金结算流程》等采购管理制度文件，进一步完善采购管理相关制度、规范和运行机制；集团公司各板块（公司）、各省分公司也相继修订完善出台系列采购管理制度办法，初步构建了邮政企业采购管理制度体系，为采购工作的科学性、规范性提供制度保障。

3. 加强采购计划的规范管理工作。

加强采购工作的计划性，规范和统一年度采购计划和模板。在以往采购实施计划内容的基础上，增加采购任务书的责任部门和时间、采购方式、合同时间和供货时间等，明确技术规范的责任部门和配合部门。集团公司一级集采实施计划发布时间从以往的 2~3 月，提前到上年年底，进一步提高年度采购计划的指导性、及时性和规范性。

4. 有效推进供应商信息库和评审专家库建设。

严格落实集团公司集中采购供应商管理办法，有效推进寻源开发、注册准入等各项工作，逐步构建两级供应商信息库，全力保障重点时期、重点项目的采后物资供应。积极配合业务部门，对招标代理服务、包件分拣机和干线运输业务外包服务等项目开展供应商寻源工作，为后续采购工作的实施奠定基础。根据《中国邮政集团公司外包商准入与管理暂行办法》与干线外包服务入围商名录，强化外包商准入管理，建立健全外包商管理机制。规范集团公司评审专家库管理，严格专家资格筛选审查，提升入库专家质量，对 700 多名评审专家人员信息进行筛查，梳理和比对专家信息电子表格和纸制材料，确保在库专家资质符合要求。加强省级评审专家及专家库管理。收集 31 个省分公司、19 个直属单位的全国邮政企业评审专家库相关信息，为建立以省级专家库为基础的邮政系统专家库工作奠定基础。

5. 全力推进集中采购工作高效规范开展。

严格执行集团公司集中采购管理办法，集中采购力度加大，效益提升。完成集中采购项目 9129 个，合同金额 180 亿元，节约预算资金 27 亿元，节约率达 13.1%。通过对采购模式和方法进行探索和实践，有效节约资金。其中，代理金融远程集中授权系统图形终端项目预算 6087.31 万，成交总金额为 4120.81 万，较预算降低 32.3%；中国邮政 ERP 系统工程等九项信息网工程硬件设备项目预算约 12740 万元，实际采购金额为 9233.69 万元，与预算相比节约 3506.31 万元，节约率为 27.52%；“中国邮政·春节”主题推广采购项目金额 316.24 万元，节约资金 83.76 万元，资金节约率 20.9%。与此同时，集中采购范围进一步扩展，实现集中采购项目全面覆盖工程、货物及服务类项目各领域，北京亦庄二期工程项目集中采购，为今后工程类采购实施积累经验；扩大公开招标范围，ATM、车辆等项目采取公开招标方式采购，公开招标率达到 62%。

6. 不断推进采购供应与付款环节全流程管理。

采后供应管理逐步细化延伸，全力保障重点时期、重点项目的采后物资供应。“双 11”生产旺季期间，与邮政业务局、网路运行部等相关业务部门紧密配合，对干线运输车辆、手持智能终端 PDA 设备、智能包裹柜、电动三轮车、包件分拣机及全国邮政车辆等 6 项重点集采物资，按日确认厂商发货量和需求单位接货进度等供应关键数据。包括合同签订、供应商发货、在途及到货情况、异常情况协调等方面，分项目专人负责跟踪处理，及时掌握项目的整体供应情况，确保采购物资保质保量交到基层单位手中。在协调推进物资供应的同时，认真履行项目付款结算程序。2015 年，按照合同约定完成邮政车辆、给据条码等 8 项集采项目的付款工作，涉及合同金额 7.30 亿元。另有 12 项集采项目按照付款结算流程组织付款结算工作，涉及合同金额 20.96 亿元。与相关部门协调，调整上年度西部普服、机要及三农车辆等项目付款方式由集团公司集中支付改为省（区、市）分公司支付，并对各省付款情况进行适时跟进。针对未完成结算的项目，采取继续跟进和监督措施，确保合同履约工作进展正常。

7. 加快推进新型采购信息化系统建设。

根据集团公司 ERP 系统建设整体推进计划，抽调全国业务专家和骨干力量投入 ERP 系统建设，完成管控咨询报告、总体设计方案、详细设计方案、业务规范等；通过细化 ERP 项目采购库存模块的系统功能和业务流程，诸多管理重点、难点和流程性缺失问题得到明确，为采购工作的标准化管理奠定基础。进行 2 轮业务测试，分业务场景对系统功能进行测试，形成完善和修改意见，提高系统的适应性和用户体验；编制采购业务规范，在理顺采购业务流程的同时规范了采购行为；组织开展较大范围的物料及供应商主数据的收集工作。（采购管理部　杨天志）

【计划建设与采购管理专项联合检查】

11 月 30 日 ~12 月 9 日，信息科技与建设部、采购管理部、速递物流组成 4 个联合检查组，对河北、山西等 12 省（区）分公司及速递物流省（区）分公司进行检查。检查的主要内容包括：（1）固定资产投资决策、计划建设管理等制度规范建设和贯彻落实情况，特别是中央预算内资金建设的邮政服务“三农”、邮政普遍服务和机要通信基础设施建设项目的执行和管理情况；（2）采购管理机构设置、制度建设、集中采购归口管理、集中采购项目实施、采购合同管理和执行、采购档案管理、集团公司及速递物流集中采购项目的实际执行情况等。检查组对 72 处建设项目的现场或项目管理资料进行查勘，对 34 项省分公司、29 项速递物流分公司采购项目资料进行检查。（采购管理部　杨天志）

【参与政府采购协定（GPA）工作】

9 月 13 日 ~20 日，采购管理部总经理孙晓强作为国有企业代表参加在瑞士日内瓦举行的中国加入世贸组织（WTO）《政府采购协定》谈判。10 月 31 日，集团公司向财政部回复《关于中国邮政集团公司纳入 < 政府采购协定 > 出价相关方案的函》，进一步明确中国邮政集团国税出价范围、例外名单与限定条件。（采购管理部　杨天志）

【采购管理制度体系建设】

下发《中国邮政集团公司采购档案管理办法（暂行）》《中国邮政集团公司采购实施办法（暂行）》《中国邮政集团公司总部集中采购流程规范》《中国邮政集团公司框架协议集中采购管理办法》《集团公司总部采购项目资金结算流程》等 5 个采购管理制度文件，完善采购管理相关制度、规范和运行机制；集团公司各板块（公司）、各省分公司也相继修订完善出台系列采购管理制度办法，初步构建邮政企业采购管理制度体系，为采购工作的科学性、规范性提供制度保障。（采购管理部　杨天志）

审计监督

【概述】

1. 开展财务收支审计。

审计局组织全行业开展 2014 年跨年度财务收支专项审计。在各单位自查自纠的基础上，对部分单位进行重点抽查。对邮储银行一级分行（吉林、安徽）、速递物流分公司（上海、江苏、青海）进行财务收支审计。通过财务收支审计，夯实企业财务数据，促进企业合规经营。

2. 开展经济责任审计。

根据人力资源部委托，开展江西、福建等省分公司、邮票印制局、中国集邮总公司等 16 个单位原任领导人员离任经济责任审计。同时注重关口前移，开展中邮资产有限公司领导人员任前经济责任审计、邮政科学研究规划院和石邮学院现任领导人员任中经济责任审计。通过开展经济责任审计，规范领导人员履职行为，推动企业科学决策、民主决策、依法决策，促进领导人员理好财、用好权、尽好责。

3. 开展工程建设项目审计。

审计局对广州轻件处理中心等三个工程项目进行全过

程跟踪审计，有效控制工程造价。完成对和平门办公楼改造等 25 个土建和技改类项目的决（结）算审计，纠正工程建设项目的不合理开支，规范工程建设项目的计划审批、资金使用和合同管理。完成对邮政金融客户管理系统扩容等 27 个 2008 年 ~2010 年的信息技术类建设项目的决算审计，有效解决信息类项目"久拖不决"、"久拖不审"的现象。

4. 开展专项审计。

针对国家对中央预算内资金的重视，组织开展各省分公司中央预算内资金建设项目专项审计。针对社会对生肖邮票的关注，审计局与邮票发行部、监察局联合开展 2015 年新发行生肖邮票破包、破版及销售环节的专项检查，并对邮票销售的二级市场进行暗查暗访。针对集团公司对员工持股清退的要求，采取电话和现场督导等各种方式，推进清退工作。针对业务发展的薄弱环节，开展吉林、重庆、青海邮政企业和速递物流企业代收货款业务资金专项审计调查。针对核心业务的关键环节，开展广东、安徽、辽宁三省速递物流分公司速递业务资费专项审计调查。

5. 完成党组纪检组交办的巡视及核查任务。

4 月，审计局派出 5 名骨干，参加集团公司党组组织的对河北、上海、山东等省（市）邮政企业的巡视工作。6 月 ~7 月，按照集团公司统一部署，开展邮政审计项目发现问题自查整改工作。通过专项自查整改，全面梳理两年来审计发现的问题，推动问题整改的落实。7 月 ~11 月，审计局派出骨干 62 人次，配合完成 20 个单位的专项核查项目。核查工作进一步增强审计与纪检、人力资源等部门的协作配合，提高审计人员对核查工作的认识和核查问题的精准度。

6. 创新审计方式方法。

加强审计发现问题归纳提炼。编写完成《邮政企业财务收支审计作业指导书》，总结提炼出 102 个重要问题、52 个典型案例，列出"负面清单"以指导全国邮政开展财务收支及经济责任审计工作，为全面提高审计质量和效率发挥重要作用。

加强审计任务清单的研究。为进一步提高审计质量，合理审计分工，划分审计责任，提高审计效率，审计局结合《邮政企业财务收支审计作业指导书》和计算机远程审计，建立了《CAST 财务（经济责任）审计任务清单模型》。通过应用模型，审计项目就可以做到不落所选账套、不落重点科目、不落问题的重点方面，审计人员任务针对性更强，能够做到审计事项有落实、有监督。

加强多项目融合、多部门联合。把财务收支审计、经济责任审计、专项审计、专项调研相互融合，实现一次进点、成果共享、分别报告。审计局、审计中心的各处室"分工不分家"，人员统一调配使用。多次与邮储银行总部、速递物流总部、集团公司市场协同部、邮政业务局、监察局等配合开展专项检查。

参与 ERP 系统审计模块建设。审计局抽调专人参加集团公司 ERP 系统建设项目组，主要梳理了邮务和速递板块的资产、负债、收入、成本审计关键点和 102 个重要问题的预警指标，完成审计模块标准化作业流程、审计管理平台、监控预警指标三个子模块的详设方案并评审通过，为 ERP 系统审计模块建设打下基础。

加强日常监控远程审计。利用项目空档期，通过 NC、量收等信息系统对各省分公司大额现金收支、领导人员差旅费等情况进行远程审计，逐步实现日常监控远程化、常态化。

7. 提高审计管理水平。

指导全国邮政审计工作。印发《2015 年全国邮政审计工作要点》，开展全邮政行业跨年度财务收支审计等全国性审计项目，对 2012~2014 年中央预算内资金支持邮政服务"三农"等项目进行了授权审计，开展全国邮政审计计划与统计报表上报工作，通报全国邮政审计工作完成情况，发布 10 期《邮政审计信息》，刊发稿件 112 篇。

加强审计制度建设。审计局通过走访北汽、南车集团等内审工作先进单位，结合邮政审计实际，建立以内部审计基本制度、具体制度、作业指引三个层次为主体的制度体系框架和具体制度建设计划。重新修订并印发《邮政企业领导人员经济责任审计实施办法》，明晰界定领导人员对履行经济责任过程中存在问题所承担的责任，更加突出任前、任中审计，更加突出审计结果的运用和问题的整改落实。

加强邮政审计人员交流培训。联合财务部共同举办全国邮政财务、审计高级管理人员培训班，同时召集全国邮政审计处长进行座谈。举办全国邮政工程造价审计培训班、全国邮政审计统计报表研讨布置会。组织部分人员帮助审计署工作、参加集团公司双向交流，进一步拓宽审计人员的视野，提升综合素质和专业水平。

加强基础工作调研。开展对湖北、云南等 4 个省分公司审计基础工作调研，重点掌握审计基础工作的基本情况、经验做法与典型问题，为探索建立审计基础工作规范、指导各单位进一步提高审计质量提供了第一手素材。（审计局）

【跨年度财务收支审计】

审计局组织全行业开展 2014 年跨年度财务收支专项审计。审计工作分为各单位自查自纠和集团公司重点抽查两部分。在各单位自查自纠的基础上，审计局对海南、河南、江西等省分公司，邮政科学研究规划院，邮储银行四川、黑龙江、青岛分行，速递物流广东、安徽、辽宁等省分公司进行重点抽查。通过自查自纠和重点抽查审计发现，全国 31 个省分公司、各直属单位收入问题金额较 2013 年减

少 82%，成本费用问题金额较 2013 年减少 86%。（审计局）

【经济责任审计】

根据人力资源部委托，审计局 2015 年开展江西、福建、河南等省分公司、邮票印制局、集邮总公司等 16 个单位原任领导人员离任经济责任审计。注重审计监督关口前移，开展中邮资产管理有限公司领导人员任前经济责任审计、邮政科学研究规划院和石邮学院现任领导人员任中经济责任审计，提高了经济责任审计的时效性，充分发挥其预警防范作用。审计过程中，重点关注“三重一大”领导集体决策、招投标、集中采购、“小金库”、中央“八项规定”等内容，揭示管理薄弱环节，有效促进各级领导干部和管理人员依法履职尽责。现场审计期间，还对纪检监察部门委托的有关事项进行核查，并及时向纪检监察部门反馈相关情况，实现部门联合、审计结果共享。（审计局）

【工程建设项目审计】

2015 年审计局对广州轻件处理中心等 3 个工程项目进行全过程跟踪审计，通过对工程建设项目的前期介入、全程监督，实现审计关口前移，有效控制工程造价。完成对和平门办公楼改造等 25 个土建和技改类项目的决（结）算审计，综合审减率达 14.18%，纠正工程建设项目的不合理开支，规范工程建设项目的计划审批、资金使用和合同管理。完成对邮政金融客户管理系统扩容等 27 个 2008 年到 2010 年的信息技术类建设项目的决算审计。（审计局）

【各省分公司邮政员工持股、投资清退督导工作】

为规范企业管理，防止国有资产流失，在 2014 年清理对外投资公司取得成效的基础上，集团公司决定对各省分公司邮政员工持股、投资开展清退。集团公司由审计局牵头、监察局配合，组成了员工持股清退工作督导小组。通过现场督导和召开专题电话会议等方式，督导小组每月按省收集进度报告，及时掌握各项目的清退进度，定期进行梳理总结。纳入本次清退员工持股的企业共 28 家，涉及 7 个省分公司。全年有 27 家完成员工持股的退出工作，1 家正在清退过程中。共计 1.4 万名邮政员工退出持股，其中中层以上领导干部 1122 人。（审计局）

【2015 年生肖邮票等销售检查工作】

1 月 5 日，审计局联合监察局、邮票发行部在各省相关业务部门的配合下，组成 10 个小组对 10 个省 30 多个网点进行生肖邮票零售检查，对生肖邮票破包、破版和销售情况进行现场监督检查，同时对北京、上海、南京、济南、广州、贵阳等地集邮二级市场进行暗访，及时发现生肖邮票在业务操作和销售管理环节存在不规范的问题。通过连续两年的生肖邮票检查，规范生肖邮票内部管理，促进集邮专业整章建制、合规经营。（审计局）

【邮政速递业务专项审计调查】

审计局于 10 月 19 日 ~12 月 4 日对青海、吉林、重庆三省（市）邮政特快专递代收货款业务资金开展专项审计调查。审计组深入三省（市）分公司和速递物流分公司，对部分市、县分公司、邮政支局网点和速递物流揽投部进行现场调查，重点关注代收货款业务收款、资金归集及结算等环节制度制订及执行情况，查找发现代收货款资金管理方面存在的问题及管理中的薄弱环节，防范资金少收、漏收、滞留或侵占的风险。（审计局）

【邮政速递业务资费专项审计调查】

2 月 1 日 ~3 月 31 日，审计局对广东、安徽、辽宁邮政速递物流有限公司开展邮政速递业务资费的审计调查。审计组选取国内标准特快、国内经济特快和国际及港澳台特快三大业务，针对资费管理制度的完整性、政策执行的合规性、邮件计费的准确性以及资费稽核检查等方面进行现场调查。抽查广东省广州、佛山，安徽省合肥、芜湖，辽宁省沈阳、大连市分公司，并深入部分专业公司、邮件处理中心和揽投部现场，审阅财务业务资料，走访相关人员，电话回访客户，现场抽查邮件收费。对存在问题，从资费政策及其执行、稽核三方面进行原因剖析，提出相关改进建议。（审计局）

【青海省分公司清理办公用房】

根据集团公司《关于进一步做好中国邮政集团公司各单位办公用房清理整改工作的通知》精神，青海省分公司制定清理整改办公用房方案，成立由党组书记、总经理任组长的办公用房清理整改工作领导小组，调查梳理各单位办公用房情况，审核清理整改方案。3 月 31 日前完成青海省分公司领导和青海省分公司机关各部室办公用房清理整改工作。青海省各市、州、县分公司和直属各单位于 4 月底全部完成清理整改工作。全年清退 167 间 2527.82 平方米办公用房。（青海省分公司　韩建）

纪检监察

【概述】

1. 推进纪律检查体制改革。

认真贯彻落实集团党组6号文件精神。推进所属单位纪检组长（纪委书记）专司工作，31个省（区、市）分公司纪检组长（纪委书记）不再分管其他工作。邮储银行、速递物流也对所属单位纪委书记专司纪检监察工作进行安排落实。党组纪检组主要领导对集团公司选人用人全过程进行监督，所属单位纪检组长（纪委书记）开展此项工作。按照中央要求和集团公司规定，会同人力资源部开展新任纪检组长提名考察工作，全年提名考察12人，并对所属单位纪检组长（纪委书记）专司工作和纪检监察机构人员到位情况进行督办。

加强纪检监察组织建设。11月，集团公司党组制定印发《关于深化纪检监察体制改革加强纪检监察组织建设的意见》，将纪检组监察局人员编制增加至35人，内设处室由4个增至5个；由纪检组监察局向邮储银行、速递物流、中邮保险、中邮证券四家控股子公司总部派驻纪检监察机构，分区域派出6个分组（局），负责联系31个省（自治区、市）邮政单位；为各省（自治区、市）邮政分公司纪检监察机构增加人员编制，由3人~6人增加到5人~10人，各控股子公司所属省级单位也相应增加了纪检监察人员编制；充实加强集团公司直属单位纪委力量，纪委书记专司纪律检查工作，直属机关纪委增设办公室。

2. 认真开展巡视整改。

抓好专项自查整改工作。6月5日，安排部署8项自查整改重点工作，整改取得较好成效。6月11日，召开集团公司所属省级单位纪检组长（纪委书记）座谈会，统一思想，明确任务，为更好地履行监督责任打下坚实基础。

落实中央巡视组反馈整改意见。按照中央巡视组反馈意见和集团公司党组制定的整改工作方案，纪检组监察局根据23项主办整改任务，明确48项具体整改措施清单、主办处室和完成时限，在推进过程中实行销号台账制，完成一个，销号一个，确保整改工作按时完成。根据中央巡视组交办的问题线索，组成专项调查组分三批对33件涉及二级领导人员（单位）问题线索进行核查。在中央巡视组的指导下，对核查发现的违规违纪行为进行了立案查处，给予党纪处分3人，行政处分3人，诫勉谈话7人，涉及二级领导人员7人、三级领导人员2人。

加强内部巡视监督。完成2014年对3省12个单位巡视工作的汇报、意见反馈、问题线索移交等工作，并对黑龙江、浙江、青海省邮政单位整改落实情况开展“回头看”等后续工作。组成3个巡视组分别对河北省、上海市、山东省的13个邮政单位领导班子及其成员开展巡视监督。对整改不到位的，多次发函及电话沟通，督促进一步整改。针对个别单位整改不到位、问责不力的问题，约谈相关单位纪委书记、监察室主任，对整改提出明确要求。对已巡视的6省（自治区、市）25个单位共处理有关责任人60人，共计退缴企业资金873.8万元。

组织信访问题线索“大起底”工作。按照中央纪委工作要求和集团公司党组工作部署，纪检组监察局组织集团公司总部及所属各单位对2007年以来信访问题线索进行“大起底”。通过清理，明确中央纪委要求的问题线索五类处置标准，规范问题线索处置方式，调整部分暂存类信访件处置方式，具备核查条件的一律核查清楚，做到应查尽查；具备了结条件的依照规定予以了结，降低信访件的存量。对部分省分公司的问题线索清理工作进行检查，对线索处置方式不符合要求的问题进行纠正。

加大信访核查和责任追究的力度。纪检组监察局直接核查信访件71件，函询领导人员29人，诫勉谈话15人；直接立案查处18件，责成下属单位立案查处7件，给予党纪处分26人、行政处分18人，共涉及二级领导人员32人、三级领导人员6人。

3. 落实党风廉政建设监督责任。

督促落实党风廉政建设主体责任。协助集团公司党政主要领导与所属单位党政主要负责人签订2015年度党风廉政建设责任书，明确所属单位党风廉政建设主体责任，并结合巡视等专项工作对落实党风廉政建设责任情况进行抽查。集团公司所属单位也与下级单位层层签订年度党风廉政建设责任书。

加强对落实中央八项规定精神和集团公司党组20项实施意见情况的监督检查。早安排，早部署，严防“四风”反弹。在中秋、国庆前印发《关于进一步贯彻落实中央八项规定精神严防“四风”反弹的通知》，提出“五个严禁”要求。为贯彻落实中央新修订的《中国共产党廉洁自律准则》和《中国共产党纪律处分条例》，11月25日印发《关于元旦、春节期间严守党的纪律规矩进一步加强作风建设的通知》，提出“六个必须”要求。加大督查督办力度，督促集团公司所属单位严肃查处发生在群众身边的“四风”和腐败问题。

通报曝光违反中央八项规定精神问题。对违反中央八项规定精神和私设“小金库”、违规经营等典型违纪单位和个人以下发通报、中国邮政报和中央纪委监察部网站刊载信息等形式进行了通报曝光。

4. 从严管理监督。

深入开展理想信念宗旨和纪律教育。集团公司党组纪检组主要负责人分别就习近平总书记关于党风廉政建设和反腐败斗争重要论述摘编、学习贯彻新修订的《准则》《条例》讲党课。集团公司所属单位通过举办廉政教育培训班、廉政专题讲座、讲党课、参观警示教育基地、组织廉政知识考试等多种形式，宣传全面从严治党必须把纪律和规矩挺在前沿，唤醒党员干部党章党规党纪意识。严格落实对领导人员的任前廉政谈话和考试制度，纪检组主要领导对33名新提任二级领导人员进行任前廉政谈话，对36名新提任二级领导人员进行廉政知识考试。

加强党风廉政建设宣传教育工作。6月~8月，纪检组监察局组织开展以“严格遵守党的政治纪律、政治规矩和组织纪律，认真落实‘三严三实’要求”为主题的“党风廉政宣传教育月”活动。在《中国邮政报》“党风廉政建设之窗”专栏刊发31期，集团公司纪检监察信息编发18期，向中央纪委监察部网站投稿22篇。先后组织30人次参加中纪委监察部组织的“中央企业纪检监察综合业务培训班”“新任纪检监察领导干部培训班”等13个培训班。同时，根据集团公司2015年培训计划，共组织“纪检组长培训班”“纪检监察干部远程培训班”等4个培训班，集团公司总部、各省（区、市）邮政分公司、集团公司直属各单位共计8198人次参加。联合中国邮政报社对31个省（区、市）分公司纪检监察信息员分7批次进行培训，加强信息员队伍建设，提高信息采写水平。

健全完善制度规定。制定印发《中国邮政集团公司关于惩处领导人员失职渎职行为的规定》《中国邮政集团公司纪检监察机构领导人员提名考察任免办法（试行）》《中国邮政集团公司党组纪检组、监察局派驻纪检监察机构管理暂行办法》《中国邮政集团公司党组纪检组、监察局派出分组（局）管理暂行办法》等，修订集团公司《巡视工作办法》等办法，为更好地落实监督责任提供制度保障。

进一步加强效能监察和采购监督工作。开展“邮政员工持股、投资清退工作”效能监察项目，对7个省份23家公司提出专题立项要求，并按计划完成。印发《关于集团公司总部机关和直属单位开展廉洁风险防控工作的实施方案》，规范集团总部机关和直属单位在风险点梳理阶段的相关工作。加强对集中采购等工作的监督检查。全年累计对总部45个采购项目进行监督，审核合同131个，涉及资金99.52亿元。配合相关部门，对生肖邮票发行销售、办公用房清理整改、公务用车配备使用情况等工作进行了的监督检查。（纪检监察局）

【党风廉政建设主体责任落实】

纪检组监察局协助集团公司党政主要领导与集团公司所属各单位党政主要负责人签订2015年度党风廉政建设责任书，明确所属单位党风廉政建设主体责任，并结合内部巡视等专项工作对落实党风廉政建设责任情况进行检查；组织集团公司党风廉政建设联席会议，传达学习中央纪委座谈会精神，贯彻落实全面从严治党要求，对中秋、国庆、元旦、春节等重要节假日加强作风建设，防止“四风”反弹进行安排部署，对总部各部门、各直属单位落实“两个责任”提出明确要求。按照集团公司党组部署，开展系统内部巡视，组成3个巡视组对河北、上海、山东的13个单位领导班子及其成员开展巡视监督；完成2014年对3省12个单位巡视工作的意见反馈、问题线索移交等工作。对黑龙江、浙江、青海等省分公司整改落实情况开展“回头看”检查。向已巡视的6省（区、市）25个单位反馈巡视问题264条。协调集团公司相关部门、各控股子公司切实做好巡视整改工作，处理有关责任人60人，合计退缴企业资金873.8万元，推进各单位共计修订完善相关制度、办法233个。将反馈意见、整改情况在中国邮政报、各单位OA办公系统公布，接受干部群众的监督。逐步完善巡视工作人才库，形成覆盖相关部门及各板块的巡视人员信息库。修订印发《集团公司党组巡视工作实施办法》，为更好地开展党内监督、规范企业巡视工作提供制度保障。按照中央新精神、新要求，不断修改完善巡视组工作手册，为巡视组开展工作提供必要的参考依据和操作规范，提高巡视工作的规范化水平。（纪检监察局）

【中央巡视工作落实】

根据集团公司专项自查整改工作电视电话会议精神，纪检组监察局牵头起草了专项自查整改工作方案。纪检组监察局围绕落实中央八项规定精神、信访问题线索“大起底”、选人用人等八个方面问题，认真进行自查整改。6月30日~8月30日，中央巡视组在集团公司巡视期间，纪检组监察局全力配合中央巡视组开展专项巡视工作，完成交办的各项任务，组织核查交办和移交的问题线索。从部分二级单位和总部相关部门共抽调117人次，先后组成18个核查组，对反映集团公司二级领导人员的20件问题线索进行了核查。各二级单位党组和纪检组对集团公司纪检组监察局转交的信访线索组织专门力量进行核查，及时反馈处置情况，确保件件有回音。10月21日中央巡视意见反馈会后，按照集团公司党组和巡视整改领导小组安排，纪检组监察局参与巡视整改领导小组办公室日常相关工作。针对集团公司巡视整改方案中由纪检组监察局牵头的整改任务，制定整改任务台账，完成一个，销号一个，确保在规定时间内各项整改任务的完成。（纪检监察局）

【纪检监察体制改革】

印发《深化纪检监察体制改革加强纪检监察组织建设的意见》，明确纪检组监察局人员编制增加至35人，内设处室由4个增至5个；由纪检组监察局向邮储银行、速递物流、中邮保险、中邮证券四家控股子公司总部派驻纪检监察机构，分区域派出6个分组（局），负责联系31个省（区、市）邮政单位；为各省（区、市）邮政分公司纪检监察机构增加人员编制，由3人~6人增加到5人~10人，各控股子公司所属省级单位也相应增加了纪检监察人员编制；充实集团公司直属单位纪委力量，纪委书记专司纪律检查工作，直属机关纪委增设办公室。

根据《关于坚持从严治党、切实加强党风廉政建设有关问题的规定》文件精神，推进纪检组长（纪委书记）专司纪检监察工作。各省级邮政分公司、邮储一级分行及20个较大规模省级速递物流分公司纪检组组长（纪委书记）已实现专司。中邮保险公司17个省级分公司配齐纪委书记，分工调整已全部完成。各地市级邮政企业纪检组长（纪委书记）的分工调整也已基本完成，不再分管经营以及人力资源、财务、采购、工程建设等工作。

根据中央纪委和集团公司要求，明确集团公司所属各单位纪检组长（纪委书记）在重要人事安排过程中，从初始酝酿阶段就参与研究并进行全过程监督，纪检组监察局对此项工作进行监督指导。

印发《纪检监察机构领导人员提名考察任免办法》，累计对12名新提任二级单位纪检组组长（纪委书记）进行了提名考察。成立巡视室，根据《关于坚持从严治党、切实加强党风廉政建设有关问题的规定的通知》和《关于调整集团公司纪检组监察局部分内设机构及相关职责的通知》文件精神，纪检组监察局会同人力资源部等部门商讨明确巡视室主要职责、人员编制等事宜，完成了在纪检组监察局设立巡视室的工作。（纪检监察局）

【反腐与廉政工作】

3月起，组织总部及所属各单位纪检监察机构对2007年以来信访问题线索进行了“大起底”，摸清信访线索底数。纪检组监察局对2007年~2012年的13件、涉及10人的初步核实类信访线索进行了补充了解，调整37件、涉及19人的暂存类信访线索的处置方式，对具备核查条件的进行调查了解，对符合函询谈话类处置标准的进行函询。对2013年和2014年的8件、涉及8人的暂存件进行重新处置。

落实中央纪委关于纪律审查工作的相关要求，坚持纪在法前、纪严于法，把监督执纪“四种形态”的运用情况作为开展纪律审查工作的重要标准。共收到来信2202件（含中央巡视组交办和移交的942件），比上年增加96.6%。共涉及各级人员1679人，其中二级领导人员308人，三级领导人员515人。纪检组监察局直接核查信访件71件，函询领导人员29人，诫勉谈话15人；直接立案查处18件，责成下属单位立案查处7件，给予党纪处分26人、行政处分18人，共涉及二级领导人员32人、三级领导人员6人。全系统各级邮政企业发生各类违纪案件156件，给予党纪处分132人，行政处分189人。会同宁夏自治区纪委，对宁夏分公司原主要负责人违纪问题进行处理，予以留党察看、行政降职级处分，并通报全国邮政系统。

在元旦、春节、五一、中秋、国庆等重要时间印发通知，对党员、干部加强作风建设、严防“四风”反弹进行部署。严肃查处山东、江苏、黑龙江等省分公司公款旅游、违规发放补贴和购物卡等问题。对邮票印制局原主要负责同志等有关人员违反中央八项规定精神问题进行严肃处理；对河南、陕西等省分公司，邮储银行陕西分行报账管理混乱、招待费用过高、核算不规范等问题进行核查处理，并通报全国邮政系统。纪检组监察局加大对要结果信访件的督办力度；对部分省邮政企业的案件合规性开展检查工作；完成对领导人员个人廉政档案填报系统的改造；对北京、江苏、重庆、上海等6个省（市）分公司信访问题线索“大起底”工作的完成情况进行了检查；配合财务部在系统内开展“小金库”专项治理“回头看”工作。（纪检监察局）

【廉洁风险防控】

按照集团公司安排，印发《集团公司总部机关和直属单位开展廉洁风险防控工作的实施方案》，协调集团公司总部机关16个部室，18个直属单位全部完成《个人自查分析表》《廉洁风险目录》和《廉洁风险防控措施完善方案》，3703人参加风险自查，排查风险点4081个。

累计对集团公司45个采购项目、131个合同实施监督，涉及金额99.52亿元；会同集团公司邮票发行部、审计局对生肖邮票发行销售情况进行监督检查，重点参加北京、天津市分公司生肖用票破包、破版现场抽查；对办公用房情况进行清理整改，联合机关事务部，组成检查组分赴福建、浙江、天津等地，采取现场实地测量、查看台账、收集核对文字材料、召开座谈会等方式对办公用房进行实地检查。

按照集团公司《中国邮政集团公司关于做好邮政员工持股、投资清退工作的通知》的要求，纪检组监察局加强与审计、财务等部门的协作配合，指导7个省（自治区、市）分公司进行效能监察立项。全年清退工作涉及的7个省份28家员工持股企业中，27家按要求完成清退工作，完成率达到96%，邮政员工持股按要求全部清退、收回股权证、主业与员工持股企业的利益输送链被切断，理顺主辅业关系，防止国有资产流失。

累计完成案件审理16件，涉及各类违规违纪人员30人，其中党纪处分14人，政纪处分16人；涉及二级领导

人员28人，三级领导人员2人。（纪检监察局）

【廉政宣传教育培训】

纪检组监察局通过中央纪委网站、《中国邮政报》和纪检监察信息等3个途径开展党风廉政建设宣传工作。向中央纪委网站共报送信息22篇，采用17篇，采用率77.3%，在中央纪委网站信息报送系统中，2014年以来累积得分153分，在70家中管企业纪检监察机构中的排名由2014年的第2名跃升至第1名；在《中国邮政报》刊登信息31篇、评论8篇；在“党风廉政建设之窗”专栏刊发31期，在“廉政短波”“微信快读”专栏刊发各省工作动态8期；发布纪检监察信息共18期。

集团公司党组纪检组印发通知，《中国共产党廉洁自律准则》《中国共产党纪律处分条例》对全系统纪检监察干部学习贯彻工作作出安排。

严格落实对领导人员的逢提必谈、逢提必考要求，除个别调整、个别谈话外，集团公司党组纪检组主要负责人分三批对33名新提任二级领导人员进行任前集体廉政谈话，对新提任二级领导人员进行了廉政知识考试。6月~8月，纪检组监察局在全系统组织开展以“守纪律、讲规矩、做表率，认真践行‘三严三实’”为主题的“党风廉政宣传教育月”活动。纪检组监察局通过电话、网络、信息等形式，加强与各单位的沟通联系，了解活动开展情况，及时解决出现的困难和问题，确保活动有序开展。

为解决邮政系统纪检干部监督执纪能力不够、“本领恐慌”等问题，纪检组监察局先后选派30人次参加中纪委监察部组织的“中央企业纪检监察综合业务培训班”等13个培训班的学习；举办集团公司所属单位纪检组长、监察室主任、纪检监察干部各层次集中培训班，有504名纪检监察干部参加培训；利用中邮网院举办纪检监察业务远程培训班，全系统近万名专兼职纪检监察干部参加培训学习。（纪检监察局）

邮政科技

【概述】

1. 争取政策支持。

向国家发展改革委员会、财政部等有关部门争取中央预算内建设资金10.5亿元，继续推进邮政普遍服务、机要通信和服务“三农”项目建设；向国家发展改革委员会申请物流重大基础设施专项基金建设项目，争取低息贷款3亿元。为加快推进中央预算内资金建设项目实施，对于进度较慢的省份实施重点督导，对部分困难项目进行批复调整，以确保顺利完成；组织编制完成“十三五”期间邮政基础设施建设方案。

2. 加强顶层设计和整体规划。

在“突出重点、效益优先”的思想指导下，加强核心能力和信息化建设，加强集中管控和资源整合，全力支撑和推进集团公司重大改革和建设规划实施。全年安排固定资产投资235亿元，其中集团总部和邮务板块87亿元，邮储银行117亿元，速递物流板块30亿元，中邮保险0.3亿元，中邮证券0.3亿元。

3. 加快新技术应用与推广。

持续推进邮政企业科技创新体系建设，设立集团科技创新成果奖；推动科技成果交流转化，创建集团公司科技协同创新网，组织开展科研和新技术应用，搭建优秀成果共享平台；立项安排集团公司“十三五”发展规划、集团公司企业文化行为系统和视觉系统研究、邮政传统网络升级、投递网发展、省信息中心基础建设规划等支撑全网发展的研究项目；推进新型面单改革、智能包裹柜统版软件、二维码数字邮资系统等促进流程优化和新技术应用的项目试点应用与推广；开展技术交流工作，推进移动互联网、大数据，云计算、物联网、RFID等新技术的应用。

济南中心局双层分拣设备（上海研究院/提供）

4. 完善企业标准体系。

全力推进邮政企业标准制修订工作，发布中国邮政集团公司标准和暂行规范，完成标准化项目共29项，主要包括《中国邮政企业形象管理手册》系列标准2项，《邮政通信特有职业技能鉴定规范》系列标准14项，《中国邮政基础数据规范》系列标准2项，有力地支撑快递包裹业务改革、网运流水化改造和集团公司总分制改革等重点工作。按照财政部加快推进中央本级项目支出定额标准体系建设的要求，编制《邮政普遍服务及特殊服务资产人员配置规范》和《邮政服务三农资产及人员配置规范》。

5. 加强监督检查工作。

信息科技与建设部组织启动《中国邮政企业形象管理手册》、《室内型智能包裹柜技术要求》和《邮政企业投递专用电动三轮车采购技术规范》3项标准自查工作，并跟踪指导3项标准化执行情况的自查工作。

6. 参与国际邮联标准和行业标准制修订。

参与国际邮联的工作事项，派员连任信息技术合作组织副主席并兼任电子业务组主席；承担行业标准《邮件快件投递状态分类与代码》的制定和发布。参与国家邮政局、发标委、民委的35项国标和行标的制修订工作，提出邮政企业的修改意见。

7. 完善各项管理制度。

根据管理变革需要，完成“三重一大”重大投资安排事项的标准调整工作，按照“三重一大”程序安排项目建设；根据“子改分”需要，修订投资计划管理和资金分摊办法，加大集团投资力度；制定信息化建设管理办法和软件开发费评估管理办法，明确信息化职责分工，加强需求整合与管理，保障信息化工作的科学性、前瞻性、规范性与合理性；起草并修订邮政建设工程管理办法、建设项目竣工验收办法、标准化项目管理办法等，提升工程建设和标准化项目管理规范化水平；拟定主数据管理办法和数据申请流程，发布主数据实施指导意见，明确数据管理职责和流程，为大数据平台建设奠定了基础；起草运维和信息安全制度体系框架，下发信息网考核管理办法、故障管理办法、信息安全管理办法、应用安全技术指引等制度，构建科学规范的运维和安全管理制度体系。

8. 加强督导信息科技工作。

为推动巡视整改工作，加强对计划建设和采购管理工作的监督指导，对12个省分公司及速递物流省分公司开展计划建设和采购工作检查，推动管理规范化水平的提升；组织三大板块联动的全网信息安全检查，检查内容包括客户信息安全、核心网络与网点终端安全、互联网网站安全、ATM合作运营和服务外包管理等多个方面，保障信息网安全稳定运行。（信息科技与建设部）

【信息化建设】

推进ERP系统实施，完成财务核心模块、主数据模块在邮务和速递物流板块31个省的上线运行，实现与10余个外围系统集成；快递包裹整合10个相关系统改造于6月顺利上线；金融网点授权集中系统工程顺利推广实施，上线网点18813个；邮储大数据平台、流程整合平台等金融信息化项目持续推进；新一代寄递业务信息平台、CRM系统、大数据平台、硬件资源池、省分公司运管平台等工程顺利启动建设；组织ETC及警邮合作项目、二维码数字邮资系统、省分公司运管平台、短信系统新增移动互联网功能以及银行、保险、证券在全国范围内顺利推广实施金融网点授权集中系统工程等金融信息化项目，有力支撑业务发展和管理提升；完善网上营业厅、移动客户端等电子渠道功能，采用自主研发模式完成集邮网厅升级改造，实现网站、手机APP、微信等多渠道业务办理，2015年网上集邮访问量近3亿笔，形成有效支付订单204万单，收入超过5.88亿元。强化信息化基础设施建设和资源综合利用，全国中心亦庄机房完成网络搭建并投入使用，合肥灾备中心启动三大板块资源共享改造；按照建设规划和分档分级的建设标准安排江苏等7省中心机房建设改造和北京西站机房供配电改造，组织第二批15个省中心网络改造，实现集团各板块信息资源共享共用，降低投资和运行成本，提升全网信息化基础设施能力。（信息科技与建设部）

【IT基础设施能力建设】

全面推进邮政硬件资源池和私有云平台建设，完成交流调研、方案编制、工程立项、软硬件的采前测试等工作。扩容机房基础设施容载能力，完成亦庄信息中心工艺二期工程17个机房模块的建设任务；完成西站机房精密空调更新项目的实施和供配电系统改造、UPS系统2N改造项目技术方案制定及工程立项。完善邮政骨干网络资源，全力推进全国中心三个机房间城域网和亦庄机房局域网的建设工作；完成中国邮政信息中心网络系统工程部分硬件设备的安装配置；完成10个省中心的局域网改造工作；启动省际网扩容改造并完成山东省的试点实施；制定全国邮政互联网网络统一接入技术方案，即将启动工程立项。（信息技术局　秦佳）

【主数据平台建设】

秉承“数据质量源头管理，标准唯一，管控统一”的原则，搭建主数据管理平台，以主数据管理平台为基础对主数据进行集中管理、统一发布，确保数据完整、统一、准确。8月12日，编制下发《ERP系统工程主数据实施及管理指导意见》，指导各省组织主数据实施和管理工作。组织完成平台与人力资源、营业、集邮等11个信息系统的集成对接，通过主数据管理实现集团核心数据统一标准，统一应用，跨系统、跨板块共享，有效提高数据质量，解决财务数据和经营数据一致性问题，搭建业财一体化的桥梁，为ERP系统建设奠定数据基础。全年四大类8大项主数据（包括组织机构、人员、客户、产品、物资、供应商、银行帐号、会计科目），7项主数据（不含物资）已在全国范围上线，物资主数据已完成详细方案的制定，计划2016年在全国范围分批上线。（信息科技与建设部）

【主数据流程管理】

2月~9月开展业务调研，引进先进管理理念和模式，对主数据业务管理流程进行梳理、重构和规范，促进集团客户管理、产品管理、供应商管理、员工管理等精细化管理水平。一是重新梳理并优化集团管理类和生产类组织机构管理审批流程，组织机构主数据管理范围涵盖行政组织机构和部门、股权法人组织机构及生产组织机构，实现各信息系统组织机构统一管理，唯一编码。二是以人力资源系统为源头，加强对邮政所有从业人员管理的规范性和实效性，从源头解决人工成本费用能够从责任中心、专业、环节等多维度进行管理和分析的需求。三是实现邮务各专业和速递板块的大客户统一赋码，形成集团层面客户的统一视图，统一编码。四是建立集团集采和非集采供应商日常管理流程和规范，实现集团供应商线上集中管理。五是构建集团物资三级分类框架体系，推动集团物资标准化管理。六是以产品服务为导向，消弭以管理组织背景划分产品的模式，建立集团邮务板块和速递板块统一的产品分类框架体系。（信息科技与建设部）

【ERP项目推进】

按照集团公司计划安排，深入推进ERP系统实施，完成财务核心模块和主数据模块在邮务和速递物流板块31个省的试点、推广，实现ERP系统与报销报账、银企互联、人力资源、营业、快递包裹、集邮、报刊、代理金融、速递收寄等10余个外围系统集成。（信息科技与建设部）

市场协同部在ERP项目试点、中后期推广试运行以及持续外围系统改造工作中，密切配合ERP客户主数据组推进客户主数据统一管理工作。ERP系统已初步实现在全国范围内邮务类部分生产系统上线运行，客户注册及管理方面基本形成体系；联合信息局推进集团CRM建设，配合完成《中国邮政CRM建设总体方案》和系统采购技术规范书；组织各板块参加集团CRM系统建设方案和技术规范书的研讨会和评审会；参与CRM厂商研讨会和相关应用企业调研。（市场协同部）

【数据管理与分析工作】

按照数据资源“共享、共用、共赢”思路，统筹管理和综合利用邮政数据资产，加强集团公司和各省数据分析交流，加强结果落地，支持生产经营。加强集团公司数据资源的整合利用，组织协调数据资源跨板块、跨专业、跨省的共享与分析应用40余份；加强与省内沟通交流，充分发挥集团公司数据中心和各省分析队伍的优势，推进重点数据分析项目的实施，统筹考虑大数据在集团公司和省公司层面的应用模式，以促进数据分析成果落地；4月~8月，组织集团公司信息技术局与数据中心完成工作交接过渡方案的制定及职责划分，并顺利完成数据分析工作交接；起草编写《数据申请流程管理办法》，对数据需求的申请、审签、处理、下发、反馈等环节进行规范，明确相关单位、部门职责，满足业务数据需求，保障数据在各流转环节的安全。（信息科技与建设部）

【数据治理工作】

1月27日，组织启动辽宁试点省数据治理工作，随后开展江苏、山西两试点省数据治理工作，在取得数据治理试点工作阶段性成果后，逐步向全国推广并扩大清理系统范围。全年组织完成人力资源、营业等7个邮务系统、速递信息系统以及银行信息系统中代理金融网点的数据清理和集成发布工作，清理维护供应商信息25万余条、客户信息60万余条、组织机构14万余条、员工信息70万余条，为ERP系统搭建业财一体化的桥梁。支撑“子改分”的信息系统机构名称变更工作，对32个信息系统、12604个机构进行标准名称修改。（信息科技与建设部）

【运维和安全管理组织架构】

本着集团公司管控和资源共享的原则，初步建立覆盖三大板块的运维管理组织架构，形成邮储银行负责邮储信息系统运维、集团公司信息技术局负责邮务、速递、保险和证券信息系统运维的两个全国运维中心的格局。同时，在集团公司、控股子公司和各省分公司分别建立决策、管理、执行相分离的信息安全组织机构，明确职责，为有效开展信息安全管理工作提供组织保障。（信息科技与建设部）

【邮政互联网网站安全管控工作】

组织针对全国邮政企业互联网网站和互联网系统进行系统漏洞扫描、应用软件源代码扫描，加强对网站的实时监控和渗透测试，及时配备必要的安全防范设备，聘请国家权威部门进行远程渗透测试和防范钓鱼网站。各级中心发现互联网网站漏洞301个，漏洞修复率100%，关闭钓鱼网站1864个，圆满完成抗战胜利70周年信息安全保障任务。（信息科技与建设部）

【信息网监控水平和运行质量】

邮政企业信息网各业务板块、各级信息中心加强信息系统和互联网站的安全监控和预警，及时发现安全漏洞，主动应对安全威胁；建立每月下发运维考核通报、每季召开运行质量分析会的日常运维机制，强化系统性能分析，主动排除故障隐患。全年信息网故障停机总时长4328分钟，故障次数60次，全网生产终端病毒发作共9次，全网运行质量基本平稳。（信息科技与建设部）

【信息网运维质量和信息安全水平】

配合集团公司完成邮件客户信息安全检查、邮政重要信息系统和重要网站安全检查、全网信息安全大检查，组织实施全国中心三级系统等级保护测评工作；对全国中心互联网网站进行全面梳理、漏洞扫描和代码扫描，并关停部分非重要网站（约占网站总数的21%）。全国中心运用堡垒机等技术手段，进一步提高风险防控水平；持续开展互联网网站安全漏洞监测工作，定期开展各系统漏洞扫描，全年共发现并组织整改邮政网站安全漏洞事件224起。圆满完成“两会”“抗战胜利70周年纪念”活动、“双11”业务高峰等重要时期邮政信息网的安全运行保障任务。中国邮政信息网全国中心三地四机房24小时不间断运维值守，持续开展隐患排查、应急演练、安全漏洞扫描监测等工作。全年完成巡视巡检2万次、系统和网站检查2.8万次，处理事件1.8万件、实施变更1372次、排除故障隐患178次、装拆设备1240台套、保障全国电视会议142场，组织实施两次机房基础设施、网络、主机系统集中例行维护作业，有力保障信息系统平稳运行、支撑全网生产经营活动的正常开展。1月~12月，全网运行故障历时比2014年同期下降45%，全国中心等保三级系统顺利通过了专业测评机构的安全测评。（信息技术局　秦佳）

【信息网等保测评和安全检查工作】

通过信息网等保测评和安全检查，摸清各单位信息系统定级备案、等保测评和安全整改情况，便于开展综合类全国中心和31个省中心三级系统的等保测评工作。全年组织三次全网性信息安全检查，检查范围涵盖邮务、速递、银行三大业务板块，检查内容包括邮件客户信息安全、核心网络与网点终端安全、互联网网站安全、服务外包管理等多个方面；针对安全风险和解决措施进行总结通报，建立集团领导、板块主导、上下联动的信息安全检查工作机制。7月10日，由公安部、北京市公安局、公安部第三研究所组成联合检查组，对集团公司国家级重要信息系统和重点网站进行安全执法检查。（信息科技与建设部）

【邮政企业信息网运维考核和劳动竞赛】

集团公司首次建立覆盖三大板块的《邮政企业信息网运行维护考核管理办法》，于3月12日正式印发，将集团公司信息技术局、邮储银行两个全国中心和31个省中心纳入考核范围，并将信息网运维考核成绩纳入到各省分公司的绩效考核指标体系。7月，在集团公司和集团工会的统一领导下，信息科技与建设部协同集团公司网路运行部、中邮人寿保险股份有限公司共同举办“2015年全国邮政网路运行、信息安全和保险运营‘达标争先’劳动竞赛”活动。（信息科技与建设部）

【科技协同创新网建设】

信息科技与建设部与石邮学院共同研究搭建集团公司科技协同创新网，提出科技协同创新平台方案，对模块功能、建设进度进行商定，并召开研讨会征求北京、广东、江苏、浙江、陕西省（市）分公司对协同创新网内容意见和建议。同时，起草编撰《中国邮政集团公司科技创新成果推广管理办法》，并征求部分单位意见。全程参与推进协同创新网的开发测试，完成一期开发并试点测试，12 月初正式上线。（信息科技与建设部）

【中国邮政在线业务平台整合工作】

制定《中国邮政在线业务平台整合工作方案》，并于 9 月 10 日下发《中国邮政集团公司关于印发中国邮政在线业务平台整合工作方案的通知》（中国邮政 [2015]523 号），方案以“平台全国集中、客户整合管理、数据信息共享、统一运营支撑”为思路，全面提升邮政企业的线上服务能力和整体服务水平。根据市场协同部整体工作安排，有序推进在线业务平台整合的各项工作。第一，推进集邮网厅功能完善，实现与网上营业厅用户交叉认证，增加手机客户端和微信公众号业务办理渠道，推动集邮业务转型发展；第二，推进网上报刊业务流程的优化，提升客户体验；第三，协同推进在线业务平台业务需求的编写工作，并推进项目的工程立项；第四，推动和支撑电商运营中心的组建，并完成正式挂牌工作；第五，配合电子商务局完善在线业务平台相关制度的制定工作，起草下发《中国邮政集团公司关于印发中国邮政在线业务平台管理办法（试行）的通知》（中国邮政 [2015]717）；第六，实现集团公司及下属单位部分微信公众号的资格认证、统一授权和统一支付等工作。（市场协同部）

【“互联网 + 邮政”项目】

组织邮政自主研发团队，创新“互联网 + 集邮”模式，全面保障网上集邮系统 2016 年网上新邮预订及零售业务，同步上线生肖邮票网上销售、集邮量小品种摇号预订、秒杀等一系列网上集邮等新功能。自主研发 APP 客户端、微信服务号等移动互联网等新功能，实现集邮网厅的上线应用，助力集邮业务突破“时间和空间”的限制，打造线上线下一体的集邮营销体系。34% 的集邮老用户在线上办理 2016 年新邮续订，其中通过新移动端办理的用户占 30%。以用户为中心，完善网上集邮、网上报刊业务流程，增加集中订阅、友好提示、用户评价等功能，在现有流程基础上对网上订阅流程进行持续优化，支撑网上报刊大收订。电子商务信息平台实现全国中心和 24 个省平台业务服务的整合，实现与“邮生活”客户端对接，完成代理通信、水、电、燃气、有线电视等生活缴费类业务在邮生活客户端的上线。便民服务站统版工程在陕西、天津等 16 个省上线，非统版省实现交易数据向全国中心的上传，并在江西和陕西试点与“邮生活”系统打通。“自邮一族”及车务代办系统开发会员积分、积分兑换、会员评级、会员优惠、加盟商管理等功能，拓展全国性会员业务包括道路救援、至尊租车、网上阅读、洗车、保险联名卡等服务，警邮合作打开新局面。（信息技术局　秦佳）

【寄递翼业务系统】

包裹快递业务产品整合信息化改造项目正式启动。开展方案制定，先后完成订单、营业、网运、投递等 12 个信息系统全部改造开发工作，包裹快递业务整合项目顺利上线，有力支撑包裹快递业务改革；国内小包订单系统分两批完成全国上线工作，提升邮政电商业务核心竞争力；完成国际小包订单接入功能的开发上线工作，实现几十家直客及第三方系统的接入；实现指挥调度中心工程给据邮件查询功能和邮件运行监控功能顺利上线，保障“双 11”期间营分运投等重要环节的现场指挥调度；全面推进网运转型发展项目建设，全年完成 18 省 22 台新型分拣机的接入上线，有效满足流水化作业需求；国际业务综合信息平台主体功能全部切换到新平台上线运行，查验功能、外部交换子系统功能顺利上线，有效支撑国际小包等国际业务的发展。（信息技术局）

【寄递业务与跨境电商能力建设规划】

为贯彻集团公司“一体两翼”的经营发展战略，布局寄递业务建设能力，一是组织编制“寄递业务能力建设规划”，站在全网角度规划陆运中心和航空中心的能力建设，用于指导今后三年的处理能力建设安排。同时跟踪业务发展重点，结合航空中心建设，编制“国际及跨境电商能力建设规划”，初步完成跨境电商能力建设规划工作；二是编制完成省信息中心基础设施建设规划方案，在摸清现状和发展需求的基础上，分档分级安排，统一建设标准，用三年时间完成对现有省信息中心的建设、改造，全面提升省信息中心基础设施水平，支撑业务高速发展；督促各省编制完成网点资源配置规划，指导未来三年网点购置、改造工作。（信息科技与建设部）

【上海市分公司上线网点授权集中系统】

5 月，上海邮政网点授权集中系统工程推广项目正式启动。该项目是上海邮政贯穿全年的一项重大金融信息化建设项目，旨在通过技术手段，实现网络化远程集中授权，将原有的授权人员现场授权的操作通过网络转移到中后台进行统一集中授权。至 6 月 26 日，上海邮政代理金融 103 个网点完成授权集中系统上线工作。随着网点授权集中系统的建设成功，柜面业务实现集中式的远程实时授权，网点柜面操作人手紧张问题得以缓解，网点服务质量得以提高，资金风险管控有效加强。（上海市分公司）

【上海市分公司平台级行业大客户系统】

5 月，上海市分公司与东方 CJ 达成合作意向，为其提供同城配送服务。这是上海市分公司 2015 年度内成功开发的平台级行业大客户，是“仓配递”业务规模最大的客户。为确保项目顺利启动，上海市分公司在一个月内完成与东方 CJ 对接的系统开发工作，包括实现订单信息、结单信息、配送信息、邮件跟踪信息、支付信息等的互联互通，同时，还对商务投递系统的处理流程进行相应改造，包括出班投递、代收货款结算等。7月1日，上海邮政商务投递系统与东方购物对接项目上线试运行，经过两个多月的测试，系统运行稳定有序。（上海市分公司）

【江苏省分公司增强科技支撑力度】

作为三个试点省之一，顺利实现ERP系统省内试点和上线，完成模块测试、核对和培训等工作，提升企业集约化管理水平；围绕主营业务发展、传统业务创新等自主开发电商包裹自提网络平台、邮件运行质量管理系统、国际小包通关服务系统、金融电子地图服务平台等信息系统，完成金融网点集中授权、逻辑集中工程国际业务、国内小包订单管理及揽收派送系统等集团统建信息项目，强化科技对业务支撑；深化数据分析应用，加快大数据等新技术在邮政行业的应用，省市联合针对金融、快递包裹、车险等重点业务开展11项专题分析，提升对营销前端的支撑能力；创建全省邮政科技创新工作交流机制和平台，加快科技项目研究，推进前沿技术在邮政的落地；调整运维体系建设，确保全年邮政信息网安全稳定运行。（江苏省分公司）

【江苏省分公司邮政网点销售系统升级】

江苏省分公司网点销售化转型步伐加快，全年打造600个转型网点，三年累计打造转型网点1270个，覆盖率达61%，网点软硬件水平和产能都实现较大提升。坚持以经营客户为中心，推进网点产能管控体系建设，全面实施存量客户维护提升和新客户拓展"双轮"驱动战略，开展各种客户主题活动，提升差异化经营能力。坚持以营销项目和"一点一策"为牵引，推动金融业务常态化发展。开发城乡两大区域三个阶段营销项目，立项省市县三级项目243个，网点级项目2898个，揽收资金215亿元。邮银融合发展进一步深化，合作发放小额信贷4.88亿元，协办信用卡8679张，公司存款余额规模达22.59亿元。大力推进金融智慧大堂建设，全省1392个网点实现客户免填单操作，改造金融网点244处，新增ATM/CRS自助机具420台，补登折自助终端561台。（江苏省分公司）

【河南省分公司更新包件分拣机】

11月3日，新型双层包件分拣机在河南省郑州邮件处理中心正式投入使用。新型双层包件分拣机单圈周长325米，共有托盘1086个，各类格口114个，可处理能力达到2万件/小时，最高邮件日处理能力达30万件，邮件发运全过程由原来的24小时缩短到目前的1~3小时。新型双层包件分拣机投入使用后，运行基本稳定，实现邮件的不落地、自动化、流水化分拣作业，大幅提升郑州邮区中心局生产能力，为河南省分公司应对"双11"旺季生产提供有力保障。（河南省分公司）

【广东省分公司构建风险管理信息系统】

"广东邮政金融风险管理信息系统"借鉴现代商业银行的风险管控模式，包含现场检查、稽查管理、举报管理、积分管理、风险分析与评价等十大功能，实现根据风险模型数据自动匹配交易录像功能，能有效排查深层次的问题，有效提高风控的效率和效力；推进稽查管理子系统功能开发，完善违规人员事实确认、复议以及问题整改等环节的闭环管理，实现事实确认和问题整改统计、时限考核等功能；完成稽查中心业务管理看板需求，包括综合情况、问题与整改情况、稽查中心三大职能情况、风险环节地域分析、点均问题差异分析等；加快视频自动调阅功能的推广上线，佛山、江门、肇庆、汕头、惠州、韶关、珠海、深圳、东莞、汕尾、清远等11个单位已经上线。（广东省分公司）

【广西分公司启动资源管理系统】

10月1日，广西分公司资源管理系统成功上线运行，实现对经营情况、财务管控、客户管控、运行管控、管理管控、资源管控、系统管理等方面的全面管理，覆盖范围包括区市分公司、各专业局、全部邮政网点，为邮政现代化科学管控工作提供重要的信息技术支撑。（广西分公司）

【福建省分公司推广科技项目实施】

全年完成福建邮政微信车险系统购置、福建邮政商务数据管理信息系统升级改造项目、福建邮政农村电商创展平台、福建邮政监控中心升级改造项目的立项审查以及批复；完成39个邮政自助银行、10个新增邮储银行监控及生产设备、省信息中心综合服务区改造工程、省信息网智能管理平台、漳州信息中心机房改造工程、全省邮政网络改造工程、省信息中心虚拟化平台建设工程、10个消防改造项目和3个三级邮件处理中心工艺改造工程的总体设计审查及批复；适应生产与管理的调整需要，完成计算机系统完善性开发任务9项；完成中国邮政GPS信息管理系统工程、福建省邮政信息网市级节点网络设备改造工程、南平邮政监控中心建设工程、南平邮区中心局邮件分拣机改造工程、挂信分拣显示设备购置项目、福建邮政商函封装打印设备（二期）更新改造工程竣工验收；完成ERP系统推广投入试运行，外围系统及部分财务模块陆续集成上线。（福建省分公司　杨文振）

党群工作与精神文明建设

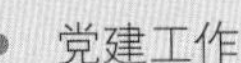

- 党建工作
- 工会工作

党建工作

【概述】

1. 加强思想政治建设。

以“三严三实”专题教育为抓手，提升党性修养。4月起，按照中央的统一部署，组织开展“三严三实”专题教育。各级党组织结合实际制定工作方案，精心谋划、周密部署，组织党员干部读原著、学原文、悟原理，深入开展严以修身、严以律己、严以用权三个专题学习研讨。把专题民主生活会作为专题教育的重中之重，广泛征求意见建议，深入谈心谈话，开展批评和自我批评。通过专题教育，各级党员领导干部深刻领会“三严三实”的丰富内涵和精神实质，党性修养进一步增强，工作作风持续改进，突出问题得到解决，群众路线教育实践活动成果进一步巩固和拓展。

抓好经常性学习教育，开展思想政治建设。抓好领导班子的思想理论武装，把学习贯彻习近平总书记系列重要讲话精神和党的十八大、十八届历次全会精神、中央纪委历次全会精神作为理论学习的重中之重，充分发挥理论中心组学习的示范作用。

组织开展全系统党组织书记轮训，开办中央党校分校培训班和集团公司党校培训（轮训）班。抓好广大党员干部的理论学习，组织培训，举办讲座，开办论坛，开展征文活动。抓好员工群众的思想政治工作，围绕企业党建和改革发展中的热点难点问题，深入开展思想政治工作，加强思想政治工作研究，并取得较好成效。

2. 夯实基层基础。

建立健全党的基层组织。各级党组织按照《基层组织工作条例》要求，在改革发展中认真抓好党的组织建设工作，对新成立的机构及时建立党的组织；及时做好党组织换届和委员调整增补工作；重点对一些县及县以下单位基层党组织薄弱的情况，加大工作力度，通过建立联合党支部、发展党员、党员驻点帮扶等方式，使这一问题得到有效解决。全年全系统基层党委达到1712个，基层党支部12686个，其中联合党支部1448个，全系统基层党组织基本健全完善。

加强党建工作队伍建设。根据中央有关精神，集团公司党组在认真调研并征求中组部等有关部门意见的基础上，于年底起草《邮政企业党的工作机构设置和人员编制方案》，对建立健全各级党的工作机构、规范职能、落实编制等事项作出明确部署。

举办邮政系统党群部主任培训班，围绕邮政系统党建的五大建设、十大任务、工作思路与工作方法等进行专题辅导，55名省（区、市）和直属单位党群工作部主任参加培训。对全系统开展基层党组织书记轮训进行部署，截至8月底，各省分公司对所属党组织书记普遍进行一次轮训，组织总部机关专题辅导报告会3次。

推动基层党组织工作方法。创新指导全系统各级基层党组织拓展工作思路，结合实际创新开展基层党建工作。通过创新党员组织管理模式、完善制度，规范党员发展，不断加强基层党的组织建设；以开展创建学习型、服务型党组织活动为抓手，结合邮政改革发展实际，强化基层党组织功能作用；通过开展基层党支部规范工作示范点活动，在基层党组织建设、规范党内生活、发挥党组织作用和党员先锋模范作用方面作出积极探索。

3. 强化作风建设，推进作风转变

落实中央八项规定精神，开展“四风”整治。直属机关党委按照中央精神和集团公司党组的要求，制定下发直属机关贯彻落实中央八项规定精神的实施意见，并推动落实。对国庆、元旦、春节等重要时间节点，及时下发文件提出要求，对问题苗头早提醒、早教育，对违反中央八项规定精神的新情况新问题，及时跟进，严肃处理。全年直属机关共处理违反中央八项规定案件3件，给予党纪处分4人。按照中央有关要求和集团公司党组的部署，直属机关党委认真组织和推动所属党组织开展“回头看”工作。直属各单位按照要求，深入动员部署，紧盯“四风”新形式、新动向，召开专题民主生活会，开展自查自纠，修订完善规章制度，明确改进方向和具体措施，推动反“四风”向深度和广度延伸。

从长效机制入手，巩固全面从严治党成效。围绕从严管党治党、依法依规治企、严惩腐败等重点工作，加强建章立制，努力构建不敢腐、不能腐、不想腐的长效机制。协助集团公司党组修订和制定《中国邮政集团公司党组工作规则》《中国邮政集团公司总经理办公会议事规则》《中国邮政集团公司“三重一大”决策制度暂行办法》，强化制度的落实和监督，推动长效机制落地、见效。出台直属机关党委《落实全面从严治党实施方案》《中国邮政集团公司直属机关纪委工作规则（试行）》等制度规定，推动直属机关各项工作的规范化和制度化。先后对各单位落实基层组织工作条例，建设学习型服务型创新型党组织，落实“三会一课”制度，以及党组织联系基层、党员联系群众“双联系”制度落实情况进行检查抽查，确保贯彻落实到位，推进从严治党常态化、长效化机制建设。

4. 推进反腐倡廉建设。

持续推动“两个责任”落实。一是制定直属机关落实“两个责任”实施意见和纪委工作规则，建立健全党风廉政建设责任制体系并开展检查考核，推动直属机关各级党组织和纪检组织认真落实“两个责任”，突出廉政问责，强化责任追究。二是加强党风廉政建设宣传教育，以“党纪严于国法，把纪律挺在前面”为主题，开展系列宣传教育活动。认真开展“党风廉政教育宣传月”活动，组织参观廉政教育基地，组织部分党员干部观看“全家福”廉政豫剧，组织学习宣传贯彻《准则》和《条例》，并举办专题辅导讲座。三是加大案件查办力度，直属机关纪委对核实的违规违纪问题按照党规党纪进行了严肃处理。严肃查处三起违纪案件，涉及局级干部2人、处级干部2人，起到教育和警示作用。

中央专项巡视整改工作取得阶段性成效。6月30日~8月30日，中央第六巡视组对邮政集团公司进行了专项巡视，并于10月21日反馈巡视意见。集团公司党组和全系统各级党组织牢固树立“整改不力是失职，不抓整改是渎职”的意识，把巡视整改作为一项重要政治任务和中心工作来抓，成立领导小组和工作机构，明确任务，细化措施，落实责任，建立“三个清单”和“两个台账”，即整改问题清单、整改任务清单、整改责任清单，巡视整改总台账和各分管领导、控股子公司分台账。采取台账管理和销号的方式，整改一项销号一项。在整改过程中，坚持立行立改与建立长效机制并重；坚持开门抓整改，将巡视整改情况按中央要求分别向系统内和社会公开，接受党员干部和人民群众监督。

5. 强化制度建设。

强化顶层设计，加强工作指导。出台印发《中国邮政集团公司党组关于落实全面从严治党要求加强和改进邮政系统党的建设工作的实施意见》《中国邮政集团公司直属机关党委关于落实党风廉政建设“两个责任”实施意见》《中国邮政集团公司基层党建工作述职评议考核办法（试行）》等重要制度文件，出台相关配套制度，进一步明确邮政系统坚持党的领导加强党的建设的主要内容和重点任务，完善党建工作的顶层设计，对党建工作的有效开展具有重要指导意义。各单位党组织也在党组的指导和部署下，按照全面从严治党要求，修订和完善相应规章制度，并认真抓好制度落实。

健全责任体系，保障制度落实。集团公司党组与各二级单位主要领导签订党风廉政建设责任书，印发《中国邮政集团公司直属机关党委关于落实基层党组织党风廉政建设“两个责任”的指导意见》，并把“两个责任”的落实情况纳入党建工作述职评议考核中。指导和督促各二级单位认真落实党建工作责任制，把全面从严治党主体责任传导到所属各级党组织的班子成员，特别是明确细化基层党组织负责人的从严治党责任。各级党组织书记主动担起落实全面从严治党的主体责任，积极推动党的各项制度落实，推动形成上下联动、层层负责、齐抓共管的党建工作格局。

强化监督检查，开展党建工作述职评议考核。集团公司党组制定基层党建工作述职评议考核办法，并印发《2015年度中国邮政集团公司基层党建述职评议考核工作实施方案》和《2015年度中国邮政集团公司直属机关党建述职评议考核工作实施方案》。集团公司直属机关党委书记向中央国家机关工委现场述职，5个省分公司和速递物流分公司党组织书记向集团公司党建工作领导小组现场述职；总部机关和直属单位7个党组织书记向集团公司直属机关党委现场述职。其他各二级单位党组织书记都分别向集团公司党建工作领导小组书面述职并参加评议考核。全系统各级党组织都按要求，对所属基层党组织开展了党建述职评议考核工作。

6. 发挥基层党支部的战斗堡垒和党员的先锋模范作用。

以党建促发展。在改革发展任务面前，指导邮政系统各级党组织积极做好思想政治和组织保障工作，推动企业发展重点举措落实。坚持深入群众开展调查研究，广泛听取意见建议，及时掌握广大干部职工的思想动态，为集团公司党组科学决策提供参考依据。充分发挥宣传动员作用，通过多种形式向全体员工宣传邮政改革发展的重大举措和重要意义，主动做好员工群众的思想政治工作，统一思想，凝聚力量，带领广大干部职工积极投身邮政事业，保证各项改革举措顺利实施。

发挥党员先锋模范作用。高度重视典型榜样的选树工作，推动各级党组织积极挖掘、表彰、宣传先进典型，充分发挥示范引领作用。邮航退休干部闫志国、云南威信县邮政局员工施庭荣2人在第五届全国道德模范评选活动中成为候选人，新疆速递公司艾克拜尔·伊敏荣获“2014年感动交通十大年度人物”。

7. 促进和谐企业建设。

直属机关工会组织作用得到更好发挥。围绕中心服务大局，面向员工积极开展形势任务教育，坚定员工对企业改革发展的信心。切实发挥职代会作用，为企业改革发展献计出力；组织文艺汇演、歌咏比赛、演讲比赛、书法、摄影比赛、机关职工小型运动会、健步走、各类球类比赛活动；巩固“送温暖”长效机制，主动关心困难员工、大龄青年、交流借调人员生活，把党组织的关怀落到实处；坚持依法办会，在改革中加强直属机关工会组织建设，健全组织机构，培训教育工会干部。

直属机关共青团工作不断迈上新台阶。组织青年集体学习和工作交流，开展直属机关五四红旗团组织、优秀团员、优秀团干部评选工作，推动直属机关青年文明号创建工作。创新载体，抓好“青年文化月”活动、“青春献邮政”主题团日、根在基层调研实践活动、志愿者服务等，引导青年知行合一、健康成长。

重视和加强离退休干部工作和统战、民族、宗教工作。组织开展“展示阳光心态、体验美好生活、畅谈发展变化”活动；开展抗战胜利70周年纪念活动，为400余名抗战老兵发放纪念章；全面加强离退休干部思想政治建设和党组织建设，落实了老干部的政策待遇。按照上级部署认真开展统战、民族、宗教等工作扎实开展。

3月6日，青海省分公司邮政工会举办机关庆“三八”女职工趣味运动会。（青海省邮政分公司/提供　赵勇/摄）

8. 推动企业文化和精神文明建设工作

推进邮政企业文化理念识别系统、行为识别系统和视觉识别系统建设。完善理念识别系统建设的主要内容，对邮政企业使命、企业宗旨、企业愿景、核心价值观、企业精神等文化理念进行提炼和阐释，形成新方案；构建行为识别系统建设方案，初步研究提炼邮政员工行为模型、领导者行为模型和组织行为三个模型的核心内容；构建视觉识别系统建设方案，初步研究提炼静态视觉模块、动态视听模块、文化活动模块、邮政榜样模块和环境建设模块等五个模块的核心内容，形成由“一个理念、三个模型、五个模块”构成的邮政统一的企业文化体系和内容，指导和推动企业文化项目的深入研究。

根据中央文明委、工委文明办、共青团中央、交通部文明办、国家邮政局文明办的部署和要求，继续加强对精神文明创建工作的领导，紧密结合邮政实际深入开展创建工作。邮政系统全年新增全国文明单位24家，累计87家；新增交通运输行业文明称号12个，累计达到49个；新增全国青年文明号18个，累计85个；省级文明单位累计864家；有2人荣获第五届全国道德模范提名奖。组织全系统开展职工思想政治建设工作研究。（党组党建工作部）

【中国邮政集团公司党建工作领导小组成立】

7月21日，成立中国邮政集团公司党建工作领导小组，由党组书记、副总经理张亚非担任组长，党组成员、副总经理、直属机关党委书记刘明光，党组成员、纪检组组长孙国栋担任副组长，相关部门的主要负责人担任小组成员。办公室设在党群工作部，负责对党建工作的日常工作协调。9月，印发《中国邮政集团公司党建工作领导小组工作规则（暂行）》。全年党建工作领导小组共召开会议3次，安排部署中央重要文件精神的贯彻落实，研究述职评议考核办法，讨论关于严格遵守党的政治纪律组织纪律、开展中央专项巡视整改等问题。（党组党建工作部）

【党组（党委）理论中心组学习制度】

集团公司党组始终把理论中心组学习当作提高思想认识和加强理论武装的有效途径，提出发挥好集团公司和二级单位党组（党委）中心组“两个龙头”的带动作用，及时传达学习中央精神。全年集团公司党组组织18次党组理论中心组学习，学习十八届五中全会精神、《中国共产党廉洁自律准则》《中国共产党纪律处分条例》、五大发展理念等重要文件和精神。7月，修改《党组工作规则》，强化党组中心组学习制度，进一步明确学习的内容、形式、要求等。11月，下发《关于对落实党组（党委）会、中心组学习制度自查整改的通知》，指导和督促邮政系统各二级单位党组织扎实开展理论中心组学习。（党组党建工作部）

【党建工作制度】

集团公司党组围绕从严管党治党、依法依规治企、干部选拔与监督管理、严惩腐败等重点工作，加强建章立制。9月，制定并下发《中国邮政集团公司党建工作领导小组工作规则（暂行）》。11月，制定并下发《关于落实全面从严治党要求加强和改进邮政系统党的建设工作的实施意见》《基层党建工作述职评议考核办法（试行）》等党建工作制度，明确邮政系统党的建设的重点内容和重点任务。集团公司直属机关党委制定完善直属机关相关配套制度办法，3月制定并下发《中国邮政集团公司直属机关纪委工作规则（试行）》，5月制定并下发《中国邮政集团公司直属机关党委关于落实基层党组织党风廉政建设“两个责任”的指导意见》。（党组党建工作部）

【党的基层组织体系】

对邮政系统新成立的机构及时建立党的组织，及时做好党组织换届和委员调整增补工作，针对2014年党的群众路线教育实践活动中发现的一些县及县以下邮政企业党的组织体系不健全等问题，采取积极发展党员、党员挂点帮扶、建立联合支部等方式予以解决。全年全系统基层党委达到1712个，基层党支部12686个，其中联合党支部1448个。（党组党建工作部）

【2015年党的建设暨纪检监察工作会议】

2月28日，集团公司党组召开2015年党的建设工作暨纪检监察工作会议，对全系统党的建设工作做出部署和安排。集团公司党组成员、全系统各二级单位党群部主任、纪检组长、集团公司各部门三级以上领导干部、在京直属单位班子成员在现场参加会议，大会以电视电话会的形式布置到全系统各二级单位。会上，张亚非和孙国栋分别就邮政系统党建工作和纪检监察工作做报告；李国华、张亚非与集团公司所属各二级单位领导班子党政主要负责人签订党风廉政建设责任书。（党组党建工作部）

【中央专项巡视整改工作】

6月30日~8月30日，中央第六巡视组对集团公司进行专项巡视。10月21日，中央第六巡视组向集团公司反馈专项巡视情况后，集团公司党组下发《关于认真学习贯彻中央第六巡视组专项巡视中国邮政集团公司情况反馈会精神的通知》，要求各二级单位认真组织学习贯彻会议精神，按照中央巡视组的各项整改要求，切实抓好整改落实工作。一是认真开展专项自查工作。坚持立行立改，加强制度建设。二是制定集团公司党组整改方案，细化问题清单，明确整改任务，制定具体举措，落实整改责任，规定整改时限，强化督办问责，确保取得实实在在的成效。《方案》将巡视反馈的突出问题细化为29个重点问题，针对问题制定90项具体整改措施。三是推动落实好四项举措。成立中央专项巡视整改领导小组，加强组织领导，明确整改责任；列出“问题清单”和“责任清单”，制定整改方案，建立整改台账；建立并实施整改销号制，强化跟踪督办；落实报告制度，及时报告整改情况，并自觉接受党内和社会监督。四是突出抓好五个方面重点工作。着力加强邮政系统党的建设，真正把管党治党责任扛在肩上；认真落实“两个责任”，把守纪律、讲规矩挺在前面；坚持党管干部原则，把从严管理干部和选人用人的要求落到实处；把巡视整改与“三严三实”专题教育和民主生活会结合起来，落实从严从实要求，确保整改实效；完善内控机制，严格企业管理，促进邮政企业健康持续发展。（党组党建工作部）

【党建工作述职评议考核】

为认真落实全面从严治党要求，集团公司党建工作领导小组对全系统各二级单位和总部机关各部门全面开展2015年度基层党建述职评议考核工作。一是强化制度保障。11月，制定并下发《中国邮政集团公司基层党建工作述职评议考核办法（试行）》《中国邮政集团公司直属机关党建工作述职评议考核办法（试行）》，并严格按照《2015年中国邮政集团公司直属机关党建工作述职评议考核方案》《2015年度中国邮政集团公司基层党建述职评议考核工作实施方案》开展评议工作。二是现场述职与书面述职相结合。在全系统形成逐级述职、逐级考核，客观评议、量化评分，公开通报、强化运用的述职评议体系。集团公司直属机关党委书记向中央国家机关工委现场述职，吉林、江苏、广东、云南、甘肃5个省分公司党组和速递物流公司党委向集团公司党建工作领导小组现场述职，邮储银行总行直属机关、集邮总公司、邮政航空公司、信息技术局以及网路运行部、人力资源部、国际合作部8个单位（部门）党委（党总支、党支部）向直属机关党委现场述职，其他各二级单位党组织书记都分别向集团公司党建工作领导小组书面述职并参加评议考核。三是明确考核思路与主要内容。主要包括五个方面：落实全面从严治党要求，完善本单位党的组织体系和工作机制情况；完成上级党组织党建工作年度重点任务情况；全面加强本单位党的建设情况；充分发挥企业党组织职能作用情况；下一步工作思路、工作重点和措施。四是综合运用考核结果。集团公司党建工作领导小组按照要求，综合各单位总体情况进行考核评价，并首次以“背靠背”的形式向各单位单独下发2015年度基层党建述职评议考核反馈意见，通报综合得分，指出工作亮点、存在不足及努力方向。（党组党建工作部）

【全系统职工思想政治工作研究】

组织编辑并印发《2013年度优秀政研成果选编》，组织开展2014年度思想政治工作研究成果评选活动，共评出一等奖5名、二等奖10名、三等奖15名。下发《2015年度思想政治工作研究课题》，指导全系统创新推进企业思想政治工作研究水平不断提升。（党组党建工作部）

【群众性精神文明创建活动】

坚持围绕中心、服务大局，紧密结合邮政实际，推动全系统各级单位和员工大力弘扬和践行社会主义核心价值观。深入开展群众性精神文明创建活动和先进典型选树活动，创新活动内容和载体，完善精神文明建设领导机制和管理手段，推动精神文明荣誉称号的宣传表彰和成果转化，切实推动创建活动提档次、出成果。全系统新增 24 家全国文明单位，18 家全国青年文明号，104 家省级文明单位，3 家全国交通运输行业文明单位，5 个全国交通运输行业文明示范窗口，3 名全国交通运输行业文明职工标兵，1 名全国交通运输行业精神文明先进工作者。邮政航空公司闫志国、云南省分公司施庭荣 2 人获得第五届全国道德模范提名奖。全系统创建全国文明单位 87 个，省级文明单位 864 个，全国交通运输行业精神文明先进集体先进个人 49 个，全国青年文明号 85 个，全国道德模范 4 个，全国道德模范提名奖 11 个。（党组党建工作部）

哈尔滨市道里投递局组织党员利用工作间隙时间，带着适合老年人阅读的报纸、杂志分头到段区走访、看望孤寡老人，帮老人擦拭门窗、料理家务。（新闻宣传中心 / 提供　赵宏 / 摄）

【中国邮政企业文化建设】

中国邮政企业文化建设工作于 2013 年 12 月正式启动，按照“统一领导、综合协调、上下互动、内外结合”的基本思路和“内涵丰富、寓意精准、特征明显、易记乐颂”的设计要求，企业文化建设形成阶段性成果。理念识别系统提炼出企业使命、企业愿景、核心价值观、企业精神和服务宗旨等理念要素；行为识别系统和视觉识别系统确定行为和视觉识别系统的建设思路，提炼行为识别系统和视觉识别系统的基本框架，确定行为识别系统包括组织行为、领导者行为和员工行为三个行为模型；视觉识别系统由静态视觉、动态视听、文化活动、邮政榜样、环境建设五个模块构成。12 月初步形成“一个理念系统、三个模型、五个模块”构成的中国邮政企业文化体系，指导和推动企业文化建设项目的进一步研究。（党组党建工作部）

【共青团工作】

一是组织开展“走进基层”2015 年五四青年节系列活动。组织青年参加北京市第二中级人民法院贪腐案件的庭审旁听，培养遵规守纪意识；联合金融街街道团工委组织开展主题公共服务广场活动，共同倡导低碳环保的健康生活；组织青年赴南京集散中心开展“根在基层，走进邮航南京集散中心”主题调研实践活动，引导青年员工深入基层锻炼实践、增长才干。二是开展青年员工“守纪律、讲规矩、促成长”主题活动。组织参观“明镜昭廉”明代反贪尚廉历史文化展，在直属机关青年干部中培育廉洁从政的价值理念；举办主题征文活动，收到 77 篇作品，推报中央国家机关 5 篇，其中 1 篇在中央国家机关评选活动中获一等奖。不断创新团委工作方法，在用好现有沟通手段的同时，不断开拓新的工作手段，将传统媒体与新媒体结合。在以 QQ 群沟通工作的基础上，建立直属机关团委微信工作群、总部机关青年员工交流群等交流群，利用新媒体技术，为组织青年、凝聚青年、服务青年实现线上线下更好结合，拓展共青团工作平台，扩大团组织的覆盖面和影响力。（党组党建工作部）

【离退休干部管理服务工作】

一是完成邮政系统“中国人民抗日战争胜利 70 周年”纪念章发放和慰问金发放工作。向全系统共 454 名抗战老战士、老同志发放了纪念章。二是以全国离退休干部“双先”表彰大会精神为指导，开展为党和邮政事业增添正能量活动。向全系统转发中组部关于认真学习贯彻习近平总书记等中央领导同志在全国离退休干部“双先”表彰大会上重要讲话精神的通知和学习宣讲两个宣传提纲的通知。三是落实离退休干部“两项待遇”。及时按照集团部署把领导的关怀送到老同志心坎上，到家走访慰问 24 名老同志；及时通报企业发展情况，将集团公司年度工作会议、党建工作会、集团离退休干部阶段重点工作等重要事项情况向老同志传达。在生活待遇上，加强对患病、空巢、困难人员的定期问候和走访；协同人力部落实中央国务院对副部级老领导的补贴政策等。（党组党建工作部）

【统战民族宗教工作】

一是加大对统战对象的思想引导，组织传达党的十八大和十八届历次全会精神，学习领会党的路线方针政策，增强对党的领导和执政理念的理解，与党同心同行，进一步营造团结、和谐的氛围。二是加强基础建设，建立直属机关统战对象数据库，对信息定期整理更新维护，做好数据的运用。同时，按照统战工作要求，协助各民主党派对申请加入的总部机关员工做好政治审查及服务工作。三是切实关心关爱统战对象，直属机关党委领导带队在元旦春节期间分批走访慰问统战对象。邮票印制局民革党员、著名邮票设计家黄里先生因病去世，直属机关党委领导专程前往家中吊唁并慰问家属，以直属机关党委名义在遗体告别仪式上敬送花圈。（党组党建工作部）

【首期中央党校分校开班】

4月15日~7月13日，中央党校中央国家机关分校中国邮政集团公司党校2015年春季学期青年干部培训班，在邮学院举办。本期培训班是邮政党校举办的首期中央党校分校班，执行中央党校分校的教学计划，颁发中央党校毕业证书，共有来自全国邮政三大板块的100名省级企业领导班子副职和地市级企业领导班子正职分2个班进行为期3个月的脱产培训。集团公司党组书记、邮政党校校长张亚非，集团公司党组纪检组组长孙国栋，中央党校教务部副主任王成志，中央党校中央国家机关分校副局级组织员王国宏等出席培训班开学典礼。2015年，邮政党校共举办2期中央党校分校班和2期中国邮政党校班，培训学员496名，形成课题研究成果112项，并通过党校工作通讯、学习园地、微信订阅号等方式推送党校新动态，扩大党校影响力。（石家庄邮电职业技术学院　王少宾）

【信息技术局党建工作和精神文明建设】

严格按照党中央和集团公司党组的要求，认真落实党风廉政建设党组（党委）的主体责任和纪检组（纪委）的监督责任，修订下发党风廉政建设"两个责任"实施办法，明确责任清单，推动分解落实。认真开展廉洁风险防控工作、落实中央八项规定纠"四风"、清理"小金库"、选人用人等8个方面的专项自查整改工作以及中央巡视组反馈问题整改工作、党风廉政宣传教育月活动等，强化问题导向，落实工作责任，严格正风肃纪，对腐败问题"零容忍"。2015年首次荣获2012年~2014年度"首都文明单位"称号，在推动精神文明建设方面迈上新台阶。信息技术局运行维护部获得"全国邮政系统职工素质建设工程—学习型标兵支局（班组）""全国邮政系统模范职工小家""中央国家机关青年文明号""共青团中国邮政集团公司青年文明号""交通运输行业文明示范窗口"等多项荣誉称号。（信息技术局　秦佳）

工会工作

【概述】

1. 稳步推进工资集体协商工作。

本着"协商共谋、机制共建、效益共创、利益共享、风险共担"的原则，依法开展工资集体协商工作，明确将年度职工工资调整幅度、最低工资保障水平、职工绩效考核、收入分配、生活福利、休息休假、职工教育培训等事项作为平等协商的重点内容，合理确定职工收入水平，确保企业发展成果最大限度惠及职工。全年28个省分公司、36个邮储银行一级分行、32个速递物流省级分公司开展工资集体协商工作。

2. 畅通职工诉求表达渠道。

开通主席信箱，实现省级层面全覆盖。市、县级工会组织（含邮储银行、速递物流）主席信箱开通率分别为53%和35%。各省级邮政企业按照集团工会《关于进一步做好畅通职工诉求表达渠道有关工作的通知》要求，利用"主席信箱"、调查研究、职工代表提案征集等形式畅通职工诉求表达渠道。浙江、福建、广东、湖南、四川、青海等省邮政工会和邮储银行工会撰写出职工思想动态报告，对职工关心的热点、难点和焦点问题，进行梳理汇总，提出建议。集团工会汇集整理出《全国邮政职工思想动态报告》报集团公司党组，得到党组高度肯定和重视。

3. 继续深化"关爱工程"。

推动完善职工互助补充保险制度，引导各省加大投入，互助补充保险受益范围不断扩大，补助标准不断提高。全国邮政系统职工互助保险补助职工4.1万人，发放互助保险金额达到5436万元。18个省（区、市）的3500余名困难职工纳入全总困难职工帮扶系统，全年部分困难职工得到全总合计80万元的困难补助。各级邮政工会发挥工会优势，针对行政所忧、职工所需的难点热点问题开展办实事做实事解难事活动。北京、辽宁、江西、福建、湖北、湖南、云南等地工会明确为职工办实事项目，改善职工生产生活条件、加强劳动保护、活跃职工文化生活、提升职工保险福利待遇等。集团工会在《中国邮政报》开辟"幸福邮政"专栏宣传各地关爱职工、造福职工的经验和做法。职工小家建设和送温暖慰问工作得到同步推进。

4. 激发职工创造活力。

发挥劳动竞赛活动总协调的作用，配合各业务部门开展提升邮政投递服务质量、邮政业务营销方式创新、网路运行、信息安全和保险运营“达标争先”、营销创优、邮政包裹快递业务五项劳动竞赛。通过跟踪督促各项竞赛的实施进度，全面掌握劳动竞赛的进展情况，确保各项竞赛的顺利开展。配合人力资源部举办全国邮政系统第四届职业技能竞赛活动，帮促个人全能第一名获得者申报“全国五一劳动奖章”。

5. 规范工会组织建设。

工会与国防邮电工会联合进行以“六有工会”为主要内容的调查工作，全面了解工会组织现状并撰写调查报告，为进一步完善工会组织建设工作提供方向和依据。召开部分省（区、市）邮政工会工作研讨会，重点研究如何加强工会小组建设工作，并在内部网站开设“工会小组建设情况”专题，宣传工会小组建设方面的经验和做法。邮储银行工会向总行党委提交《关于进一步加强工会建设的建议》，提出完善工会基层组织体系的建议，并制订《中国邮政储蓄银行工会主席办公会议制度（试行）》。中邮保险工会指导17家分公司工会召开会员代表大会，选举产生分公司工会领导机构。在2015年全国总工会的评选活动中，三大板块共有23家单位荣获“全国模范职工之家”称号，北京邮区中心局工会荣获“全国模范职工之家红旗单位”；内蒙古通辽市邮政工会丁雪梅等荣获“全国优秀工会工作者”称号。

规范换届选举和届内替增补流程。集团工会编发《关于省级邮政工会换届选举工作的指导意见》，规范换届大会报批流程；规范工会主席、副主席，经审委主任，女工委主任等人员替增补过程中，人选征求意见、批复、选举、报告、批复和选举后通报等重要流程；征求意见函、选举结果报告、批复等相关文件的范本，指导各级工会依法依规开展工会换届和届内替补工作。

加强工会干部队伍培训。4月~8月，集团工会依托中国邮政网络学院对县级以上专兼职工会工作人员进行远程培训。内容涉及“只工代表大会实务操作讲堂”等7个方面。应参加人数为13513人，实际报名18550人，参加培训率达到137%，考试合格17058人，合格率达到92%。

做好集团工会网站管理。推进网站升级改造，完成“主席信箱”处理流程的升级改造工作，正在进行劳模先进档案管理和省级工会换届档案管理两个新模块的建设工作。集团工会网站的建设成效作为先进经验被推荐到国防邮电工会信息会议上交流。（集团公司工会　韩世中）

【中国邮政集团公司工会一届四次全委（扩大）会议】

4月22日~23日，集团工会一届四次全体委员（扩大）会议在重庆召开。中国国防邮电工会副主席方丹、国防邮电工会邮政工作部部长卢昕应邀出席。集团公司党组书记张亚非出席会议并讲话。集团公司副总经理、集团工会主席刘明光作工作报告。

会上，方丹希望各级邮政工会统一思想，把握大局，努力推动工会工作创新发展。具体要做到团结动员广大邮政职工为推动企业平稳健康发展建功立业；深入贯彻《中共中央国务院关于构建和谐劳动关系的意见》精神，坚持问题导向，依法协调劳动关系；强基固本，激发基层工会活力，推动工会工作提升到一个新水平。张亚非提出三点要求，一是统一思想，坚定信心，组织引导员工投身改革，发挥强有力的桥梁纽带作用，贯彻落实好集团公司党组制定的在新常态下推动邮政改革发展“两坚持、两确立”的战略部署；二是敢于担当，勇于创新，不断加强工会工作，在企业民主管理上狠抓落实，打造邮政系统“关爱工程”的升级版，创新开展职工建功立业活动，弘扬劳模精神，助推邮政全面深化改革；三是转变作风，夯实根基，依法推进工会自身建设，要强化作风建设、组织建设、队伍建设和工会系统党风廉政建设。刘明光要求各级邮政工会2015年“适应新常态，迎接新挑战”，强化劳模引领作用，促进“一体两翼”创新发展；规范提升民主管理工作，推进邮政企业依法治企；实施推进“关爱工程”，让企业发展成果普惠职工；丰富职工文体活动，助推中国邮政企业文化建设；完善工会组织法治化建设，增强基层工会组织活力，为中国邮政平稳健康发展贡献新的力量。（集团公司工会　韩世中）

中山市速递物流分公司推进职工小家建设，切实解决员工吃饭问题。（集团公司工会/提供）

【职代会民主评议工作】

推进职代会制度建设，逐步规范落实职代会审议建议权、审议通过权，使企业发展规划、年度生产经营情况以及涉及职工切身利益的薪酬调整方案、绩效分配方案等重大事项，都能通过省级职代会广泛征求职工代表的意见、建议，职工的知情权和参与权得到进一步落实。认真贯彻集团公司党组《关于做好省级邮政企业职工代表大会民主评议工作的意见》，结合实际建章立制，规范评议内容，有序组织实施。全年28个省邮政分公司、36个邮储银行一级分行、32个省级速递物流分公司开展民主评议工作。（集团公司工会　韩世中）

【职工小家建设】

按照全国邮政系统职工小家推进会关于强化小家管理、提质升级的要求，因地制宜，不断完善建家长效机制，采取有效措施，提升小家服务标准、拓展小家服务功能，努力实现职工小家建设与职工需求的“无缝衔接”。全年邮政三大板块共建职工小家2.7万余个，邮政公司、邮储银行和速递物流公司分别建设职工小家2.1万个、4692个和1553个，受益职工总计52万人，职工满意率达到94%。比上年全国邮政系统职工小家数量增加42%，受益职工增加73%。全国有267个职工小家被全总授予“全国模范职工小家”荣誉称号，1342个职工小家荣获省部级“模范职工小家”荣誉称号。（集团公司工会　韩世中）

【“两节”送温暖慰问活动】

集团工会对全国邮政系统“两节”慰问工作进行专项部署，扩大慰问范围，加大宣传力度，使更多的基层职工感受到企业真切实在的温暖。“两节”期间全国邮政系统各级领导慰问生产一线职工、劳模先进、困难受灾职工共计5万余人，发放慰问金约5473万元。2月2日~5日，集团公司总经理李国华，党组书记张亚非，副总经理刘明光、李丕征、康宁、张荣林，纪检组组长孙国栋，副总经理李雄等领导分别赴贵州、广东、江西、海南、广西、云南、陕西、山东邮政三大板块慰问一线员工、离退休老同志和困难员工，了解基层员工的生产生活情况，共话新常态下的邮政发展转型。（集团公司工会　韩世中）

【“金秋助学”活动】

全国邮政系统各级工会开展“金秋助学”，对子女上学有困难的职工家庭进行精准帮扶，保证邮政职工子女顺利就学。河南省分公司工会向516名职工子女拨付年度助学补助款共计138万元。甘肃省分公司工会共资助困难职工子女上学31人，对考入高等院校的困难职工子女一次性给予5000元补助，拨付助学补助款共计7.6万元。黑龙江省分公司工会共资助困难职工子女上学89人，资助金额为7.74万元，为特困职工及单亲困难女职工子女就学资助4.74万元，为应届特困职工子女上大学资助3万元。吉林省分公司工会根据困难职工子女就学情况分类、分等、分层次救助，新考入本科的学生资助5000元，新考入大专的学生资助3000元，新考入中专的学生资助2000元。全省共有134名困难职工符合助学标准，支出助学资金60.2万元。（集团公司工会　韩世中）

【“纪念中国邮政开办120周年”宣传活动】

在纪念中国邮政开办120周年之际，以“讲邮政故事、展邮政风采”为主题，全国邮政系统组织开展“纪念中国邮政开办120周年职工文学、摄影作品征集评选活动”。此次活动历时6个月，各单位员工积极参与、踊跃投稿，共征集文学作品1093篇，摄影作品4363幅。评选出文学作品一、二、三等奖及优秀奖共计59名，摄影作品金、银、铜奖及优秀奖共计128名。（集团公司工会　韩世中）

【全国通信职工气排球比赛】

8月5日~7日，由中国通信体育协会主办的全国通信职工气排球比赛在宁夏自治区银川市举行，来自邮政、电信、移动、联通四大集团和部分省（区、市）通信体协的32支代表队共207名运动员参加。集团工会选派广西邮政、陕西邮政男、女队共四支代表队参赛，并获得女子组冠军，男子组第四名，陕西邮政女队在比赛中获得第七名。中国邮政四支代表队为广大邮政员工争得荣誉，展示出中国邮政员工团结协作、奋勇争先的精神风貌。（集团公司工会　韩世中）

广西、陕西分公司气排球队，代表中国邮政参加全国通信职工气排球比赛获佳绩。（集团公司工会/提供）

【先进个人和先进集体】

4月24日，中共中央宣传部、中华全国总工会在中国网络电视台公开发布“中国梦·劳动美”最美职工，全国10名个人（集体）光荣当选。坚守海岛26年的广东省珠海市外伶仃岛邮政所投递员谢坚榜上有名。他的先进事迹被全国总工会和中工网等单位和媒体列为全国重点宣传对象。4月28日，庆祝“五一”国际劳动节暨表彰全国劳动模范和先进工作者大会在北京人民大会堂举行。中共中央总书记、国家主席、中央军委主席习近平在会上发表重要讲话。

全国21个省（区、市）的39名邮政员工光荣当选全国劳动模范。在全国总工会的评选活动中，邮政三大板块共有23个单位被授予“全国模范职工之家”称号，北京市中心局邮政工会荣获“全国模范职工之家红旗单位”，29个单位被授予“全国模范职工小家”称号，12名个人被授予“全国优秀工会工作者”称号。全年邮政系统51个先进女职工集体和22名女职工收到全国妇联和全国总工会的表彰，2名个人被授予全国“三八”红旗手，2个单位被授予全国“三八”红旗集体，15个单位被授予全国巾帼文明岗，4名个人被授予全国巾帼建功标兵，3个单位被授予全国巾帼建功先进集体，31个单位被授予全国五一巾帼标兵岗，16名个人被授予全国五一巾帼标兵。（集团公司工会　韩世中）

坚守海岛的“最美职工”谢坚。（集团公司工会/提供）

2015年全国劳动模范

于兴三　北京市怀柔区邮政局投递员
陈兰颖（女）　北京市东城区邮电局东四邮政支局营业班长
刘保朝（满族）　河北省宽城满族自治县邮政局椁椤台邮政支局投递员
曹正富　河北省蔚县邮政局步班投递员
赵　红　河北省秦皇岛市分公司投递班班长
王收秋　山西省太原市分公司万柏林区邮政局西山投递部投递员
赵月芳　山西省长治市壶关县邮政局乡邮员
陈宝林　山西省石楼县邮政局投递员
梁　玲（女）　中国邮政储蓄银行葫芦岛市分行副行长、纪委书记、工会主席
赵明枝（女）　辽宁省大连市分公司中山区邮政局胜利桥投递部投递员
王明杰　吉林省临江市邮政局乡邮投递员
刘福义　黑龙江省分公司党组书记、总经理、高级经济师
叶其懂　上海市普陀区分公司曹杨新村邮政支局邮递员
唐真亚　江苏省洪泽县邮政局老子山支局邮递员、初级工
殷　勇　江苏省泗洪县邮政公司归仁支局局长、高级工
杨　兵　合肥邮区中心局汽车运输分局局长
王树成　安徽省蚌埠市分公司收投服务分局投递员
孙克兰（女）　安徽省阜南县邮政局投递员
王菊蓉（女）　福建省泉州市邮政报刊发行局泉港分局投递员
王国华　福建省顺昌县邮政局投递员
刘建春（女）　中国邮政速递物流烟台市分公司电商与物流业务营销中心营销管理
张友城　湖北省监利县上车湾镇邮政支局投递员
张美冲（土家族）湖北省恩施市新塘乡双河邮政支局投递员
唐青云　湖南省衡山县邮政局新桥支局投递员
杨长庚（苗族）　湖南省城步县邮政局西岩支局投递员
曾德春　湖南省永州市道县邮政局四马桥支局投递员
杨国荣（侗族）　湖南省新晃侗族自治县邮政局步头降支局乡邮员
谢　坚　广东省珠海市分公司外伶仃营业所营业投递员、邮政营业员
陈春鸿（女）　广东省汕尾市分公司营业局局长、技师
李炳房（瑶族）　广东省阳山县邮政局秤架支局投递员
林亚业　海南省邮政运输局邮件转运中心接发班班长
晏　良　中国邮政储蓄银行重庆市分行信息科技部助理工程师
朱正琴（女）　贵州省施秉县邮政局城市投递部甘溪段乡邮投递员
嘎　发（珞巴族）西藏隆子县邮政局邮递员
赵明翠（女）　陕西省石泉县邮政局发投中心乡邮员
姬懿芳（女）　甘肃省兰州市分公司工人
马建新　新疆乌鲁木齐市分公司投递员
阿孜古·阿不都热合曼（女，维吾尔族）新疆阿瓦提县邮政局乌鲁却勒镇邮政所主任
郭恩娟（女）　中国邮政集团公司邮票印制局质量管理部副主任、工程师

全国模范职工小家

北　京　北京市朝阳区垡头邮政支局工会
山　西　运城市盐湖邮政业务局大厦支局工

	会小组
内蒙古	根河市委员会满归支局工会小组
辽　宁	凌源市分公司三十家子支局工会小组
吉　林	松原市公司江北投递班
黑龙江	牡丹江市爱民区分公司工会小组 密山市邮政工会
上　海	上海市普陀区曹杨新村邮政支局工会小组上海市黄浦区委员会南市邮政支局工会
江　苏	江苏省邮政 11185 客户服务中心 苏州邮政浦庄支局工会小组
浙　江	衢州市分公司上方支局工会小组
福　建	福建省邮政 11185 客户服务中心 邮储银行福建省南平政和县支行
河　南	中牟县白沙支局 鲁山县分公司张良支局 焦作温县杨垒支局 驻马店平舆玉皇庙支局
湖　北	仙桃市陈场邮政支局工会小组 郧西县土门邮政支局工会小组
广　东	佛山市南海区委员会大沥中心支局工会小组 怀集县委员会梁村支局工会小组 深圳市南油支局工会小组 连南瑶族自治县寨岗支局工会小组 速递物流江门市台山营业部工会小组
青　海	青海省海东市乐都区分公司工会
河　北	邮储银行武强县支行营业部工会小组
陕　西	邮储银行渭南市韩城支行
集团直属机关	邮票印制局制版中心工会

全国模范职工之家

北　京	北京市报刊发行局工会
辽　宁	铁岭市邮政工会
黑龙江	哈尔滨市邮政工会
上　海	上海市邮区中心局工会 上海市奉贤区邮政工会
江　苏	苏州市邮政工会 常州市邮政工会
浙　江	丽水市邮政工会
江　西	江西邮政机关工会
湖　北	恩施州邮政工会
广　东	广州市南区邮政工会 清远市邮政工会 云浮市邮政工会 茂名市邮政工会
广　西	玉林市邮政工会
四　川	泸州市邮政工会
甘　肃	陇南市邮政工会
吉　林	邮储银行吉林市分行工会
陕　西	邮储银行榆林市分行工会
海　南	邮储银行海口市分行工会
福　建	福州邮区中心局工会
河　北	邮储银行沧州市分行工会
山　东	速递物流山东省分公司工会

全国模范职工之家红旗单位

北　京	北京市邮区中心局工会

全国优秀工会工作者

内蒙古	丁雪梅	通辽市邮政工会
上　海	陈千涛	上海市邮政工会
江　苏	刘艳梅	盐城邮政工会
浙　江	周建新	金华市邮政工会
河　南	李怀山	平顶山市邮政工会
广　东	吴　榆	深圳市邮政工会
湖　北	常　玲	湖北省邮政工会
四　川	郑　敏	眉山市邮政工会
贵　州	张汝平	贵州省邮政工会
陕　西	祝晓敏	咸阳市邮政工会　刘峰 西安市邮政工会
云　南	孙祖亮	红河州邮政工会

【吕淑静获评“交通青年科技英才”】

1 月 15 日，上海研究院吕淑静荣获交通运输部颁发的“2012-2014 年度交通青年科技英才”称号。“交通青年科技英才”是交通部授予交通行业中从事交通专业技术工作，并做出突出贡献的优秀青年专业技术工作者的荣誉称号，在本届评选中，中国邮政仅两人获此称号。（上海研究院　龙潜）

【熊桂林荣获“十大网络人物”】

1 月 17 日，湖北省武汉市分公司投递员熊桂林荣获新华社《中国网事 感动 2014》年度人物、人民网 2014 年度“中国十大责任公民”荣誉称号。（湖北省分公司）

1 月 16 日，武汉市江夏分公司投递员熊桂林荣获新华社举办“中国网事感动 2014”年度网络人物荣誉称号。（湖北分公司 / 提供）

【徐西国获选“全国岗位学雷锋标兵”】

3月4日，中宣部向全社会公布第一批50个全国学雷锋活动示范点和50名全国岗位学雷锋标兵。山东省泰安市分公司下港邮电支局投递员徐西国当选“全国岗位学雷锋标兵”，成为邮政系统唯一获此荣誉的个人。（山东省分公司）

【闫敬慧先进事迹宣传】

2月，《燕赵都市报》《河北日报》等多家媒体报道衡水市分公司投递员闫敬慧帮扶八旬被撞老人的事迹。河北省委常委、宣传部长艾文礼对闫敬慧同志的事迹做出批示，要求省直、市直新闻单位对先进事迹进行深入采访挖掘，做好相关宣传报道及后续报道工作。闫敬慧见义勇为、助人为乐的行为提升邮政的社会形象，衡水市分公司授予闫敬慧同志“总经理特别奖”，并在全市邮政通报嘉奖。（河北省分公司　程钰）

【审计局工会工作】

审计局工会做好职工的关心帮扶，组织员工参与集团公司组织的各项活动。与监察局共同编排《匆匆那年》，参加新春团拜会获得好评，组织参加中央国家机关职工运动会获得中国象棋团体三等奖，组织参加机关工会“中国梦、公仆情、劳动美”公文写作比赛获得组织奖、获得三等奖4名和优秀奖4名，工会联合会优秀奖1名。（审计局）

【各省分公司构建和谐企业】

1.北京市分公司。加大干部监督力度，坚持从严管理，完善干部选拔任用制度。推进用工结构调整，人员配置，开展劳务承揽和择优转聘，劳务用工数量占比下降到23.2%。落实《北京邮政在职职工职业发展助推计划》，开展劳模先进创新工作室，推动十佳劳模创新成果转化。分公司被授予全国文明单位和全国厂务公开先进单位称号，14个单位获首都文明单位标兵称号，13个单位获首都文明单位称号。12个单位、集体荣获全国五一劳动奖状、全国工人先锋号、北京市模范集体等光荣称号；陈兰颖、于兴三等6名个人荣获全国和北京市劳动模范荣誉称号。15个创新项目分别获得交通运输行业、通信行业和全国邮政企业管理现代化创新成果奖。加大向一线员工收入分配力度。开展送温暖活动，帮扶救助员工。提高在岗、退休员工医药费年平均报销比例。组织员工积极参加纪念中国邮政开办120周年、“北京榜样”举荐等多项主题教育活动。发挥荣誉室、文化墙、职工书屋、职工小家和文化活动季等多个平台文化引领作用，营造积极向上、和谐稳定的发展氛围。《基于跨界共赢的报刊发行管理变革》创新成果被中国邮政集团公司推荐申报国家级奖项，《平台型跨境电商物流服务体系的建设》等四项成果荣获交通运输行业和通信行业级奖项。（北京市分公司　石连成、陈丽涵）

2.天津市分公司。推进薪酬分配制度调整优化，第四季度新增人工成本1300万元，其中一线员工占比87%，一线员工的年收入较上年平均提高10.3%。推进职工小家工作，建成职工小家50个。关爱职工生产生活，为全体员工办理重大疾病和意外伤害商业保险。加大帮困工作力度，共发放帮困资金118.55万元，帮扶职工1432人次，为280名困难职工开展“两节”送温暖活动，为310人办理互助基金补助。提高外勤暑期防暑药品费用标准。组织172名先进职工疗休养。加大办理劳保证人数，受益职工300余名，解决子女就医报销问题。为离退休同志发放高龄补贴47万元、医疗救助资金近40万元、祝寿金近18万元。举办乒乓球、书法绘画、摄影培训班，组织参加天津市第十一届职工乒乓球大赛和全市金融系统乒乓球比赛。中心投递局荣获市级劳模集体，刘虹、刘树东、范佳三人荣获市级劳动模范；西青区邮电局、滨海新区汉沽邮电局荣获市五一劳动奖状先进集体；杨晓燕、刘金涛、刘跃、王锡之被授予天津市五一劳动奖章；邮政运钞局河北运钞部、宝坻区邮电局黄庄邮电所荣获市级“工人先锋号”。（天津市分公司　魏普金）

3.山西省分公司。为一线员工调整薪酬。发放“两节”慰问款300万元，受益职工2000余人次。持续开展职工互助医疗保险工作，64名员工受益。继续开展“金秋助学”活动，44名生活困难职工子女得到资助。投资150万元，新建“职工小家”103个、维护“职工小家”64个。持续开展“暖冬暖心”活动，改善一线员工的生产生活条件。规范选人用人工作，加强干部选拔任用纪实工作，推行干部档案任前审核制度，坚持“五好”干部标准，提高选人用人公信度，营造求真务实、干事创业的氛围。完善机关与基层干部双向交流管理办法，通过双向挂职交流促进年轻干部增长才干、提升能力。组织21名县（区）局长赴江苏挂职交流；选派5名三级领导人员参加中央党校邮政分校和集团公司党校中青班短期学习培训。出台《人才工作试点方案》，持续推进职业技能鉴定工作，制定激励政策，推动员工一岗多证，一岗多能。（山西省分公司　孙久臣）

4.内蒙古分公司。推行职代会制度，推进局务公开，维护员工知情权、监督权。开通“工会主席信箱”，畅通员工诉求渠道。开展扶贫助困活动。筹集送温暖资金144万元，慰问916户员工；筹集37.75万元帮助265名困难员工子女圆了大学梦；面向基层员工子女定向招聘21人。修订《重病互助保障实施办法》和《女员工“特病”医疗互助保障暂行办法》，每年企业注资由20万元增至30万元，工会注资20万元，补偿标准从1.5万元提高到2万元，新增4项保障病种和参保金退还机制，为23名患病员工发放补偿款46万元。持续推进职工小家建设。全年总投资

350万元，建设面积7370平方米，创建12个“模范职工小家”示范单位。（内蒙古分公司　苏永胜）

5. 辽宁省分公司。薪酬分配重点向生产一线倾斜，一线员工调资成本占比达到91.33%，加大“献爱心重病医疗互助基金”投入力度，帮扶困难职工1308人次。持续开展送温暖活动，省市两级单位共投入资金203.5万元，累计慰问职工群众超过3万人次。关怀服务离退休人员，让离退休人员感受到企业的温暖。将经营目标、年度四项重点工作纳入精神文明考评范围，实现精神文明与经营工作双考核、双促进、双丰收。20个单位荣获省级“文明单位”称号；6个单位荣获“辽宁邮政文明单位标兵”称号，14个单位荣获“辽宁邮政文明单位”称号。爱心公益服务广泛开展。建成爱心邮路1064条、爱心驿站756处，建立“爱心邮路帮扶互助金”，帮扶群众近1200人。3月5日被确定为“爱心邮路活动日”。邮政便民服务站被纳入省政府“慈善超市”叠加平台。联合省妇联、省文明办开展留守儿童信息采集活动，为193个乡村少年宫捐赠图书4000余册，关注儿童成长。（辽宁省分公司　王欣）

6. 吉林省分公司。全省人工成本达到14亿元，一线员工总体收益增幅22%，超过企业收入增幅10%。“五险一金”按时足额缴纳，建立员工重大疾病保险和意外伤害保险。全省共建设职工小家558个，改善基层员工生产生活。开展送温暖、金秋助学、重病医疗互助等帮扶活动，全年资助资金550万元，惠及全省2657名员工。加强舆论引导与新闻宣传，吉林记者站连续4年荣获中国邮政报先进记者站。开通总经理信箱与工会主席信箱，畅通员工诉求通道。全省51个邮政企业中，省分公司本部与6个单位继续保持全国文明单位称号，40个单位获得省级文明单位称号。全省邮政企业有2名员工被授予“吉林省五一劳动奖章”，1个集体被授予“吉林工人先锋号”，临江市乡邮员王明杰被授予“全国劳动模范”。2月28日，省邮政分公司、通化市分公司和松原市分公司荣获“第四届全国文明单位”称号。（吉林省分公司　蔡敏杰）

7. 黑龙江省分公司。编辑印发《黑龙江邮政企业文化价值理念体系学习手册》。出版《文铸邮魂》企业文化建设理论与实践读本。开办企业文化培训班，系统学习、培训基层企业文化工作者，通过笔试答题竞赛以及现场抢答赛、心得体会有奖征文、演讲比赛等多种形式开展宣传贯彻活动，激发员工关注企业、热爱企业、献身企业的热情。全面实施省级薪酬集中发放，理顺机关员工职业晋升通道，确立员工绩效考核制度，调整完善地市、专业绩效考核办法，保证员工享受改革发展成果。“两节”期间投入资金164.47万元，补助劳动模范、困难职工、受灾职工等1756人，慰问一线集体185个。完善特困职工档案，对550名特困职工和22名困难劳模发放慰问款。推进“职工小家”建设，全年累计建设各类职工小家874处。投入98万元建设20家县级分公司职工食堂，为1862名基层一线职工解决午餐就餐问题，改善一线职工的生产生活条件。（黑龙江省分公司）

8. 江苏省分公司。推进劳务工转聘工作，全年累计转聘4784名优秀劳务工；进一步健全员工薪酬支付保障机制，实现全省员工月度薪酬的一次性全额发放；全面建立员工重大疾病和意外伤害保险制度，完成所有邮政企业员工的投保；加强补充医疗保险基金管理和企业年金运营过程管控，补充医保基金支付患病员工个人承担的医疗费1758万元，有效减轻了员工的医疗负担；切实发挥员工重大疾病医疗互助保障会的作用，共有1341人次获得补助1240.7万元。开展劳模、困难员工慰问活动，发放慰问金83.6万元；开展全省邮政职工趣味运动会、羽毛球比赛等活动。2015年，2人当选全国劳动模范，5人荣获省“五一劳动奖章”，常州分公司等4个单位荣获省“五一劳动奖状”，11185客户服务中心荣获全国“五一巾帼标兵岗”，13个单位荣获省级工人先锋号，提升江苏邮政形象。（江苏省分公司）

9. 浙江省分公司。设立“中国邮政浙江省分公司”微信企业号，完成“邮人微课”手机APP的开发和应用。建立健全工会帮扶救助长效机制，全年共慰问员工6760人次。开展农村支局所小食堂的整改工作。组织开展“浙江邮政转型发展成就”系列报告文学创作、第四届“信”文学大赛等活动。2015年，中国邮政集团公司台州市分公司获评全国文明单位，浙江省温岭市邮政分公司横峰支局荣获全国青年文明号；衢州市邮政分公司廿里支行获得全国五一巾帼标兵岗，杭州市邮政分公司大关东苑支局邢莉获得全国五一巾帼标兵。（浙江省分公司　周静）

10. 江西省分公司。营造“和谐幸福”的家园环境，推进实施“双改善”工作。为一线员工全面解决休息、就餐、洗澡、住宿、防暑防寒等难题。增配生产生活区空调2802台，改造投递生产场所621个，实施“职工小家”提档升级；推行农村网点金库无人值守。有效提升员工收入水平。出台员工收入三年规划，建立工资集体协商制度，解决一线员工收入偏低等问题。全省员工薪酬人均增加1.12万元，增幅19%，其中劳务工增幅23%；员工养老保险突破2亿元，企业年金当年收益率7.95%。不断健全员工福利保障体系。启动劳务工与劳务承揽人员住房公积金缴纳；为农村投递外包人员办理养老、医疗与工伤保险，高危岗位人员办理意外伤害保险，合同工、退休人员建立补充医疗保险基金，全体员工办理重大疾病保险。四是持续员工关爱举措。组织开展送温暖和互助帮扶活动，落实为员工办实事六项承诺，走访慰问先进劳模、困难、离退休和一线人员6000余人次，发放慰问金260万元、防暑降温物品31万元、困难帮扶资金65万元；增加内退人员生活费月均180元。营造“创新实干”

的企业文化和精神文明风尚。建立“三色企业文化”体系，铸就江西邮政红色服务梦、蓝色强邮梦和绿色幸福梦。广泛开展“创新转型”劳动竞赛活动；组织金融、包裹快递等旺季经营生产感动人物评选表彰，积极塑造先进典型。全省各级邮政单位荣获2个“全国文明单位”、37个省级文明单位、2个“全国模范职工之家”和1个“全国五一巾帼标兵岗”荣誉称号；3人被评为“江西省劳动模范”；1人当选中华全国青年联合会第十二届委员会委员。（江西省分公司　叶金平）

11. 河南省分公司。建立省级职代会民主评议领导干部、工资集体协商制度，组织开展“青年文明号创新创效创优活动”，在女职工中广泛开展争创“五个十佳”评选，营造企业和谐氛围。开展薪酬分配制度调整优化工作，提高了一线员工薪酬标准。建立河南省邮政企业统一的员工重大疾病保险和意外伤害保险制度，完善了企业福利保障体系。持续开展“三保证三关爱”活动，全年发放各类补助款1242万元，受益员工达1.1万人次。全年创建职工小家165个、投递员之家73个，员工生产生活条件得到改善。（河南省分公司）

12. 湖北省分公司。12月11日，湖北省邮政企业被湖北省委、省政府评为“2013–2014年省级文明行业（系统）”，这是继2009–2010、2011–2012年荣获该荣誉后第三次蝉联。（湖北省分公司）

13. 广东省分公司。全年落实重病帮扶资金共273万元；开展“家文化”创建和星级职工之家（小家）创建活动，建设（提升）16个职工之家、56个职工小家。广州分公司成功将邮政投递员工种纳入广州市积分入户体系（加20分），2015年有3名外地投递员入户广州；深圳分公司争取市政府公租用房5套，用于外地员工周转房。全省邮政共获1个全国十大最美职工、2个全国文明单位、3个全国劳模、3个省劳模、3个省先进集体、1个省五一劳动奖状、13个省级青年文明号等荣誉。（广东省分公司）

14. 广西省分公司。建立工资集体协商制度；开展职工代表巡视检查活动；全年为职工办好“五件实事”，发放慰问金、济困帮扶资金440.84万元，精准帮扶职工小家建设65万元，资助84名困难员工子女上学。2015年，全区邮政共有5人荣获“广西劳动模范”称号，南宁邮政劳模创新工作室荣获区总工会授予“劳模创新工作室”称号。组队代表中国通信体协参加2015年“超级杯”全国气排球联赛（长沙赛区），获女子组一等奖。（广西省分公司）

15. 福建省分公司。省分公司本部、厦门市分公司、泉州市邮政分公司荣获“全国文明单位”荣誉称号；南平市邮政分公司投递部荣获“全国交通运输行业文明示范窗口”称号；福建省邮政分公司被省委、省政府评为第七届“文明行业创建成绩突出行业”；福州邮区中心局工会荣获“全国模范职工之家”称号，福建省邮政11185客户服务中心分工会荣获“全国模范职工小家”称号。（福建省分公司　杨文振）

16. 海南省分公司。一是着力提升员工幸福指数。倡导“辛勤工作、愉快生活”的理念，实施“工会为职工办十件实事”，努力解决好员工重点关注、急需解决的午餐、值夜等问题，提高投递、分拣等人员的降温补贴，建立员工重大意外伤害和医疗保险制度，积极健康的企业文化和团结向上的工作氛围日渐浓厚。二是加强企业文化引导。建立起海南邮政微信企业号。员工通过该平台可及时获得企业资讯，增进交流和沟通，为企业发展提出合理化建议和意见。通过企业文化上墙、深入开展精神文明创建等活动，引导员工将自身的发展愿景与企业的发展愿景相结合，增强企业的向心力和凝聚力。三是营造良好的舆论环境。《海南日报》报道了海南邮银一体两翼服务地方经济、海南电视台新闻联播连续三天播放《海南邮政华丽转型》专题、《中国邮政报》对海南三沙、乐东、三亚等地邮政服务及“次日递”工作进行连续报道，制作海南邮政企业形象宣传片，海南邮政转型升级的新做法、新成效受到广泛关注，为海南邮政发展营造良好的舆论环境。（海南省分公司　韩冰、洪文娴）

17. 重庆市分公司。不断丰富体育年、文艺年活动，举办“员工大讲堂”“共青团员示范岗”创建等活动，开展了各类劳动竞赛和先进典型评选，营造了积极向上的企业文化氛围。在全国邮政系统率先建立省级职代会制度，征集职工代表提案111件，立案采纳46件。2015年，发布企业之歌《情系万家》，组织“庆五一”先进模范表彰等活动。

开展夏季“送清凉”慰问活动，保证一线职工平安度夏。重庆市分公司和重庆工会组织慰问资金17余万元，成立5个“战高温、送清凉，防汛情、保通信”慰问小组，深入全市30个区县分公司、3个专业局33个单位的生产现场、投递班组、营业网点看望慰问奋战在生产一线的广大职工，重点对投递班组、转运现场以及网点营业室等进行现场走访慰问，并对部分特别困难的职工家庭进行入户走访慰问。海南省工会筹集近4万元慰问基金，开展夏季“送清凉”活动，给全体员工送上降暑食品。北京市东城区分公司工会提前启动夏日“送清凉”活动，将首批600多斤防暑食品、药品送到一线班组，重点关注外勤人员和困难职工，努力改善职工工作和休息环境，安排好作息时间，最大限度地保障好职工的健康权益。（重庆市分公司）

18. 四川省分公司。以企业转型发展为中心、以关心员工生产生活为抓手，主动倾听员工心声，为员工解难事、办实事。2015年8项“办实事”项目全面完成，为全体员工购买重大疾病和意外伤害保险，全省建成职工小家1434个、投递员之家235个、网运职工之家17个、支局远程培训学习点1469个，基层员工生产生活条件进一步改善。推进企业民主管理，加强司务公开工作。成功举办全省邮政职工气排球比赛和成都地区羽毛球比赛，开展“让邮件跑起来”合理化建议、职工文学及摄影作品征集评选等活动。全省有多个单位、多名个人受到表彰。省公司被国家邮政局授予“2014年邮政行业统计工作先进企业”；省11185客户服务中心获“全国青年文明号”；成都成华投递分局双桥子班组获“全国五一巾帼标兵岗”；省信息通信学校被省政府授予“四川省民族团结进步模范集体”；省公司离休支部书记谭炳祥被中共中央组织部授予“全国离退休干部先进个人”；宜宾邮政公司马永强获“全国交通运输行业文明职工标兵”；成都邮区中心局徐洪平获中国邮政“金方向盘汽车驾驶员”。

6月16日~9月30日，由四川省邮政工会牵头组织，首次在全省企业和速递物流员工、班组中开展“让邮件跑起来”合理化建议征集活动。活动旨在调动全省员工参与到邮政包裹快递业务改革中来，针对邮件收寄、运输、内部处理和投递等邮件传递全过程中存在的问题，提出优化生产作业组织、流程和操作等方面的合理化建议，是四川省分公司推进全省包裹快递业务改革的重要举措。活动设立50万元奖励基金，其中特等奖奖金为2万元。活动期间共收集合理化建议821条，为邮件提速和促进包裹快递业务发展提供有益参考。（四川省分公司）

19. 云南省分公司构建和谐企业。云南省分公司持续推进企业民主管理工作，努力构建服务职工工作体系，维护职工合法权益，和谐企业建设稳步推进。完成48个县级投递员之家和96个职工小家回头看建设工作。创新精神文明工作方式，开展精神文明常态化活动。目前，共有全国道德模范尼玛拉木1人、全国道德模范提名奖施庭荣1人；全国文明单位1个、省级文明单位31个、州市级文明单位47个、县级文明单位24个；全国青年文明号8个、全国交通运输行业文明示范窗口1个，省分公司本部建成全省道德讲堂示范点。选树先进典型，昆明邮区中心局全昆岭荣获中国邮政金方向盘汽车驾驶员称号；德宏州分公司段志光荣获全国禁毒工作先进个人称号。（云南省分公司　甘静）

20. 贵州省分公司。2015年，贵州省邮政分公司向全省邮政员工承诺的“十件实事”得到全面落实。全省邮政企业1519名优秀劳务用工转招为合同B类用工，49名合同B类用工转招为A类用工。通过提高全员月度绩效奖基数，对低岗位员工增发生产绩效奖，发放年底双薪及“春节”“五一”“国庆”节日慰问费，调增部分市州分公司员工公积金、增量补贴缴存比例等措施，企业员工福利待遇特别是一线员工待遇，得到了较大提升。干部职工带薪年休假制度得到有效落实，启动员工重大疾病保险和意外伤害保险，新增“职工小家”66个。积极实施困难职工帮扶工作，对38名职工子女、185名困难职工、30名单亲女职工及7名重病职工实施帮扶，发放救助金43.9万元。全年累计举办各类培训班92期，培训15749人次，通过开展各类职鉴考试，员工持证率达到84.85%，整体素质得到较大提升。积极开展选优树先工作，贵州邮政员工朱正琴同志荣获“全国劳动模范”称号，孟文彪等6名同志荣获“贵州省劳动模范”称号，郑光宇同志荣获全国“五一巾帼标兵”称号，黔南州独山县分公司城关镇营业所荣获2015年全国“巾帼文明岗”称号。（贵州省分公司　李昂）

21. 陕西省分公司。推进职工建家，加强企业民主管理，加强职工培训教育，稳步调增职工收入，不断扩大基本医疗保险覆盖面，建立健全大病互助、企业年金制度，坚持开展“三个关爱”、扶危助困活动，丰富职工业余生活，企业凝聚力不断增强，精神文明建设硕果累累。1家单位荣获“全国先进基层党组织”称号，3家单位获评“全国文明单位”，9个窗口单位获评“全国青年文明号”，5个窗口单位获评“全国工人先锋号”，1人荣获“全国五一劳动奖章”，另获省、市级文明单位、先进集体、先进个人荣誉上百项。（陕西省分公司）

9月24日，陕西邮政三大板块共同举办全省邮政职工第三届羽毛球比赛。（陕西省分公司/提供）

22. 宁夏分公司。深化职工小家建设，启动职工小家星级达标活动。开展各类送温暖活动，全年累计慰问员工近2000人次，发放慰问金及慰问品67万元；组织3152名员工参加自治区总工会职工医疗互助会。通过举办文艺汇演、才艺展示、足球比赛等活动，进一步丰富了员工业余文化生活。宁夏省分公司、石嘴山市分公司被分别确认、命名为“全国文明单位”；宁夏邮政博物馆被中国科协命名为“全国科普教育基地”；银川邮区中心局函件班组荣获“全国五一巾帼标兵岗”称号。石嘴山市分公司杨慧萍被评为“自治区劳动模范”；盐池县分公司投递员高涛当选“宁夏最美人物”并获“最美投递员”称号。银川兰亭苑等4个投递部、赵淑香等4人、耿世东等13人分别荣获集团公司“五星投递部”“五星投递班长”“五星投递员”称号；邹欣纳等4人荣获集团公司“营销能手”称号；

宁夏邮政金融个人客户营销系统运用推广成果荣获集团公司“优秀组织单位”二等奖，银川通贵等7个网点被授予“推广使用标杆网点”称号；电商专业荣获集团公司第四组“收入完成二等奖”。（宁夏分公司）

23. 青海省分公司。在全省邮政企业开展“转换角色下基层，换位体验上一线”活动，全省邮政管理人员下基层、察实情、找问题、出良策。举办“中国梦·劳动美”全省邮政职工主题演讲比赛。修订完善《青海省邮政企业工资集体协商实施细则》，工资集体协商专项合同签订率达100%。员工生产生活条件得到改善，筹集配套资金188万元在全省组织开展“模范职工小家”建设之“暖家”行动，为县分公司建设小食堂、小活动室、小阅览室，解决艰苦地区员工住宿、就餐、如厕等实际困难。加大生产设备投入及生活环境改善力度。关爱员工家庭生活，开展留守儿童慰问、金秋助学、互助帮扶和送温暖等活动，全年累计帮扶资金56.2万元，实施帮扶258人次。制定《青海省邮政企业高海拔地区员工流动管理办法》，着力解决高海拔地区员工的实际困难。按照集团公司部署，顺利完成薪酬分配调整优化，使员工共享企业发展成果。省分公司（本部）、玉树州分公司被授予第四届“全国文明单位”荣誉称号；西宁小桥投递部获得“全国五一巾帼标兵岗”荣誉称号；省信息技术局余宁同志荣获青海省“工人技术明星”称号；格尔木河西支局被共青团格尔木市委授予“青年文明号”荣誉称号。（青海省分公司　韩建）

【邮储银行上海市分行获选先进单位】

“2015年上海金融榜”评选中，邮储银行上海市分行被评为“年度最佳服务银行”。崇明陈家镇支行、奉贤头桥支行、南汇周浦镇支行及闸北马戏城支行等多家单位荣获“上海银行业敬老服务示范网点”称号。在新闻晨报举办的第二届微平台评选中，荣膺“最佳客户体验奖”，荣获银联上海分公司颁发的“2015年度上海地区银行卡产业杰出创新奖”和“ATM最佳发展奖”。荣获中国银行业协会2015年度银行从业人员消费者权益保护知识网络竞赛“先进集体奖”。（邮储银行）

【邮储银行浙江省分行普惠金融赢得社会认可】

2015年，中央和省市级媒体对邮储银行浙江省分行普惠金融实践进行系列报道；金融知识进万家、邮储阳光行动、创业创富大赛等专项活动得到社会各界的认可。荣获省政府“支持浙江经济社会发展先进单位一等奖”，浙江省委书记夏宝龙特别批示：“邮储银行浙江分行围绕中心、服务大局，主动作为，在助推我省经济社会发展中发挥了很好的作用。”（邮储银行）

3月~5月，邮储银行在全国36家一级分行和总行机关组织开展的“迎五四颂青春—与邮储合影，对未来寄语”主题征集活动，共征集参赛作品200余幅。这些作品题材新颖，主题明确，画面鲜活，风格多样，真实记录了青年员工与邮储银行共进步的经历，展示邮储银行青年员工进取向上的青春风貌。（新闻宣传中心／提供　张立群／摄）

【邮储银行湖北省分行创新服务】

湖北省分行荣获全国金雁奖优秀组织单位，武汉市武胜路支行被评为全国银行业协会5星网点，大冶市支行营业部等3家支行被评为4星网点，建始县人民大道支行被评为3星网点。建成金融服务网格工作站790个，在全省“网格之星”评选表彰中，省分行荣获先进组织单位，天门、仙桃等15家县市支行荣获先进单位，邓飞虎、姚蕾等60名个人荣获先进个人。实现村邮站叠加助农取款服务1.1万家，建成863家农村综合金融服务站。成功策划“提前三年完成投放湖北1000亿元合作协议”、服务长江经济带、精准扶贫等重大媒体宣传活动，开展“送农民工回家”“关注留守儿童”两大公益活动，省分行荣获省级文明单位，荣获政府与媒体颁发“社会责任奖”等5个奖项，外部发展环境持续优化。（邮储银行）

【邮储银行西藏分行履行社会责任】

西藏分行聚焦中央第六次西藏工作座谈会精神，遵循邮储银行“普惠金融”战略定位，加大服务“三农”、服务社区、服务小微企业工作力度。全年为156家农户和商户提供0.23亿元信用贷款支持，为658家消费者提供2.51亿元消费贷款支持，为264家个体工商户和小微企业主发放2.04亿商务贷款支持。累计建123个助农取款服务点。向西藏“4.25”地震灾区捐款300万元，全分行职工捐款7万余元支持抗震救灾工作。为西藏公安民警英烈基金捐助6万元。以“有爱就有希望”为主线的“扶贫济困、爱心驿使”活动，筹资40万元帮扶200多名贫困人群的助学和再就业，推动区内扶贫工作。全年选派12名职工参加驻村工作，有2人荣获自治区先进个人，区分行驻村工

作队荣获白朗县先进集体。（邮储银行）

【速递物流公司构建和谐企业】

1. 内蒙古分公司。组织开展旺季、暑期、重要节假日送温暖、送清凉活动；实施全区职工小家建设工程，投入近100万元，为全区81处揽投部配备必要的生活娱乐设施，解决基层一线员工"喝上热水、吃上热饭"的问题；组织开展形式多样的文体娱乐活动，丰富员工的文化生活；畅通员工诉求渠道，通过职工代表提案、设立主席信箱的方式充分听取员工的意见和建议，促进企业的民主管理、民主决策工作。

2. 辽宁省分公司。全年投入旺季生产慰问资金20余万元，筹集"爱心互助"基金21.56万元，帮扶特困和重病职工46名；全省投入资金近130万元，完成17个职工小家示范点建设，127个揽投部站实现"吃上热饭、喝上热水"的目标；组织开展职业技能鉴定、竞赛等活动，举办"降本增效"专题合理化建议，及乒乓球、羽毛球比赛等多项文体活动，丰富员工文化生活。

3. 吉林省分公司。一是按总部部署完成年度"职工小家"建设任务，员工队伍各项权益得到有效保障；二是成立省新闻文化中心、组建省速递物流艺术团、开通全省微信平台，企业文化建设进一步延伸。全年拍摄《变化在你身边》《梦想开始的地方》《足迹》《白山一家人》四部视频短片，推出《一线直通车》专刊；三是组织全省乒乓球比赛、歌手大赛、庆"七一"文艺演出和棋王争霸赛等活动，激发员工爱岗敬业的工作热情；四是充分发挥共青团组织的作用，开展"青年突击队"进商圈、播音主持、模特培训等活动，为青年员工展示才华搭建成长平台。

4. 上海市分公司。发挥小家示范点的引领作用，以邮件处理中心、国际速递分公司和卢湾营业部为试点，以"建小家、创品牌、促发展"为理念，努力改善员工生产生活条件，使员工真正感受到企业的关心关爱。卢湾营业部作为首批创建的中国邮政速递物流股份有限公司"职工小家示范点"，在原有小家的基础上，新增职工文化墙、学习角、娱乐区等功能，满足员工群众精神文化需求，营造职工小家温馨和谐的氛围。

5. 南京集散中心。建设企业文化交流平台，建成南集文化长廊，创办内刊《南集之家》，以图文并茂的形式宣传企业文化、企业形象和企业活动，成为企业文化交流的主要平台。大力开展评优树优活动，如空侧作业区开展"职工之星、党员之星"的"双星"评选活动和"月度质量达人"活动，陆侧作业区开展"季度工作标兵"评选活动等，涌现出一批爱岗敬业、积极作为的优秀员工。

6. 江西省分公司。全省11个职工小家示范点按照配置标准完成验收工作；全年累计投资127.4万元，为所有揽投部站配备电水壶、保温壶、微波炉、冰箱等基础设备，解决揽投人员"吃上热饭、喝上热水"问题；组织开展评优评先活动和揽投员岗位技术比武活动，提升一线人员的综合素质和业务能力。

7. 山东省分公司。做好春节送温暖、暑期送清凉、旺季生产慰问、困难职工"两救助"工作；全省建成职工小家220个，新增60个，建成总部小家示范点19个；典型选树工作取得成效，烟台市分公司职工刘建春同志被授予全国劳动模范荣誉称号，省公司工会荣获"全国模范职工之家"称号，省公司客服中心荣获中华全国总工会颁发的"全国五一巾帼标兵岗"，东营市公司东城营业部荣获省总工会颁发的"山东省工人先锋号"。

8. 湖北省分公司。完善员工保障体系。一是实事落到实处。为3400名员工开展生日慰问活动，金秋助学为48名员工子女发放助学金5.1万元，发放春送温暖、夏送清凉及中秋节慰问物资折合资金38万元，发放儿童节慰问费5400元。二是关爱员工生产生活。建立互助保险基金，解决职工因重病、住院给家庭生活带来的特殊困难；开展在汉员工"赶集会"，解决多名员工就近工作的问题。三是推进揽投员之家创建。17个揽投员之家达到总部职工小家标准；全省补贴130万元解决一线员工喝热水、吃热饭问题。四是丰富职工活动。开展全省第二届羽毛球比赛。组织篮球赛、开展登山活动，开展"庆中秋、迎国庆"大学生文艺竞赛活动，举办拔河友谊赛等，陶冶了员工情操。

9. 湖南省分公司。确保工资和基本运营，解决揽投部洗手间和手套、防护用具等问题，补齐拖欠工资和"五险一金"，并明确每月18日前必须发放工资；在困难很多、资金紧张的情况下，带领全省上下，通过加快发展，提高年终绩效和奖金标准并及时发放到位；安排专款为干部员工体检；切实加强自身建设，对两级党组织和干部明确"五讲四提高"的要求，全省上下基本形成风清、气正、劲足的氛围。

10. 广东省分公司。坚持服务职工群众，加强"职工小家"建设，全年建设（提升）职工之家32个、职工小家131个、揽投员之家37个，全省速递物流建家率达到100%；密切关注员工思想动态，努力维护好员工权益，为其提供增强能力、成长成才的良好机会和平台，加强员工队伍建设。速递物流广东省分公司先后荣获"广东省文明单位""中国消费者十大满意品牌""中国物流百强企业""广东省诚信示范企业""全国先进物流企业"等荣誉称号。

11. 云南省分公司。一是进一步深化和谐企业建设，激发员工劳动和创新热情。持续开展"揽投员之家"建设，开展全省邮政速递物流揽投员技能大赛活动，激发广大职工的学习意识、竞争意识、创新意识。二是开展形式多样的精神文明创建活动，推动精神文明创建活动常态化、长效化。三是全力做好职工小家建设工作，把职工小家建设工作作为改善职工生产生活条件、凝聚人心、稳定队伍的民心工程，完成8个职工小家示范点建设和解决所有揽投站“吃上热饭”、所有揽投人员“喝上热水”的建家任务。四是丰富职工互助帮扶内容，扩大帮扶、关爱职工的范围，提升困难帮扶水平。

12. 西藏分公司。本着“围绕中心、服务大局”的理念开展，组织离退休和贫困员工慰问、“五好揽投部”劳动竞赛、“职工小家”建设、员工思想动态调研、职工代表换届选举、民主评议领导班子及班子成员、工资集体协商、军民共建、文体活动等工作，不断强化企业文化建设，提升和谐企业氛围。2015 年，公司直属营业部被集团公司评为“2014 年度全国邮政用户满意企业”；速递物流西藏分公司被拉萨市邮政管理局评为“2015 年度拉萨市优秀快递企业”；直属营业部袁鹏、唐军章、旦增旺扎被评为全国邮政速递物流“优秀营销员”，次旺强巴、索朗次仁被评为全国邮政速递物流“优秀揽投员”。

13. 甘肃省分公司。推进精准扶贫工作。深入对口扶贫点农户家中和学校做调查、送温暖，并指定驻村人员，长期工作，全面履行国有企业社会责任，树立企业敢于负责的良好形象。各级工会组织制定完善《职代会选举办法》和《职代会大会细则》，完成“职工小家”建设投资 47.82 万元，组织开展职工运动会和羽毛球、气排球、足球、篮球比赛等文体活动，采取多种形式赴基层和困难职工中开展慰问活动。

14. 宁夏分公司。加大职工小家建设力度，贺兰营业部总部级“职工小家”示范点投入使用；将冬送温暖、夏送清凉、金秋助学、平日送关怀工作制度化、常态化；开展职工思想动态调查，对思想情绪不稳定的职工进行心理疏导；落实员工带薪休假制度，组织女工妇科体检。；组织“庆三八 包饺子 秀才艺”比赛活动、“二十四式”太极拳培训班，“快乐健步走”等活动，丰富员工精神文化生活；建立健全团的工作运行机制，明确团委及支部工作职责和工作内容，通过开展志愿者活动，提升团员青年工作活力。

15. 青海省分公司。利用重大节日和业务淡季时间，组织全员开展春季激情徒步活动，以“激情、快乐、平安、健康”为主题的大型拓展活动，不断增强员工的向心力和凝聚力。关爱员工生产生活，积极争取总部工会职工小家建设资金，投入 45 万元，为基层配备微波炉、保温杯、保鲜柜等设施，使员工能“吃上热饭、喝上热水”；“双 11”业务旺季生产期间，省分公司开展“暖心”行动，为员工订制盒餐，并组织机关全体人员支撑生产一线，协助开展旺季生产运营保障工作，全力支撑“双 11”旺季生产；分别开展夏季“送清凉”、冬季“送温暖”“金秋助学”等活动，切实解决员工的生产生活困难。

16. 新疆分公司。重视民主管理、企务公开，不断完善职工代表大会制度，员工法定权益得到有效保障。14 处职工小家“暖心工程”建设顺利实施，全员体检落到实处，优秀劳务工转聘，公司机关及基层一线员工食堂相继启用。艾克帕尔·伊敏作为唯一邮政员工荣膺 2014 年感动交通全国十大年度人物。陈珍、杨乐乐、马元、王玮荣获共青团中央组织的全国青年职业技能大赛自治区第一、二、四、六名。艾尔肯·依拉洪荣获自治区“民族团结先进个人”。（速递物流）

【集邮总公司开展志愿服务】

组织爱国主义教育讲座，再次为贫困地区小学生捐资助学，参与“冬衣送暖”“一张纸献爱心”等公益活动。举办总公司成立 60 周年纪念活动，开展一系列学雷锋志愿服务，总公司团总支获得中央国家机关志愿服务组织奖称号。（集邮总公司）

【中国邮政航空公司构建和谐企业】

组织春节“送温暖”系列慰问活动，召开邮航第三届“明星员工”表彰大会，开展“温馨烛光”职工生日送祝福活动和职工春季疗养活动；正式启动“中国梦健康行”主题团队健步走活动，深入开展职工健康工程；举办第五届“京宁杯”体育比赛；组织优秀工会工作者和优秀工会积极分子评选活动。公司团委组织第四届“邮航青年文化季”活动，开展“奔跑吧 青春”青年教育实践活动，举办第四届“安全与我同行”知识竞赛。10 月 14 日，中国邮政航空公司捐助江苏省南京市溧水区晶桥镇郃村小学仪式在该校举行，中国邮政航空公司员工 23 万余元爱心捐款用于建设该校“‘春蕾’食堂”，江苏省儿基会、南京市妇联、南京市溧水区和邮航的相关领导出席捐赠仪式。中国邮政航空公司成立 19 年来，员工爱心捐款累计 70 余万元。11 月 26 日，在中国民航航联传播主办、民航资源网承办的第六届民航传播峰会上，邮航荣获 CACS2015 优秀传播组织奖，成为首家获此殊荣的货运航空公司。邮航全年累计在人民日报、经济日报、中国交通报、中国邮政报、中国民航报等媒体刊发消息、通讯 50 余条（篇），充分发挥新闻宣传工作内鼓士气、外树形象的作用，在诠释邮航员工 11 年“全夜航”付出的同时，更向社会展示出中国邮政人的风采。（中国邮政航空公司）

【中邮保险打造“员工幸福工程”】

搭建省分公司工会组织体系，打造“员工幸福工程”，为员工做好事、解难事、办实事。关注员工需求感受，启动职工之家建设，建立健全总省企业年金及重疾意外等员工福利保障机制。开展关爱员工活动，成立“手拉手”互助基金，组织员工亲情关怀慰问，完善员工互助关爱体系。积极组织丰富多彩的群团活动，开展中邮保险成立 6 周年红色宣传月和“优秀女员工”“青年标兵”评选、读书献言、合理化建议及各类文体活动，培育积极向上的企业文化。

1. 黑龙江省分公司。组织开展首届职工羽毛球比赛；

参加总公司组织的职工羽毛球比赛、咕咚健步走、文艺节目汇演、书画摄影知识培训等活动；开展“我学最美献爱心”先进事迹学习、撰写心得体会；参加《保险让生活更美好》手语操比赛活动；开展“七一”评先树优和“青年标兵”评选活动；组织会员参加总公司互助基金会、建立健全职工健康档案、着手开展分公司“职工之家”建设，提升员工幸福感；开展了强化支撑、谏言征集、“品书香强素质促发展读书月”等活动，不断深化企业文化建设。

2. 江苏省分公司。成立中邮保险工会江苏分公司委员会，选举产生第一届工会领导机构及基层工会组织。推进精神文明创建工作，申报省级机关文明单位。组织员工参加第一届“中邮保险杯”职工羽毛球比赛及江苏省保险行业“环湖跑”比赛等文体活动，成绩名列前茅。曾小艺获“全国保险系统劳动模范”荣誉称号。严把安全生产关口，全年江苏分公司未发生安全生产事故。

3. 浙江省分公司。成立分公司工会，打造“员工幸福工程”。设立工会主席信箱，畅通员工诉求表达渠道。开展评先评优，10 名员工获省邮政直属工会优秀工会积极分子，2 名员工获中邮保险“青年标兵”。加入总公司“手拉手”互助基金会、浙江邮政职工互助保障会等，制定《员工亲情关怀慰问办法》，为 7 名员工送上关怀慰问。开展登山、羽毛球、健步走、文学摄影比赛等文体活动，丰富员工业余文化生活。

4. 安徽省分公司。举办“新国十条”征文比赛。组织排演并拍摄“保险让生活更美好”手语舞视频、能力提升宣传视频、《非你莫属》微话剧。组织安徽中邮保险代表队参加第二届保险之星技能大赛，以复赛第 1 名成绩进入决赛，并获得团体一等奖。组织开展“重走长征路、播撒中邮情”主题活动，慰问 5 名安徽邮政系统抗战老兵。开展工会活动。开展员工亲情关怀慰问，对家庭困难员工进行帮扶，让员工切身体验到企业的关爱。组织开展员工体检、登山、健步走、羽毛球赛、“红色宣传月”“我为公司转型发展献一策”合理化建议征集等活动，培育积极向上的企业文化。

5. 江西省分公司。一是群团组织初步建立，先后召开中邮保险工会江西省分公司委员会第一次会员大会、中邮保险江西省分公司第一届一次团员大会，成立公司工会和机关团总支。二是组织员工参加中邮保险互助基金。并先后对外组织、参加爱心献血，向环卫工人赠送保险，爱心健步走、向手牵手爱心帮扶学校捐赠等爱心公益活动，履行社会责任。三是成立 8 个兴趣小组，组织开展一系列文体活动，丰富员工生活。

6. 湖北省分公司。成立分公司工会。选举产生分公司第一届工会领导机构及基层工会组织。完成工会帐户办理工作，43 名员工全部入会。成立体育、摄影书画、文学艺术业余活动协会，组织员工工间操比赛、文艺表演，参加邮政系统组织的羽毛球、乒乓球和气排球比赛并荣获较好名次。在中邮保险成立六周年之际，与邮政联合开展“慰问革命老兵”“共建邮政职工小家”等活动，营造“邮保一家亲”的良好氛围。

7. 湖南省分公司。成立分公司工会。参加省分公司举行的“第一届湖南邮政系统员工气排球比赛”获得优秀组织奖。开展慰问老革命战士活动，开展“百年邮政 千名员工 万里征程”中邮保险红色宣传月系列活动，开展举办“秉承湖湘精神 弘扬中邮精魂”职工接力赛和登山比赛等多种文娱活动。实施“员工关怀工程”。制订《“手拉手”互助基金实施办法》和《员工亲情关怀慰问实施办法》，以制度规范互助基金使用，开展送温暖活动，组织全体职工进行健康体检，购买职工医疗补充保险，组织女职工两癌健康检查，关爱女职工生活。

8. 四川省分公司。广开民主渠道，进一步拉近公司与员工的距离。开展中邮保险职工“手拉手”互助基金关爱工作，69 名正式合同员工全部入会。落实总部员工亲情关怀慰问办法，慰问分公司 2 位省部级劳模，看望困难、生病、婚育员工，做好“送温暖”和帮扶工作。开展“百年邮政千名员工 万里征程”中邮保险红色宣传月活动，自编、自导、自演文艺汇演节目《疆爱》，深入凉山冕宁彝海慰问困难群众、伤残军人，树立良好社会形象。成立 6 个兴趣活动小组，组织参加中邮保险、四川邮政系统和行业协会举办的羽毛球、乒乓球及运动会等比赛，激发员工体育竞技精神，培育团队合作意识。（中邮人寿保险）

【信息技术局获“首都精神文明单位”荣誉称号】

开展精神文明创建活动，在连续十多年荣获“中央国家机关精神文明单位”基础上，首次获得“首都精神文明单位”荣誉称号，信息技术局运维部获得交通运输部“文明示范窗口”、共青团中央“青年文明号”荣誉称号，精神文明创建工作取得丰硕成果。（信息技术局 秦佳）

【邮政科学研究院表彰先进员工】

邮政科学院涌现出一批先进集体、优秀员工和优秀青年典型，孙倩、方宇惟等 45 人被评为 2015 年度院优秀员工；李辉、刘磊等一批骨干员工被授予处理中心工程实施特别贡献奖；孟祥力热心公益，志愿献血十余次，为白血病患者捐献造血干细胞，受到院内通报表扬。（邮政科学研究院 杨文峰）

【上海研究院获“文明单位”称号】

2015 年，上海研究院被上海市政府授予“2013 ~ 2014 年度上海市文明单位”称号。在工程任务较为繁重的情况下，全院 40 多名技术人员连续几个月投身在现场一线加班加点，以实际行动展现忘我奋斗的精神和风貌。“双 11”

期间，上海研究院在《中国邮政报》展开专版宣传，利用微信渠道进行互动宣传等，使上海研究院的品牌和信誉度不断提升。（上海研究院　龙潜）

【上海市分公司“服务文明进社区”活动】

3月19日，上海邮政“服务文明进社区”同创共建项目获评上海市100个“群众喜爱的培育和践行社会主义核心价值观项目”。“群众喜爱的培育和践行社会主义核心价值观项目”评选活动，由上海市委宣传部主办，自2014年11月启动后，在全市各地区、系统征集240个候选项目，通过东方网投票通道，面向全市市民集赞投票，评选出全市100个切实体现“落细、落小、落实”，把社会主义核心价值观日常化、具体化、形象化的优秀项目。上海邮政“服务文明进社区”同创共建项目，作为上海市建设交通系统推荐渠道2个获奖项目之一，得票数最终位列37。上海市委宣传部部长徐麟出席会议并向获奖单位颁发证书，上海市分公司党委副书记、副总经理盛伏代表上海邮政出席会议并领奖。（上海市分公司）

【“幸福湖南邮政”建设】

制定并实施“民生关爱”工程系列办法。成立湖南邮政企业互助帮扶基金会，全年受益职工2064人次。为所有邮政从业人员和退休员工购买补充医疗保险。统一全省邮政员工住房公积金缴费比例，规范五险参保缴费工作，确保五险100%参保。首批推出的16个员工创业项目，受到全省邮政职工及家属的积极响应。全省有4名员工荣获全国劳模称号，6名员工荣获省劳模称号，全国劳模数排邮政行业和湖南省产业第一。全省以“关爱劳模生活、弘扬劳模精神”为主题，开展一系列劳模调查、座谈、慰问等活动，组织省部级以上劳模进行疗休等。（湖南省分公司　王俊、唐艳）

【西藏分公司加大关爱职工力度】

“送温暖”活动发放慰问金32.8万元；向28名职工发放互助保障金16.9万元；出资9万余元，用于“职工书屋”建设；补助基层工会30余万元，用于6个“职工小家”示范点和16个“职工小家”基础建设。“4·25”地震发生后，西藏邮政党组第一时间启动应急预案，派出工作组赶赴灾区慰问受灾职工，指导抗震救灾。全年有3个集体、2名个人获得省部级以上荣誉，表彰12个先进集体、35名先进个人。病逝援藏干部郭达履职尽责，奉献高原，被评为区直工委系统“优秀共产党员”。（西藏分公司）

【甘肃省分公司“员工热线”语音导航】

4月22日，甘肃省邮政公司在11185省中心IVR语音内建立“员工热线”语音导航。通过“员工热线”语音服务，受理、解决内部员工的建议、意见。进一步畅通员工诉求渠道，及时了解员工的需求、建议和意见，关心员工疾苦、回应员工诉求，推进“限时办结制度”的落实，通过“员工热线”，将进一步畅通员工诉求，改进工作作风，提高各环节工作效率，实现“领导服务员工、机关服务基层、后台服务前台”，将“员工热线”真正变成员工与省公司沟通的桥梁。（甘肃省分公司）

【新疆分公司推进榜样建设】

2月28日，全国精神文明建设工作表彰暨学雷锋志愿服务大会在北京召开，会上公布第四届全国文明城市（区）、文明村镇、文明单位名单。新疆邮政公司（机关）和乌鲁木齐邮区中心局被中央文明委授予“第四届全国文明单位”荣誉称号。这是新疆邮政公司（机关）和乌鲁木齐邮区中心局自获得“新疆维吾尔自治区级文明单位”“新疆维吾尔自治区最佳文明单位”等荣誉之后，精神文明创建取得的又一重大成果。3月17日，新疆乌鲁木齐市召开第二届“道德模范”“美德少年”表彰大会，对32名“道德模范”和20名“美德少年”进行表彰。乌鲁木齐市邮政分公司南昌路投递班投递员马建新在本次“道德模范”评选活动中荣膺诚实守信“道德模范”称号。（新疆分公司　康燕）

【新疆分公司第二季公益活动】

5月26日，由新疆日报、新疆都市报、天山公益、新疆邮政公司、自治区团委、自治区教育厅主办组织，新疆青少年发展基金会、自治区区直机关团工委、自治区志愿者协会、新疆资助教育基金会、乌鲁木齐市教育局及各厅局住村干部等单位联合参与协办的“关注乡村童年梦 百校万人公益行——玩具总动员”第二季公益活动启动仪式暨爱心邮车发车仪式在乌鲁木齐邮区中心局举行。自5月征集玩具的消息一发出，30多家政府机构、学校、幼儿园、企业和志愿者团体积极行动，两个星期内就募集到2万余件玩具，很多单位都是连续两年参加活动。这2.2万件玩具有熊猫玩偶，汽车模型，儿童书包，双语小画书，通过乌鲁木齐邮区中心局爱心邮车，在“六·一”儿童节来临之际已全部顺利运输到和田、喀什等17个“三民”工作组住地，分发到南疆19个县35个村的幼儿园和小学生手中。（新疆分公司　康燕）

中国邮政
CHINA POST

交流与合作

国内交流合作

【河北省分公司与省供销合作总社签订战略合作框架协议】

12月16日，河北分公司与省供销合作总社签订战略合作框架协议，双方以互惠互利共建合作、共促合作发展为原则，充分发挥各自的行业与资源优势，为更好地服务新时期农村经济社会发展和“三农”工作大局，就营销渠道、综合服务平台建设、流通网络、金融等其他方面达成合作共识。（河北省分公司　程钰）

【速递物流河北省分公司合作互鉴工作】

石家庄市、唐山市分公司分别争取到“城市共同配送项目”政策补贴285万元、40万元。速递物流河北省分公司争取到省国税增值税减免政策。与工商、税务、海关、国家邮政局等多家政府部门及境外合作公司联系办理快件监管运营人资质，完成各种审批手续、资质20多项。与河北省公安厅、省高检、省高速管理局达成共识，通过邮政EMS网络搭建便民利民服务平台。加强行业合作，与石邮学院达成战略合作协议，在员工素质提升、员工招聘和学生实习、校园快递超市建设、生产管理信息系统开发建设、11183客户服务开展、企业发展课题研究等方面开展全方位合作，为企业发展引入外部智力支持。与三大电信运营商开展高层会晤，初步达成合作意向。为学习借鉴先进省、市经验，先后赴广东、福建、河南学习，并与广东、福建建立重点地市对口帮扶机制，为学习互鉴创造了条件。（速递物流河北省分公司）

【山西省分公司与多部门签署战略合作协议】

1月8日，由山西省分公司与省高速公路管理局合作开发的邮政代理ETC项目顺利上线运行，标志着邮政代理ETC业务在全省成功开办。4月29日，山西省分公司和省移动公司举行深化合作座谈会。双方就渠道资源开发、客户回馈及积分互换、移动4G卡和合约机配送及上门实名认证服务等方面达成合作共识，并表示尽快对接、完善方案、逐项落地。6月3日，山西省分公司与中国石油山西销售分公司签署框架合作协议。双方表示将在仓储物流配送、客户积分回馈、商品集采互供、营销渠道和产品合作、广告传统资源共享等五个方面开展深度合作。9月16日，山西省分公司与山西省供销社签署战略合作协议。双方将发挥行业和资源优势，不断推动在综合便民服务、物流配送、电子商务推广、金融服务、营销渠道拓展等领域的深度合作。10月23日，山西省分公司与省公安厅交通管理局签订警邮合作服务协议。双方将开展三个方面的合作。一是通过交管局互联网服务平台，实现机动车行驶证和驾驶证补换证、机动车补换领检验合格标志等业务申请资料提交，以及牌证发放所涉及的快递服务；二是实现交通安全违法通知书、处罚决定书和事故处理法律文书等交通违法信息的信函寄递服务；三是通过邮政电子化支局及代理金融等网点开展交通违法罚款、机动车行驶证和驾驶证补换证等代办业务。（山西省分公司　孙久臣）

【吉林省分公司与多家保险公司签订战略合作协议】

6月25日，吉林省分公司与中国人民财产保险股份有限公司吉林省分公司签署全面战略合作协议。本着“资源共享、优势互补、相互支持、合作共赢”的原则，双方在代理保险、金融服务、寄递配送、业务宣传、客户维护等方面达成了广泛共识，确定建立长期稳定的全面战略合作伙伴关系。9月10日，吉林省分公司与中国太平洋财产保险股份有限公司签订全面合作协议。此次全面合作内容主要包括代理保险、宣传及媒体合作、寄递配送、客户维护、金融服务等方面内容。各级客户服务中心是此次双方全面合作的牵头部门，将协调各地太平洋分支机构和邮政企业内部各部门、各专业，整合产品和服务，与对方需求进行对接，在全省范围内展开全面合作。（吉林省分公司　蔡敏杰）

【浙江省分公司与省民政厅签订战略合作协议】

2月6日，浙江省公司与省民政厅正式签订战略合作协议。根据协议，双方在加强慈善超市建设、拓展民生服务等方面开展合作。双方将选择适合的村邮站、邮政便民服务站建设成慈善超市，叠加发放民政系统民生资金、代销福利彩票、设立经常性捐助点和慈善联络站、以及代发基本生活物资等服务。同时，还将通过慈善超市加载邮政电子商务便民服务，以及利用城乡社区综合服务设施，提升服务能力和水平。（浙江省分公司　周静）

【浙江省分公司与省国际贸易集团公司签署战略合作备忘录】

10月10日，浙江省邮政分公司与省国际贸易集团有限公司签署战略合作备忘录。双方将通过资源优势融合，落实“互联网+”行动计划的重要机遇，在跨境电子商务、商贸流通领域、金融领域，以及业务宣传和客户开发维护等方面开展战略合作，共同拓展发展新领域，实现共赢。省分公司与省国际贸易集团有限公司签署战略合作备忘录后，成立由双方领导参与的协调小组，定期进行沟通协调，

落实和对接业务推进，建立双赢的长期紧密合作机制。（浙江省分公司　周静）

【山东省分公司战略合作】

8月20日，山东省分公司与省公安厅交通管理局在济南签订战略合作协议。根据协议，双方今后将在互联网交通安全警邮便民服务平台共建、交通违法款项代收、跨省异地缴纳交通违法罚款、交通违法账单一体化服务、邮政EMS寄递服务等领域开展合作。战略合作领导小组成立并于9月9日正式联合下发文件，就相关协议的贯彻落实提出具体要求。双方将在继续深入推进代缴违章罚款等合作项目的同时，以本次战略合作为契机，实现警邮双方资源与网络的充分整合，在法律文书寄递、邮政EMS寄递、“交管12123”平台建设、警邮便民服务平台建设、交通违法款项代收等重点项目上进行合作，相互衔接，共赢发展。12月2日，山东省分公司与中国民生银行济南分行在济南签订战略合作协议。根据合作协议，双方将在金融服务、寄递服务、大数据服务、广告宣传、积分换购、客户维护等领域开展全面战略合作。同时，在前期业务合作的基础上，双方将进一步加快邮政与金融的融合，共同深化社会服务领域、提升服务功能、保障民生发展。（山东省分公司）

【集团公司与河南省政府签署《关于共同推进河南邮政事业发展战略合作协议》】

5月15日，集团公司与河南省人民政府在郑州签署《关于共同推进河南邮政事业发展战略合作协议》。河南省长谢伏瞻、河南省副省长赵建才，集团公司总经理李国华、副总经理李丕征，邮储银行行长吕家进、速递物流总经理方志鹏等领导出席签约仪式。根据协议，双方将在共同推进邮政国际邮件郑州口岸建设、中国邮政郑州航空邮件集散分拨中心建设、郑欧班列带运国际邮件和高铁运邮、邮政金融服务地方经济发展、邮政综合服务平台建设五个方面深化合作。此次是双方为进一步推动河南邮政事业发展，在2010年战略合作协议主要内容已基本落实的基础上，签署的新一轮的战略合作协议，标志着双方合作进入一个新的发展阶段。仪式上，中国邮政储蓄银行河南省分行还分别与河南省人力资源和社会保障厅、河南省农业厅签署《“大众创业惠民工程”合作协议》《河南省农业厅、中国邮政储蓄银行河南省分行合作协议》。（河南省分公司）

【湖北省分公司与省交通运输厅签署合作协议】

4月28日，湖北省分公司与省交通运输厅道路运输管理局签署合作协议，启动全省邮政代售长途企业客票工作。双方表示，交通与邮政业在资源结构、产业禀性，特别是全省联网售票、统筹城乡配送、促进商品流通等方面，具有很强的互补性。此次签约使全省交邮合作步入新阶段。（湖北省分公司）

【湖北省分公司与中国移动湖北分公司合作】

8月19日，湖北省分公司与中国移动湖北分公司签订战略合作协议，双方利用遍布全省的“邮掌柜”门店受理开办移动代收费、代放号、手机卡销售等移动业务；挑选具备合作条件的邮政营业厅，共同建立“合作营业厅”。省移动公司将邮政产品引入移动积分商城兑换渠道；将邮政企业的包裹快递、EMS、物流配送作为移动手机终端、号码及相关物料的主要寄递渠道，并指定各级移动企业物品配送通过邮政渠道进行寄递。12月1日，湖北省分公司与省邮储分行、湖北烟草公司签署三方战略合作协议，未来在烟草配送、卷烟销售等众多领域，展开更有深度、更加多元的合作。（湖北省分公司）

【湖南省政府支持邮政发展】

1月27日，湖南省省长杜家毫在第十二届人民代表大会第四次会议上提出，要深入推进邮政便民综合服务平台建设；6月，湖南省委办公厅、省政府办公厅印发《2015年湖南省绩效评估实施方案》，将邮政综合便民服务平台建设情况作为一项考核指标，纳入对各市州党委、政府的绩效评估；10月8日，湖南省委书记徐守盛在长沙会见集团公司总经理、邮储银行董事长李国华，表示湖南省委将继续支持邮政事业发展，在支持邮政加快综合便民服务平台建设、农村电商服务、金融和速递服务等方面给予大力支持；11月11日，湖南省副省长张剑飞视察邮政“双11”旺季运邮及安全生产工作，并召开座谈会，要求政府帮助解决快递业发展遇到的问题；12月4日，湖南省委副书记孙金龙在衡阳市祁东县归阳镇衡祁村考察，对邮政“五不出村”的便民服务给予高度评价。12月29日，湖南省委常委、省委宣传部部长张文雄到湖南省分公司视察，盛赞邮政+互联网，表示将进一步引导、支持湖南邮政融入湖南文化产业发展。（湖南省分公司　王俊、唐艳）

【广西分公司交流与合作】

2015年，广西分公司广泛开展对外交流与合作，借力促进企业转型升级。1月5日，与中国建设银行广西区分行在南宁签署《全面业务合作协议》；5月26日，与广西职业技术学院在南宁签署《校企合作框架协议》;6月11日，与广西苏宁云商销售有限公司在南宁签署《战略合作框架协议》；10月22日，与广西东盟商贸城有限公司在钦州签订《战略合作协议》；10月23日，与广西北部湾投资集团在南宁签订《战略合作协议》12月23日，与南宁市人民政府签订《推进电子商务合作框架协议》。（广西分公司）

【海南省分公司与海汽运输集团股份有限公司签订战略合作协议】

9月9日，海南省分公司与海南海汽运输集团股份有限公司签订战略合作协议，双方在运输投递、便民综合服务、金融业务、汽车维修和保养等方面展开合作，实现行业互补，共谋发展。海南省分公司通过海汽集团城际配送的干线运输网，将部分邮件运送至市县、村镇村邮站，有效解决最后一公里的问题。同时，在海汽客运站等场所开展邮政便民服务站建设，开展通信、水电气、有线、网络电视等各类缴费服务，代理邮政特快专递和销售邮政报刊等。在有条件的营业网点、便民服务站、村邮站，将代售海汽的客运票。此外，双方还将在金融业务、汽车维修和保养等方面开展合作。为确保合作顺利推进，双方共同组建了战略合作协调小组，每季度会商一次，推进各项合作事宜的执行落实。（海南省分公司　韩冰、洪文娴）

【海南省分公司联合邮储银行与省供销合作社签订协议】

9月9日，海南省分公司、邮储银行海南省分行与省供销合作联社签订合作协议，在营销渠道、物流配送、金融服务、便民综合服务等方面开展合作。省分公司为省供销合作联社所属企业提供农资、日用消费品和农产品物流配送服务，为购买省供销合作联社所属企业产品的农户提供“送货上门”服务，并利用邮政物流及仓储设施开展农资公路运输和仓储业务。双方将依托邮政“邮乐网”电子商务平台和供销社电子商务平台，充分发挥各自优势，推动传统产业与互联网的结合，促进化肥、农药、粮油、农产品、日用消费品等产品在线交易，实现双方主营业务、合作业务和代理业务的共同发展。邮储银行海南省分行与省供销合作联社开展金融信贷、储蓄融资等业务合作，并为供销系统在创办各类企业时提供合作和支持等。为保证合作顺利进行，三方建立信息共享机制，组建战略合作协调小组，共同研究解决战略合作中的重要问题，协调、督促三方系统所属企业落实合作协议内容。（海南省分公司　韩冰、洪文娴）

【海南省分公司与苏宁云商商贸有限公司签订战略合作协议】

10月14日，海南省分公司与海南苏宁云商商贸有限公司在海口签订战略合作协议。双方将在营销推广、商品配送、O2O消费体验店合作、金融合作、售后服务、会员服务和员工专属团购等方面展开合作，实现行业互补，共谋发展。海南邮政将利用遍布全省的454个营业网点、2610个村邮站、2152个便民服务站和广大邮递员，为海南苏宁实现城乡配送全覆盖，帮助苏宁将易购的品牌和全品类商品进一步下沉到县及县以下农村市场。双方将进行资源整合，选取一部分邮政营业点与苏宁易购直营店、授权店、代理点进行联合打造，将邮政服务和苏宁易购服务相融合，进一步实现农村电商O2O模式在县、镇、乡级市场的落地与升级。（海南省分公司　韩冰　洪文娴）

【重庆市分公司与沙坪坝区政府签署关于共同推进重庆铁路口岸建设战略合作备忘录】

5月28日~31日，中国邮政以央企和世界500强第143位企业的身份参加第18届“渝洽会”，并以“互联网+”的发展理念全面展示建设世界一流邮政企业的新形象。重庆市长黄奇帆市长参观邮政展厅并与来自云阳县南溪镇的土家族“邮掌柜”彭友国交谈。集团公司李丕征副总经理作为本届渝洽会特邀嘉宾出席开幕式。重庆市分公司总经理廖涛代表市分公司与重庆市沙坪坝区人民政府签署关于共同推进重庆铁路口岸建设战略合作备忘录。展会期间，“山水重庆”集邮文化沙龙暨集邮珍品展览活动。（重庆市分公司）

【重庆市分公司与市政府签署电子商务发展合作协议】

12月15日，重庆市分公司与市政府签署电子商务发展合作协议，在电子商务服务平台应用、物流配送体系建设、金融支付、大数据应用、电子商务人才培训培养等领域展开深度合作。根据协议，市商委将从六个方面与重庆邮政建立全面战略合作关系，促进全市电子商务特别是农村电子商务加快发展，带动大众创业、万众创新和产业转型升级。一是共同打造农村物流配送体系，构建“县—乡—村”三级农村电商配送网络和体系；二是共同打造农村电商服务体系，完善农村电商服务功能，加快推进农村电商渠道建设，最终实现“购物不出村、销售不出村、金融不出村，生活不出村、物流不出村、创业就业不出村”六个“不出村”；三是共同推进农村电商平台发展工作，共同推进建设“区县网上特产馆”；四是共同推进电子商务进社区工作，推进城市共同配送体系建设，采取“网订店取”“网订店送”“社区配送”等模式，解决城市配送“最后一公里”问题，增强电商购物的体验感和及时性；五是共同做好农村电商带头人培训工作，培育一批业务素质高、综合服务能力强的电商带头人；六是共同做好农村电商的宣传推广工作，双方通过媒体报道、专题访谈、经验交流等方式，扩大农村电商的影响。（重庆市分公司）

5月29日~31日，第十八届中国（重庆）国际投资暨全球采购会（简称“渝洽会”）举办。图为中国邮政展台。（重庆市分公司/提供　赵晋黎/摄）

【云南省分公司“两油”业务等合作项目】

云南省分公司与社会各行各业开展合作，实现邮政、合作伙伴和社会的三方共赢。拓展与中石油、中石化、烟草、电力、旅游、医药等总部营销项目。“两油”项目持续推进，全省累计纳入邮政资金归集项目的“两油”站点数为582个，累计代收资金总量为114.71亿元，实现资金归集、仓储配送收入3622余万元。第三届南亚博览会期间，全省各级邮政企业共销售南博会门票70.7万张，现场邮政服务点销售南博会系列邮品17.86万元，办理邮政寄递业务200多笔，并首次提供金融服务，邮政ATM实现交易2148笔，交易金额187万元。（云南省分公司）

【贵州省分公司与省公安厅交通管理局签订警邮合作服务协议】

2月4日，贵州省分公司与省公安厅交通管理局签订警邮合作服务协议，双方形成长期稳定合作关系。协议规定，双方共同设计开发警邮交通管理服务平台，在邮政网点、网站、微信平台为广大群众提供交通违法、机动车辆管理、机动车驾驶人管理等信息的查询、咨询、宣传等服务，开办交通违法、车辆管理手续及驾驶人管理手续的相关代办业务，在延伸交警部门管理触角的同时，更好地满足群众服务需求；贵州交警部门优先使用邮政金融、速递物流和邮务业务。（贵州省分公司　李昂）

【贵州省分公司与银联商务公司贵州分公司签署战略合作框架协议】

4月22日，贵州省分公司与银联商务公司贵州分公司签署战略合作框架协议，双方建立战略合作伙伴关系。协议规定，双方互为最重要的战略合作伙伴和重要集团大客户，基于各自的主营业务与资源，在配送服务、销售渠道、电子商务、金融等领域深化业务合作，优先选择使用对方业务，并提供优质、优先服务，在符合相关规定的前提下，互享最优惠待遇；双方组成联合工作组，建立定期会商机制；双方所属市州机构若有合作先进案例，可由省级总部签订合作协议，在全省范围内进行推广。（贵州省分公司　李昂）

【贵州省分公司签订《新华社报刊发行合作协议》】

10月9日，贵州省邮政分公司与新华社贵州分社签订《新华社报刊发行合作协议》。《协议》明确，贵州省分公司将《新华每日电讯》《参考消息》《瞭望》《半月谈》《经济参考报》等主要党报党刊列入“重点项目报刊”序列，分解落实发行任务，并制定发行营销方案；新华社贵州分社借助其媒体网络渠道，做好报刊发行的宣传推介工作，并为贵州邮政发展和普遍服务等工作提供必要的舆论支持。（贵州省分公司　李昂）

【西藏分公司与旅游发展委员会签署战略合作协议】

9月30日，西藏分公司与西藏自治区旅游发展委员会本着优势互补，共促发展的原则，签订战略合作协议。西藏自治区旅游发展委员会将把西藏邮政作为品牌推广、旅游咨询服务的战略合作伙伴，对于西藏邮政设计制作以景点为题材的系列风光明信片、纪念戳、明信片式景点门票，建设主题邮局，展销特色旅游产品等系列举措给予支持。西藏分公司将发挥自身优势，依托广泛网络平台，为推进“重要世界旅游目的地”建设进行尝试，为西藏旅游企业提供旅游宣传、业务咨询、商品交易、票务代理销售等各项便民服务。（西藏分公司）

【宁夏分公司与台湾中华邮政工会交流】

5月15日~19日，台湾中华邮政工会理事长郑光明一行到宁夏邮政开展为期5天的访问交流活动。访问团一行先后来到宁夏邮政药品仓储中心、银川市分公司中心营业厅、宁夏邮政博物馆，对宁夏邮政融入地方服务民生工作进行考察，并就两岸邮政发展进行相互交流。（宁夏分公司）

【新疆分公司服务第十三届冬运会】

3月30日，新疆体育局与新疆分公司举行全国第十三届冬季运动会邮政服务暨业务合作框架协议签约仪式，双方在门票设计制作销售、纪念邮品设计销售、冬运会主题邮局服务等方面开展合作。集团公司发行邮资明信片一套一枚，区分公司以“冰雪缘、天山情、中国梦”为主题，发行两款个性化邮票和三款纪念邮品。（新疆分公司　康燕）

【海峡两岸邮政交流合作】

12月，海峡两岸邮政发展研讨会暨两岸珍邮特展在台湾举行，双方围绕邮政信息化建设、两岸邮政金融合作、两岸间电商市场发展和邮政普遍服务等内容进行交流。会议期间举行双边会谈，并在增设苏州为两岸邮件封发局、加强邮件安检和验视、研究互换邮件电子预报关可行性等方面达成了共识。两岸“思乡月”业务推广到14个省，业务量增长533%，销售额达到1019万元。（国际合作部）

【海峡两岸海运快件双向对接实现】

7月2日，两岸直航客货滚装轮“中远之星”号，搭载着首批出口到台北的两岸海运快件，从厦门驶往台湾。由此厦门与台湾海运快件实现双向运营，海峡两岸海运快件专区（台北港快递货物专区—厦门海运快件及跨境电商监管中心）实现双向对接。此次两岸海运快件专区实现双向运营的路线为“台北港—基隆港—厦门港”，厦门港成为直航台湾时间最短的大陆港口之一。“中远之星”号利用夜间直航运输台湾，夕发朝至，海运快件由基隆转运至台北快递专区通关，进一步提升厦台海运快件竞争力。（福建省分公司　杨文振）

国际交流合作

【概述】

1. 国际业务和跨境电商业务。

明确跨境电商发展思路。利用国家发展“一带一路”、跨境电商综合试验区、自贸区战略的有利契机，主动参与，实践，形成全方位的“东出海、西挺进”格局，充分利用现有航空邮路资源，拓展陆运和海运通道。西向：利用中欧铁路开辟疏通欧洲陆运通道，建设欧洲海外仓和海外互换局，加强郑州、重庆等国内陆运口岸建设。东向：利用东部、东南部沿海地区海运资源，开展针对日、韩、台市场，时限要求较低的进出口海运业务，加强天津、上海、福州（平潭）等海运口岸建设。

制定海外拓展方案。围绕服务跨境电商，针对国际业务“走出去”和海外机构设立的目标，制定海外拓展方案。以欧洲为试点，选取在清关、仓储、配送等环节具备一定实操能力的公司，开展商业渠道业务合作。综合考虑国家政策、地方政策、口岸资源、产业基础等因素，选取杭州、郑州作为邮政商业渠道拓展的试点城市，指导地方融入跨境电商业务发展。制定中国邮政海外机构设置方案。根据国际业务流量流向分析，以及各国政治、经济、环境、文化等综合因素分析，选取美国、德国作为第一批海外拓展路向，开展邮政和商业双渠道业务运作，为跨境电商提供仓储、分拣处理、封发、通关、落地配等全流程解决方案。

2. 国际网路运行能力和质量。

完善联合调度机制。全年出口国际函件业务量全年达到7.7万吨，比上年增长30%，继续保持高位运行。通过开展联合调度机制，根据各重点口岸业务发展情况，合理分配网路资源，实现国际邮件总包动态调度。根据各地增加航空运能的实际需求，先后开通欧洲及南美等90余条航空线路，以保证国际邮件运行质量和时限要求。

增强国际网路运能。与铁总、海关总署以及俄罗斯、哈萨克斯坦等国邮政达成合作共识，开通国际运输新渠道。利用郑新欧、渝新欧等货运火车班列运送邮件；通过哈萨克斯坦邮政开通新疆霍尔果斯至欧洲18国的水陆路邮路；利用K19/20（北京－哈尔滨－莫斯科）客运班列运送邮件，以上线路经过多次运邮测试，已具备运邮条件。配合相关部门，做好郑州国际口岸建设，将郑州建设成为重要的国际邮件口岸，实现国际邮件进、出、转功能，提供邮件通关、检验检疫、仓储配送等综合性的全面服务，有效减轻京、沪、穗三大口岸转运压力。

确保国际网路运行质量。对北京、上海、广东、浙江、江苏、福建、湖北等省市11个重点口岸互换局及交换站进行专项检查，进一步规范互换局及交换站相关内部处理工作。

提升邮件监管效率。与海关总署就邮件新监管办法、互换局（交换站）设立流程以及中欧铁路运邮监管等问题进行沟通，取得海关总署的认可与支持。参与世界海关组织—万国邮政联盟关邮合作联合研讨会和中欧世贸（二期）项目下中欧邮件业务研讨会，并就海关监管、电子数据交换、跨境电子商务、安全事务等内容进行充分的交流和研讨。

推进国际业务综合信息平台建设。完成国际业务综合信息平台第二阶段三个子系统（清分结算、查验单和对外数据交换）的开发和上线工作，实现国际业务综合信息平台与全网指挥调度中心、网运系统等的互联互通，为国际航空小包时限和质量监控提供了数据支撑。实现对国际平常小包总包运营的监控，国际小包开拆封发信息处理质量平均达到95%以上，境内平均时限不超过7天。全网指挥调度系统国际邮件监控功能全国上线，实现国际邮件境内各环节处理时限的实时监控，并对重点互换局的处理积压情况进行预警和报警。

3. 国际间双多边合作与交流。

开展重点路向双边业务合作。与美国邮政签订新一轮一揽子双边协议，包括试办进口e包裹业务；启动美向e邮宝深度预分拣；确定新的费率标准，其中轻小件费率较上一轮协议价格涨幅21%，中国邮政随之上调收寄资费，单件均重上涨7.9%，业务量比上年增长42.83%，达到以预分拣换费率、以劳务换市场的预期，EMS件费率下降11%，公斤费率下降17%。与俄罗斯邮政签署《中国邮政集团公司与俄罗斯联邦邮政关于响应“一带一路”倡议加强合作推进跨境电商市场发展的协议》，恢复俄向平常小包业务，俄罗斯邮政同意在其互换局采取措施，拒收其他邮政在中国境内揽收的邮件，以联合应对跨境揽收及商业渠道的冲击。中国邮政向俄罗斯邮政提供邮件EDI预报关信息，提升出口邮件清关速度。与加拿大邮政重启双边会谈，签署合作备忘录，确定双方将进一步紧密合作、联合开发中加电商寄递市场。此外，还与其他国家邮政开展双边会谈，在产品运营、邮件运输、费率结算等方面开展对话。

参与国际多边平台的交流与合作。通过参与国际多边平台的政策研究与产品研发工作，进一步完善国际产品服务，为全面提升业务服务质量奠定基础。万国邮联方面，参与研究相关业务提案以及国际函件、包裹等业务终端费、转运费的费率研究，同时做好2016年万国邮联大会业务提案的准备工作，并向万国邮联行政理事会就有关规范市场竞争的内容起草相关提案。IPC（国际邮政公司）方面，进一步研究Prime和eCIP项目内容，了解掌握相关项目的最新进展，以及外国邮政在相关项目中的参与情况，参与项目合作与研究，做好中国邮政加入相关项目的影响评估与准备工作。亚太邮联方面，参加亚太小包新业务研究，重点是摸清市场情况、业务发展和质量数据，做好量化评估分析。卡哈拉方面，履行好BOD主席职责，督促各成员加强合作，提升运营和客服质量，2015年，卡哈拉EMS进口数量和质量均大幅提升，为全网质量提升做出巨大贡献。

确定函件终端费。出口方面，完成与英国、巴西、西班牙、乌克兰、白俄罗斯、挪威、智利、澳大利亚为期1年的IPK统计工作。进口方面，通过到北京国际互换局调研等形式，进一步梳理国际函件业务进口抽样流程，初步确定进口函件处理流程优化方案和系统开发需求。在抽样的基础上，俄罗斯、英国、巴西、法国、智利、乌克兰和新西兰分别确定2014年和2015年函件终端费。

4. 外事服务和管理水平。

完善外事管理规章制度。对原《中国邮政集团公司外事工作管理规定》及其实施细则进行修订，进一步规范因公出国（境）管理，完善外事工作机制，提高外事工作制度化、规范化水平。

从严管理因公临时出国（境）团组。履行计划报批、审核与执行职责，在团组是否列入计划、出访任务必要性、日程饱满度、人员构成及行程安排的合理性等方面严格把关，坚决杜绝安排照顾性、无实质内容的一般性出访。严格执行出国信息公开和成果共享制度，要求组团单位和派出单位事先公示有关团组信息，并敦促出访团组回国后及时提交出访报告，以便实现资源共享。同时，进一步加强团组政治思想、组织纪律、保密意识等方面的教育。

做好来访团组的安排和协调工作。按照勤俭办外事的原则，遵循国际礼宾惯例和对等原则，从严从简安排集团公司领导各项外事活动，包括简化迎送、规范出访安排和来访接待等。2015年，接待来自10多个国家和地区的23个代表团。

进一步加强因公证照管理工作。实施因公证照申请和收缴查验制度，严格履行证照申办、借出、归还等手续，严格按照要求采集、上报指纹和签名等生物特征信息，注重行前审批和回国后复查等环节。共办理各类出访团组116批、671人次，办理证照201本。（国际合作部）

【中国邮政与多国通邮关系建立】

中国邮政与世界大部分国家和地区建立通邮关系，与200多个城市建立国际普邮邮件总包直封关系；国际速递业务可通达200多个国家和地区，并与100多个城市建立了国际EMS业务关系。国际邮件互换局和交换站总数为62个。（国际合作部）

【对外交流合作渠道拓宽】

本年接待来自英国、美国、俄罗斯、新加坡、津巴布韦、德国、老挝等10多个国家和地区的23个代表团。此外，集团公司派员参加万国邮联战略大会、全球名址大会、第十九届圣彼得堡国际经济论坛、中日韩高峰会、卡哈拉CEO会议和高级经理委员会会议。通过双边、多边交流，促进业务合作与发展。（国际合作部）

【集团公司与美、俄、加等国签署合作协议（备忘录）】

8月21日，签署《中国邮政集团公司和美国邮政服务多产品双边协议》；9月3日，签署《中国邮政集团公司和俄罗斯联邦邮政关于响应“一带一路”倡议加强合作推进跨境电商市场发展的协议》；9月15日，签署《亚太小包服务意向书》；11月30日，签署《中国邮政集团公司和加拿大邮政公司谅解备忘录》。（国际合作部）

【中哈邮政代表举行会晤】

3月19日，中国邮政与哈萨克斯坦邮政代表在伊犁霍尔果斯合作中心举行会晤，重点商讨开通新疆至东欧等国函件总包陆路转运事宜。哈萨克斯坦邮政董事会副主席木拉提·扎里克戈诺夫、哈邮集团信息物流中心主任木哈提·木拉提、物流部高级业务经理扎菲亚·玛卡扎那诺娃、中国邮政集团公司国际合作部国际网路处侯纪周处长、新疆分公司副总经理姜春华及相关人员参加会晤。通过会晤中哈双方一致同意开通新疆至欧洲等国陆路（汽运）邮运通道。参照万国邮联陆运转运费用，双方就经哈萨克斯坦陆路转运欧洲国家的运费达成一致意见。同时就哈方扫描中方总包袋牌不显示信息、邮件总包重量缺失以及中国其他省收寄违反禁限寄规定退回邮件的处理等问题进行商谈。此次会晤，进一步加大新疆邮政与国外邮政合作，拓展新疆邮政出口渠道，更好地满足跨境电商新业态的需要，促进新疆邮政国际小包业务的发展。（新疆分公司康燕）

【联合国邮政管理局负责人特纳·亚南参观邮票印制局】

10月18日，联合国邮政管理局负责人特纳·亚南先生在集团公司外事部门的陪同下到邮票印制局参观。副局长马丕中为特纳·亚南介绍邮票印制局的基本情况，探讨并了解联合国邮政相关业务方面的发展和需求，为今后可能开展的合作奠定良好的基础。特纳·亚南先生参观邮票印制局雕刻室、制版车间、印刷车间和完成车间，对邮票中应用的防伪技术情况以及材料和技术的创新工艺方面表现出非常浓厚的兴趣。（邮票印制局 蔚娜）

【国际合作协议备忘录一览表】

序号	名　称	签署单位	签署日期	备注
1	中华人民共和国国家邮政局与朝鲜民主主义人民共和国递信省关于加强关于邮政领域合作的协议	中华人民共和国国家邮政局、朝鲜民主主义人民共和国递信省	2000年5月26日	中文、朝文
2	卡哈拉邮政集团关于组织与功能的谅解备忘录	澳大利亚邮政、中国邮政、香港邮政、日本邮政、韩国邮政、美国邮政	2003年6月	英文
3	加拿大邮政和中国邮政关于国际EMS邮件交换的谅解备忘录	加拿大邮政、中国邮政	2003年11月12日	英文
4	内地邮政与香港邮政更紧密业务合作安排	国家邮政局、香港邮政署	2003年12月	中文
5	中华人民共和国国家邮政局与澳大利亚邮政公司谅解备忘录	中华人民共和国国家邮政局、澳大利亚邮政公司	2003年12月8日	中文、英文
6	中华人民共和国国家邮政局与朝鲜民主主义人民共和国邮电部关于邮政汇款的协议	中华人民共和国国家邮政局、朝鲜民主主义人民共和国邮电部	2003年12月9日	英文
7	国家邮政局、香港邮政署、澳门邮政局关于发行“郑和下西洋”纪念邮票有关问题的协议	国家邮政局、香港邮政署、澳门邮政局	2004年7月22日	中文
8	中华人民共和国国家邮政局与加拿大邮政公司关于联合发行邮票的协议	中华人民共和国国家邮政局、加拿大邮政公司	2004年7月30日	中文
9	中国邮政与荷兰TPG集团高峰会议纪要	中国邮政、荷兰TPG集团	2004年9月8日	中文、英文
10	中日韩第5次高层邮政会议备忘录	中日韩邮政	2004年11月9日	英文
11	中华人民共和国国家邮政局和波兰邮政联合发行邮票的协议	中华人民共和国国家邮政局、波兰邮政	2005年2月5日	英文
12	中华人民共和国国家邮政局和奥地利邮政关于联合发行邮票的协议	中华人民共和国国家邮政局、奥地利邮政	2005年3月15日	英文
13	中华人民共和国国家邮政局和哈萨克斯坦邮政会谈纪要	中华人民共和国国家邮政局、哈萨克斯坦邮政	2005年11月4日	中文、英文
14	中日韩第6次高层邮政会议备忘录	中日韩邮政	2005年11月8日	英文
15	中华人民共和国国家邮政局和蒙古邮政会谈纪要	中华人民共和国国家邮政局、蒙古邮政	2005年11月29日	英文
16	中华人民共和国国家邮政局和摩托罗拉（中国）电子有限公司战略合作谅解备忘录	中华人民共和国国家邮政局、摩托罗拉（中国）电子有限公司	2006年3月15日	中文、英文
17	中华人民共和国国家邮政局和俄罗斯邮政关于边境包裹交换的协议	中华人民共和国国家邮政局、俄罗斯邮政	2006年4月11日	英文
18	中华人民共和国国家邮政局和阿联酋邮政关于加强业务合作谅解备忘录	中华人民共和国国家邮政局、阿联酋邮政	2006年10月30日	英文
19	中日韩第7次高层邮政会议备忘录	中日韩邮政	2006年11月29日	英文
20	中国邮政与香港邮政关于加强业务合作的谅解备忘录	中国邮政、香港邮政	2007年1月29日	中文
21	中国邮政集团公司与日本邮政公社关于进一步加强国际业务合作的谅解备忘录	中国邮政集团公司、日本邮政公社	2007年7月10日	中文、英文
22	《项目评估会议纪要》中国邮政储蓄银行“小额贷款与零售银行业务”合作项目	中国邮政集团公司、中国邮政储蓄银行、德国技术合作公司	2007年8月24日	中文、英文
23	中日韩第8次高层邮政会议备忘录	中日韩邮政	2007年9月12日	英文

续表

序号	名　称	签署单位	签署日期	备注
24	中国邮政与香港邮政加强业务合作谅解备忘录	中国邮政集团公司与香港特别行政区邮政署	2008年3月27日	
25	谅解备忘录	中国邮政储蓄银行与德国邮政银行	2008年4月4日	英文
26	地区性邮政业务合作谅解备忘录	中国邮政集团公司与香港、老挝、马来西亚、菲律宾、新加坡、泰国、越南邮政	2008年5月8日	英文
27	中国邮政与阿联酋邮政关于加强合作的框架协议	中国邮政集团公司与阿联酋邮政	2008年6月30日	英文
28	参加邮联会与俄罗斯签的会谈记录	中国邮政、俄罗斯邮政	2008年10月30日	英文
29	中日韩第9次高层邮政会议备忘录	中日韩邮政	2008年11月4日	英文
30	中国邮政与蒙古邮政关于边境包裹交换的协议	中国邮政、蒙古邮政	2008年12月9日	英文
31	合作备忘录	中国邮政集团公司、戴尔公司	2009年3月5日	中、英文
32	中国邮政与香港邮政加强业务合作谅解备忘录	中国邮政集团公司、香港邮政署	2009年4月28日	中文
33	2009中国邮政与德国邮政签署协议	中国邮政、德国邮政	2009年5月8日	英文
34	中国邮政与马来西亚邮政合作谅解备忘录	中国邮政集团公司、马来西亚邮政公司	2009年6月3日	英文
35	中国邮政与新西兰邮政业务计划	中国邮政集团公司、新西兰邮政	2009年7月8日	英文
36	中国邮政与俄罗斯邮政关于发展跨境包裹交换联合议定书	中国邮政、俄罗斯邮政	2009年7月23日	英文
37	中国邮政与新加坡邮政谅解备忘录	中国邮政、新加坡邮政	2009年8月4日	英文
38	中国邮政与澳门邮政关于联合开发电子挂号信函系统及发展业务事宜的谅解备忘录	中国邮政、澳门邮政	2009年9月4日	中文
39	2009中国邮政与新加坡邮政签署协议	中国邮政、新加坡邮政	2009年9月29日	英文
40	2009年中国邮政与俄罗斯邮政协议补充	中国邮政、俄罗斯邮政	2009年11月3日	英文
41	中国与俄罗斯邮政关于跨境包裹交换的协议（2号）	中国邮政、俄罗斯邮政	2010年1月20日	英文
42	2010年中国邮政与香港邮政加强业务合作谅解备忘录	中国邮政、香港邮政	2010年3月26日	中文
43	中国邮政与印度邮政促进业务合作谅解备忘录	中国邮政、印度邮政	2010年8月	英文
44	2010年中国邮政与俄罗斯邮政会议纪要	中国邮政、俄罗斯邮政	2010年9月27至28	英文
45	中日韩第11次邮政高峰会议备忘录	中国邮政、日本邮政、韩国邮政	2010年10月20日	英文
46	中日邮政业务合作谅解备忘录	中国邮政、日本邮政	2010年11月22日	英文
47	中英邮政战略谅解备忘录	中国邮政、英国邮政	2010年12月6日	英文
48	2011年中国邮政与香港邮政加强业务合作谅解备忘录	中国邮政、香港邮政	2011年3月21日	中文
49	2011年中国邮政与澳门邮政关于国际销售电子挂号邮件系统事宜的谅解备忘录	中国邮政、澳门邮政	2011年5月5日	中文
50	2011年中、日、韩高峰会签的协议	中国邮政、日本邮政、韩国邮政	2011年10月13日	英文
51	2011年东盟合作会议备忘录	东盟会议参会各国邮政	2011年11月15日	英文

续表

序号	名　称	签署单位	签署日期	备注
52	2012中国邮政与卡哈拉签署协议	中国邮政、卡哈拉	2012年	英文
53	2012中国邮政与以色列邮政合作备忘录	中国邮政、以色列邮政	2012年4月	英文
54	2012中国邮政与芬兰邮政签署协议	中国邮政、芬兰邮政	2012年4月2日	英文
55	2012中国邮政与加拿大邮政谅解备忘录	中国邮政、加拿大邮政	2012年5月	英文
56	2012中国邮政与英国邮政理解备忘录	中国邮政、英国邮政	2012年10月8日	英文
57	2012中、日、韩邮政高峰会协议	中国邮政、日本邮政、韩国邮政	2012年11月8日	英文
58	2012中国邮政与美国邮政多种产品费率双边协议	中国邮政、美国邮政	2012年11月8日	英文
59	中国邮政、意大利邮政谅解备忘录	中国邮政、意大利邮政	2012年12月10日	英文
60	2013中国邮政与意大利邮政国际小包协议	中国邮政、意大利邮政	2013年3月19日	英文
61	2013中国邮政与英国邮政挂号小包谅解备忘录（2份）	中国邮政、英国邮政	2013年4月9日	英文
62	中国邮政与意大利邮政签署小包协议	中国邮政、意大利邮政	2013年7月30日	英文
63	中国邮政与意大利邮政签署保险协议	中国邮政、意大利邮政	2013年7月30日	英文
64	中国邮政与意大利邮政签署邮乐协议	中国邮政、意大利邮政	2013年7月30日	英文
65	中国邮政与意大利邮政签署银行业务协议	中国邮政、意大利邮政	2013年7月30日	英文
66	中俄通信与信息技术分委会第十二次会邮政工作组会议纪要	中国邮政、俄罗斯邮政	2013年9月24日	英文 中文
67	第14届中日韩高峰会议备忘录	中日韩邮政	2013年10月24日	英文
68	中国邮政与哈萨克斯坦邮政关于陆路转运业务的协议	中国邮政、哈萨克斯坦邮政	2013年11月26日	英文 中文
69	中国邮政与台湾中华邮政签署开通两岸“邮政e小包”	中国邮政、台湾中华邮政	2013年12月16日	中文
70	中国邮政与加拿大邮政双边小包业务合作协议	中国邮政、加拿大邮政	2014年2月14日	英文
71	中国邮政与美国邮政双边合作协议	中国邮政、美国邮政	2014年4月2日	英文
72	中国邮政与马来西亚邮政谅解备忘录	中国邮政、马来西亚邮政	2014年5月29日	英文
73	中国邮政与新西兰邮政双边协议	中国邮政、新西兰邮政	2014年9月9日	英文
74	中、日、韩高峰会议备忘录	中国邮政、日本邮政、韩国邮政	2014年12月11日	英文
75	中国邮政与俄罗斯邮政签署跨境电商“一带一路”国际邮路协议	中国邮政、俄罗斯邮政	2015年9月3日	英文
76	中国邮政与美国邮政签署双边业务协议（速递、小包、邮乐等）	中国邮政、美国邮政	2015年8月21日	英文
77	中国邮政与韩国邮政签署亚太小包议向书	中国邮政、韩国邮政	2015年9月15日	英文
78	中国邮政与加拿大邮政签署谅解备忘录	中国邮政、加拿大邮政	2015年11月30日	英文

（国际合作部）

控股公司及直属单位工作

【中国邮政储蓄银行股份有限公司】

总资产7.29万亿元，比上年增长15.85%。各项存款余额达6.3万亿元，比上年增长8.65%。各项贷款余额2.47万亿元，比上年增长31.78%。不良贷款率0.80%，资产质量优良。拨备覆盖率298.15%，好于银行业平均水平。资本充足率10.46%，满足监管要求。

全行实现营业收入1897亿元，比上年增长9.42%；实现净利润349亿元，比上年增长7.03%，明显高于上市银行平均增幅。

邮储银行支持国家重大项目建设。图为邮储银行融资支持的港珠澳大桥建设项目。（邮储银行/提供）

1. 深化改革。

引入战略投资者。成功引进包括包括瑞银集团、摩根大通、星展银行、加拿大养老基金投资公司、淡马锡、国际金融公司、中国人寿、中国电信、蚂蚁金服、腾讯10家战略投资者，类型丰富、结构合理，与邮储银行战略协同性强。引战价格理想，融资规模约451亿元，是国内金融企业单次规模最大的私募股权融资，也是“十二五”期间国内金融企业规模最大的股权融资。战略合作内容丰富详实、合作前景可期，较好实现“引资金、引机制、引资源、引技术、引智力”的目标。

机构改革。把握金融制度改革先机，设立天津自贸区、上海自贸区、深圳前海区三个二级分行。加强消费者权益保护管理，设置消费者权益保护工作委员会，挂牌成立消费者权益保护工作办公室。根据邮储银行发展战略和管理实际，在总行增设战略客户部、投资银行部，升格托管业务部为一级部。加速拓展境外市场，筹备成立香港代表处。

综合化经营取得实质性进展。中邮消费金融有限公司于11月19日在广州设立，截至年末，贷款总额约8890万元，资产总额10.3亿元，客户数1520户。

2. 风险管理。

风险管理体系。全面风险管理顶层设计进一步清晰，初步建立全行分层次风险偏好传导机制。新资本协议实施工作全面启动，全行统一的风险模型管理标准、风险加权资产计量标准初步设立。推出差异化风险政策，制定法人客户评级、地方政府评级、绿色信贷标准分类、非信贷业务底限等风险标准。加大对小额贷款、小企业贷款等重点业务条线和重点行业、重点区域、重点分支机构的风险排查和督导。推进内评法建设；加强流动性管理，主要指标满足监管要求；利率风险整体可控，汇率风险敞口保持稳定。信息科技风险管控体系建设规划编制完成。获得“2015年度最佳风险管理银行”奖项。

内控合规管理。全面梳理全行制度，督促问题整改，完善内控体系，全行内控制度清理工作取得阶段性成果，建立114项基础管理制度清单。组织开展“两个加强、两个遏制”专项检查活动，深入开展“除隐患、提能力”支行建设集中整治、民间借贷专项排查和资产业务合规检查等活动，机构合规水平有效提升。实施“员工行为十条禁令”，开展“合规回头看”活动，提升全员合规意识。出台不良贷款管理责任认定办法，强化高管责任追究。全面审核2014年以来案件及风险事件，严肃案件问责追责。加强法律合规管理对业务发展的服务、支撑和保障作用，再度荣获“法律风险管理先进单位”。

审计监督职能有效增强。审计体制改革成效初显，四家审计分局的建设不断完善，努力探索适合邮储银行的审计垂直管理模式。强化风险监督评价，审计职能得到切实有效发挥，全年完成审计项目2304个，累计审计金额超过2万亿元，工程审计审减金额近亿元，审计发现问题2万多个，发现重大风险线索11个，推动制度修订过百项。

资产保全加大力度。全面运用自主清收、司法诉讼等方式，进一步提升全行不良贷款清收水平，有效遏制不良贷款快速增长的势头。调整优化呆账核销审查模式，由定期集中审查向常态化审查模式转变，实行“随报随审、及时批复”的核销工作方式，加大呆账核销力度。全行运用贷款减免、打包转让、委外催收等处置方式，拓宽处置渠道，提高处置效率。

安全保卫维护稳定。加强队伍建设，“总行统一领导、一分部署跟进、二分严抓落实、支行自查自纠”的队伍建设和工作格局基本成型。丰富防范手段，网点视频监控安防集中系统已基本实现自营营业场所的监控全覆盖，视频监控联网网点接入率始终维持在99%以上，ATM接入率始终维持在96%以上。

3. 综合管理。

资负管理健全机制。加强计划管理，调整配置全行资产负债组合，建立负债协同发展机制，有效提高负债管理主动性和资金来源灵活性。加强经济资本管理，树立以资本约束为核心的资产业务发展理念，鼓励全行发展轻资本消耗业务，推动业务经营模式由资产扩张型向资本集约型转变。优化定价管理机制，分地区、贷种设定差异化超额经济资本回报率，分主体、金额、期限、地域等差异化管理存款价格。搭建统计指标体系，统一全行统计口径和统计标准。完善全行司库管理机制，通过司库让利充分调动分行发展资产业务的性；根据降息、资金价格变化和资金运用情况，适时适度调整各项业务 FTP 价格；根据财务公司活期存款资金沉淀情况，区分资金性质，灵活调整差别定价。

授信管理全面加强。提升授信管理水平，建立信管评价、作业监督、预警监测、专项检查、定期通报等机制，强化担保和征信管理，组织开展押品重点风险排查和价值重估试点。加强准入管理，加大对京津冀一体化、一带一路等国家战略落地的支持力度，制定新疆、广东、浙江等区域及黄河几字湾战略经济区等跨区域的授信政策；扩大行业覆盖面，重点行业政策扩充至 66 个。做好授信审查审批，建立批发零售差异化审批授权体系，适度提高一级分行授权，全面上收一级支行审批权，切实做到“有收有放”。推行全流程授信管理，完善框架、工具、机制，推进作业监督和风险监测常态化、定期化，严控授信风险，促进业务发展。开展平行作业，推行信审限时服务，提升信审效率，总行审批一般 3~7 天可以完成。研究探索非信贷业务审查审批机制。

财务管理加快转型。全面实施一级分行财务集中核算，探索“从严、精细”的预算管控模式，建立动态调整机制，及时应对市场变化。优化资源占用和风险合规指标，提高考核的科学性与公平性。规范投资管理，全年完成固定资产投资计划 116 亿元。降本增效进展有序，成本收入比进一步下降。争取税费优惠政策，确权办证、资产评估、“营改增”系统改造等工作进展。工程建设管理合规化、流程化和专业化水平不断提高，合肥基地（三期）等重点建设项目有序推进。集中采购的规范性和效率进一步提高，开展流程优化、制度建设、专家资格认证和供应商后评估，全年组织完成集采项目 6646 个，采购金额 64 亿元。

人力资源支撑提高。加强绩效管理，研究规范部门绩效管理制度，完善“机构—部门—员工”紧密衔接的绩效考核体系；推进建立全行统一的个人客户经理、理财经理等岗位绩效管理办法，健全完善激励约束机制。加强薪酬规范管理和检查，全行员工薪酬实现由一级分行集中发放。合理控制用工总量，加快推进依法用工，劳务工占比降至 12.9%；调整队伍结构，增员主要满足分行新增机构、引进人才、内控管理、信息技术等需求；开展全员分层分类培训，有效提升员工队伍整体素质。

4. 基础能力建设。

科技支撑能力稳步提升。新一轮 IT 规划落地实施，总行成立 IT 规划实施办公室，初步构建 IT 架构管控体系，重点推进应用平台和系统群项目建设，全年建设项目 131 个，大数据平台、网点集中授权等 68 个项目成功上线。科技创新初见成效，在金融业推出首台基于国产操作系统的 ATM 机，自主可控工作继续保持领先水平。数据治理和大数据分析工作全面展开。自主研发能力增强，设立北京等 6 个分行研发中心，初步建立“1+3+N”研发体系。灾备建设稳健推进，应急处置能力明显提高，“两地三中心”一体化运维模式不断完善，系统网络运维能力显著提升。

运营管理集约升级。有序推进运管分离，启动一级分行集中业务处理中心向营运中心转型，推动资金汇划中心、集中放款中心落地实施。严控柜面风险，会计稽核范围扩展至 16 类业务。大力推进网点授权集中工作，上线网点近 1.9 万个。实施推广 251 项流程优化。完成 ETC 全国联网清算。全面开展业会不符清理，不符金额压降至 150 万元以内。开展邮政金融业务资金久悬挂账核销工作，核销挂账资金 4.88 亿元。

品牌价值不断提升。与《经济日报》合作，正式发布小微企业运行指数，该指数在样本总量、样本区域渗透度和样本属性覆盖度等方面，均居于国内前列，有效填补了国内现行统计指数的空白，成为反映宏观经济运行的重要指标，得到了李克强总理的直接肯定。隆重举办“成功引进战略投资者新闻发布会”和高峰论坛，进一步彰显和增强品牌影响力。在国家质检总局 2015 年中国品牌价值评价活动中，邮储银行品牌价值排名第 8 位。（邮储银行）

【中国邮政速递物流股份有限公司】

中国邮政速递物流股份有限公司是经国务院批准，由集团公司联合各省分公司共同发起设立的国有股份制公司。1980 年正式开办国际邮政特快专递业务，开创中国快递业先河。作为国内经营历史最悠久、规模最大、网络覆盖范围最广、业务品种最丰富的快递物流综合服务提供商，已拥有“EMS”特快专递和“CNPL”物流两大品牌。

速递物流在国内 31 个省、自治区、直辖市设立分公司，拥有邮政货运航空公司、中邮物流有限责任公司等子公司，业务范围遍及全国的所有市县乡（镇），通达范围包括港、澳、台地区在内的全球 200 余个国家和地区；拥有波音 737、757 全货机共计 26 架；运输生产汽车 2.3 万余台，电动车（含三轮、两轮）近 2.3 万辆；行邮（包）专列车厢 13 节；从业人员 8 万人，营业网点超过 4.7 万个（含邮政代理网点），日收件量约 400 万件，峰值日收件量接近 1000 万件。

速递物流持续加强以航空网为主的快速网，进一步密切与世界 200 多个国家和地区的通邮关系，加快海外布局，成为支撑中国跨境电子商务的物流主渠道。

速递物流认真贯彻落实集团公司的决策部署，围绕“五个突破”的工作任务，总业务量完成 11.56 亿件，比上年增长 16%，总收入完成 288.76 亿元，比上年增长 11.6%。其中：专业自营总业务量完成 11.24 亿件，比上年增长 17.24%，自营收入完成 276.53 亿元，比上年增长

13.2%，增幅比上年增长 12%，发展速度明显加快。EMS 申诉率降至 10%，首度达到五星级快递企业标准，国家邮政局公布 EMS 服务满意度达到 79 分，保持行业第 2 位。

中邮海外仓美国 1 号仓库。（速递物流 / 提供）

1. 深化改革创新，管理体系进一步完善。

一是稳步推进集团公司各项改革工作。认真落实包裹快递改革方案。完成产品整合、信息系统互联互通等工作。对分网省和整合省的业务及网络进行调整，进行终端投递资源共享试点，建立两个经营主体之间的协调机制，建成由 11183 统一调度邮速全网的客服体系，贯通邮务和速递物流 5 万个生产机构，并帮助邮务实现客服质量达标。完成集团公司对速递物流公司注资 70 亿元工作，建立对原代理窗口业务的补偿机制。成立国际业务工作组，推进国际寄递业务改革，全面负责国际寄递业务的经营管理。

二是深化营销体系建设。初步建立五大营销中心，营销机构突出市场化、专业化、实体化，进一步落实首席客户经理制、分层开发维护制、客户分级管理和分类分析等营销制度办法，形成更加适合速递物流发展的营销模式，全年新增协议客户 6.9 万个，新增业务收入 23.96 亿元。

三是总分体制正式运行。法人体制调整基本完成，31 个省及南京中心设立分公司，完成重大合同主体变更、业务资质承继、人事关系承接等工作，土地、房屋、车辆资产权属变更、股权变更、在建工程主体变更等工作取得阶段性成效，实现同一法人主体内对全网资源、业务经营的集中管控。

2. 强化能力建设，核心竞争力进一步增强。

一是质量保障体系持续完善。深入推进“一（时限质量分析）会一中心（运营质量监控中心）”制度，标快异常邮件跟单工作推广到 56 个重点城市，重点城市标快次日妥投率（不含旺季）比上年提升 10.5%。建成 11183、协议客户主动客服、揽投部内部客服全方位客服平台，11183 接通率、服务调度及时解决率和一次解决率分别达到 92%、95%、90%。强化全面质效考核和客户申投诉追责，组织开展服务质量和资费管理规范性专项整治活动，各省运营质效平均提高 6 分。严抓国际业务质量提升工作，落实“关键环节、关键指标和关键人体系”，卡哈拉邮件全程时限准时率比上年提升 11.6%，在卡哈拉成员邮政中排名第 2，比上年上升 3 名；美向国际 e 邮宝全程时限准时率较年初提升 48%。

二是网络支撑能力不断增强。新开通 158 条民航线路。完成武汉、成都、北京国航库区等处理中心的建设投产工作，新增日处理能力 486 万件。重点项目运营能力显著增强，“极速鲜”、锂电类、贵品寄递及电商客户大促等重点项目的网络保障模式日趋成熟。山东大樱桃项目整体次日递率近 80%。苹果新品发售项目新品面市当天的投递及时率达到 99.99%。“双 11”期间通过优化投递组网模式、提高处理中心能力、集中全国 11 个省实施联动指挥调度等措施，全网寄递高峰期运行平稳，得到社会各界好评。

三是信息化水平明显提升。新增 135 台服务器，完成收寄系统扩容、数据仓库迁移、数据总线扩容等改造工作，对客户信息反馈、生产查询等近 20 个主要系统进行结构优化，主要系统运行效率显著提升，保障极速鲜、大件运输、政务专递服务、云仓京融供应链金融产品等重点项目运作，高效平稳度过“双 11”业务高峰。完善系统安全管理，建设全国中心互联网安全隔离区，全年系统运行完好率达 99.7%，超过集团公司一级系统运行标准。推进 ERP 财务模块上线工作。推广标准化处理中心 233 个，上线投递代办点 566 个。支撑差异化业务运作和客户服务能力的提升，推广国际营销管理、新版国际在线发运及海外仓等系统。完善电子渠道，试点支付宝、微信支付和电子优惠券、PDA 电子签收等功能。电子面单全网应用比例达到 47%。

四是流程优化稳步推进。186 个城市处理中心上线生产作业标准化系统，实现“一把枪”操作和全环节信息化分拣。设计双程业务操作流程，全程使用热敏打印和系统清分结算。严控超规格、无信息邮件进入南京中心，推进南京中心配套流程优化工作，有效保障南京集散邮件次日递率。持续推进内部处理分拣封发改革，进口、出口全功能分拣省际封发局压缩至 102 个。文件提速工作全面启动，单独编制全程发运计划、制定分拣封发关系、制作封装容器、安排专岗全程监控，文件类邮件次日递率提高 4%。

3. 加强总部管控，管理水平稳步提高。

一是强化财务基础管理。继续推行划小核算单元，对全国主要处理中心、一二级干线和重点揽投部进行独立核算。加快实施企业盈利模式，从业务发展、投入产出、网络组织和基础管理等方面归纳和总结 4 个大类、12 个小类的具体实施路径，对重点省份进行专项调研和现场质询。不断加大全网资金集中管控力度和电子支付工具应用，集中各省闲散资金达 5.5 亿元。结合包裹快递改革要求，加快完善全环节结算系统，对近百家客户资费优惠方案进行损益分析，有效支撑业务发展。

二是加强人力资源管理。大力开展“双定”工作、加强工时精细化管理、调整组织机构和人员结构、完善灵活用工机制，推进业务外包和劳务承揽工作，新增劳务承揽外包人员3.5万人。组织开展选人用人规章制度建设情况等7个方面的自查整改工作，逐步建立干部监督工作机制。进一步规范领导干部薪酬发放，继续调整各单位人工成本结构，发挥人工成本正向激励作用。

三是审计监督和集中采购管理效能不断增强。持续加强审计监督，不断扩大审计覆盖。全国共完成财务收支、经济责任、内部控制、工程管理等审计项目399项，审计总金额为266亿元，严肃处理各类违规金额4.16亿元，督促各省对发现的1017个问题彻底整改。建立两级采购管理体系，规范采购工作流程。采购管理部成立后，共完成全网采购项目6个，节约资金9.89亿元。

四是加强安全生产管理。加强各项安全生产制度的落实，狠抓资金、邮件、信息网、航空、消防、交通和员工等方面的安全管理，加强安全防范，组织安全检查，整改安全隐患，保障企业生产经营的进行。（速递物流）

中国邮政南京航空速递物流集散中心

一是加强质量管控。严格执行卡口点时限，加强各生产作业区时限质量的事前事中控制，各生产单位细化分解各环节卡口点时限，并根据业务量高低峰值和时限要求，错时排班、交叉作业，确保接卸及时，同时各作业区之间加强横向联系，根据实际情况动态调整，协同保障卡口点时限。二是加强生产调度。根据总部的统一部署和安排，做好邮航航线调整、邮航二频次覆盖范围扩大等相关生产作业的调整工作，及时、科学、合理地调整生产作业计划，稳步推进能力建设。加强调度执行力，加强执行意识和执行能力，做到严格落实生产调度令，做到执行不走样、不缩水、不偏离、不打折扣。做好动态调度，根据流量流向，对于重点节点和线路进行提前预警和实时监控与调度，根据流量流向及时调整装箱方案，确保南京集散中心运行质量稳定提升。三是调整作业。加强与地面局、通航局的信息沟通和业务对接，着力推进邮件收寄标准化进程，减少非标邮件进入南京中心，进一步规范物品邮件、文件封装标准，提高邮件详情单、热敏标签质量，减少邮件拒识量，提高邮件及时赶发率。稳步推行批量封发，严格推行“整数点数”封发，对塑封包进行扫描，严格把控封箱环节，优化人力配备，保障批量封发质量，提升封发效率、时限。改进传统的作业管理方式，探索采取数据分析、量化管控的模式，使作业区管理逐步向数据化、科学化、精细化过渡。四是协同客服。建立健全南京集散中心协同客服体系。主动跟踪查询专项业务交寄邮件的运行状况；主动筛查问题邮件；主动联系处理，及时响应客户关于邮件运行问题的客服诉求；倒查相关问题邮件情况形成数据分析报告，并定期向业务、信息反馈；建立视检长效机制，对全部申诉投诉追责到作业环节。五是加强技术保障工作。推进设备技改项目，如扁平件非标邮件软滑槽、电子秤边滚轮平台改造、供件台处操作平台改造等数十项技改项目，在提高设备的安全性、稳定性和高效性的同时，操作更加人性化，有效提高分拣效率。（速递物流江苏省分公司）

【中国集邮总公司】

全年实现收入17亿元，完成年度预算目标15.62亿元的108.91%，比上年增长12.38%；实现利润8.64亿元，完成年度预算目标7.81亿元的110.6%，比上年增长3.25%。为全国集邮专业搭平台、做支撑作用显著，2015年各省销售总公司邮品收入为17.97亿元，占各省集邮品收入的33%，较2014年提高5%。

1. 坚持发展不松劲，狠抓转型不动摇，经营发展工作成效显著。

一是适应市场形势，创新项目开发。抗战胜利七十周年项目，作为2015年国家政治生活中的一件大事，集邮总公司坚持服务为本的责任态度，在邮票发行计划多次调整的情况下，克服诸多困难，完成项目开发和经营工作。抗战项目和《中国梦—人民幸福》《黄河》等6个新邮题材，共开发产品89款，发行总量达516万册，实现收入3.55亿元，带动全网实现收入8.89亿元，为2015年中国集邮文化季提供丰富的产品支撑。

集邮总公司加大2015年年册项目产品设计创意力度，通过专家评审会等形式优中选优，提升产品艺术水准。完善多媒体年册使用平台，扩大宣传覆盖范围。实现6款年册与最后一套邮票同步上市，为全国的旺季经营打下良好基础。根据对历年形象年册客户数据的分析和总结，进一步强化对各省的业务引导和申报审核。2015年年册共发行11种，印制规模达542万册，集邮总公司预计实现收入7.35亿元，比上年增长11.7%；全网预计实现收入19.33亿元，比上年增长7.39%。

集邮总公司在总结第三轮生肖题材开发经验的基础上，从产品、渠道、营销、合作模式等多方面对2016年生肖拜年项目进行大胆的探索和创新，成功推出“邮票金”产品概念，在贵金属收藏领域树立了独特品牌。集邮总公司2016生肖项目预计实现收入6.92亿元，各省实现收入6.49亿元，全网收入13.41亿元，比上年分别增长104%、39%和66%，为全年经营任务完成打下了坚实的基础。

二是丰富方式手段，努力探索营销推广新模式。集邮总公司自媒体平台建设取得突出效果，官方微信微博粉丝量累计达到50万人，大量信息在此平台进行推送，围绕主题营销和重点题材开展一系列与集邮者的互动活动，在企业品牌宣传、产品宣传、集藏文化博览会推广和集邮文化传播方面发挥了重要作用。总公司还开通微信商城，开展集邮产品众筹活动，与中国移动商谈积分换礼合作业务，在淘宝商城尝试产品拍卖，均取得一定的社会反响。

2015 年中国集邮总公司开发的国礼邮品。（集邮总公司 / 提供）

三是深化服务支撑，促进各省业务共同发展。加强与各省专业间的沟通与联系，实实在在为各省解难题、办实事。配合集团公司开展各省集邮品库存减值准备计提工作，协助清理消化库存，据统计各省产品库存金额全年下降达 8.8 亿元，保持健康发展的态势。创新合作模式，做好与各省联合开发，全年与 16 个省分公司联合开发全网产品 53 款，较上年增加 4 个省、17 款产品，合作省实现收入 1.4 亿元，比上年增长 133%。

四是推动电商业务发展。根据集团公司要求部署，协助完成网厅新页面测试、系统功能完善和资源型产品摇号销售公证；推出 B2C 竞买专区、邮票个性化定制服务，探索多元销售模式。加大网站宣传和营销活动力度，全面提升品牌影响力。稳步做好后期加工寄递及售后服务工作，不断提升网厅订单处理能力与服务质量。逐步落实资金清分和对账工作，为各省清分资金合计 2.02 亿元。全年网厅的客户访问量达 751 万人次，累计注册人数 262 万人，全网实现收入 5.4 亿元。

五是加大个性化邮票业务服务支撑力度。结合新邮发行和社会热点，推出一系列通用版和专题服务项目，满足基层业务需求。尝试线上“生日”个性化邮票定制服务，与民政部门合作创新推出“婚禧”项目。认真做好抗战胜利七十周年等大项目的支撑与服务。去年全国印制个性化邮票 661.54 万版（折合 16 枚版），完成预算 660 万版的 100.23%，比上年增长 2.16%。

六是完善中国集邮专卖店经营管理。在产品开发上着眼文化、创新和延续，提升专卖产品收藏价值。3 月 22 日，集邮总公司微信服务号“中国集邮”上线运行，同时微商城也开张营业。实施星级考评，促进管理水平提高。完成新增 18 家店的扩店工作。开展各类营销活动，促进线上线下互动，做好对网厅支撑。全年总公司专卖店渠道形成订货零售额 1.4 亿元，比上年增长 57.5%。全国专卖店共实现销售收入 7.46 亿元，比上年增长 29.3%。

七是成功举办第二届中国国际集藏文化博览会，为集邮文化产业发展做出了有益的探索和实践。

2. 强化管理，规范经营，推动各项管理工作迈上新台阶。

一是完善内控制度，加大制度执行力。陆续出台《成本费用开支管理办法》《违反经营纪律和财经纪律处理处罚办法》等七项财经制度，印发《2005~2015 总公司制度汇编》，有效规范了经营行为。加强集中采购管理，组织 2015 年 ~2018 年度集邮品定点服务供应商公开招标，全年集中采购金额共计 4.25 亿元，比预算节支 1960 万元，节支 4.40%。规范合同管理，严把合同审核关，确保合同条款符合法律规范和企业规章制度。严格执行联合开发相关制度，认真按流程手续办理。严格落实邮票破包、破版、破封和号码登记，未发生任何违规行为。规范紧俏邮品销售，确保符合政策要求。

二是坚持财务创新，强化管理支撑作用。集邮总公司按照集团公司总体部署，配合各省完成“子改分”股权划转工作。加强年度预算和专项预算编制工作，合理配置资源，强化预算管控，为完成年度预算目标奠定基础。跟进和参与集团公司 ERP 系统建设，提出业务需求。加强税务管理，提前参与项目运作，科学设计税收筹划方案，及时为各省开具增值税专用发票。坚决贯彻落实中央八项规定和集团公司具体要求，大力压缩非生产性支出。加强对重大项目的审计监督，认真开展经营联合大检查。

三是坚持以人为本，加强人力资源管理和人才队伍建设。制定薪酬分配调整实施方案，完成薪酬和岗位优化调整工作。落实人才发展规划，开展各类培训，加速人才素质提升，全年 668 人次参加各类综合素养和专业技能培训。严格落实各项干部管理制度，完成专项治理、专项审查、干部档案专项审核、干部个人事项报告登记、因私出境证件集中管理等各项管理工作。维护和谐劳动关系，努力提高职工收入，人均收入增长 8.91%。（集邮总公司）

【中国邮政航空有限责任公司】

一是按计划对各系统安全管理工作进行例行和专项安全检查；制定《危险品货物托运人备案管理制度》和《危险品自查制度》等基础管理制度；深入开展以“加强安全法制、保障安全生产”为主题的“安全生产月”活动；加强安全事前事中管理和安全诚信文化建设；及时发布安全风险提示和预警信息，牢牢把握安全发展的主动权；完善“过程与结果”并重的安全绩效考核体系，细化安全绩效考核方案中的过程指标；建立《安全管理人员、关键岗位人员诚信档案》，全面掌握公司安全管理、关键岗位人员的奖惩、自愿报告及培训情况；飞行专业充分利用 QAR 数据分析，对典型三级事件进行技术研讨，利用例会进行学习传达；定期开展航班运行、机组准备安全检查；注重理论培训与实操演练结合，提高机组应急处置能力；机务专业加强发动机维修管理，保证飞机持续适航状态；动态修订预防性维修项目清单，优化飞机预防性维修工作；签派专业正确处理安全与正点的关系，严把签派放行关，确保飞行安全；地保安检专业强化危险品培训、应急演练，有效提高危险品运输管理理念；召开危险品工作会，继续深入开展危险品检查工作。全年安全飞行 33548 小时，起降 22296 架次，比上年分别增长 6.7% 和 8.6%，继续保持无飞行事故、无机务维修事故、无空防安全事故、无事故征候的良好态势。

二是调整航线全力支撑 EMS 业务发展。2 月，新引进一架 B737 货机，通过拉直相关航线，为 EMS 邮件运输时限提供了有利保障。4 月，助力 EMS 完成首批 1.3 万件苹果手表新品在大陆首发的航空运输。4 月 27 日 ~5 月 12 日，国货航 4 架 B757 飞机执行尼泊尔抗震救灾任务，公司采用 B737 替换 B757 方案，调整航线计划和运行频次，确保了 EMS 邮件正常运输。5 月 25 日至 6 月 12 日，将济南—南京—济南二频次航线调整为济南—烟台—南京—济南包机航线，运输“大樱桃”邮件 225.8 吨。时令水果航空运输服务正式开通，为 EMS 打造冷链空运邮路奠定了基础。10 月，开通呼和浩特—太原—南京往返快递航线，将太原纳入“全夜航”网络，促进太原邮政速递业务发展。12 月 15 日，中国邮政航空公司与波音公司在北京签署购买 7 架 757-200 飞机协议和 10 架波音 737-800 客改货服务协议，成为中国邮政航空公司历史上最大的一笔订单。新购 7 架波音 757 飞机经过改装投入运营后，中国邮政航空公司机队波音 757 飞机将增至 11 架，标志着历经 19 年发展，中国邮政航空公司主力机型升级为波音 757 飞机。（中国邮政航空公司）

【中邮人寿保险股份有限公司】

中邮保险是由中国邮政集团公司与各省（自治区、直辖市）邮政分公司共同出资设立的国有全资寿险公司，2009 年 9 月 9 日正式挂牌开业，总部位于北京，注册资本金 65 亿元。中邮保险坚持以“服务基层、服务‘三农’”为己任，以促进城乡保险业均衡发展为着力点，充分依托邮政网络和资源，实行“自营 + 代管”特色发展模式，探索出一条具有中国邮政特色的保险发展之路，开创了“保险业近十年以来建设速度最快、业务规模增长最快”的记录。截至年底，总资产达 734.3 亿元，累计客户数达 276 万人，展业范围覆盖 18 省（区、市）、253 地市、1231 县（市）、27392 个网点。

2 月 31 日，邮航实现第十九个安全年。（中国邮政航空公司 / 提供）

1. 经营发展持续增效。

经营效益显著提升。全年累计实现营业收入 283.6 亿元，比上年增长 9.1%，完成全年计划 102.9%，对集团公司增收贡献率为 8.2%。累计完成利润总额 3.5 亿元，比上年增加 3.3 亿元，超出全年计划 3 亿元，对集团公司利润增长贡献率为 9%。净资产 73.4 亿元，较年初增加 9.5 亿元，净资产回报率 5.1%，比上年提高 4.6%。

高效业务占比提高。新增总保费收入 247.4 亿元，比上年增长 12.7%，完成全年计划 103%。期交保费收入 62 亿元，比上年增长 72.2%，完成全年计划 108.7%，占比 25.1%，比上年提高 8.7%。实现期交新单保费 34.8 亿元，比上年增长 77.5%，完成全年计划 115.9%，规模列银保系寿险公司首位。续期保费 27.2 亿元，比上年增长 66%。长期期交新单保费 3.6 亿元，比上年增长 118.2%，占期交新单总保费 10.5%，比上年提高 2%。实现团险保费收入 1.4 亿元，比上年增长 151.3%。

资金运用成效突出。坚持“抓增量、转存量”，有力应对资本市场巨幅波动，科学预判市场走势，精准把握投资机会，持续优化资产结构，全年实现投资收益 36.6 亿元，比上年增长 17.7%，超额完成全年计划，投资收益率稳中有升。稳步拓展境外投资，中国—加拿大自然资源基金、光控中国—以色列基金等国际项目推进。着力开展股权投资，配置高息基础设施项目，中石化销售公司重组改制、阿里巴巴美国上市等项目取得良好收益，入股国务院批准设立的中国保险投资公司并参与第一期投资项目，取得良好经济效益和社会效益。

10 月 12 日，中邮保险入选“2014 年度中国价值成长性十佳保险公司”。（中邮保险 / 提供）

2. 专业能力建设取得新进展。

偿二代建设稳步实施。加大偿二代建设资源投入，构建风险评估模型，建设风险合规管理系统和经济资本管理平台，搭建风险偏好体系，完善风险管理工具。构建风险预警与监测指标体系，提高管理精细度、针对性和有效性。强化偿二代评估与预测管理，改善资产分类与风险评估，夯实偿付能力风险管理基础。

资产负债管理能力逐步增强。着手组建资产负债管理委员会，优化资产配置决策机制和流程，健全资产管理台账，修订资金应急支付管理办法，完善资产管理制度体系。根据负债结构，主动优化资产久期，在确保流动性的前提下，逐步提高投资收益。制定流动性风险管理办法，统筹平衡经营、投资、筹资等各类现金流，实时监测现金流入流出情况，确保流动性充足。

代管体系建设深入推进。推动集团公司下发关于加强市县中邮保险考核工作的指导意见及机构、人员考核办法，落实各省分公司制订出台本省市县中邮保险考核实施方案和具体办法，加强市县代管履职考核。深入开展市县运营“达标争先”竞赛活动，通过中国邮政网络学院组织市县人员参加竞赛理论考试，提升市县人员业务素质。

营销队伍逐步壮大。大力提升营销培训支撑能力，配备专兼职讲师 139 人，邮保共建邮政兼职内训师 694 人、团险兼业代理营销员 552 人、优秀理财经理 8055 人、理财经理团队 457 个，组织开展首届“星火传递杯”讲师大赛。

产品体系实现优化升级。多元化产品格局初步形成，涵盖理财、养老、医疗、重大疾病、意外伤害、旅游救援等多种保障范围。全年研发上线 7 款新产品，升级 6 款老产品，储备邮财 1 号、年年好 C 款等 10 款产品。富富余多多保等产品获得年度保险业最具市场潜力保险产品称号。

营运管理机制更加健全。新契约合格率（94.2%）、续期达成率（95.5%）、理赔五日结案率（98.8 %）等关键营运指标继续保持行业领先水平。调整团险营运机制，建立团险签报件管理和理赔服务流程。提高满期给付服务质量，开通累积生息服务，推进客户留存，未发生满期给付群体事件，亿元保费投诉量（0.06 件）继续处于行业较低水平。有力应对突发事件，总省联动、快速完成东方之星沉船和天津港爆炸等重大事件的应急处理和理赔服务。客服活动亮点突出，全年举办客服及宣传活动 545 场次，惠及近 30 万客户。

信息化建设加快推进。建设呼叫中心系统二期、ERP 系统保险版块等新系统 6 个，完成系统开发和功能完善 40 余项，优化系统 70 余次，有效支撑新产品开发和业务发展。聘请第三方专业机构开展信息安全风险评估，加大信息安全管控力度。扎实开展信息系统运维工作，系统运行安全平稳。

3. 精细化管理进一步提升。

规划管理有效。配合集团公司完成对“十二五”发展规划的对标评估。加强与邮政科学规划研究院的合作，切实推进三年滚动规划与“十三五”发展规划编制工作。进一步明确规划工作流程，深入研究国家规划重点，实时关注监管政策与同业动态，对标开展专业分析，提升规划管理能力。

财务管控更加科学。健全全面预算管理体系，加快预算组织、财务授权和预算标准建设。坚持价值导向，修订分公司绩效考核办法。加强资金头寸和流动性管理，拓展业务收付费渠道，提高资金利用效率。加强税收筹划，开展企业所得税、营业税专项清查，合理降低税赋，启动营改增工作。加强分公司财务管理，开展分公司财务对标，建立月度财务经理例会和财务分析制度。

人力资源管理不断完善。成立机构编制管理委员会，设立总省党群、纪检监察、工会机构。健全人力资源管理制度体系，出台员工奖励与违规违纪处理、专业技术职务评聘、关键岗位轮换和强制休假等办法。加大人才引进力度，总省引进急需人才260人。调整优化用工结构，开展劳务用工择优转招工作。科学管控人工成本，调整岗位工资标准，取消内设部门分类，对省分公司领导人员薪酬实行总部集中发放。强化员工培训和素质提升，全年总省共组织各类培训3954场次。启动人力资源管理提升项目，制定组织架构和薪酬体系调整优化方案。开展人力资源管理和系统应用专项整改工作。

风险防控水平切实提高。完成“两个加强、两个遏制”专项检查和监管部门现场检查及整改工作，未发现重大违规行为和管理缺陷，经营和内控合规管理得到监管部门认可。开展内控与合规检查，全年检查4家分公司、147个地市、1221个网点，梳理内控风险点174项。实施年度风险排查，下发风险提示函176个。规范合同与制度管理，梳理汇编制度315个。完善反洗钱制度和系统，开展反洗钱培训和宣传。认真组织开展防范打击非法集资活动和案件清理排查工作。

审计监督作用有效发挥。完成年度审计项目计划，全年自行组织开展审计项目53项，配合外部事务所开展董事及总部高管审计6项，审计范围覆盖总省。完善审计结果反馈及运用机制，建立问题台账，持续监督问题整改落实。

4. 干部队伍管理不断强化。

修订完善领导人员管理规定、加强干部监督等10余项制度办法，初步建立选人用人制度体系。调整班子结构，增强班子力量，引进投资、财务高级管理人员，配齐审计和法律责任人，稳步推进升格省分公司主要领导、省分公司班子和纪委书记、总部部门领导人员补充调整工作。强化干部选拔任用监督管理，严格执行干部选拔任用标准、程序和纪实规定，对开业以来选人用人工作进行全面自查。开展“一报告两评议”，扎实推进领导人员个人有关事项报告、违规兼职、因私出国（境）、档案专审、合规领取薪酬、“天价培训”等专项整治活动。启动总省高管人员轮训，选送11人参加中央党校分校班和中国邮政党校班学习。（中邮保险）

【中国邮政集团公司信息技术局】

信息技术局紧紧围绕集团公司“一体两翼”的经营发展战略和信息化引领的科技兴邮战略，牢固树立围绕中心、

中邮人寿保险股份有限公司资产负债表

（12月31日　货币单位：人民币百万元）

资　　产	2015年	2014年	负债及所有者权益	2015年	2014年
资产：			负债：		
货币资金	582.80	490.49	短期借款		
拆出资金			拆入资金		
交易性金融资产			交易性金融负债		
衍生金融资产			衍生金融负债		
买入返售金融资产			卖出回购金融资产款		
应收利息	1,843.60	1,592.91	预收保费	60.98	32.29
应收保费	101.26	77.46	应付手续费及佣金	33.67	23.37
应收代位追偿款			应付分保账款	5.31	0.98
应收分保账款	0.13	0.70	应付职工薪酬	74.95	55.75
应收分保未到期责任准备金	1.39	–	应交税费	8.35	6.40
应收分保未决赔款准备金	1.67	–	应付赔付款	395.88	37.19
应收分保寿险责任准备金	1.59	0.25	应付保单红利	1,766.48	1,349.52
应收分保长期健康险责任准备金	0.70	0.96	保户储金及投资款	1.97	–

续表

资　　产	2015年	2014年	负债及所有者权益	2015年	2014年
保户质押贷款	182.82	236.81	未到期责任准备金	47.50	6.55
定期存款	33,087.00	33,999.00	未决赔款准备金	29.95	3.43
可供出售金融资产	30,009.97	21,726.75	寿险责任准备金	61,584.26	56,591.00
持有至到期投资	6,204.39	6,558.32	长期健康险责任准备金	24.84	9.88
长期股权投资	–	–	长期借款	–	–
存出资本保证金	1,300.00	1,300.00	应付债款	1,495.05	1,494.45
投资性房地产	–	–	独立账户负债	–	–
固定资产	35.31	42.53	递延所得税负债	320.81	126.15
无形资产	5.85	6.22	其他负债	207.17	165.47
独立账户资产	–	–	负债合计	66,057.16	59,902.41
递延所得税资产	11.58	23.12 所有者权益（或股东权益）:			
其他资产	47.20	235.44	实收资本（或股本）	6,500.00	6,500.00
			资本公积	927.70	309.10
			减：库存股		
			盈余公积		
			一般风险准备		
			未分配利润	–67.61	–420.54
			所有者权益（或股东权益）合计	7,360.09	6,388.56
资产总计:	73,417.25	66,290.97 负债和所有者权益（或股东权益）总计	73,417.25	66,290.97	

服务大局的全局观念，在“统筹规划、分步实施、保障专业、资源共享”信息化工作十六字方针指引下，以“树立新思维、运用新技术”为基础，以“信息系统平台化、软件开发敏捷化”为手段，以实现“支撑改革创新、引领转型升级”为目标，创新思维、主动作为，加快信息化规划的实施落地，稳步推进邮政信息化由技术支撑向技术引领转型。

1. 做好信息系统建设和优化完善工作。

ERP系统和省集中核算系统建设取得新进展。ERP工程全面推广实施，系统核心模块在邮务和速递板块全国推广上线，实现与营业、集邮、代理金融业务等近10个业财一体化项目的有机集成，提高科学管控能力，提升运营和管理效率，为建设世界一流邮政企业奠定基础。

寄递翼信息化服务能力持续提升。包裹快递业务产品整合信息化改造项目建设已基本完成，实现邮速信息互联互通，有力支撑包裹快递业务改革。国内小包订单系统全国推广上线，优化作业流程，实现收寄、分拣作业的前置化和流水化，全面提高收寄作业效率，提升客户满意度。指挥调度中心工程邮件查询功能和运行监控功能上线，保障“双11”期间营分运投等重要环节的现场指挥调度。网运转型发展项目完成全部19省22台新型分拣机的接入上线，有效满足流水化作业需求。

助力“互联网＋邮政”的实施。创新“互联网＋集邮”模式，完善集邮网厅系统，组织邮政自主研发团队，开发上线了生肖邮票网上销售、集邮量小品种摇号预订、个性化邮票线上定制等20多项服务功能，实现手机APP客户端及微信等移动端服务功能上线，做到网站、手机APP、微信等多渠道齐发力，方便广大邮政客户，逐步解决长期以来紧俏邮票销售难以公平、公正、公开的难题。2015年网上集邮形成有效支付订单204万单，收入超过5.88亿元。持续优化网上报刊订阅流程，增加用户评价、大客户集中订阅、促销活动、统计预警、多渠道订单整合等功能，较好地支撑了2016年网上报刊大收订工作。电子商务信息平台实现全国中心和24个省平台业务服务的整合，并以此为基础实现与邮乐网的对接，完成代理通信、水、电、燃气、有线电视等生活缴费类业务在邮乐网的上线开办。自邮一族及车务代办系统开发会员积分、积分兑换、会员评级等多项新增功能，拓展了道路救援、至尊租车、保险联名卡等服务，警邮合作打开新局面。

IT基础设施能力不断提高。完成亦庄信息中心工艺二期工程17个机房模块的建设任务，扩容全国中心机房基础设施容载能力。完成全国中心三个机房间城域网和亦庄机房局域网的建设工作，完成11个省中心的局域网改造工作，启动省际网扩容改造并完成山东省的试点实施，优化完善邮政骨干网络资源。

2. 持续提升信息网运行维护质量和信息安全水平。

信息网运行质量稳步提升。全网齐心协力，完成两会、抗战胜利 70 周年纪念活动、“双 11”等重要时期信息网的安全保障任务。全国中心三地四机房 24 小时不间断运维值守，全年共完成巡视巡检 2 万次、系统和网站检查 2.8 万次，处理事件 1.8 万件、实施变更 1372 次、排除故障隐患 178 次、装拆设备 1240 台套、保障全国电视会议 142 场，组织了两次机房、网络、系统的例行维护作业，有力保障了信息系统平稳运行。2015 年全网运行故障历时比上年同期下降 45%。

信息安全防范能力进一步增强。全面梳理全国中心互联网网站，实现安全监测、漏洞扫描、上线检测的常态化、例行化，全年组织整改网站安全漏洞 224 起，保障邮政信息资产安全和客户信息安全。全国中心 6 个三级系统全部通过公安部指定测评机构的安全测评。

中国邮政信息网全国中心亦庄机房。（信息技术局 / 提供）

3. 提升工作的效率和质量。

坚持“要事第一”的原则，以信息化引领为目标看待和处理问题，较好的处理“急事”和“要事”的关系，增强工作的计划性，提升工作的效率和质量。

认真细致地制定全年工作计划，坚持细化落实，责任到人。2015 年共完成工作任务 244 项，其中计划内工作 215 项，计划外工作 29 项，信息化建设任务基本达到年度目标。对合同报签做到主动跟踪、协调、及时处理，合同报签周期从原来的 2 个月以上缩短到 1 个月左右，效率提升一倍。从文书材料处理工作入手，处理每一个文件、校对每一份材料，都强化责任管理，以点带面，全面提高员工的责任意识，有效提升各项工作的质量。

内部管理机制日趋完善。先后制定、修订和下发 18 项规章制度，主要包括党建纪检、三重一大、工程建设、设备采购、公文处理、督办、调研、教育培训、考核晋升等方面，进一步规范信息技术局的管理行为，细化信息技术局信息化项目建设管理中的各项工作要求，使广大干部职工在实际工作中有制度可循、有规章可依，进一步夯实信息技术局的基础管理工作。

4. 推进新技术应用。

加强技术培训与交流。形成周末课堂制度，每月组织 1 次技术交流，全年开展 9 次培训交流，在信息技术局营造良好的研究和应用新技术的氛围。举办新技术应用、管理创新、信息系统开发和维护等 11 个集中培训班和 3 个远程培训班，共 865 人次接受培训。10 月下旬组织举办面向集团和各省信息技术局管理人员的《管理创新及新技术应用》培训班，进一步明确信息化建设思路，指明邮政信息化的发展方向、路径、方法和手段。广泛开展与 IT 领军企业交流研讨，重点开展云计算技术的调研和实地考察。一年来先后与 IBM、甲骨文、中兴、浪潮、华为等十几个私有云厂商进行了多轮云平台交流，实地考察阿里、京东和微软等公有云提供商的云技术发展情况，并与中国联通、中国烟草集团和中国石化等行业客户深入研讨云技术应用情况。把握云计算技术的发展动态，深化对企业信息化架构发展的认识，确立“信息资源内云化”的发展路线。

探索应用新技术。组织力量紧盯技术发展前沿，加快云计算技术的研究步伐，充分考察、论证和对比各类云平台的特点，不断深化认识，形成邮政“云平台”建设方案，并完成工程立项工作。科学应用新技术，保持新一代寄递业务信息平台、CRM 系统、大数据平台、在线业务平台等核心生产经营系统的先进性，明确技术路线，完成建设方案、可研设计、技术规范书编制等工作，为 2016 年四大平台建设打下坚实基础。

5. 党建及精神文明创建工作扎实开展。

信息技术局严格按照党中央和集团公司党组的要求，认真落实党风廉政建设党组（党委）的主体责任和纪检组（纪委）的监督责任，修订下发党风廉政建设“两个责任”实施办法，明确责任清单，推动分解落实。认真开展“三严三实”专题教育。通过自学与集中学习相结合、专题辅导与交流座谈相结合、总支书记讲党课和教育基地参观、主题征文活动相结合的方式，加强学习效果，召开高质量的领导班子专题民主生活会。根据集团公司统一部署，开展廉洁风险防控工作、落实中央八项规定纠“四风”、清理“小金库”、选人用人等 8 个方面的专项自查整改工作以及中央巡视组反馈问题整改工作、党风廉政宣传教育月活动等，加强问题导向，落实工作责任，严格正风肃纪，对腐败问题“零容忍”。持续深入开展精神文明创建活动，在连续十多年荣获“中央国家机关精神文明单位”基础上，首次获得“首都精神文明单位”荣誉称号，信息技术局运维部获得交通运输部“文明示范窗口”、共青团中央“青年文明号”荣誉称号，精神文明创建工作取得丰硕成果。（信息技术局　秦佳）

【邮政科学研究规划院】

邮政科学研究规划院前身是成立于 1965 年的邮电部邮政科学技术研究所。现有软科学研究、标准化研究、邮政工程设计、物流系统集成与设备提供、信息系统集成与软件开发、邮政智能终端设备、邮政用品用具质量检测，以及系统总承包等八大专业服务领域。

作为邮政行业国内领先的科技企业，拥有国家认可委认可的检测实验室，具有软件企业、高新技术企业、计算机系统集成（二级）、电子通信广电行业邮政工程设计（甲级）和电子系统工程设计（乙级）等10余项资质；拥有从战略研究、发展规划到可行性研究，从工程设计到信息系统开发、设备研制、工程安装实施、后期运行支撑的全方位、全环节、全要素的综合技术服务能力；主要产品和服务包括包件分拣机、扁平件分拣机和输送设备等大型装备，小包自动收寄设备，智能包裹柜、PDA、RFID等各种智能终端设备，以及新型邮袋等各类容器等邮政全系列智能产品和信息系统。

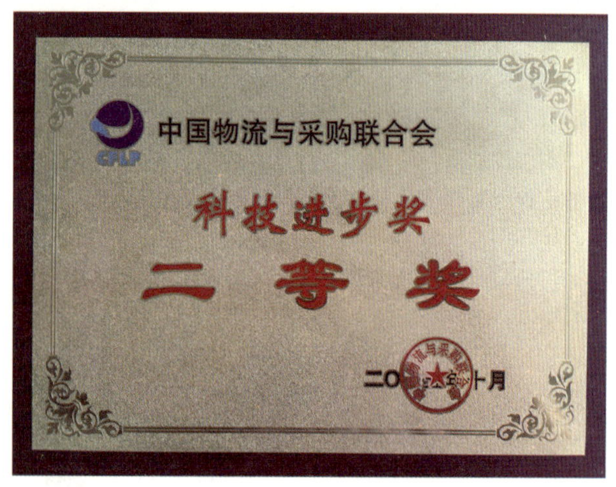

10月22日，邮政科学规化院自主研发的“智慧城市的包裹管家”项目获得“2015年度中国物流与采购联合会科学技术奖”二等奖。这是迄今为止中国邮政在中国物流与采购联合会科学技术奖中获得的最高奖项。（邮政科学院/提供 韩文颖/摄）

邮政科学研究规划院下设办公室、市场经营部、科技管理部、财务资产部、人力资源部、党群工作部、软科学研究中心、物流公司、信息公司、质检中心、设计中心、终端设备公司和物业中心，拥有全资子公司——中邮科技有限责任公司（注：2015年底，集团公司以邮政科学研究规划院信息公司人员为基础成立软件开发中心。）

邮政科学研究规划院在职员工451人（含信息公司191人），其中高级职称73人，中级职称49人，初级职称288人，其他42人；博士研究生3人，硕士研究生118人，本科277人，大专41人，大专以下13人；中层干部28人。全年完成收入2.97亿元，比上年增长28%；新签合同额5.25亿元，比上年增长68%。顾客满意度达94%；员工平均收入较上一年持续提高；基本实现了总体收支平衡。

1. 有序推进重点项目工作。

全院承担工程项目529项，其中新签（含新立项）165项，结转364项；共承担科技项目14项、集团公司和国家邮政局标准化项目21项、支撑工作25项。全力支撑集团公司邮件处理中心建设，按时完成全部24个邮件处理中心的设计任务，承担的集团公司天津等9个包件分拣机装备项目全部投产运行，承担的速递物流北京、金华等邮件处理中心建设项目平稳推进；完成集团公司信息化建设任务，深入参与ERP项目核心小组工作，完成核心业务平台集团公司、速递物流、邮储银行及中邮证券相关系统的开发工作；承担邮政“十三五”等战略规划编制工作，完成集团公司“十三五”发展总体规划、速递物流和中邮保险专项规划及部分省分公司地方规划的编制任务；支撑集团公司及邮政行业标准化工作；支撑集团公司集中采购和国家邮政局用品用具检测工作，推动集团采购管理体系不断完善，检测范围不断扩大。

2. 研发创新成效显著。

全院新立研发项目27项，项目预算1029.1万元，结转上年项目5项。重点研发项目成果包括新型交叉带分拣机、小包自动收寄系统、仿真实验平台构建、邮件处理中心现场管理平台、邮政“一体”发展战略研究、国内电商包裹产品对比研究等项目。邮政电子挂号邮件功能描述、智慧城市的包裹管家等两个项目获得国家省部级科技奖励；国际电商小包收寄系统列入国家火炬计划。

3. 管理效能持续提升。

调整科技研发管理体系。发布《院五年信息化规划》《工程项目管理办法》《科研经费管理办法》《软件资产管理办法》和《院内仿真项目管理办法》；全面实施科研项目和重点工程项目的技术审查；开展科学技术进步奖评审，评出院科学技术进步奖7项、优秀论文8篇、国家知识产权鼓励奖35项；国际电商小包收寄系统列入国家火炬计划；申报国家政策支持资金378万元；取得电子系统工程专业（乙级）资质认证。

编制《院“十三五”研发规划》初稿；加强专家队伍建设，制定技术专家岗位设置办法和技术序列和管理序列中高级岗位标准；加强科研成果管理，开展科学技术进步奖评选活动；取得电子通信广电行业(电子系统工程)专业乙级资质认证；组织知识产权申报工作，获得5项实用新型专利授权，取得13项软件著作权登记证书。客户服务热线开通。信息管理平台建设取得明显进展。以院信息公司人员为基础，配合集团公司完成了软件开发中心的组建。

调整人力资源管理体系。完善薪酬体系、绩效考核体系和专家体系，完善《员工薪酬管理办法》《单位（部门）绩效考核办法》《职能部门员工绩效考核办法》、技术专家岗位设置方案、技术和管理序列的中高级岗位标准。

调整财务管理体系。健全完善财务制度，修订发布《资金使用管理规定》《固定资产管理办法》《科研资产管理办法》《费用开支管理办法》。（邮政科学研究规划院）

【中国邮政集团公司上海研究院】

上海研究院内设总工程师办公室、综合办公室、人力资源部、计划财务部、科技管理部、营销中心、信函处理设备研究部、物流和物联网设备研究部、智能管理系统研究部、软科学研究中心、采购加工部、工程部和物业服务部。主要从事邮政、物流领域自动化分拣设备研制和软科学研究，在机械设计、自动控制、计算机应用、模式识别和人工智能等领域有长期深厚的技术积累，具有一系列技术先进、性能优良的光机电一体化实用设备，为中国一流自动分拣系统整体方案提供商和设备集成商。

1. 新增合同创历史新高，全面完成经营目标。

新增合同额达3.69亿元，创历史新高。实现业务收入1.3亿元，实现利润1100万元，双双超额完成当年任务目标。

2. 保障集团公司重大工程项目"双11"前投产使用。

承担南京、杭州、郑州等8个城市的邮件处理中心包裹分拣机建设项目。8个城市包裹分拣机全部采用双层环线架构，上海研究院耗时4个月实现8个城市的分拣机同时在"双11"前全部投产应用，并且兼顾完成上海速递等3套设备的同期投产应用。在新设备投产后，5个城市邮政设备高峰期间日均上机分拣量都超过20万件，最高的南京市接近30万件。

3. 软科学研究重点支撑集团战略决策。

重点支撑集团公司重大战略研究。一是完善综合服务平台实施方案，并协助集团公司主管部门制定政策文件，为集团公司构建综合服务平台、奠定"一体"发展基础提供有力支撑。二是配合集团战略规划部完成寄递业务改革研究，从系统、战略、全局角度研究投递网发展问题，增强投递网能力，解决寄递业务发展的瓶颈。三是支撑邮政网络转型升级，充分发挥上海研究院软科学中心长期跟踪研究所积累的经验，开展网络转型升级方案研究。研究成果直接作为实施方案予以推行，同时也为全国一、二级中心局大规模的工艺改造提供有力支撑。四是支撑省级网络的转型升级，承担河南邮政省内网转型升级方案研究，为河南邮政网络优化转型提供支撑服务。

4. 拓展社会各类产品市场。

民营快递市场取得重要突破。上海研究院第一次将自动分拣系统打入民营快递企业，成功中标顺丰昆山和吴江、韵达上海分拣线项目。

推出国内首台果蔬包装分拣自动化流水线。利用上海研究院技术积累，为"嘉心菜"有机农业示范园研发生产了果蔬类产品自动分拣系统。

搭建智慧景区管理系统。景区智能管理系统和门禁闸机是上海研究院的成熟产品，全年共完成景区项目23个，新增合同额1600万元，合同金额较2014年明显提升。

5. 科研创新成果丰硕。

为提高电子商务包裹自动化分拣效率，加快电商包裹处理速度，上海研究院于2013年自主研发既能分拣扁平件又能分拣小包的MPF电商包件处理系统。2014年11月，该系统获评上海市科技进步三等奖，2015年11月，获评上海市高新技术成果转化百佳项目。

"基于多源信息融合的邮件分拣关键技术及应用"荣获上海市科技一等奖，新增发明专利申请3项、发明授权7项和软件著作权9项。在双层包裹分拣机技术研发上主要集成四项创新升级技术：一是多线程并行处理技术改进和创新，从而保证了邮件分拣及时准确和最优效果；二是新研发的高速自动供件技术，从原来的每小时1200件大幅提升到每小时2000件；三是螺旋滑槽和组合滑槽设计应用；四是图像采集和人工标码功能。

6. 企业管理水平优化提升。

规范采购加工，强化成本管理。一是扩大供应商选择范围，严格招标流程强化公开公平竞争，通过批量招标采购获得更有利的价格，减少产品的制造成本；二是引入部件或组件的分包模式，将一部分产品组件分包给供应商；三是按照生产建设流程加强零部件采购过程控制，通过制订全环节采购加工和生产进度表，全面组织、跟踪和管理零部件的采购、加工和发货，结合工程现场开工时间合理安排生产次序，做到有条不紊、衔接紧密，快速响应现场需求，保证各地物资的及时供应；四是加强协调、随时督办，实现全过程的有效控制。

借力社会资源，探索外包合作。一是扩大非核心技术装配工作的承包外包范围，实行生产装配作业的内部承包和整体外包；二是在工程现场实行了劳务用工承包制管理，

杭州中心局双层分拣设备（上海研究院/提供）

将用工权交给项目现场责任人，实行统一包干；三是将部分技术含量不高的生产环节外包，将低端装配工作交由外聘劳务工完成；四是针对任务高峰期间上海研究院人手不足的状况，探索工程建设外包合作模式。

加强产品检验，重视质量管理。一是落实质量控制责任人，确保生产过程质量优先、不出差错；二是加强出厂发货前的检验工作，根据不同产品特点设计不同的检验方法；三是制定并严格执行检验计划，通过常态化、阶段性的质量检查，保证检查的持续性，实现有记录、有检验、可追责，确保产品质量合格。（上海研究院　龙潜）

【石家庄邮电职业技术学院（中国邮政集团公司培训中心）】

1. 在职培训。

围绕邮政深化改革和转型发展需要，支撑完成三大板块业务、管理、技术等集中培训班304个班次，培训学员2.8万人次，培训人日比上年增幅23.6%。

构建省市县三级战略管理领导力培训体系，全面支撑了5期省市邮政主要领导战略管理轮训。面向贵州、黑龙江等省策划实施领导力培训项目22个，实施领导力在线测评548人。

制定邮政人才测评体系建设方案，实施综合理论知识测评资源开发，邮政人才测评系统通过立项，邮政人才测评中心正式成立。支撑全网职业技能鉴定考评16万余人，推进了高技能人才评价指标体系建设，完善14个邮政特有职业技能鉴定规范。

学习借鉴国内外标杆企业大学成功实践，推动培训中心的转型升级。支撑邮政企业岗位资格认证体系和岗位标准体系建设研究。推进全网培训资源建设，开展全网210门课件评优，培训全网内训师690人。

成立金融研修学院，全力支撑邮储银行中高级管理人员与重点业务培训，推动全行岗位资格认证体系建设，创新开展远程学习策划与组织实施工作，得到集团公司领导与邮储银行总行的充分肯定。

2. 中共中国邮政集团公司党校培训。

按照集团公司党组要求，坚持党校姓党、从严治校，中共中国邮政集团公司党校（以下简称“邮政党校”）首次成功举办中央党校分校班，全年共举办2期中央党校分校班和2期中国邮政党校班，培训学员496名，形成课题研究成果112项，并通过党校工作通讯、学习园地、微信订阅号等方式推送邮政党校新动态，扩大邮政党校影响力。

加强党校教学体系建设，突出理论教育和党性教育的

9月18日，石邮学院2015级新生军训汇报暨开学典礼在本部运动场隆重举行，学院2015级2714名新生组成的40个方阵依次通过主席台，接受检阅。（石邮学院/提供）

主业主课地位，强调以教学为主线、以学员为主体的教学设计，为学员搭建学员论坛等交流平台。加强党校师资库建设，全年邀请中央党校和行政学院教授79人次，讲授课程106门，11名校内教师登上邮政党校讲台。

集团公司批准成立邮政党校教研部、教务部、学员管理部等党校内设机构，邮政党校办学体制机制进一步完备。首次试运行ISO 9000教学质量管理体系，邮政党校工作规范化水平进一步提升。

3. 人才培养。

应对高职招生制度改革和生源竞争压力，2015年共招收新生2729名，其中订单生占比超1/3，在校学生人数突破8000人，在校订单生人数突破2500人，招生计划完成率和生源质量均位于省内高职院校前列。继续深化和完善订单定制人才培养模式，探索实施“现代学徒制”改革，石邮学院被教育部确定为首批“现代学徒制”试点单位。新增天津邮政和深圳邮储银行2个定制培养项目，定制培养项目拓展到12个。

加大专业和课程建设力度，调整专业布局，增设跨境电商、互联网金融、大数据技术等5个新专业。成功申报教育部“通信技术专业国家教学专业资源库建设”项目。依托11183校内外客服实训基地，速递、物流、营销等专业实施工学交替培养。以9门综合改革课程为龙头，带动全院课程改革，全面实施课程过程性考核，教学效果显著提升。

强化学生“两种素质、两种能力”培养，举办包含五个系列27项主题教育活动的第八届科技文化艺术节，石邮讲坛开讲114场。组织首届“互联网+”创新创业大赛，并获得省级奖项。毕业生“双证书”持证率提升至97%。

多措并举稳定就业率，提升就业质量，2015届毕业生就业率为97.5%，在教育部组织的第三方调查中石邮学院毕业生满意度、用人单位满意度等多项指标均处于领先水平。2015年石邮学院被教育部评为“全国毕业生就业典型经验高校50强”。

4. 远程教育。

加强网院业务的全网应用，网院各项运行指标创历史新高，年访问量突破6200万人次，运行培训项目388个，培训313万人次，课程学习时长达1000万小时。组织支撑在线考试1265个，参考435万人次。

加强网院能力建设，加强移动学习模式的推广应用，实现掌上课程学习、问卷调查、教学评估、互动交流等多项功能，全年运行移动学习项目23个。搭建完成大数据分析平台，开展数据可视化技术研究，初步实现对培训效能和学员学习行为的统计分析。

完善网院课程资源分类体系，调整课件开发标准，加大微课程建设力度，全年新增课程1465门，新增微课160门，新建学习专区12个。同时，加强网院运行管理体系建设，完善省分院常态化评估指标体系。

推进国家开放大学邮政学院建设，开展市场营销、金融、物流管理三个邮政特色专业建设工作，石邮学院被列入国家学分银行建设首批试点单位。继续面向企业实施在职学历教育，新招生2098人，在读学员8749人。

5. 科技支撑水平。

拓展科研服务领域，全年立项纵向项目41项，横向项目16项，省、市邮政“十三五”规划项目18项，解决邮政发展中重点和关键问题的科研项目明显增加，服务各级邮政企业的范围和力度显著增强。

开展邮政重大科研项目研究，承担并高质量完成邮政企业文化视觉和行为识别系统、弹性人工成本管控体系、邮政基础数据规范等重要软科学和标准项目，有力支撑了人力资源管理战略转型系列研究工作，开发“邮政协同创新网”，一期工程已正式上线运行。

加强重点领域科研工作，分别在“互联网+”、物联网、农村电商、企业战略规划等八个重点领域开展专题研究。全面支撑了河北省高职院校信息采集平台、人才培养质量报告项目。加强重点项目管理，建立科研项目专家督导制，大力开展科技成果交流，形成跨学科整合和跨系部整合的研究机制。

支撑完成第四届全国邮政特有职业技能竞赛，荣获竞赛支撑特殊贡献奖。同时，支撑完成邮储银行、中邮保险举办的4项技能竞赛活动，竞赛支撑基地专业化能力进一步提升。

6. 队伍建设。

制定并完善中层干部选拔任用办法等一批干部管理制度，为干部选拔任用和监督管理的制度化、常态化、长效化奠定了基础。推进干部队伍考核改革，开展干部个人事项报告和干部人事档案专项审核工作。开展教师与人才发展改革顶层设计研究，推行全员岗位聘任改革，建立以岗位晋升评审为核心的聘任方案。组织教师参加校内外培训和企业实践近500人次，举办中青年骨干培训师培训班，组织“师德标兵”评选活动。举办第五届辅导员职业技能竞赛，组织培保服务岗位技能竞赛和后勤第三届烹饪技能比赛，开展一线员工业务技能练兵活动，专业化管理服务保障队伍建设取得新提升。

7. 办学治校能力。

学院正定新校区建设项目通过集团审批，成功协调落实生均拨款政策，完成综合培训楼设施改造，实施鸿雁培训楼装修改造工程。加强与企业生产实际对接的实训环境建设，扩建11183在线客服实训基地，初步建成大学生创新创业园。调整图书馆的功能布局，推动图书馆向数据中心的转型升级。完成石邮学院章程制定工作，加强内部规范化管理，建立完善公务接待、招标采购等14项内部管理制度。细化预算管理，强化专项资金使用管理，加强重点领域审计监督。推进后勤与培训保障建设，强化食堂标准化建设和培训服务品牌建设。建立安全稳定工作“党政同责、一岗双责”责任体系，加强消防基础建设和消防安全隐患排查整改，实现全年安全无事故的工作目标，荣获2015年度“平安高校”创优先进单位。

8. 全面从严治党新阶段。

依托邮政党校教育资源，开展习近平总书记系列重要讲话精神、十八届四中、五中全会、新《准则》《条例》等系列学习活动，开展了“三严三实”专题教育和学习研讨。建立健全党内规章制度10余项，建立党建述职评议考核制度，健全“三级联动”党建责任机制和党风廉政建设责任制体系，完善了监督检查机制和考核评价机制，推进“两个责任”落实和基层党组织建设。按照中央和集团公司巡视整改要求，立行立改巡视反馈问题。梳理各部门廉洁风险点，开展廉洁风险防控工作。推进和谐校园建设，完成工会和教代会换届，完善教代会参政议政和民主管理制度，推行党务政务公开，开展职工文化和体育活动，关心离退休老干部生活，解决一批教工关注的热点难点问题。（石邮学院　王少宾）

【中国邮政集团公司邮票印制局（北京邮票厂）】

1. 完成邮资票品生产任务。

承印发行的纪特邮票17套64幅图，印量共14.9亿枚。印制普票1.57亿枚，个性化邮票1.02亿枚，纪特封片4003万枚。在服务各地集邮公司方面，严格落实集团公司邮票发运要求和规范，完成集团公司分配出库计划，全年发运各类邮资票品49227袋、672吨，实现票品出库准确率100%、发运正确率100%的“双百”目标。在重点邮票生产进度上做好保障，在《丙申年》邮票生产期间，胶雕联合印刷机连续6个月24小时不间断生产；在《抗战胜利70周年》邮票生产期间，创新作业方式、开展短途劳动竞赛，邮票单月产量超过4000万版，创造了印制局的历史最高纪录。

3月25日，北京邮票厂《〈元曲〉套票版张》获得2014年度北京印刷质量大奖获提名奖。（邮票印制局/提供）

2. 加快邮票编辑设计工作进度。

制定邮票编辑设计进度计划，做到逐项落实、稳步推进、严格审批、加快节奏。2015年编辑设计纪特邮票30套92幅图稿，个性化邮票7套14幅图稿，贺卡23个方案57幅图稿，邮资封片18套40幅图稿，提前完成2016年部分纪特邮票发行选题的编辑设计工作。总体上邮票下厂周期较上年平均缩短一个月。加强向邮票发行部的日常请示汇报，坚持每周书面汇报、每月当面汇报、重要情况随时汇报，较好地落实集团公司对邮票图稿编辑设计的各项要求。

3. 推动邮票质量工作取得进展。

开展为期三个月的“质量是企业生命线”主题活动，在宣传教育方面，召开质量工作专题大会，开展质量大讨论、质量问题深度分析、邮票技术要求与检验方法宣讲、车间质量座谈会等活动，促进全员质量意识的提升。在制度约束方面，出台《局质量奖罚暂行条例》《邮资票品工序质量标准》《2015年各类产品合格率考核指标》《票证安全管理奖罚条例》，对质量工作按月进行奖罚和通报。全年综合产品合格率达到86.61%。承印《动画<大闹天宫>》邮票获得第35届全国佳邮评选最佳印刷奖，《长江》《中国梦—民族振兴》等其他四套获奖邮票也全部为邮票印制局印制。邮票印制局承印的《元曲》邮票获得北京市印刷质量大奖提名奖。此外，邮票印制局还通过“国家印刷复制示范企业”年度复审、综合管理体系年度审核，开展了环境标志产品认证工作。

4. 加大生产作业改革力度。

一是提高邮资票品打样批样效率。制定《邮资票品打样批样暂行办法》和配套的奖励办法，采取理清职责、精简流程、明确时限等措施，使纪特邮票一次批样成功率达到48%，纪特封片一次批样成功率达到42%，打样周期较规定时限平均提前3天以上，为旺季生产争取到宝贵时间。二是对生产车间进行工效挂钩考核。经过对生产体系的认真调研和近半年的试运行，结合实际制定《局生产车间工效挂钩考核办法》，树立多劳多得的激励导向，为旺季生产提供人力保障。三是创新邮票工艺技术。生肖邮票从《丙申年》开始恢复雕刻工艺，试制过程中，采取雕刻布线约稿竞争方式，努力探索最佳工艺路线，克服油墨、套印、雕刻等技术难题，印制效果得到设计者和集团公司的高度认可。《诗词歌赋》邮票，完成调频10u网点印刷适性的测试工作，为色彩管理工作积累技术参数。

5. 分批启动重点生产型项目。

一是研究邮票印制局“十三五”期间生产能力建设规划，对邮票生产现状和国内外相关生产设备加大调研力度，向集团公司的沟通汇报，形成初步方案。二是一批重点生产型项目陆续开始实施，将为邮票生产提供有力保障。喷码生产线、VOCs收集处理、珍品邮票库等项目通过集团公司审核立项，格贝尔静电吸墨改造项目、邮票图像检测技术取得阶段性进展，启动包装自动化生产线、邮票包装标签打印技术等项目的前期调研工作。开展邮票纸新厂家的开发工作，胶雕、胶版和影写邮票纸均进入中试阶段，基本达到质量标准。引进中鸿公司后加工生产线，具备书芯、书壳加工与合成等功能，日产能达到5000本。

6. 企业品牌形象进一步提升。

在第二届中国国际集藏文化博览会上，邮票印制局牵头京内外三家印厂，宣传展示邮票编辑、设计和印制等工作。8月6日，配合集团公司在邮票印制局举办《丙申年》特种邮票印刷开机仪式，被社会媒体广泛报道。在2015年中国邮政最佳明信片评选活动中，邮票印制局研发的《唐卡艺术》获得最佳创意设计奖银奖。邮票印制局郭恩娟同志获得“2015年中央国家机关全国劳动模范”称号，制版中心工会获得2015年中华全国总工会“全国模范职工之家”称号。在国际交流方面，副总经理马丕中带队参加了第16届政府间邮票印制者大会指导委员会会议。联合国邮政管理局负责人特纳·亚南、北欧邮政代表团、比利时邮政邮票经理皮埃尔·李沐坡等先后来邮票印制局参观。（邮票印制局　李慧东）

【中国邮政集团公司新闻宣传中心】

新闻宣传中心全年业务收入达4466万元，较2011年增长近50%；资产总额达到2966万元，资产总额比“十一五”末增长13%。全国各地记者站覆盖邮政三大板块，专兼职记者达到210人。各项经营管理指标全面完成，全年无重大安全事故发生。

1. 全媒体报道格局日渐成型。

2015年是新闻宣传中心确定的“全媒体元年”，中心加快单一纸媒向多媒体发展步伐。2015年底，形成“一报两刊”“三网四平台”的全媒体格局，即：《中国邮政报》、《中国邮政》杂志、《邮来友往》杂志和中国邮政网、中国邮政报网、中国邮政视频网及非官方微博“鹏博的家”“中国邮政”微信、《中国邮政报》官方微信及手机APP。

《中国邮政报》为周四刊，全彩印刷，期发行量超过14万份；《中国邮政》杂志为月刊，期发行量超过3万份；《邮来友往》杂志为季刊，期发行量为10万份；中国邮政网站年总点击量突破2200万人次，视频网年点击量年内迅速攀升，突破3000万人次，微博“鹏博的家”微博粉丝达16.5万余人，手机APP注册人数超过5万人；《中国邮政报》微信开通半年关注人数达7万人。

3月26日~27日，集团公司新闻中心摄制组一行4人前往成都市分公司熊猫邮局拍摄“我喜爱的主题邮局”宣传片。（四川省分公司/提供　周学/摄）

在年初全国邮政工作会议、全国“两会”及“金方向盘”汽车驾驶员表彰、第四届全国邮政特有职业技能竞赛、北京申冬奥成功纪念邮票首发等活动报道中，新闻宣传中心充分利用“一报两刊”“三网四平台”等媒体资源，发挥“数媒”快与活、“纸媒”深与专的特点，进行全方位、立体式报道，及时、广泛、深入地宣传会议精神和活动盛况。

报社调整采编流程，实施流程再造，逐步建立起有利于“统一策划、集中调度、统一发布、多渠道快速传播”的全媒体采编发布组织体系。在此基础上，全体编采人员逐步向全媒体记者转型，熟练掌握文字采写、照片拍摄、视频录制等技能，并能根据各媒体稿件刊发需求进行采写、摄录。

2. 新闻宣传工作成效显著。

服务集团中心工作，推出重点版面、选题和特色栏目。根据集团公司推动“一体两翼”经营发展战略落地和加强党建工作的要求部署，《中国邮政报》及时调整相应版面定位和栏目设置，新推出《党建时空》版，改版《邮务专刊》，新设《农村电商》版。《党建时空》版重点宣传中国邮政各级单位的党建成果，切实加强党建和纪检监察工作的宣传报道。继续与集团公司纪检组监察局合办《党风廉政建设之窗》栏目，与党群工作部合作推出《“三严三实”专题教育》专栏，起到总结宣传党建和专题教育中的好经验、好做法的效果，发挥正面典型示范作用。《邮务专刊》新设《邮务论坛》版，《速递物流专刊》新设《速物论坛》版，结合行业特点和邮政转型发展重点，继续强化报纸的言论宣传，增强权威性、指导性和可读性；聚焦集团公司“一体两翼”经营发展战略，多角度关注“寄递翼”，从邮务板块热点、市场拓展创新、内在能力建设等方面提供宣传支撑平台，助力业务发展。《中国邮政》杂志共刊发理论文章225篇，其中，集团公司领导署名文章4篇、二级副以上领导文章37篇，较好地体现杂志的高端性、权威性。从2015年第7期起，每期刊发三大板块或各省级分公司党组（党委）书记的署名文章，加大杂志党建宣传力度。《邮来友往》杂志全年共出版4期，初步形成“高品位、大格局、上档次”和厚图薄文、图文并茂的风格特点，精心组织、策划重点选题，成为中国邮政与战略合作伙伴、高端团体客户和邮政消费者进行交流、沟通的纽带和桥梁。

围绕重大活动和邮政改革发展重点，组织战役报道。围绕中国邮政开办120周年，策划以“家国情 强邮梦”为主题的“寻访邮政世家”系列报道；策划中国人民抗日战争暨世界反法西斯战争胜利70周年专题报道，组织刊发了一批既反映各地纪念活动又回顾历史的文字图片稿件。对“一体两翼”经营发展战略的实施进行重点报道，推出了贯穿全年的《新常态、新邮政、新跨越》专栏，采写了大量反映邮政三大板块改革发展、企业创新转型的稿件，及时报道各地邮政开拓市场、服务社会的新鲜经验。其中，西安市分公司管理人员“当一天投递员”的报道还得到集团公司总经理李国华的批示肯定，此后各地陆续开展“总经理跟班体验投递”活动。

面向基层邮政，开展“行进邮政”系列采访活动。根据中宣部开展好“走、转、改”大型活动“行进中国精彩故事”的要求和部署，结合邮政实际，新闻宣传中心开展了“邮政人过小年”“边疆邮路行”等“行进邮政”系列采访慰问活动。其中，“边疆邮路行”历时数月，报社同志和记者站专兼职记者、通讯员先后采访新疆、西藏、云南、广西、海南、黑龙江、吉林、辽宁等地的边疆邮路，利用全媒体展现了邮政人在巩固边防建设、维护边疆稳定、促进边疆经济繁荣发展，特别是在当前口岸贸易、跨境电商发展中所发挥的作用，在行业内外产生巨大反响。

3. 基础管理。

适应新形势和新任务，优化精简机构设置。为适应“打造邮政全媒体宣传平台”的需要，本着“精简高效、突出重点”的原则，新闻宣传中心对内部组织机构进行了调整优化，由原来的10个部门精简成9个部门，把报纸编辑部的6个部门合并为3个部门，加强新媒体和《邮来友往》杂志的采编力量，使各部门业务界面更加清晰，职责更加明确，管理更加高效，进一步提升整体工作效率。

着眼长远可持续发展，调整中层干部结构。开展中层干部届满民主测评和换届竞聘工作，一方面按照集团公司及中心干部“转非”相关规定，对到达年龄的两名中层干部转为非领导职务；另一方面加快培养青年中层干部，按照干部选任程序，坚持“民主、择优”的原则，提任4名德才兼备、员工公认的中青年干部，使中心中层干部年龄上形成了“梯形结构”。

完善规章制度，营造依规办事氛围。开展规章制度答题竞赛，通过“以考促学”使全体员工对中心各项规章制度入脑入心。制定全员绩效考核办法，出台一系列新规章制度，制度体系的进一步完善，使中心管理工作有章可循，提升整体管理工作水平。

严格程序，完成员工薪酬套改工作。根据集团公司的统一部署，新闻宣传中心按照《邮政企业薪酬分配制度调整优化方案》和自身实际情况，制定员工薪酬分配制度调整优化方案，并按程序召开职工代表大会审议通过。这次薪酬套改不仅优化了中心岗位序列，体现出依靠职业技能和绩效晋升岗位的政策导向，更使一线员工薪酬得到普遍提高。（新闻宣传中心）

【中国邮政集团公司数据中心】

1. 数据分析项目。

开展快递包裹竞品时限对比分析项目。针对电商市场的2860条重点线路，与申通快递进行对标，分析快递包裹在全程和各环节时限方面的优劣势，寻找薄弱环节并提出改进建议。

开展电子银行客户增值分析项目。项目利用sql、oracle、excel等数据分析技术，从邮储银行四川省分行电子银行现有客户特征分析、潜在客户挖掘、业务属性关联等三个方面开展分析，取得主要分析成果18项。

开展快递包裹竞品时限对比分析项目。为更好地适应快递市场的竞争变化，从市场角度出发，寻找快递包裹产品在服务时限方面与竞争对手的差距，数据中心开展快递包裹（原国内小包）与申通快递的时限对标专题分析。该项目以电商市场的2860条核心线路为重点，采用大数据技术，从互联网获取申通快递的完整运单数据，实现外部半结构化数据的获取解析与内部业务系统结构化数据间的整合分析。通过对比分析快递包裹与申通快递在全程时限和各环节时限方面的优劣势，得出其中的处理环节是造成全程时限差距的主要因素等六项结论。这些具体数据和结论可以为业务部门下一步实施快递包裹产品整合、内部运营调整以及服务能力提升等提供决策参考。

开展电子银行客户增值分析项目。为稳固现有电子银行客户、拓展电子银行客户群体及开展专业交叉营销活动提供数据依据，数据中心与四川数据运营中心联合成立项目组开展电子银行客户数据分析工作。项目组以电子银行潜在客户、现有电子银行客户、叠加电子银行客户属性为主要分析方向，选取四川省内2月1日~4月30日期间有交易行为、年龄在18~50岁之间的邮储客户数据1.42亿条，主要使用sql、oracle、excel等数据分析技术，通过对电子银行客户交易、已签约电子银行未激活客户、快递包裹业务叠加等方面进行分析，共得到18项有价值的分析结果。

开展跨境电商行业动态分析项目。5月~7月，数据中心和跨境包裹处成立联合项目组，开展跨境电商行业动态分析项目。该项目主要利用互联网内容抓取、中文分词、语义分析、信息展现等技术，利用网络爬取、中文分词、语义分析等技术，从网络上公开数据中抓取跨境电商相关文章，自动文章解析、生成分类目录，不定期的为业务部门编发《跨境电商行业动态》。

开展菜鸟物流平台排名TOP10线路对标分析项目。根据邮务局的要求，就菜鸟物流平台排名前十名的热门线路，与竞争对手申通、全峰快递进行对标，发现快递包裹的优势与不足，为重点市场的拓展提供数据支持。

开展集邮网厅分析项目。数据中心和集邮业务处成立项目组，共同开展集邮网厅分析项目，该项目主要针对集邮用户在其他邮政业务系统的消费情况、集邮网厅新邮预订存疑情况、新邮预订用户特征三部分进行数据分析和挖掘。该项目将集邮网厅用户信息与营业、投递等10个邮政业务系统的用户信息进行匹配，建立存疑用户及网点的判别模型，对新邮预订的用户及网点的异常情况进行了统计分析，并进一步探索朴素贝叶斯、支持向量机等机器学习算法在判别存疑用户上的应用；最后从社会属性和交易行为两个方面对新邮预订用户的特征进行分析和挖掘，为集邮业务部门今后的运营管理及营销活动提供数据支撑。

开展福建跨境电商平台分析项目。福建省跨境电商平台是全国邮政首家综合性的跨境电商创业平台。为更好地支撑该平台的运营和发展，数据中心与福建省海峡数据中心及福建省电子商务局、泉州市分公司联合，成立项目组，针对平台中的买家、卖家和商品3个主题，从14个维度开展专题分析，攻克对电商平台海量商品进行分类的难题，实现了对超过7000万件商品的分类，为下一步福建跨境电商平台的建设和完善提供了重要的依据。

开展商易通客户数据分析项目。与黑龙江省信息技术局成立联合项目组，选取2008年4月1日~2015年9月25日黑龙江省金融、邮务两板块业务相关数据，使用Kettle、Oracle、Spss等数据分析技术及Java开发前台展示功能，对现有客户、商易通转账上下游客户、POS商户客户等数据进行分析，得到主要结论8项，挖掘出潜在客户924869个。广西已完成分析报告并运用分析成果开展专项营销活动，江西、甘肃已与业务部门确定分析需求，即将开始数据分析。

开展速递时限对标分析项目。对标快和经快两种产品分别与顺丰、申通进行对标，分析重点城市互寄线路以及整合省和分网省、核心区和非核心区、专业机构和代理机构之间的对比等，为速递网络优化、改善服务提供支持。

1月数据中心春节联欢晚会，综合管理部表演节目。（数据中心/提供　孙蕾/摄）

2. 分析成果落地应用。

推进电子银行客户分析成果应用落地及复制推广工作。四川省分公司信息技术局与代理金融专业共同推进项目成果的应用工作，开展电子银行“亿路有你”、电子银行潜在客户专题营销活动。同时将该项目及成果向安徽分公司、广西分公司、江西分公司复制推广，相关分公司基于客户分析数据，同步开展数据库营销。

开展商易通客户分析项目，并向有需求的邮政分公司推广复制。同时，把商易通客户分析项目及成果向全国其他有需求、有分析能力的分公司（黑龙江、广西、江西、甘肃）复制推广。

数据库营销作为分析成果应用落地的重要抓手，协助集团公司部分专业开展相关工作。协助集团公司邮务局商务包裹处开展非一体化地区国家机关公文寄递专项营销活动。开展代理金融网点外拓及专业数据库营销等活动，协助集团公司邮务局代理业务部开展老龄、打工客户数据分析，以安徽省阜阳县为试点进行数据库营销工作。参与集团公司邮务局代理业务部组织的“同心圆”代理金融网点外拓项目组，就网点外拓数据库营销提供支撑。

3. 地址数据服务能力。

创新名址库建维手段。运用互联网、大数据技术智能判断数据的准确性，研发基于企业官网动态监测技术，大幅减少人工维护数量。下发全国维护的数据量408万，仅占上年下发维护量的33%，并已完成维护工作，同时建立各业务生产系统使用名址数据的反馈机制。

与多个业务生产系统对接，为内部各业务提供实时数据服务。建立以“分拣资料库”为代表的、支撑全生产作业流程的地址数据服务体系，并为报刊系统、集邮系统、商函系统、11185系统、邮乐网等多个业务生产系统提供数据支撑和数据匹配服务。

开发地址匹配工具，为外部客户提供多种数据服务产品。为中国邮政集团公司及各邮政分公司大客户提供在线邮编匹配、地址标准化、组织机构匹配、可投性确认等多种数据服务产品，进一步满足经营工作的需要。完成《中国邮政地址编码簿》征订工作。

4. 大数据技术实践。

开展大数据技术的探索实践。利用自身技术力量，搭建 Hadoop+Spark 分布式存储及分析计算环境，完成数据加载、大数据级 SQL 查询、R 语言分析功能测试。

参与大数据平台建设工作。参与平台总体方案的制定和评审、平台技术规范书的编制和评审、与 17 家公司进行了两轮技术和业务交流、利用分布式计算技术实现数据仓库功能的测试。

参与 ERP 项目组相关工作。参与主数据建设工作，确定了主数据建设方案。

5. 团队建设和交流。

加强团队建设。专业技术人才队伍不断壮大，从邮政内部和社会上选拔 13 名专业技术人才，应届毕业大学生 3 人，充实中国邮政集团公司数据中心的大数据分析技术力量。加强技术交流持续提升大数据专业技能。在数据中心内部连续开展五期全员大数据专题培训，邀请中邮证券、中国电信等系统内外部专家进行大数据专题讲座，参加集团公司组织的微软公司新加坡亚太技术中心、美国西雅图总部、华盛顿州昆西全球数据中心的考察与技术交流，参加万国邮政联盟在瑞士举办的《首届全球地址大会》；参加 2015 中国大数据技术大会。

加强各分公司间的技术应用交流。举办全国数据库营销培训班和全国邮政基础地址库、组织机构库质量专项提升培训班，在成都组织召开 2015 年全国邮政数据分析应用研讨会，与黑龙江、湖北等邮政分公司的数据分析团队进行现场交流。

6. 基础管理。

数据安全管理不断强化。通过建立 ISO 信息安全管理体系，制定《中国邮政集团公司数据中心信息安全管理暂行办法》《分析核心区、设备间的安全管理规定》，与数据中心员工签订数据保密协议等有力措施，进一步梳理各业务部门数据工作流程，加强数据的安全管控。

规章制度得到完善。制订并实施 15 项制度，包括《三重一大管理办法》《中国邮政集团公司数据中心分析项目会战工作方案》等。（数据中心）

【中国邮政文史中心（中国邮政邮票博物馆）】

“十二五”期间，中国邮政文史中心在传播基地建设上，成立中国邮政文史中心学术委员会、中国邮政博物馆学会、中国邮政文史中心影视制作中心，开设中国书信文化展，建立包括网站、手机报、QQ 群、微信公众号、手机 APP 等全媒体《集邮博览》宣传网络。在邮政文化传播中，发挥主流渠道作用，开展一系列软实力建设工作。

1. 邮政文化传播。

与石邮学院进行战略合作，融入集团教育培训体系，讲授中国邮政历史和《大国邮政 500 年》等；参与南京民国邮政博物馆、苏州生肖邮票博物馆和鸡鸣驿邮驿博物馆等地方博物馆建设；举办第一届、第二届中国国际集藏文化博览会专题展览、海峡两岸珍邮展、中国人民抗日战争暨世界反法西斯战争胜利 70 周年邮票展、第二届波兰文化邮票展、赵朴初先生邮展、孙传哲先生诞生 100 周年特展等形式多样、内容丰富的集邮文化展览；拍摄了《朱学范》《走进天津邮政博物馆》等多部电视专题片；出版《中国邮票设计师作品选萃》《邮票印象》等多部在世界、亚洲各集邮展览中获得大奖的集邮专刊。

11 月 3 日，波兰邮票展在中国邮政邮票博物馆举办。（中国邮政文史中心　中国邮政邮票博物馆 / 提供）

2. 学术交流。

5 月 12 日，文史中心参加在伦敦举办的“2015 年欧洲集邮博览会”，送展的《中华人民共和国邮票印制史》、《中国集邮年刊》和《中国当代集邮家藏品展特辑》三部文献获历史文献类大银奖。

1 月 5 日，中国邮政邮票博物馆携珍邮助阵“《乙未年》特种邮票首发式暨 2015 年广州 · 两岸四地生肖邮展启动仪式”。集团公司“《拜年》邮票”新闻发布会上，中国邮政邮票博物馆正式入藏第“1888”号吉祥拜年邮票珍藏册和相关邮品。

中国邮政邮票博物馆连续开展七期“小小讲解员培训”活动，使博物馆社教部成为东城区社会大讲堂活动的骨干队伍。

邮票鉴定室完成更名工作，并为新疆昌吉市公安局等单位进行邮票司法鉴定工作；为上海邮政公司质监部等单位进行日常邮票鉴定工作。鉴定总量达数千枚邮票。

3. 档案工作。

原邮电部档案移交工作得到工业和信息化部办公厅

的充分肯定，鉴定、整理、数字化等各项工作有序开展，8000余卷档案将如期入藏中央档案馆。与此同时，档案馆配合集团公司信访档案处，利用集团公司开展的档案检查的有利契机，全年接收各类档案21765卷、件及邮政印章档案68枚，丰富了馆藏内容。在档案检查过程中，档案馆发挥专业职能作用，对中国邮政速递物流股份有限公司、邮政科学研究规划院、石家庄邮政学校等近十家单位进行档案整理的现场指导，对集团公司10家直属单位的档案管理工作进行检查，为集团公司提供检查报告和整改意见。

4. 媒体工作。

集邮博览杂志社以服务主业、服务中心为已任，致力打造全媒体。利用微信开展首届全国集邮一页展、与残疾人集邮协会合办公益拍卖活动、创办全景式具有历史价值的《中国集邮年刊》、利用线上方式组建全国通讯员队伍等，塑造向上的企业形象。（中国邮政文史中心）

【中邮信通实业投资有限公司】

中邮信通实业公司资产总计7783万元，其中货币资金3246.16万元，占总资产的41.71%；应收账款880.58万元，占总资产的11.32%。公司流动资产占总资产的98.65%，总的资产状况优良。全年实现主营业务收入7564.07万元，完成年度预算的133.66%，实现利润总额1694万元。

1. 强化信息化服务支撑，努力开拓市场。

实业公司向集团公司采购管理部派遣长驻人员，实现专人专项支撑服务，协助集团公司采购管理部完成了财务结算、合同编制、档案归存、专家库和供应商信息管理等工作。同时，为了更好的向集团公司采购管理部提供优质的服务支撑，满足采购管理工作中的各项业务需求，对原有的供应链系统进行二期升级优化，利用科学合理的信息技术供应链管理平台，协助集团公司采购管理部梳理简化业务流程，提升运作效率。

各项销售业务上，在确保产品质量的同时，与采购单位进行沟通交流，密切跟踪产品使用情况。在日常调配中，严格要求生产厂家供货时限，较好的保证了各使用单位的业务需求。为开拓新市场，深入西北四省采购中心进行业务洽谈，陕西省邮政信德公司、陕西神木邮政公司、西安昊锐公司、宁夏石嘴山邮政器材公司、甘肃兰州市邮政公司、天水市邮政公司已开展推广包装袋的使用，并陆续实现新的销售业绩。

中邮物业管理有限公司优秀表彰暨培训会。（中邮信通实业投资有限公司/提供）

2. 物业公司经营平稳，完成既定目标。

2015 年，物业公司夯实企业管理，确保安全质量，深化精细服务，优化组织架构，贴近客户服务，克服行业竞争压力、原材料价格及人工费上涨等困难，开源节流，完成各项既定经营目标。

入围政采，打造品牌。物业公司争取入围政府集中采购管理系统，进入政府采购平台。在经过近两个月的充分准备和努力后，在 2015 年 ~2016 年中央国家机关物业服务定点补充招标采购项目中一举中标，被纳入政府采购体系，获取承接政府物业服务项目的资质。

提升服务。中南海项目物业服务合同于 3 月 31 日到期，物业公司高度重视此次招标活动，组织专人成立招标小组，多次与甲方负责领导进行沟通，充分详尽的了解招标相关细节及注意事项，并在最短时间内将所需招标材料准备齐全，聘请专业人员对标书的制作进行指导，努力在原有基础上提升中南海内部服务质量。最终，物业公司凭借充分的准备以综合评分第一中标中南海项目。

安全保障。物业公司始终将安全生产视为所有工作的重中之重，扎实有效的做好防汛、安全用电等工作。物业公司各项目多次开展安全专项整治行动，并按照“重在教育、重在检查、重在整改、重在防范”的要求，建立建全电梯安全应急预案，定期演练，宣传，坚决杜绝各类安全事故的发生。2015 年物业公司各项目部均未发生重大安全事故。

3. 完善制度强化管理，企业内部运行更加规范。

人力资源管理方面，加强工资总额和劳务费预算管理，完成全年工资总额、劳务费预算、人工成本核算工作；按照集团公司人力资源工作会部署，严格落实人力资源工作会要求，签订《人力资源重点工作责任书》。在加强干部管理上，落实集团公司强化干部监管的要求，按时组织填报廉政档案和领导干部个人重大事项报告，对公司领导干部企业兼职情况以及领导干部配偶、子女移居海外情况进行了排查清理。在财务管理方面上，配合集团审计局开展财务收支审计工作，并根据审计意见严格落实整改。开展“小金库”专项治理自查自纠工作，对公司及所属子公司开展全清查，所有收入的计列符合权责发生制原则，各项成本费用真实、完整、及时、合规。开展往来账款清理工作，对往来款项按照业务类别、账龄、账面金额等进行梳理汇总成册，并根据集团公司要求及时完成往来账款的清理工作。行政后勤管理方面上，完成办公用房清理整改，按照集团公司规定的标准，制定房屋调整解决方案，确保了集团公司要求贯彻落实到位。完善公务用车配备使用管理，严格控制公务用车配备使用，通过完善制度及自查整改，提高公务用车使用效率，规范了领导干部使用公务用车。制定公务接待管理办法，对公司公务接待工作明确了要求和标准。认真开展档案整理自查，对公司档案管理工作进一步进行了自查整改，利用现有资源，调整办公用房功能，单独设立档案室，实现了办公、存放、借阅三室分开，提高公司档案的安全性、规范性。（中邮信通实业投资有限公司　张晨曦）

【中邮证券有限责任公司】

1. 主动开拓市场，实现跨越式发展。

公司实现收入 4.8 亿元，比上年增长 105.19%；实现利润总额 2.7 亿元，比上年增长 157.04%，收入和利润双翻番。截至 12 月 31 日，公司总资产 52.2 亿元，较年初增长 21.1 亿元；净资产 23.9 亿元，较年初增长 2.1 亿元。

公司营业收入简表

业　务	2015年	2014年	变动%
经纪业务线净收入	17191	7312	135.11%
融资融券业务净收入	11361	2906	290.95%
资管业务线净收入	7422	2832	162.08%
自营业务线净收入	11860	10104	17.38%
投行业务收入	38	359	-89.42%
其他收入	346	-14	-
合　　计	48218	23499	105.19%

2. 加强管理，企业运营效率稳步提高。

财务管理更加科学有效。一是加强资金管理，建立业务资金调配和结算考核机制，优化资源配置，资金收益率不断提高。二是加强对分支机构和创新业务的财务指导，做好财务管理、会计核算和资金调拨等方面的财务支持。三是严格执行预算管理和集中审批制度，严控非生产性开支，收入增幅高于业务及管理费增幅 45%，超过行业平均水平。

人力资源管理不断优化。一是严格落实集团公司对人力资源和干部管理的要求，初步建立干部管理、人事管理制度体系，进一步提升干部选拔任用的规范化、制度化。二是加大人才引进力度，累计引进各类专业人才 52 名，支撑业务发展。三是引进专业的管理咨询公司，按照业务特点设计薪酬体系，激发干部员工干事创业的积极性。四是加大培训力度，根据业务发展需要，开展总部级专项培训 40 多次，协调专业部门开展分支机构业务培训，初步构建了分层分级教育培训体系。

制度建设进一步加强。加大规章制度建设力度，梳理业务和管理制度 200 多项，其中修订 150 多项，新增 35 项，废止 9 项，有效促进公司业务规范发展。

清算质量不断提升。完善结算制度和流程，加强业务操作规范，实现“清算零差错、交收零违约、估值零失误、报送零延迟”。在利率下行市场背景下，采取措施，提高公司资金收益水平，将客户资金存量最高的工行、招行存款利率分别提高 0.48% 和 0.24%。

安全管理工作取得实效。严格落实责任制，强化安全管理，加强安全防范，消除安全隐患。抓住“春节”“五一”“十一”等重要节假日和大阅兵等重要时间节点，组织开展安全大检查，全年未发生安全事故。

全面风险管理与合规管理成效明显。围绕创新发展，不断健全合规风控体系，进一步提升全面风险管理水平，全年无重大违法违规事项。一是加强事前合规风险管理，制定合规手册，着力提升全员合规风控意识。二是优化分支机构风险控制与管理，制定反洗钱手册和资管项目审核指引，为下步合规展业提供有力支撑。三是加大对创新业务的风险评估，重点对股票质押式回购、利率互换、结构化融资、新三板经纪和做市、险资受托管理等业务进行风险评估，有效保障了业务资格申请和成功展业。四是加大内部检查力度，全年进行内部检查、评价和审计稽核 29 项，及时整改，消除隐患，进一步规范业务经营与管理。

4 月 23 日，中邮证券四川省分公司正式开业。（中邮证券 / 提供）

3. 夯实基础，企业竞争实力不断增强。

板块联动发展成效明显。一是大力推进邮政特色分支机构建设。在集团公司和各板块的全力支持下，全年新建省分公司 6 家。总部克服人员紧张等困难，全力保证分公司援建工作，有效促进分公司业务快速发展。9 家省分公司累计实现收入 1292 万元，江苏、江西省分公司托管资产分别达到 5.25 亿元和 3.33 亿元，江苏、福建、湖南客户总数分别达到 3.9 万户、3.1 万户和 3 万户。

二是深入推进邮政金融翼业务联动发展。全力推广“邮储银行 + 中邮证券”第三方存管业务发展模式，累计新开邮储三方存管账户 14.8 万户，占邮储全国三方存管账户的 42%；沉淀资金 1.49 亿元，占邮储全国三方存管资金的 55%。与邮储银行合作开发资管项目 13 个，规模达 577 亿元，实现收入 4699 万元。

业务资格进一步丰富。公司先后取得互联网证券创新试点、沪港通、企业债券副主承销、险资受托管理、利率互换等业务资格，为拓展市场，培育新的增长点提供有力支撑。

股权投资成效进一步显现。参股中证机构间报价系统股份有限公司和证通公司，为公司开展场外业务、推进互联网证券创新创造有利条件。

分类评价级别进一步提升。公司坚持稳健经营理念，建立健全“规范化、市场化、专业化”的合规管理和风险防控体系，综合竞争实力和抗风险能力显著提升，公司分类评级由 B 级跃升至 BBB 级。

信息化建设水平进一步提高。信息系统持续、稳定、可靠运行，全年未发生信息安全事件。公司投入近千万元用于信息化建设，建成港股通、互联网理财平台等 20 多个信息系统，有力支撑经纪、信用、资管、投行、风控、合规等业务发展和管理。

公司承担两项中国证券业协会 2015 年重点研究课题，获得了全国邮政企业管理现代化创新成果二等奖和第 22 届全国交通企业管理现代化创新成果二等奖。（中邮证券）

【中国邮政广告传媒公司】

中国邮政广告传媒公司 2014 年 12 月正式运营，主要负责制定中国邮政广告媒体业务发展规划、发展策略和经营计划，并组织实施。全年邮政媒体全行业收入累计完成 53653 万元，比上年增长 12009 万元，增幅达到 28.84% 。中邮传媒全年累计完成营业收入 1869 万元，其中广告传媒收入 716 万元，比上年增长 661.2 万元。

中邮传媒拓展社会合作，创新业务种类。助力第 14 届中国邮政明信片评选活动创新转型，加大网络评选力度，采用“线上 + 线下 + 卫视”的宣传模式，通过中国邮政官网、邮政网络学院、中国邮政集团官方微博、微信平台等邮政自有宣传媒体，以及旅游卫视等媒体进行全程跟踪报道。同时，将颁奖仪式与中国邮政明信片第三期开奖晚会有机结合，实现全媒体平台的多样覆盖。完成对全国邮政户外媒体资源的采集、整理和归档工作，通过专业化媒体运营技术，将全国 20 个省近千块户外媒体资源信息整合形成邮政自有媒体产品，进行全网型社会开发，成功参与尼康相机在贵州凯里、广东惠州和新疆库尔勒三地的户外广告投放项目，形成户外广告收入 32.4 万。借力 EMS 高考微信服务平台，针对 900 多万查询高考录取通知书的精准受众群，设计研发“喜从天降”益智商标手游活动版块，为全国搭建移动互联网广告招商平台。活动共取得滴滴打车红包 20 万元，招商商标 28 个，为各省广告传媒业务开辟新模式、引导新思路，形成新的业务增长点。

中邮传媒支撑邮政系统内部业务发展。做好邮资封

12 月 1 日，中国邮政广告传媒公司组织策划的“2015 年我爱明信片第三期开奖”活动，在湖北武汉举行。（中国邮政广告传媒公司 / 提供　严岩 / 摄）

片卡审核工作。全年共审核邮资封片卡图稿 20.858 万稿（次），其中不同意稿件 10462 稿，占审核稿件总量的 5.02%，待修改稿件数 17460 稿（次），占审核稿件总量的 8.4%。在基础审核工作的同时，配合集团邮票发行部印制监管处进行邮资封片卡成品图稿的审核工作，并参与《无邮资封片产品管理办法》的拟订工作。中邮传媒承接 2015 年度报刊发行局网上订阅综合广宣项目，通过实体广告宣传和互联网推动等等形式，对目标人群进行合围式的营销宣传。同时，以“寻找报纸人”为创意点，通过人体雕塑行为艺术的展示，在北京、济南、上海、郑州、南京、厦门 6 个重点城市开展线下落地活动，形成以 6 省市商业传播活动联动为核心，全媒体联合传播的品牌行为力，共形成广告收入 459.46 万元，实现 2015 年报刊网上订阅收入 1.2 亿元，比上年增加 335%。5 月，中邮传媒承接中国邮政官方微博项目，开展话题讨论及吸粉活动共 53 个，发送博文及文章 2321 个，配合邮政活动宣传 67 个；同时利用微博配合集团公司舆情监控，围绕网民不同兴趣点先后搭建了各种类型话题主页 45 个。8 月，受邮政业务局委托，开展封片业务宣传推广活动。10 月 24 日 ~26 日，参加第 22 届中国国际广告节，获得“2015 年度中国广告长城奖广告主知名品牌奖”。通过邮政系统的内部调研和外部广告公司的走访，梳理出 5 大类、40 余种邮政广告媒体，编写《中国邮政广告传媒公司媒体资源介绍册》，全面介绍公司各项媒体资源和资质，为公司市场开发打下基础。指导“DM 中国邮政广告”健康发展。中邮传媒办理《DM 中国邮政广告》固定形式印刷品广告登记证，为有代理资格的省市提供媒体支持。重新拟订《“中国邮政广告”运行管理办法》，为业务的规范发展提供指导。（中邮传媒）

【中邮资本管理有限公司】

中邮资本管理有限公司 2015 年 4 月成立，注册资本 5 亿元，由集团公司 100% 持股。因开展资本运营工作的需要，中邮资本先后成立了北京中邮投资中心（有限合伙）和中邮鼎泰（北京）股权投资管理有限公司，组成了中国邮政集团公司的投资运营平台，致力于落实集团公司战略投资决策。中邮资本主要开展战略投资蚂蚁金服的工作。历时 3 个多月时间，经过尽职调查、交易谈判、投资者筛选等流程，中邮资本利用自有资金，同时筹集上海绿地和海尔金融控股等公司的社会资金，成功实现邮政品牌资本化。这是集团公司首次以私募股权的形式开展对外股权投资，在不到 4 个月的时间里，该项投资的收益已超过 50%。（中邮资本管理有限公司）

【中邮资产管理有限公司】

全年实现营业总收入 14163 万元，比上年增幅达 49.49%；利润总额账面数 6589 万元，比上年增长 64.3%（剔除集团公司统筹项目成本后 7776 万元，比上年增长 93.9%），人均利润 330 万元，基本完成集团公司下达的指标任务。

1. 深化制度建设、完善风控体系，保障公司科学运营。

完成公司法人和总经理的变更。5 月改选公司董事长龚启华，制订和完善董事会及其投融资决策委员会议事规则，相应调整董事会及各专门委员会成员，为公司按照集团公司战略发展建立相应的治理体制。

巩固基础制度，完善专门制度。一是继续规范公司业务发展与经营，确定《2015 年中邮资产公司绩效考核办法》，完成《公司分类授权管理办法》，修改公司章程；二是细化规范业务流程与操作办法，拟订《资本市场投资业务尽职调查工作指引》与《中邮资产公司项目投资收益确认办法》，修订完善《投资管理办法》和《投后管理办法》，提高投资业务全流程管理效率；三是继续强化风险

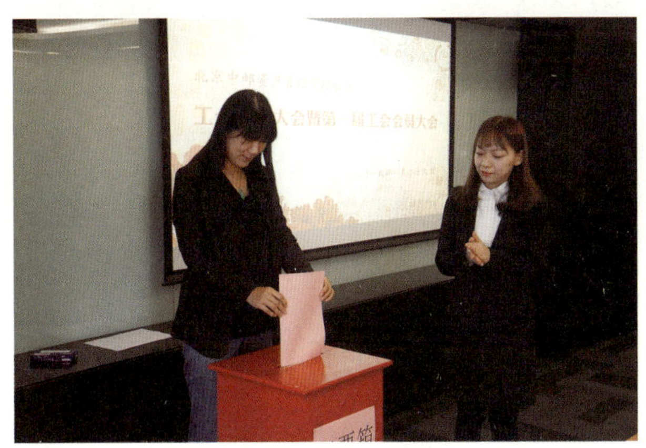

1月29日第一届工会大会。（中邮资产/提供）

合规制度，梳理更新《投（融）资评审委员会工作规则》，在修订《风险合规管理办法》的基础上，持续提升业务操作标准，制定《项目投资投后管理风险监测表》《投资项目评审操作手册》《房地产及政府融资平台投资业务评审指引》等内部操作性文件。持续更新各项业务风控标准，完善公司《投资类项目遴选标准》《量化投资产品遴选标准》，研究制定《量化投资的风险及风险控制》；四是着力公司基本制度建设，完成《总经理办公会议会规则》《部门领导人员选聘管理办法》《部门及以下非领导职务管理暂行办法》《采购管理办法》及财经纪律等一系列相关制度的制定。

严把项目准入，抓好项目全流程风险管理工作。一是投前秉持“审慎预审、严格立项、仔细尽调”的原则，根据房地产行业的下滑情况及政府债务流动性危机不断加深的情况，通过重新制订《房地产及政府平台类投资遴选标准》，提高融资人信用级别与风控措施要求；制定《结构化证券投资产品项目遴选标准》《量化投资产品遴选标准》，为新业务准入设定了较高的市场准入标准。同时严格把控项目立项、尽调、评审、决策流程。2015年，公司在对百余个项目开展预审，发起立项31个，正式立项25个，组织尽职调查与风险调查20次，通过访谈、实地调研、查阅财务数据及第三方查询等方式，形成尽职调查报告与风险控制意见，并组织召开10次投资评审委员会，1次董事会投融资决策委员会，最终达成对3个项目附条件同意投资，8个项目审议无条件同意投资，1个项目否决投资的投资决议。

二是投中严格把控合同文本、风控措施落实等工作，坚持现场面签核保。对已做出投资决策项目的相关法律合规文本、各项协议、进行严格审查，确保投审会风控要求都有效落实。聘请北京观韬律师事务所为公司投融资管理提供专业法律服务，增强合规保障力度。

三是时刻把控外部经济形势变化，加强投后跟踪管理工作。公司严格遵循《投后管理办法》及《投后风险监测表》要求，对已投放的全部固定收益类项目开展了按季度现场/非现场投后跟踪监测，通过五级分类对债权类项目进行风险预警，对出现特殊事件的项目（如湖南福晟）及提前终止投资事项。截至年底，已投放项目均正常运行，固定收益类项目按时还本付息，基金项目进展。

2. 拓展业务领域，大力推进投资工作。

围绕集团公司“产融结合、协同发展”的理念，重点参与产业基金投资、股权投资。发掘与邮政主业存在战略协同效应的股权类项目，协助邮政传统业务的转型升级与产业链拓展。配合集团资本运作，投资1000万元入股的“特别关注传媒公司”于上半年成功挂牌新三板；投资入股“蚂蚁金服”项目3.82亿元；探索与浙江银杏谷投资公司、浙江金控集团合作成立“物联网产业投资基金”。此外，开拓研究贵州开磷、无人机（中航智科技有限公司）、河南文化产业基金、杭州火车站PPP等项目，寻找契合集团发展战略、符合公司长远利益、投资价值高的投资机会。

着眼资产安全边际，探索量化对冲投资业务。公司将博普科技、系数投资、鹏华资产、永安基金四个量化投资项目作为重点方向，最终克服证券市场剧烈波动和政策不可抗力因素，稳妥落实对永安基金的投资。

稳步推进固定收益投资业务。以“宽进严出、审慎立项”的原则，预审北京瑞赛、吉林森工、武汉世贸等近百个项目，最终对北京八大处、大同煤矿等15个项目进行了立项。按照流程召开投审会，审议通过北京瑞赛、中邮证券两融收益权、遵义路桥、北京八大处、大同煤矿5个项目的投资申请，最终成功投资了北京八大处、大同煤矿项目。

推动系统内不动产集中盘活工作。一是开展土地专题梳理工作，对相关资产进行梳理甄选，初步框定具备一定集中盘活价值的地块范围，协同集团公司财务部落实。二是继续与房地产开发和咨询机构拓展合作事宜，重点与仲量联行、中信地产、金融街控股等业内知名企业开展合作洽谈，探讨战略合作。三是着力推动盘活重点项目，结合房地产政策市场新形势，重点推进湖南邮政长沙火车站、北京望京程庄路等项目。

投资设立“中邮鸿信投资有限公司”，作为资产公司拓展资产管理业务的核心平台，扫清外部融资合规性、项目多层次投资主体需求和发行产品主体资格等障碍。

拓展渠道，发挥私募基金牌照作用。研究发起设立渤海银行－厦门国际银行私募基金申请，探索通过安全性高、效益好的通道类业务提升资产管理规模和资产公司市场知名度。

深化系统内业务协同，实现资本运作效能最大化。响应集团公司金融翼板块联动的战略方针，与邮储银行、中邮证券探讨各类业务合作模式，包括“中邮证券成立资产管理计划，邮储银行认购优先级份额、资产公司认购劣后级份额”等。尝试推进融荣二号、同煤北辛窑煤业、海航集团定增、中环股份定增、量化配资等项目，截至12月31日，浙江东方定增、中概股私有化作为重点项目正在持续推进。10月，资产公司与邮储银行同煤建材项目（5年期，投资总额5亿元，邮储银行3.125亿元，资产公司1.875亿元）的成功落地，为双方今后的深度合作进行初步尝试。

3. 着力拓展融资渠道，加强财务管理水平。

融资工作方面，一是拓展信托、银行、租赁、企业内部融资等渠道；二是落实光大银行、厦门国际银行授信，签订相关合同；四是向万向信托（光大银行）进行融资提款，确保经营资金来源。

按照集团公司“子改分”方案，承接各省分公司划转辅业股权近120个（含上市公司湘邮科技32.98%的股权），对其中91个股权进行了合并报表，壮大了公司实力，为下一步进行资本运营、发行债券等奠定了资产基础。截止12月31日，合并报表总资产91.44亿元，净资产51.55亿元，利润总额1.58亿元，净利润0.96亿元。

财务管理方面，一是严控非生产性开支。减少业务招待费、会议费、办公费等相关费用，并通过加强集中采购力度实现降本增效；二是加大经营发展能力投入。通过采购量化投资所需相关硬件、软件，为量化投资业务做好支撑服务工作，经多方比较，采购万德资讯系及其相关数据库，极大提高团队的投研能力。

4. 全面推进队伍建设工作，打造专业化人才队伍。

加强绩效考核和薪酬制度市场化设计，尝试实行各部门经理、投资和风控核心员工递延工资制度，推进薪酬分配制度调整优化工作。

加强人才队伍建设，满足业务发展需要。全年增加7名员工，包括社会招聘4名，校园招聘2名，系统内引入1名，大大加强了公司在投资、融资和风控等各方面的人才力量。

组织、参加新三板、量化投资、保险理赔、财务（审计）、工会和纪检监察干部等各类培训，全面提升员工整体专业素质。

全面规范人力资源管理。一是按照人力资源重点任务目标责任书要求，进行系统的自查和整改；二是提交公司岗位体系建设材料，为下一步规范岗位体系建设打好基础；三是完成人力资源管理系统、月报系统和企业年金委托人系统的全面上线和应用。

公司年初组织召开了第一届工会大会，并选举产生第一届工会委员会，完成工会法人登记，保障员工利益。（中邮资产管理公司）

中邮鸿信

7月，中邮资产管理公司上报集团公司申请投资设立全资子公司，经集团公司批准，8月19日，完成公司的工商注册。9月，开始推进“中邮鸿信”私募基金管理人登记注册工作。10月，完成登记注册，开始着手私募基金的研究、设立工作，与厦门国际银行、渤海银行、浙商银行、廊坊银行等合作伙伴进行业务对接，当月与厦门国际银行合作的鸿信一号私募基金通过公司投资决策委员会的审议，为2016年鸿信一号、鸿信二号基金的设立打下了良好基础。（中邮资产管理公司）

【中国邮政电子商务局】

1. 增值业务。

增值业务深入研究挖掘市县潜力，实现收入71.56亿元，比上年增长15.84%，完成全年计划的103.48%。

短信业务保持健康发展。实现收入48.9亿元，比上年增长19.9%，用户数达到2.41亿户，比上年增长25.44%，有效加办率达到72%；短信成功下行量约67.9亿条，比上年增长39%，支付通信运营商成本为2.16亿元，通信费总体比上年增长30%。在用户数大幅增长的同时，用户投诉量比上年持平，规范经营情况良好，未发生重大投诉事件；系统建设逐渐完善，稳定支撑业务发展；培训工作开展，有效提高员工业务水平。

便民业务稳步推进。业务收入方面，全年实现收入11亿元，增幅7.5%；渠道建设方面，新增站点3万个，总量33万个，交易额869亿元，增幅21%，贡献邮政企业收入8.2亿元，完成便民站系统升级和数据上收工作；平台运营方面，全年交易额达1735亿元，增幅21%，日均交易额4.7亿元，服务人次12亿；在线服务方面，29个省完成生活缴费业务上线邮生活客户端工作。

车务代办高速发展。实现收入4.5亿元，比上年增长48.9%。其中，车险收入为3.23亿元，占总收入的71.2%。江苏省代办车险业务规模一直列居全国第一，实现保费规

全国邮政电子商务运营中心挂牌。（电子商务局/提供）

模稳步增长。河北、广东等省代办车险业务快速发展，与保险公司深度合作，不断争取较好的政策及服务支撑。

商旅业务谋求转型。邮政商旅业务经过几年发展，度过了业务启动期、规模提升期、发展高峰期并随着互联网渠道带来的影响及市场发生的巨大转变而进入艰难的转型发展期。

智能营销工具上线试点。发展客户经理46876人，发展客户67150人，通过营销神器统计业务数据1.26亿元，客户经理所发展的客户通过邮生活办理业务金额达1300多万元。

2. 农村电商。

邮乐网交易总额实现230亿元，比上年增长156%。其中，农村电商累计交易金额达到131.5亿元。

量质并重拓展渠道。“邮乐购”站点已经遍布全国31个省市，站点总量达120640户，全国月活跃度由最初的10%左右提升到目前79%。同时坚持“数量服从质量、量质并重”的原则，提高农村电商发展质量。例如湖北的“邮乐购”站点数量超过两万家，活跃度超过85%；浙江的推广站点数量超过一万家，月活跃度为95%；河北的推广站点数超过5000家，12月份的活跃度高达96%。全国邮掌柜系统网点累计开通数量前五名的省份是湖北（20600）、浙江（13573）、河南（10093）、江西（7170）、山东（7084）。月活跃度较高的省份有湖南（100%）、河北（96%）、重庆（96%）、浙江（95%）、河南（94%）。

各项业务均衡发展。交易笔数1.97亿笔。其中代购金额2771.5万元，代购笔数109.7万笔；批发金额2.95亿元，批发笔数11.9万笔；进销存金额124.7亿元，进销存笔数1.95亿笔；充值缴费金额3.6亿元。

软硬结合，加大投入。为更好帮扶基层邮政地推人员了解农村电商业务、提升业务支撑技能、助推当地掌柜发展，电子商务局与上海邮乐组建业务培训团队前往各地进行培训、技术支撑，累计培训次数过百场、受益人数超十万人。为了配合基层邮政地推工作、调动掌柜性，集团公司与上海邮乐对农村电商网点“邮乐购”店进行免费机具设备支持，对发展较快的地区无偿提供扫描枪和打印机，截至12月31日，共发放扫描枪126416把、打印机24853台。

策划专题活动。电子商务局连续四个季度发文，通过推广激励活动培养掌柜日常登录、使用邮掌柜进销存模块的习惯，达到培养习惯、提升认可、提高活跃度的目的；通过组织全国“一元秒杀”“半价抢购”“红五月”等活动，进销存结合“扫码有奖”、会员结合邮掌柜杂志专享优惠券、优质掌柜结合精英秒杀、推出“每周一哥”树立典型，助推农产品进城，提升掌柜活跃度；根据活跃度、交易量、代购、业务创新等标准评选出“百大掌柜”，供各省借鉴成功经验和案例，营造“比、学、赶、超”竞争气氛，促进业务交易量持续提升。

针对示范项目，主攻政府对接。国家财政部、商务部继2014年后于2015年7月再度发文《关于开展2015年电子商务进农村综合示范工作的通知》，明确提出2015年在全国25个省共200个县下拨财政专项资金20亿元，用于开展电子商务进农村综合示范项目，并在文中鼓励邮政企业全面参与电子商务进农村综合示范项目。2015年，邮政通过向政府汇报、提交建设方案等方式对接了全部200个示范县，其中共28个示范县县政府明确表示将电子商务进农村综合示范项目相关工作交予邮政全面承接；有89个县政府表示将物流体系建设交予邮政。预计已取得1.26亿的政府支持资金（不包括场地、租金等方面支持）。

立足实践创新，探索不同模式。浙江发展农村电商全力贯彻“与一把手相结合”“与政府相结合”“与邮政业务相结合”方针，借力邮掌柜，应用大数据，逐步实现从“买卖”到“卖买”的转型，进一步促进“工业品下乡”；江西结合邮生活App，打造“老俵情”子品牌。通过微电商推广“我家菜园”果蔬进城模式，力推“农产品进城”；山东将邮掌柜和买卖惠供应链两个系统有效融合、优势互补，大力发展批销业务，带动金融、快递包裹发展；河南新乡邮政推出的“邮乐新乡特色馆”，应用邮政积分线下线上联动实现了很好的发展；陕西探索出洛川、黄陵“线上线下+大客户寄递”、礼泉“仓储+电商企业寄递”等模式，通过发展农村电商，推动寄递包裹业务发展；安徽探索建立“掌控产业链+融合线上线下+推进电商孵化”的农村电商发展模式。

召开片区会议，促进交流学习。9月~10月，分别在吉林省通化市、江西省上饶市、湖北省黄冈市、陕西省西安市召开邮政农村电商片区会。会议期间，优秀省份代表分享农村电商探索经验，各省相互交流思路、做法。

召开全国现场会。12月15日~16日，全国邮政农村电商现场推进会在浙江召开。浙江省副省长孙景森，中国邮政集团公司总经理李国华、副总经理刘明光等领导出席会议。浙江、江西、湖北等10省（区、市）邮政在大会上作了经验介绍。

3. 运营支撑。

在线业务平台整合工作进行，运营支撑工作有序推进，组建全国邮政电子商务运营中心，壮大邮政“互联网+”人才队伍，不断进行“互联网+”业务创新。

新平台建设有序推进。3月，在线业务平台整合工作正式启动。由市场协同部牵头，电子商务局配合，历时4个月完成在线业务平台整合方案；由电子商务局牵头，召集了部分省市专家，一起完成在线业务平台基础功能需求的编写。老平台运营支撑能力稳步提升。1月~12月网上营业厅交易额达5.69亿元，完成交易154.83万笔，累计注册用户438.30万；2015年手机邮局新增安装量64.98万，累计安装量91.86万，新增注册用户8.84万户，累计注册用户 13.28 万户，新增交易金额 2.3 万元，累计交易金额 470 万元；在线客服累计来访量 4.7 万人次，客服受理量 3.4 万人次。

全国邮政电子商务运营中心挂牌成立，加快推动“互联网 + 邮政业务”发展，促进企业实现战略升级转型。

在线业务平台的“用户侧改造”工作。对中国邮政网上营业厅进行了全新改版，专业打造“中国邮政”微信服务号功能，全新规划设计报刊订阅网进行，并在此基础上，创新研发了微信端的报刊订阅功能，有效提升平台的功能和用户体验。

平台运营支撑工作。一是全流程深度参与，全力配合做好集邮运营工作。电商运营中心承接集邮网厅运营工作以来，累计创建 121 家网厅店铺，审批上线 2 万余个 SKU，策划和支撑 50 余场网厅活动；二是稳步推进报刊运营承接工作。协助报刊局完成 800 余种期刊杂志内容及其刊社内容的更新，审核集订分送订单近 1000 条，协助完成 2013 年以来报刊订阅网账目核对和清分；三是分工协作理顺客服支撑工作。电商运营中心与江苏在线平台客服团队通力配合，梳理并形成一套科学、合理、高效的客户服务和工单处理机制，不断提升服务能力和水平。

“互联网 +”业务模式。坚持与社会电商差异化的发展策略，坚持与邮政业务、邮政资源相结合的发展策略，坚持充分发挥邮政强大线下威力的发展策略，努力实现“服务各专业发展，服务各省市发展”的两大服务目标，严格遵循“线上产品好、线下推广快、平台支撑强、客户体验优、省市有效益、基层有动力”的六大产品要求，做好中国邮政“互联网 +”业务探索工作。截至 12 月 31 日，已初步打造“185”爱车、主题邮局、简易保险、智惠阅读、常惠生活等互联网产品，并逐步全国试点推广。（电子商务局）

【中国邮政集团公司软件开发中心】

8 月 13 日，中国邮政集团公司发文〔2015〕8 号《关于成立中国邮政集团公司软件开发中心的通知》，11 月 2 日开始筹建工作；12 月 27 日，软件开发中心在京举行揭牌仪式并正式运行。

软件开发中心的服务宗旨是立足邮政、服务邮政，建立一支精通各类邮政业务、掌握核心技术的、自主的邮政应用软件开发团队和邮政信息化创新团队，以实现对邮政信息化的长期、稳定、专业、高效支撑。业务范围是在中国邮政各业务领域，承担电子商务类、核心业务类及企业管理类应用软件开发，提供相应的应用软件服务。同时，做好新技术跟踪研究和技术引进消化吸收再创新，做好协助集团公司信息化规划、产品和技术选型等技术支撑工作。

软件开发中心人员员工人数 132 名，主要来源包括：从信息技术局划转，从邮政规划院和部分省分公司高素质的信息技术研发力量中选聘，以及从外部招聘部分高水平的专业人才。中心下设综合管理部、系统架构集成部、需求分析测试部、软件开发一部、软件开发二部、软件开发三部。编写《中国邮政集团公司软件开发中心合署办公法人公司设立》方案，提出公司名称、股东、经营范围、注册资本、治理结构等内容，完成《中国邮政集团公司软开中心薪酬分配制度实施》方案，报集团公司批复后正式实施。（软件开发中心）

各省、自治区、直辖市分公司工作

北 京 市

【北京市分公司】

5月1日，“北京市邮政公司”更名为“中国邮政集团公司北京市分公司”，机关各部室同步更名。分公司共有职能机构13个，二级通信单位29个，支撑及后勤单位4个，直属单位2个。全市共设置营业局、所总数为780处，其中支局166处，邮政所589处，电子化局所711处。邮政报刊亭1852个，二级及邮政代理储蓄点430个，邮政电子商务网点1199个，其中便民服务站514个。全市设置邮政信筒信箱5442个，邮局用户自取信箱4676个。楼房投递总数达到7.6万幢，其中新增3222幢。邮政妥投点787万个。其中直接投递的778万个，农村村邮站3729个。邮路总条数为1020条，邮路单程总长度8.4万公里。北京市分公司全部从业人员为18580人，全部用工总量为22597人。完成固定资产投资6.75亿元，其中：集团公司直管项目3.1亿元。全年实现全部业务收入49.4亿元，比上年减少1.08%；净利润-5.2亿元；邮政业务总量51.5亿元，比上年增长5.1%。

搭建北京邮政综合服务平台，形成以营业网点、报刊亭、村邮站、便民服务站、自提服务点、智能包裹柜组成的遍布城乡的邮政实体服务网，有效融入政府“一刻钟便民服务圈”，邮政公共服务体系逐步建全。重点做强金融类业务、探索首都城市金融的转型发展路径，转型网点264个，占全部网点的62%。2015年全市代理金融专业完成收入13.75亿元。其中保险保费销量近60亿元，基金销售额近30亿元。在2015年集团公司代销基金竞赛中加权销量全国排名第一。

开发华通云仓服务项目、中国银行北京分行礼品寄递等重点项目。国际小包融入北京跨境电商综合服务平台建设，累计收寄10640.34万件，业务收入达到95824.61万元，比上年2014年业务量、收增幅分别达到40%和2.77%。加快推进营销工作，以创新项目为引领，与10家单位签署战略合作协议，在政府经济、电子商务、文化产业等方面开展合作。完成3个集团公司总部项目在北京的落地工作；开发抗战胜利70周年纪念项目、世界田径锦标赛项目等市分公司级项目32个，实现收入6.7亿元。发掘文化内涵，借助知名效应，重点打造体育邮局、抗战纪念馆邮局、北海皇家邮驿、皇城驿站和骑行驿站邮局等14家主题邮局。

推进体制机制改革，完成市分公司及下属单位机构设立、股权划转、证照更名、银行账户体系切换等有关工作，各项工作实现平稳过渡。成立包裹业务局，整合两网资源，初步建立并完善市场经营、客户管理、业务协调、专业支撑等运营体制机制，为促进电商寄递业务发展奠定基础。创新北京邮政投递组网模式。按照“区域管理、分网运行、联合作业”的原则，推行“普投 + 商投、自提点 + 智能包裹柜、按频投递 + 多频投递”作业方式；加强投递网建设，优化资源配置，提升投递能力和服务品质。

加快基础设施建设，投入1.28亿元，改造代理金融网点33处、邮政和机要网点20处、投递批销信其他生产场地19处；接收统建配套邮政局所4处；新增ATM/CRS设备145台，为一线投递配备1131台PDA、639辆电动三轮车和166辆机动车；建设自提点2029个，布放智能包裹柜195台。提升信息化支撑水平。完成ERP系统和代理网点授权集中工程上线。研究开发北京电商便民配送系统、同城电商小包处理系统、跨境电子商务邮件信息管理系统（二期）等生产急需项目，为发展提供有力支撑。大宗印刷品智慧标签打印系统、国际局签订购核系统等21个项目投入试运行。提升网运支撑能力。对普邮和速递一级干线路运网采取邮路合作、顺向搭载等方面进行整合，整合出口一级干线汽车邮路40条。推进陆运网统一指挥调度，重新组建干线运输三级指挥调度体系，出口邮件运输时限提前半天至一天；实行郊区信报分运，邮件提前2~3小时到达，为实现本市同城互寄邮件次日递奠定基础；实行邮运车辆集中管控，科学配置车辆设备资源，建立车辆三级调度模式，减配车辆238部，单车日均行驶里程提高20%，年节约车辆运行成本432万元。

邮件时限综合达标率提升3.29%，多项指标达到或超过集团公司标准。做好重大活动保障和机要通信特殊服务。圆满完成全国“两会”通信服务保障，收到代表委员表扬信67封，大会秘书处总务组专门来函致谢。圆满完成2015年世界田径锦标赛和中国人民抗日战争暨世界反法西斯战争胜利70周年纪念活动期间的通信服务保障任务，受到国家安全部门、公安部门、集团公司和邮政监管部门的肯定和表扬，被北京市纪念活动领导小组授予“中国人民抗日战争暨世界反法西斯战争胜利70周年纪念活动北京市服务保障工作先进集体”。加强精神文明建设方面，组织员工参加纪念中国邮政开办120周年、“北京榜样”举荐等多项主题教育活动。发挥荣誉室、文化墙、职工书屋、职工小家和文化活动季等多个平台文经引领作用，在全公司营造向上、和谐稳定的发展氛围。《基于跨界共赢的报刊发行管理变革》创新成果被集团公司推荐申报国家级奖项，《平台型跨境电商物流服务体系的建设》等四项成果荣获交通运输行业和通信行业级奖项。14个单位荣获首都文明单位标兵，13个单位荣获首都文明单位称号。（北京市分公司　石连成、陈丽涵）

坐落于北京植物园黄叶村曹雪芹纪念馆内的红楼梦邮局，为邮迷准备很多相关邮品。图为邮迷们在红楼梦邮局寄递纪念封。（北京市分公司／提供）

【邮储银行北京市分行】

全年北京市分行总资产达4051.52亿元，比上年增长75.93%。各项存款余额2150.84亿元，比上年增长37.32%。各项贷款余额929.11亿元，比上年增长43.87%。不良贷款率0.27%，拨备覆盖率575.58%。实现自营收入43.62亿元，比上年增长24.54%；实现净利润21.59亿元，增长31.94%。

1. 个人银行业务。

全行个人客户达1544.56万户，其中个人VIP客户39余万户。

个人存贷款业务。个人存款余额1258.3亿元，其中，个人活期存款增长7.13%，个人定期存款增长-4.41%。个人贷款余额198.2亿元，较年初增加16.01亿元，增长8.79%。推进借力平台模式，搭建“银政、银协、银企、银担、银保”，小额贷款余额2.62亿元。个人消费贷款业务净增19.9亿元，新增贷款市场占有率至同业第11位，不良率0.04%。全面加快“快捷贷”推广工作，个人商务贷款结余55.32亿元。

三农金融业务。涉农贷款余额84亿元，比年初增加15亿元，增速22.3%。着手建设现代农业示范区支行10家。

银行卡业务。全行借记卡结存发卡量1393.66万张，全年消费金额455.36亿元，比上年增长4.85%。其中，绿卡通IC借记卡结存发卡量212.44万张。信用卡全年消费金额13亿元，比上年增长41.46%；期末透支余额1.82亿元，比上年增长49.18%。

养老金业务。全行代发养老金1618.21万笔代发金额461亿元。

代销基金、国债业务。全年加强与优秀基金公司合作，代销基金的产品总额7.23亿元。代销凭证式国债4期，实际销售2.13亿元，代销储蓄国债（电子式）10期，实际销售5.1亿元。

代理保险业务。共准入寿险、财险、健康险、意外险等产品60款，其中保障型保险产品24款，占比达40%；全年实现代理保险保费66.82亿元。

2. 公司银行业务。

公司存贷款业务。公司存款总额965.17亿元，比年初增长641.1亿元，增幅达197.8%；公司贷款余额483.44亿元，较年初增长143.45亿元，增幅为42.2%。

小微企业金融业务。北京分行小微企业贷款余额147亿元，较年初净增13.6亿元，法人客户3781户，户均388.56万元。

国际结算与贸易融资业务。践行大公司板块联动发展理念，推动国际贸易融资与国内贸易金融业务双向对接与延伸，扎实推进本外币联动营销工作，办理6亿美元全国系统内首笔单笔金额最大的外币流贷业务。全年实现国际结算量47.29亿美元，外汇贷款及贸易融资余额4.87亿美元，供应链金融业务余额8.75亿元。

票据业务。直贴业务规模扩大，承兑业务增速较快，票据大管家、商票贴现等新产品不断发展，截至年末，自营票据贴现余额16.83亿元，比年初增加7.06亿元。

3. 资金业务。

投资业务。分行营销的同业投资业务金额累计417亿元。

同业融资业务。分行营销的同业存款（存出）金额累计68.25亿元；营销的同业存放业务金额累计43亿元。

理财业务。全行理财产品余额137.68亿元，较年初增长42.08亿元，增幅44.02%；机构理财产品余额0.16亿元。共发行自主平衡理财产品21支，发行金额总计26.3亿元。

贵金属业务。共推出实物贵金属产品284款，代理贵金属交易金额2.85亿元，实物贵金属交易金额0.1亿元。

托管业务。分行自营托管资产规模1836亿元，较上年增长474.03%。

4. 拓展渠道。

网点建设。全行营业网点567个，其中：自营网点138个，占比24.34%；代理网点429个，占比75.66%；营业网点县域覆盖率达到100%。

电子银行。分行构建新型互联网金融服务体系，推出移动展业、商乐贷、掌柜贷、银证转账等13项新产品，电子银行交易替代率达到72.1%，交易笔数1.5亿笔。个人网银注册客户316.7万户，网上银行总交易金额350.9亿元；手机银行注册客户220.2万户，交易金额221.1亿元；电话银行注册客户355.7万户，交易金额778.4亿元。加大自助设备投放力度，ATM总量达到1800余台，交易金额 1012 亿元；新建电子银行体验中心 52 个。

5. 信息科技。

完善科技管理制度，继续加大自主研发力度，有效提升信息科技风险防范能力，初步实现数据落地应用，逐渐推动设备管理精细化。全年各前置完好率、网络可用率始终保持在 99.9% 以上，不断完善信息系统突发事件指挥调度机制，实现覆盖邮银技业的实时指挥调度体系。推进信息安全工作，实现自营机构生产网终端安全管控全覆盖。完成开发自建系统 7 个，中间业务平台功能模块建设 48 项。进行数据报表统计作业 120 余项，开展主题数据分析 15 项。（邮蓄银行北京市分行）

【速递物流北京市分公司】

中国邮政速递物流股份有限公司北京市分公司是中国邮政北方最大的国内邮件集散中心和国际邮件互换中心，现日均吞吐能力 3100 吨，日均处理量为 90 万件。员工 8126 人，各种生产车辆 3139 辆，固定资产规模为 7.56 亿元。2015 年，北京市分公司实现总收入 15.46 亿元。

1. 推进转型发展。

推进发展标准特快邮件重点市场。加快标准特快邮件文件类和同城业务的开发。公司全年国内标快文件类业务量为 2353 万件，增幅 23.31%，实现业务收入 3.14 亿元，增幅 27.28%。同城业务量完成 1423 万件，增幅 21.26%，业务收入完成 1.16 亿元，增幅 21.4%。加大客户开发力度。全年新开发协议客户形成业务收入 9769 万元，其中开发收入达到百万元以上的客户 18 户，形成收入 4426 万元。

“三进”网点工程建设取得突破。为提升重点区域、重点市场的竞争力和市场占有率，提高投递时限水平，加快进商厦、进写字楼、进产业集群市场的“三进”网点工程的推进进度。建成三进网点 191 个，商厦网点的覆盖率从最早的 49% 提升到 76%，全年完成业务收入 2.3 亿元，比上年增长 13.7%。

平稳发展三大专业。电商业务逐月向好。全年电商业务收入为 1.06 亿元，实现利润 474.02 万元。一是采用多种合作方式发展电商业务，提高客户的粘合度。包含嵌入式驻点服务，主要服务需发往全国的聚美优品、尚品网等客户；异地驻点拉运，同城落地配主要服务于唯品会、外地家购平台；仓配一体化服务于探路者等大客户。二是复制开发案例，持续大力发展落地配。三是成立专业服务团队。其一，建立话务中心，设置专门客服人员。设置客服专线，减少客户电话的等待时间，减少客户投诉。其二，成立大型项目专项项目组，简化操作流程，提升服务质量。每月对重点客户进行 KPI 质量考核。四是调整保险理赔流程。重新梳理规范保险保价邮件的全环节处理流程，按业务流程进行理赔责任的划分，有效降低理赔风险，提升理赔效率，完善业务流程，减少邮件丢损，提升服务品质。

国际业务健康发展。全年国际业务收入完成 3.02 亿元，比上年增长 17.26%。其中自营国际速递业务（含港澳台）累计完成收入 1.3 亿；国际 e 邮宝实现收入 1.18 亿元，比上年增幅达 71.60%；非邮业务收入完成 3324 万元，全国排名第六，比上年增幅 76.56%。一是加大营销力度，加强国际营销团队培训，全年开展 11 次专职营销员集中培训。采取“包区域、带营销员”双重措施，按月通报营销员业绩，每日填报《走访日志》；搭建分层级沟通平台收集市场信息，预警售后问题，反馈支撑结果；对 155 名营销及管理人员逐一培训指导 Oracle 营销管理系统。二是深入拓展重点线路（香港、俄罗斯），为国际营销中心实体化助力，实现国际业务收入平稳增长。三是依托口岸优势，深度挖掘跨境电商潜在客户。四是普及非邮业务，发展商业快件，带动全业务发展。本着“多询选精”的原则，为区域分公司选择性价比超值的线路和渠道。五是瞄准直客市场，全力支撑区域分公司开发。全年共协助区域分公司开发 12 户，产生收入 523.5 万元。六是因材施教，合理设计项目方案。组织走访和调研，针对留学生寄递项目，提出引进“小麦公社”代收留学邮件的方案。七是注重外联沟通，争取政府政策支持。参与北京市商委、物流协会和跨境电商行业民间集会；参加如俄罗斯 e 邮宝业务推介会、北京“e 储即发”跨境电商会及卖家后桥参观、业务推介活动等。

物流业务发展。物流业务实现收入 14062.65 万元，速递业务收入 111.75 万元，完成计划进度的 98.89%。合同物流业务增幅显著。结合自身优势，全面拓展国药、小米等规模性合同物流业务。其中国药项目实现收入 1079 万元，比上年增幅 52.93%。小米项目实现收入 395.73 万元，比上年增幅 78.27%。一是风险防控意识及能力增强。按照股份公司相关文件要求，对现有动产质押业务进行调整，将“输出型”监管业务转型为“输入型”监管业务，规避金融监管风险，提升公司效益，增加与客户的“粘稠度”；并将风险较大项目下线。二是现有规模型合同物流项目收入比上年增幅显著。现有规模型合同物流业务拓展，业务收入比上年增幅较为显著。三是仓储资源利用率提升。

2. 推进能力建设。

加强重点成本管控。降本方面，一是通过优化站盘拉运流程，动态调整干线运输计划，开展与承运商油费议价等措施不断降低陆运成本；二是动态管控人工成本。严格按照绩效管理办法，控制人工成本支出，重点加强外包费用管理，控制人工成本的刚性增长。三是大力压缩管理成本，压缩会议费、办公费、差旅费等管理成本开支，并对业务招待费实行动态管控，使“三公”经费降低。四是细化招标管理。开展集采招标等方式，全面降低公司运营成本。计节省成本 5628.2 万元。增效方面，一是利用公开拍租的方式，完成望京场地租赁事宜，提升仓储资源利用率；二是与政府争取税收政策等举措，沟通政府部门，兑现2013年税收政策扶持资金，有效缓解公司资金压力。共增加资金1790万元。

逐步强化人力资源管理。一是加强揽投部“双定”工作，调整人员配置和用工结构，目前一线员工占比达到57%，比上年提高0.4%，自营劳产率与去年同期持平。二是推进了劳务承揽工作，确保劳务派遣用工比例持续下降。公司有劳务承揽人员3982人，劳务派遣人数为1001人，劳务工占比比上年下降40%。三是开展多样化内部竞聘，拓宽员工职业生涯渠道。四是考培结合，提升职业技能。开办各项培训班14个，共有9570人次参加培训。完成邮政业务营销员、速递业务员、物品配送员等五个工种，共计998人的职业技能鉴定工作。圆满完成第四届全国邮政特有职业技能竞赛任务。北京市分公司代表队由朝阳路区域分公司的曹亚然、马志朋，永安路区域分公司的马雷，国际分公司的王敬彬四人组成。公司最终获得团体组织奖和速递物流板块个人赛优秀奖及理论知识考试单项第八名的好成绩。五是按照股份公司要求，加快营销体系“五个中心”的建设。五大中心已配备各级营销人员共计134名，组织框架基本构建完成。

3. 不断提升全程服务品质。

逐步增强网运支撑能力。一是调整邮航、民航及陆运标快的截止接收时间，最大化提升夜间邮件处理效率；加强对民航进港邮件提取逾限的考核，建立重点通航局的一十发运预报机制，大大提升次日上午递的通达范围。截至目前，公司日均标快进口一、二频次处理量为10.1万件，占全日总量的76%。二是按时限标准调整陆运经济类邮件作业计划，均衡各频次拉运量，为合理提高投递端作业效率提供保障。三是加强南京集散直封力度，最大化的保证文件类标快邮件的次日递率。四是国航入库工作，提升全网保障能力。根据股份公司推进国货航驻场工作部署，突破航空运输环节运行及管控难点，提升航空发运装载率及准确性，及时监控发运状况，保障运能与发运量匹配，为北京市分公司及大网做好支撑。7月13日投产后运行稳定。五是加大揽投能力投入。结合公司“三进”工程建设进度，充分考虑各单位客户群体、服务面积、投递深度等综合因素，对部分区域单位机构进行整合，对部分区域单位机构进行拆分与合并，并新增驻点机构。六是新顺工程建设取得较大进展，经过多方努力，已取得工程开工建设资格，相关工作已开始推进。

逐步加强运营管控工作。一是逐步完善“关键指标关键人”的责任体系，建立重点指标日监控、周分析、月通报的管控制度，切实加强KPI管控力度，为确保73个重点城市及时妥投率、56个城市出口次日递率的稳中有升提供基础保障。二是向下延伸“一会一中心”制度，并利用时限质量分析会、质询会等方式在全公司内构建自上而下的时限质量管控体系，有效提升运行质量。公司邮件丢损量与年初相比下降44%。三是加强对问题邮件的处理，加强理赔管理，特别是对赔偿额度、赔偿手续、理赔时限等关键节点加以管控，加强对特赔邮件的原因分析，最大化避免同类问题再次发生。四是调整客服流程，实现“一人一站”式的全流程处理模式，从而提升协查工单解决效率。公司全年客服48小时协查反馈率达到98%。五是大力开展专项检查。全年共计安排检查12次，下发视察检查报告书710份。六是建立市内验单QQ平台，加快邮件异常情况反馈，确保各单位间能够及时沟通，弥补纸质验单时效性差的漏洞。（速递物流北京市分公司）

【中邮保险北京市分公司】

中邮人寿保险股份有限公司北京分公司于2010年10月8日开业，是中邮保险成立的第4家省级分公司。中邮保险北京分公司由原北京邮政保险代理局整建制划转、系统内外招聘、应届毕业生组成。共有合同制员工54人，平均年龄32岁。中大专以上学历52人，占总人数的96%，其中本科43人、硕士8人；党员23人，团员21人，党员占比为43%。

全年累计实现保费收入4.22亿元，完成预算进度的100.47%，比上年增长49.12%，其中，期交新单保费1.26亿元，比上年增长67.23%，期交保费结构占比达到41.03%，全国排名第1；团险保费1520万元，完成预算进度152%，规模排名全国第3；小额保险保费44万元，完成预算进度110%。新契约回访率95.17%，位全国排名第1；新契约综合合格率为96.10%，位全国排名第4；理赔五日结案率100%，处于全国领先水平。在北京保监局2015年度监管评价中，被评为A类机构。

1. 推动业务发展。

发展高效业务。成立期交“百亿工程”领导小组，明确在队伍建设、技能提升、荣誉激励、发展政策和机构管理等发展政策，推动期交业务再上新台阶。在全市开展期交业务专项竞赛活动，协调北京邮政分公司、邮储银行北京分行提高中邮保险的奖励标准和营销积分，激发销售人员的积极性，2015年期交保费比上年增长67%。联合北京邮政分公司开展团险业务营销活动，大力拓展兼业代理市场；做好集团补充医保项目服务及续保工作，开发邮政航空公司新客户，2015年累计实现团险保费收入1520万元，比上年增长54%。

完善考核机制。落实集团公司《关于加强市县中邮保险考核工作的指导意见》（中国邮政〔2015〕69号），协调北京分公司出台《2015年高管人员中邮保险考核细则通知》（京邮人力〔2015〕2号）、《<区县中邮保险局考核办法（试行）>、<区县中邮保险局人员考核办法（试行）>》（京邮联〔2015〕37号），建立对各经营单位高管人员、中邮保险局及专兼职人员完整的考核体系。

联合发展。协调北京市分公司，落实集团公司“营销创优”劳动竞赛工作，设立中邮保险期交“百亿工程”推动奖，17名网点理财经理、柜员获得“期交明星奖”称号。参与中国邮政集团公司保险运营“达标争先”劳动竞赛，提升保险专业服务能力，推动中邮保险局有效履职，在理论考试中，平均成绩位列第2。

2. 推动项目发展。

补充医保项目。全面完成集团公司及在京15家单位的总计5138名被保险人的承保手续，实现团险保费1108万元。通过梳理服务工作流程、制作《服务手册》、召开补充医保座谈会、开通服务专线、建立重疾患者绿色通道等方式，提升补充医保服务水平。重点做好理赔工作，2015年共收到感谢信3封，便捷高效的理赔服务得到客户的认可。

境外保险项目。与总公司协调，研发推出中邮保险境外保险产品。成为米兰世博会中国馆唯一指定保险供应商，在米兰世博会现场，开展以“邮政连天下，保险惠万家”为主题的专题宣传活动，在国际舞台上宣传中国邮政和中邮保险企业形象。

城市业务。试点建设专厅专柜，组织投递员、营销员参加资格考试。建成29个中邮保险专厅、4个中邮保险专柜，共69名营销员、投递员具备销售中邮保险产品的资格。

3. 创新客服体系。

开展独具特色的客服活动。在“3·15”期间，开展以“畅通服务渠道 倾听客户心声”为主题的客户服务活动，包括客户满意度调查、总经理接待日、消费者权益保护座谈会等，拉近与客户的距离，赢得客户和社会的信任。举办“今生有你、缘定中邮”第五届中邮保险客服节活动，邀请VIP客户子女参加青少年邮票大赛，为石景山鲁谷社区、延庆区旧县镇居民及村民提供健康养生讲座及免费体检服务，邀请高端客户参加“唱红歌 赏珍邮 抒我中华爱国情”答谢活动，凸显中邮保险特色服务。举办“情满欢笑 爱在中邮”邮银渠道VIP客户答谢会，将相声表演、邮票文化讲解和家庭理财知识相结合，受到广泛好评。

应对满期给付高峰。成立应对满期给付专项小组，研究分析给付高峰情况，开展满期给付、客户再保及转保培训，做好实战演练。制作满期给付话术样张下发至各网点，及时开展二次营销。妥善处理客户投诉60余件。

4. 提升管理水平。

细化财务管理手段。出台《差旅费管理办法》《会议费管理办法》《采购管理实施细则》《招待费管理办法》等，完善财务管理制度。加大实物资产检查力度，对开业以来分公司及各中邮保险局资产进行逐一核实盘点，确保账实相符。实行“零现金”管理，日常支出均通过网银划拨，降低现金管理风险。

加强风险管控。召开专题通报会，对11个中邮保险局下发风险提示函。通过开展“两个加强，两个遏制”专项检查、合规管理加强季、岗位规章制度大起底等活动，提高合规管理水平，促进合规管理再上新台阶。

发挥审计监督职能。接受总公司高管离任审计并制订整改措施，明确完成时间、责任人，确保各项工作整改到位。开展内部控制评估审计、反洗钱审计、关联交易审计、IT审计等，针对审计发生的问题制定整改措施，防控公司风险。

5. 推进团队建设。

建设渠道骨干队伍。在全市邮政金融网点范围内选拔兼职讲师126人，通过集中培训和授课PK比赛，全面提升兼职讲师实战能力，开展业务培训529场。在全市范围内选取绩优理财经理72名，组织开展集中培训、短期营销竞赛、高峰会等活动，挖掘精英潜能，带动期交业务发展，实现期交保费3000余万元。联合北京市分公司、邮储银行北京分行开展“中邮保险大练兵技能竞赛”活动，涉及2300余名理财经理和柜员，业务技能和综合素质得到提升。

加强中邮保险局履职能力。全年组织3场中邮保险局专岗人员营运业务管理专项培训，累计培训时长60小时。对新成立的东城、石景山中邮保险局开展为期2周的业务培训，派专人协助处理首批业务。16个区的中邮保险局全面履职，“代管”职能有效发挥。

提高干部员工队伍素质。开展2015年员工素质工程，通过“我的团队我的团”、中邮保险大讲堂、岗位交流等活动，激发内生动力，力促岗位成才；组织“大练兵”活动，不断提升全员综合素质和专业能力。加强专职讲师队伍培养，徐俣竹、李金两位员工在总公司举办的“星火传递杯”讲师大赛中分别取得全国十佳讲师第3名与第8名。

提高员工幸福指数。开展丰富多彩的文体活动，成立员工健身俱乐部，组织植树、亲子活动、第二届秋季运动会等活动，强健员工体魄。参加总公司举办的“百年邮政 千名员工 万里征程”红色宣传月系列活动。（中邮保险北京市分公司）

天津市

【天津市分公司】

1. 转型升级邮政业务。

代理金融业务加快转型发展。通过深化网点销售化转型，在产能提升、客户管理、项目培育、创新营销等方面实现新突破，实现收入 9.02 亿元，比增 10.4%。余额结构得到优化，年末活期占比 24.5%，提升 2.9%，增幅全国排名第 6 位。保险拉动收入明显，实现收入 2.17 亿元，比增 83.67%，进度 144.36%。对公业务全国占位突出，年度综合排名全国第 1 位，其中新增日均余额 1.79 亿元，全国排名第 7 位，累计存款余额 20.89 亿元，全国排名第 4 位。理财规模不断壮大，实现销量 60 亿元，保有量 26.66 亿元，排名全国第 22 位。

包裹快递业务实现较快发展。完成收入 2.04 亿元，比增 6.2%。其中电商包裹收入 3514.7 万元，比增 106.3%，首次超过地区行业增幅。国际业务调整客户结构，累计达 48 户，实现收入 9390 万元，比增 15.4%。“双 11”期间实现新突破，收寄快递包裹 87.4 万件，实现收入 760.7 万元，量收比增 130.2% 和 123.2%。

函件集邮业务实现整合发展。实现业务收入 3.13 亿元，超计划 830 万元，有效收入超额 780 万元。其中函件业务完成收入 9742.61 万元，进度 113.29%。账单业务实现收入 2151 万元，进度 103.4%。集邮文化活动蓬勃开展，生肖贺岁季、集邮文化季等重点项目带动活动近百场，实现收入近亿元。商演会展初具规模，举办 60 余场，实现收入 400 余万元。

报刊业务调整中发展。实现补续订流转额 883 万元，完成集团公司目标的 196.2%。初步推进校园报刊市场开发，联合报刊社开展进校园活动，新增校园报刊流转额 255 万元。2015 年天津邮政向全国发行天津出版的邮发报刊 202 种，代发报刊 11 种。订销全国邮发（代发）报刊 11623 种。实现业务收入 9470 万元。2016 年度报刊大收订累计收进一次性报刊流转额 20777 万元。

电商分销探索新模式。“福至新春”和“月满中秋”实现收入近 1500 万元，占分销全年收入的 73%，代理车险业务累计完成保费 2200 万元，实现收入 580 万元，跻身全国前 10 名。邮掌柜平台实现销售近 4000 单，带动小包寄递 1.5 万件。

综合便民服务平台建设运营持续推进。累计建成便民服务站 3975 个，打造旗舰店 40 个，月均交易额 6000 万元，预付费月均沉淀资金 600 万元。 累计发展邮掌柜 2224 处，交易 251 万笔，金额 1.9 亿元。结合“美丽天津”建设，外环线以内 288 处报刊亭全部更换为新型智能报刊亭，在中心城区建成 30 处“旅游咨询服务中心”。

天津市分公司在新春佳节到来之际，举办节日年货节。（天津市分公司 / 提供）

2. 拓宽合作领域。

集团公司与天津市政府签署战略合作协议，共同打造邮政金融服务中心和邮政电子商务平台、“一带一路”文化传媒平台、邮政综合便民服务平台，为分公司更好地全面融入地方经济提供广阔的发展空间。分公司先后与联通天津分公司、市旅游局、市体育局、市食品公司、市公安交通管理局等单位签订战略合作协议。

3. 推进企业改革。

通过整合内部资源，全力推进函件、集邮两项传统业务向文化传媒、向“互联网 +”转型，成立函件集邮局，借助函件集邮业务的传统资源优势，围绕文化主线，全面推动函件集邮业务整合升级。两专业实现业务、客户、产品、渠道、营销活动的“五个融合”，有效促进专业整体运行效益的提升。市内六区成立报刊发行分局，加快函件、集邮、发行专业整合发展。

在全国率先成立包裹业务局，建立以客户为中心的经营管理体系，在各区县分公司分别设立 12 个专职、6 个兼职的分支机构。紧贴行业规则，建立健全“专业—区县”两级考核机制，突出专业队伍市场开发、内部支撑、综合协调三大职责。通过招选聘的方式，全市 11 个区县分公司招聘 31 名包裹专职营销员，经过 7 个月发展，全市累计从事包裹业务人员达 160 余人。

确定“重新组网，一网多层”的组网模式，采取“分层运行，分类分段，专混结合，灵活调整”的运行方式，计划用三年时间构建起以揽增收、以投提质、普遍服务达标准、竞争业务树品牌的新型投递经营服务网。年内初步形成普邮业务和包裹业务分层、交叉投递。

在静海、南开、东丽等分公司试行金融专业化管理。制订网点分等分级管理办法和营销队伍建设意见，打通网点负责人和理财经理的晋升通道。全年完成151个代理金融网点转型，覆盖率53%。

按照集团公司对省级会计集中核算的总体安排，借鉴试点省先进经验，制定并下发《天津邮政会计集中核算实施方案》，并于9月成立省级会计核算中心。通过省公司对账户、资金、财务等进行集中性的财务信息处理，从组织、流程、系统、标准等角度构建集中管理的财务体系，加强企业过程管理，规范会计核算，控制企业风险。

4. 提升竞争能力。

加大金融自助设备投放力度，布放自助机具175台，完成52处自助银行改造，创历史水平。加快金融信息化建设，完成客户走访、网点经营管理、个人客户营销等应用系统建设。

基本完成邮区中心局工艺设备改造，函件日处理能力达到30万件。增加包裹投递设备，增配手持智能终端583台。

建设完成静海瑞和道支局和武清光明道支局。完成384个邮政局所改造项目、13个机要通信基础设施项目和69个普遍服务改造项目。

确保包裹快递业务改革、网运优化、ERP系统上线等重点工作实施。自主开发11个配套系统和功能改造项目。加强终端设备维护，网点故障修复及时率达到99.1%。

加大营销队伍建设力度，解决重点业务发展的增员需求，营销队伍规模达到686人，占全部从业人员的8.4%，为公司重点业务发展提供人员支持。

5. 强化企业管理。

完成天津邮政“子改分”工作，实施利润目标认档管理。16个区县分公司勇摘高档。全面开展对标管理，业务直接成本率比上年下降0.8%。在支局和金融网点推行网点损益管理，网点利润比上年提高22%。加强存贷和用户欠费管理，应收账款周转率高于全国优秀标杆水平2.29次。全力推进ERP系统上线工作，提高内控能力。配合集团公司建立普遍服务亏损核算和补偿长效机制。

规范立项、审批和建设流程，年度投入金融、包裹、投递和网运的资金占比达到80.49%。规范采购管理流程、健全机构、加强人员配备，控制采购风险；完成集中采购项目46个，节约成本566万元。

规范领导干部选拔任用，执行“一报告两评议”制度。组织实施函集和包裹专业中层领导岗位竞聘。精简管理人员220名，将管理岗位编制压缩到686个，达到集团公司的达标水平。完善择优招用合同制员工量化积分标准，全年择优招用劳务工1569人，合比上年占比达72%。通过业务外包、劳务承揽等方式，减少150名企业生产从业人员。

45处空白乡镇补建邮政局所全部开业运营。配合天津市邮政管理局完成852处旧楼区信报箱更新补建工作，新建住宅楼房信报箱安装率达到100%。开展全面提升邮政服务质量专项活动和回头看专项检查，梳理整改360多个存在问题。整体服务水平提升，2015年用户满意度达到93分，超集团公司标准18分。

分公司先后下发多个规范经营纪律和财经纪律的文件，强化各层面规矩意识、法律意识。深入开展业务返利、营销费、业务奖励、招待费及“小金库”回头看等专项检查活动，经营管理行为得到有效规范。营销费用率比上年下降6.5%，招待费下降7.5%。加强对跨界低资费揽收、强行摊派、违规审批等违规行为的监管力度，全年无发现重大经营违规行为。

组织开展跨年财务收支专项审计，重新修订市分公司领导人员经济责任审计办法。全年完成审计项目564项，审减工程项目费用510万元，对12名干部进行离任审计，有效发挥审计监督和管理职能。

开展安全专项检查，强化消防、资金、邮件、信息、交通等安全工作。开展“两加强、两遏制”和民间借贷风险排查回头看等系列专题活动，提升金融风控管理水平。机要安全生产实现23连冠。

6. 强化队伍建设。

选派部分单位和部门领导分赴福建、山东、安徽等兄弟省份交流学习，共计5批47名领导干部。选送6名中青年直管领导干部赴集团公司党校培训，学成归来后分别介绍学习外省经验，通过对“他山之石”的透彻了解、分析，结合自身工作情况充分加以借鉴、复制，化想法为做法，助推邮务类转型，为企业创造更多效益。

加强中青年干部培养，举办首期中青年干部培训班。8月2日，分公司首期中青年干部培训班正式开班，51名来自各单位的中青年干部参加培训，旨在培养造就天津邮政高素质的中青年干部队伍，通过培训，夯实理论基础，培养战略思维，加强党性修养，提高中青年干部的素质和领导力。本期培训班为期26天，由石家庄邮电职业技术学院和市分公司人力资源部联合组织教学计划，组织授课，既有政治理论，又有领导力提升、管理创新、经营发展策略分析、互联网商业模式创新等内容。

加大培训力度，开设各类培训班百余个，员工培训率达到86%。全年2307人完成鉴定考评，合格率达53.19%，开展代理金融、储汇、投递等6个专业的职业技能竞赛，覆盖各岗位人员5530人，共有376名选手进入决赛，晋升技师职业资格人员5名，晋升高级工职业资格人员20名，有效激发广大员工岗位成才的积极性。

加快干部队伍结构调整。二级单位一把手的平均年龄降低到48岁。按照中央和集团公司党组对选人用人的要求制定下发《关于严格落实干部人事制度有关规定的通知》，明确干部退休离岗、提拔任用的规定。按照德才兼备、突出业绩、调整年龄结构的导向，对部分单位的领导班子进行调整，完善了二级单位拟提任副科级以上领导干部实名推荐审批制度。组织开展部分直管领导岗位和包裹、函件集邮专业中层领导岗位、会计核算中心岗位的公开竞（选）聘工作，遴选48名人员，其中直管领导4名、中层领导干部15名，会计核算中心人员29名。

组织开展“练功比武年”活动。本年度分公司“练功比武年”大赛共涉及邮政营业、邮政储蓄、邮政营销、邮政投递、邮政分拣、邮政信息技术6个岗位。各专业分别进行了选拔比赛，参与人数超过5000余人，在集团公司组织的营销竞赛中获得邮务板块团体组织奖。（天津市分公司　魏普金）

【邮储银行天津市分行】

全行总资产951.27亿元，较上年增加78.72亿元。各项存款余额824.81亿元，其中自营存款346.85亿元，较上年增加20.73亿元。各项贷款余额322.45亿元，较上年增加30亿元。不良贷款金额2.32亿元，不良贷款率0.72%，低于总行平均水平0.18%，较上年前进9位，较天津银行业低0.77%，实现“量率双达标”。邮政金融业务实现收入22.16亿元，为年度目标的101.33%，比上年增幅5.39%。其中自营收入实现13.14亿元，为年度目标的102.05%，比上年增收2838万元。全行实现利润总额2.9亿元，为年度目标的100.77%。

1. 业务发展。

个人金融坚持存款立行，细分客户，拓展渠道，实现收入4.3亿元，为年度目标的102.2%。理财余额净增26亿元，居城市行首位，全国排名第9位，收入比上年增幅85%。中高端客户资产净增18.4亿元，贡献度69.96%，比上年提高2.4%。

零售信贷分支联动，拓展营销渠道，调整业务流程，实现收入1.36亿元，为年度目标的98.28%。家庭农场贷款余额及新增均在城市行排名第4位。发放二手房贷款16.72亿元，全市排名第4位。

小企业信贷开展平台建设，灵活运用多元化产品组合，扭转余额下滑局面，实现收入0.94亿元，为年度目标的93.56%。津南支行发放全国首笔小微企业税贷通贷款。

公司金融推进产品和收入结构转型，公司存款增速喜人，资产业务种类不断拓展，国际业务持续创新，实现收入5.22亿元，为年度目标的101%，新增收入贡献度全行最高。其中公司存款新增39.69亿元，排名全国第8位。拓展增收渠道，承销32.6亿元地方债，并争取财政存款9.77亿元。全年共办理供应链金融18.95亿元，全国排名第3位，福费廷60亿元，全国排名第11位。西青支行存款规模超过30亿元，河东支行办理的7亿元融资租赁保理业务，为总行供应链金融开办以来最大单。

金融市场，以市场为导向，及时捕捉总行政策变化，实现产品及客户转型，收入1.23亿元，为年度目标的109.18%。资产管理业务取得新突破，实现收入1100万元。滨海新区支行开展同业业务，理财资金对接公司融资项目，放款20亿元，是全国此类业务中融资规模最大的一笔。

2. 拓展渠道。

紧跟互联网金融发展趋势，以营销活动为载体，持续改善客户体验，实现交易2782万笔，交易替代率66.7%，较上年提高4.27%。

3. 创新经营。

外部合作实现突破。以集团公司与市政府签定战略合作协议为契机，向总行争取1000亿元融资支持，积累发展资源。在此基础上，分行又取得天津市非税缴存代理银行资格，参与地方债承销竞标，与市住房公积金中心签署业务合作协议，完成二手房公积金贷款系统开发，拓宽发展渠道。

创新能力增强。加强部门协作，分支联动，转变经营方式，向产品组合、结构调整、流程优化、综合营销要效益。个人金融重点营销开放式理财，有效提高理财产品收益率；零售信贷开展平行作业，提升贷款审查审批效率；小企业丰富产品种类，以“组合拳”应对市场变化；公司业务逐渐形成本外币资产联动、创新驱动的多元化产品结构；金融市场实现理财资金对接公司客户融资，拓宽增收渠道。

竞赛推动业务发展。根据经济形势和市场变化，分行及时组织开展季度竞赛和专项竞赛，全行经营发展内在驱动力得到较大推动。特别是旺季营销竞赛开展以来，10-12月储蓄存款净增9.25亿元，全国排名第12位，较9月末前进23位，扭转年初以来的被动局面。

4. 风险管理。

组织开展“除隐患、提能力”支行建设集中整治活动，整改问题57项，组织培训50余场，提升基层管理能力。在全国率先建立风险限额监测机制。不断推进资产处置转型及手段创新，债权转让方案全国首家获批。全年处置不良资产1.71亿元，其中，核销1.48亿元，完成总行计划的234%，现金清收2339万元，完成总行计划的130%，清收冲回资产减值损失，贡献利润1826万元。

深入开展“合规回头看”、“两加强、两遏制”等专项活动，严格贯彻“十条禁令”要求，开展案件风险排查和各类专项检查。全面开展规章制度梳理和评估工作，完善规章制度体系建设。通过“可疑交易分析”自评估及制度建设，推进反洗钱工作转型。实现“零案件”银行目标。

不断提升全行安全防范意识和突发事件处置能力，防范外部侵害事件1起，拦截电信诈骗24起，避免客户损失近百万元，解决4项安全隐患问题，安全评估工作达到优秀标准。连续六年获得市公安局集体三等功。（邮储银行天津市分行）

【速递物流天津市分公司】

中国邮政速递物流股份有限公司天津市分公司完成业务收入35468万元。其中，公司自营完成33186万元，代理完成2282万元。

1. 推动业务发展。

推动国际业务发展。2015年，速递物流天津分公司与社会资源进行全面合作，获得天津市自贸区东疆港保税区首家经营海运跨境电子商务物流企业资质。推进海关进行监管场地RFID系统工程建设。开通天津—美国直航，举办“EMS校园行”活动，建立国际营销团队，规范了国际代收代缴业务操作流程和管理体系，提升客户体验。在消化“8·12爆炸”重大影响下，国际业务量全年增长49%、收入增长22%。

推动同城业务快速增长。速递物流天津分公司抓住市政府部门推出便民利民服务的契机，相继推出交管邮政、国税专递等同城新业务。采取增加进驻人员，嵌入后台操作环节等措施，加深与政府部门的合作深度，政务类项目收入全年增长27%。加强同城业务平台建设，开发运营联通黑卡等大项目。上线安利落地配项目。同城速递收入全年增长17%。

推进省际业务平稳增长。开展“抢夺行动”，开发圣斯克家具、建大橡胶、一方科技等一大批新客户。开展“稳增长”月分组竞赛活动，涌现出空港揽投部、静海开发区揽投部、黄河道营业部、蓟县营业部等发展先进单位。通过发展增量，弥补移动积分、光大永明、长城汽车等大客户的不利影响，推动省际业务平稳增长。73重点城市互寄业务量收平稳增长。

推动电商业务超常规发展。成立电商业务部，增强电商业务发展力量。新开发滨海新区分公司顶立酒业、南泥湾揽投部美益添、红星路揽投部圣迪奥、电商业务部阿纳食品、微电子揽投部康婷生物等电商大客户。深入挖潜武清分公司绫致服装，静海营业部十月天使，电商业务部哈哩噜哑、亿丰商贸、小米等电商大客户。“双11”期间，电商出口业务量增幅42%，实现规模效益双提升。全年电商类快递包裹业务量增长108%，业务收入增长46%。

主动实施物流业务结构调整。充分发挥B2B+B2C综合服务优势，新开发运营三星售后资材项目、权健项目、恒大粮油等一体化合同物流大项目，全年新增收入2500万元。通过提升运营服务质量，拓宽与天狮集团、丰田、天士力、王朝集团的合作，被天狮集团评为优秀供应商。实施业务结构调整，下线所有仓单质押项目，主动放弃损益核算亏损的项目，经过调整，化解经营风险。

品质提升迈上新台阶。速递物流天津市分公司各项运行质量指标大幅提升。全年进口邮件及时妥投率86%，183及时揽收率94%，全环节信息采集完整率99.7%，出口次日递时限提升15%，丢失邮件得到明显遏制，工单申诉明显好转。2015年“双11”全市进口及时妥投率达到81%，经受住“双11”高峰考验。关键质量指标的提升，改善了服务品质，赢得客户认同。

推进揽投平台建设。对南泥湾等7个揽投部重新选址，缩短上道距离，提高服务响应时间，降低运营费用。对红星路等9个揽投部进行内部整修，作业条件和环境得到改善提高。对所有揽投道段进行梳理，对重点揽投部的道段划分、作业组织进行优化调整。

2. 持续优化网运组织。

缩短寄递时限。解决河北石家庄、唐山、沧州、保定、廊坊及山东济南互寄时限问题，开通天津至美国，天津至西宁、兰州、银川的直航邮路，出口时限大幅提升。此外，“双11”期间，采取多客户多场地分拣前置作业，开设单格口直封模式，组开多条临时邮路处理中心经转等措施，保证旺季期间邮件出口时限。

提升管控质量。通过坚持每周质量分析会制度，利用“红图、邮件质量管控衰减模型”，分公司及时发现并解决各类问题。对于长期不达标的生产经营单位，采取现场督导的方式协助其分析原因、整改落实。

加强运行质量管理。制定出台统管干部、业务主管等关键岗位人员绩效薪酬与运行质量挂钩的考核办法，对丢失邮件、56城市违诺邮件、航空公安有理由扣押邮件、及时妥投率等关键指标实行“按件”和“按率”考核。

提升服务质量。建立及时妥投率日通报机制，对不达标单位进行曝光，对指标连续3周不达标的揽投部经理进行质询。开展虚假信息专项整治活动，对虚假信息实行“零容忍”，逐级对揽投部经理、业务主管、直接责任人进行专项考核，解决工单投诉量大的问题。对执行操作不到位的民航代理进行更换，增加民航代理与库区的提货频次，大幅减少民航邮件丢失数量。

完善服务能力。建立以客服中心为主体的区域客服、以揽投部为核心的协同客服、以项目团队为重点的主动客服体系。明确职责分工，优化处理流程，提升客服工作处理效率。开通11183客户服务信息系统内部客服功能，提升对生产经营的支撑能力。

3. 优化各项管理水平

推进市场化薪酬激励。加强揽投部薪酬分配指导，赋予揽投部二级分配权限。对统管干部制定“年薪制、分段考核，双线管理，综合评价”的薪酬办法，使统管干部的职级年薪与岗位年薪得到有机统一。对管理人员实行以业绩为核心的薪酬考核体系，按照进度和质量进行考核。

不断完善经营管控体系。建立周经营分析会制度。推进道段经营及目标考核，下达月、季、年道段揽收收入考核计划。制定底线计划、预算计划、行业计划三档目标，分段给予不同奖励政策，将统管干部的薪酬与揽投部目标完成挂钩，细化责任、强化考核。

建立成本标杆和用户欠费管控模式。将百元收入人工成本率、国际运费成本率、车辆成本费用率、百元成本费用率等指标作为对标考核指标，对经营单位发布成本异常通知单，及时预警，落实考核。完善用户欠费管理办法实施细则，加大对超期欠费考核力度。此外，成立采购中心，梳理采购流程，规范采购办法。武清分公司、空港、中山路、跨境业务部较好完成收支差预算目标，为公司经营发展做出贡献。政务中心、梅江揽投部、蓟县揽投部欠费率控制在6%以内，欠费管理作出表率。

持续推进降本增效。利用社会资源，统签77家津工超市代办点。通过推进揽投、运输、内部处理等环节业务外包，政策性推进劳务承揽，缓解揽投部投递压力，增强揽收能力，降低企业综合运营费用。制定出台《生产车辆管理办法》，为生产车辆投保商业三者险，减少因交通事故造成的企业损失。

调整人力资源配置。采取加强绩效考核，严格管理考勤等措施，终止、解除劳动合同8人，退回派遣公司95人。开展劳务工转聘工作，173名劳务工选聘为合同制用工。举办职业技能竞赛省级选拔赛，员工素质得到提升，一线员工持证率达82%。坚持发展依靠员工，发展成果由员工共享，开展薪酬分配制度调整工作，提高一线员工基本工资标准，让广大员工直接感受到企业发展带来的实惠。

加快信息化建设。完成“2015版天津速递物流营销管理暨按量计酬分配系统”“终端代理信息处理系统”“三星邮件批量POD及全程跟踪信息查询系统”的开发及上线工作，为经营发展提供技术支撑。更换所有揽投员公务手机，实现每人一机及实名制管理。（速递物流天津市分公司）

【中邮保险天津市分公司】

中邮人寿保险股份有限公司天津分公司于2010年12月3日开业，是中邮保险成立的第5家省级分公司。

1. 推动业务发展。

扩大保费规模。累计实现保费收入3.8亿元，比上年增长40.1%；续期保费1.2亿元，实现新单期交保费收入7653万元，实现团险保费收入204.6万元，比上年增长252%。

保持各项指标良好。在天津保监局分类监管评价结果中，天津市分公司连续第两年被评为A类保险公司；在天津保监局2015年上半年保险公司投诉考评通报中获得96.61分，在全市30家寿险公司中排名第4位；在地方税务局与国家税务局联合开展的2014年度纳税信用评价中，被评为2014年度纳税信用评价A级纳税人。

增强软实力。在“百年邮政千名员工万里征程”红色宣传月系列活动中，天津分公司荣获活动策划一等奖和九个个人奖；在总公司组织的年度摄影大赛和保险行业协会举办的天津市首届“PICC杯”摄影大赛中，荣获最佳组织奖，三名同志个人作品分获两个一等奖和一个优秀奖；在总公司举办的第一届羽毛球比赛中，荣获女子单打第三名；在中邮保险廉政征文评选中，三名同志个人作品分获二等奖、三等奖和优秀奖。

2. 增强经营能力。

加强顶层设计。通过与邮储银行天津市分行召开联席会和座谈等形式，就加快中邮保险转型发展达成共识，形成了邮银保三方共同发力促进中邮保险可持续发展的良好局面。突出与区县邮银渠道负责人的联动，分别与区县邮银渠道负责人举办业务发展座谈会，提出具体发展措施，为中邮保险在区县层面的常态化发展奠定坚实基础。突出与代理金融网点的联动，深入基层网点，确保具体措施落到实处，通过督导、检查和讲解等方式使网点销售人员明确政策布局，调整营销策略，推动网点层面业务发展常态化。

全市无缝覆盖服务。为全面掌握代理网点销售情况，总结优秀经验，天津分公司分成8个推动组，每月深入网点服务，注重合规经营宣导，严查销售误导等违规行为，树立中邮保险价值成长理念，不断提升期交业务发展品质。天津市分公司相关部门为区县机构建立督导台账，对机构管理及档案标准化等进行全面规范，及时总结和推广代理网点发展期交保障型产品的经验做法，帮助网点协调解决重点、难点问题，督促落实各单位发展目标和推进措施，对407个代理网点进行全覆盖服务支撑。

开展培训工作。开展内部培训95场，培训人员累计5343人次，培训时长455小时，从业人员培训覆盖率达100%。其中，百人以上的职业道德法律法规类大型培训4场，综合素质类培训10场，业务类培训62场，风险合规类培训16场，运营质量提升类培训3场。通过不同内容、不同形式的教育培训，使各层级员工的风险合规意识、产品销售专业技能、综合素质等得到提升，为天津分公司的健康可持续发展奠定坚实基础。

打造特色宣传品牌。在“百年邮政千名员工万里征程”红色宣传月系列活动中，天津市分公司成立宣传活动领导小组，以天津市第六届相声节和天津“相声邮局”周年纪念活动为契机，制定周密的活动方案。活动现场邀请大客户开展联谊和体验，以中邮保险系列业务宣传为主线自编自演了相声、天津快板，成为天津相声节一道亮丽的宣传风景线。围绕“重走长征路，播撒中邮情”这一主题，天津分公司走访3位具有代表性和影响力的抗日老战士，向他们表示慰问和敬意，体现中邮保险的社会责任和担当。

开展中邮保险进社区宣传日服务活动，天津市分公司深入南开等10个社区，向区、街、人大代表、选民代表和社区居民以及部分大型企业的总经理宣传保险的保障功能和意义，发放《明明白白买保险》手册和中邮保险宣传系列宣传折页，大力普及保险知识，全面营造“学保险、用保险”的深厚氛围。

应对天津港“8·12”特大火灾爆炸事故。“8·12”天津港特大火灾爆炸事故发生后，天津市分公司立即启动突发事件应急预案，成立突发事件应急处理领导小组。第一时间赶赴滨海新区安排部署应急处置工作，开展客户排查，开通绿色理赔通道，启动简易理赔和预付赔款程序。8月27日，完成一名遇难客户理赔服务。

3. 强化营运水平。

围绕提升营运质量，针对退保率、问题件占比率、电话回访率、实时档案扫描归档率存在问题的单位，多次开展分析与调研督导，深入重点区县局单位和网点，召开现场会和培训会，全年下发问题督导函309件。抽检新契约合格率97.8%；续期综合达成率97.55%；电话回访率90.5%；全年各月签单扫描率均为100%；理赔五日结案率100%，重点风险指标均处于良好水平。

4. 强化风险管控。

全年召开合规会议30次，前往18个中邮保险局、115个代理网点开展日常合规与反洗钱检查，下发风险提示函58份；推进反洗钱工作规范化，召开2015年度反洗钱工作会议，做好2014年反洗钱测评工作，加强客户身份识别和资金来源调查，累计完成可疑交易排查199笔；编制《合规管理手册》供广大员工及代理机构人员学习。与天津邮政联合举办“中邮保险杯”合规与风险知识竞赛，参赛人数达1400余人次，提升员工的合规与风险意识。（中邮保险天津市分公司）

河北省

【河北省分公司】

完成收入46.58亿元，全国排名第11位；比上年增长5.16%，全国排名第25位；完成集团公司预算进度101.25%；实现利润5003万元，完成集团公司下达的利润预算目标。员工平均收入较上年提高7.39%，其中劳务用工提高12.14%。全员劳动生产率比上年提高9.18%。

1. 推进转型发展。

代理金融业务主体地位不断增强，累计实现收入29.48亿元，全国排名第10位；包裹快递业务在运营模式上，利用信息技术和互联网思维不断加快发展步伐，累计实现收入2.8亿元，全国排名第12位。邮务类业务以提高发展质量为前提，从规模速度型向规模效益型转变，实现收入12.16亿元，全国排名第10位。函件专业实现收入2.5亿元，全国排名第9位，比上年下降33.83%；报刊专业实现收入3.5亿元，全国排名第11位，比上年下降6.97%；集邮专业实现收入2.5亿元，全国排名第10位，比上年下降7.93%；电子商务专业实现收入3.5亿元，全国排名第6位，比上年增长12.89%；分销专业实现收入4960万元，全国排名第9位，比上年下降35.23%。

农村电商平台有序搭建。加大对低效无效社会渠道网点的清理整顿力度，不断提升平台运营质量。开展农村电商试点工作，黄骅、迁安、冀州等县分公司启动迅速，得到了地方政府部门的大力支持。

市场开发和营销能力增强。充分整合专业资源，总部项目开发取得新进展。先后与省公安交通管理局、省供销合作总社签订战略合作协议，与省国税局开展试点合作。依托渠道拓宽市场，开展项目交叉营销和叠加销售，完成各类营销项目2029个，较上年增长20.42%。项目收入达到13.36亿元，占全省邮政总收入的28.68%。

3月17日，中国体育彩票开始在河北省邮政网点发售。（河北省分公司/提供　周雯晴/摄）

2. 深化企业改革。

按照“整合资源、支撑发展”的总体导向，研究制定包裹专业机构设置方案，成立省包裹业务局及石家庄、保定两个市分公司包裹业务局，在省、市、县三级设立包裹快递专业机构。成立省人力资源服务支撑中心，推动战略人力资源管理转型。加强会计核算中心建设，提升财务核算集中化、规范化水平。将全省财务会计核算、人力资源服务职能集中上收，强化集中管控，提升管理效能。

以企业效益和岗位职责为主要依据，确定企业工资和分配关系。在合理控制年度工资总额预算基础上，重点提升一线员工薪酬标准。按照个人价值和岗位价值两个因素，调整优化薪酬结构。

深入推进中心局流水化工艺流程改造和网运信息系统应用。实行散件化、流水化作业新流程。加强陆运网运行管控和动态调度。在部分一级干线汽车邮路上实施甩挂运输，提升整体运营效能。

持续加强投递能力建设，运用信息技术手段创新作业模式，投递效率明显提高，多项指标位于全国前列。

按期完成工商登记、银行账户的新设及变更。争取涉税事项的政策支持，有效规避企业风险。实行 ERP 工作清单管理，确保整体工作效果。

3. 提升服务能力。

新增投递车辆 326 辆、电动三轮车 633 辆、电动自行车 294 辆、PDA 1551 台、智能包裹柜 100 台。按时完成空白乡镇补建局所开业运营工作，累计接收补建局所 872 处，开业运营率 100%。

加大网点改造和设备投入力度，对 105 个网点进行装修改造，购置金融网点 3 处、ATM 及 CRS 607 台、A 类点验钞机 2279 台。

完成集邮政信息网省中心网络改造、金融网点授权集中等 7 项工程建设。开发 ATM 运行质量监控、渠道管控等多个应用软件系统，有力支撑业务发展。2015 年，完成网点建设系统上线及基础数据维护、ATM 运行质量监控统计系统等 9 个项目开发上线，完成各类系统升级共 165 次，处理问题单 527 个。在“全国邮政企业信息网运维考核”活动中，河北省在“省中心运维综合考核”中排名全国第五，在“省中心邮储类运维考核”中排名第十三，在“省中心综合类运维考核”中排名全国第一。

4. 推进精细化管理。

加大资金集中支付力度，实现全省 11 个市分公司的集中付款；自 6 月开始，分公司成本费用类资金集中支付率达到 80% 以上。制定成本费用标杆体系，明确各项成本的开支标准和列支渠道。完善绩效考评激励体系，加大质量和效益类考核指标权重，引导各单位合理调整业务结构，提高企业经济效益。建立以收定支的资金透支额度预算体系、以风险为导向的资金分析体系和以利润为导向的资金考核、有偿使用体系，引导企业经营管理者树立资金理念，关注资金状况。

修订完善岗位定员标准，满足重点业务发展所需人员的配置要求。加快调整用工结构，将择优招用计划主要用在金融、投递和关键性岗位，全年择优招用劳务用工 4082 人。

开展提升邮政服务质量专项活动。加强资金、邮件、车辆和消防安全管理。完善内控机制，加强隐患排查，提升风险防控能力。机要通信连续 18 年保持质量全红。开展全省房屋土地资产出租管理内部控制审计和用户欠费管理专项审计调查。全年对 281 个审计对象实施审计 725 项，审计总金额 29.11 亿元，发现和纠正违规资金总额 3451 万元，有效防范经营与管理风险。

5. 提升员工队伍素质。

面向基层骨干和一线员工，举办集中培训 125 期，培训员工 6800 余人次。组织开展职称评审工作，规范专业技术职务评聘管理。启动百名人才培养计划。省分公司全年共举办各类中、短期集中培训 120 期，培训员工 8000 余人次，全省邮政企业全员培训率达到 83.72%；组织参加集团公司重点远程培训项目 12 个，开办省级远程培训班 8 个，参加学习 3.16 万人次。

全年开展邮政营业员、邮政储汇业务员等 13 个职业，共计 7932 人的鉴定考核工作，考核合格 4052 人，其中高级工 2029 人、技师 22 人。到 2015 年末，全省邮政通信特有职业持证率达到 91.76%，较上年增长 1.62%；高技能人才占比达到 34.15%，较上年增长 11.85%。在全国邮政业务营销员技能大赛中，河北省邮务和代理金融两支代表队双双荣获团体优胜奖第二名的优异成绩。

6. 推进和谐邮政建设。

高标准、规范化地开展“农村支局职工小家”“城市投递员之家”和“网运职工之家”建设，基层职工生产生活条件得到明显改善。推进职工小家升级版建设，力争每年建设 20 个左右模范职工小家，逐步把基层职工小家建设成为服务职工的保障平台、推进民主管理的参与平台、促进职工成长的文化平台。做好离退休干部工作，落实好两个待遇。大力推动企业文化和职工文化建设，提升职工精神修养水平和团队凝聚力，培育富有邮政特色的企业精神和健康向上的企业文化。重视抓好信访工作，畅通员工诉求表达渠道，切实解决关系职工切身利益的问题，营造企业和谐发展的良好氛围。广泛开展先进人物和典型事迹教育以及各类主题活动，注重挖掘、培树先进典型，发挥示范引领作用，赵红等 3 名同志荣获全国劳动模范荣誉称号。（河北省分公司　程钰）

【邮储银行河北省分行】

全年全行总资产 2902.4 亿元，比上年增长 1.14%。各项存款余额 2546.78 亿元，比上年下降 8.99%。各项贷款余额 887.19 亿元，比上年下降 6.11%。不良贷款率 1.20%，拨备覆盖率 176.12%，全行实现收入 72.94 亿元（其中自营收入 53.25 亿元，代理业务收入 19.69 亿元），比上年增长 13.36%。实现净利润 13.36 亿元，比上年下降 8.31%。

1. 个人银行业务。

全行个人客户达 3103 万户，其中个人 VIP 客户 94.60 万户。

个人存贷款业务。个人存款余额 2053.94 亿元，比年初下降 48.37 亿元，下降 2.3%。其中，个人活期存款增长 8.52%，个人定期存款下降 7.40%。个人贷款余额 523.15 亿元，较年初增加 134.89 亿元，增长 34.74%。推进借力平台模式，搭建"银政、银协、银企、银担、银保"，小额贷款余额 85.97 亿元，净增 6.21 亿元，增速 7.78%，实现利息净收入 7.69 亿元。河北省个人消费贷款业务净增 112.79 亿元，不良率 0.22%。全面加快"快捷贷"推广工作，个人商务贷款结余 123.62 亿元。

三农金融业务。涉农贷款余额 470.12 亿元，较年初增加 125.87 亿元。着手建设现代农业示范区支行超过 29 家；举办 2 届"中国青年涉农产业创业创富大赛"。

银行卡业务。全行借记卡结存发卡量 2973 万张，全年消费金额 524.47 亿元，比上年下降 5.2%。其中，绿卡通 IC 借记卡结存发卡量 918 万张。信用卡全年消费金额 217.13 亿元，比上年增长 85.23%；期末透支余额 25.29 亿元，比上年增长 59.4%。

养老金业务。全行代收代付养老金 4860.21 万笔，金额为 214.17 亿元。其中代收养老金 50.60 万笔，金额为 1.67 亿元；代发养老金 1270.56 万笔，金额为 180.07 亿元；代收"新农保"3539.04 万笔，金额为 32.42 亿元。

代销基金、国债业务。加强与优秀基金公司合作，代销基金的产品总额 27.70 亿元。代销凭证式国债 4 期，实际销售 3.16 亿元，代销储蓄国债（电子式）10 期，实际销售 6.90 亿元。

代理保险业务。准入寿险、财险、健康险、意外险等产品 130 款，其中保障型保险产品 69 款，占比达 53.08%；全年实现代理保险保费 271.49 亿元。

2. 公司银行业务。

公司存贷款业务。公司存款总额 492.84 亿元，比年初下降 60.32 亿元，降幅 10.91%，公司贷款余额 110.89 亿元，较年初增长 54.38 亿元。

小微企业金融业务。全行小企业法人贷款结余 126.89 亿元，较年初减少 4.69 亿元，法人客户 1995 户，户均 636.04 万元。

国际结算与贸易融资业务。加快拓展边贸特色结算业务，推动跨境电商金融服务发展，国际结算业务全年结算量 4.56 亿美元，贸易融资业务余额 31.31 亿元。

票据业务。直贴业务规模扩大，承兑业务增速较快，票据大管家、商票贴现等新产品不断发展，票据贴现全年余额 92.43 亿元，年初增加 61.31 亿元。

3. 资金业务。

投资业务。投资（包括委托其他金融机构投资）的商业银行理财产品、信托投资计划、资产管理计划及证券投资基金的余额总计 33.53 亿元。

同业融资业务。存放同业及其他金融机构款项和拆放同业及其他金融机构款项合计余额 44.3 亿元，同业及其他金融机构存放款项和同业及其他金融机构拆入款项合计余额 5 亿元。

理财业务。全省理财产品余额 123 亿元，比年初增长 56.89 亿元，增幅 86.05%；机构理财产品余额 12.75 亿元。

贵金属业务。推出实物贵金属产品 304 款，代理贵金属交易金额 36.08 亿元，实物贵金属交易金额 0.21 亿元。

托管业务。全行托管资产规模 112.31 亿元，较上年增长 44.58%

4. 渠道拓展。

网点建设。全行营业网点 1451 个，其中：自营网点 377 个，占比 26%；代理网点 1074 个，占比 74%；营业网点县域覆盖率达到 100%。

电子银行。全行构建新型互联网金融服务体系，电子银行交易替代率达到 66.88%，交易笔数 2.5 亿笔。个人网银注册客户 595 万户，网上银行总交易金额 920.9 亿元；手机银行注册客户 470 万户，交易金额 773.8 亿元；电话银行注册客户 644 万户，交易金额 938 万元。加大自助设备投放力度，ATM 总量达到 2826 台，交易金额 1322.09 亿元；新建电子银行体验中心 81 个。

5. 信息科技。

全年组织完成 10 项总行统建系统、3 项省内重点项目、4 项省内特色系统建设的上线推广；完成 12 项中间业务平台新业务开发上线，已上线业务因需求变更累计升级 20 次。加大数据支持运营力度，已对个人业务、信用卡、公司业务、电子银行、个人贷款等业务进行数据分析；有序开展运维标准化管理、信息安全管理，加强生产网终端的安全防控，对不符合安全要求的终端进行自动断网，保障生产网络信息安全。（邮储银行河北省分行）

【速递物流河北省分公司】

中国邮政速递物流股份有限公司河北省分公司下设 11 个市分公司、2 个专业分公司，2 个集散中心，61 个市区营业部、104 个县营业部，从业人员 4704 人，共有汽车 1102 辆，自主邮航出口线路 1 条，自主民航出口线路 19 条，自有干线邮路 100 条。2015 年，业务量完成 3696 万件，比上年增长 35.61%。完成业务收入 6.57 亿元，比上年增长 11.84%。

1. 确立“二次创业”目标。

速递物流河北省分公司研究编制 2015 年 ~2018 年“二次创业”发展规划，确定“二次创业、追赶发展、转型升级、铸就辉煌”的发展方向，提出“一年夯基础、两年迈大步、三年上台阶、四年大变样”的“四步走”战略目标。利用四年时间，坚持以加快发展为主线，着力调整业务结构，拓展服务功能，提高发展质量，提升服务水平，努力推进综合能力建设，提升信息化水平，增加企业核心竞争力；更加注重企业和谐，稳定干部职工队伍，逐步提高员工收入水平。通过四年的艰苦创业、挑战自我、追赶发展、转型升级，将河北邮政速递物流打造成“社会信赖、员工满意、上级认可、行业领先”的现代快递物流企业。

2. 部署开展“六大战役”。

围绕“上量、增收、增效”目标，全省集中精力打好“六大战役”，出台标准特快邮件及国际业务竞赛、县域发展竞赛及配套政策、全资费业务奖励政策等，有效促进了各项业务的发展。开展标准特快邮件“收复失地”战，项目拓展取得新进展。开展重点城市“反击保卫”战，重点城市收入拉动作用明显。三是开展县域“快速崛起”战，实现县域市场较快发展。四是开展国际业务“争先进位”战，超额完成收入计划。五是开展高端电商“抢夺上量”战，大客户规模和服务能力明显提升。六是开展物流“转型升级”战，物流业务保持全国领先位置。

3. 强化网运管控。

全省 11 地市标准特快邮件进口及时妥投率比上年提高 16.54%；5 个重点城市进口及时妥投率比上年提高 16.99%。双“十一”期间，在进出口量比日均增长 1.6 倍的情况下，全省 2 个集散中心和 11 个地市处理中心，均未发生一起批量积压情况，做到快进快出、衔转及时、平稳运行。

4. 加强能力建设。

采取省公司解决一部分、地市挖潜解决一部分、充分利用社会资源解决一部分的“三个一部分”方式，对生产场地、揽投部站、车辆、设备等生产要素进行持续补给。石家庄航空邮件处理中心建设项目获得总部正式批复立项。投资 881 万元，完成石家庄快件监管中心工程建设。华北（廊坊）陆路邮件处理中心项目完成附属楼及处理场地的基础建设，投入建设资金 3687 万元（该项目累计投入资金 9966 万元）。筹措资金 1325 万元，分别完成邢台 1200 平米分拣处理场地改造，推进揽投部站规范化、标准化建设，改造面积达 5048 平方米，更新、改造、新增各类车辆 217 辆。

5. 强化各项管理工作。

建立企业盈利模式，从业务发展、投入产出、网络组织和基础管理等方面归纳和总结 4 个大类、12 个小类的具体实施路径。加强资金筹划及管控工作，保障代收货款、合同物流、客户赔偿、双“十一”生产旺季等重点业务、重点项目资金使用，清理 2014 年及之前应付供应商款 5241 万元。加强成本管控，对业务费、招待费等 7 项费用及部分管理性成本进行标杆控制，各项费用均低于总部管控标准。加强欠费管理，建立欠费追缴终身责任制和责任追究制，集中开展欠费清缴，截至年底，全省欠费率为 11.2%，比上年下降 0.3%，账期外欠费为 1720 万元，比上年下降 22%。加大用工结构优化力度，转聘优秀劳务工 100 名，劳务用工占比达到总部要求。一二三线人员占比分别为 57.67%、37.45%、4.88%。加强绩效考核工作，调整对市公司绩效考核办法，对省公司各部门进行月绩效考核，充分发挥薪酬分配的激励引导作用。加强审计工作，完成 6 个市公司 8 人次离任审计，涉及审计金额 9758.61 万元，提出审计建议 31 条；对唐山、石家庄、张家口、邢台市分公司的四项工程进行审计，送审金额 30 万元，审减金额 6 万元。加强安全管理工作，实现全年无重大安全事故发生，保证抗日战争胜利 70 周年等重大节日期间寄递渠道安全。

6. 完成各项巡视整改任务。

坚持立行立改原则，将集团巡视和中央巡视反馈意见编制责任清单，按照“一岗双责”要求，党委班子成员进行责任认领，制定整改目标，细化整改措施，限期进行整改。完成集团巡视整改任务 19 项；结合河北实际，配合股份公司党委完成 18 项中央巡视整改任务。

加强队伍建设，提升队伍素质。组织召开全省人才队伍建设工作会议，制定《中国邮政速递物流股份有限公司河北省分公司人才队伍建设规划方案（试行）》，全面启动企业人才队伍建设。制定《中国邮政速递物流股份有限公司河北省分公司关于三级副及以下非领导职务设置的规定（试行）》，健全管理人员晋升和领导干部退出机制。加大干部队伍调整选拔力度，2015 年，全省共计调整领导干部 24 人，其中提任干部 11 人。加大干部的交流力度，全省交流干部达 18 人。加强后备干部管理，为市公司充实后备干部 20 名。在中国大连高级经理学院组织全省核心领导干部战略运营培训班，取得良好的培训效果。制定《领导干部及员工年度履职考核评价办法（试行）》，对全省干部员工的履职评价进行规范。组织参加第四届全国邮政特有职业技能竞赛，在全国总决赛中取得第三名的好成绩。

（速递物流河北省分公司）

山西省

【山西省分公司】

全年实现业务收入 30.11 亿元，比上年增长 7.34%，完成集团预算目标的 104%，收入规模全国排名第 19 位；收入增幅全国排名第 17 位，比上年上升 12 个位次。利润完成集团公司目标，全省财务状况持续向好。企业日平均现金存量比上年增加 6422 万元。管理费用下降 6.48%。劳产率达到 14.77 万元，较上年增长 1.6%。

1. 全力推进转型发展。

助推代理金融。借助第三方专业力量，对全省 949 个代金网点全部实施自主转型，其中标准版转型网点达到 300 个。通过狠抓网点定位、氛围营造、功能分区、人员配置、岗位联动、客户管理、日常管理和绩效考核等“八个到位”，大力提升队伍专业素质，持续固化规定动作，努力打造特色增值服务体系，强化客管系统和数据支撑，全面落实“一点一策”和外拓走访，代理金融网点的精细化管理水平和专业服务水平不断提高，服务形象有很大改善，经营客户的能力增强，整体竞争力迈上新的台阶。全年新增代理金融总资产 189.96 亿元，排全国第 17 位，比上年增长 52.91%。跨赛以来，四季度新增储蓄余额 50.07 亿元，比上年多增 42.95 亿元，排名全国第 1 位。与此同时，加强金融内控制度建设，推进整体接管式检查，邮银联动开展专项检查和突击检查，加大违规问题处罚和问责力度，严格落实“十条禁令”，严防案件风险，保障金融业务的健康发展。

推动寄递业务发展。实施邮速合体发展，整合邮、速双方资源，形成发展合力，以一个主体对外拼抢市场，有效促进寄递业务发展。2015 年全省邮速寄递业务收入总计实现 2.84 亿元，比上年增长 29%。其中，邮政公司实现 1.73 亿元，完成集团预算 132.2%，排全国第 1 位；比上年增长 41.92%，排全国第 3 位。特别是通过合体发展，全省邮政找到了邮政寄递业务发展的“痛点”和“堵点”，在加大能力投入、提升运营质量、建立主动客服机制、改善客户体验等方面形成广泛共识，并推出一系列针对性配套措施。

建设渠道平台。主动拥抱新业态新模式，依托“晋邮惠民”和“邮惠购”两个电商平台，探索山西特色的自营电商发展模式。“晋邮惠民”累计拓店 5463 家，积累了宝贵的社会渠道资源。“邮惠购”在 917 个邮政网点开通，助力了网点氛围营造，并丰富客户积分回馈体系。以“晋邮惠民”项目和“邮掌柜”系统为抓手，拓展便民服务平台建设，截至年底全省便民（三农）服务站总数达到 9355 个。特别是在实践中逐步理清邮政参与和服务农村电商发展的定位，加速解决支撑电商发展的仓配体系和农村投递“最后一公里”问题。与此同时，电商专业通过叠加代收费、车险等项目，增强专业实力，实现收入 1.79 亿元，比上年增长 18.52%，排全国第 11 位；分销专业整合优化产品体系，加大渠道分销力度，实现收入 3041 万元，排名全国第 11 位。

创新传统业务。按照“创意函件、大众集邮、精准报刊”的定位，聚焦产品、渠道、活动三个要素，三个专业均圆满完成年度收入预算。函件收入实现 1.05 亿元，完成预算 103.12%，排全国第 8 位；其中，主题邮局实现新突破，达到 23 处；商演收入突破 500 万元、达到 542.43 万元。集邮收入实现 1.73 亿元，完成预算 101.34%，排全国第 17 位；其中，重大题材《黄河》邮票项目实现收入 930 万元。报刊实现收入 2.34 亿元，完成预算 100.34%，收入规模、完成进度均排全国第 16 位。其中，通过精准营销，《中国大阅兵》实现流转额 1227 万元，排名全国第 1 位；2016 年报刊大收订在十分困难的外部环境下，实现流转额 5.73 亿元，完成集团计划 101.4%，排名全国第 11 位。

春节前夕，山西省太原市邮政分公司各网点内外装饰一新，悬挂起大红灯笼、彩带、气球等装饰物品，精心准备了大米、食用油、干果、香皂等日用品，开展存款即有礼品相送活动，深受客户喜爱。图为迎泽区局东岗邮政所员工迎接新年。（新闻宣传中心/提供　王蕴伟/摄）

完善配套机制。对各级机关实行金融产能提升包联考核，对市分和专业局实行季度重点工作考核，对市分分管“金融、保险、电商”的副总实行专项绩效考核，加强对重点工作的过程管控，向过程要结果。本着“大而强、小而快”的原则，制定 30 强县局、10 强区局、百强支局管理办法，每年评选一次，参与机会均等，鼓励争先发展。设立经营创新成果奖，激发经营单位的创新活力。坚持资源优先向生产经营一线配置，全力保障一线需求。在投资方面，装修改造金融网点110处，完成网点视觉营销建设500处，购置网点6处、ATM/CRS机400台，新增和更新网点营业终端4875台（套），购置叫号机304台、自助填单机200台、清分机141台，有力支撑自主转型和产能提升；更新邮运车辆286辆，购置电动投递车758辆、PDA1602部、图形终端270部，完成太原邮区中心局、侯马邮区中心局和5个市分处理场地和工艺改造，有力支撑寄递业务发展。在人力资源和人工成本投入方面，通过内部调配、外包方式，增加部站揽投人员782人；为投递人员、大堂经理、综柜和支局长增加履职津贴，不断完善金融网点“奖金池”考核办法，有力调动一线员工的积极性。

2. 提升企业管控效能。

将投递管理职能由市场部调整到网运部，对寄递服务实行全流程闭环管理，着力打造“质量寄递”。ERP系统试点上线，全省会计集中核算同步推进，各类数据更加准确，财务管控更加严谨规范。人力资源支撑服务中心投入运营，推进人力资源集中化管理，提高管理效率。同时，严控用工总量，从业人员减少380人；稳妥推进劳务承揽，3760名劳务用工实现平稳转换。规范集中采购，全年实施集采项目49项，金额1.1亿元。明确各专业合规经营风险点，对违规经营行为露头就打，严肃处理。出台安全隐患事件事故案件举报奖励办法，健全群防群治机制。坚持依法治企理念，把防范法律风险贯穿于对外合作、重大决策等企业经营发展各个环节，维护企业利益。强化审计监督，累计组织实施审计项目465项。

3. 改善服务质量。

续加大投入，改造网点硬件设施，增配自助终端和服务设施，引入视觉营销体系，网点服务环境和服务形象明显改善。保持视察体系不变的基础上，另行组建近60人的服务督查队伍，常年对营投环节进行高频次广覆盖无盲区的检查。组建产品（服务）体验队伍，有针对性地对新开发的产品（服务）进行体验，自查“痛点”，迅速改进。开展提升服务质量专项活动和无着邮件清理整治活动，普邮时限达标率96%以上。高度重视普遍服务和特殊服务，全省409处空白乡镇补建局所全部开业运营，提供普遍服务局所达到1576处，基本实现“乡乡有所”。其中新增开办汇兑业务的农村局所552处，基本实现农村局所普遍服务业务全覆盖。机要通信连续9年无事故。特别是要求各级邮政部门严格遵守监管要求，整改存在问题。利用邮政网点和便民服务站，不断叠加社会公共服务，开办各类代理代办代收代缴等便民服务。同时，在所有服务局所面向社会公益服务群体开展“夏送清凉、冬送温暖”活动，彰显邮政为民服务情怀。（山西省分公司　孙久臣）

【邮储银行山西省分行】

全年全行总资产达2256.81亿元，比年初增加225.5亿元，比上年增长11.1%。各项存款余额1978.2亿元，较年初增加71.2亿元，比上年增长3.7%。累计投放各项贷款187亿元，贷款结余427亿元，比上年增长24%。年末贷款不良率0.98%，较年初下降0.26%；拨备覆盖率193.83%。全行累计实现业务收入24.41亿元，增幅9.04%，完成总行预算目标的105.5%；累计实现利润4.71亿元，比上年增长2.47%，完成总行预算目标的101.9%。

1. 个人银行业务。

全行个人客户达1951.24万户，其中个人VIP客户50.66万户。

个人存贷款业务。个人存款余额1752.82亿元，较年初增加58.30亿元，增长3.44%。其中，个人活期存款增长4.41%，个人定期存款增长3.03%。个人贷款余额111.23亿元，较年初增加16亿元，增长16.8%。推进借力平台模式，搭建“银政、银协、银企、银担、银保”，全年累计发放小额贷款32.8亿元，贷款余额24.73亿元，较年初减少1.64亿元。个人消费贷款业务余额57.56亿元，净增21.5亿元。全面加快“快捷贷”推广工作，个人商务贷款结余28.94亿元，较年初减少3.86亿元。

三农金融业务。涉农贷款余额83.54亿元，较年初增加0.9亿元，增速1.08%，实现三农金融业务利息净收入2.13亿元。着手建设现代农业示范区支行超过43家；举办“中国青年涉农产业创业创富大赛”；启动农村支付环境建设项目，建立助农业务平台，推出助农服务点专属产品“助农通”，共设立助农服务点5838个。

银行卡业务。全行借记卡结存发卡量2321.77万张，全年消费金额329.94亿元，比上年增长2.70%。其中，绿卡通IC借记卡结存发卡量549.77万张。信用卡全年消费金额78.98亿元，比上年增长126.47%；期末透支余额11.08亿元，比上年增长119.33%。

养老金业务。全行代收代付养老金899.69万笔，其中代收养老金7.7万笔，代发养老金891.99万笔。代收“新农保”交易笔数173笔，交易金额12.46万元；代发“新农保”交易笔数417.65万笔，交易金额3844.32万元。

代销基金、国债业务。全年代销基金总额10.31亿元，比上年增长21.46%。代销国债8.99亿元，比上年增长60%。

代理保险业务。全年销售保险产品125.80亿元，比上年增长303.98%。

个人理财业务。全年销售个人理财产品161.59亿元，比上年增长13.40%。

2. 公司银行业务。

公司存贷款业务。公司存款总额229.41亿元，较年初增长11.68亿元，增幅达9.92%；公司贷款投放93.21亿元，余额 157.05 亿元，较年初增长 20.5 亿元，增幅 15.01%。

小微企业金融业务。拓展政府、协会、商圈、担保公司合作，落地 10 个新产品。全行小企业法人贷款结余 14.91 亿元，较年初减少 2772 万元，法人客户 389 户，户均 383.33 万元。

国际结算与贸易融资业务。加快省内重点外贸企业营销拓展，2015 年末合作客户达到 3 户。国际结算量达到 2 亿美元，外币存款日均 416.08 万美元。

票据业务。直贴业务规模扩大，承兑业务大幅增长。全年办理贴现业务 123.86 亿元，比上年增长 58.59%，票据贴现余额 53.64 亿元，较年初增加 32.47 亿元；票据承兑结余 2.39 亿元，较年初增长 2.39 亿元。

3. 资金业务。

投资业务。办理全国首笔理财资金投资证券公司固定收益凭证项目 2 亿元，落地全国首单国债质押保险通道协议存款业务 3 亿元，首次开展同煤保险债权计划 10 亿。投资的信托投资计划、资产管理计划及证券投资基金的余额总计 78.43 亿元。截至年末，全行债券投资利息收入 1114 万元。

同业融资业务。首次办理同业融入业务 5 亿元。截至年末，存放同业余额 77.2 亿元，同业存放余额 5 亿元。

理财业务。机构理财业务全年销量超过 370 亿元，规模全国排名首位；截至年末，全行机构理财产品余额 132 亿元，较年初增长 126.73 亿元。

托管业务。截至年末，全行托管资产规模 297 亿元，较年初新增 125 亿元，全国排名第 5 位，较年初增长 350%。

4. 渠道拓展。

网点建设。全行共有营业网点 1220 个，其中：自营网点 271 个，占比 22.21%；代理网点 949 个，占比 77.79%；营业网点县域覆盖率达到 100%。改善网点运营条件，启动装修改造网点 24 个，500 平米以上网点达到 116 个。

电子银行。全行构建新型互联网金融服务体系，电视银行系统上线，电子渠道和功能拓展，存折取款机作为一款新型自助机具在全省投入运营，首台自助发卡机在运城闻喜县上线并对外服务。电子银行交易替代率达到 72.42%，交易笔数 2.31 亿笔。个人网银注册客户 402 万户，激活率 74.24%，全国排名第 2 位，网上银行总交易金额 566 亿元；手机银行注册客户 309 万户，交易金额 462 亿元；电话银行注册客户 350 万户，交易金额 9.58 亿元；微信银行签约客户 8.53 万户，全国排名第 2 位。加大自助设备投放力度，ATM 总量达到 2078 台，交易金额 1150 亿元；建设电子银行体验中心（区）226 个。

5. 信息科技。

完成 16 项统建 IT 项目的上线推广，自主完成 6 项中间业务平台省内二次开发、生产经营信息发布平台、流媒体系统建设，市行三网改造、网点 Wifi 接入全面启动。立足实际需求，开展信用卡客户挖掘、电子银行替代率、大客户资产变动、手机银行交易结构等数据分析，转化应用成果，助推经营管理转型升级。

6. 风险管理。

深入推进全面风险管理。坚持“适度风险，适度回报”风险策略，完善风险与内控委员会工作规则，加大风险事项督办力度，推动决策有效落地；健全机构、部门风险管理评价体系，加强风险联络员履职评价，风险管理组织体系有效运行；强化诉讼管理，提高维权化险能力，实时风险提示，前移风险关口。

信用风险方面，严把授信审查关，坚持有进有退、有扶有控，制定区域授信政策，筛选分析 27 个行业，并对市分行实行差异化授信政策，明确业务发展方向。开展综合调研，形成五大授信策略专题报告，其中黄河几字湾区域授信报告被总行采纳。取得公司贷款审批授权，推行小企业名单制审批。规范信贷管理，推行档案标准化建设，全面开展各个行业和关注类客户的风险监测与预警以及风险提示。强化信用风险管控，实行限额管理，加强预警预控，加大不良贷款处置，信用风险得到有效缓释。全年共清收不良贷款 9700 万元，核销呆账 2.46 亿元。

合规与操作风险方面，以合规管理为中心，严守风险底线，全网开展“两加强、两遏制”“合规回头看”“除隐患、提能力”“制度执行年”和案件风险排查等活动，发现问题 1939 个，整改 1927 个，有效化解风险。保持案防高压态势，层层签订责任书，拓展合规检查、专项排查、审计评价的深度和广度，深入宣贯员工行为“十条禁令”，全年未发生案件，没有因违反“十条禁令”退出人员。开展制度梳理，新出台制度 65 个；进行内控评价，梳理要点，内控体系完善。

会计营运务实有效。加快运管分离，成立省分行业务处理中心。完成个人业务稽核外包，公司结算集中处理质量考核月均 99.88 分；全省业务资金备付金“三率”达到 0.67%，比上年下降 0.04%，全国排名第 2 位。完成全省 522 个网点个人业务远程集中授权，有效缓解柜面压力，较好地发挥了风险“防火墙”作用。

安全防范全面升级。扎实推进安防升级达标，改造 222 个自营网点安防设施、改造 10 个过夜现金库并实现异地值守，完成 270 个营业网点和 189 个离行自助银行预报警接入，利用系统功能堵截 3 起破坏自助机具事件。（邮储银行山西省分行）

【速递物流山西省分公司】

中国邮政速递物流股份有限公司山西省分公司下设 11 个市分公司、1 个电商物流业务分公司、36 个县（市）营业部，全省共设揽投部 137 个。全部从业人员 2112 人（合同工 1293 人，劳务工 410 人，非全日制用工 2 人，劳务承揽 407 人），其中揽投人员 678 人。2015 年山西省邮政速递物流实现收入 2.1 亿元，比上年增长 1.27%。

速递物流山西省分公司结合实际正式推行合体经营改革。改革实施以来，省内次日递时限质量、售后服务水平得到快速提升，各经营单位质量意识、竞争意识、服务意识明显增强。

1. 推业务快速发展。

营造争优氛围。一是谋定即动，开展包裹快递“百日会战”竞赛活动。会战期间，全省邮速双方累计实现业务收入 5437.25 万元，完成会战目标的 101.67%，比上年增长 31.72%。累计开发写字楼 108 栋，新增协议客户 1624 户，新增协议客户累计交寄邮件 30 余万件。二是借势造市，联合开展校园包裹专项营销活动。全省共开发 102 所高校，累计实现业务收入 194.3 万元，比上年增长 179%，全省邮政校园包裹市场占有率达到 47%，较 2014 年同期提升 19%。三是营造氛围，推出全省兵团作战系列 PK 赛。同时借助微信平台开展经营轮值，通过 PK，创造 68 次单日收入过万元的县市、部站经营主体，也创造了 10 次单日收入过 10 万元的市经营主体。

调整结构。一是立足标准特快邮件，开展五大市场客户专项开发活动。全省新签有效协议客户 3145 户，入驻商厦 112 处，月均增收 53.58 万元。二是立足夯实基础，开展“夯基础，调结构，两千三百工程”客户大走访活动。活动期间，全省新增党政机关客户 2930 户、新增电商客户 1418 户。三是以邮航开通为契机，加快省际标准特快邮件业务发展。在邮航落地山西之际，在全省组织开展“保航行动”专项活动，截止 2015 年底，邮航累计发运量达到 285 吨，其中标快发运量 106.2 吨。

推动电子商务业务实现快速发展。一是联合民航公司，开展省内电商客户上航专项营销活动。利用民航淡季富余运能，通过竞争性谈判压低上航成本，扩大价格优势，组织开展“让电商飞起来”主题营销活动，活动期间，全省新增电商客户 544 户，实现收入 326 万元。二是抢抓“双11”商机，加快电商包裹业务发展。通过领导走访到位，客户经理对接到位，服务前置到位“三个到位”，全省“双11”期间实现业务收入 455.5 万元。三是围绕跨境电商开展直客营销，推动保税区落地工作。截止 2015 年底，全省国际 e 邮宝客户达到 26 户，累计形成收入 41.71 万元。

推动物流业务发展。2015 年，受汾酒集团销量下滑及营改增等因素影响，全省物流业务实现收入 9838 万元，比上年略有下降，但在电商物流业务分公司的应对下，物流业务保持良好效益，全年实现利润 646 万元。开发山西省糖酒副食公司、博汇酒业、嘉士缘商贸、晋能恒顺等仓储及配送业务；通过深挖现有客户，拓展汾酒项目二、三级市场和海信项目全产品仓储及配送业务。

2. 提升网运服务质量。

全面打通进出口邮件快速通道。一是 10 月 27 日正式开通邮航，实现太原通达 17 个省市标准特快邮件次日递。二是全面整合邮速双方区内干线，在全省 11 个市全部开通二频次区内邮路，省内时限水平显著提升。三是压缩中心局邮件处理时间，按照省内县以上次日递目标，全面打通省内邮路快速通道。省内标快县市互寄次日递率达到 79%，较合体前提升 36%。

缓解最后一公里揽投难题。一是在市级层面整合邮速双方现有网点，按邮速人员 4：6 比例进行揽投人员配置，实行混合作业。二是在县域层面将原 36 个一体化县速递揽投人员托管于县邮政公司，按县域每万人配备一名投递员的标准进行人员配置。三是整合分拣运输人员，各市原速递分拣人员 50% 整合入邮政分拣中心，其余 50% 充实到揽投岗位。着力解决最后一公里揽投难题。整合之后，全省揽投队伍达到 1284 人，截至 2015 年 12 月底，全省标快及时妥投率达到 88.95%，超标准 2.95%；上门揽收及时率 92.03%，超标准 0.03%。

完善质量保障体系。一是与集团公司、速递物流总部沟通协调，全面实现速递生产系统和邮政网运系统的互联互通，打通邮速双方邮件信息共享渠道，为混合作业、提升投递效率奠定基础。二是坚持“邮件不落地”的原则，进行太原邮区中心局流水化工艺改造，全面加快邮件处理时限。三是坚持“关键指标关键人”的管控要求，建立网运“日监控、周分析、月考核”的日常监控机制和周例会制度，着力提升网运服务质量。

3. 改善客户服务体验。

初步搭建全省视检体系。一是邮速融合，整合双方视察客服队伍，初步构建全省寄递业务视察工作体系。二是以查代训，加快提升视检队伍业务水平。7 月在全省开展为期 20 余天的寄递业务省内交叉大检查，检查覆盖率达 85% 以上，共涉及 160 余个基层经营单位，出具整改意见报告书 62 份。三是明确省市两级视察部门每月的检查频次、检查报告书份数、检查覆盖范围等工作标准要求，初步搭建全省视察检查工作体系。

全面加强质量管控能力。一是建立日通报制度。每日通过微信群对标快及时妥投率、上门揽收及时率、客服工作 48 小时及时回复率、理赔及时率 4 项服务指标进行通报，逐日监控，按日分析原因，每日督促落实整改。二是建立上下沟通机制。每周五由视察室和网控部联合召开全省寄递业务服务质量分析会，合体以来共计召开运行质量例会 14 次，下发运行质量考核通报 17 期，考核 196 人次，涉及考核金额 52400 元。三是严明企业经营纪律，对邮件被盗、邮件丢失、违规收寄、偷漏资费、虚假信息、总部项目丢失实行“六个零容忍”，建立一级对一级负责、一级管控一级的闭环管理模式。

提升客户服务体验。一是整合双方客服平台，将11185客服人员托管于11183统一指挥调度；针对全省寄递业务VIP客户和代收货款客户尝试提供统一的主动客服，初步建立全省寄递业务主动客服机制。二是针对理赔难的突出问题，出台全省寄递业务邮件赔偿管理办法，在省寄递业务局设立赔偿基金，逐一明确邮件赔偿的标准、流程、基金管理、考核和管控等工作制度。三是严格控制工单升级总部数量，每日发布预警升级工单明细，每周按件专题分析丢损邮件，对申投诉丢损邮件100%的落实到责任单位和责任人。

4. 强化管控规范内部运行机制。

加强财务管控。一是"横向到边、纵向到底"，构建预算管理体系。将人工成本、运输费、业务费等归口省公司各部门总额管理，同时将成本预算下达至分公司，省公司按月横向对归口部门，纵向对市分公司进行预算执行情况通报，下达次月预算计划，量入为出，严控成本。二是损益核算，提高项目效益水平。构建以利润为导向的管理机制，对电商、国际等项目部E标快、国际e邮宝业务单价进行损益测算，倒测达到盈亏平衡时的单价标准，坚决关闭资费亏损项目，提升项目效益水平。三是集中管理，节约成本开支。对全省通信费进行集中管理，对修理费进行集中招标，同时，利用集中招标优势，降低招标成本，节约管理费用、节省前期投入。四是重拳出击，清理用户欠费。各单位明确一名分管领导专门负责欠费清理工作，落实清欠责任单位、责任人、时限要求，并将清欠工作与领导班子绩效工资挂钩考核，重拳出击，清理欠费。

规范人事管理。一是推行薪酬制度改革。重新修订全省绩效考核办法，通过对业务收入、客户开发、财务管理、等多指标进行绩效考核，提高绩效考核的全面性与公平性，逐步构建企业增效与个体增收的基本利益共同体。二是加强干部队伍管理。构建"一线工作方法"链条，为管理人员统一制作"一线工作法"督导日志，对干部到一线工作的频次、天数、项目推行量化管理；推行分公司副总经理、揽投部经理等五个关键岗位规范管理工作，统一制作岗位日志，定期通报考核日志填报情况；调整干部队伍结构，先后调整5个市分公司的总经理和省公司4个部门的一把手。三是加强用工培训管理。以集团公司人力二期系统启用为契机，开展全省范围内所有在岗职工的人员信息普查，对超编人员、编外人员进行全面筛查清理。制定各层面人员培训计划，分步实施各级人员培训工作，加快解决队伍"能力不足"的问题。

加强安全管理。一是根据总部统一安排，成立省市两级安全生产管理委员会。明确各级安全生产管理机构、管理人员工作职责以及安全事故上报制度，将安全生产管理作为常态化管理工作，有序推进，有效防范和遏制寄递安全事故。二是制定全省2015年安全保卫重点工作。全面加强安全生产法宣贯、消防安全管理、隐患整改督办工作，强化"人防、物防、技防"工作，建立健全事故信息报告工作制度、启动安全生产责任体系，狠抓各项安全措施的落实。三是全面加强安全检查工作。结合"两会"和纪念中国人民抗日战争暨世界反法西斯战争胜利70周年活动期间安全保障工作，以及"安全生产月"等活动，在全省先后组织开展4次大规模的安全检查活动，重点加强"四个百分之百要求"落实情况的检查工作，切实抓好收寄验视制度的落实，严查禁限寄物品，严把收寄关口。（速递物流山西省分公司）

内蒙古自治区

【内蒙古分公司】

全年实现收入17亿元，增幅6.56%，全国排名第22位；完成集团目标102.61%，全国排名第20位。其中邮务类实现收入5.11亿元，增幅3.1%，全国排名第18位；代理金融类实现收入9.66亿元，增幅8.66%，全国排名第22位；包裹快递实现收入1.08亿元，下降13.9%，全国排名第28位。

财务状况得到持续改善。资产负债率下降3.5%，流动比率提高2.1%，经营性现金净流量增加896万元，货币资金净增6023万元，运营资金增加3978万元，全年收回欠费1.16亿元，欠费总量比上年末减少1917万元，库存比上年末减少525万元。集中成本1.37亿元，用于支撑经营发展、改善员工生产环境，提高基层员工收益水平；集中资金1.97亿元，用于缴纳社会保险、提高操作岗员工待遇等。运用对标手段，合理削减可控成本费用和非生产性支出，细化600余项成本指标，2014年~2015年共计优化压缩成本近亿元。

完成建设投资约1.78亿元。其中投资4677万元完成呼和浩特邮件处理中心工艺设备及配套土建改造；投资2884万元进行营业和投递网点改造；投资2429万元购置CRS/ATM设备；投资1100万元购置投递汽车、电动三轮车和PDA设备等项目。

呼和浩特市报刊零售分公司开展的“书香社区”活动，丰富了社区居民的精神文化生活。（内蒙古分公司 / 提供）

1. 推进经营转型。

政策支持与机制保障跟进。一是出台网点分类分级管理和绩效分配办法，对支局长实行分类分级岗位津贴，对标杆网点与转型大使给予奖励考评，出台职业资格和从业资格津贴管理办法，激发一线员工创业干事的积极性和主动性。二是区分公司成立转型督导组，指导盟市分组PK、互动研讨、抽查互验，分层选树典型标杆，推动转型工作精准落地。三是强化培训，区分公司组织转型培训186场，培训4096人，盟市自发组织617场，培训12437人。

经验成果与实践成果互相验证。结构转型方面，金融总资产新增108.9亿元，全国排名第19位，净增53.5亿元。全区举办理财沙龙4308场、各类主题营销活动34个，仅此两项新增总资产58.6亿元，实现收入6926万元。集邮专业金银制品占比下降3.34%，有效收入率提高18.18%。函件专业低效画册占比降低21%，有效收入率提高3.38%。市场转型方面，包裹快递业务由窗口为主向政务、行业等大客户市场转型，新增协议客户401个，实现收入1057万元，增幅9%，收入占比提高3.23%，重点项目实现收入近1000万元；报刊专业全区校园报刊流转额3995万元，较上年增长12%。完成计划128.9%，全国排名第2位，增幅78.3%，全国排名第1位。集邮专业组织新邮首发、邮展、签售活动47场，实现收入2717万元。函件专业拓展商演市场，组织儿童剧商演152场，实现收入850万元；增值专业与国税合作开展“代开发票、代收税款”业务，实现收入526万元。渠道转型方面，手机银行新增20.79万户，增幅36.72%，全国排名第4位；电子银行交易替代率55.91%，较上年提升15.32%，全国排名第7位。ATM、手机银行、POS交易量分别提升102.18%、311.27%、79.87%；旗县以下农村地区利用便民服务站建设助农取款网点2461处。集邮专业微信号订阅量达3300余人，集邮网厅销售收入40多万元。包裹快递业务开通订单系统网点345处，发展社会代办点255处，全区配备专兼职揽收人员587人，订单系统收寄快包量收分别增长27.7%和32.2%。增值专业通过“邮生活”手机客户端实现了代收话费业务。

2. 推进改革。

发挥支撑引领作用。一是出台政策，对盟市分公司净利润目标连续4年保持不变，增收增效带来的成本空间全部留给各盟市。二是对业务发展的助推力度加大，克服资金紧张的困难，用于业务发展借款达4175万元，用于业务奖励达3700多万元。三是对超额完成收入和超额利润上缴继续给予奖励，9个盟市获得超收奖励80万元，6个盟市和1个专业局获得超利润贡献奖励1318万元；制定十强旗县（市）邮政评比考核办法，不断推动县域邮政经济快速发展。四是坚持效益导向，完善工效挂钩和劳务性支出管理办法，完善一次性工资总额奖励机制，完善绩效考核办法，全年23个单位均达到考核要求，盟市和专业局中达到A级的单位占比达到55%。五是完善并调整薪酬分配政策。制定营业网点分类分级办法及绩效考核指导意见，明确支局长岗位职级，激发支局长带领队伍创收增收的积极性。对全区操作岗人均核增薪酬3000元，通过调整优化薪酬结构，提高一线员工收入水平，健全员工薪酬正常增长机制。

调整网络组织。落实中国邮政快递包裹运营标准，新组开19条区内干线汽车邮路，调整7条区内干线汽车邮路运行计划，强化各级邮路之间、内部作业和邮件运输之间的衔接，中西部地区的出口时限加快一天，全区66%的旗县出口邮件时限较调整前加快。全面实施网运流程再造，对呼和浩特邮区中心局进行工艺改造，新工艺包件处理系统于11月10日投产运行，实现了机械化、自动化、流水化的生产作业新模式，“双11”高峰期邮件处理日峰值达到9.02万件，是2014年最高日处理量的2.37倍，处理效率达到改造前的4.3倍，生产人员劳动强度明显降低，旺季生产时限得到有效保障。

持续增强投递网服务能力。基本实现大户投递汽车化、包裹专投电动三轮化、PDA设备普及化，PDA配备率达到90%以上；通过“报纸联合分发作业”“PDA全员分拣下段”，压缩投递内部处理时间，提高生产作业效率；制定旺季投递应急预案，在全区快递包裹投递量增长54.64%的情况下，快递包裹当日妥投率、约投挂号城市当日妥投率较2014年分别增长1.88%和6%。

3. 完善党建体制机制。

落实集团公司党组关于党建工作的各项要求，充分发挥党组织的政治核心作用。一是加强组织领导，成立内蒙古邮政分公司党建工作领导小组，制定《党建工作领导小组工作规则》，每两个月组织召开一次领导小组工作会议，研究、部署党建工作任务。二是健全机制体制，完善党组中心组学习制度、“三会一课”、支部组织生活会、领导干部双重组织生活制度，全年各级邮政企业共组织中心组学习 149 次；42 名各级党组班子成员参加了双重组织生活会；全区邮政开展党课教育 45 次，累计参加 5400 余人；各级党支部组织理论学习共计 2100 余次。三是加强基层党组织建设，对全区邮政基层党组织建设情况和党员队伍情况进行摸底调查，调整和选配支部班子不健全的 11 个党支部；调整 24 名履行“一岗双责”不到位的党组织书记；及时设立符合条件的 4 个党支部，确保基层党组织覆盖率达到 100%。严格发展程序，重视分子队伍的培养，全年发展新党员 55 名，3232 名在岗党员中，35 岁以下党员占 16.6%，大专以上学历党员占 74%，党员队伍结构优化。四是深入扎实开展“三严三实”专题教育。各级党组织分别开展三个专题的学习研讨，全区三级副以上领导干部撰写心得体会 330 篇。开展基层党组织书记讲党课 45 次，参加 5400 余人；270 名基层党组织书记进行网络和集中培训。（内蒙古分公司　苏永胜）

【邮储银行内蒙古分行】

全年全行资产规模达到 838.38 亿元，增幅达 5.41%，总负债规模达到 835.47 亿元，存款余额达到 608.68 亿元。实现业务收入 20.29 亿元，全国排名第 21 位，上升 1 个位次，增幅达 17.26%，完成总行计划的 101.65%。实现利润总额 5.21 亿元，位全国排名第 18 位，又上升了 2 个位次，增幅达 17.6%，完成总行计划的 106.19%，收入利润率达到 25.69%，提高 2.22%。全行贷款不良率 1.04%，全年计提拨备 3.57 亿元，拨备覆盖率达 223.26%。全年创造经济增加值 0.82 亿元，年化经济资本回报率为 13.36%。

1. 个人银行业务。

全行个人客户达 1607.94 万户，其中个人 VIP 客户 27.25 万户。

个人存贷款业务。个人存款余额 521.66 亿元，比年初增加 -17.16 亿元，增长 -3.18%。其中，个人活期存款增长 3.9%，个人定期存款增长 -11.7%。个人贷款余额 208 亿元，较年初增加 22.83 亿元，增长 12.33%。推进借力平台模式，搭建“银政、银协、银企、银担、银保”，小额贷款余额 30.74 亿元，净增 2.87 亿元。个人消费贷款业务余额 111.73 亿元，净增 23.68 亿元，新增贷款市场占有率至同业第 5 位。全面加快“快捷贷”推广工作，个人商务贷款余额 65.53 亿元。

三农金融业务。涉农贷款余额 121.35 亿元，较年初增加 11.85 亿元，增速 10.82 %。着手建设现代农业示范区支行 10 家；启动农村支付环境建设项目，建立助农业务平台，推出助农服务点专属产品“助农通”，共设立助农服务点 1952 个。

银行卡业务。全行借记卡结存发卡量 989.2 万张，全年消费金额 133.42 亿元，比上年增长 8.3%。其中，绿卡通 IC 借记卡结存发卡量 138.93 万张。信用卡全年消费金额 163.61 亿元，比上年增长 28.6%；期末透支余额 22.36 亿元，比上年增长 30.2%。

养老金业务。全行代发养老金 479.69 万笔，代发 106.43 亿元；全行代发“新农保”交易笔数 127.56 万笔，交易金额 2.8 亿元。

代销基金、国债业务。加强与优秀基金公司合作，代销基金的产品总额 11.9 亿元。代销凭证式国债四期，实际销售 1.89 亿元，代销储蓄国债（电子式）五期，实际销售 1.36 亿元。

代理保险业务。共准入寿险、财险、健康险、意外险等产品 125 款，其中保障型保险产品 107 款；全年实现代理保险保费 0.89 亿元。

2. 公司银行业务。

公司存贷款业务。公司存款总额 87.87 亿元，比年初增长 -5.63 亿元，增幅达 -6.02%；公司贷款余额 109.82 亿元，较年初增长 26.66 亿元，根据人民银行统计数据，公司存款增速列全区性商业银行第 15 位。

小微企业金融业务。截至年末，全行小企业法人贷款结余 20.61 亿元，较年初净增 -2.24 亿元，法人客户 751 户，户均 274 万元。

票据业务。直贴业务规模扩大，承兑业务增速较快，票据大管家、商票贴现等新产品不断发展，截至年末，票据贴现余额 15.83 亿元，比年初增加 2.37 亿元。

3. 资金业务。

投资业务。全区债券及同业投资的收入 1.19 亿元。投资（包括委托其他金融机构投资）的商业银行理财产品、信托投资计划、资产管理计划及证券投资基金的余额总计 92.40 亿元。

同业融资业务。存放同业及其他金融机构款项和拆放同业及其他金融机构款项合计余额 22 亿元，同业及其他金融机构存放款项和同业及其他金融机构拆入款项合计余额 0 亿元。

理财业务。全行理财产品余额 116.56 亿元，其中个人理财产品余额 114.92 亿元，比年初增长 59.49 亿元，增幅 107.4%；机构理财产品余额 1.64 亿元。

贵金属业务。代理贵金属交易金额 1.79 亿元，实物贵金属交易金额 917.12 万元。

托管业务。全行托管资产规模 167.95 亿元，较上年末增长 134.27%。

4. 渠道拓展。

网点建设。全行共有营业网点 800 个，其中：自营网点154个，占比19.25%；代理网点646个，占比80.75%；营业网点县域覆盖率达到100%。

电子银行。全行构建新型互联网金融服务体系，推出移动展业、商乐贷、掌柜贷、银证转账等13项新产品，新增、优化功能111项，电子银行交易替代率达到60.19%，交易笔数9010万笔。个人网银注册客户1177503户，网上银行总交易金额196.93亿元；手机银行注册客户764949户，交易金额193亿元；电话银行注册客户1165569户，交易金额160.34万元。加大自助设备投放力度，ATM总量达到840台，交易金额455亿元；新建电子银行体验中心52个。

5. 信息科技。

配合总行新一轮IT规划落地实施，重点完成网点储蓄集中授权工程、内容管理平台二期、成本费用报账等系统上线。同时契合内蒙古分行经营管理个性需要，开发建设邮政金融考试系统、ETC清分结算系统、蒙东电力代收费系统、邮政金融考试系统、无线POS接入改造等一系列自建项目。完成全区自营网络改造工程，提升网络运行可靠性，并开展数据分析工作，完成“上下联动”五大课题项目分析。

6. 风险管理。

内蒙古分行全面风险管理体系逐步完善，以明确贯彻“十条禁令”和“九十条禁止性规定”，组织开展“合规回头看”活动，建立“三项清单”，推动边查边治，目前整改率已达到94%；推动“合规小课堂”学习，编印违规警示案例教育手册，强调合规红线，宣贯合规意识，全年未发生风险事件和资金案件。资产保全处置能力得以提高。完善不良资产处置会审机制，全行累计清收不良贷款5500万元，累计核销不良贷款1.2亿元，被总行授予“不良贷款清收百日竞赛活动优秀组织单位”称号。内审监督职能不断增强。重点强化对支行关键岗位履职的审计监督，自主开发并运用审计模型，加强非现场审计，完成内部审计项目13个、审计调查3项和过往年度工程结算审计34项。强化安保工作。推动值机监控与值班值守相结合，实现全天候安保监控机制，开展“安保制度学习季”活动，全年自营网点平安运行。（邮储银行内蒙古分行）

【速递物流内蒙古分公司】

全区邮政速递物流累计实现业务收入3.46亿元，比上年增长20.3%。

1. 推动业务转型发展。

一是标准特快邮件重点市场加快发展，效益提升。实施“三进工程”，全区共有效开发商务写字楼市场178个，新开发客户510家，形成收入600余万元。项目开发显成效，新开发和拓展海悦通、公安交管、海澜之家、内蒙古银行卡等近20个项目，形成收入600万元。二是电商市场迅速拓展，唯品会的合作范围扩大，新增乐蜂网配送和同城退货取件业务，业务收入实现3334.2万元，比上年增长60.1%。三是“仓+配+增值服务”业务转型取得新突破，新增美孚、恒大粮油、远程物流等仓配客户。四是合同物流业务持续推进精益化管理，规模效益得到巩固。合同物流业务形成收入1.29亿元，比上年增长54.8%，其中，北京邮件运输业务实现收入1.13亿元，比上年增长83.4%。

2. 推动改革创新。

一是营销体系建设基本到位。根据总部机构改革要求及营销体系建设总体安排，在原电商物流改革的基础上，新设立国际、政务、商务、企业四个营销中心，挂靠市场部，针对特定市场进行营销策划和开发。其中，国际中心和政务中心实行省市一体化、实体化运营，其他中心实行模拟实体化。同时制定对客户经理的积分管理考核办法，对客户经理实行以业绩为导向的动态薪酬分配机制，充分发挥营销人员和客户经理的积极性和主动性。二是包裹快递业务改革及支撑服务工作扎实推进。三是“子改分”工作基本完成。按照集团公司和股份公司总体部署，完成区分公司、各盟市分公司、专业分公司及所属分支机构的工商设立、变更工作，明晰了事权划分。5月1日开始，按照总分体制正式运行。

3. 加强能力建设。

一是实物网建设力度加大。完善邮件分拣机功能，小时处理效率从1500件提升至4500件，邮件加载率提高到50%以上。相继开通多条航空邮路，在邮航仓容不足的情况下稳定了省际标快时限。新增趟车8台，电动车105辆，新增各类设备350台套。为包头、通辽等盟市配备邮件分拣传送带以及装卸皮带机。二是信息化基础逐步夯实，运营支撑能力显著增强。年内信息中心编制全区信息化规划，明确全区信息化建设的方向和路径。完善若干信息化管理制度，初步建立适应现代快递业的作业体系和支撑系统。通过揽投部、处理中心的标准化作业流程，全面推进无线手持设备应用与监控，逐步实现生产全环节的可视、可控。其中，POS刷卡管理、电子商务综合业务平台等系统的研发，满足全区业务需求及投递的需要，同时极大的避免资金风险。正在研发和完善的同城配送系统也将在年初投入试运行，可有效支撑同城快递市场的拓展。

4. 提高管理效能。

一是财务管理更加精细。加强预算执行分析，强化经济效益考核；加强资金资产管理，提升资金运营效率；加强成本费用管控，有效降低运行成本；加强网点损益核算，提升网点效益水平；完成ERP项目推进上线的基础工作。二是人力资源管理更加高效。夯实人力资源基础管理工作，二期系统信息准确度大大提高；强化用工管理工作，对新入职的劳务承揽人员全部缴纳五险，并且首次从劳务承揽人员中直转合同制用工4名，在降低企业用工风险的同时，使一线员工队伍稳定率有明显提高；调整薪酬管理，对人工成本实行切块管理，并从第四季度开始，对员工工资进行普遍上涨；加强员工素质教育，共开办各类培训班17期，直接培训约900人次。三是经营管理更加规范。加强资费管控，明确客户分等分级标准及对应的优惠标准和审批流程。加强经营管控，对拟开发的经营项目进行损益核算，确保经营质量和效益；对重点客户和重点项目实行跟踪管控，防止发生违反总部“五条禁令”和“九条红线”的经营行为。加强欠费管理，持续开展欠费清理专项活动，明确欠费清缴目标及相关考核办法。2015年底，全区累计欠费率13.61%，较去年下降0.4%。

5. 提升服务水平。

一是运行质量明显提升。全区268个重点城市进口邮件及时妥投率83.57%，其中呼市进口56个重点城市及时妥投率82.54%，呼市出口重点城市次日递率59.71%，比上年提高1.03%；全区一体化地区互寄邮件次日隔日递率88.89%，其中呼包鄂互寄邮件次日递率96.53%，比上年提高1.45%，揽投部进出口扫描率等8项指标的综合率达到99.89%。二是客户申、投诉率明显降低。客户投诉率从2014年的万分之6.4降低到2015年的万分之2.8；客户申诉率从5.2降到4.4。（速递物流内蒙古分公司）

辽宁省

【辽宁省分公司】

1. 金融类业务。

储蓄业务实现收入27.76亿元，比上年增长13.6%。代理保险业务实现实际保费148.9亿元，比上年增长52.5%，形成收入4.8亿元。网点转型持续推进，全省邮政金融转型网点达到1001个，转型覆盖率73.7%，荣获集团公司金融网点转型验收评比第三名。全省邮政金融客户总数2131.6万户。“邮储小年送惊喜，新鲜水果等着你”主题营销活动当日余额增长4.5亿元。“申猴献瑞”主题存单活动，活动期间余额增长18.1亿元。全年新增代收付项目642个，代发额19.45亿元。渠道业务加快拓展。发展绿卡村、绿卡社区915个，开卡21.6万张，沉淀余额7.84亿元。新增ATM、CRS 403台，电子银行交易替代率达到64.1%，较上年末提高12.3%。金融产业链不断完善。公司业务正式启动，新增公司客户56户，资金总量1.7亿元。中邮证券辽宁分公司筹建期间，开办证券账户3032个。

2. 寄递类业务。

推进包裹快递业务改革，实现收入1.96亿元。快递包裹业务实现收入4172万元，日均邮寄量1.3万件。拓展电商市场，实现收入1706万元。建成仓储中心16处，发展“仓储+寄递”一体化模式，实现收入485万元。国际业务实现收入4820万元。标准特快邮件业务实现收入4593万元。包裹业务实现收入4073万元。邮件保险业务实现收入622万元。省分公司被中国扶贫基金会授予爱心包裹项目“服务贡献奖”。

3. 邮务类业务。

函件业务实现收入1.22亿元。开发《申猴献瑞》贺岁折，实现收入300余万元。封片业务比上年增长20%，全国邮政排名第3位。约投挂号业务实现收入306万元，比上年增长53%。书信征文、电竞大赛、高端寄递合作项目实现收入662万元。建成主题邮局17个，“九·一八”邮局荣获全国“我喜爱的主题邮局”称号。报刊发行业务实现收入2.62亿元，比上年增长2.8%。集邮业务实现收入1.93亿元，比上年增长10%。新邮预订实现收入7386万元，比上年增长11%。联合省委组织部、宣传部开展“纪念抗战胜利70周年”“人民的好干部——张鸣岐”等政务类项目活动，收到良好反响。增值业务实现收入4267万元。代理车险保费8650万元，比上年增长209%。分销业务实现收入2559万元。举办套餐肥订货会71场，销售玉成生物有机肥1108吨，实现收入256万元。对外合作领域快速拓展。与省旅游局、省供销社、省工商联、省北方广电、省人保财险、省阳光财险6家单位签订战略合作协议。与省委组织部、宣传部、省民政厅、省文明办、省联通、省建行、省体彩等16家单位签订业务合作协议。

4. 服务平台。

全面完成141处空白乡镇邮政局所补建运营工作。金融网点服务能力增强。综合服务平台加拓展。便民服务站、村邮站达到1.2万个，基本实现“一村一站”。代收代缴业务交易规模突破35亿元，比上年增长7.5%。建成“邮农丰”农民专业合作社1165个，发展社员8.64万户，社员金融资产达到22.97亿元，其中沉淀余额16.92亿元。邮商联盟快速发展，累计签约联盟商户730户。辽宁邮政农村电商从铁岭示范起步，并写入省政府工作报告和《辽宁省物流业三年行动计划》。建成“村邮乐购”电商驿站示范点

257个、电子商务体验专区119个、“邮农丰”农产品返城直营店64处，安装“邮掌柜”系统1121个，交易金额达到2313万元。辽宁邮政“微商城”正式运营。网运平台支撑不断增强。调整省内寄递网，城市间快递包裹实现次日递，县本及以上城市间互寄次日递率提高到90%。加大投递能力建设投入，全年新增机动车82辆、电动三轮车586台，设置便民邮件自提点2714处。

3月5日，雷锋主题邮局在辽宁省抚顺市挂牌成立。（辽宁省分公司/提供）

5. 管理效能。

推行利润目标摘档管理，14个市分公司均完成年初摘档目标，超利润基数7981万元。ERP试点项目及集中核算工作有序推进，19个核算单位全部试运行。全省邮政理财经理、大堂经理达到1123人，金融从业人员占比达到44.2%。初步建立省市县三级金融风险合规和监督检查体系，全省配置专职金融业务检查人员51人、专职视察检查人员123人。增配包裹揽投人员87人。择优招用劳务用工1647人，推行劳务承揽、业务外包，劳务用工占比降至29.79%。实行新增效益工资与利润增量等效益指标挂钩考核，利润对新增效益工资贡献率达到71%。优化领导干部绩效考核，在兼顾整体基础上，突出分管专业挂钩考核，激发领导干部履职意识。三级以上领导、中青年干部、新入职大学生等各层面人员培训创新开展。科技创新能力取得突破。标准数据校验软件在全国邮政ERP项目中推广应用，成为首个中标集团公司软件工程采购的自主开发项目。金融客户综合管理、合作社日常管理、微信管理平台等6个系统上线应用，为服务经营转型、提升管理效能发挥了重要作用。争取集团公司对省中心机房建设专项投资1462万元。信息网运行保持安全平稳，运维质量全国排名邮政第8位，比上年提升9位。（辽宁省分公司　王欣）

【邮储银行辽宁省分行】

全年总资产达2129亿元，比上年增长5.76%。各项存款余额1836.92亿元，比上年增长0.76%。各项贷款余额834.76亿元，比上年增长39.68%。不良贷款率0.82%，拨备覆盖率225.7%。全行实现营业收入40.85亿元，比上年增长5.8%；实现净利润7.05亿元，增长12.22%。

1. 个人银行业务。

全行个人客户达659.22万户，其中个人VIP客户13.99万户。

个人存贷款业务。个人存款余额489.07亿元，较年初下降5.68亿元。其中，个人活期存款下降0.4亿元，个人定期存款下降5.28亿元。个人贷款余额417.26亿元，较年初增加79.76亿元，增长23.69%。推进借力平台模式，搭建“银政、银协、银企、银担、银保”，小额贷款余额76.09亿元，净增14.49亿元。个人消费贷款业务净增66.92亿元，新增贷款市场占有率至同业第2位，不良率0.14%。全面加快“快捷贷”推广工作，个人商务贷款结余102.9亿元。

三农金融业务。涉农贷款余额191.82亿元，较年初增加21.41亿元，增速12.56%，实现三农金融业务利息净收入6.2亿元。建设现代农业示范区支行14家；举办2015年零售信贷客户经理业务技能竞赛辽宁片区赛；与辽宁省科学技术协会签署战略合作协议，共同支持科技农业、现代农业。

银行卡业务。全行借记卡结存发卡量752.8万张，全年消费金额183.4亿元，比上年增长2.2%。其中，绿卡通IC借记卡结存发卡量236.8万张。信用卡全年消费金额65.03亿元，比上年增长37.56%；期末透支余额9.07亿元，比上年增长29.47%。

养老金业务。全行代收代付养老金251亿元，其中代收养老金13亿元，代发养老金238亿元。

代销基金、国债业务。加强与优秀基金公司合作，代销基金的产品总额14亿元。代销凭证式国债4期，实际销售3.73亿元，代销储蓄国债（电子式）10期，销售9.47亿元。

代理保险业务。共准入寿险、财险、健康险、意外险等产品56款，其中保障型保险产品16款，占比达29%；全年实现代理保险保费23.61亿元。

2. 公司银行业务。

公司存贷款业务。公司存款总额178.88亿元，较年初增长2.55亿元，增幅达1.45%；公司贷款余额178.11亿元，较年初增长69.82亿元。

小微企业金融业务。重视平台搭建，助力业务模式转型升级，全行小企业法人贷款结余29.01亿元，较年初减少3.84亿元，法人客户684户，户均424.12万元。

国际结算与贸易融资业务。加快拓展边贸特色结算业务，推动跨境电商金融服务发展，国际结算业务全年结算量3.9亿美元，贸易融资业务余额30.9亿元。

票据业务。直贴业务规模扩大，承兑业务增速较快。票据贴现余额61.17亿元，较年初增加36.1亿元。

3. 资金业务。

投资业务。全行债券、SPV 存款、收益凭证、投资理财的利息收入 4793 亿元。余额总计 62.7 亿元。

同业融资业务。存放同业及其他金融机构款项余额 258.54 亿元，同业及其他金融机构存放款项余额 6 亿元。

理财业务。理财产品余额 72.4 亿元，较年初增长 23.28 亿元，增幅 47.4%；机构理财产品余额 28.40 亿元。

贵金属业务。代理贵金属交易金额 18.25 亿元，实物贵金属交易金额 734.84 万元。

托管业务。全行托管资产规模 284.52 亿元，较上年末增长 150.08%。

4. 渠道拓展。

网点建设。全行共有营业网点 1447 个，其中：自营网点 310 个，占比 21.42%；代理网点 1137 个，占比 78.58%；营业网点县域覆盖率达到 100%。

电子银行。按照总行要求，构建新型互联网金融服务体系，推出移动展业、银证转账等新产品，电子银行交易替代率达到 68.27%，交易笔数 2.5 亿笔。个人网银注册客户 413.2 万户，网上银行总交易金额 932.3 亿元；手机银行注册客户 299.8 万户，交易金额 657.5 亿元；电话银行注册客户 561.7 万户，交易金额 4678 万元。加大自助设备投放力度，ATM 总量达到 2280 台，交易金额 1342 亿元；新建电子银行体验区 46 个。

5. 信息科技。

实施总行新一轮 IT 规划，推进应用平台和系统群项目建设，全年完成总行网点授权集中系统等 18 个项目上线。重视省内自主研发，取得全国首批省分行区域研发中心资格，全年建设省内项目 26 项，14 项推广上线。强化系统运维保障，完善科技风险防控机制，应急处置能力不断提高，全辖金融信息网运行平稳，未发生信息安全事件，自助设备完好率达到 99.65%，网点营业率达到 99.97%。（邮储银行辽宁省分行）

【速递物流辽宁省分公司】

速递物流辽宁省分公司下辖 11 个市分公司、9 个县（区）营业部，共有从业人员 2689 人，其中一线人员占比为 77%。省级处理场地 3 处，分别为西瓦窑物流仓储场地、省集散中心处理场地、沈阳邮件处理场地（在建）。揽投站点 169 处，揽投段道 1256 条，揽投车辆 660 辆。全省机动车辆总数 876 台，邮路共计 65 条。全省专业自营实现业务收入 3.8 亿元。

1. 业务发展。

国内标准业务。全省专业自营实现标准业务收入 2.3 亿元，累计新开发标快客户 1595 户，新增收入 2531 万元。搭建省内"极速鲜"特产寄递平台，丹东燕红桃、鞍山南果梨、大连海参项目均实现扩量增收，其中海参项目增收 281.8 万元，增长 42.5%。大连樱桃、朝阳鲜花纳入总部"极速鲜"平台，共计实现收入 210.3 万元。

国际核心业务。累计实现国际业务收入 7269 万元，增长 9.39%。国际商务客户、跨境电商客户规模持续扩容，累计达 1456 户，收入占比达 30%。新开通 5 条国际 e 邮宝、2 条国际 e 速宝寄递路向，实现国际 e 邮宝业务收入 1190 万元，增长 85%，高于全国平均增幅 40%。

电商物流业务。全省电子商务客户累计实现收入 4239.1 万元，物流业务实现收入 2635.62 万元，落地配、云仓、仓配一体化等规模项目成为发展主导，聚美优品、小米手机项目东北区域增收 166.32 万元。新开发物流项目 26 个，其中百万项目 2 个，50 万项目 4 个，新增收入 207.43 万元，新增利润 57.43 万元，毛利率达到 40%。

2. 核心竞争能力。

营销体系建设。5 月，成立"政务中心、商企中心、渠道运营中心"，省国际分公司、省电商物流分公司承担相应营销中心职责，实现全省营销机构由"一个平台三个团队"向"五个中心"精细化、实体化转型。

投资建设力度。全年投入资金 2253 万元，用于重点工程项目建设、生产场地改造、胶带机等生产设备配备。沈阳邮政速递物流邮件处理中心主体建筑安装工程及配套工程施工已全部完成，自动化分拣设备将于今年 1 月底前完成安装、调试。

信息化管理。ERP 项目试点工作开展，资金归集和欠费管理系统上线。开通微信和支付宝第三方支付企业账户，推广揽投部作业系统互联网接入和揽投环节手机客户端，充分利用外部资源，提高工作效率。

网络运行。网络资源整合推进。将沈阳至北京、南京一级干线汽车邮路交由邮政组开，撤销沈阳至阜新二次频"全夜航"往返汽车邮路，增加沈阳至朝阳二次频阜新站序，在保障运行时限的基础上，节约成本 240 余万元。

处理中心标准化。12 月完成省集散中心生产作业标准化上线工作，为后续新航站投产和 14 个地市公司采集平台系统上线奠定基础。

揽投网运行效能。推行新收寄流程操作规范，开展示范揽投部建设，已完成 6 个，并结合市场和服务需求，减少揽投部 14 个，总数调整为 169 个。

3. 运行服务质量。

全省 12 小时标快经转及时率、揽收交接率、封发率、详情单扫描率均高于考核标准，73 重点城市及时妥投率等其他 5 项指标较年度均有较大幅度提升。12 月，全程时限准时率、出口准时率、干线准时率、次日上午递率较年初分别提高 1.5%、0.5%、0.33% 和 0.86%。全省重点城市逾限邮件比上年减少 1193 件，逾限邮件量排名全国后 5 位。VIP 主动客服占比 85.34%，服务工单创建、处理规范度达到 100%。

4. 企业管理效能。

盈利模型。划小核算单元，建立揽投站、营销中心、渠道中心、处理中心损益核算模型，通过成本费用的明细核算，查找降本增效突破点。

用工管理。通过业务外包转化、劳务承揽等措施，累计减少用工 536 人，劳务用工占比达 22.95%。全省外包岗位 1371 个，劳务用工转业务外包 345 人。

财务管控水平。实行预算分析动态监控，集中管控大额成本支出，压缩无效支出和非生产性支出。全省非生产性支出下降 8.1%，节约 91 万元。严格执行增值税报税制度，全省汇总申报缴纳增值税，税负减少 284 万元。同时，扎实开展“小金库”、招待费自查自纠工作，及用户欠费、资费、经济责任专项审计。（速递物流辽宁省分公司）

【中邮保险辽宁省分公司】

中邮保险辽宁分公司于 2011 年 1 月 12 日开业，是中邮保险在全国成立的第 6 家省级分公司。

1. 业务发展。

累计实现保费收入 8.8 亿元（含续期、团险），比上年增长 38.2%，完成年度预算进度 104.2%，预算目标达成率全国排名第 5 位。其中，新单保费 7.36 亿元，比上年增长 44%，提前 87 天完成全年预算目标。期交保费 2.87 亿元。其中，期交续期保费 1.39 亿元，完成计划达成率 98.9%；实现期交新单保费 1.48 亿元，比上年增长 75%，完成年度预算进度 132%，全国排名第 3 位；提前 58 天完成全年预算目标，提前 45 天实现“摘档”目标。银代渠道期交市场占有率居全省第 1 位。主要业务运营指标保持良好，未发生系统性风险事件。

2. 经营组织。

联合策划开展“中邮保险抱团营销”“‘乘势而上’期交专项活动”“期交跨年度营销”等专项营销活动。联动协调邮政渠道下发《关于加快中邮保险期交业务发展的通知》《关于加快辽宁中邮保险转型发展，推进落实“百亿工程”的实施意见》重要文件，形成“余额发展为核心，中邮期交为重点”邮政金融发展策略，跟进阶段性竞赛等发展政策，出台相关配套支撑措施，期交业务与邮政金融转型同部署、同推进、同考核。

3. 创新营销项目。

打造网点业务发展“新引擎”。以网点出单率、网均产能等关键指标为抓手，组织开展“灭零行动”和转型网点“四个一”工程，开展期交业务专项经营活动。活动期间，网点月均出单率高于 85%，提高近 50%，月网均产能 1.6 万元，超计划目标 60%。联合省邮政分公司共同启动期交 50 强旗舰网点打造工程，全省 50 强网点期交保费全部超过 30 万，其中，培育形成超 100 万网点 2 个，超 50 万网点 10 个，高产网点数量实现翻番增长。

先进经验推广复用。分片区组织“启明星杯”中邮期交经验交流会，选拔销售精英和明星柜员现场传授经验、树立典型。累计举办 3 期，覆盖全省 13 个市、36 个县（市），参会优秀网点支局长、理财经理、市县业务管理人员近 150 人，总结中邮期交营销经验成果 180 余项。推动期交先进经验的成果转化。

多元化培训和业务支撑。自主研发培训课程 15 套。面向全省理财经理开展“辽宁邮政精英计划，中邮保险送教上门”系列培训活动，结合旺季经营和重点营销活动开展特训支撑，全年共组织各类培训 100 余场，参训人员 5400 人次。针对运营管理弱项，制定下发《承保操作流程》培训课件，通过集中培训、电视电话会议等形式，对业务交流和操作难点进行重点讲解。

团险大项目带动作用。发挥自办保险优势，开展大项目营销，做好“邮政系统员工重大疾病保险和意外伤害保险项目”承接工作。多次对接三大板块，科学制定服务方案，高效完成省邮政分公司、省速递物流公司团险承保工作，实现团险保费 450 万元。

4. 运营基础。

梳理完善 32 项业务管理制度，制作《新契约业务手册》《产品升级系统录入业务手册》等实战手册，规范基层业务操作。全年共受理保全业务 3 万件，提升保全质量。针对客户信息真实性管理，开展集中抽检，对承保质量进行通报分析和一对一培训督导，全年共抽检新契约承保扫描件 19410 件。实施业务档案外包，规范档案整理流程，明确档案整理归档标准，全年共整理各类业务档案 85899 件。

重点运营流程。实行电话催收和上门面访相结合，全年共拨打续期催收电话 7548 笔，发送催收短信 1 万余条，寄送续期缴费提醒通知书 32 批次，下发面访清单 80 余次。推进续期失效保单清理工作，清理失效保单 338 件，累计失效占比由 2.12% 降至 1.98%。加大新契约回访二访力度，全年共拨打二访电话 1.3 万件，邮寄回访函 7914 封，跟进处理回访问题件 3483 件。规范质押借款催收流程，增加质押借款复核前回访环节，制作短信提示模板、电话催收话术，提升催收效率。

关注客户服务体验，开展新春客户回馈、六周年客户服务等活动，维护客户 2000 余人。全年共处理客户咨询 255 件、投诉 19 件，投诉处理满意率 100%。全年共受理理赔报案 204 件，结案 203 件，有效减损约 34 万元，收到客户感谢锦旗 2 面。

5. 风险防控。

以大数据为支撑，优化风险态势督导。对风险预警指标进行微调，突出省邮政分公司与邮储银行省分行的风险责任分担，细化月风险通报、季度风险总结，对关键风险指标分析预警到网点。

针对重点区域、重点指标风险问题，加大检查力度。检查范围涉及9个市、20个县、58个网点。其中指导县市梳理重要制度140余个，发现问题19类242个，第一时间下发检查报告和整改要求。

以监管动态、监管处罚案例、监管制度等5项内容为重点，强化合规管理培训，累计培训120人次。细化月、季度风险通报内容，强化合规信息的时效性和针对性。开展反对非法集资宣传月等专项合规宣传活动，以“3·15消费者权益日”“7·8保险公众宣传日”等为契机，营造合规文化氛围。

6. 企业核心竞争力。

人力资源管理。开展内部培训5期，参培人员200人次，组织跨部门、跨岗位AB岗学习实践活动，锻造员工多岗位实践操作能力。严格实施考勤管理，以制度管人，以制度管事。

财务管理。修订完善6项财务管理制度。开展行业和同业标杆对比测算，做好预算编制、固定资产投资、资金监控管理等工作。加强会计达标管理，严格报账审批等手续。强化采购流程和档案规范管理，跟踪推进总公司ERP建设。

企业信息化。组织开发质押借款统计功能模块等8大关键功能模块，实现经营分析管理平台24个子系统、160个功能模块、200余张报表，强化信息数据提取的科学性和安全性。（中邮保险辽宁省分公司）

吉林省

【吉林省分公司】

1. 加速经营发展。

全省邮政企业累计实现业务收入25.11亿元，比上年增长11.50%，高出全国平均增幅2.26%，超集团计划1.1亿元，收入增幅与完成预算均全国排名第9位。2015年，全省邮政增幅一直高于吉林省GDP增幅。

全省邮政企业实现有效收入19.17亿元，比上年增长10.8%，占总收入比重76.33%；实现利润6808万元，比上年超过1.7倍，超利润计划5947万元；全省期末货币资金存量3.49亿元，自有资金净增2417万元；总成本增幅低于总收入增幅2%。全省邮政收入增幅与利润两项指标均创历史同期最好水平。

金融业务实现收入18.59亿元，增幅16.42%，拉动全省邮政总收入增长11.64%，增幅连续10个月保持全国前7位；全年金融资产总量达到1080亿元，再创历史新高；其中储蓄余额达到884亿元，本年新增40.6亿元；代理保费总额99.2亿元，银保市场占有率稳居全省首位；理财保有量96亿元，年增长31亿元。包裹快递业务实现收入1.21亿元，比上年增长15.54%，增幅全国排名11位；集邮业务实现收入1.63亿元，比上年增长6.07%，增幅全国排名19位；电商分销业务实现收入8785万元，增幅全国排名20位；封片卡、报刊大收订等项目超额完成计划，增幅均全国排名前列。

加强对政府、企事业单位项目营销与组织策划活动，全年共开发金融类涉农补贴项目与资金归集类项目286个，进账资金145亿元。省分公司先后与一汽吉林、省国（地）税局等多个行业签订省级总部项目28个；各市州分公司因地制宜，加强区域项目开发，全年累计实现邮务类项目收入3000万元。

延边州分公司承办的“邮乐购”电子商务对接会。（吉林省分公司/提供）

2. 加强能力建设。

依托邮乐网电商平台与邮掌柜信息系统，布局农村电子商务市场。全省村邮乐购店的建设数量达到5051个；月活跃度均超85%，累计会员7.7万名，两项指标均全国排名第3位。扎实推进8个国家级农村电商示范县建设，已有6个县市分公司分别争取到政府专项补贴资金、车辆投入、仓储建设与邮件补贴，累计获得补贴资金超过2000万元。

依托长春兴隆综合保税区，边境贸易口岸等区位优势，大力发展跨境电商业务。设立长春国际小包集中收寄处理中心，日处理邮件最高峰达到2万件，累计超过20万件，实现业务收入750万元；开通长春对俄直航包机，累计发运5班，带运邮件24吨。

全年投入建设资金2.7亿元，其中，基本建设投资941万元，技术改造投资1.4亿元；改造和翻建网点296处，更新各类终端机具4525台，布放智能包裹柜20套，新增邮运与投递车辆401台。

整合调整全省邮、速两网干线邮路和省内投递网络，提高邮件全程运递时限。长春邮件处理中心流水化作业改造取得初步成效，保障“双11”等旺季邮运生产。创新投递组网模式，借助社会力量缓解投递压力。建立与业务发展相匹配的投递配员与车辆配置机制，有效支撑以包裹快递为重点的业务发展。

3. 推进邮政改革。

设立省、市、县三级包裹业务经营机构，制定出台改革方案与配套办法。建立以客户为中心的营销组织体系，突出强化大客户中心综合营销职能，在开发总部项目与指导区域项目营销中发挥重要作用。成立省分公司财务集中核算中心与人力服务支撑中心，加强对财务与人力资源的集中管控与统一规范。

建立以利润为中心的绩效考核评价体系，变分项考核为综合考核。开展全省薪酬分配制度调整优化工作，重点向一线员工倾斜，月人均增长543元。加强领导人员薪酬集中管控，集中审核发放市县两级班子薪酬。完善用工择优招用激励机制，加强对员工的日常履岗与业绩考核，550名员工实现身份转换。

以邮政建设农民专业合作社为重点，聚焦邮政综合业务开发，实现客户集聚与产品粘连，致力打造“农产品进城”与“消费品下乡”双渠道。全省邮政共建设农民专业合作社361个，发展社员2.14万人。

4. 提升运行质量。

注重发挥财务管理效能，在资金安排和成本分配上重点向经营领域倾斜。开展财务标杆管理，引导各单位有针对性地改善和提升管理水平。狠抓资产管理，有效盘活闲置房屋和车辆，实现新增资产盘活收入1080万元。强化降本增效工作，办公费、会议费与招待费分别下降14%、54%和44%。推进ERP上线工作，完成省级会计集中核算工作。深入开展“小金库”专项治理工作，严格实行“收支两条线”制度，确保财务数据真实、准确、规范。

推进人员调整配置工作，在用工总量未增加情况下，为金融、包裹快递等关键岗位增配150人。严控机构编制，全省管理人员数量855人，达到集团公司先进标准。依法合规使用劳务用工，减少劳务用工1008人，劳务用工占比下降8%；全年共举办各类培训班114期，培训员工7645人次，全员培训率达到74%；强化职业技能鉴定工作，通信生产人员持证率达到76%。在第四届全国邮政技能大赛中，全省两名选手荣获个人优秀奖。

全面加强企业建章建制与规范管理工作，累计制定、修改和完善各项规章制度22个。严格落实安全生产责任制，加强全员安防意识教育和技能培训。有效发挥审计监督职能，全年共开展各类审计项目和专项审计调查738项，审减工程费用2231万元，审减率18.75%。组织实施65个全省集中采购项目，节约预算资金979万元，占投资预算的11.24%。

深入开展“邮政服务质量年”活动，强化邮件寄递安全与时限管理，有效提升全省邮政服务质量。推进空白乡镇局所补建工作，省分公司被国家邮政局和集团公司联合授予“先锋带头奖”。机要通信连续28年质量全红，连续6年荣获集团公司质量管理奖。全省邮政综合服务满意度达到87.32分，高于集团公司目标值。（吉林省分公司　蔡敏杰）

【邮储银行吉林省分行】

全年全行总资产达1306.5亿元，比上年增长2.68%。各项存款余额1267.04亿元，比上年增长3.10%。各项贷款余额340.77亿元，比上年增长42.66%。不良贷款率0.70%，拨备覆盖率249.41%。全行实现营业收入31.93亿元，比上年增长6.78%；实现净利润5.64亿元，增长13.39%。全行收入利润率30.03%，排全国11位；人均经济增加值14.95万元，排全国15位；经济资本回报率220.43%，排全国第8，三项指标均优于全国平均水平。

1. 个人银行业务。

全行个人客户达1311万户，其中个人VIP客户48万户。

个人存贷款业务。个人存款余额1156.62亿元，较年初增加48.23亿元，增长4.35%。其中，个人活期存款增长10.75%，个人定期存款下降0.08%。个人贷款余额217.52亿元，比年初增加46.23亿元，增长26.99%。推进借力平台模式，搭建“银政、银协、银企、银担、银保”，小额贷款余额29.64亿元，净增3.81亿元。个人消费贷款业务净增35.5亿元，新增贷款市场占有率至同业第5位。全面加快“快捷贷”推广工作，个人商务贷款结余58.99亿元。

三农金融业务。涉农贷款余额21.44亿元，比年初增加2.38亿元，增速12.49%。着手建设现代农业示范区支行国家级11家，省级3家。

银行卡业务。全行借记卡结存卡量1564.12万张，全年消费金额310.38亿元，比上年增长33.02%。其中，绿卡通IC借记卡结存发卡量703.30万张。信用卡全年消费金额30.14亿元，比上年增长65.15%；期末透支余额4.68亿元，比上年增长64.21%。

养老金业务。全行代收代付养老金1315.81万笔，其中代收养老金 112.49 万笔，代发养老金 1203.32 万笔，代收“新农保”交易笔数 106.45 万笔，交易金额 1.64 亿元。

代销基金、国债业务。加强与优秀基金公司合作，代销基金的产品总额 13.1 亿元。代销凭证式国债 4 期，代销储蓄国债（电子式）10 期，共计销售 7.73 亿元。

代理保险业务。共准入寿险、健康险、意外险等产品 67 款，其中保障型保险产品 41 款，占比达 61%；全年实现代理保险保费 110 亿元。

2. 公司银行业务。

公司存贷款业务。公司存款总额 110.28 亿元，较年初下降 11.61 亿元；公司贷款余额 32.11 亿元，较年初增长 12.93 亿元。

小微企业金融业务。全行小企业法人贷款余额 27.25 亿元，较年初净增 3.84 亿元，法人客户结余客户 644 户，户均 423.18 万元。

国际结算与贸易融资业务。推动跨境人民币服务发展，国际结算业务全年结算量等值 817 万美元，跨境人民币 122 万元。

票据业务。直贴业务规模扩大，承兑业务增速较快，票据贴现余额 36.38 亿元，较年初增加 16.89 亿元。

3. 资金业务。

投资业务。投资业务余额 56.46 亿元。其中两融受益权余额 5 亿元，银行投资理财余额 24.96 亿元，保险通道协议存款余额 2.5 亿元，资产买断余额 24 亿元。

同业融资业务。存放同业余额 53.70 亿元。

托管业务。托管资产规模 269.70 亿元，较上年末增长 197.95%。

贵金属业务。共代销实物贵金属产品 23 款，代理贵金属交易金额 6605 万元，实物贵金属交易金额 670 万元。

4. 渠道拓展。

网点建设。全行共有营业网点 1080 个，其中：自营网点 179 个，占比 16.57%；代理网点 901 个，占比 83.43%；营业网点县域覆盖率达到 100%。

电子银行。全行构建新型互联网金融服务体系，推出移动展业、商乐贷、掌柜贷、银证转账等 13 项新产品，新增、优化功能 111 项，电子银行交易替代率达到 63.29%，交易笔数 1.4 亿笔。个人网银注册客户 257 万户，网上银行总交易金额 257 亿元；手机银行注册客户 162 万户，交易金额 138 亿元；电话银行注册客户 310 万户，交易金额 287 万元。加大自助设备投放力度，ATM 总量达到 1872 台，交易金额 862 亿元；新建电子银行体验中心 23 个。

5. 信息科技。

重点推进信息化项目建设和增强自主创新能力，全年上线集中授权等 21 项工程，完成商品房预售款监管业务等 7 项中间业务的开发，6 项主题数据分析，制定并下发 6 项信息科技管理类实施细则，定期召开信息科技风险会，全年邮政金融计算机系统安全平稳运行，网点营业率达 99.47%，ATM 交易率 99.87%。（邮储银行吉林省分行）

【速递物流吉林省分公司】

速递物流吉林省分公司下辖长春、吉林、延边、四平、辽源、通化、白山、白城、松原九个市州分公司。速递物流吉林省分公司共计员工 2253 人，其中一线人员 1307 人，二、三线人员 946 人。自办航空邮路 1 条，即长春——沈阳——南京邮航航班；委办航空邮路 24 条。全省自有组开邮路 15 条，其中一级邮路 1 条，二级邮路 14 条。全省共计自有运输服务机动车辆 495 辆，非机动车辆 203 辆。全省速递业务日均进口业务量约 3.9 万件，日均出口业务量 2.8 万件。全年完成业务收入 2.91 亿元，比上年增长 6.7%。

1. “五大战役”初战告捷。

即省际标快业务攻坚战、省内异地业务信誉战、落地配和单证照业务反击战、国际业务突围战和物流业务翻身战。

推动省际标快业务发展。围绕“重点城市，重点线路，重点客户”开展有针对性的攻势，充分发挥各级营销中心的作用，出台相配套的奖励机制，开展营销活动；针对重点市场商圈和院校，全省上下大力推进“三进”工程，采取进驻、联合、委办代办等方式，成效显著；松原公司开发的查干湖鱼项目作为吉林省第一个全国型“极速鲜”项目，成为标快收入新的增长点；省公司策划设计的《高考随行》杂志，创新经营思路，增加省际标快边际收益；下半年开展的县域标快发展争先赛活动，为全省标快业务发展注入新的活力，有效遏制县域标快负增长加剧的趋势，并以每月 4% 的环比增幅增长。

推动省内异地业务发展。以承诺服务为切入点，各市州公司揽投部、县营业部和集散中心采取互动联动的方式，使省内异地业务服务质量和时限水平有了明显的提升。省公司针对重点节日开展假日营销活动，母亲节期间协助设计长春欧亚卖场母亲节专题宣传，创新营销模式，提升企业形象；结合省公司下发的标快业务宣传页、11183 单卡、次日递宣传卡、体验券等，各市州公司开发客户时，敢于亮剑，承诺时限，培育了潜在客户群体，省内异地业务品牌宣传深化。

推进落地配和单证照业务。规范单证照各项业务运作流程，制定改进措施，保证运行质量，强化主渠道优势。续签平安财险、平安寿险、人保寿险、省邮储银行、建设银行、交通银行等省级单位合同；开办公安网上车管业务和检察院专递业务；开展政务类项目“扫盲点”活动，制定针对性营销方案，全力开发目标市场，提升政务类市场服务能力。

推动国际业务发展。坚持以国际业务重点城市长春、延边为重点，建渠道，拓领域，强能力，促发展，全力发展国际业务。

推进物流业务发展。围绕物流业务“上规模、增效益、建队伍、创项目、拓思路、强服务”的目标，抓住重点行业、重点区域、重点客户的开发，加快扩大物流业务规模，完善发运渠道，加速仓储业务发展，推进损益核算，提升服务水平，使物流业务的发展步步为营，积极提升。

2. 推进“两个提升”。

即时限质量提升和服务质量提升。

提升时限质量。在全省网络运行时限质量大幅上升的基础上，夯实名址维护工作，充分发挥省邮件集散中心自动分拣功能，提升进口邮件的匹配率和处理效率，实现省内重点城市进口邮件直封到揽投部；制定“双 11”旺季生产保障方案，平稳过渡“双 11”投递高峰；坚持召开省公司一把手参加的运行质量分析周例会，及时发现并解决问题，通过日监控、周例会、月考核的方式使全省时限质量水平再上新高；围绕质效考核办法对各项关键指标加强监控分析。

全面提升服务品质。客户服务水平不断提高，各项指标进入全国先进行列，服务工作有序推进。一是设置专人对省内出口的散户邮件进行抽调回访，及时反馈视察检查部门,有效提高出口时限及收寄质量；二是设立国际、物流、电商主动客服台席，针对出口业务全力做好业务及服务支撑，从根本上保证出口时限质量和主动反馈；三是将全省工单处理集中管理，有效提高全省工单回复及时率并取得良好效果；四是揽投部内部客服全面上线，使基层一线员工面对面地解决实际问题，有效提升主动客服工作效率与服务质量。

3. 圆满完成“五项工作”。

即干部队伍建设工作、快递包裹业务改革工作、管控工作、营销体系建设及人才培养工作和共建和谐企业。

持续加强干部队伍建设。狠抓干部理论学习，举办四期中心组理论学习，全省党员干部队伍思想政治建设和作风建设得到有效加强。另外还从各级领导干部带队伍、强管理、促发展的履职能力入手，要求各级领导干部时刻牢记党的宗旨，尽心竭力为员工办实事，做好事，解难事，在困难与压力面前勇于担当，敢于负责，始终做到严于律己，心中有戒，清正廉洁。

推进快递包裹业务改革。主动推进与邮政企业的协同发展，做到“产品统一、政策统一、服务统一”。在改革过程中，与企业在思想认识、行动和执行力上高度统一，共举一面大旗，实现了合作共赢 1+1 > 2；邮速双方坚持“整合双方资源、建立协调机制、市场各有侧重、目标一致对外”的总原则，充分协商，互通有无，根据市场和竞争对手情况制定统一的价格、促销和客户维护等政策。

全面落实管控工作。开展为期两个月的“找差距、堵漏洞、强管理、促发展”专项活动，有效提升管控意识和管理水平。加大全省范围视检工作的检查和考核力度，对全省各市州及县营业部的工作情况进行全面检查，下发视察检查报告书 27 份。此外，年初制定的各项管控工作目标得到较好落实。一是强化资费管控。通过全省资费管理专项治理活动及资费长效管理机制，省际标准特快邮件的平均单价在全国排名中名列前茅。二是加强财务管控。加大欠费催收力度，加速资金回流，用户欠费清理工作成效显著,账期外欠费额度由年初的 1615 万元下降至 252 万元，占欠费总额比重由年初的 34.12% 降至 8.07%。三是加强效益管控。持续推进重点物流项目损益核算应用工作，通过以项目为核心、项目管理为手段、项目损益核算结果为基础，推进了项目流程和资源配置优化，降低项目相关成本支出。

加强营销体系建设及人才培养工作。加快营销队伍建设及各级人才的培训培养工作。一是召开营销员誓师大会并举办首届营销员培训工作，组建专职营销队伍，加快五大营销中心实体化运作，明确五大营销中心工作职责，营销体系建设工作得到有序推进；二是启动揽投员系统培训，全省 88 名揽投部经理及 240 名一线揽投人员参加 5 期揽投培训班，提升一线揽投人员的业务能力；三是举办省公司领导班子与优秀青工、新任助理、青年骨干等多场座谈，极大的调动了青年骨干员工的积极性；四是组织全省部分领导、揽投部经理与优秀揽投员赴江苏无锡挂职交流学习；五是通过第四届全国邮政职业技能大赛的省内选拔，为全省营销员树立标杆。（速递物流吉林省分公司）

黑龙江省

【黑龙江省分公司】

全年全省邮政累计完成业务总量31.61亿元，比上年增长1.12%；实现业务总收入41.74亿元，比上年增长5.87%，完成集团公司下达计划的102.38%；总支出完成42.34亿元，比上年增长4.69%，低于总收入增幅1.18%；实现利润4586万元，比上年增加1084万元，超额完成集团公司下达的利润目标。货币资金存量稳定提升，期末货币资金存量达到6.35亿元；全员劳动生产率达到16.03万元，比上年增长10.51%。全省邮政人均工资由2010年的3.56万元增长到2015年的6.18万元，年均增长11.66%。

黑龙江省分公司有意识地提高经营工作的组织化程度，组织专业和地市分公司推出10项新产品开发项目、56项阶段性营销项目，主题邮局、跨境电商、龙邮农品等创新型项目，较好地适应市场需求，丰富企业业务种类，增加企业收入来源，其中，大力推进对俄国际小包业务的常态化经营，以优异的服务品质巩固俄向电商小包寄递主渠道地位。在代理金融业务转型取得阶段性成果，继续稳定企业经营大局的基础上，将转型改革工作加快拓展至其他业务板块，传统业务由依赖政务客户向政务、商务、平台三类客户延伸、拓展，寄递类业务通过实施改革赋予了新的发展内函，新的市场优势逐步形成。将“帮客户赢”的发展理念上升到企业文化的高度，提炼成企业员工与客户“共进共赢”的“客户观”并大力倡导，构建以研发、销售和售后为核心的新型市场营销体系，着力提升专职营销队伍素质，同步强化业绩考核、推广营销积分制度，广大员工的增收创效能力明显提高。主动融身地方文化、旅游、商品流通等产业领域，全面开展多行业多领域的战略合作，大力支持中小企业发展，深入开展“三农”服务，主动参与中俄博览会、纪念抗战70周年等社会活动，赢得了政府、合作伙伴的多方认可，提升企业在国民经济中的地位。

加大推进综合公共服务平台建设力度，通过实施多站合一、业务叠加发展策略，加快便民服务站、助农服务站建设，年底，全省邮政各类综合站点累计达到12305处，综合公共服务平台贴近用户、覆盖城乡的优势逐步显现。优化营业服务网络，全面完成空白乡镇网点的补建工作，加快集邮网厅、网上银行、电话银行等电子网点及ATM等自助终端设备的配置，邮政网点布局更加合理，服务功能更加健全，单点创收与服务能力明显提升，形成以1626处邮政网点、1332处储蓄网点为骨干结点，多种服务终端为补充的营业服务体系。有序调整网路结构与作业流程，按照集团公司要求启动省内网优化调整，提高网路运行质量，邮件全程时限达标率达到95%以上。全面启动投递网改革，按照先行试点、总结推广的原则，加强指挥调度，创新组网模式，同步加快自提网络建设，健全管控体系，适应市场竞争的投递、揽收能力正在孕育形成。以邮政运营管理中心为平台，持续建设集业务、时间、资源、客户、经营主体维度的科学管控系统，实现经营、网运、安全、服务及资源的动态监控，以信息技术推动传统邮政企业的市场化改造，引领业务升级、管理创新、流程优化的态势逐步形成。

全面推进全面预算、利润管理和标杆管理等财务管理体系建设，以资金动态管理和成本集中管控为重点，调整成本支出结构，提升成本产出效益，优化企业资源配置，加快财务管理方式转变。在预算编制上，将企业各类成本按照零基预算方法进行编制安排，将成本分为基本成本和集中成本，按成本发生动因将基本成本预算项目分为职工薪酬、业务发展成本、网运及车辆成本、经营成本、资产相关成本、税金等八大类，以便于对成本的动因和结构进行分析，同时便于各部门归口管理。其中，职工薪酬即人工成本按照人力资源部核定数据进行安排，业务发展成本按照收支配比原则核定，运行及车辆成本根据邮路及邮运车辆情况核定，经营成本根据资源耗用情况进行核定，低值易耗品摊销根据人员平均数量进行核定，资产相关成本根据资产价值和数量核定，租赁费用按照租赁合同核定。按照强化集中管控原则，全省邮政对集中成本进行重点配置，对专项成本实行单列预算管理，加大全网集中力度，在成本的预算核定和预算执行等方面强化集中、统一管控和整体配置，实现有限资源的有效配置。坚持优化业务结构，着力增强发展的稳定性和协调性，重点发展效益水平高、市场需求旺的高效业务，逐步舍弃、退出不具备优势、成本投入大的低效业务，业务创效能力和水平不断提高，企业有效收入增幅始终高于总收入增幅。不断强化损益核算结果的应用，构建从地市到专业的利润管控模式，形成正向激励和有效约束相匹配的激励机制，企业资金状况有了明显改善，现金流量实现增长，现金存量保持相对稳定，管理和发展潜能得到深入挖掘，适应公司化运营的财务管控体系形成。10月30日，ERP项目在黑龙江邮政上线试运行，推进省级会计集中核算工作，提升全省财务管理水平，加强企业财务管控力度，更好支撑邮政企业发展。

5 月 28 日，哈尔滨市分公司组织“邮韵龙江 快乐阅读”爱心捐助活动。（黑龙江省分公司 / 提供）

为适应发展要求，调整机构编制，促进机构扁平化管理；优化管理人员配置，规范岗位设置、配备标准，累计压缩管理人员 163 人，管理人员占比为 6.92%，并将优化调整的管理人员优先向生产经营一线配置，缓解企业总量冗员、结构性缺员的矛盾。统筹推进干部监督管理，严格落实领导干部个人有关事项报告制度，全年共有 137 名三级副以上领导干部填报个人相关事项报告表。加大干部培养、开发力度，组织开展省分公司与地市分公司间的干部双向交流，全年 23 名干部参加双向交流。组织开展地市分公司、省分公司直属各单位的副职后备人员及各类交流、培训人员的年度考核工作。加强人工成本集中管控，对人工成本配置进行全面梳理，做好弹性人工成本配置数据测算和分析工作。严格工效挂钩管理，建立与集团公司导向一致的人工成本配置机制。完善薪酬分配机制，细化管理人员人工成本单列管理办法，确保新增效益工资向生产一线人员倾斜。完善经营绩效考核办法，坚持以利润为导向的绩效考核体系。加强用工管理，强化编制控制，大力推进业务外包、劳务承揽、非全日制用工等工作，推广工时管理、动态排班等先进作业组织方式，人力资源配置得到优化，全年全省邮政从业人员较上年减少 704 人。持续加大教育培训力度，全年共举办各类培训班 2622 个，培训 192284 人次，培训率 81.86%。（黑龙江省分公司）

【邮储银行黑龙江省分行】

全年全行总资产 2079 亿元，比上年增长 5.19%。各项存款余额 1909 亿元，比上年下降 0.90%。各项贷款余额 504.10 亿元，比上年下降 3.29%。不良贷款率 4.87%，拨备覆盖率 108.75%，全行实现收入 59.64 亿元（其中自营收入 32.21 亿元，代理业务收入 27.43 亿元），比上年下降 1.33%。实现净利润 -65371.23 万元，比上年提升 28.58%。

1. 个人银行业务。

全行个人客户达 1615 万户，其中个人 VIP 客户 70 万户。

个人存贷款业务。个人存款余额 1765.8 亿元，较年初 1759.4 亿元，上升 0.37 %。其中，个人活期存款增长 10.61%，个人定期存款下降 9.26%。个人贷款余额 222.93 亿元，较年初下降 44.22 亿元，下降 16.55%。推进借力平台模式，搭建“银政、银协、银企、银担、银保”，小额贷款余额 22.54 亿元，净增 -2.72 亿元。黑龙江省个人消费贷款业务净增 -5.73 亿元，不良率 1.24%。全面加快“快捷贷”推广工作，个人商务贷款结余 45.58 亿元。

三农金融业务。涉农贷款余额 50.16 亿元，较年初增加 -15.82 亿元；新型农业经营主体贷款余额 0.53 亿元，较年初增加 0.53 亿元。土地权益类贷款业务余额 2.49 亿元，较年初增加 0.52 亿元。着手建设现代农业示范区支行超过 15 家；其中包括农业部确定的 3 批国家级现代农业示范区所在的部分市（县）建立特色支行 11 家，黑龙江省农垦所辖 4 家。

银行卡业务。全行借记卡结存发卡量 2255.6 万张，全年消费金额 518 亿元，比上年增长 40.33%。其中，绿卡通 IC 借记卡结存发卡量 489 万张。信用卡全年消费金额 85.85 亿元，比上年增长 41.29%；期末透支余额 11.61 亿元，比上年增长 29.58%。

养老金业务。全行代收代付养老金 3153.81 万笔，金额为 436.28 亿元。其中代收养老金 83.62 万笔，金额为 3.04 亿元；代发养老金 3070.19 万笔，金额为 433.24 亿元；代收“新农保”80.73 万笔，金额为 1.3 亿元。

代销基金、国债业务。加强与优秀基金公司合作，代销基金的产品总额 57.6 亿元。代销凭证式国债 4 期，实际销售 2.4 亿元，代销储蓄国债（电子式）5 期，实际销售 6.55 亿元。

代理保险业务。共准入寿险、财险、健康险、意外险等产品 70 款，其中保障型保险产品 34 款，占比达 48%；全年实现代理保险保费 187.31 亿元。

2. 公司银行业务。

公司存贷款业务。公司存款总额 143.43 亿元，较年初下降 23.93 亿元，降幅 14.30%，公司贷款余额 51.38 亿元，较年初下降 7.63 亿元。

小微企业金融业务。全行小企业法人贷款结余 813 笔，余额 21.53 亿元，较年初减少 0.86 亿元。笔均 265 万元。

国际结算与贸易融资业务。加快拓展边贸特色结算业务，推动跨境电商金融服务发展，国际结算业务全年结算量 0.34 亿美元，贸易融资业务余额 0.04 亿元。

票据业务。直贴业务规模扩大，承兑业务增速较快，票据大管家、商票贴现等新产品不断发展，票据贴现余额 33.74 亿元，较年初增加 15.85 亿元。

3. 资金业务。

投资业务。投资（包括委托其他金融机构投资）的商业银行理财产品、信托投资计划、资产管理计划及证券投资基金的余额总计 109.30 亿元。

同业融资业务。存放同业及其他金融机构款项和拆放同业及其他金融机构款项合计余额 137.92 亿元，同业及其他金融机构存放款项和同业及其他金融机构拆入款项合计余额 15 亿元。

理财业务。全省理财产品余额 257.88 亿元，较年初增长 133.06 亿元，增幅 106.6%；机构理财产品余额 2.86 亿元。

共推出实物贵金属产品 704 款，代理贵金属交易金额 6.39 亿元，实物贵金属交易金额 0.13 亿元。

托管业务。全行托管资产规模 290.60 亿元，较上年增长 93.72%。

4. 渠道拓展。

网点建设。全行营业网点 1688 个，其中：自营网点 354 个，占比 21%；代理网点 1334 个，占比 79%；营业网点县域覆盖率达到 29%。

电子银行。全行构建新型互联网金融服务体系，电子银行交易替代率达到 65.6%，交易笔数 2.65 亿笔。个人网银注册客户 79 万户，网上银行总交易金额 800 亿元；手机银行注册客户 115 万户，交易金额 313 亿元；电话银行注册客户 24 万户，交易金额 581 万元。加大自助设备投放力度，ATM 总量达到 2317 台，交易金额 1271 亿元。

5. 信息科技。

重点组织网点基础环境治理工程，集中整治安全隐患，网点生产线路直连省中心改造进程过半，储蓄业务网点授权集中等 8 个信息化工程建设推广，青冈非税等 6 个中间业务项目上线。组建个人业务集中授权中心，完成 669 个网点的集中授权上线，处理各类授权业务近 70 万笔；会计集中核算全面上收。

6. 风险管理

信用风险管理方面，启动“零售信贷精细化管理年”活动。制定《零售信贷三年发展规划》，统一全行思想。差异化下放个商、消费类贷款审批权，创新设立零售信贷非现场监测团队，启动“授信种子培训”“轮训送教”等工作，提升基层审批能力；创新设立零售信贷非现场监测团队，加强贷后队伍力量，强化贷后管理。加快处置不良资产，全年共计收回已移交不良贷款 5.1 亿元，比上年增长 62%，完成清收计划的 112%；全年累计核销不良贷款 9.95 亿元，实现了抵押类贷款核销零的突破。（邮储银行黑龙江分行）

【速递物流黑龙江省分公司】

中国邮政速递物流股份有限公司黑龙江省分公司统筹推进年初确定的重点工作，全年自营总收入完成 21521 万元。

1. 发展重点业务。

全力发展标准特快邮件业务。将标准特快邮件业务作为发展核心，加强业务营销并贯穿全年，先后开展政务类市场全员营销活动、国内标准特快邮件业务营销活动、速递重点业务营销活动、重点城市流向专线营销竞赛活动等四个大型营销活动，瞄准政务市场、商厦楼宇市场、产业集群市场、园区、校区市场、特产寄递等五大市场，发力省内省际重点流向，重点发展代收货款、收件人付费、返单等三项业务，打好 73 个重点城市会战、文件抢夺战两大战役，全力加快国内标准特快邮件业务发展。其中，标准特快邮件文件类业务收入实现 3538 万元，比上年增长 13.3%。代收货款业务累计形成邮费收入 1667.1 万元，比上年增长 4.7%。

发展快递包裹业务。将快递包裹业务作为产品线的重要补充，通过组织竞赛、开展营销活动、加强奖励等方式，拓展新客户，抢占新快递包裹业务市场，先后制定《2015 年上半年速递专业竞赛方案》《2015 年下半年速递重点业务营销活动方案》和《第四季度快递包裹业务奖励》三大方案，借助快递包裹改革的契机，发挥产品改革后的优势，加快快递包裹业务发展。2015 年，快递包裹业务量完成 110.5 万件，比上年增长 49.1%，业务收入累计增幅全国排名第 16 位。

推进项目开发。全力推进政务大项目开发，社保卡、身份证项目试点运作良好，分别在鸡西、牡丹江、佳木斯、齐齐哈尔、绥化等地陆续开办了社保卡及身份证邮寄业务，收到良好的效果，为下一步项目的全面发展和推广打下坚实基础；检察专递、网上车管等项目实现全省统签落地，哈尔滨、大庆、七台河等地市作为首批试点单位正在进行前期准备和测试；护照项目通过加强环节衔接，提高服务质量，延伸服务空间，个人邮寄比重由个位数提升到 30% 以上。2015 年，护照项目完成收入 739 万元，完成全年计划的 105%。

提升可持续发展能力。按照总部电商实体化发展战略，电商业务继续保持较快发展速度，继 2013 年突破 500 万，2014 年突破 1000 万后，2015 年首次突破 1500 万元大关，增收 310 万元，体现了电商业务较强的增收、创收能力和可持续发展潜力。新客户开发保持较好势头，新增恒大粮油、老板电器、贝因美、太阳神、时尚优品、中视购物 6 家客户，月均增收 30 万元。

提升揽投网点经营能力。拓展揽投渠道，通过加密核心区域段道、设置代办点、揽投外包等方式，较好地提升揽投部创收能力，全年市区揽投部实现速递业务收入 9321 万元，保持了平稳增长的态势。同时，为充分合理利用社会资源，增强客户体验，加快了代办点建设，全年新增设代办点 752 个，实现业务收入 47.8 万元，单点平均收入

635 元，成为了新的业务增长点。

2. 强化运营管控工作。

提升运营水平。旺季生产结束后，针对关键节点，组织有针对性的服务质量提升专项活动，在处理中心层面，分别开展规范优化生产活动及质量提升竞赛，有效激发一线生产人员抢抓生产质量的积极性，作业质量和效率提升，在量增人减的情况下，各项指标达到较好水平；在各市分公司层面，分别开展提升网运与服务质量专项活动、航空安检不合格邮件专项整治活动、收寄规格质量专项整治活动，集中整治收寄端操作不规范、制度执行不到位等问题，为后续环节作业质量及邮件全程时限提供保障，不断提升客户体验。

增强旺季生产应对能力。量大关及“双 11”期间网络保障模式日趋成熟，在业务量预警、邮件疏运、突发事件处理等方面积累了宝贵经验，应对量大关更加从容。2015 年春节量大关期间，各环节邮件做到“日进日清”，累计处理国内进出口总包 66.48 万袋、散件 87.5 万件，同期增幅达 12.8%；各分公司投递率均为 100%；共受理客户投诉 5548 起，比上年下降 63%。全省及时妥投率完成 75.35%，超过全国平均水平（57.31%）18.04%；受理客户投诉 6499 起，比上年减少 29.33%。

提升客户用邮体验。全省客服体系建设完善，在省客服中心成立问题邮件监控中心，制定下发省、市、揽投部及内部处理机构问题邮件快速处理流程，建立日监控制度，对于非客户责任的情况，按照快速理赔流程先行对客户进行赔付，增强客户用邮体验。在已开办 VIP 主动客服和代收货款主动客服的基础上，将服务对象扩展到重点客户、重点项目。针对学生档案寄递工作，及早布置，明确流程，全省 305 件学生档案全部按时妥投。在 10 月份开展的 26 条优势线路专线营销活动中，对优势线路全面提供主动服务，合计跟单 52 万余件，为经营工作提供有力支撑。

3. 夯实企业管理基础。

完善财务管控体系。报账系统、ERP 系统、资金归集系统、清分结算系统、税控管理系统等分别在总部的统一部署下上线，财务信息化水平得到明显提升，财务管理基础夯实。以效益为中心，实行“以收定支，条块管理”的管控模式，强化预算定额管理，推进揽投部损益核算，初步建立企业盈利模型，使成本管控工作取得初步成效。加强往来账款清理，组织开展超期欠费清收，推进运营资金筹划，使资金遗留问题得到一定解决，企业资金运行状况得到一定改善。针对财务收支真实性、招待费、“小金库”等五个项目开展专项检查，对发现的问题进行了全面的整改与复查，规范管控方式，降低财务风险。集中采购力度加大，修订招标采购管理办法，完善招标采购流程，国际分拣场地工程、全省房屋装修改造项目、固定班期邮路项目等 10 余个重点项目全部实行招标采购，有效降低采购成本。

加强人力资源管理。调整用工结构，规范用工管理，推进外包、清理、转招、留用“四个一部分”，有计划、有重点的推进业务外包、劳务承揽工作。择优转招 265 人，劳务工占总从业人员的比例为 34.91%。推进业务外包，在非核心揽投段道，以及邮件处理中心的运输、装卸等非核心环节实施劳务性外包，解决业务发展增员需求。以业绩表现为主要考评依据，动态调整营销人员，提升营销队伍能力。全省营销岗位人员转揽投岗位 20 人、转内部处理岗位 11 人、转派驻等其他操作岗位 42 人。继续完善薪酬绩效考核体系，将收入、利润、网运指标分解到每位领导者，不断发挥绩效考核的正向激励作用。按照总部要求组织开展薪酬调整优化工作，重点提高一线员工的薪酬标准，全省薪酬优化增资额合计达到 348 万元。

不断提高企业基础管理水平。组织开展管理标准化工作，对标集团公司和总部下达的各项制度和工作要求，全面审视公司各项管理工作，梳理管理制度和规范，查缺补漏，全年共梳理管理制度 47 个，制定并下发《会议记录管理办法》等 17 个制度，完善《差旅费管理办法》等 5 个制度。同时，将制度汇总为制度汇编，下发给各单位，规范各级单位的管理行为。按照股份公司要求，开展“子改分”工作，完成公司设立、税务登记、账户变更等工作，剩余工作正在加紧推进中。健全客户资费管理体系，围绕加强资费管理、强化资费稽核和加大查处力度三个方面，加强资费管控工作。在审计工作方面，分别开展财务收支审计、工程审计及用户欠费专项审计工作，审计金额合计达到 4578 万元，对审计中发现的问题进行及时整改。

4. 提升企业综合能力。

开展队伍作风建设。对第二批党的群众路线教育实践活动整改落实情况进行“回头看”，全省第二批教育实践活动共制定“两方案一计划”265 项，完成率达 100%。开展“三严三实”专题教育，组织开展三次党委理论中心组扩大学习研讨，召开专题民主生活会和组织生活会。纪检监察工作通过建立健全制度，加强“两个责任”落实检查，贯彻落实《廉洁自律准则》和《纪律处分条例》，有效推进党风廉政建设工作的深入开展。黑龙江省分公司配合集团公司巡视工作，对巡视组反馈意见中所指出的问题进行逐条梳理，并进行整改，通过自查整改，完善各类规章制度，规范经营管理行为。

提升队伍素质及能力。2015 年，营销体系建设深化，按照总部要求，建立省市两级专业化营销组织体系，营销机构实现由“一个平台三个团队”向“五个中心”的精细化、实体化转型。五大中心成立后，营销团队通过精细化管理及重点市场开发，团队收入呈现逐步上升趋势，全年累计开发客户 429 户，实现收入 1038.5 万元。教育培训工作更加多样化、专业化，在全省层面开展质量监控、业务资费、法律安全等各类培训班8期，累计培训2000人次；参加总部组织的优秀内训师培训、人力网院培训、营销技能大赛等各类培训9期30人次，丰富知识，开拓视野，提升能力。组织开展职业技能鉴定考核工作，全省累计356人参加考试，通过考试282人，通过率达79.2%。（速递物流黑龙江省分公司）

【中邮保险黑龙江省分公司】

中邮人寿保险股份有限公司黑龙江分公司于2012年2月23日开业，是中邮保险在全国成立第12家省级分公司。

1. 扩大业务规模。

2015年实现保费收入11.45亿元，规模全国排名第八位。规模在省内同业排名第10位。其中，期交新单保费9579万元，比上年增长61.8%。团个险保费263万元，完成计划114.2%；续期保费1.05亿元，荣获总公司2015年度续期业务竞赛活动贡献奖。

拓展渠道。4月，在全省代理金融专业会议上，提出全年期交业务发展目标，并开展“金羊迎春”首季营销、“赛中赛”等竞赛活动，推动全年业务稳健发展。

加强教育培训。通过“视频＋面授”的方式，针对新上线产品、期交产品升级等内容，开展“地毯式”和“一站式”培训，聘请专业培训机构开展转型网点理财经理和“蒲公英讲师”培训，重点针对地市局兼职讲师开展培训，提高地市兼职讲师的授课和指导能力。全年组织培训117期，累计123场，10000余人次。

加强专业联动。通过与省分公司集邮业务局接洽，以保险激活卡的形式，累计制作1万张，实现保费收入5万元；禄禄通9号综合交通意外险继续搭载电子商务平台，销售49.54万元；落实中国邮政集团公司“两项保险制度”工作要求，为省速递物流公司2000人承保；与省分公司达成1.6万名邮政职工投保合作意向；与邮储银行省分行确定，为1万名邮储职工承保。共实现团险保费收入263万元。

2. 提升运营质量。

加强重点管控。针对总公司及省级监管部门监管的重点指标，建立月通报制度，重点指标由具体人员负责，时刻关注，对存在问题的地市、县及网点实行“步步监控、时时预警”，按月度对各地市十项重点指标完成情况进行打分、排名和通报，各项重点指标保持在管控范围内。契约抽检合格率92.66%，回访率85.51%，保全两日结案率95.17%，续期综合达成率95.56%，隔月签单扫描率100%，投诉客户满意度100%，理赔5日结案率100%，亿元保费投诉量0.7件，标准退保率控制在7%以内。亿元保费投诉量管控较好，续期综合达成率同期增幅1.5%，重点指标合理可控。

加强基础管理。修订完善涉及新契约、客户信息真实性、续期催缴和理赔考核等基础管理制度。通过增加催缴频次、分类催收等方式优化续期催收流程。与11185呼叫中心合作开展二次回访，提高电话回访率。针对年年好新A款产品集中退保，加强演练和沟通，提高投诉处理的服务支撑能力。全年共受理各类咨询300余件，受理内外部有效投诉8件，均妥善处理。清理失效保单425份。

开展客服活动。全年开展4次大型客户服务活动，共惠及用户数千人，提升客户满意度和忠诚度。

提升业务技能。参加中邮保险公司组织的业务技能大赛。并以此为契机组织全省专兼职人员进行为期一周的，涵盖基础知识、业务实操、风险合规等方面的系统培训，提高全省专兼职人员的业务处理能力。

3. 规范管控能力。

提升“风险自查＋监管检查”合规风控水平。开展风险排查、专项自查累计达8次，并接受省保监局30天现场检查，频次和强度为历年最高，通过系列检查，修订制度、规范流程，提升规范管理水平。

提升邮政受托机构合规水平。全年对7个地市、28个县（市）中邮保险局、67个营业网点进行现场检查，覆盖率分别达到53.8%、40%、5.06%，发现内控缺陷73件，下发检查整改通知书24份，内控缺陷已有效整改。

加强法务水平。全面修订合同管理和关联交易实施细则，规范业务流程，借助律所专业法审，有效提升企业法务专业性。全年无合同纠纷、法律诉讼。

4. 夯实管理基础。

推进内控制度建设工作，跟踪推进各部门各岗位制度的遵照执行、无效废止、修订完善等情况，全年共建立内控制度175项，其中年内新修订完善制度31项。

开展培训。聘请高校老师、重点岗位人员开展内部员工专项培训，组织各类职业资格考试。全年内部培训31场，1320人次，人均培训时长96小时，提高管理干部的基本素质和履职能力。

建设人才队伍。通过全省视频、集中面授和下基层培训等方式，对全省所有地市县局的专兼职人员、支局所长、理财经理和网点业务骨干进行培训，有效提升基层业务管理、营销推动等的执业能力。

5. 推进综合管理。

加强人力资源管理。制定薪酬管理办法、员工津补贴管理、四项货币化补贴等制度办法。加强工资台账、职工个人所得税缴纳台账、职工保险缴纳台账的建立和管理；加强薪酬福利信息维护和校对，完成个税管理系统升级及信息更新录入等工作；完成医疗保险、生育保险、失业保险开立账户、人员转移。通过同业和校园招聘，增补员工9人。

加强财务管理。加强财务基础管理制度的修订完善和贯彻执行；推进预算编制与执行、业财对账、资金和资产管理工作；对开业以来的经济业务重新梳理，特别是三重一大、物料物品采购分发使用等问题，立查立改，从管理制度、落实责任、理顺流程等方面规范；加强企业所得税和个人所得税风险管控，从源头上控制涉税风险；清查资产，优化配置，实现固定资产的账、卡、物相符；提出提高单件产品的效益水平，进而提高总体效益、奖励大额保单等建议，新年年好 A 款保险产品件均保费收入比上年增长 9.36%，出单量减少 1640 件，降低委托管理费和出单费 6.3 万元。

加强信息系统安全管理。接听处理省内服务支持 133 次。核心业务系统密码重置 18 次。定期对网络线路、监控、防火墙等配置和参数数据进行备份，日常信息安全管理常态化。（中邮保险黑龙江省分公司）

上海市

【上海市分公司】

全年累计完成业务收入 50.23 亿元，比上年增长 7.5%，完成集团公司下达的利润目标的 100.21%。代理金融业务累计创收 14.45 亿元（不含短信、代收费），比上年增长 7.9%，占总收入比重 28.8%。一体化物流业务累计创收 13.7 亿元，比上年增长 30.2%，占总收入比重 27.3%。“两翼”收入占比合计达 56.1%，实现年初确定的“两翼”占比提升 5% 的目标。邮务类业务累计实现收入 22.08 亿元，其中函件业务收入 9.8 亿元，报刊发行业务收入 4.9 亿元，集邮业务收入 4.2 亿元，分销业务收入 2205 万元，机要业务收入 2231 万元。

上海市分公司结合区域特点，构建起以市场为导向、以客户为中心的经营组织架构，有效整合资源，大幅降低管理成本，激发经营新动能，突出表现为“四创新两腾飞”。产品创新：完成“快寄”业务二次创新，开发出的四大类、26 个品种的迪士尼系列产品亮相 2015 中国国际集藏文化展览会，获“特别活动奖”。渠道创新：对接新媒体，开通上海邮政官方微信、微博，中国集邮上海网厅、上海集邮微信微商城、上海邮政掌上营业厅等线上服务平台；东方书报亭首个转型亭点亮相静安繁华闹市街头，向着便民亭、服务亭、信息亭的目标迈出坚实一步；以“海淘屋”为代表的邮政 O2O 平台，打造“居民身边的自贸区”，项目还受到资本市场广泛关注。模式创新：国内首家国资背景、混合所有制的上海邮币卡交易中心运行一周年吸纳会员破 10 万大关。投递员工联合承包、与社会企业联建公司等都取得新进展。合作创新：与东方 CJ、上海仪电、东方网、东方票务等多家本土知名企业签订战略合作协议、开拓新业务，做大国字号品牌。代理金融发展：面对利率市场化加剧存款市场争夺、资本市场活跃加速货币资金争抢的情况，狠抓中间业务，提升经营效益，2015 年实收保费 94.88 亿元，形成业务收入 2.95 亿元，比上年增幅达 62.17%，在上海银保代理渠道排名第二。一体化物流发展：按照李克强总理勉励邮政要做全国第一的要求，做大做强邮政跨境物流供应商品牌。加快“仓配递”建设，三级建仓初具形态，全市仓储面积超过 2.5 万平方米，SKU 数量约 2 万个。加快与总部落户上海的大型跨境电商平台、支付平台 Wish、Paypal 在跨境物流领域开展合作。平台客户业务量占比从 2014 年的 10% 迅速增至 90%，客户粘性不断增强。其中“Wish 邮”短短半年业务量从日均万余件迅速上升至日均 40 万 ~50 万件左右，形成业务收入近 2.2 亿元，成为国际小包业务发展的新增长点。“双 11”期间，全市邮政快递包裹单日收寄峰值达 30 万件，国际小包单日峰值突破 68 万件，单日最大进口投递量超过 7.3 万件，比上年增加 82.15%。

上海邮政投递服务面积约 6340.5 平方公里，投递服务人口约 2415.15 万人（常住人口），共有投递道段 4432 条。年投递邮件量约为 16.42 亿件，其中国内、国际平常函件 8.54 亿件，国内、国际各类函件及包裹 2069.34 万件，快递包裹 865.9 万件，约投挂号 547.42 万件，报刊 7.42 亿份，杂志 2222.6 万份，同城小包 263.69 万件。发挥网点优势，建设便民服务平台。全市办理交通卡业务的网点拓展到 508 个，交通卡售卡、充值、退卡、坏卡维修和空中充值业务基本覆盖全市网点。

成立质量监督检查中心，在全市设立四个监督检查分站，将视察检查职能集中上收，实行垂直管理。视察检查人员与被检查单位之间不存在从属关系，实现“立法”与“执法”、运行与检查、执行与监督“三分离”，并对视察检查人员实施严格的管理考核，凡因督查不力导致被检查单位发生重大服务质量事故和违规经营问题，或对重大违规违纪问题不抵制、不纠正、隐瞒不报、串通舞弊等情况，将对相关视察检查人员实行责任追究。全年上海邮政通信服务质量始终保持受控有序，用户综合满意度得分为 88.85 分，收到用户各类表扬信 594 件。

全年有 11 个商务投递部按计划完成组建工作，并投入正式运行，有专职商务投递人员 290 人。根据上海邮政城乡投递现状，普遍服务投递以支局投递为主，由投递员工联合承包的试点工作率先在青浦赵巷、朱家角支局两个点展开，并逐步向黄浦、宝山等单位铺开。改造上海浦东邮件处理中心工艺流程，提升邮件处理能力；完成基础设施年度更新、配置计划，助力金融业务发展；全方位推进仓配运 / 仓配递一体化配套信息及基础设施建设，为上海邮政一体化物流业务服务创新提供保障。加快智能包裹柜布点进度，解决“最后一公里”投递问题。

启动以“创新员工管理，加强基层建设”“创新大都市投递模式”“设计员工职业生涯发展通道”“整合邮政资源，推动邮政业务创新转型发展”为研究方向的 4 个调研课题，为助推企业可持续发展提供理论依据和实践支撑。各课题组以问卷调查、座谈会等形式收集员工的意见建议，开展广泛深入客观的调研。上海邮政党委严格按照上级党组织的要求扎实开展“三严三实”专题教育，并以此全面推进从严治党，推动领导干部这个“关键少数”提振精气神、锤炼好作风、展现新作为，以勇于创新、敢于担当的精神，直面并解决发展中的矛盾和问题，切实肩负起促进改革发展稳定的责任。

上海市分公司蝉联四届“上海市文明行业”“服务文明进社区”同创共建项目获评上海市 100 个“群众喜爱的培育和践行社会主义核心价值观项目”。上海市分公司本部和黄浦区分公司被评为全国文明单位。26 家单位被评为上海市文明单位。叶其懂当选全国劳动模范，另有 8 名个人和 3 个集体分获上海市劳动模范和上海市模范集体称号。1 名个人被评为南京军区第二届“国防先锋”先进个人。（上海市分公司）

6 月 28 日，上海邮政合唱团参加 2015 年上海市民文化节市民合唱大赛决赛，获得成人组第二名。（上海市分公司 / 提供　陆彬供 / 摄）

【邮储银行上海市分行】

全年上海分行资产规模达 1664 亿元。各项存款余额 1500.76 亿元，较年初增加 32 亿元。各项贷款余额 518.32 亿元，比年初增加 133.57 亿元。2015 年，上海邮政金融实现收入 38.13 亿元，比上年增长 11.08%。其中，分行自营业务收入 23.65 亿元，比上年增长 13.18%，完成总行下达预算目标的 101.27%。完成总行下达考核利润预算目标的 101.74%。成本收入比 64.58%，较上一年度下降 3.05%。不良贷款率 1.19%，较年初下降 0.2%。总拨备覆盖率 220.44%，符合监管要求。继续保持“零案件”态势。

1. 个人银行业务。

个人存贷款业务。全市自营网点人民币储蓄业务规模 379.52 亿元，年净增 4.34 亿元，其中，自营存款规模占比 31.84%，比上年上升 1.22%；10 万元（含）以上的中、高端客户规模达 19 万户，系统内排名全国第二。个人人民币理财余额 50.05 亿元，比上年增长 34.84%。消费类贷款规模 148.24 亿元，比上年增长 28.8%，规模在全国九家城市分行排名第二。房屋按揭类贷款余额 124.23 亿元，比上年增长 27.45%。创新开发 MBA 助学贷、移民贷等消费信贷产品，其中助学贷放款量跃全国排名首位。

三农金融业务。参与由农委、团市委、市教委联合主办新型职业农民演讲大赛，并获得冠名权，介入职业农民、合作社的培训教程，为新型职业农民提供金融支持，扩大邮储银行的社会影响力。推动三农新产品的不断创新，先后推出家庭农场贷款、土地承包经营权贷款、农机购置补贴贷款等创新产品。

银行卡业务。信用卡业务全年新增发卡 10043 张，新增激活卡 11100 张，比上年增长 65% 和 138%。新增 POS 收单商户数 2150 家，交易规模达 227 亿元。

代销基金、保险业务。2015 年代理基金业务累计代销 17.12 亿元，比上年增长 100.94%。在总行的基金竞赛活动中，上海市分行获得全国自营组最佳销售奖第四名，目标达成率获得全国自营组最佳完成奖第一名。代理保险业务累计代收保费 9.73 亿元，比上年增长 65.2%，形成手续费收入近 2805.83 万元，比上年增长 75.86%。

2. 公司银行业务。

公司存贷款业务。对公存款时点余额 308.14 亿元，排名全国第 13 位，较年初上升 2 位，年净增 77.99 亿元，排名全国第 5 位；公司贷款余额 119.1 亿元，年净增 72.97 亿元，全年累计放款 99.49 亿元。

小微企业金融业务。小企业授信业务余额 23.73 亿元，结存客户 2037 户。创新小微金融服务，针对邮乐网平台重点商户推出“商乐贷”产品，荣获上海银监局和上海市银行同业公会举办的“科创小微，金融 e 行”金融服务项目评比优秀项目奖。

国际结算与贸易融资业务。探索新的业务模式和收入增长点，全年实现业务收入 1.66 亿元，比上年增长 27.7%。国际贸易融资余额 8.35 亿美元、福费廷业务余额 83.33 亿元，均排名全国第二。

3. 资金业务。

金融市场业务。实现业务收入 6.24 亿元，比上年增长 35.19%，系统内综合排名全国第二。其中票据买断类业务交易量 658 亿元，买入返售类业务交易量 322 亿元，合计达 980 亿元，全国排名第二。金融市场业务收入结构更加均衡，抗周期能力提升。

托管业务。托管运营总规模 2784 亿元。分行营销规模 1247.86 亿元，纯托管规模 897.03 亿元，上述两项指标均排名全国第一。营销全行首支股东增持类托管项目和行业首单两融资产支持证券托管项目。

4. 渠道拓展。

分支行建设。挂牌成立上海自由贸易试验区分行，业务发展前行，初步建立以 26 家央企和地方国企为基础的核心客户群，圆满完成“当年挂牌、当年投放、当年见效”的筹建目标。浦东新区分行在 2014 年合并组建的基础上，加快资源整合步伐，优化内部组织架构，制定统一的经营发展策略和激励考核办法，集中管理和运营优势得到有效释放。2015 年，分行加大网点建设改造力度，新增营业网点 10 个，实施四次机构调整和数据移植，涉及 8 家一级支行、201 个邮政储蓄网点和汇兑单点。

电子银行。新增手机银行客户 34.29 万户，结存客户 144.49 万户，新增客户数全国排名提升 7 位，新增激活率提升 8 位。新增支付商户 8 家，结存商户 62 家，继续保持全国第一。商户交易规模 252.96 亿元，比上年增长 53.39%。单台自助设备手续费收入全国排名前五位。

5. 信息科技。

完成总行内容管理平台二期、网点授权集中等项目上线，自主开发国库集中电子化、公积金业务、网络流量透视分析等系统平台，科技能力提升。加强专项课题研究，部分成果在全国范围推广。推进分行新大楼信息化系统建设，实现了对两家二级分行的延伸覆盖，各类信息系统运行稳定。（邮储银行上海市分行）

【速递物流上海市分公司】

速递物流上海市分公司下设国际速递分公司、电商物流分公司、邮件处理中心、政务营销中心、商务金融营销中心 5 个直属专业单位；浦东新区、浦东保税区、黄浦徐汇、静安普陀、虹口杨浦、长宁虹桥、闵行、宝山崇明 8 个区域公司；嘉定、松江、金山、奉贤、青浦 5 个直属营业部及 69 个基层营业部。在册员工 6258 人。全年完成经营收入 19.95 亿元，其中自营业务收入 19.57 亿元。

1. 推动业务发展。

开展“两标会战”。为推动国内标准和国际标准业务发展，8 月 ~12 月，开展“两标业务”会战。通过排摸全市商务写字楼进驻情况，提升楼宇进驻率，促进标快业务发展；通过深度开发金融类、政务类客户，依托项目二次开发，提升市场占有率。会战期间，各营业部“两标业务”收入增幅均逐月攀升，外滩、人民公园、翔殷路、临港新城、青村、华漕等 6 家营业部受到表彰。

保障“双 11”旺季生产。“双 11”期间，速递物流上海市分公司在国际、国内双线同时面临生产高峰的压力下，采取多重措施应对。上线徐德路进口邮件分拣机，启用 7000 平方米的临时处理储备场地，增设 39 条临时汽车邮路，有效缓解邮件处理中心及营业部场地压力；提前安排外包人员，并与第三方代收货平台“收货宝”、全日送公司开展合作，形成有效投递能力补充；明确居民区、商务区、校园区及综合区四种投递模式，投递效率明显提升；提高结算单价，全面落实激励政策及支撑配套工作；根据进出口邮件量特点，明确序时阶段目标，11 月 11 日 ~13 日主要围绕邮件出口，12 日后重点转为保障进口投递。11 日 ~20 日，全市累计投递邮件 279.02 万件，比上年增长 28.05%，整体生产运行顺畅有序。

开办“同城当日递”业务。针对上海商务楼集群和金融服务业聚集的城市特点，速递物流上海市分公司优化现有同城网络和操作模式，招聘 100 名学历在大专以上的揽投人员，于 12 月 30 日召开新闻发布会，正式推出“同城当日递”业务，提供上海市中环内当天寄件当天送达的“门到门、桌到桌”快递服务，引起社会各界广泛关注。

组建五大营销中心。12 月，速递物流上海市分公司组建政务、商企、渠道、国际、电商五大营销中心。其中政务营销中心与同城快速网合署，渠道运营中心与市场部合署，电商营销中心与整合纳入商务配送项目部的电商物流分公司合署，均实行“两块牌子、一套人马”的管理模式；国际营销中心与国际速递分公司（国际互换局）合署，实行“三块牌子、一套人马”的管理模式；商企营销中心整合纳入 3C、金融服务、文件票务项目部，成立商务金融营销中心。除渠道运营中心外，其他营销中心均作为速递物流上海市分公司直属单位设置，进行市场化、专业化、实体化运作。

上线“关邮沪通”系统。为更好地服务社会、服务民生、服务地方经济，满足“海淘一族”的需求，提高申报邮件的处理能力，速递物流上海市分公司与上海海关邮办处开展深度合作，开发“关邮沪通”系统。该系统除有网上申报、网上缴费、委托退运、海关审批、委托投递等功能外，还能根据报关、催领、缴税、报关失败的情况自动向用户发送短消息。用户只需登录网站完成注册手续，足不出户即可领取申报邮件，有效缓解市民个人邮件申报“最后一公里”问题。

2. 提升处理能力。

启用邮件处理中心浦东分中心。1 月，邮件处理中心浦东分中心启用，主要负责浦东所管辖区域国内进出口特快邮件分拣封发、部分国内国际总包邮件转运及干线运输与市内驳运工作。用于工作日处理北京、广州邮航一频次进口邮件和11点前到达的浦东机场民航进口邮件，开设13：00和16：00两个处理和下发频次，日处理能力达3万件，有效提升浦东落地民航和邮航邮件的进口时限，提升运行质量。

启用徐德路国内进口邮件处理场地。6月，徐德路国内进口邮件处理场地启用，场地面积由原来的2700平方米增至7600平方米，为原联明路处理场地的2.8倍，充分提升邮件处理中心的进口处理能力。11月上旬，进口分拣处理设备上线，"双11"期间徐德路场地峰值日处理量超过22万件。同时，调整联明路处理功能作为进出口国际函件处理场地，有效缓解国际速递分公司场地压力。

建成新商业快件平台。针对商业快件业务量的快速增长，速递物流上海市分公司对原商业快件处理场地进行迁址扩容，12月24日通过海关验收。新场地占地8800平方米，其中海关监管区域面积4500平方米，快件清关处理和暂存场地面积2000平方米，装卸场地面积2300平方米，是全国最大的邮政快件操作场地。清关流水线由原有的2条增至7条，并配有矩阵式分拣流水线；日处理能力由原先日均1万件提升至5万件，经实际测试，每小时清关上线量为4000件，日峰值达到2.5万件。平台建设期间，受到政府部门高度重视，该建设项目被上海市商务委员会列为"上海市物流标准化试点项目"。（速递物流上海市分公司）

【中邮保险上海市分公司】

10月9日，中邮人寿保险股份有限公司上海分公司正式挂牌成立，是中邮保险在全国成立的第18家省级分公司。分公司内设综合部、市场部、营运管理部、计划财务部、合规与风险管理部、信息技术部和党群工作部等7个部门。16区（县）邮政分公司设立中邮保险局并开办中邮保险业务，首批入网网点140个。在册员工39人，本科35人、大专4人，其中具有双学士3人、硕士学位3人，专业技术职称初级22人、中级6人、高级4人。实现保费收入8606万元。

1. 推进作风转变。

开业后即成立三个党小组，深入学习十八大、十八届四中和五中全会精神、习近平总书记"三严三实"重要论述，以及新修订的《中国共产党廉洁自律准则》和《中国共产党纪律处分条例》。深入开展"三严三实"专题教育活动，紧密联系实际深学细比，学习提高，引导党员干部加快作风转变，切实把理论教育成果体现在推动企业发展上。

2. 完善管控制度。

搭建高效的组织架构和专业团队。遵循"精简、高效、规范"的原则，设立综合部、市场部、营运管理部、计划财务部、合规与风险管理部、信息技术部和党群工作部7个部门，各部门职能清晰，岗位职责明确。通过邮政系统内部和社会渠道招聘39名员工，平均年龄35岁，整支队伍政治素质好、文化素养高、学习能力强。

建立健全各项规章制度。筹建期间制定152项管理和业务制度，内容涵盖综合管理、市场营销管理、营运管理、合规与风险管理、信息技术管理和财务管理等，做到各项工作有章可循。开业后，修订完善公文管理、会议管理、公务车辆管理、教育培训管理、采购管理等基础管理办法，为规范管理、有序发展打下坚实的基础。

加强风险管控体系。财务管理体系规范有序。确立收支两条线的资金管理方式，实现业务收付费全国集中、成本费用管控集中、大额支出审批集中、固定资产投资集中、财务数据全国集中的大集中管控模式，有效降低财务风险。

信息系统功能齐全符合监管要求。完成计算机及相关设备的增购、网络建设、系统安装等工作，实现业财系统无缝连接，确保数据的一致性，符合监管要求，为业务经营管理提供良好的技术支撑。

合规与风险管理体系健全。按照"业务发展，内控先行"的原则，建立健全内部控制体系，成立以总经理为主任，各部门负责人为成员的风险管理委员会，防范经营风险。通过强化培训与自学相结合的方式，组织全员学习相关监管政策和公司各项规章制度，确保合规经营理念落实到各经营和管理环节中，为健康发展奠定基础。

3. 推进机构建设。

与各区（县）分公司沟通协调，完成中邮保险局的组建，确定140个中邮保险首批入网机构（其中：邮政120个、邮储银行20个），实现上海邮保通系统与核心业务系统对接，实现网点出单。

通过集中培训和送教上门相结合、线上和线下培训相结合，先后对中邮保险局相关员工、网点主任和理财经理开展培训，内容涵盖人寿保险的基本知识、期交产品的营销技巧、合规与风险管控要求、中邮保险重点产品及操作流程介绍等，确保中邮保险产品在各网点销售。编写并印制中邮保险局契约岗、保全岗、理赔岗操作手册，便于业务操作岗位人员查询相关业务要点和资料。（中邮保险上海市分公司）

江苏省

【江苏省分公司】

全年累计实现收入（含报刊零售折扣）111.45亿元，比上年增长15.74%。实现有效收入85.87亿元，有效收入占比达77.8%，实现利润3.12亿元，各市分公司均超额完成利润预算。劳动生产率26.8万元/人，比上年增长14.5%。

代理金融业务收入68.2亿元，比上年增长20.35%；累计新增资金总量904亿元，全国排名第一；储蓄年平均余额累计净增246.69亿元；累计销售新单保费554亿元，比上年增长47%；理财类业务新增量71.5亿元，新发有效绿卡451万张，新增电子银行有效客户288万户，其中新增手机银行有效客户137万户。

邮务类业务收入39.5亿元，比上年增长10.24%。包裹快递业务累计实现收入14.36亿元，比上年增长26%；其中国际小包实现收入7.4亿元，比上年增长28.2%；快递包裹实现收入4.9亿元，比上年增长65.9%，规模全国排名第一。函件业务（不含媒体）累计实现收入7.97亿元，其中数据库商函业务3.75亿元，邮资封片业务1.8亿元，均全国排名第一。报刊发行业务（不含报刊零售折扣）累计实现收入6.95亿元，规模全国排名第一。期刊业务流转额比上年增长4.52%，占比比上年增长1.3%。集邮业务累计实现收入4.7亿元，比上年增长18.9%。增值业务累计实现收入4.1亿元，比上年增长16.9%，其中短信收入2.76亿元，车务代办收入1亿元。分销业务累计实现收入1.4亿元，比上年增长2.78%，其中酒类项目8765万元，农产品、农资项目2915万元。

9月25日~28日，江苏邮政参加第二届中国国际集藏文化博览会，并荣获本届博览会最高奖——“最佳展商金奖”。（江苏省分公司/提供）

1.发展活力。

推进包裹快递业务改革，出台省内改革具体方案。作为分网省，对网运和投递作业组织优化调整，统筹跟进客户服务、财务结算。各级邮政企业和速递物流公司资源整合，组建联合营销团队。按照集团公司统一部署，子改分各项工作完成，集团公司江苏省分公司成立。

实行“基数+新增收入上缴利润”目标核定办法，分公司留存比例全部调整到位并固化。修订绩效考核办法，突出对两包等重点业务考核。调整有效收入考核，修订评价指标，市县分公司提升金融、寄递业务市场占有率。优化专业KPI考评指标体系，强化省直专业局本专业有效收入考核，违规经营考核力度加大。领导人员薪酬管理制度完善，严控领导人员绩效薪酬增长；完成集团公司薪酬分配调整优化的省内实施。

2.管理效能。

开展三级副以上干部的360度考核。做好“一报告两评议”工作，严格规范选人用人过程管理。举办全省市、县分公司总经理、中青年干部培训班和两期新任支局长培训班，开展优秀青年员工巡讲活动；出台实施意见，推进全省中青年人才双向交流工作的常态化和规范化。规范推进劳务承揽和外包，推进用工结构优化，劳务工占比降至28.6%。举办全省邮政业务（营销员）技能竞赛，并在全国赛中获得邮务类团体第三名等17个奖项。

筹备成立省会计核算中心。依托ERP系统的上线，规范财务流程管理，提升财务创新能力。针对网点改造、新增业务收入等方面细化成本利润预算，加大对能力投入方面的机动成本补贴。全省邮政净现金流比上年翻了一番多。加强对县分公司、重点支局的欠费管理，实施全流程管控，规范资金上缴流程，控制库存欠费规模。

审计监督评价，围绕企业发展和改革中心工作，开展各类审计项目1252个，全省经审计共查出违规金额2.92亿元，审减不合理工程造价7518万元，提出审计意见或建议204条。推进员工持股企业的清理工作。通过专项检查和员工培训，全省邮政企业金融A类问题下降44%，各类问题整改率达97%，邮件收寄质量得到较大提升。开展全面提升服务质量专项检查和“回头看”活动，集团公司验收评分95.5分，全国排名前列。严格执行各项安全制度，开展安全检查，全省第四次金融机构安全评估98.1分，全省邮政安全形势总体平稳。（江苏省分公司）

【邮储银行江苏省分行】

全年全行总资产达5214.1亿元，比上年增长9.56%。各项存款余额4995.92亿元，比上年增长8.4%。各项贷款余额1913.64亿元，比上年增长51.98%。不良贷款率0.62%，拨备覆盖率274.68%。全行实现营业收入80.83亿元，比上年增长18.39%；实现净利润26.05亿元，增长15.04%。

1. 个人银行业务。

全行个人客户达1458.14万户，其中个人VIP客户41.57万户。

个人存贷款业务。个人存款余额4362.56亿元，较年初增加312.55亿元，增长7.72%。其中，个人活期存款增长10.63%，个人定期存款增长6.71%。个人贷款余额1077.76亿元，较年初增加314.85亿元，增长41.27%。重点依托"银政、银保、银企、银担、银协"五大平台，小额贷款余额64.21亿元，净增3.3亿元。个人消费贷款余额822亿，净增281.31亿元。"快捷贷"推广，个人商务贷款结余199.35亿元，全国排名第4位。个人经营性贷款结存市场占比5.6%，个人消费贷款结存市场占比5.4%，净增市场占比8.6%。

三农金融业务。涉农贷款余额650亿元，较年初增加174亿元，增速36.55%，实现三农金融业务利息净收入5.33亿元。全省设立37家现代农业示范区特色支行，将家庭农场、专业大户、农民合作社、农业产业化龙头企业等新型农业经营主体作为重点支持对象，将发展高效生态农业产业基地作为重点支持方向。示范区特色支行新型农业经营主体贷款结余9.25亿元，比年初新增9.09亿元。推进产品创新工作，探索和推广法人担保、财政代偿基金、担保公司担保、"三权"抵押、组合担保、网批质押、财政补贴质押等要素创新产品，健全产品体系，使贷款要素基本能够满足高、中、低不同层次客户的信贷需求；与省农委和省财政厅共同推出的"富农贷"结余2.79亿元，其中16年新增放款1.51亿元；针对大型农贸市场创新的商铺经营权质押贷款已累计放款2.67亿元，土地承包经营权抵（质）押贷款已放款8000余万元，结余近5600万元。

银行卡业务。全行借记卡结存发卡量5073万张，全年消费金额1057.94亿元，比上年增长15.25%。其中，绿卡通IC借记卡结存发卡量1174.27万张。信用卡全年新增发卡18.68万张，全国排名第三位，结存卡激活率较上年提高5.56%。分期交易金额4.4亿元，全年消费金额111.68亿元，比上年增长66.88%。

养老金业务。全行代收代付养老金5255.35万笔，其中代收养老金627.37万笔，代发养老金4627.98万笔，代收"新农保"交易笔数135.32万笔，交易金额5.78亿元。

代销基金、国债业务。加强与优秀基金公司合作，代销基金的产品总额6.34亿元。代销凭证式国债4期，实际销售4.33亿元，代销储蓄国债（电子式）10期，实际销售9.76亿元。

代理保险业务。准入寿险、财险、健康险、意外险等产品85款，其中保障型保险产品38款，占比达45%；全年实现代理保险保费595亿元。

2. 公司银行业务。

公司存贷款业务。公司存款总额633.37亿元，全国排名第四位，较年初增长74.69亿元，增幅达13.37%。年日均公司存款净增98.9亿元，全国排名第四位。公司贷款余额593.75亿元，较年初增长111.12亿元；全年发放公司贷款185亿元，全国排名第三位。

小微企业金融业务。秉承"稳健发展，有质量可持续发展"思路，业务拓展模式转型升级。全行小企业法人贷款结余123.9亿元，较年初净增4.3亿元，法人客户2563户，户均483.4万元。

国际结算与贸易融资业务。加强"大公司"条线联动营销，推动贸易融资业务持续创新高。全年累计国际结算量3644笔，金额8.21亿美元；国际贸易融资业务发生额1.66亿美元，余额1亿美元。

票据业务。全省票据贴现业务继续保持平稳发展态势，票据贴现余额161亿元，较年初增加149.06亿元。票据转贴现买断余额80.82亿元，较年初增加80.7亿元；买入返售余额33.74亿元。

3. 资金业务。

投资业务。全行债券及同业存单投资的利息收入3817.87万元。投资（包括委托其他金融机构投资）的商业银行理财产品、信托投资计划、资产管理计划及证券投资基金的余额总计947.22亿元。

同业融资业务。存放同业及其他金融机构款项和拆放同业及其他金融机构款项合计余额136亿元，同业及其他金融机构存放款项和同业及其他金融机构拆入款项合计余额20亿元。

理财业务。理财产品余额467.56亿元，比年初增长193.11亿元，增幅70%；机构理财产品余额99.16亿元。

贵金属业务。共推出实物贵金属产品256款，黄金自营交易量0.03吨，白银自营交易量0.09吨，代理贵金属交易金额14.58亿元，实物贵金属交易金额0.17亿元。

托管业务。全行托管资产规模615.02亿元，较上年末增长88.94%。

4. 渠道拓展。

网点建设。营业网点2530个，其中：自营网点431个，占比17.04%；代理网点2099个，占比82.96%；营业网点县域覆盖率达到100%。

电子银行。推动电子银行发展，分流柜面交易到网银、手机银行、自助设备。电子银行交易替代率达到69.87%，交易笔数4.33亿笔。个人网银注册客户879.85万户，网银激活客户数为612.99万户，网上银行总交易金额676.29

亿元；手机银行注册客户690.75万户，手机银行激活客户数为361.95万户，交易金额760.58亿元；电话银行注册客户715.09万户，交易金额654.92万元。自助设备投放力度加大，ATM总量达到4108台，交易金额2586.57亿元。

5. 信息科技。

全年共完成网点集中授权工程等16个管理类项目的建设，升级改造25项中间业务项目，19项新业务完成开发上线。实施创新项目624个，从以产品创新为主向服务、流程、管理、风险管控以及机制优化等全面创新转变，产生直接经济效益约5亿元，"优家贷""同业投资融贷通"创新项目推广至全国。（邮储银行江苏省分行）

【速递物流江苏省分公司】

中国邮政速递物流股份有限公司江苏省分公司实现业务量1.33亿件，比上年增长26.13%；实现自营业务收入27.56亿元，比上年增长11.23%。

1. 重点业务。

推动标准特快邮件业务发展。开展法院专递服务品质提升活动，实现业务收入5149.3万元，比上年增长56.6%。其中，南京、淮安、镇江市分公司业务量、收入比上年增长超过100%。对接国税系统，采取集中封装打印，实现国税涉税文书收入607万元。开办"二代身份证"寄递业务，实现收入477万元。率先开办"检察法律文书寄递业务"。开发"大地财险"等保单配送业务，全省实现保单配送业务收入1285万元，比上年增长20%。开展全省同城业务PK赛，全省同城速递业务收入比上年增长14%。礼仪业务"触网"转型，开发常州中行、徐州电信等集产品销售、产品配送为一体的创新型线上业务，推出"江苏极速鲜特色寄递业务"。

推进国际业务发展。推进直购进口业务，开发南京直购进口项目打单系统，对接盐城、泰州、昆山政府跨境电商公共服务平台。开展以色列、沙特、乌克兰、挪威等国际e邮宝新渠道营销活动，实现收入239.9万元，全国排名第2位。实现苏州关区邮件直发上海安检口交航，与禄口机场自签美国芝加哥航线，启用美国路向PO航班，实现互换局e邮宝分拣前置，提升运行时限和竞争力。政企融合开创跨境电商新局面，张家港、常熟分公司形成具有当地特色的政企商一体化业务发展模式。

电商物流差异化发展。应对包裹快递改革，以"六个不变"推进经快向快包的平稳过渡。省市协同转型仓配，全省电商仓配收入5532万元，比上年增长9.1%，累计新增项目22个，仓储面积净增9800平米，满仓率80%。坚持以信息技术引领业务发展，全省国内快递热敏面单使用率为46%，比上年提升15%。集约资源，硬仗巧打，"双11"期间实现国内速递收入8417万元，比上年增长13%。实施"一群一策"，助推产业集群市场开发，全省6大产业集群实现业务收入2.5亿元，比上年增长24.94%，新增地方性产业集群7个。物流业务聚焦规模项目拓展，全年新增200万以上级规模合同物流项目11个，业务规模达到8350万元；其中，海澜之家物流收入突破亿元，海朋项目实现"线上+线下+仓储+配送"全供应链项目转型，连云港医药项目收入达到4128万元，增长11.56%。2015年，全省物流业务实现净利润758万元，比上年增长29.13%，效益提升明显。

推进渠道营销。开展"百团大战"营销活动，全年实现收入6.43亿元，比上年增长13.01%，高于全省增幅水平。开展"县域竞赛"营销活动，全省28个县营业部比上年正增长，响水、大丰、涟水收入规模排名提升。打造电子渠道，搭建江苏EMS微信公众服务号，打造集"政务+便民+购物+积分"的一站式综合服务平台，开通电子支付功能，电渠下单量和电子支付量不断攀升。省市两级五个中心共配置人员1259人，维护三级以上大客户数1.8万家，业务收入占比92.6%。通过营销支持平台收集案例69个，开展案例巡讲活动，分公司复制方案55个。组建"江苏邮政产品研发资源库"，上线产品914款，省市联动研发7个产品项目。各类主题邮局超过60个。推出"会读"微信号和淘宝店，尝试数字发行和报刊产品在线销售；集邮专业依托"邮意思"和集邮网厅，组织线上活动和销售，微信平台形成收入375万元，网厅收入833万元；电子商务专业与省公安厅交巡警总队持续开展"警邮共建文明交通服务窗口"建设工作，实现邮政窗口车驾管类服务业务的办理；与省国税联合开展"税邮共建便民办税服务窗口"建设工作；与新华社江苏分社开展农村电商线上运营合作，上线运营"邮滋味"农品网，推出"一县一馆"地方特色农产品专区。各市分公司整合内外资源，举办电影邮品首发、电子竞技嘉年华和各种商演活动，拉动了邮政业务的销售。板块、专业间联动更加紧密，开展"二三季度""激情一夏"、开学季等联动项目，形成收入超7000万元。

2. 能力建设。

全省固定资产投资共计1.38亿元，其中基建项目1.28亿元，设备购置项目924万元。陆运网南京集散中心处理实施分频次作业，加快全省邮件的经转速度。开通淮安—哈尔滨航空邮路，标准特快邮件成本下降近50%；开通盐城—沈阳等3条一级经济航空线路，连云港、盐城地区出口邮件时限加快。全省省际汽车邮路平均单车装载量达到4.55吨（9.6m车型），比上年增长7.3%。强化揽投平台管理，出台提升终端投递服务能力指导意见，初步实现投递终端渠道多元化。南京、无锡、常州、苏州、南通同城网初具规模；徐州、盐城、常州市分公司试行电动汽车揽投作业。

工程建设。南京邮件处理中心工程一期征地48.77亩，招标代理、土建设计等前期准备工作完成。加快省内4个一般仓储及处理中心工程项目建设，推进盐城项目，苏州项目完成初步验收和工程结算，南通项目、徐州项目二期工程完成结算和审计。

信息技术支撑。实现海关监管辅助系统、国税项目系统、全省信息发布系统、异常邮件监控系统、重点项目质量管理系统、标志服管理系统、邮路运费分析系统上线运行。更新485套GPS设备，完成3594套老旧PDA更换，在全省揽投部站和处理中心推广应用蓝牙电子秤。在盐城、南京、南通、无锡、徐州等分公司推广上线WMS系统；TMS标准版一期功能在江阴海澜之家项目试运上线。

3. 服务品质。

建立省客服、市分公司区域客服、揽投部协同客服相配合的网络，实现客户分等分层服务；实行申诉省集中处理。创新运营管控手段，对视察员实行双挂双控管理。全省及时揽收率达到91.86%，高于总部规定指标；8小时及时回复率保持在98.74%以上；邮件疑似丢失率下降68.4%。邮件被盗和总部项目丢失均为零；邮件丢失率比上年下降14.33%；偷漏资费邮件比上年下降19.07%。好享购等省内重点项目运营质量明显提升。

4. 管理效能。

人力资源管理。省、市分公司领导班子选人用人述职评议覆盖率100%。三大集散中心转运岗位减少105人，三线人员减少87人。全员劳动生产率为23.74万元，全国排名第1，比上年上升12.7%。推进劳务工转劳务承揽工作，劳务工占从业人员比重为25.45%，达到总部要求。成立省职业发展培训中心，建立南京、苏州、徐州、盐城4个培训基站，全年共培训31484人次，人均参培约2.5场。

财务管理。开展系统性降本增效工作，速递单件单册耗材由0.50元/件下降为0.39元/件；非生产性三费下降561万元，集散中心单袋处理成本由1.56元/袋下降为1.07元/袋。深入开展对标管理，全省达标项从年初的6个增至15个，20项指标进步明显。修订2015年全省用户欠费管理办法，制定并下发欠费管理全环节操作模板，明确各环节的管理要求。采取“一司一策”的策略，建立分公司个性化盈利模式。修订《固定资产投资管理办法》，放开5000元以下设备投资权，将年租金超5万元的项目纳入省分公司管控范围；制定并下发全省采购管理细则，完成主要业务耗材2016年全省集中采购，热敏标签类、包装箱类单价下降20%。

网运管控。推进处理中心标准化流程，13个分公司完成上线工作，处理效率提升3倍以上。完善干线汽车邮路准班准点监控考核机制，准点率从90%提升至98%。“双11”期间，创新建立苏州区域临时集散中心，旺季分公司自行组开邮路，在邮件经转量比上年增加20%的新高下，各集散中心未出现拥堵。通过集中招标、建立油价联动机制、制定不同车型运费结算办法等措施，社会资源运费单车成本下降2.78%。全省标准特快邮件次日递率稳居全国排名首位；全环节信息采集率99.76%，经转及时率97%以上，均超过总部规定指标；汽车准点率全年指标超过总部规定指标。

综合管理。完成法人治理结构变更工作。推行安全生产清单式管理，制定《江苏邮政速递物流重大安全生产隐患项目清单》，共设消防、交通、车辆、邮件、处理中心、揽投部站等6大隐患类别，65个隐患项目。开展年度“安全生产月”活动，共评选出“安全班组”“平安邮路”“安全个人”等先进岗122个；开展车辆安全专项检查活动，共计检查车辆2902台，发现隐患943个，编制整改措施961条。

审计监督。制定领导人员经济责任审计实施办法，完成镇江市分公司领导人员离任经济责任审计、宿迁市分公司领导人员任中经济责任审计。镇江等6个市分公司开展财务收支现场审计；连云港等6个市分公司开展财务收支审计及内部控制管理层测试工作。重点加强对全省工程建设项目各个环节的审计工作，完成南通邮件互换中心工程、徐州集散中心二期工程、南京分拣中心文件类邮件分拣显示设备项目竣工结算审计。开展无锡长三角邮件集散中心项目全过程跟踪审计工作。全省工程审减金额628.06万元。（速递物流江苏省分公司）

【中邮保险江苏省分公司】

中邮人寿保险股份有限公司江苏分公司于2011年3月11日开业，是第7家省级分公司。

1. 业务结构。

保费结构。累计实现新单保费收入38.62亿元，其中，期交新单保费5.66亿元，比上年增长52.76%，长期期交新单保费8725万元，比上年增长1543.56%，占期交新单保费比重15.42%，全年实现续期保费5.06亿元，期交、长期期交及续期规模均全国排名第1位。

高效业务。推进期交“百亿工程”，加强营销活动组织，全省组织开展一季度中邮保险“三羊开泰”主题营销活动、中邮保险“树典型，立标杆，营销经验下基层”巡讲活动。开展“邮保联动、团险崛起”代理中邮团险业务主题营销活动，全年代理团险累计出单30笔。全省邮政系统员工团险服务项目实施工作，成立团险服务项目组并制订项目配套制度，项目实现团险保费1300余万元。推进直属营业部筹建，完成人员配备、职场装修和内部验收等相关准备工作。

营销手段。实施中邮保险期交产品“压岁钱”“女性客户服务月”等营销策划方案；开展“投保多多保 畅想阅读季”企业形象期刊赠阅活动，推进“人车联保”项目，促进长期期交业务快速发展。开发产品电子行销辅助工具，评选2014年度中邮保险期交业务营销案例。

2. 渠道建设。

精英营销队伍。全省开展“扬帆启航”中邮保险期交营销精兵打造活动，打造邮保共建专职营销队伍升级版，累计实现中邮长期期交保费1849万元。总公司“扬帆远航”长期期交专项营销活动中，江苏分公司实现长期期交保费5071万元，活动计划完成率211%，2人获评“营销精英”，92人获评“营销标兵”。全省选拔85名中邮保险兼职讲师，全省中邮保险督训师人数达162名。讲师王梦在中邮保险首届“星火传递”杯讲师技能大赛中获得冠军。

市、县专岗队伍管理。落实《中国邮政集团公司关于加强市县中邮保险考核工作的指导意见》（中国邮政〔2015〕69号）文件精神，印发《关于加强全省市、县中邮保险考核工作的实施意见》（江苏邮政〔2015〕100号），增加市、县中邮保险局续期客服专岗和理赔与合规检查岗，完善市、县中邮保险经营管理和专岗人员考核、激励和履职管理。执行“准入”和“退出”机制，初步实现对专岗人员持证上岗和人员变动的动态管理。采用“集中培训+专项研讨”的专岗人员培训形式，全年共组织2次全省专岗人员集中培训、7次市邮政分公司专岗人员专项培训、1次新到岗专岗人员培训及2次全省保全及契约专岗人员视频培训，共计培训90课时，参训人数530人次。推进中邮保险专岗人员课程体系和素质提升平台建设，累计开发市场经营、营运管理、合规管理等方面课件22个，完成部分课程的录制，为专岗人员培训提供配套教材。

3. 体系建设。

人力资源基础管理。开展“两个责任”落实情况自查整改、人力资源管理工作专项检查和人事档案专项审核工作，建立健全选人用人相关制度。全年共安排3名干部跨部门任职，10名员工跨部门交流。在2015年度总部人力资源系统应用考核中江苏分公司列第1位。

财务和审计管控。建立健全10项财务管理制度，现行有效的财务管理制度共计36项。贯彻落实总部全面预算管理制度，每月定期开展预算分析，跟进费用开支进度，不定期开展费用预算盘点，确保完成全年费用预算收口。每季度开展对标分析，总结标杆管理中的亮点与不足，为经营发展及费用管控提出改进建议，落实财务标杆管理。执行采购制度和纪律，细化采购流程，完善采购档案管理和供应商管理。制定、实施《2015年全省中邮保险业务KPI指标体系》，完善邮政代理中邮保险KPI指标管控。完成2014年反洗钱审计等各项审计及问题整改工作。

信息化建设。信息系统网络可用率、设备完好率等关键指标均达到总公司规定标准，2015年系统交易率全国排名前列，全年未发生信息安全事件。完成中邮保险客户管理系统的开发及联调测试工作。配合江苏保险中介信息平台项目，完成中邮保险核心业务系统接口改造和系统接入。开展前台智能销售支撑系统研发工作。

4. 风险管控。

推进合规与风险管理。面向全省10000余名邮政渠道代理保险销售和管理人员开展代理保险“两真一实”远程培训并组织考试。修订、出台《江苏邮政代理中邮人寿保险业务管理检查考核实施细则》，完善合规检查工作流程。上线运行“江苏邮政代理金融网点风险管理信息系统”中邮保险合规检查功能模块，强化对基层合规问题整改工作的监督管理。强化案件防范工作，全年未发生保险案件。加强法律事务管理，完善合同管理制度，联合法律顾问加强诉讼案件管理，全年参加4起保险合同纠纷案件的开庭审理工作。推进合规文化建设，继续举办全省中邮保险合规检查人员培训班，举办首届“中邮保险局局长合规业务培训班”，通过网络载体举办第一届“中邮保险杯”代理保险合规知识竞赛，协助开展全省代理保险“两真一实”远程培训。完善反洗钱相关制度和业务流程，开发反洗钱相关信息技术系统。开展应急预案演练工作，对分公司现行的各项应急预案进行全面预演。

营运风险管控。各项营运关键指标完成良好，全省13个月保费继续率90.63%、续期宽末综合达成率98.89%、新契约回访率91.71%、新契约综合合格率96.87%、保全业务复核修改率1.19%、亿元保费投诉件数0.09件/亿元、理赔5日结案率99.55%，保持行业先进水平。开展续期失效保单清理工作，全年新增续期失效件占应收件比例为1.17%，为中邮保险全国最低。防范保单质押借款逾期风险，严格借款审核机制，设置“借款逾期率”管控红线，全省当年累计清理逾期借款749件，清理借款金额3071.58万元，借款逾期率（按件数占比）由2015年初的6.51%下降至2.68%。科学预判满期给付和退保风险，对2016年满期给付和退保重点风险进行分析和测算。平稳完成31亿元年年好新A款产品退保专项工作。

5. 承担国有企业社会责任。

开展“关爱留守儿童，构筑爱心彩虹”系列主题活动，活动惠及5万余名留守儿童。“关爱留守儿童 共享美好生活”志愿服务项目荣获共青团江苏省委、江苏省志愿者协会联合颁发的“江苏省优秀青年志愿服务项目”称号。

提供高效服务。妥善应对“东方之星”游轮倾覆事故，事故赔案入选《中国保险报》“2015中国保险年度影响力十大赔案”。农历春节、“3·15”消费者权益保护日、中邮保险成立六周年等关键节点，开展丰富多彩的客服活动。强化续期催收和二次回访支撑能力，在中国邮政集团公司江苏省客户服务中心增配了回访台席。加强客户信访和投诉处理工作，全年未在总经理信访接待日接到客户面访或电话投诉。（中邮保险江苏省分公司）

浙江省

【浙江省分公司】

全年新增余额159.99亿、创造了近五年来最好成绩，比上年多增17.64亿、全国排名第一。特别是2015年下半年储蓄余额逆势净增148.12亿元、全国排名第一、浙江省金融行业第二。金融业务收入占比明显提升。农村电商发展得到了地方政府和集团公司的广泛关注，基本摸索出了一条有邮政特色的农村电商之路，成为了浙江农村电商服务的主渠道。浙江省副省长孙景淼专程来浙江邮政调研，并出席了在绍兴召开的全国邮政农村电商会议。

2015年，集团公司总经理李国华两次来浙江调研，专门作出批示指出，浙江邮政以“三个一把手工程”为抓手，大力推进集团公司“一体两翼”战略在浙江的落地，取得初步成效，尤其是在农村电商和代理金融方面成效显著，对浙江省取得的成绩给予了高度的肯定和赞扬。

全年浙江省分公司收入为68.26亿元，比上年增长3.24%，收入总规模全国排名邮政第五；实现净利润849万元，完成集团公司净利润考核目标。全面完成通信服务质量各项指标，全省邮件处理达标率99.2%，服务质量综合满意度测评86.86分。

1. 实施“三个一把手工程”。

“头号工程”激发新动能。提出“力争用两年时间完成三年的余额增长目标，使储蓄余额规模跃上2000亿元台阶，跻身全国邮政金融发展第一梯队”。通过对标先进，强化考核激励，开展督导帮扶，注重过程管控，优化管理模式，以及系统化开展客户提升、项目营销、主题活动等，“头号工程”实现逆势奋进，“夏秋季”和“跨赛第一阶段”综合评价得分双双全国排名第一。代理金融实现收入32.33亿元，比上年增长9%。截至2015年底，储蓄余额达到1720亿元。储蓄市场占有率从6月的4.97%提升到了5.23%。代理保险全年实现保费129亿元，银保市场占有率达50.27%、继续列行业第一，其中中邮保费规模21.33亿元、全国排名第二位；期缴规模8.02亿、全国排名第一，其中中邮期缴4.46亿元，全国排名第二位；销售各类基金60.92亿元，全国排名第二位。同时，加强金融业务内控管理和合规经营，妥善应对保险满期给付，全年未发生资金案件和风险事件，未发生客户投诉群体事件，金融业务保持健康、稳健发展态势。

“出重拳”规范经营。全省上下抓住集团公司包裹快递业务改革的契机，严格执行集团规定，规范经营、转型发展。同时，全省上下紧抓省内和同城业务市场，加大对杭州、义乌等重点地区和重点市场的开发力度，参与跨境电商园区等建设。2015年，全省包裹快递业务量达1.14亿件，实现收入16.96亿元，收入规模全国排名第二位。1月~12月，全省国内包裹快递累计完成业务量3803.79万件，比上年增长5.38%；全省国际小包累计实现业务量7581.4万件，比上年增长39.88%。

平台建设引入新理念。全省共建成“村邮乐购”店1.07万个，初步探索形成了能生存、可复制、可盈利的邮政农村电商运营模式，确立了邮政农村电商主渠道地位。值得一提的是，农村电商作为综合业务发展平台，为邮政业务融合创新发展作出了大贡献。截至去年底，通过“村邮乐购”店新发展的金融客户达到3.19万户，带动储蓄余额增长7.91亿元，并依托“村邮乐购”店定期开展各类主题活动聚集人气，有力地拓展农村金融市场。全省通过“村邮乐购”店代购邮乐网商品，产生包裹寄递订单24.12万个。此外，“思乡月”、邮品销售、报刊订阅等业务叠加也都取得较好成效。1月~12月，网络代购交易订单44.9万笔，网络代购交易额2346.7万元；进销存交易笔数为6236万笔，交易金额31亿元。

浙江省分公司村邮乐购店主用“邮掌柜”系统扫码销售商品。（浙江省分公司/提供　刘煜/摄）

推进邮政基础性业务转型。2015年实现函件收入4.99亿元，比上年下降24.94%，全国排名第5位。封片卡业务重点围绕个人及商务市场，一方面，加快在校园、景区等重点区域建设社会代理渠道，利用全省20个主题邮局营造良好的消费体验，并开设了“美如明信片”旗舰店及7个地市微店作为线上展销渠道，实现线上线下联动发展。

另一方面，抢抓社会消费热点，推出第三季旅游护照、《伟大的胜利七十周年大阅兵》封片纪念套装等组合产品，实现封片收入 1.01 亿元。

实现报刊业务收入 5.94 亿元，比上年下降 4.06%，全国排名第 4 位。推进总部营销项目，参与政府采购，承办全民阅读巡展巡讲系列活动 34 场。建成动漫报刊亭 53 个，动漫旗舰店 2 个。2016 年度报刊大收订一次性流转额规模全国排名邮政第二位，其中期刊、印广发等效益报刊增幅明显，报刊网上订阅规模连续多年稳全国排名前列，并实现县市党报费率的提升。

实现集邮业务收入 2.77 亿元，比上年增长 7.40%，实现有效收入 1.42 亿元，比上年净增 3067 万元，集邮库存全年减少 1671 万元。培育集邮品预订以及品鉴会等新兴项目。开通“中国邮政集邮网上营业厅 · 浙江专区”和各地微店等线上销售渠道，开展多种活动扩大集邮客户群体。

实现增值业务收入 2.77 亿元，比上年增长 18.38%。车险及短信两项效益业务推进，全年发展车险会员 9.03 万名，完成保费 3.04 亿元，实现收入 2596 万元，比上年增长 202.92%；全年实现短信收入 1.59 亿元，比上年增长 17.78%，其中邮储短信通过“账户安全管家”推转型、包年用户调结构，比上年增长 20.31%，月新增用户包年占比从 1.58% 提高至 45%，有效拉动收入增长 1000 万元。

2015 年实现分销业务收入 6920 万元，比上年下降 29.12%，全国排名第 6 位。全面取消了个人任务的分摊。尝试通过“邮乐网”线上平台和“村邮乐购”店线下渠道实现分销业务转型。

2. 提高企业管理。

完善财务管理体系。推进“子改分”工作；完善财务标杆指标体系建设，构建对标管理体系；争取到“营改增”降低预征率并将增值税业务纳入全省汇总范围的政策；全面运行营收资金管理系统，实现营收资金分专业、分机构清分和动态稽核；全面推进省级会计集中核算，初步完成 ERP 推广上线工作。

调整人力资源配置。推进全省各级机构编制规范管理，设立包裹快递专业经营机构，完成电子商务和分销等专业机构合并，建设人力资源服务支撑中心，16 项服务项目实现全省集中运作；做好用工结构调整，加快推进劳务承揽和业务外包，开展优秀劳务用工择优招用，年末劳务用工占比较上年末下降 21%；开展全省用工数据对标分析，加大用工盘活力度；加快后备干部和专业人才培养，创造性开展后备领军人才专项培训；完成薪酬分配制度调整优化工作，加强薪酬绩效管理，做好弹性人工成本管控体系衔接工作；建立覆盖全员的重大疾病和意外伤害商业保险制度，完善员工的福利保障水平。按自然年度统计口径，合同用工薪酬及劳务工劳动报酬保持较高增长。

实施投递网改革。以“提升投递服务质量”和“投递能力”为导向，创新组网模式，通过企业采购和私车公助推进汽车邮路，并在农村地区打破乡镇区域界线，充分整合资源。全省各地投递部共配备汽车 990 辆，汽车道段的配备率达到 15.08%。农村包裹快递的投递班次由周五班调整为周七班，有效缩短邮件传递时限。列入 2015 年“浙江省政府十方面民生实事”之一的 E 邮柜累计已建成 4917 个，实现对全省各市、县的初步覆盖，全年累计转投邮件 2479 万件。

加快网运优化改造。以主动贴近包裹快递市场为原则调整网路节点，基本完成湖州、嘉兴、台州三个二级中心局的场地改扩建工程；网路组织理念从满足出口转变为有效衔接进口，相继调整一干汽车邮路 15 条，邮件全程时限加快了半天至一天；新增调整省内二干邮路 21 条、区内邮路 30 条，逐步推进“报邮分运”；杭州中心局流水化改造完成并投产使用，双层分拣机每小时处理能力达 2 万件。

完善防控体系，加强安全管理。完善监控平台建设，基本实现对各类生产、经营场所实时监控和动态监管；完成第四轮金融机构安全评估工作；利用信息系统强化邮件全流程管控。完成集团公司专项审计自查整改工作；对 16 个单位的负责人进行经济责任审计。开展电费充值卡、营收资金、中央预算资金管理等的专项审计；开展对杭州火车东站邮件转运站、义乌邮政跨境电子商务基地建设等重大工程项目的过程跟踪审计工作。全省机要服务继续保持高水平，未发生失密丢损事故和用户有理由申告，实现质量安全“二十二连冠”。

3. 强化执行意识。

扎实推进党风廉政建设。调整领导分工，纪检组长专司纪检工作。省分公司单设监察室，加强监察工作。启动全省“三严三实”专题教育，以“零容忍”的态势严防“四风”反弹。组织开展全省管理干部基层调研手记征集活动。深化群众路线教育实践活动成果，推动各单位从严落实两批活动的整改任务。落实整改中央专项巡视和集团公司巡视反馈的问题。加强公务用车管理。完成全省 253 间办公用房清理整改工作。浙江省分公司办理信访件 82 件。（浙江省分公司　周静）

【邮储银行浙江省分行】

全年浙江省分行总资产达 2465 亿元，比上年增长 10.58%。各项人民币存款余额 2350 亿元，比上年增长 9.2%。各项贷款余额 1295 亿元，比上年增长 23.44%。全行不良贷款率 0.58%，低于总行 0.32%，是浙江同业最优，拨备覆盖率达 281.37%。全行实现营业收入 57.76 亿元，比上年增长 19.64%；实现净利润 20.07 亿元，增长 22.49%。

1. 个人银行业务。

全行个人客户达 3189.32 万户，其中个人 VIP 客户 55.26 万户。

个人存贷款业务。个人存款余额 2008.21 亿元，较年初增加 169.11 亿元，增长 9.2%。其中，个人活期存款增长 1.78%，个人定期存款增长 17.71%。个人贷款余额 822.16 亿元，较年初增加 125.22 亿元，增长 17.97%。推进借力平台模式，点面结合发展业务，小额贷款余额 31.54 亿元，净增 8.47 亿元。个人消费贷款业务净增 123.53 亿元，不良率 0.20%。全面加快“快捷贷”推广工作，个人商务贷款结余 295.08 亿元。

三农金融业务。涉农贷款余额 585.03 亿元，比年初增加 122.52 亿元，增速 26.49%，高于全部贷款增速 3.05%，完成“两个不低于”目标，实现三农金融业务利息净收入 1.91 亿元。建设现代农业示范区支行 19 家，2015 年净增新型农业经营主体贷款 3 亿元；推出助农服务点专属产品“助农通”，共设立助农服务点 10832 个；推出以美丽乡村农房建设贷款、信用村镇贷款等全国系统内首创产品为代表的 11 个新产品。

银行卡业务。全行借记卡结存发卡量 2977.05 万张，全年消费金额 529.58 亿元，比上年增长 15.87%。其中，绿卡通 IC 借记卡结存发卡量 529.09 万张。信用卡全年消费金额 96.95 亿元，比上年增长 69.53%；期末透支余额 14.08 亿元，比上年增长 69.04%。

养老金业务。全行代收代付养老金 2813.84 万笔、257.24 亿元，其中代收养老金 252.45 万笔、8.79 亿元，代发养老金 2561.39 万笔、248.46 亿元，代收“新农保”交易笔数 36.65 万笔，交易金额 6317.55 万元。

代销基金、国债业务。加强与优秀基金公司合作，代销基金的产品总额 19 亿元。代销凭证式国债 4 期，实际销售 3.22 亿元，代销储蓄国债（电子式）10 期，实际销售 11.38 亿元。

代理保险业务。共准入寿险、财险、健康险、意外险等产品 302 款，其中保障型保险产品 108 款，占比达 36%；全年实现代理保险保费 118 亿元。

2. 公司银行业务。

公司存贷款业务。公司存款总额 342.37 亿元，全国排名第 12，年初增长 22.61 亿元；公司贷款余额 183.47 亿元，全国排名第 9，较年初增长 6.97 亿元。创新产品取得突破，首次落地政府和社会资本合作模式 (PPP) 项目，签约 10 亿元，并放款 2.83 亿元。

小微企业金融业务。小企业法人贷款结余 152.11 亿元，较年初净增 28.85 亿元，法人客户 4451 户，户均 341.74 万元，小企业法人贷款业务结余和净增均列系统内第一位。

国际结算与贸易融资业务。响应“一带一路”战略，服务外贸转型升级，坚持内外贸一体化开发，国际结算业务突破 10 亿美元，为 41 家企业办理贸易融资 73 笔，在系统内率先落地跨境电商结算与融资业务。

票据业务。直贴业务规模扩大，承兑业务增速较快，票据大管家、商票贴现等新产品不断发展，票据贴现余额 65.99 亿，较年初增加 46 亿。

3. 资金业务。

投资业务。同业投资业务收入突破 5 亿元。投资（包括委托其他金融机构投资）的商业银行理财产品、信托投资计划、资产管理计划及证券投资基金的余额总计 797 亿元，新增 460 亿元，新增规模全行系统内排名第一。

同业融资业务。存放同业及其他金融机构款项和拆放同业及其他金融机构款项合计余额 172.2 亿元，同业及其他金融机构存放款项和同业及其他金融机构拆入款项合计余额 5.3 亿元。

理财业务。全行理财产品余额 108 亿元，较年初增长 51 亿元，增幅 89%；公司理财日均保有量 18.90 亿份。

贵金属业务。推出实物贵金属产品 284 款，代理贵金属交易金额 15 亿元，实物贵金属交易金额 1700 万元。

托管业务。全行托管资产规模 708.67 亿元，比上年增长 99.49%。

4. 渠道拓展。

网点建设。全行营业网点 1385 个，其中：自营网点 317 个，占比 22.89%；代理网点 1068 个，占比 77.11%；营业网点县域覆盖率达到 100%。

电子银行。全行构建新型互联网金融服务体系，试点移动展业、掌柜贷、自助发卡机等新产品。电子银行交易替代率达到 75.36%，电子银行客户渗透率为 23.27%。2015 年新增手机银行客户 171.3 万户，累计结存手机银行客户 525.5 万户，手机银行客户激活率达到 38.00%；新增个人网银客户 134.4 万户，累计结存个人网银客户 698.8 万户，个人网银客户激活率达到 55.02%；加大自助设备投放力度，建成离行自助银行 84 家，结存离行自助银行达到 174 家，全辖在用 ATM（含 CRS，下同）3632 台；累计拓展电子支付合作商户 32 家，全年电子支付商户手续费收入共计 3351 万元。

5. 信息科技。

探索和实践“科技引领”，多项自主研发和创新项目获总行奖项。全年完成 27 个经管项目和 35 个中间业务项目，筹划设立浙江分行研发中心，逐步完善研发配套政策措施。持续加强运维管理工作，完成 15 个总行统建系统和 17 个省内自建系统的推广上线。高效推进数据分析工作，受理和处理数据提取申请 440 余份，主动开展并完成课题 14 项。补充研发、运维科技人员，初步建立覆盖全辖市县分支机构的科技队伍。

6. 风险管理

风险管理基础方面，开展针对一级支行风险管理的课题研究，形成《浙江省分行关于落实一级支行全面风险管理责任的实施方案》，制定 20 项针对性的风险防范措施。风险管理工作 14~15 年连续两年获得总行条线考核全国第一名。研究的《基于"大风险管理"的全面风险管理体系建设》成果，被评为"2015 年全国交通企业管理现代化创新成果三等奖"及"2015 年集团公司管理现代化创新成果三等奖"。

信用风险管理方面，持续加强风险监测和风险提示，全年共编发风险日报 145 期、风险周报 45 期、风险月报 7 期及风险内参 48 期；开展信用风险压力测试、重点风险问题排查，组织开展"除隐患、提能力"活动，安排 17 项"自选动作"，针对 8 个领域的风险问题进行集中整治；腾挪信贷规模，优化表内资产结构，加大不良贷款处置力度，全年无休抓清收，累计清收不良贷款 5.17 亿元；呆账核销常态化，年度累计核销呆账 2.52 亿。

市场风险管理方面，定期对市场风险进行监测和形势预判，推动利差不断收窄背景下各业务条线在发展业务同时关注产品定价水平，加强产品联动营销。

流动性风险管理方面，按日对辖内资金头寸进出情况进行监测，按月考核资金头寸管理情况，按季通报资金头寸预测偏差情况及流动性成本，对日常辖内流动性管理情况进行预警和问题排查，2015 年全辖未发生流动性风险事件。

操作性风险管理方面，组织全辖开展大额可疑交易专项检查、异常交易专项排查，深入排查业务操作中的风险隐患；逐步扩大会计稽核及集中授权应用范围，新增授权集中、个人营销、三方存管业务的稽核；增加预警信息，新增了 37 个预警模型。个人授权中心日均授权量 2500 笔，授权时长 44.84 秒，拒绝率 8.08%，有效解决三级权限不落实的情况。（邮储银行浙江省分行）

【邮储银行宁波市分行】

全年邮储银行宁波分行资产达 412.81 亿元；各项存款余额 366.15 亿元，比上年增长 6.37%；各项贷款余额 235.34 亿元，比上年增长 25.25%；贷款不良率 0.66%，拨备覆盖率 272.63%。全年实现邮政金融业务收入 13 亿元，比上年增长 17.46%；其中银行自营收入 8.37 亿元，比上年增长 24.33%；实现净利润 1.57 亿元，增长 11.79%。2015 年各项效益指标较上年有明显提升，其中：成本收入比 52.59%，较 2014 年下降 8.94%；人均、网均收入分别增长 26%、20.51%；人均、网均利润分别增长 13.29%、8.35%

1. 个人银行业务。

全年全行个人客户达 526.29 万户，其中个人 VIP 客户 15.43 万户。

个人存贷款业务。个人存款余额 341.65 亿元，较年初增加 15.78 亿元，增长 4.84%。个人消费贷款实现年业务累放 31.50 亿元，净增 11.51 亿元，结余 92 亿元，增长 14.22%。全面加快"快捷贷"推广工作，个人商务贷款结余 39.16 亿元。

三农金融业务。涉农贷款余额 107.21 亿元，较年初增加 21.64 亿元，增幅 25.28%；小额贷款结余 3.93 亿元，不良率 1.29%。其中，新型农业经营主体贷款结余 5750.5 万元，净增 4513.5 万元；再就业小额担保贷款结余 9010.03 万元，净增 6693.03 万元。举办 2015 年"邮储银行杯"宁波青年电商创业创富大赛，选送"宁波制造"法式鹅肥肝网销开拓项目在"邮储银行杯"2015 中国青年涉农产业创业创富大赛暨第二届"创青春"中国青年创新创业大赛（现代农业组）赛中获得全国赛成长组唯一金奖。

银行卡业务。全行借记卡结存发卡量 461.0554 万张，全年消费金额 53.77284 亿元，比上年增长 11.62%。其中，绿卡通 IC 借记卡结存发卡量 43.8234 万张。信用卡全年新增发卡 13722 张，比上年增长 37.15%；消费金额 5.62 亿元，比上年增长 68.26%；期末透支余额 0.85 亿元，比上年增长 73.47%。

养老金业务。全行代收代付养老金 7.38 亿笔，其中代收养老金 72 笔，代发养老金 293.782 万笔，代收"新农保"交易笔数 1.8666 万笔，交易金额 6127.27 万元。

代销基金、国债业务。加强与优秀基金公司合作，代销基金的产品总额 8.56 亿元。代销凭证式国债 4 期，实际销售 4746 万元，代销储蓄国债（电子式）10 期，实际销售 10559 万元。

代理保险业务。共准入寿险、财险、健康险、意外险等产品 94 款，其中纯保障型保险产品 33 款，占比达 35%；全年实现代理保险保费 20.64 亿元。

2. 公司银行业务。

公司存贷款业务。公司存款总额 24.63 亿元，比年初增长 6.24 亿元，增幅达 33.96%；公司贷款余额 50.8 亿元，比年初增长 15.56 亿元，增幅 44.17%。2015 年银行承兑金额 8.47 亿元，其中敞口银承 4.02 亿，保证金发生额 2.37 亿元；承兑余额 7.24 亿元，保证金余额 1.9 亿元。2015 年办理首笔敞口承兑汇票、首笔理财质押电子承兑汇票、首笔企业财务顾问业务和首笔房地产资金托管业务；与上海分行合作首笔行内银团，作为牵头行授信获批 5 亿元；参与市政府债务承销，合计中标 3.9 亿元；参与市级财政资金竞争性存放管理商业银行定期存款（第一期）招标，中标金额 5000 万元；参与市政府和社会资本合作基金开户与资金存放项目招标，中标金额 1 亿元。

小微企业金融业务。全行小企业法人贷款结余 21.26 亿元，比年初净增 2.98 亿元，法人客户 462 户，户均 540 万元。在市金融办牵头组织开展的金融服务业考评工作中，获评中小企业服务先进奖；在市金融办牵头组织开展的 2015 年度金融机构企业贷款考评工作荣获一等奖；被总行评为 2015 年度全国邮政金融小企业金融业务发展先进单位。

国际结算与贸易融资业务。国际业务全年实现收入 1990 万元，比上年增长 582%，其中外币贸易融资余额和收入进入全行前十强。发放分行首笔外币流动资金贷款、首笔信用证项下进口押汇业务、首笔国内信用证和首个外汇资本金账户开立，业务市场开始撬动。

票据业务。办理票据贴现业务630笔，金额合计58.64亿元，完成业务收入1189.31万元。办理转贴现业务98笔，金额合计303.86亿元，其中买断业务58笔，150.16亿元，卖断业务21笔，57.1亿元，逆回购业务19笔，96.6亿元。办理再贴现业务9笔，金额合计0.92亿元。

3. 资金同业。

投资业务。宁波市分行在保险债权、PPN债券、ABS（资产证券化）、存单质押的各类型同业投资业务发生额46亿元。投资保险债权投资计划、信托投资计划、商业银行基金子公司及券商承销债券的余额总计50亿元。

同业融资业务。宁波市分行在存放同业及其他金融机构款项共计发生额89亿元，合计余额12亿元。

理财业务。全行理财产品余额25.97亿元，比年初增长12.74亿元，增幅96.3%；机构理财产品余额3.35亿元。全行专属理财共计发行34款，募集理财资金8亿元，定制理财共计发行8笔，募集理财资金3亿元。

贵金属业务。共推出实物贵金属产品284款，代理贵金属交易金额5986万元，实物贵金属交易金额284万元。

4. 渠道拓展。

网点建设。全行营业网点317个，其中：自营网点65个，占比20.5%；代理网点252个，占比79.5%。

电子银行。全行紧跟互联网金融发展趋势，以总行电子银行业务发展指导意见为指引，依托网上银行、手机银行、自助银行新一代系统的建设，推动电子银行业务的快速发展。电子银行交易替代率达到68.76%，交易笔数5865.37万笔。个人网银注册客户94.06万户，网上银行总交易金额63.86亿元；手机银行注册客户65.77万户，交易金额64.07亿元；电话银行注册客户84.23万户，交易金额33.82万元。加大自助设备投放力度，ATM总量达到568台，交易金额275.08亿元；新建电子银行体验中心17个。

5. 信息科技。

全年建设科技项目11项，其中自主研发7项，外包和总行项目4项，首创贷款收益计算移动APP项目，完成覆盖个金、电子银行、信贷等业务的数据提取125项，完成主题分析8项。（邮储银行宁波市分行）

【速递物流浙江省分公司】

速递物流浙江省分公司共有从业人员4340人，省际省内邮路297条，揽投经营部409个。全年累计业务总收入26.78亿元，比上年增长14.43%。

1. 推动业务发展。

建设“五个中心”营销体系。全省正式出台“五个中心”营销体系建设方案，各地市按要求推进，杭州、温州、嘉兴、湖州、绍兴、金华、台州、义乌等重点市分公司完成“五个中心”组建。重点加强专职营销队伍的分类建设，形成政务、商企、电商、国际专业经理以及综合客户经理共270人的专职营销队伍。在第四届全国邮政特有职业技能竞赛中，获得（速递物流板块）全国第四名、营销知识竞赛（联队）全国第二名，被集团公司评为营销体系建设优秀单位。

发展标准特快邮件业务。全年合计完成国内标准特快邮件业务量7903.37万件，比上年增长12.14%，累计业务量全国排名第二位；完成业务收入9.09亿元，比上年增长5.84%。加快传统政企类标准特快邮件项目复制，继续按照“专业经营部＋移动揽投站＋专人驻点”的模式推动商务楼业务发展。全省成立商务楼专业机构24个，建立移动揽投站24个，覆盖商务楼539幢（其中重点商务楼202幢），投入揽投人员338人。

发展跨境电商拉动国际业务。浙江省分公司完成国际速递业务收入8.02亿元，比上年增长28.87%，累计规模排名全国第2位。跨境园区业务保持高速增长，2015年，全省投入运作杭州下沙、萧山空港保税区一般进口、保税进口业务；宁波北仑、鄞州空港保税区保税进口业务；金华无水港跨境园区、义乌跨境电子商务监管中心一般出口业务。全年杭州下沙、宁波保税园区发件量分别达到946.18万件和435.96万件。全省国际e系列累计业务量1958.44万件，业务收入5.55亿元，占国际业务收入比重69.2%。跨境服务模式取得新突破，投资入股融易通企业服务有限公司，规划自主运营的杭州邮政跨境电子商务产业园，推进义乌、宁波国际互换局筹建工作。义乌互换局、交换站于12月31日正式开办。12月，宁波国际互换局获批，进入筹建阶段。

升级电商服务模式。全年实现电商业务收入10.48亿元，比上年增长24.68%，其中电商标准特快邮件业务收入4.68亿元，比上年增长22.44%，快递包裹业务收入实现5.81亿元，比上年增长26.53%。依托POSTWMS系统和集营销开发、仓储运营、信息技术于一体的电商综合团队，推进规模电商“仓储＋配送＋信息化”服务模式的新升级，省内仓配一体化客户86家，合计产生业务收入1.38亿元，位全国排名第一位；其中使用自有POSTWMS和总部华胜WMS的项目已达23个。创新推进“WMS+云仓”模式，开发了贝因美集团、老板电器等云仓项目，老板项目已建成北京、陕西等13省分仓，“双11”期间云仓省份次日递率超过50%。启动了电商仓储分类管理。

启动物流业务经营模式转型。以浙江中邮物联科技有限公司（原浙江大华物流有限公司）为主体，聚焦汽车、高科技医药、化妆品三大行业，全年新开发了吉利春晓MR（循环取货）等6个百万级以上的合同物流规模项目。自主开发“绿优邮”网上商城和微信商城，实现向产业链上游延伸。申请上线亚马逊、Ebay、速卖通三大跨境电商平台，取得跨境电商贸易领域零的突破。

2. 提升能力品质。

推动网络“提速”。启动临近省份1000公里陆运快速网建设，出口相关省市经快三日递率提升明显。调整省内互寄邮件经转关系，推行文件类产品分层运作，稳定互寄时限。强化时限质量关键指标关键人的监控考核，一级干线汽车准班准点率、重点城市及时妥投率、卡哈拉国际进出口时限等指标达到了总部考核要求。全方位保障苹果、极速鲜等重点项目平稳运行。

共同推进仓储及处理中心建设。完成金华邮政速递物流电子商务邮件处理中心工程、义乌国际邮件处理中心（一期）工程，开工建设台州邮政速递物流电商仓储中心工程和杭州航空邮件处理中心工程，开展开展杭州、宁波、绍兴、湖州等地仓储、生产处理用房租赁，跨境园区建设和设备改造。“双11”期间，全省日出口量峰值超过200万件，进口量峰值超过45万件。

加强信息化建设。与科箭仓储管理系统合作，开发具有自主产权的POSTWMS系统。开发智慧邮局系统，法院专递邮件专有查询系统，改造升级预报关系统、省内代收货款系统，全面支撑各项重点业务发展。实现全环节管理系统一期上线，搭建省内生产数据下载平台。

客户服务质量保持前列。深化细化协议客户主动客服，全年共开办377个协议客户主动客服项目，协议客户网上物流评分平均4.76分，有49个协议客户EMS寄递占比达90%以上。规范问题邮件的处理与考核，全省服务工单48小时问题解决率平均达97.66%，12305国家邮政局申诉率全年平均为百万分之4.21。

3. 提升管控水平。

加强成本管控。通过1000公里陆运快速网的搭建，降低E标准邮件通过邮航发运的占比，全年节约成本584万元。深度推进运能集中采购，整体运输价格较去年比上年下降2.29%，年合计节省运费400万元。通过精简机构，规范用工和外包，优化人员配置结构等措施，加强人工成本、外包费用的效益分析和管控，实现人工成本、外包费用增长与有效收入增长相匹配。提高仓储等租赁场地使用效率。重新制订业务招待费和差旅费管理办法，规范审批流程及开支标准，严格控制“三费”支出。有效开展重大项目监督和经济责任审计，全面开展全省领导干部离任、财务收支、重大工程等专项审计。

完善人力资源管理。全年279名劳务用工转招为B类合同用工，劳务工占比为20%，比上年降低35%。加强青年骨干人才培养，7月举办中青年干部培训班，培训全省中青年管理干部及技术骨干69人。加强省市、地市公司间骨干人才间的交流，交流76人次。按照股份公司总部要求，开展薪酬制度优化调整，完成对全省3107名合同工、1091名劳务工套改工作（速递物流浙江省分公司）

【中邮保险浙江省分公司】

中邮人寿保险股份有限公司浙江分公司于2011年4月21日开业，是中邮保险在全国成立的第8家省级分公司。共设综合部、党群工作部、市场部、营运管理部、计划财务部、风险与合规管理部、信息技术部等7个职能部门及直属营业部，共有员工69人，其中硕士研究生学历17人，同业引进13人，40人获得寿险管理师、理财规划师等中高级资质，持证率达58%。全省中邮保险局共有专职人员64人，兼职人员92人。展业范围覆盖全省10个地市65个县（区、市）1360个网点。

实现保费收入26.37亿元，排名全国第3，比上年增长8.5%。新单保费22.2亿元，排名全国第3；期交新单保费4.56亿元，排名全国第2。在浙江寿险市场占有率4.16%，行业排名第6。在省内银保期交新单市场占有率27.38%，排名第1。2015年，被浙江保监局评定为2014寿险公司A类分支机构，《邮政保险期交常态化发展机制构建》获得集团公司以及全国交通企业管理现代化创新成果三等奖。

1. 推动转型升级。

板块联动。邮银渠道将中邮保险纳入全省代理保险“开门红”启动会、跨年度金融业务推进会等各类会议进行布置，共同推动中邮保险转型发展。在关键时间节点，联合赴重点单位进行督导、调研，加强中邮保险转型发展的组织推动。联合开展中邮保险期交先进集体、营销精英和标兵的评选表彰活动，分享先进做法和典型经验。

促进转型。联合省分公司开展“吉羊如意”等期交专项竞赛活动，联合省分行开展2015年中邮保险营销竞赛活动，抢抓社会热点、节日契机，开展主题营销，举办“金羊纳福”“金秋十月 邮你邮我”等联谊活动，实现期交保费3570万元。9个地区12个县（市）期交规模超过千万，57个网点期交保费突破百万。杭州地区期交规模在全国率先突破亿元，在全国地市中排名第一。

推动自营谋转型。承保省分公司、邮储银行省分行员工重大疾病保险和意外伤害保险项目，实现保费收入398万元。开展团险业务竞赛，做好系统内外客户开发，共为26家单位提供团险服务，实现团险直营渠道保费430.7万元。大力发展航意险，实现禄禄通9号保费162万元，规模排名全国第2。

2. 提升专业能力。

推进专业培训。开展期交集中培训，先后组织精英特训营、五十强网点理财经理培训班，以期交营销理念为突破口，提升理财经理专业能力。持续推进内训师建设，连续4年举办“星火燎原”内训师初级培训班，培训786人次，充实内训师队伍，选拔优秀讲师64人参加中级提升暨期交产品升级传承培训班。开展“中邮保险杯”讲师技能比武大赛，搭建技能展示和交流平台。开展营销队伍培训，举办全省理财经理轮训班、百强网点负责人及后备支局长培训班，为基层单位量身定制培训课程、送培上门。全年共举办培训班101场，培训5269人次。开展营运专题培训，通过集中式培训、视频培训及送培上门等方式累计开展培训12场，培训4450人次。

试点“财富中心”。联合省金融业务局组成项目组在湖州开展“财富中心”试点建设，打造以区域经理为关键角色的理财经理队伍管理模式，提高客户经营能力及专业素质。围绕“提升客户数量、提升客户粘性、提升客户总资产”三个项目，导入区域经理和理财经理工作模式，提升销售队伍整体素质，试点单位提前3个月完成中邮保险期交全年计划任务。同时，启动绍兴、丽水两个地区财富中心建设，加快在全省复制推广。

推进运营品质。25个月保费继续率95.84%，新契约综合合格率95.73%，保全合格率98.33%，理赔五日结案率99.2%，亿元保费投诉件数0.3件，保持行业领先水平。完成年年好新A款集中退保工作，保全流转时效仅为1.23天，保全正确率98.86%，未发生投诉及群体性事件，平稳度过退保高峰。联动“11185”客户服务中心，成立回访专项小组，通过不断调整回访时段提高回访频次。加强续期收费管理，开展续期业务竞赛，强化失效保单追踪管理，失效保单仅占2.1%，续期达成5.15万件，比上年增长57%，续期保费4.19亿元，规模位全国排名第2。组织参加全国邮政保险营运“达标争先”劳动竞赛，全省参考率达90.22%，排名全国第2。

提高客服能力。打造“续情中邮 富余绵绵”主题客服活动品牌，共在全省10个地区举办20场续期客户主题联谊会。制定传统节日客户分层维护标准，做到“维护前指导、维护中监督、维护后跟踪”，有效维护4.8万VIP客户及续期客户。加大对外活动宣传力度，《送乐进社区》《纳凉学保险》等信息被《中国保险报》等在线刊登，提升公司品牌形象。应对“东方之星”客船翻船、“苏迪罗”台风、温岭厂房倒塌、丽水山体滑坡等重大突发事件，联合监管部门、行业协会、当地政府及同业公司建立信息共享机制，做好应急处置工作。全年服务理赔客户240人次，理赔金额达773万元。

3. 提高管理效能。

调整人力管理。开展领导干部人事档案检查及人力资源管理专项整改工作，修订绩效考核管理、考勤休假管理等6项制度，夯实人力资源管理基础。抓好员工基础素质培训、新入职大学生培养、专业人才素质培训及中高层领导培训素质提升工作。择优选拔4位中层干部，完善干部梯队建设。

强化财务管理。制定预提费用及应收账款管理办法，修订应急资金支付管理制度，完善财务内控体系。开展关联交易审计，切实发挥审计监督作用。开展财务数据真实性自查、投资采购专项自查及2015年度会计基础工作自查，建立全面自查周例会制度，确保整改落实到位。

加强风险管控。组织全省8955位金融从业人员进行代理保险知识考试，实现“100%参加考试，100%考试合格”；组织全省188名中邮保险局负责人及管理人员参加寿险管理师等资格认证考试，考试合格率达98.9%。重点开展“两个加强、两个遏制”专项检查和全面自查等工作，现场检查杭州、绍兴等21个中邮保险局、55个网点，下发风险预警提示书、整改通知书等51次。举办县（市）分公司副总经理暨中邮保险合规管理等培训班10场，培训8000人次。应对浙江省保监局为期一个月的入驻现场检查，未发现重大违规问题。

规范信息管理。归纳总结常见故障，形成处理手册下发至各市县机构。开展信息安全检查，对嘉兴、温州等6个地市设备使用及信息安全情况进行检查。此外，开发讲师课程报名管理、合规风险预警软件；改造、调整营运综合管理系统和每日业务数据自动通报软件；优化升级业务报表、报盘软件；针对客户结构、续期及满期给付情况，进行数据分析，为决策提供依据。（中邮保险浙江省分公司）

安 徽 省

【安徽省分公司】

全年实现业务总收入44.59亿元，全国排名第12位，比上年上升1位；比上年增长13.67%，全国排名第6位；完成集团公司预算目标的105.23%。邮务类、代理金融类、包裹快递类业务分别实现收入9.6亿元、31.37亿元和2.8亿元。分销、电商收入规模分全国排名第6位、第13位，均上升3位；包裹快递收入规模全国排名第12位，上升2位；代理金融、集邮收入规模分全国排名第8位、第14位，均上升1位；函件、报刊收入规模继续保持第12位、第13位。专业收入增幅均超全国平均水平，其中电子商务收入增幅高于全国平均水平22%，对标达到全国优秀水平；分销收入增幅高于全国平均水平37%，对标达到全国良好水平。储蓄余额规模突破2000亿元大关，成为全国第8个突破2000亿元的省份。第一季度余额增幅连续6年全国排名第1位。全年净增余额217亿元，全国排名第7位；实现新单保费107亿元，增幅达55.6%，其中中邮新单保费8.02亿元，比上年增长26.2%。各专业实现快速发展。2015年，代理金融、包裹快递、函件、报刊、集邮、电商、分销等专业全面完成集团经营预算。其中：代理金融专业实现收入31.37亿元，规模全国排名第8位，比上年提升1位；增长率14.4%，全国排名第12位，高于全国平均水平0.29%；包裹快递专业实现收入2.8亿元，规模全国排名第12位，比上年提升2位；增长率18.22%，全国排名第9位，高于全国平均水平8.44%；函件专业（含媒体）实现收入1.66亿元，规模全国排名第11位，比上年提升1位；增长率-6.1%，全国排名第14位，高于全国平均水平5.4%；报刊专业实现收入2.91亿元，规模全国排名第13位；增长率3.11%，全国排名第11位，高于全国平均水平3.26%；集邮专业收入实现1.94亿元，规模全国排名第14位，比上年提升1位；增长率9.08%，全国排名第14位，高于全国平均水平3.52%；电商专业收入实现2.4亿元，规模全国排名第13位，比上年提升3位；增长率34.87%，全国排名第1位，高于全国优秀水平8.94%。分销专业收入实现6205万元，规模全国排名第6位，比上年提升3位；增长率19.69%，全国排名第6位，高于全国良好水平7.78%。

实现净利润4.77亿元，完成集团公司摘档利润目标（第五档）的344%；收入利润率达10.7%，比上年提升5.48%，连续三年保持全国第1位。成本费用控制较好，总成本费用增幅低于收入增幅5.02%。货币资金较上年末增加1.56亿元，其中12个市分公司货币资金比上年实现增长。应收账款比上年减少2178万元，周转速度加快17天；集邮商品周转速度快于全国平均水平34天，比上年快2天。分销库存销售比下降1.82%。

安排能力建设投入4.1亿元，其中改造营业网点、仓储中心及生产场地等1.48亿元；更新购置金融机具、营投终端设备1.96亿元；更新购置邮运车、投递、分销车辆3159万元；信息化建设2010万元；综合楼生产场地征地费用1100万元。包裹快递业务改革专项资金4000万元。

池州、六安、滁州、宿州、宣城等5个市分公司收入增幅超全国优秀水平。蚌埠、淮北、阜阳、淮南、芜湖、亳州等6个市分公司超全国良好水平。县分公司业务收入占比达到67.2%，比上年增长13.31%。23个县分公司收入增幅超全国优秀水平，15个县分公司收入增幅超全国良好水平。

安徽省邮政分公司超额完成“十二五”主要规划目标任务。业务总收入超规划2.18亿元，年均增长13.15%；总资产41.93亿元，超规划12.93亿元，年均增长6.22%；能力建设投入19.2亿元，其中固定资产投资达10.9亿元，超规划4亿元；全员劳动生产率20.9万元/人，超规划2.64万元/人，年均增长13.4%；2015年利润、货币资金较2010年末分别增加6.1亿元、16.88亿元。“十二五”时期，从二类省晋升到一类省（2013年），并在2012、2013、2014年度全国邮政经营绩效考核评比中，连续三年荣获A档第1名。

安徽省委省政府领导、集团公司领导均多次莅临检查指导，对安徽邮政的工作予以充分肯定。安徽省分公司荣获“全国模范劳动关系和谐企业”，连续荣获第九届、第十届“安徽省文明单位”、第三届“安徽省文明行业”等称号。阜阳市分公司连续荣获第三届、第四届“全国文明单位”称号，合肥邮区中心局、芜湖市分公司荣获第四届“全国文明单位”称号，培育出6家“全国工人先锋号”、1家“全国青年文明号”、10家“安徽省青年文明号”，3名“全国劳动模范”、6名“安徽省劳动模范”、8名“安徽省‘五一’劳动奖章”获得者，4名“全国邮政系统先进个人”、2家“全国邮政系统先进集体”。（安徽省分公司　黄玲）

【邮储银行安徽省分行】

全年安徽省分行总资产达3130亿元，比上年增长12.34%。各项存款余额3021.44亿元，比上年增长12.13%。各项贷款余额803亿元，比上年增长48%。新增存贷比达80%，较上年提升26.72%。信贷增速在安徽省内金融机构中排名第1位，新增额排名第3位。不良贷款率0.77%。全年实现营业收入44.71亿元，比上年增长20.21%；实现利润总额16.11亿元，比上年增长21.85%。发展成效获总行和地方政府充分肯定，全国绩效考核成绩排名第四位；省内同业绩效考核荣获一等奖。

1. 个人银行业务。

个人存贷款业务。分行个人存款余额2673亿元，比年初增加290亿元，增长12.19%。其中，个人活期存款增长12.46%，个人定期存款增长12.13%。个人贷款余额570.13亿元，比年初增加159.27亿元，增长38.76%。其中，小额贷款余额73.4亿元，年净增1.74亿元；个人商务贷款余额141.53亿元，年净增19亿元；个人消费贷款余额355.21亿元，年净增138.53亿元。

三农金融业务。分行涉农贷款余额353.19亿元，比年初增加102.34亿元，增幅40.79%，其中家庭农场贷款余额14.21亿元，年净增11.36亿元。同时，创建现代农业示范区特色支行29家；设立助农取款点3774个，农村金融服务室30个；发放“福农卡”4.5万张，累计结存196万张。

银行卡业务。分行借记卡结存发卡量2559.16万张，全年消费金额641.91亿元，比上年增长18.78%。其中，绿卡通IC借记卡结存发卡量852.66万张。信用卡存量卡41.98万张，全年消费金额为125.16亿元，比上年增长70%；全年取现金额3.19亿元，分期金额4.19亿元，期末透支余额13.09亿元。

3月13日，邮储银行安徽省宣城市分行在市区繁华地段、周边商铺较多的环城西路支行和鳌峰支行布放两台新型ATM，市民可取出10元面值的人民币。
（新闻宣传中心/提供　陈振涛/摄）

代理业务。全年累计办理代收付交易金额826.36亿元，比上年增长6.66%。代理销售新单保费137亿元，保费总额达到30亿元。代销基金产品总额33亿元，代销国债0.7亿元，代理贵金属交易资金1.8亿元。

2. 公司银行业务。

公司存贷款业务。截至年末，公司存款余额348.28亿元，比年初增长36.54亿元，增幅达11.72%；公司贷款余额94.05亿元，比年初增长49.17亿元，增幅达109.58%。全年新增公司账户5221个，总数达到2.24万个，比上年增长28%；新增公司授信客户31户，新增公司授信额度194.96亿元。商合杭高铁、利辛板集电厂、池州大桥等省内重大基础设施项目介入，房地产贷款破零。

小微企业金融业务。结合走政府活动，深入推进银政合作，开发银政担、医院贷、税贷通等多种新产品，小企业和个商贷款结余213.07亿元，较年初增长40.83亿元，净增额全国排名第1位。其中政银担贷款净增18.22亿元，获得省政府及总行肯定，并多次被人民日报、安徽日报等媒体以专栏形式报道。

国际结算与贸易融资业务。承兑汇票业务年累计签发17.13亿元，增幅144.93%，拓展江淮、皖能等重要客户。供应链围绕核心企业为72家融资企业放款9.27亿元。外币贸易融资、国内信用证及项下融资和自营、包买福费廷业务已获总行开办批复，为2016年国际贸易融资业务发展奠定了基础。

票据业务。票据业务下沉步伐加快，市分行票据中心拓展至13家（全省16家二级分行），票据业务覆盖到全部县（区）支行。票据贴现余额62.63亿元，较年初增加32.07亿元。

3. 资金业务。

投融资业务。全年累计营销各类投融资业务188亿元，期末余额161.10亿元，比年初增加11.3亿元，实现投融资业务收入1.56亿元，比上年增长24.63%。

理财业务。全年分行理财产品余额332亿元，其中，机构理财产品余额104.87亿元，均全国排名第2位。其中，省专属理财产品发售39只，累计销量69亿元。

托管业务。全年分行托管资产规模426.63亿元，本年新增290.83亿元，增量排名全国第1位。

4. 渠道拓展。

网点建设。分行营业网点1764个，其中：自营网点358个，占比20.29%；代理网点1406个，占比79.71%。示范网点建设步伐加快，全年新增示范网点93个，示范网点总数179个。

电子银行。开展“亿路有你”等客户营销活动，并创新拓展微信订阅号、移动金融等电子银行新渠道，截至年末，分行电子银行客户数达到537.06万户，新增客户161.57万户，比上年增长43.03%，增幅系统内全国排名第1位。电子银行交易替代率66.54%，比上年增长13.25%，增幅系统内排名第8位。全年新增在行式自助银行和离行式自助银行共计188个，总量达到782个；新增助农取款点285个，累计设立助农取款点达3774个。

5. 信息科技。

推进信息化建设，圆满完成集中授权、公司信贷二期等10余项总行信息工程省内推广上线工作，自主研发中间业务系统应用软件9项，新增与优化业务系统功能20余项，有效满足业务发展和服务创新需求。

6. 内控建设。

完善风险管控体系。充分发挥风险与内控委员会作为风控“核心”的作用，全年召开7次风控委员会会议，审议22项重大风险议题。深入开展授信管理“一活动三牵头一评价”工作，全面梳理授信全流程规章制度，初步形成多条线联动综合检查机制，使信贷业务全流程形成闭环无缝管理。建立规章制度合规审查等合规管理四项机制，全面规范规章制度管理。

开展案防系列活动。落实监管部门要求，全年开展“两加强、两遏制”、全面风险隐患排查、案件风险排查督查以及安全评估、安全大检查、安全生产月、银行卡防盗刷等活动。贯彻总行部署，深入开展《十条禁令》宣贯、“合规回头看”等系列活动，增强了分行员工违规“红线”意识和合规制度执行力。

提升内部监督效率。主动谋划开展保密印章检查、治顽疾“利剑行动”，聚焦突出风险和屡查屡犯老问题，取得问题整改和制度流程同步完善的良好效果。制定审计结果整改督查管理办法，规范审计整改工作全流程，对2014年30%的审计项目实施整改效果跟踪审计。（邮储银行安徽省公司）

【速递物流安徽省分公司】

中国邮政速递物流股份有限公司安徽省分公司下设7个职能部门、6个直属机构、16个市分公司及64个县营业部。全省从业人员4098人，一线人员占76%。安徽省分公司自营总收入6.07亿元，比上年增长15.1%。

1. 推进业务发展。

推进国内标准特快邮件业务。开展“战略反攻、收复失地”“省内逐鹿、羊帆2015”“猎丰行动”等客户开发和劳动竞赛活动，聚焦行业市场和重点客户，实现收入2.75亿元，比上年增长12.8%，全国排名第3位。

推进快递包裹业务。对经济快递老客户资费平移，确保过渡期老客户稳定；开展优势线路营销，抓住“双11”、“双12”契机，11月15日~12月20日，开展“网购退换货特惠”活动。实现收入6651万元，比上年增长44.7%，全国排名第7位。

推进国际速递业务。拓展国际EMS业务，梳理卡哈拉精品线路，结合总部拓展加拿大、俄罗斯、巴西等新兴路向契机，聚焦商务市场、重点项目及行业类客户开发。实现收入6432万元，比上年增长70.5%，全国排名第5位。

推进合同物流业务。针对重点行业及区域，组建专业团队，推进项目开发运营，拓展终端、汽车、家电、快消品、医药等行业市场。全省累计百万元级以上规模合同物流项目26个，较2014年底新增2个，其中千万元级项目6个，百万元级项目20个，规模项目集中效应逐渐凸显。

推进重点市场发展。政务市场实现收入8277万元，比上年增长33%。2月1日~3月31日，开展政务类客户开发突击月竞赛，形成业务收入828万元；9月1日，实现身份证邮件“合肥—客户”直发模式，压缩时限1~1.5个工作日，全省制证比37.6%，实现业务收入2895万元；11月，推出“政务通”专属产品，提高市场竞争力；12月21日，省委办公厅、省政府办公厅联合发文规范党政机关公文传递管理，促进政务市场的开发维护。在合肥启动港澳台再次签注项目试点，全年实现护照类业务收入1372万元；将原有“安徽交管e点通”项目移植到“12123”平台；在6个单位启运国税“网上办税平台”项目合作；在全省范围开办法院实物返单业务，实现业务收入1339万元。

商企市场实现收入1.77亿元，比上年增长28.6%。推广商务楼驻点模式，全省驻点达到138处，收入比上年增长61%；推出金融汇票业务新产品，实现金融行业收入2557万元；拓展“体检通知”寄递等新项目，实现医药行业收入1269万元；中标安徽电信、安徽移动配送项目，实现通讯行业收入1449万元；续约宁国中鼎集团业务，实现汽车行业收入1692万元；开发九特龙洋服等新客户，实现省内调换货业务收入573万元。

电商物流分公司开发南极人服装电商仓配项目，积累全流程运作管理经验。芜湖市分公司通过筛选优势线路营销，反抢竞争对手，扩大“三只松鼠”项目合作规模。开展“云仓京融”业务培训和推广工作，首批客户黄山“徽羚羊”于12月上线融资。与农资电商“爱种网”签订战略合作协议，实现省内平台产品的供应链双向流通。

校园市场实现收入1807万元，比上年增长27.6%，在全省范围内复制招生材料、录取通知书、招生简章、毕业生包裹等寄递项目，实现录取通知书收入494万元、学生档案532万元、学生包裹132万元。设计省内“试卷定时递”产品，运作江南十校、南京考越、志诚教育等项目。

建设营销体系。推行“五个中心”实体化运作，省市公司成立相应机构，16个市公司成立50个营销中心，其中26个实体化运作；实行客户分类分等分级维护，建立首席营销经理“3个5客户开发”通报机制，黄金级以上老客户由客户经理专职维护，收入增幅达到21%；对重点项目、重点市场、重点客户实行项目经理制，按照“1+N”团队营销模式，落实实体化服务；对揽投部实行穿透分析应用，开展精准深入分析；确立揽投部站“三会”制度，促进揽投平台价值提升；规范揽投部负责人日常工作，编制《揽投（营业）部负责人基础工作手册》；按季度对揽投平台价值员工进行评选，对员工事迹进行展播。

规范业务管理。加强资费管控，结合集团公司包裹快递业务改革要求，制定《安徽邮政快递包裹业务资费管理办法》；制作“客户损益测算表”，对资费优惠申请实行一户一测；修改完善全省协议客户成本测算软件，为事后管控找准依据。建立与各级邮政公司常态化沟通机制，做好代收货款、收件人付费等增值业务管理；完成代收货款和收件人付费业务详情单改版、省内代新系统上线工作。

2. 提升运行质量管控。

省际进口标准特快邮件及时妥投率由85%提升到90%；省际进口经快及时妥投率由年初的90%提升到92%；

省内互寄及时妥投率由92%提升到95%；申诉率从15%下降至5%以下，达到五星级快递企业要求；投诉率指标达到0.5%以下。

发展省内限时递。扩大省内网覆盖范围、建立信息系统支撑、建设客服团队，在运作“手机限时递”产品的基础上，全面推进省内限时递，省内所有市县之间互寄实现次日上午递或次日递。

调整网运线路。全年新增省内干线邮路7条，调整干线邮路6条。组开淮北、亳州、淮南、马鞍山、宣城、池州至集散中心的省内快速邮路，新增了砀山－淮北－蚌埠线路，调整了宿州至蚌埠邮路和宿州同城网邮路，提高邮件全程时限水平。对安徽省南京集散投递区进行了相应调整，保证了安徽省南集进口邮件及时经转。整合邮速两网优势资源，实现整体利益最大化，省际网通过大网实现合肥至厦门等地陆运直达，省内网实现两网邮路复用，有效提高邮路载运率，降低了网运成本。部分地市还通过大网邮路形成同城网二频次交接，加快邮件传递时限。

推进处理中心标准化建设。新增手持式PDA338台、便携式蓝牙袋牌打印机236台。加大对集散中心场地和设备的优化和投入，提高场地利用率和自动化分拣水平，加快处理时效。在全省各市处理中心推进标准化信息系统及流程，提高员工工作效率，加快邮件经转时限，降低处理中心人工成本。

提升质量管控。开展全省周质量分析网络会议，由各单位“一把手”牵头，从问题邮件入手，分析原因，采取相应措施解决，提升运行质量，为业务发展创造有利条件。为引导员工践行企业价值观，打击虚假信息，降低丢损事故，从12月开始，开展“诚信红旗”单位评比活动，对服务质量正向激励，塑造诚信服务价值。

建设客服体系。完成省市两级客服体系建设工作，开展业务培训和现场业务指导，促进正确履职。组建项目客服团队，全程跟踪手机限时递和省内限时递等重点项目运营。定期对客户进行回访，掌握前端服务质量情况，做好事后监督整改。调整邮件查询和理赔流程，全年受理赔偿1516起，结算赔偿金额41万元。加强总部统签项目监控，实现苹果、小米、惠普、玫琳凯等重点项目有序开展，得到总部项目组的表彰。

加强信息化管理。发挥信息技术对经营管理的支撑作用，将信息技术融入从市场开发到运营监控的全过程，开发完善技术服务方案。开发出手机限时递、省内限时递、单证照、法院专递、国际邮件以及思乡月等重点项目的查询和分析工具，增强大数据分析统计和利用能力，提高业务管理效率。开发各类数据挖掘工具，增强内部管控的精准性。

加强视察检查。开展服务质量提升、资费规范管理、无着邮件清理、再投邮件清理等专项活动，组织开展收寄未上网邮件核查、邮件重量核查、揽收服务回访等工作，定期做好分析通报。全年省市视检人员出检912次，出具检查报告880份。

3. 提升基础管理。

调整人力资源管理。调整用工结构，推进劳务承揽，劳务用工占从业人员比重降至2%以内。创新招用B类合同用工方式，通过外部招聘大专学历揽投员和内部择优转招两种方式，改善了揽投队伍结构。对部分省管干部进行了岗位调整任用，通过公开竞聘或组织考察方式提拔3名领导干部。上线集中培训管理系统，组建省级内训师队伍。以员工职业发展、揽投部站价值提升为主线，开展新员工入职、部站负责人基础管理、营销人员实战演练等特色培训。组织全省岗位练兵和技能比武，在全国邮政特有职业竞赛中荣获团体组织奖和个人全能第九名，在全国技能大赛中荣获快递行业全国个人第六名。

精细财务管理。加强集中管控，实行物资及社会资源集中采购，全年降低邮路成本290万元，节约业务耗材成本40万元。对19个预算单位会计集中核算，推进全省开支标准和核算工作的统一。深化损益核算，实现网运成本清分结算到揽投部、县营业部，规范损益核算口径。完成全省及各个预算单位盈亏平衡点测算工作。开发省内客户损益模型，完成快递包裹改革后新结算系统上线。开展用户欠费及往来清理专项活动，推广应用用户欠费系统。完成ERP系统应收、应付、资产和总账模块的上线工作，为提高财务信息化应用水平打下基础。加强地方财政、税收政策研究，芜湖市分公司争取地方营改增补贴127万元、减免土地使用税40万元，省公司计划财务部争取减免铜陵北路土地使用税37万元。（速递物流安徽省分公司）

【中邮保险安徽省分公司】

中邮保险安徽省分公司于2011年5月26日获保监会批准筹建，2011年9月9日展业运营，是中邮保险在全国成立的第9家省级分公司。

中邮保险安徽省分公司展业范围覆盖全省16市63县1718个邮政金融网点，累计实现总保费44.6亿元、期交保费4亿元。中邮保险安徽省分公司经营管理逐年上台阶，合规情况总体良好，被安徽省保监局评定为2013年度分类监管A类机构、2014年度稽查分类A类机构；连续三年（2012年~2014年）被人民银行合肥中心支行评为反洗钱非现场监管评价B类公司；先后获得“安徽省第一届‘保险之星’（人身保险）技能大赛”团体二等奖、“全国中邮保险第一届业务技能比赛”团体二等奖、“安徽省第二届‘保险之星’（人身保险）技能大赛”团体一等奖等一系列行业和系统内荣誉，行业地位和品牌形象不断提升。

实现保费收入11.08亿元，比上年增长11.9%，规模排名全国第9位，完成全年计划的99.3%。市场占有率2.7%，在全省32家寿险公司中排名第9位。

1. 调整业务结构。

扩大保费规模。融跨年度旺季营销、邮储银行“开泰2015”个金业务旺季营销活动，明确发展目标，逐级落实推进。联动邮银渠道开展中邮保险一季度开门红营销，开年三天即完成年年好新A款产品6.6亿元定额销售计划。新单保费9.49亿元，规模排名全国第9位。其中邮政企业代理渠道8亿元，规模排名全国第10位，渠道占比10.4%；邮储银行代理渠道1.46亿元，规模排名全国第6位，渠道占比8.5%。

发展高效业务。推动中邮期交业务纳入全省邮政重点项目实施，在各市精选1~2个网点作为主战场，组织举办30余场精品期交沙龙，打造期交沙龙模板，逐步向全省市县推广，促进期交常态化发展。三季度在邮政渠道启动中邮期交“夏季风暴”营销活动，掀起期交发展热潮，邮政渠道提前完成期交计划。联动邮储银行省分行组织开展4~12月期交专项营销活动。安徽省分公司累计实现期交新单保费收入1.85亿元，比上年上升51.4%，规模全国排名第8位，渠道占比65.5%；10年期及以上新单期交保费930万元，占期交总保费5%。实现续期保费收入1.53亿元，完成年度计划的97.6%。团险业务取得新突破，承保省邮政公司团险项目，全年团险保费实现553万元，完成年度计划的241%。

2. 提升运营管理。

加强营运管理。高效应对“新年A”集中退保，完成退保1.3万件，金额6.9亿元，平稳渡过退保高峰。开门红期间配合总公司开展新契约二次回访，回访4742件次，拉升整体回访率23.27%。与合肥市电信公司达成呼叫外包协议，着力提升服务质量。加强单证管理，集中销毁5万余份旧版单证。开展效力中止件清查活动，复效契约110件。持续推进信息真实性管理，对历史保单进行清理清查和新单管控，加大客户信息真实性、一致性严格审核，发现问题及时与渠道互通；针对安徽保监局对分公司现场检查发现问题，为市县机构配备录音电话，以录音作为数据核销条件，确保信息真实性。运营指标总体良好，新契约合格率97.12%、13个月保费继续率88.19%、25个月保费继续率95.42%，理赔30日立案率96.81%，保全资料流转时效0.97日，电话回访率84.69%；亿元保费投诉率保持零记录。

开展客服活动。组织开展新春回馈、养生讲座等10余场客服活动，惠及2000多人次，发放宣传资料4万余份。创新客服方式，深入界首田营镇支局、灵璧杨疃支行举办期交客户联谊活动。融入社会公益事业，在金寨县大湾小学开展“中邮保幸福，爱心助成长”主题关爱儿童公益活动，在合肥市琥珀山庄社区举办中邮保险健康义诊，响应行业协会号召向贫困地区捐赠2万元，以献爱心方式履行社会责任，传播正能量，国内众多知名网站和媒体对此进行了宣传报道，有力展示了中邮保险服务品牌。高度关注社会重大突发事件，第一时间开展理赔排查，协同总部及兄弟分公司，对“东方之星”沉船事故安徽籍出险客户开展快赔服务，该理赔案例入选《中国保险报》主办的“中国保险业月度和年度影响力十大赔案”。

3. 严管控防风险。

提高风险防控水平。推进“两个加强、两个遏制”专项检查，以财务数据真实性、内控、业务经营等情况为重点，全面开展自查、回头看、补查等工作，将自查期间由2014年全年扩大到自分公司开业以来的各年度。组织对阜阳、芜湖、宣城、铜陵、滁州等单位开展督查。对专项活动查出的7处问题，通过落实责任部门和责任人，制定措施，加以整改。坚持开展月度地市机构风险分类预警评估，实施分类管控；组织开展案件风险、保险欺诈风险、防范打击非法集资活动等专项风险排查，发现并排除风险隐患22处，下发风险提示函20份。

规范内控管理。对合肥、铜陵、宣城、黄山等12个市中邮保险局及辖内22个县中邮保险局、52个代理网点开展现场检查，梳理并排除各类操作风险隐患36处。与邮政金融业务局联合对亳州、宿州、蚌埠、合肥、池州、宣城等6个市开展代理保险业务检查。规范合同与制度管理流程，梳理汇编制度140个。圆满处理法院协助执行案件1件、诉讼案件2起。开展对合肥市、肥西、泾县、广德、全椒、凤阳等6个市县中邮保险局及下辖11个代理网点反洗钱专项检查。编印《反洗钱实务操作手册》6500余册，发放至全省代理网点，指导从业人员履行反洗钱职责。

4. 建设基础能力。

强化机构管理。对市县中邮保险局专兼职人员配备情况开展摸底调查，组织举办中邮保险局专职岗位人员培训与考核。加大市县从业人员业务培训，通过省邮政金融夜校等平台，结合“送培上门”和“内训师转培训”，拓展培训深度和覆盖面，全年累计培训283场次，累计培训9608人次，累计培训时长224.5小时。组织市县机构和人员参加全国邮政保险运营“达标争先”劳动竞赛、中邮网院理论考试，选派5名市县中邮保险局人员参加总部举办的单证档案、保全、理赔高端培训。邮保联合开展“邮政金融内控知识送培上门活动”，对6300余名金融业务人员进行内控合规培训。通过强化管理和培训，有力促进市县机构专业能力和队伍素质的提升。分公司各部门挂点督导16个地市，加大对代管机构的指导，做好服务支撑。

规范内部管理。加强人力资源管理，完善干部管理相关制度，规范干部选拔流程；优化队伍结构，从校园引进大学生3名、社会招聘理赔管理人员1名；修订完善分公司绩效考核办法，建立起由部门工作目标考核和个人工作绩效考核相结合，月度考核、季度考核和年度考核相衔接的绩效考核体系，激发员工工作积极性。坚持财务全面预算管理，强化费差目标管控，预算优先保证期交发展、能力建设，加大对市县局的业务指导、旺季营销、期交竞赛等方面的投入，努力提升经营效益；完善采购管理制度，规范采购流程，加强过程管控，提高资金使用效益；落实中央八项规定，压缩非生产性费用，厉行节约，全年行政管理费用比上年下降15.61%，其中招待费下降33.11%，车辆使用费下降20.44%。推进信息化应用，改进“省内信息支持平台”系统功能，建设分公司微信公众平台，高效处理各类系统问题，保障了信息系统安全稳定运行。（中邮保险安徽省分公司）

江 西 省

【江西省分公司】

全年实现收入31.17亿元，全国排名第17位；完成计划107.42%，位全国排名第2位；增长15.09%，全国排名第3位。“十二五”时期，邮储余额年均净增近百亿元，突破千亿元；快递包裹收入逐年翻番，突破亿元；业务总收入保持两位数的高速增长，突破30亿元。

1. 提升企业经济实力。

“农村e邮”致力于“服务农村、助力农业、致富农民”。建成村镇服务站点424个、县级运营中心30个、仓储配送中心13个；注册“老俵情”商标，搭建“乡村寻味”线上平台，开设网上县馆65个，上线农产品1500余款，塑造了“傩乡桔颂”“廖奶奶咸鸭蛋”等一批区域性农产品品牌；按照“红色服务”“绿色崛起”两条路线，探索建立农村电商带动精准脱贫、返乡创业、乡村旅游、村镇产业四种服务模式，培育了一批农村电商创业带头人，带动上万农民脱贫致富。“e邮行”致力于传播智慧旅游新概念，线下建成主题邮局13个，线上运营微信公众号12个，吸纳微信粉丝17万人；“e邮城”致力于打造十分钟便民服务圈，建成以智能包裹柜为主体的“e邮局”360个，处理自有和社会快件130余万件；“e邮园”致力于电商产业链服务，建成江西邮政（上饶）电商智慧产业园，着力推进农村电商和跨境电商，进驻63家电商企业，日均出货上万件。举办首届江西农村电商发展高峰论坛；与省商务厅、省扶贫办等部门达成战略合作。农村电商工作得到各级政府和社会各界的高度认可，中央部委、省委省政府等各级领导多次进行视察。人民网、中央电视台、江西日报、江西卫视等主流媒体纷纷进行深度报道。

组建省、市、县财富中心，打造“双千人”专兼职营销团队。新增转型网点308个，发展网上银行35万户、手机银行42万户，电子渠道替代率较上年提升15.28%；新增金融资产235亿元，全国排名第14位。全省各单位均完成“双百亿”标底计划。实现金融收入21亿元，完成进度及增幅分别排名全国第8位、第9位，收入规模全国排名第15位。

鹰潭市分公司积极开展“送知识下基层”活动，服务农村居民。他们在各站点设立普及网购、微商等电商知识宣传咨询点，向广大农民群众宣传网银、中邮证券等金融业务，并手把手地教大家进行网络购物及产品销售。（江西省分公司/提供）

实施县域邮速合体经营改革，推行“经营承包制”“仓储+寄递”模式，以市场化理念和信息化手段，扎实推动包裹快递业务加速发展。实现包裹快递收入1.9亿元，增长46%，全国排名第2位，完成计划120%，位全国排名第3位，其中快递包裹实现“跨亿”和“翻番”双目标，市场占有率全国排名首位。代管县域速递发展提速，增幅达20%，高于省速递自管和全国速递增长速度。

报刊专业组织“书香行”系列活动106场，发展“中邮阅读”有效用户4.26万户，建成动漫旗舰店7个，收入增幅全国排名第6位。2016年度报刊大收订流转额完成5.9亿元，增幅全国排名第5位。函件专业总部拓展电销保单等高端配送项目，实现重点行业突破；省市联动打造演艺媒体项目，实现收入400万元，利润率40%；创新开发明信片电影票产品；集邮专业举办第35届佳邮评选及抗战70周年巡展活动，网厅销售邮品700余万元，专业收入提前三个月完成集团计划，毛利率全国排名第1位。电商专业短信和代收代缴业务规模增幅均超20%，营销神器业绩量和使用率均全国排名第1位，车险市场占有率全国排名第2位。

2. 增强企业发展活力。

按照扩权强县和扁平化管理思路，将综合排名前20位县分公司纳入省直管范围，单独下达预算和配置资源，给予经营、用工等“五个自主权”。省直管县实现收入9.58亿元，增长15.92%，高于全省平均增幅0.83%；占县域邮政总收入近四成。

向经营实体单位推出任务包、薪酬包、资源包认领机制，将收入利润完成情况与薪酬、资源直接挂钩。全省9个市和所有省直管县分公司认领并完成“高级包”。省分公司全面兑现薪酬包，员工收入增幅达16%。

把金融网点作为利润中心考核，构建增量利润分成机制，推行扁平化管理，有效实现网点效益和员工收益“双增长、互促进”。全省914个金融网点推行损益核算，实现收入19.1亿元，占全省总收入61%；实现利润11.3亿元，收入利润率达59%；网点员工月均收入普遍增长近千元。

出台“双创”和“两个百万”总经理创新基金等政策，在经营、管理、服务等各领域深度推进，全面激发全员创新创业热潮。全省申报“双创”项目1063个，项目推进率达97.7%，带来新增收入1.17亿元、新增储蓄资金6.74亿元。

3. 提高企业运行效能。

完成“子改分”工作，建立理顺包裹快递、农村电商等各级组织体系，增配包裹快递投递员359名，充实储蓄营业员301名，选配省金融财富团队人员14名，规范农村投递营业用工1953人，解决外包人员历史遗留问题。完善企业用工结构，规范劳务承揽用工4490人，择优转招B类用工2454人，降低劳务工占比20%。加强用工管理，打通员工退出通道。优化薪酬分配机制，突出利润导向，完善市县分公司分类办法，健全绩效考核体系。推进薪酬分配制度调整优化工作，完善单位部门分类、岗位序列和基本工资结构，统一合同工与劳务工薪酬标准，有效增加一线员工工资收入。劳务工基本工资增幅高出合同工16.5%；操作序列人员基本工资月均增加550元。

财务效益管控明显增强，建立现金流、利润、欠费等重点指标管控体系，全面提升企业运营效益。在保证员工薪酬较快增长、基础建设加大投入和“三包”奖励大量兑现的基础上，企业货币资金存量8.08亿元，全年资金流入68.75亿元，比上年增长9亿元。成本管控持续优化，组织ERP项目财务板块上线运行，组建省级会计核算中心，深化网间结算和损益核算，严控管理成本。管理费用增长2.54%，低于收入增幅12.55%；业务招待费下降12.7%，差旅费下降4.5%，会议费下降5.2%。投资力度空前加大，出台能力建设投资管理暂行办法，加大对重点领域和战略性业务的投资力度。全年落实能力建设投资4.43亿元，占年初投资计划的151%，较上年增长44%。四是审计监督更加有力。组织财务收支审计16项、经济责任审计37项、专项审计4项、工程审计158项，审减建设资金1700万元，审减率25.64%。

安全生产管理加强。加强安防能力建设，完成金融安防设施达标改造，落实重点消防单位“户籍化”管理，全省金融网点、业务库、自助设备、运钞车全部纳入远程集中监控。加强安全检查和隐患整改等活动。全省第四轮金融安全评估工作再创佳绩，达标率100%、优秀率97%，综合得分全国同行第4。企业连续5年荣获全省综治工作（平安建设）先进单位。

企业服务质量提升。出台服务质量三年提升实施方案，完善视察检查体系和邮件赔偿管理办法，开展“提升邮政服务质量”和“双文明服务”等专项活动。加快客户咨询投诉处理时限，打造微信客服新平台，11185普邮运营综合排名全国排名第4名。全省邮政用户满意度较上年提升0.93%；机要通信工作连续20年质量全红。

4. 提升企业发展品质。

推动基础网络升级，加快营业网功能建设。补建空白乡镇局（所）214个，购建网点13个，改造网点180个，更新添置ATM/CRS 490台、智能化报刊亭70个，布放商易通/POS 8445台。实施网运全流程再造。投入近6000万元，实施全省邮件处理中心散件化、流水化、自动化（机械化）改造；落实干线运输改革，推行县级转运、分拣、投递“三合一”作业组织模式，打造二级干线“四下三上”和区内线路“两进两出”时限主导型网路；添置包分机1台、胶带传输机52台、PDA368台、邮运汽车340辆；建设仓储近5万平方米。省内进出口邮件传递速度明显加快，基本实现县级以上城区互寄“明天见”、省内收寄邮件次日凌晨“有效出口”，强力支撑“双11”旺季包裹处理量较上年再翻番。加强投递能力建设。推出“私车公助”计划，以投递员购买、企业补贴的形式，添置各类投递车辆1278辆；推进“1+8”快递下乡战略合作，邮政统一建设“农村快递超市”，提供代运、代投、代收服务。赣州、吉安、上饶等市代运代投农村电商快件突破10万件。

推动企业信息化升级，激发技术研发活力。设立信息化引领总经理百万基金，以“双创”机制推动信息技术项目化、市场化运作，实施“三五工程”，掀起技术创新热潮。发挥信息化引领作用。投入2.33亿元推进信息化建设，开发智能揽投平台、老俵微商城等62个业务应用系统，建立数据分析共享平台及11个地市数据分库；开展3次数据专题分析，完成网点智能WIFI等项目建设。强化信息安全管控。推进全省网点网络改造、主机虚拟化和信息安全平台建设，加强邮政信息网运维质量考核，有效确保各类信息系统安全稳定运行。

人才队伍建设。一是创新人才培养模式。大力宣传贯彻集团公司人才发展规划，完善人才交流锻炼机制，选派优秀干部到集团公司参加重大项目锻炼，选送46名优秀青年干部赴浙江、广东、江苏挂职学习。二是加强人才选聘工作。组织财富中心、农村电商、纪检等重点岗位竞聘，招聘大学毕业生146人、社会电商人才7人，为企业重点领域选拔人才。三是强化员工培训工作。举办“名师大讲堂”和领导人员“卓越领导力”主题培训，组织业务（营销）员职业技能竞赛，在全国决赛中获“团体组织奖”；中国邮政网络培训学院江西省中心升为五星级分院，培训课件获全国二等奖。（江西省分公司　叶金平）

【邮储银行江西省分行】

全年全分行总资产达2008.30亿元，比上年增长10.77%。各项存款余额为1932.63亿元，比上年增长9.17%。各项贷款余额为773.22亿元，比上年增长48%。不良贷款率为0.38%，拨备覆盖率达424.22%。全分行实现营业收入56.45亿元，比上年增长15.59%；实现净利润16.01亿元，比上年增长16.81%。

1. 个人银行业务。

全分行个人客户达1607万户，其中个人VIP客户为63.9万户。

个人存贷款业务。个人存款余额为1641.91亿元，较年初增加118.61亿元，增长7.79%。其中，个人活期存款增长8.36%，个人定期存款增长7.38%。个人贷款余额为535.82亿元，较年初增加146.01亿元，增长37.46%。推进借力平台模式，搭建“银政、银协、银企、银担、银保”，小额贷款余额达80.5亿元，年净增12.47亿元。个人消费贷款余额达302.4亿元，年净增113.96亿元，新增贷款市场占有率列江西省同业第2位，不良率仅为0.04%。个人商务贷款结余152.69亿元，年净增19.76亿元，结存客户达38775户，户均贷款金额为39万元。

三农金融业务。全分行涉农贷款余额为303.14亿元，较年初增加103.56亿元，增速为51.89%，实现三农金融业务利息净收入3.70亿元。着手建设现代农业示范区支行27家；举办“邮储银行杯”江西青年涉农产业创业创富大赛；启动农村支付环境建设项目，建立助农业务平台，推出助农服务点专属产品“助农通”，共设立助农服务点4089个。

银行卡业务。全分行借记卡结存发卡量达1612.66万张，全年消费金额为383.62亿元，比上年增长23.20%。其中，绿卡通IC借记卡结存发卡量达188.14万张。信用卡全年消费金额达143亿元，比上年增长72.9%；期末透支余额为20.38亿元，比上年增长64%。

养老金业务。全分行代收代付养老金927.18万笔，其中代收养老金976笔，代发养老金927.08万笔，代收“新农保”交易笔数为52.97万笔，交易金额达6273.5万元。

代销基金、国债业务。全分行加强与优秀基金公司合作，代销基金的产品总额达46.99亿元。代销凭证式国债4期，实际销售1.09亿元，代销储蓄国债（电子式）10期，实际销售2.4亿元。

代理保险业务。全分行共准入寿险、财险、健康险、意外险等产品537款，全年实现代理保险保费119亿元。

2. 公司银行业务。

公司存贷款业务。全分行公司存款总额为290.67亿元，较年初增加43.71亿元，增幅达17.7%；公司贷款余额达80.34亿元，较年初增加37.55亿元。

小微企业金融业务。全分行小企业法人贷款结余44.18亿元，较年初增加8.27亿元，法人客户达数1960户，户均贷款金额225万元。

国际结算与贸易融资业务。全分行国际结算业务全年结算量为0.17亿美元。

票据业务。直贴业务规模扩大，承兑业务增速较快，票据大管家、商票贴现等新产品不断发展，票据贴现余额为40.61亿元，较年初增加24.55亿元。

3. 资金业务。

市场交易业务。全分行本外币市场交易规模达1303.63亿元，比年初增长14.74%，共交易301笔。

投资业务。全分行债券及同业存单投资的利息收入为0.62亿元。投资（包括委托其他金融机构投资）的商业银行理财产品、信托投资计划、资产管理计划及证券投资基金的余额总计92.2亿元。

同业融资业务。全分行存放同业及其他金融机构款项和拆放同业及其他金融机构款项合计22.3亿元，同业及其他金融机构存放款项和同业及其他金融机构拆入款项合计60亿元。

理财业务。全分行理财产品余额214.05亿元，较年初增加92.64亿元，增长76.3%；机构理财产品余额达1.24亿元。

贵金属业务。全分行推出实物贵金属产品275款，代理贵金属交易金额达14.36亿元，实物贵金属交易金额为1712.3万元。

托管业务。全分行托管资产规模达504.61亿元，较上年末增长78.25%。

4. 渠道拓展。

网点建设。全分行营业网点1478个，其中：自营网点366个，占比24.76%；代理网点1112个，占比75.24%；营业网点县域覆盖率达到100%。

电子银行。构建新型互联网金融服务体系，全分行新增电子银行业务功能67项、优化功能44项，电子银行交易替代率达 70.58%，全年交易笔数达 1.8 亿笔。个人网银结存注册客户 269.96 万户，全年交易金额 401.39 亿元；手机银行结存注册客户 185.76 万户，全年交易金额 305.57 亿元；电话银行结存注册客户 196.54 万户，全年交易金额 331.45 万元。加大自助设备投放力度，全省 ATM 总量达到 2541 台，全年交易金额高达 1050.83 亿元；还新建电子银行体验中心 53 个。

5. 信息科技。

在做好科技支撑服务的基础上，全分行重点推进“科技 + 金融”工程，全年建设项目 35 个（其中省内自建项目 20 个），网点集中授权、E 贷通等 27 个项目已在江西省上线应用。全国储蓄逻辑集中后系统运行情况稳定，交易率持续提高，2015 年系统平均率达 99.11%，比上年提高 0.32%，跨行交易率达 99.65%，在 17 家全国性商业银行中排名第 5。

6. 风险管理。

信用风险管理方面，全分行信贷资产不良率为 0.38%，仅为全行的 2/5、不及全省的 1/6，信贷资产质量列全行第 4 位、全省第 3 位。全分行始终紧绷风险这根弦，行领导带头重视资产质量管控，逢会必讲风险管理，强化全分行适度风险、适度回报的偏好政策。不断优化信贷结构，着重将新增贷款投向实体经济，并向有政府担保、有抵押物以及风险较小的助保贷、抵押贷等产品倾斜，确保了贷款投放安全。在日常管理上，全分行严格遵循贷款“三查”制度，严把客户准入、审查审批和贷后管理关，有效识别和提前暴露风险隐患，强化逾期催收及不良贷款处置，多措施保障了全分行信用风险整体可控。

市场风险管理方面，及时转发总行相关文件，全力为最前端业务营销人员提供及时、准确的政策指导，灵活应对市场变化；每日监测全省信贷余额，实时分析各市分行各贷种余额变化，结合外部整体环境，明确业务发展方向；每月针对利率变化情况进行简要分析，及时研究有针对性的产品定价，出台应对市场风险的经营策略。

流动性风险管理方面，不断加强资金头寸管理和大额资金交易管理，以细致的管理和严格的考核做好资金流动性管理。按日做好全省资金调拨调拨和大额跨行资金预报监测，按周做好存贷款新增预测，按月对资金头寸报送情况进行通报和考核，按季收取流动性成本。全年向总行上划资金 245.32 亿元，下拨资金 437.04 亿元，实际净下拨资金 1191.72 亿元。全分行未发生任何流动性事件或风险。

操作性风险管理方面，全分行始终保持案件防控高压态势。先后开展一系列专项整治活动，突出重点岗位、重点人员、重点业务、重点账户和重点交易，关注八类人员，严防非法集资风险和非法参与民间借贷行为，严格岗位轮换（强制休假）制度执行。不断推动条线尽职检查工作有效开展，实现尽职检查工作常态化，以“十条禁令”为抓手，狠抓员工行为规范管理，并以全员合规为主题，深入开展“合规回头看”活动，领导带头、邮银联动、全员参与彻查问题、整改隐患、“十条禁令”落实等，从严从实把 2015 年“合规回头看”活动各项要求落实到位，确保全分行操作合规合法。（邮储银行江西省分行）

【速递物流江西省分公司】

速递物流江西省分公司累计完成业务收入 4.5 亿元，比上年增长 11.5%。

1. 推动经营发展。

建设“空地结合”营销体系。省、市“五大营销中心”建设全面落地，全省建立 42 个专业营销中心，其中 24 个中心实行实体化运作，各中心共配备专职营销人员 108 人，后台支撑人员 325 人，全省“空地一体”营销格局基本形成。加快了揽投平台建设步伐，新增 6 个揽投部，完成全省市本揽投部软实力达标推广工作。与南昌大学校合作建立校园快递超市，有效解决校园揽投“最后一公里”问题，提升邮政 EMS 在校园市场的竞争力和影响力。

开展大客户开发。依托专职营销团队和揽投平台，通过开展“四进工程”“黄金季”客户签约、邮航包仓上量以及重点线路营销活动，深度开发商务楼宇、工业园区、专项市场和校园市场，对潜在客户和竞争对手客户实行定向营销、精准营销，扩大用邮客户的数量和收入规模。全省速递用邮客户总数达到 16780 户，新注册客户 1519 个，实现新增收入 3507 万元，其中新增百万级大客户 15 个。

拓展政务类市场。主动上门、大力宣传通过邮政渠道寄递国家机关公文的文件精神，拓展政府文件寄递市场。推进公安交管类、检察专递、法院专递等项目开发，全省在线政务类客户达到 626 户，实现收入 3272.3 万元，比上年增长 15.45%。吉安市分公司通过扩大与市公安局出入境合作，开办网上申请港澳通行证代办再签业务，实现收入 84 万，比上年增长 68%。

发展国际标快业务。围绕卡哈拉国家和地区，推出国际标准 EMS 和中速快件精品线路。以中速 TNT 降价为契机，对合作客户和潜在客户开展上门营销，推介中速快件“经济快递”和“重货类”促销产品。全省国际标快累计完成收入 2038 万元，比上年增长 26%。南昌、吉安、九江市分公司国际标快增长较快，其增幅分别达到 58.7%、30.7%、20.5%。

电子商务业务。发挥各地市区域优势，全面推行仓配一体化服务模式，初步形成以南昌、赣州、九江共青产业园为重心，上饶、萍乡、景德镇产业园为支点的电商业务发展格局。6 个电商园入仓客户达到 16 个，实现收入 3567.2 万元，比上年增长 127%。抓住业务旺季有利时机，举办共青产业园业务推荐会。全省在线电商客户达到 3235 户，累计完成收入 7610 万元，比上年增长 15.7 %。赣州市分公司实现电商业务收入782万元，增幅达到99.58%。全省开发运作国际e邮宝客户175户，累计完成收入4883万元，占国际速递业务收入的70.6%，比上年增长739%。

物流项目发展。加强与现有大客户的沟通联系，实时掌握项目运行动态。根据客户需求的新变化，及时提供个性化综合解决方案，深挖现有项目的拓展潜力，扩大了业务规模。2015年，江中龙海项目累计实现收入2032万元，比上年增长127%；中石化项目累计实现收入1805万元，比上年增长65%。

2. 推进网络运营。

建设航空网。开通邮航、经济航22条线路，新增航空处理场地500平方米，大幅提升标快邮件的处理效率和时限水平，有力支撑业务发展。与东方航空、民航地服公司进行沟通洽谈，加强业务合作，降低标准特快航空运输成本。

建设陆运网。配合邮航落地开通省内上下行快速邮路，确保邮航进口邮件省内运输畅通、及时到达地市。调整省际专线邮路，增开景德镇至无锡省际邮路，加开广东中山往返线路，调整长沙往返邮路，对现有邮路频次进行了调节和补充。

建设核心能力。完成南莲路处理中心搬迁工作，重新规划整体布局和作业流程，提升内部处理能力和效率。新收寄流程在全省推广以及处理中心生产标准化作业系统全面上线，实现了揽投部邮件快进快出、内部处理"一把枪"扫描全覆盖。全省新增电商、物流仓储面积1.38万平方米，更新配置车辆、设备投资800万元，新增电动揽投车辆65辆。

3. 提升运营质量。

开展"三网"质量提升活动。分环节设置运营质量目标，配套实施关键责任岗、关键责任人的挂钩奖罚措施，提升自主邮航网、省内及周边省际陆运网"三网"运行质量。各市公司以运营标准为目标，梳理生产作业流程，规范各环节操作动作。江西省分公司成立督导小组，组织开展现场督导和检查活动，按日通报考核发现的问题，并督促及时整改。

健全完善运营质量监控管理机制。建立省、市公司"一把手"主持召开的时限质量"周例会"制度。从质量指标和日常差错两个维度出发，针对相关环节部门和责任人建立更加规范化、标准化的监管机制，促进了运营质量的提升。73个重点城市南昌核心范围标快及时妥投率最高达到89.14%，较年初提高11%；上门揽收及时率全年稳定在92%，较年初提高2%。新余市分公司各项KPI指标保持较好水平，全年运营质量考评列全省第一。

搭建高效的客户服务平台。建立主动客服制度，打通大客户绿色服务通道。将协议大客户的售后服务前移至事中，依托全面上线的客服工单系统快速响应问题邮件的查询、跟踪、赔偿需求，有效提升客户服务体验。全省问题邮件处理水平迅速提升，问题邮件24小时及时回复率从年初的2.73%，提升至93.98%；问题邮件升级量从年初的1091件/月，下降至479件/月。

4. 加强企业管理。

优化人力资源管理。规范用工管理，逐步降低劳务用工总量和占比。全省转招B类合同用工达到61人，其中一线人员占转招总人数的80%。全省劳务派遣人员占比7%，实现了年初提出的控制目标。全省一、二、三线人员结构比达到67：26：7，基本形成了以合同用工为主、其他用工方式为补充的用工结构。规范完善选人用人程序和干部任免工作。

加强财务管控。建立以"扩规模、控成本、增效益"为核心的企业盈利模型，调整资源配置和成本配置，实现企业成本与资源管理的精细化。加强重点成本监控和关键节点成本管控，推动各环节流程优化，提高成本控制能力。开展核查用户欠费、往来帐专项清理等活动，对超账期欠费用户实行"熔断机制"，对超账期坏账追究责任。

加强审计监督。紧跟企业改革发展步伐，完善和深化审计监督内容，开展经济责任、财务收支、建设项目、内部控制等各项审计工作。对宜春、新余、景德镇、上饶等市分公司开展财务收支审计，查出违规列收列支款项52.3万元。组织开展用户欠费专项审计，发现有风险欠费233万元。对全省21个工程项目进行审计，审减工程款95.98万元，审减率达到26.67%。（速递物流江西省分公司）

【中邮保险江西省分公司】

中邮保险江西省分公司于2010年1月28日正式开业，是中邮保险全国首家开业的省级分公司。公司下设综合部、党群工作部、监察部、计划财务部、市场部、营运管理部、合规与风险管理部、信息技术部、营业部等9个部门，现有员工62人，平均年龄35岁，全部为本科以上学历，其中研究生以上学历11人。

1. 推动业务发展。

扩大业务规模。实现保费收入24.24亿元，完成年预算的100.58%，比上年增长25.8%，保费收入规模全国排名已开业省第4；在全省寿险市场规模排名第4，市场占有率7.15%，全国排名已开业省第1。其中，实现新单保费21.8亿元，全国排名第4，比上年增长22.3%；实现续期保费2.4亿元。其中邮政企业渠道实现新单保费18.65亿元，比上年增长21.2%，渠道占比17.15%；邮储银行渠道实现3.14亿元，比上年增长29.1%，渠道占比30.5%。

发展期交业务。实现期交新单保费收入2.09亿元，占新单保费的9.57%，占总保费的8.58%，全国排名第7，比上年增长22.1%，在全省银保渠道规模排名第2，市场占有率29%。其中：邮政企业渠道2.02亿元，全国排名第6，比上年增长30.1%，渠道占比79.85%。邮储银行渠道640万元，全国排名第9，比上年下降59.1%，渠道占比7.94%。续期业务 2.479 亿元，比上年增长 67.76%，占总保费的 10.19%。

发展长期业务。实现十年期及以上期交保费收入 3819 万元，排名全国排名第 4 位，占期交总保费比重的 18.31%，比上年增长 95.3%。其中宜春市分公司实现十年期及以上保费收入 1278 万元，位地市第 1，万载县分公司实现十年期及以上保费 331.4 万元，列县第 1 位。

发展团险兼业。与江西省分公司签订《团险兼业代理协议》，联合在宜春和新余市分公司开展团险兼业试点，建立兼业代理团队，并通过培训、通关和实战帮扶，提升团队专业能力，实现兼业代理团险保费 67.9 万元，全国排名第 1 位。

发展市县网点“千百万”。市分公司中，8 个期交规模超千万，其中吉安、宜春和赣州超过 3000 万元，分别达到 3980 万元、3688 万元和 3187 万元；5 个渠道占比高于 80%，其中宜春、鹰潭和上饶分别为 93.2%、91.1% 和 91%，分列前三位。市分行中，3 个超过 100 万元，其中抚州 170.6 万元、吉安 136.4 万元、宜春 115.4 万元；赣州市分行渠道占比超过 80%，达到 82.3%。县分公司中，67 个期交规模超 100 万元，其中 23 个超 300 万元，其中丰城、乐平、万载、高安、遂川、新干等六个县市超过 500 万元，分别为 781 万元、686 万元、638 万元、538 万元、516 万元。55 个渠道占比超过 80%，其中进贤、丰城渠道占比达到 100%。网点中，80 个期交规模超过 50 万元，其中 15 个超 100 万元。鹰潭湖西路支行、鹰潭环城东路支行、万载县潭埠支行分别完成 129 万元、126 万元、120 万元，列网点前 3 位。

2. 完善模式。

推进市县履职。与省分公司联合出台《关于加强市县中邮保险考核管理的实施意见》，明确由中邮保险对市县履职情况进行考核等。随文下发《市、县中邮保险局考核激励办法》和《市、县中邮保险代管机构人员履职考核办法》，明确了市县中邮保险代管机构专职岗位的工作职责、考核内容、考核项目和考核周期等，将市县委托管理费支付水平与委托管理工作的考核结果挂钩、履职评价结果与个人岗位绩效挂钩考核，强化对运营流程行为的管控。

优化业务流程。一是在省内信息支撑平台内开发全省档案管理系统。借助信息化，实现档案管理的合理存放、调阅定位和查缺补漏。二是将契约影像档案隔月扫描，改为隔周扫描，有效提升档案的完整和准确；三是将实物档案流转流程由四级改为三级，减少中间环节，提升流转环节和时效。四是优化单证征订流程，采取集中铺发和每月征订的形式，提高单证征订配发效率。

全省回访率为 92.39%，全国排名第 3。全省 13 个月保费继续率为 91.42%，全国排名第 4 位。续期达成率 97.02%，犹撤率 6.64%。受理投诉 17 件，经分公司与相关单位共同协调处理，客户均已经撤回投诉。

提升业务素质。一是对网点营销人员，开展培训 380 场，举办网点沙龙 174 次，基层网点帮扶 784 次，有力支撑发展。二是对团险兼业代理队伍，开展专题培训 6 场，重点传授团险销售技能，如客户分类及开发、接触话术、需求分析、计划书设计等，训后进行通关演练和选拔。三是针对专兼职管理人员，开展专题培训两期共 10 余场，培训重点为满期给付、业务受理等。四是与省邮政联合组织 2 期稽核人员培训，有效提升一线稽核人员的管控能力。

3. 强化管控。

提升风险管控水平。一是组织开展“两个加强、两个遏制”自查。发现问题 7 处，全部整改完成。二是邮银共同抓好防控。通过邮银保联合开展检查等形式，对 7 个市中邮保险局，36 个县区中邮保险局，76 个代理网点进行了现场检查，发现和解决风险隐患 19 次。对连续两月以上风险分类评估为危险的单位，由省邮政分公司下发整改通知 1 个。三是常态化做好制度梳理，梳理公司新增制度 28 项、修订 2 项，未发现与监管规定相冲突。四是开展内部审计。完成、参与各类审计 7 次，发现的问题全部整改到位。

提升财务支撑能力。一是修订差旅费管理办法、采购管理办法、资金管理办法、招待费管理办法等财务制度，规范公司各项开支的管理和管控。二是组织开展“小金库”专项整治“回头看”和会计基础达标自查工作，确保公司财务行为规范。全年行政费用比上年下降 7.6%，其中业务招待费下降 47.8%。

提升综合管理能力。一是加强人力资源管理，实行以基础工作、重点工作和亮点工作为核心的绩效考核制度，从同业引进中层 1 人，从邮政选聘新员工 7 人，社会招聘 2 人，夯实人力资源基础。二是组织开展员工素质提升“四个一”活动，组织内部培训 20 场，其中与专业机构合作培训 7 场。三是完成新职场的装修和搬迁工作，制定职场管理办法，抓好车辆安全管理，全年无安全事故发生。（中邮保险江西省分公司）

山东省

【山东省分公司】

全年实现收入150亿元，其中邮政企业收入74.5亿元，完成集团公司预算的102.8%，比上年增长10.5%，高于全国平均增幅1.2%。

新增金融总量突破800亿元，余额净增366.8亿元，均全国排名首位。网点转型成效明显，41个网点金融总量新增过亿元。保险专业收入比上年增长28%，保费规模全国排名第2位；理财保有量年增102亿元，全国排名第1位。包裹快递收入规模跃全国排名第5位，日均达到4.8万件，较年初增长1.4万件。函件、报刊专业全国位次前移。集邮专业毛利率比上年提升8%。分销专业收入规模升至全国第1位。电子商务专业收入连续4年增幅超30%。全省邮政建立近200个微信公众号。集邮网厅销售年册2.9万套，新邮预订新增5万套，通过微信营销等方式销售《丙申年》邮票金5.4万套，均全国排名首位。邮乐优选交易额达到2650万元，全国排名第2位。

1. 提升邮政服务水平。

全年投入7.4亿元，购建网点108处，改造563处；推进17地市寄递处理场地设备改造，建设市包裹仓储中心8处、农村电商场地100处；购置CRS871台、POS1.1万台，更新邮运、普邮车辆454台、电动车997台。完成机要生产场地和设施改造，机要通信连续18年质量全红。全省邮政服务综合满意度达到91.3分。省公司被集团公司授予空白乡镇邮政局所补建“先锋带头奖”，继续保持“全国用户满意企业”的荣誉称号。

累计建设商超型便民服务站7.1万处，其中农村6.1万处。城市易邮亭（站）建设1351处，配套布放智能包裹柜300台。代缴费规模达到125亿元，助农取款交易额3.5亿元，通过平台结存余额18.7亿元。叠加代投功能的便民服务站达到4.3万个，城市包裹代投自提点达到3759处。

总结推广聊城“鸿雁合作社+万亩示范田+一体化服务”土地“半托管”服务模式和烟台栖霞特色农业服务模式，全省新增示范田205万亩，累计建设1238万亩，占全省耕种面积的11.6%；新增鸿雁合作社1103个，累计建设1216个，发展社员141.5万户，占全省农村总户数的9.3%。通过服务三农销售农资13.9万吨，带动开卡26.6万张，结存余额21.7亿元。

全省创建爱心邮路600余条，持续开展科技、健康、文化“三下乡”，组织“中老年广场舞大赛”“温暖邮我”关爱留守儿童等全省性公益活动。

初步建立县乡村三级运营体系，发展供应商5647家，注册零售商近5.5万户，全年交易额达到1.2亿元。

7月，在山东省聊城市东昌府区朱老庄镇的田间地头，聊城市分公司推广种肥同播技术。（新闻宣传中心／提供）

2. 推进企业改革与管理。

健全省、市、县包裹快递经营组织机构，完成14个市分公司营业局管理机制改革。调整省公司市场经营部职能和内设机构，对部分市、县专业部门进行整合。

调整绩效考核办法和薪酬分配制度，增加“一体两翼”考核权重，实现薪酬分配向一线员工倾斜。打通员工晋升通道，转招A类、B类合同用工约6000人，其中2/3用于重点业务发展激励。

完成济南邮区中心局和烟台、泰安、聊城等地市邮件处理中心流水化工艺改造，济南邮区中心局关键质量时限指标进入全国前列。省内网络全面提速，调整13条二级干线邮路，增开9条快递包裹专线，“T+1”率达到90%以上，“T+2”率达到99%以上。济南、青岛实现同城专网投递，其他地市城区设置商投专段；聊城、泰安试点推行错峰排班和投递下沉改革。

开展“提升邮政服务质量”专项活动，推进服务质量监督检查信息化建设，实现营业窗口远程监控全覆盖，全省普通邮件局内处理时限达标率98.3%，超集团公司标准3.3%。

对20个单位的领导班子进行调整、充实；选拔116名省公司后备干部和中长期培养对象；组织68名干部上下交流。出台人才发展5年规划，启动“大学生支局长选拔培养工程”。全年培训7万人次，投入教育培训经费2000余万元。严控用工总量，加大对重点环节和岗位的支撑，增配投递、同城快递揽投人员689人。调整优化用工结构，劳务用工占比较上年下降14.5%。

开展经营纪律、财经纪律专项整治。集中清理应收应付款项4.2亿元，存货较年初下降1604万元。深化集中采购管理，全部实行公开招标，节约资金3800余万元。

安全风险管理创新检查模式，开展“两个加强、两个遏制”等专项活动，飞行检查完成计划113.2%，闪电行动实现全省三级联动。组织开展邮件寄递安全专项检查，加强隐患排查、专项整治和安防设施建设，确保了抗战胜利70周年纪念等重大活动期间全省邮政通信安全畅通。

开展经济责任、绩效考核、人工成本等专项审计，层层传导压力，督促问题整改。审减工程费用9796.7万元。邮政员工持股、投资清退工作推进。

推进省级集中核算，完成ERP上线。围绕“一体两翼”，完成山东邮政金融数据云平台、省内快包质量监控分析系统、便民服务平台信息管理系统等30余项系统研发和11项重点流程优化。

3. 推进精神文明建设。

出台《关于加强和改进全省邮政基层党建工作的意见》，紧抓基层党建述职评议考核，扎实开展“三严三实”专题教育；采取“党代表”下派包挂、合理调剂党员分布等方式，实现支局党组织活动全覆盖；健全纪检监察机构人员，开展对7个市分公司的约谈、8个单位的巡视和10个单位的党风廉政建设责任制专项检查考核；集团公司巡视反馈问题整改率达100%，中央巡视反馈问题专项自查整改率达到90%以上；编印《领导干部“红线”手册》，组织学习党内法规。

出台《关于在新时期邮政改革创新发展中大力弘扬山东战邮精神的意见》；开展纪念中国邮政开办120周年系列活动；全省新增省级文明单位5个，国家级青年文明号1个，1人荣获全国岗位学雷锋标兵和山东道德模范，9人荣获省富民兴鲁劳动奖章；开展职代会民主评议领导干部和员工满意度测评，全省邮政员工满意度达到94分；调增员工岗位工资标准，一线员工劳动报酬人均增幅9%；加大网点改造和小家建设力度，全省建成星级职工小家793个，员工生产生活条件明显改善；修订完善《山东邮政困难救助办法》，发放大病互助、困难救助金57.7万元。

4. 推进板块融合。

邮政与邮储银行配合，在全国率先完成网点授权集中工程，联合开展风控管理，已在70个县分公司开办对公业务，发展对公存款2.1亿元。推进邮速两网资源整合，减少35趟次市到县（区）邮路，在保证时限的同时节约了运行成本。加大对中邮保险和证券的展业支持，代理中邮保费7.2亿元，期缴3.3亿元；加大“第三方存管”业务的开发力度，累计新增证券账户9127户，新增资产4607万元。（山东省分公司）

【邮储银行山东省分行】

全年自营收入实现53.7亿元，全国排名第6位，完成年度目标的100.83%，比上年增长4.23亿元，增幅8.55%。全行实现利润总额15.89亿元，全国排名第8位，完成年度目标的105.52%，比上年增长2.51亿元，增幅18.8%。资产规模不断扩大。全行总资产3954.68亿元，全国排名第6位，净增356.28亿元，全国排名第7位，比上年增幅9.9%。各项存款余额3840.02亿元，全国排名第5位，居省内同业第5位；净增332.69亿元，全国排名第7位，居省内同业第3位，比上年增幅9.49%。各项贷款余额1151.09亿元，全国排名第5位，居省内同业第8位；净增348.34亿元，全国排名第2位，居省内同业第2位，比上年增幅43.39%。不良贷款余额8.2亿元，不良贷款率0.71%，全国排名第15位，较年初下降0.34%，低于全国平均水平0.19%。累计贷款损失准备金21.3亿元，拨备覆盖率达到259.64%。

1. 产品升级。

中标全国首个地方高铁PPP项目。包买福费廷、同业融入、自主平衡理财业务获得突破性进展。陆续推出省级地方政府债申购、理财质押开立银行承兑汇票、国内信用证等业务。共承销省级地方政府债券4批、64.5亿元，吸收省财政厅国库现金存款30.93亿元，均全国排名前列。医院贷、供应贷、助保贷、政采贷、新三板等产品获总行批复开办。内河运输船舶抵押贷款被评为山东银行业服务小微企业优秀金融产品。

2. 个人金融业务。

坚持储蓄存款核心地位，扩大综合金融资产规模，拓展支付结算渠道，实现收入15.03亿元。个人客户总资产净增155.53亿元，全国排名第3位，比上年多增19.67亿元。自营储蓄存款余额855.75亿元，净增48.31亿元。信用卡发卡14.2万张，结存52.49万张。

3. 三农及消费信贷业务。

创新营销模式，调整产品结构，拓宽合作渠道，提升作业效率，持续推进“六项重点工作”，实现收入15.42亿元。小额贷款余额68.26亿元，其中，新型农业经营主体贷款余额12.74亿元，净增10.39亿元。消费信贷余额490.05亿元，净增128.91亿元。

4. 小企业信贷业务。

强化精细管理，搭建“银政”等合作平台，大力开展数据库建设和名单式营销，优化作业流程，推行限时服务，小企业信贷（含商务贷款）余额177.52亿元，实现收入6.58亿元。其中，医院贷余额3.91亿元，全国排名第2位。

5. 公司金融业务。

坚持存款立行、贷款提量、票据增效、国际突破、风控优先的经营理念，紧抓产品创新与模式探索，实现收入12.21亿元。对公存款余额427.02亿元，日均余额439.12

亿元，净增 22.83 亿元。公司贷款余额 247.58 亿元，净增 109.3 亿元，全国排名第 2 位。办理票据直贴 282.13 亿元、低风险承兑业务 11.51 亿元。办理包买福费廷业务 150.22 亿元，余额达到 84.83 亿元，净增 83.03 亿元，全国排名第 1 位。

6. 金融市场业务。

开拓同业融入市场，吸收资金 80 亿元，全国排名第 1 位。办理票据转贴 877.82 亿元。介入 PPP、产业基金、存单质押等同业投资项目。发展投行类业务，开办第三方存管业务，开展辖内首笔企业债资金托管业务。

7. 市场营销。

上下联动，明确职责，梳理客户，挖潜需求，开展精准营销。推进营销模式转型，上线应用小企业信贷业务客户数据库管理系统，有效应用小额贷款营销管理系统，深入推广总行个人客户营销系统，实现对目标客户、存量客户的深度开发和精细管理。推进业务联动，定制个人平衡理财 6 期、5.5 亿元，已质押承兑贴现的机构专属理财 6 笔、6 亿元，板块协同成效显著。发展投行业务，向总行推荐投资辖内非金融企业信用债 40.6 亿元，协助总行发行二级资本债 1 亿元。开展专业队伍建设，明确专职岗位职责，完善客户经理准入退出机制，加强培训，提高队伍的专业胜任能力。

8. 网点管理。

优化网点布局，提升低效网点效益，全年撤并调整 26 处，装修改造 17 处，扭亏 39 处。持续推进特色支行建设，网点贡献度提高。二级支行点均收入 1065 万元，较 2014 年提高 110 万元；点均利润 315 万元，较 2014 年提高 57 万元。综合运用内部督查与外部检查、客户满意度测评与神秘人检查、监控抽查等措施，加强网点服务管理。8 家自营网点被评为 2015 年度银行业协会星级网点。

9. 电子银行。

以“星火相传”“亿路有你”等活动为抓手，实现了量质并重发展。全辖手机银行、个人网银客户数分别新增 230.85 万、184.75 万，均全国排名第 3 位。全辖交易 4.39 亿笔、5152.04 亿元，分全国排名第 4 位、第 3 位。加快自助渠道建设，全省自营设备达到 1082 台。电子渠道分流作用日益增强，自营交易替代率达到 74.23%。

10. 信息科技。

完成总行网点授权集中、公司信贷二期工程等系统上线。开发新非税代收等多项中间业务和应用系统。定期演练，精心运维，全力保障金融信息系统安全稳定运行，信息安全管理水平不断提升。强化数据支持，按需及时提取、分析，持续提高支撑服务水平。

11. 风险管理。

加强全面风险管理体系建设，规范风险与内控委员会运行，加强各类风险的监测和有效识别，做好信用风险的评估和预警。开展“除隐患、提能力”支行能力建设集中整治活动，深入开展新业务后评估，努力提升信贷资产质量。加大不良资产处置力度，全年核销呆帐 4.99 亿元，现金清收 2.74 亿元。

推进内控与合规体系建设，网点合规检查初步转型，组建资产业务检查队伍，完善合规检查、授权、诉讼等制度，以分类清单方式规范全行制度建设。通过内控与案防等联席会议，警示与教育相结合，层层传导、落实责任，全年无资金案件发生。组织“两加强、两遏制”回头看、员工参与民间借贷排查等 8 项活动，开展 4 项信贷、票据等业务检查。不良资产责任认定、反洗钱、合同管理、法律事务、消费者权益保护等工作效能得到提升。

坚持风险导向审计理念，提升审计工作质效，增强审计服务与价值。重点开展“顶冒名”贷款审计调查、小企业授信业务时效性审计、零售信贷新产品专项审计等，全年共开展业务专项审计、经济责任审计、内控评价、非现场分析等各类审计活动 81 个，审计覆盖面 100%。（邮储银行山东省分行）

【邮储银行青岛市分行】

青岛分行总资产达到 412.6 亿元，拨备覆盖率达 285%，信贷资产不良率为 0.56%，资产质量居一级分行第 6 位的较先进水平。人民币各项存款突破 400 亿元，新增 52 亿元。贷款规模 187.5 亿元，新增 59.4 亿元，新增存、贷款均居计划单列市分行第 2 位。自营收入完成 6.63 亿元，增幅 23.7%，增幅全国排名第 7 位，完成计划 106%，收入较 2012 年翻了一翻。实现利润 9420 万元，增幅 54%，增幅全国排名第 5 位，完成计划 139%。

1. 个人银行业务。

全行个人客户达到 487.64 万户，其中 VIP 客户（10 万元及以上）14.35 万户。

个人金融。人民币储蓄余额 74.75 亿元，新增 6.7 亿元，日均余额 71.23 亿元，新增 3.6 亿元，新增量均居计划单列市分行第 1 位。外币储蓄余额 667.99 万美元，新增 224.87 万美元，新增量居计划单列市分行第 1 位。理财余额 10.74 亿元，净增 4.13 亿元，增幅 62.48%。推进个人客户营销系统应用，开展精准化营销，2015 年 VIP 客户达到 3.48 万户，新增 0.6 万户，增幅 21%，个人客户资产增幅超过 20%，全国排名分行第 2 位。大力发展 POS 业务，全年新增 POS（直联）1817 台，居计划单列市第 1 位，新增 POS 日均存款规模实现 6400 余万元。

消费金融。抓住住房贷款政策调整有利时机，及时调整结构，实现业务快速发展，消费贷款规模突破 107 亿元，跃居计划单列市分行第 2 位，全国第 22 位；新增 40.3 亿元，居计划单列市第 2 位，增幅 68.5%；市场占有率达 5.08%，居同业第 6 位，新增市场占有率居同业第 3 位。汽车消费贷款、信用消费贷款等非购房类消费贷款结构调整初见成效，净增 2.75 亿。加快产品创新，开办了保证贷款、优学贷款等新业务，产品体系日益丰富。

“三农”金融。开展“三农”金融服务，推广家庭农场（专业大户）贷款和再就业担保贷款等产品，开展小额贷款“三天放款”和农业龙头企业“走总部”活动，不断提升“三农”服务水平。小额贷款结余 7.1 亿元，净增 0.32 亿元，居计划单列市第 2 位。不断加大产品创新力度，累计创新产品 17 项，各类创新产品结余 4.08 亿元，占比 57.46%。

个人卡业务。信用卡业务快速发展，全年进件 1.99 万件，发卡 1.34 万张，居计划单列市第 2 位，实现收入 548 万元，增幅 82.7%。创新开发“车主卡”，全年发放车主卡 3.4 万张，沉淀资金日均余额达 4.1 亿元，卡均余额 1.24 万元，在青岛逐步打造成为知名卡品牌。

2. 公司银行业务。

公司存贷款业务。存款规模实现 34.9 亿元，新增 10 亿元，增幅 40.3%。时点、日均余额均居计划单列市第 2 位。机构理财新增 9.83 亿元，居计划单列市第 1 位。公司贷款余额 20.7 亿元，实现收入 5158 万元，居计划单列市第 3 位。

小微企业金融业务。小企业金融。开展“服务小微，政银合作”专题活动，开展两次重点企业集中走访活动，试点开办了“税贷通”，平度政府“助保贷”等政银合作产品，完成小微企业运行指数数据采集等工作，小微企业金融服务能力持续提升。全年小企业贷款新增 2.03 亿元，列计划单列市第 3 位，新增贷款不良率得到有效控制。通过“小微贷款升级版”产品、“税贷通”、“助保贷”、“医院贷”等新产品的推广，使落地的小微金融产品体系日益完善丰富。

票据业务。直贴业务规模扩大，承兑业务增速较快，票据大管家、商票贴现等新产品不断发展，票据贴现金额 70.2 亿元，实现净收入 1923 万，收益率 1.51%，均居计划单列市第 1 位。敞口承兑、商票贴现、理财产品质押开票等产品实现新突破，并成为邮储银行首家签发电子商业承兑汇票的分行。

3. 资金业务。

金融市场业务实现收入 7725.7 万元，收入贡献度达 12%。全年实现票据转贴收入 6000 万元，居计划单列市第 2 位；创新业务打开局面，银证合作业务 10 亿元；纯资产托管规模迅速提升，年增 72 亿元，全国排名第 12 位；债券投资有所突破，自主平衡理财、三方存管业务稳妥推进；青岛地铁产业基金项目计划投资 24 亿元，目前已完成合同签署。

4. 拓展渠道。

网点建设。全行营业网点 266 个，其中：自营网点 49 个，占比 18.42%；代理网点 217 个，占比 81.58%；营业网点县域覆盖率达到 80%。

电子银行。全行构建新型互联网金融服务体系，截至年末，电子银行交易替代率达到 68.71%，2015 年交易笔数 1774 万笔。个人网银结存客户 78 万户，2015 年交易金额 99.48 亿元，手机银行结存客户 59 万户，2015 年交易金额 118.9 亿元，ATM 总量达到 479 台。

5. 信息科技。

完成总行安排的国际业务逻辑集中、国库税银电子缴费等系统上线，民政局低保核查系统开发上线、在线考试系统的升级、绩效考核系统优化等工作；开展运维工作，健全完善运维制度和流程管理，信息安全管理水平不断提升；开展数据分析，完成数据下载平台扩容，为分行经营管理提供大数据支撑。荣获集团公司邮政金融计算机系统安全运行竞赛活动综合三等奖。

6. 风险管理。

风险管理工作扎实推进。组织开展涵盖“除隐患、提能力”“两管理、两综合”“一加强、两遏制”“内控评价”等四项风险管理综合整治工作，制定《分行提升机构风险评价工作实施方案》和《提升机构风险评价工作考核管理办法》，加快推进全面风险管理体系建设，完成总行资产质量控制目标任务，不良率居计划单列市分行最低水平。

资产保全实现较大突破。实行重点不良贷款集中管理模式，组织开展不良贷款清收“跨年度竞赛”及“百日竞赛”活动，抵押类贷款清收处置工作取得突破性进展，2015 年累计清收移交后不良贷款 2558.27 万元，完成总行计划 233%。核销后贷款清收 206.62 万元，完成总行计划 109%。呆账核销 2761.65 万元，完成总行计划 170%，年末不良贷款移交率为 90.47%，全国排名第 4 位。

内控合规管理持续强化。一是贯彻落实《中国邮政储蓄银行员工行为“十条禁令”》，制定《青岛分行管理失职人员责任追究标准》，加大问责力度。二是完成《权限管理手册》《二级支行长履职手册》《案件防控管理手册》《法律事务工作指引手册》《反洗钱操作手册》《分行业务制度库》等“五册一库”编写工作。不断提升基础管理规范化程度。三是累计梳理《问题清单》《整改清单》《问责清单》等“三项清单”问题 1586 项，有效解决屡查屡犯问题。四是开展反洗钱标杆化建设、加强反洗钱案情分析，不断提升从业人员反洗钱工作能力。五是开展民间借贷专项整治与“两个加强、两个遏制”专项检查“回头看”等各类检查活动，及时排除风险隐患。六是深入开展“管理工作执行力提升年”、合规审查、法律事务与授权管理、不良资产责任认定与分行消费者权益保护等工作，有效提升内控管理成效。

审计监督与服务效能不断提升。一是扎实开展各类专项审计。全年开展不良贷款管理、零售贷款新产品等 12

项专项审计，对工程、采购管理、二级支行管控等开展审计调研，对辖区一级支行开展内控评价，发现问题 248 个，提出审计建议 147 条。二是对 3 位一级支行长开展任中经济责任审计。借助外部审计力量，完成 24 项 3586 万元工程结算审计，审减值 408 万元，审减率 11.4%。三是扎实开展非现场分析监测工作，及时就普遍问题和突出隐患进行风险提示，非现场与现场审计手段有效结合，提高支行风险应对的及时性。（邮储银行青岛市分行）

【速递物流山东省分公司】

速递物流山东省分公司下辖 18 个市分公司，112 个县（市、区）营业部，拥有员工 7300 多人，一二级干线邮路 269 条、自主航空邮路 3 条，建有揽投部（站）363 个，揽投段道 3221 条，各类车辆 2000 多部。全年实现业务收入 12.09 亿元。

1. 推进转型发展。

提升标准特快邮件市场份额。政务市场实施项目带动和首席营销师制，总部项目、行业项目收入达 1.63 亿元，比上年增长 20.3%。商务市场对标主要竞争对手，实施优势线路专项营销，省市联动深入推进“三进工程”，开展重点城市标准特快邮件会战和文件抢夺战，商务类收入增长 12.1%，节假日日均收入达到 110 万元，占工作日日均比重由年初 51% 提升至 68%，现金客户收入规模较年初提升 8.6%。

培育国际业务新增点。国际 e 邮宝收入比上年增长 42%，跨境电商发展进入新阶段，口岸基础设施建设推进，济南邮快件监管场所建成并投入使用，青岛场地建设启动；恢复开通威海至韩国中韩海运邮路，山东全境形成较强的海—陆—空多式联运网络，济南、青岛获海关批准运行转关业务，首票海运转关完成，全省四大跨境电商口岸实现互联互通、资源共享。

推动电商总部类项目。立足仓储资源，以省内落地配及分仓为主攻方向，大力发展本地知名电商仓配、外地大电商客户落地配业务，签约亚马逊、酒仙网、三只松鼠等电商客户，TOP 级电商客户合作数量比重达到 75%，较上年提升 6%。

提升合同物流专业服务能力。瞄准有仓储运输、信息系统等综合性物流服务需求的大客户，推进全省 5 大行业客户开发。新上线潍坊移动、聊城移动、潍坊多路驰、东营胜动、恒大粮油、恒大冰泉等规模项目，全省规模物流客户净增 8 家，数量全国排名第 1。

2. 推动改革创新。

创新营销组织模式。完成营销机构由“一个平台三个团队”向“五个中心”精细化、实体化转型，专业团队与揽投平台“空陆”结合，市场拓展能力提升。

加强营销组织策划。校园营销完成 1700 万元，比上年增长 20%，烟台大樱桃极速鲜项目实现收入 664 万元，比上年增长 6 倍；全省完成春节、中秋既定目标，有效拉动收入增长。

创新人力资源配置模式。下发人力资本效能转型方案，实现人力资本由“投入”向“投资”转变，由以收入计划指标为核定基础的总量管控向以投入产出关系为评价标准的资源配置模式转型。

创新激励约束机制。制定市公司、专业分公司、直属单位领导班子和省公司本部绩效考核体系，以收入、利润、时限为主要考核依据，以绩效激励调动各单位增收增效性，加强过程管控和结果应用，确保各项经营管理目标落实到位。

3. 强化运营过程管控。

完善考核体系。按照可控可担责原则，考核责任主体可控环节质量，各环节查找及解决问题的效率显著提升。强化信息手段实时监控和问题分析，加强预警和事中控制，当日收寄及时发出率、实际到达邮件及时投递率、省级集散及时经转率分别由年初 83.3%、87.5%、56.1% 提升至 85.7%、94.6%、76.3%；邮件疑似丢失率由 10.3% 降低并稳定在 1%。

推进“两会一中心”制度。突出影响客户体验和运行质量的关键环节治理。全省自营互寄次日递提升竞赛和 56、73 重点城市时限专项治理成效显著；对邮件丢失、虚假信息、违规经营实施“零容忍”；设立济南、青岛、潍坊省公司直属检查点，加强违规经营查处，丢失和虚假信息，偷重、多收少报（散户）、低于成本价格收寄邮件量明显减少。

提升客户体验。推进重点项目主动客服和省公司质量集中管控，拓宽省内问题件沟通解决渠道，问题邮件解决时限缩短至 2~6 小时；全面推进申投诉客户体验补救。

4. 强化能力建设。

调整省内、省际网络。调整济南等重点城市揽投部作业模式，推进揽投部直封南集，提升邮航二频利用率；开通威海、潍坊民航邮路，形成对全夜航有效补充。增开济南至武汉、成都、广州等 7 条省际干线直达邮路。省内打破行政区划，开通齐河—济南、邹平—济南，济南—枣庄增加滕州站序等，提升邮件进出口时限。

提升关键节点作业能力。济南、青岛集散中心自动分拣设备投产使用，省际封发局由 12 个减少至 4 个，配合总部完成省际分拣封发关系改革。全省进口名址匹配率由 5 月初的 78% 提高至 11 月份的 95.3%，保持全国第 1。完成济南集散中心转运皮带机投产使用，威海新处理场地皮带机采购安装，潍坊处理中心伸缩皮带机更新。

加大信息化建设及推广应用。完成全省标准化处理中心系统推广；研发并推广使用省内时限管控系统，为运行质量问题定位、责任判定提供支撑；研发并使用的国际渠道管理系统为专业团队客户营销和账务结算工作提供便利；完成全省揽投部视频监控设备招标，下发监控系统管理规范，为一线单位安全管理、质量管理提供系统支撑。

5. 强化企业管理。

加强财务管控能力。一是加强全面预算管理，以经营预算为基础，按照收支配比原则确定支出预算及利润预算，费用实现标杆化、定额化。推行在固定成本一定的情况下，对变动成本按照量本利原则进行合理配置的零基预算方针。二是加强资金管理，对全省80%成本费用项目实行资金集中支付。建立“票据池”资金管理模式，增加承兑汇票支付方式，全年开具银行承兑汇票支付10953万元，实现利息收入130万元。三是加强集中采购管理，全省对车辆、设备、耗材、保险、油料、一干及二干邮路及部分物流项目承运商实行集中采购，年节约成本约1400万元。四是做好“子改分”改革工作，完成资产划转及账务处理和省公司及分支机构118个单位的税务、银行新开和变更工作。

提升人力资源管控水平。一是推行“零基预算＋弹性预算”管控模式。按照实际完成业务量、收核定一线揽投和二线网运支撑等岗位人工成本额度；规范优化二线内务、客服、辅助等岗位的作业流程，明确定员标准；三是管理岗位严格按照组织架构改革要求规范配备。二是出台《干部选拔任用全程纪实办法》，完善干部选拔任用工作的全程监督、民主监督和责任追究制度。三是夯实分等分级教育培训体系，组织多次内训师培训，全省1220人参加职业鉴定考试，全国职业技能大赛获得优秀组织奖，十佳优秀案例奖；青年职业技能大赛获全省个人第1、第4名及个人全国第5名优异成绩。

加强审计监督工作力度。一是配合总部对省分公司及5个市分公司开展现场审计工作。二是加强工程审计，全年审计总额896万元，审减267万元，审减率22.97%。三是对7个单位进行2014年跨年度财务收支专项审计，规范收入、成本计列。四是抓好审计发现问题专项整改，降低企业经营管理风险。

企业内控制度完善。修订并下发“三重一大”决策制度、差旅费管理、公车使用、会议管理、接待管理、领导干部职务消费等一系列办法，制定并下发资金管理办法、投资管理办法、欠费管理、外包费用台账管理等办法。（速递物流山东省分公司）

【中邮保险山东省分公司】

中邮人寿保险股份有限公司山东分公司成立于2014年4月15日，是中邮保险在全国成立的第15家省级分公司。2015年是中邮保险山东分公司开业的第2年，展业范围已扩展至全省16个地市（除青岛外）、118个县市。

1. 推进业务发展。

实现保费收入9.86亿元，其中新单银保保费8.75亿元，完成总公司下发计划的108.8%，规模全国排名第10位，进度全国排名第2位。实现期交新单保费3.35亿元，完成总公司下达计划的130.3%，比上年增长178%，规模全国排名第3位，计划进度全国排名第4位。期交业务占比达到45%，全国排名第3。在山东省45家寿险公司银保渠道中，期交规模排名第2。累计团险保费227万元，完成全年进度151.1%。累计小额保险保费65万元，完成全年进度162.5%。

2. 提升基础能力。

调整员工结构。员工55人，平均年龄33.2岁，均为大学本科以上学历，其中研究生学历17人，中级寿险师19人，高级寿险师2人。

有序开展营运工作。新契约承保7.89万件、保全业务1.16万笔、回访工单2.26万单。实现续期保费收入1.09亿元，全国排名第四。

规范财务管理。全面加强预算管理，健全预算组织体系，节约投资成本18.2万元。

推进信息化建设。运维管理流程持续优化，完成客服派单系统升级改造和期交常态化发展数据支撑系统等。

3. 开展培训。

打造两支培训队伍。采取人才引进和“师带徒”的方式，自有讲师队伍扩充为9名。结合“精兵三千”队伍建设试点，从全省邮政挑选出40个重点县域，选拔46名督训师，举办3期培训班，提高全省督训师能力。

打造常态化培训模式。针对渠道特点，组织培训讲师进行课程研发设计与授课创新，采用视频课程录制、现场授课、视频授课等多种形式，组织5期集中面授课程，内容涵盖知识学习、技能提升、团队建设等。组织讲师赴市县进行123场现场培训，组织大型产说会22场，涵盖全省16地市100多个县域。通过招标方式签约2家外训公司，邀约知名讲师授课，全力支撑渠道对高端培训的需求。

提升市县运营能力。对全省中邮保险专、兼岗人员开展系统性保险专业知识和技能培训，举办现场培训5次，培训受众230人次。在2015年度全国邮政保险运营达标争先劳动竞赛中，山东分公司有2个市公司被评为先进单位，5个市级中邮保险局被评为先进集体，1名中邮保险局兼岗人员被评为先进个人。

4. 强化服务树立形象。

完善理赔服务。完善赔付标准和理赔流程，健全理赔信息自主查询机制。7月16日，完成开业首单160倍自驾车意外事故理赔，赔付金额48万元。

树立“客户至上”服务理念。开展“开业一周年客服活动”“有你，家更幸福”VIP客户答谢会等活动，通过健康讲座、免费体检、走访慰问基层网点员工等形式，树立以客户为中心的服务理念。

开展公益活动。9月3日~11月23日，“重走长征路 播撒中邮情”主题公益活动，行程8000余公里，足迹遍布省内16地市，为老红军送去慰问并进行健康体检，切实履行社会责任。

5. 加强风险管控。

从风险管理、合规管理、反洗钱管理等方面入手，规范公司日常业务经营，建立了较为完善的风控体系，各项业务运转流畅，在山东保监局与人民银行2015年度内控管理及反洗钱工作评价中，均荣获A类称号。（中邮保险山东省分公司）

河南省

【河南省分公司】

全年实现业务收入79.33亿元，较上年增长8.49%，规模全国排名第3位，实现利润4.7亿元，业务收入和利润分别完成集团公司预算目标的101.44%和136.87%；全员劳动生产率21.3万元。

1. 加快经营转型。

金融业务通过优化业务结构、加快网点转型、开展旺季营销活动等举措，实现收入54.6亿元，增幅15.4%。新增金融总资产659.65亿元，全国排名前列，其中，新增储蓄余额290.49亿元，新增保费287.7亿元。电子银行交易替代率63.52%，较上年提高12%。

包裹快递业务增长迅速，通过全面推进改革，加强邮速双方资源整合，加强市场营销，全年实现业务收入3.63亿元，增幅达49.15%，其中集中收寄的快递包裹累计实现收入7421万元，增幅69%，国际小包累计实现收入1.37亿元，增幅259%。“双11”期间，单日揽收量突破10万件，创历史新高。

电商分销探索融合发展，依托线下实体网点和“邮掌柜”、邮乐网等线上平台，参与农村电商建设运营。“邮掌柜”系统实现商品交易额6.34亿元。农资业务向平台经营转型加快，全年销售农肥12.1万吨，平台销售占比达87.8%。综合平台代收能力持续增强，全年代收费首次突破100亿元，其中代收农电费43.51亿元，增幅达90.87%，服务人次达4372.5万人次。

邮务类业务转型步伐加快。集邮专业重点项目运作取得创新性成果，累计实现收入4.9亿元，规模全国排名第2位。实施产品优化升级，生肖贺岁季、集邮文化季两大核心项目实现收入1.7亿元；依托集团公司集邮网上营业厅，实现线上新邮预订和邮品销售8100万元，全国排名第1位。函件专业加大融合创新力度，培育出景区门票、餐饮优惠券、旅游联票等收入规模在千万元以上的长效型项目，全年实现业务收入2.69亿元。其中景区市场综合服务能力不断提升，实现收入1119万元，比上年增长148%。《村志》项目得到集团公司高度认可，并在全国推广，全省累计开发1253个村庄，实现收入4245万元。报刊发行专业加快市场、营销等方面的转型，通过加大专业培训支撑力度，实施校园报刊、媒体广告、商务报刊、畅销报刊等转型项目，实现增长，全年实现收入4.93亿元，比上年增长3.68%。校园报刊项目是全国唯一突破3亿元的省份，被集团公司确定为全国校园教辅发行中心。

5月6日，在母亲节来临之际，信阳市分公司在6个大型幼儿园开展母亲节主题临时邮局活动，幼儿园师生广泛参与。孩子们把祝福语工整地写在明信片上，盖上母亲节专用邮戳，高高兴兴地投进临时邮局信筒里，用邮寄明信片的方式表达对母亲的祝福。（新闻宣传中心／提供　徐生力／摄）

2. 推进体制机制改革。

健全激励约束机制，完善企业经营绩效考核体系，从分条线考核向企业整体业绩评价转变，从侧重领导班子激励向全员激励转变。制定《河南省邮政企业领导人员薪酬管理暂行办法》，对领导人员的薪酬项目、标准和管控规定进行统一明确。制定网点负责人经营业绩考核办法，强化网点负责人发展管理意识。建立人工成本配置约束激励机制，依据劳动生产率、人事费用率两项指标，实施人工成本对标，加大对对标先进单位、超利润预算的激励力度，并规范人工成本列支和使用。推进内部分配制度改革，试点推行金融网点转型绩效考核，推进内部处理岗位试点按件计酬的分配方式，调动基层员工的积极性。

制定实施网络规划方案，调整省内网络，推行甩挂运输和散件化流水化作业新模式，推进郑州邮区中心局新工艺设备投产，邮件生产处理效率大幅提升，加快寄递业务全程时限。郑州邮区中心局双层包件分拣机日均处理能力达到30万件，生产效率较投产前提高3倍。“双11”期间，河南省分公司进出口邮件日处理峰值达34万袋件、较上年增长95%的情况下，实现生产的平稳运行。

3. 加强基础能力建设。

加大网点改扩建和自助机具布放力度，开工建设营业网点399个，其中建成投产186个，布放自助设备891台。完成郑州邮区中心局新工艺设备工程建设，为各市分公司配备邮件流水化分拣设备。完成郑州航空邮件处理中心的选址和可研报告评审工作。新增7条国际小包航空邮路。全省新配备投递汽车230辆、电动三轮车2730辆、投递终端设备8753台，新增和改建投递部139个。加快信息化建设，完成河南省内邮政金融客户辅助营销系统、电子商务综合平台等信息系统的建设。

4. 提升企业运行效能。

完成ERP系统在全省的正式切换运行。营业、集邮、代理金融、汇兑、订单系统（小包）纳入ERP系统，推进业财一体化；人力资源、报销报账等系统接入ERP系统，集成人、财、物、信息的统一管理。

实行成本预算信息化管控，加强对人工成本、营销费用、大修理等重点成本的预算管理，优化资源配置。对业务成本实施强制对标，建立成本削减机制，强化成本标杆管理。健全财务管理制度，强化财务数据的日常预警分析，完善了财务管理体系。

加强用工规范管理，建立基于岗位用工的分类管理制度，完善岗位属性与用工形式相匹配的劳动力配置机制；建立健全员工退出机制，制定B类合同用工管理办法，建立了市场化的薪酬分配机制。优化用工结构，建立以作业积分为基础、自助设备替代率为标杆的网点定员标准，调整充实综合理财经理队伍；加大员工队伍清理优化力度，全年优化1600人。

5. 彰显品牌形象。

国务院总理李克强考察郑州市跨境贸易电子商务服务试点项目，勉励邮政要做全国第一。河南省政府与集团公司签署新一轮战略合作协议，在郑州邮政口岸建设、邮政金融服务地方发展等方面深入合作。省委书记郭庚茂、省长谢伏瞻对邮政工作给予充分肯定并作出重要批示，希望邮政事业和河南经济实现共同发展、比翼飞跃。河南省各级邮政企业荣获省级文明单位7个、全国模范职工小家4个、全国邮政用户满意企业2个、省级青年文明号12个；“省五一劳动奖章”7人、“省青年岗位能手”9人；3项企业管理现代化创新成果荣获部级奖项。河南省分公司连续6年被中国扶贫基金会授予“爱心包裹服务贡献奖”。（河南省分公司）

【邮储银行河南省分行】

全年各项存款余额4605.79亿元，比年初增长534.37亿元，在全国系统内净增排名第2位、省内金融机构第2位，增幅13.12%，净增市场占有率9.16%；各项贷款余额1273.07亿元，比年初增长335.91亿元，在全国系统内净增排名第3位，增幅35.84%，高于省内银行业平均水平20.58%，净增市场占有率7.97%。贷款不良率为0.28%，低于全国系统内平均水平0.62%，低于省内同业平均水平2.73%。全年实现收入85.26亿元，排名全国第1位，增幅24.74%，全年实现净利润29.08亿元，排名全国第1位，增幅27.98%。

1. 个人银行业务。

全行个人客户达5715万户，其中个人VIP客户138余万户。

个人存贷款业务。个人存款余额3771.66亿元比年初增加429.76亿元，增长12.86%。其中，个人活期存款增长9.95%，个人定期存款增长15.18%。个人贷款结余853.4亿元，比年初净增185.9亿元，分别排名全国第2位和第3位，增幅为27.83%。其中，小额贷款结余146.66亿元，净增9.85亿元，分别排名全国第1位和第4位；个人消费贷款结余491.2亿元，净增163.5亿元，分别排名全国第4位和第3位；个人商务贷款结余215.5亿元，净增12.7亿元，分别排名全国第2位和第7位。

三农金融业务。涉农贷款结余644.7亿元，比年初增加176.9亿元，增幅为37.8%。将省内国家现代农业示范区内的18家一级支行作为第一批总行级现代农业示范区特色支行进行建设；联合省人力资源与社会保障厅启动“大众创业惠民工程”，当年实现放款76.3亿元；在全省全面推广“惠民扶贫贴息小额担保贷款”业务，当年实现放款1.6亿元；开展财政支持新型农业生产经营主体发展创新融资风险补偿试点工作，当年实现放款2.6亿元。

银行卡业务。全行借记卡结存发卡量6393.84万张，其中，结存金融IC卡发卡量1699.66万张，金融IC卡消费金额60.71亿元，比上年增长253.27%。信用卡年新增发卡25.20万张，结存卡量88.15万张，均排名全国第1位；年累计消费金额605.78亿元，分期金额13.08亿元，比上年增幅分别为65.42%、110.63%；年累计实现业务收入2.75

亿元，净收入 1.89 亿元，均排名全国第 2 位，比上年增幅分别为 85.81%、85.29%；信用卡不良率 0.72%，年化当前损失率 0.13%，风险水平保持全国最低位。

养老金业务。全行代发养老金 2208.6 万元，代收“新农保”交易笔数 374.12 万笔，交易金额 45572 万元。

代销基金、国债业务。代销基金的产品总额 118.38 亿元。代销凭证式国债 4 期，实际销售 4.58 亿元，代销储蓄国债（电子式）10 期，实际销售 9.47 亿元。

代理保险业务。截至 2015 年，共销售寿险、财险、健康险、意外险等产品 315.04 亿元，其中期交保险销量 3.33 亿元，占比 1.05%。

2. 公司银行业务。

公司存贷款业务。公司存款总额 845.92 亿元，排名全国第 3 位，较年初增长 112.41 亿元，排名全国第 3 位，增幅达 15.25%；公司贷款余额 246.4 亿元，排名全国第 5 位，较年初增长 86.46 亿元，排名全国第 4 位；投放系统内全国首笔规范的 PPP 贷款。

小企业法人贷款业务。推进产品创新，拓展小企业金融服务范围，加大对公用事业领域小企业支持力度。全国系统内首笔电力小企业贷款业务在河南省分行落地，授信金额 3000 万元，首笔支用金额 955 万元。全行小企业法人贷款结余 64.08 亿元。

国际结算与贸易融资业务。加快拓展公司外汇业务，推动贸易金融业务发展，国际结算业务全年结算量 1.48 亿美元，贸易融资业务余额 65.42 亿元。

票据业务。直贴业务规模扩大，承兑业务增速较快，票据大管家、商票贴现等新产品不断发展。全年累计办理票据贴现 401.67 亿元，排名全国第 3 位；办理票据承兑业务 50.19 亿元，排名全国第 2 位。

3. 资金业务。

投资业务。累计向总行推荐各类同业投资业务 238.21 亿元，同业投资业务余额达到 328.26 亿元。

同业融资业务。存放同业及其他金融机构款项和拆放同业及其他金融机构款项合计余额 44 亿元，同业及其他金融机构存放款项和同业及其他金融机构拆入款项合计余额 18.4 亿元。

理财业务。全行理财产品余额 320.2 亿元，较年初增长 139.36 亿元，增幅 77.06%；机构理财产品余额 15.8 亿元。

贵金属业务。全行共销售实物贵金属 1854 万元，代理贵金属交易金额 101771 万元。

托管业务。全行托管资产规模 339.58 亿元，较上年末增长 61.62%。

4. 渠道拓展。

网点建设。截至 2015 年底，全省网点 2292 个，其中自营网点 468 个，占比 20.42%；代理网点 1824 个，占比 79.58%。

电子银行。全行构建新型互联网金融服务体系，电子银行交易替代率达到 68.99%，交易笔数 5.20 亿笔。个人网银结存客户 1142.10 万户，网上银行年交易金额 1420.78 亿元；手机银行结存客户 804.96 万户，年交易金额 1096.14 亿元；电话银行结存客户 669.73 万户，年交易金额 2453.53 万元。ATM 总量达到 4509 台，交易金额 3386.13 亿元；新建电子银行体验中心 213 个。

5. 信息科技。

完成信息化建设项目 30 个；在 2015 年度的信息系统安全运行竞赛活动中，取得“十一连冠”的好成绩；注重加大自主研发力度，完成新业务开发上线 13 项；增强数据分析能力，全年累计完成数据提取 125 项，主题分析 9 项；省内信息科技工作体系建立，全面实现“工程建设统一化、运行维护扁平化、数据分析基层化、软件开发集中化”的五年规划目标。（邮储银行河南省分行）

【速递物流河南省分公司】

速递物流河南省分公司有 18 个省辖市分公司、114 个县（市）分公司（营业部），从业人员 4402 人。全省累计实现自营业务收入 8.41 亿元，比上年增长 23.81%。

1. 推进创新发展。

落实包裹快递改革方案。完成产品、网络优化及信息系统互联互通等工作，实现邮速资源整合，建立两个经营主体之间的协调机制，增强市场开发能力。

实行“众创众享”。出台相关的清分结算办法、代办渠道建设等意见，加强县公司的损益核算和网络能力建设，推动县公司增量増收，全面激发生产一线的经营活力。2015 年，全省县（市）分公司实现自营业务收入 1.93 亿元，比上年增长 17.5%，全省共有 98 个单位实现正增长，较“众创众享”前增加 93 个；累计实现收差金额 755 万元，较上年增加 1093 万元。与上年同期相比，比上年盈利的有 77 个，其中盈利增加的有 22 个，扭亏为盈的有 23 个，减亏的有 32 个。

建设营销中心。在前期成立大客户营销中心、司法业务部、通讯项目部、省国际分公司、省电商与物流分公司、郑州物流分公司的基础上，不断细化营销组织架构，全力推进营销机构向“6 个中心”精细化转型。

完成“母子改总分”重组改制工作。实现全网集中管控目标；全面推进 ERP 模块上线，加快全网信息化建设。

2. 推动业务发展。

发展重点业务。准确定位持续开展双标业务竞赛活动并强化督导落实，狠抓中心 6 地市引领作用，全省速递国内标准业务累计实现收入 3.3 亿元，比上年增长 11.12%，首次进入全国先进行列并位居第 4 位；完成股份公司总部下达计划比例全国排名第 2 位，彻底扭转被动局面。其中，中心 6 地市标快业务收入占比上年提升 2.4%，引领带动作用初步显现。通过“大招商、招大商”和调整作业流程并创新服务手段，全省快递包裹业务实现规模发展，全年累计实现收入1.03亿元，比上年增长60.24%，完成股份公司目标计划的112.8%，发展速度和完成目标比例均位全国排名第3位。通过发挥国际速递专业、专职、专家作用，组织口岸建设，加大全省重点地市、重点市场、重点客户帮扶和培育力度，速递国际业务累计实现收入1.15亿元，比上年增长60.84%，完成股份公司总部预算目标的133.9%，增幅和完成预算比例均全国排名第6位。通过调整业务结构和有针对性的开发维护大客户、大项目，全省物流业务累计实现收入1.86亿元，比上年增长3.92%，高于全国平均增幅。

转变发展方式、创新营销模式，拓宽服务领域，全省其他业务累计实现收入1.06亿元，增幅达到58.32%。拓展重点项目领域。司法项目通过专业经营、流程再造和子项目的拓展，全年实现收入1.19亿元，比上年增长26%，占自营标快收入的35.37%，全国排名第2位。银保项目通过强抓典型树创，深入与邮储银行合作，全年实现收入3671万元，比上年增长9.9%。通信项目通过加强总部策划，实现收入3696万元,其中积分兑换类业务实现收入3071万元，开拓了业务发展新领域。教育项目通过深入合作，规范运营，创新营销，抢抓时机，在连年高速增长的前提下，实现业务量14.43%的增长和业务收入1927万元、比上年增长16.36%的好成绩,发展规模始终位全国排名前列。此外，全省培育的医疗卫生、烟草、税务等新行业和新项目也取得明显成效。

扩大重点客户规模。采取引进来、建团队、重服务、提品质等措施，新开发电商类聚美优品、长虹、雅芳、玫琳凯、考拉海购、鄂豫皖一日达、路美等大客户，为包裹快递业务规模发展、大客户引进积累经验。其中聚美项目年收入达到4650万元，不仅展现大客户的拉动作用，而且赢得客户的认可。注重合同物流大客户深入维护和服务持续改进，在做好基础客户把存量的同时，深度培育和挖潜新乡百威、日产商品车等千万级合同物流大客户以及富士康、民生医药等五百万级以上大客户。全省百万级以上合同物流客户达到36户，累计实现收入1.48亿元。创新拓展国际业务，发挥邮政跨境电商平台优势，引进跨境电商类客户大会恒兴、吉茂科技等346户，其中新开发的达令心潮、易恒电商等17家保税进口客户，实现收入3280万元。全省大客户收入占比达92.2%，较上年提升0.6%。

提升重点线路发展。一是通过梳理重点优势线路，出台激励政策，全年出口71个重点城市国内速递标准业务累计实现业务量523万件，比上年增长29%，实现收入8301万元，比上年增长10.7%，不仅重塑邮政品牌，而且有效遏制竞争对手的发展。二是通过不断调整网运组织，强化时限监控，加大考核力度，省内速递标准业务互寄累计实现业务量616.3万件，比上年增长11.3%，实现收入9155万元，比上年增长17.7%，不仅提升竞争能力，而且增强揽投一线的信心。三是以国际EMS标快优势线路为核心，大力拓展郑州至纽约、莫斯科、巴黎、伦敦、首尔等16个城市国际直封直航邮路，郑州直航达到88%以上，2015年月均发航量达到135吨，较上年提高近4倍。

3. 提高网络运行质量。

截至2015年底，进口邮件名址匹配率90.34%，全国排名第9位，较年初的第24位上升15个位次；全环节信息采集完整率稳定在99.9%以上，位全国排名第6位。

推进省际网建设。一是调整呼和浩特—郑州—南京邮航线路为郑州—南京直达邮航线路，极大提升河南进出口邮件的全程时限；二是利用洛阳机场航空资源优势，开通洛阳—北京、成都等省际航空线路12条，加快洛阳出口邮件寄递时限；三是组开郑州—上海、郑州—合肥两条电商专线线路，实现河南出口上海市、合肥市经济快递邮件“隔日上午递”，出口安徽全省经济快递邮件“隔日递”；四是组开郑州—兰州线路，加快河南出口至甘肃、青海、西藏经济快递和合同物流邮件传递时限；五是恢复和优化侯马—郑州一干线路,加快河南进口运城、侯马邮件寄递时限。

推进省内网建设。一是加强省内快速邮路集中管理，省内午间、夜间（除安阳、南阳外）快速邮路承运主体陆续调整为干线运输中心，统一指挥调度，统一管理；二是加强中心6地市邮运计划管理，实现中心6地市部分进口市、县邮件“次日递”；三是陆续开通郑州—民睢、郑州—温县—孟州—济源省内线路，加快民权、睢县、济源、温县、孟州进出口邮件传递时限；四是取消航空邮件转运站的进出口分拣封发功能，全部调整至东区邮件处理中心处理，实现了平稳过渡。

升级信息技术。完成以包裹分拣机应用为中心的全省标准化处理新流程上线，细化分拣颗粒度，弱化分拣层级，提高生产效率，实现生产环节的现代化、标准化、信息化。（速递物流河南省分公司）

【中邮保险河南省分公司】

中邮保险河南分公司于2011年12月26日开业，是中邮保险在全国成立的第11家省级分公司。

1. 实现业务跨越式发展。

开展“赢在期交”主题营销培训活动，组织集营销精英能力提升培训、营销精英荣誉体系打造和营造“树标杆、比业绩、促发展”氛围为一体的综合营销活动，重点培养206名营销精英星级会员；通过组织全省1200多名理财经理的“集中特训+实战历练”的方式，夯实渠道阵地营销的发展基础；通过在全省选聘育成50名中邮保险兼职督训师，有效弥补专业督训师不足，满足覆盖到县和网点的培训需求；通过“选树红旗、重点支持、以点带面”的做法，打造期交业务发展示范市局 6 个，实现期交保费收入 1.37 亿，占期交规模的 59%，促进期交业务提速发展。

2015 年实现保费收入 20.64 亿元（含续期 1.76 亿元），规模全国排名第 5 位，完成全年保费计划的 103.2%。累计实现期交新单保费 2.65 亿元，规模全国排名第 5 位，比上年增幅达到 150%，全国排名第 1 位。期交业务占全省银保市场份额为 10.2%，规模居第 2 位。实现团险保费收入 1093 万元，完成全年计划的 420%，规模全国排名第 6 位。实现标准保费（剔除高现价产品）9781 万元，标保承保费用率为 54.71%，位全国排名第 2 位，呈现业务结构日趋优化、内涵价值不断提升的发展态势。

2. 提升各项专业能力。

加强基础管理。制定包括会议制度、绩效考核办法、公文处理、接待管理、合同管理、办公职场管理、员工考勤休假、违规行为处理等一系列管理制度 20 项，初步建立了规范化、程序化、合规化管理制度与流程，员工的纪律、规矩和程序意识得到强化，办文办事办会的能力得以提升，基础管理工作夯实。

提升运营管理。全年举办五期中邮保险局营运业务条线培训班，参训人数 157 人，提升全省营运条线综合管理和操作技能。开展月度营运指标情况分析通报，对问题多、指标差的单位进行重点指导和实地帮扶，使得各项营运关键指标控制较好，其中契约抽检合格率连续 6 个月达到 97% 以上、全年电话回访率较上年提高 5.21%、保全复核修改率为 2.07%、理赔五日结案率为 100%，指标均全国排名前列。

加强合规管理。对内通过与省邮政保险代理业务局开展联合检查，全年出检 114 天，检查 34 个 / 次市局、46 个 / 次县局、144 个网点，采取"以查代训、以查提质"的方式，提升代理保险整体合规经营水平；在迎接监管检查时，查前充分准备、查中良好沟通、查后追踪落实和整改等环节，获得监管部门的肯定。在河南省保监局分类监管评价中被评为 A 类公司，在河南省保险行业协会人身险公司诚信建设考评中获得先进单位。

加强财务管控。通过开展"小金库治理回头看""两个加强、两个遏制"检查、中央巡视专项自查与整改等工作，全面梳理财务管理工作中存在的问题和不足，做到立行立改，并以自查整改为契机，加强内控制度建设，强化财务精细化管理，明确岗位责任分工，细化财务工作程序，逐步形成财务精细管控的有效机制。

加强信息技术支撑。借助总公司数据下载平台，自主设计经营分析报表系统，涵盖常用的业务数据分析、报送保监、保协的报表生成和省内营运指标统计分析等 30 多项个性化功能，支撑内部管理、市场分析、营运管理、质量管控的业务需求。在整合复用邮政资源上，共同开发中邮保险投保单辅助填写系统，在未投入任何硬件资源的情况下实现在全省所有邮政金融网点的推广应用，有效降低网点员工的工作强度，缩短业务办理时间，提升客户信息采集的真实性，降低客户信息不真实风险。（中邮保险河南省分公司）

湖 北 省

【湖北省分公司】

全年业务收入 54.12 亿元，收入规模在全国邮政第 7 位；收入增幅 12.3%，全国排名邮政第 8 位，高出全国邮政平均水平 3.06%；完成集团公司预算 104.7%。人均劳动生产率 21.7 万元，增加 3.85 万元；金融收入占比 74.73%，提高 3.41%，高于全国邮政平均水平；管理成本率下降 0.25%；总资产、应收账款的周转率均高于全国邮政平均水平；函件印制成本率、集邮商品成本率均低于全国邮政平均水平。县域邮政收入规模突破 30 亿元，增幅 15.76%。现业邮政收入规模突破 20 亿元，增幅 13.11%，24 个现业单位全部实现正增长。

1. 代理金融业务。

全年净增综合资产 429.8 亿元，全国邮政排名第 4 位，代理金融板块净增收入 6.07 亿元、收入贡献率 102.3%，成为拉动企业收入增长的绝对主导因素。代理保险规模发展与结构调整并举，保费规模 175.41 亿元，全国邮政排名第 6 位，手续费收入 5.61 亿元，比上年接近翻番。快递包裹以改革为契机、以收复失地为目标加强电商市场开发，业务量 1620 万件、实现收入 1.19 亿元，量、收增幅分别达到 44.9%、26.3%。农村电商初步搭建以"两个平台""三个体系"为核心的发展架构，通过邮掌柜系统实现销售额 15.1 亿元，全国邮政农村电商片区推进会在红安县召开，22 个市县地方馆落户邮乐网湖北专区。分销业务推行"抱团作战”订货会模式，组织订货会 76 场，实现业务收入 9048 万元，增长 14.85%。

2. 函件业务。

实现收入 3.07 亿元，完成年度预算 124.86%，承办商演剧目 115 场、实现收入 1705 万元，开发 16 个市州 41 款同城饭票产品、收入 450 万元。报刊业务坚持效益导向，突出畅销报刊、图书的订阅与零售，实现收入 3.73 亿元。集邮业务创新实施“主题项目 + 品鉴会 + 预订预售 + 定向开发”营销模式，实现收入 2.55 亿元，增长 8.5%。增值业务实现收入 2.74 亿元，完成年度预算的 107.58%，增长 26.57%。机要通信实现安全运营目标。建成“N 站合一”标准化社会站点 10004 个、经营性自助银行 30 处，布放“邮掌柜”20636 套。

3. 业务转型。

以代理金融转型为龙头加快转变企业发展方式。一是围绕效能释放深化金融转型。转领导、转机关、转观念、转方法，构建全新的代理金融经营服务模式，专业素质、服务能力和网点效能全面优化。全年新增代理储蓄余额 254.8 亿元，净增规模全国排名邮政第 3 位、比上年提升 4 个位次；新增市场占有率 13.29%，全国排名邮政第 1 位、省内同业第 2 位；点均新增余额 1963 万元、全国排名邮政第 1 位。二是围绕“提速、提质和提效”深化网运转型。实施武汉、襄阳、宜昌 3 个中心局的流水化改造，干线邮路全流程优化，改革总包运输为散件运输，推行邮件 PDA 扫描交接，实现营、分、运、投四大环节紧密衔接，支撑快递包裹业务发展。

主要围绕收入规模、重点业务、经营效益、服务质量等重点指标建立标杆体系和评价体系，采取横向全国对比、纵向全省对比的方式，分层次、分专业、分项目组织开展全省经营对标活动，制定全省、专业在全国和省内赶超的“路线图”，明确努力方向，营造浓厚的比拼氛围，较好地推进企业发展的竞进提质。企业总收入规模较上年前进 1 个位次。代理金融总收入规模保持全国邮政第 6 位，新增收入全国排名邮政第 5 位、前进 2 位。除包裹快递专业（第 14 位）外，其他专业收入规模均进入全国邮政前十，代理保险收益率、综合金融资产净增规模等对标指标明显提升。

按照“听、看、议、评、结”的形式，在省、市两个层面开展以“互看、互比、互学”为主要内容的“三互”活动，组织工作组实地调研，并分成天使、魔鬼两个小组，天使组负责点评优点，魔鬼组负责剖析问题，做到“一路走、一路看”，找出优劣；“一路看、一路比”，不甘落后；“一路比、一路学”，博采众长；“一路学、一路评”，改进不足。全年共开展“三互”活动 140 场，总结亮点 365 条，查找问题 506 条。通过“三互”活动，看亮点、比优劣、学长处，树典型、明方法、抓整改，营造了“比学赶超争上游”浓厚氛围，激发了“竞进提质夺红旗”的无限活力。

4. 体制机制。

建立 B 类合同用工的动态管理机制；清理归并撤销机构 57 个、精简管理人员 34 人。推进劳务派遣规制，减少劳务用工 2669 人，劳务用工占比下降 9.42%。针对重点业务、岗位建立合理配员机制，包裹快递投递增员 469 人，储蓄营业岗位补员 426 人。

突出利润和对标考核，调整省内各单位的年度绩效考核指标体系，调整劳务用工转招 B 类合同用工和 B 类转 A 类合同用工政策，429 个转聘指标用于奖励发展快、贡献大的单位和个人。收入规模 600 万元以上的网点达到 113 个、比上年增加 42 个，17 个网点净增余额过亿、比上年增加 13 个。

创新财务预算管理，利润分档管理，促进高效业务增收创利和存量成本优化。推进成本对标管理，提高金融业务和包裹快递业务营销费用标准，严控非生产性支出，压缩管理费用、销售费用。加强资金资产管理，发挥资金聚集效应，提高资金运营效益。规范固定资产和在建工程管理，固定资产原值 38.85 亿元，增加 3.78 亿元。规范集中采购管理，推进集中采购体系建设，完成采购项目 110 项，预算资金节约率达 19.94%。

5. 企业效能。

安全管理健全安防案防系列制度，交叉推进网点整体接管，狠抓各类问题和安全隐患的整改销号，实现金融资金零案件、安全生产零事故。审计工作突出问题导向，完成审计项目 696 项，工程审计审减金额 4087 万元。以法治思维强化内控管理，严格落实监管法规和新“八条禁令”，开展“小金库”治理和票据专项清理检查，防范经营和财务风险。

编印下发营投制度规范，开展无着邮件、虚假信息等多项整治活动，提升营投服务规范化水平。建立快递包裹客服体系，制订出台客服运行质量管控考核办法，提高客服工作质量。各级领导率先垂范，深入投递段道体察实情，促进投递顽疾的解决和服务水平的提升。组织开展“双视”活动验收检查、社会监督暗查暗访等活动，强化服务质量的监督检查和闭环管理。

购置核心网点 19 处，重建、改造网点 161 处，更新及新增 CRS650 台、ATM130 台，配备了一批免填单系统、清分机、打印机和自助终端；购置智能包裹柜 600 台、国际小包安检机 2 台，新增投递汽车 128 辆、电动三轮车 480 辆，以及一批揽收 PDA、收寄终端等设备设施；开展局容局貌专项整治。建成全国邮政第一个 A 类机房标准的省级信息中心机房；建成了立足运营监控和数据分析两大功能的运营管理中心；自主开发便民店自助缴费、积分有礼营销管理等一系列信息系统，实施网点智能 WiFi 等信息化项目。开展三级领导干部公开竞聘，举办百强支局长浙大培训班、县市分公司领导班子培训班和三级正领导力提升延安培训班，组织各类培训 106 期、参培人员 36500 人次。

7. 和谐企业。

制定党建工作指导意见，健全完善民主生活会等制度，开展基层党组织书记集中轮训等活动。开展“三严三实”专题教育，组织“三严三实”集中学习 130 余次、专题调研 207 次，边查边改问题 135 个。制定落实“两个责任”实施细则，修订完善“三重一大”决策制度，深入开展办公用房、公务用车等专项自查整改，党员干部的理想信念、宗旨意识、规矩准则意识明显增强。

形成“同业领先、省内一流、社会认同、员工幸福”为企业愿景、“追求卓越、勇于担当”为企业精神的企业文化体系，收获一批有影响的企业文化建设成果。全省邮政系统荣获省级文明行业，3 个市州分公司获全国文明单位，30 个单位获省级文明单位，2 人被评为全国劳动模范。全省邮政干部转变工作作风，开展机关服务基层主题实践活动，省公司 160 名机关管理人员分为 12 个小组，分别前往全省各市州分公司下辖的支局（所），与支局（所）员工同吃、同住、同走访。5 月 19 日，组织开展二季度省公司机关深入基层提升管理服务水平活动，组建 5 个调研组，深入基层了解基层需求与困难，做好服务基层业务发展和管理工作。6 月，深入开展机关服务基层主题实践活动，200 余名机关管理人员对点联系支局（所）。8 月，开展“体察实情，破解难题，提升投递服务质量”活动，领导干部跟班投递。9 月，组织 9 个工作组，分赴市州分公司全面调研快递业务。12 月，开展代理金融网点产能提升包联挂点活动，并出台包联挂点考评办法，确保包联挂点规定动作落实到位；开展综合便民服务平台精品示范线路精准辅导工作，派出 14 个工作组，下到农村综合便民服务站（点）进行一对一辅导，帮助店主创收。各市州、县分公司领导干部和机关管理人员也深入基层，建立与基层联系的包联挂点机制。

聚焦省分公司党组承诺办理的六件实事，全省合同工收入增幅 9.55%，劳务工收入增幅 14.71%；新建省级模范职工小家 100 个，累计 506 个；举办健康知识讲座 43 场、27725 人次；基本完成全省劳务用工养老保险补缴；通过轮休、补休、支付工资报酬落实带薪年休假制度；全省 11030 名在岗女职工均参加安康保险；新增重大疾病保险；采取食堂送餐、中心网点辐射供餐解决部分城区网点职工中午就餐难的问题。（湖北省分公司）

【邮储银行湖北省分行】

全年总资产达 3620 亿元，比上年增长 12.65%。各项存款余额 3508 亿元，比上年增长 12.16%。各项贷款余额 780 亿元，比上年增长 38.44%。不良贷款率 1.35%，拨备覆盖率 172.38%，资本充足率 10.46%。全行实现营业收入 46.8 亿元，比上年增长 11.31%；实现净利润 5.96 亿元，增长 -50.07%。2015 年，提前 3 年完成总行与湖北省政府所签战略协议约定的 1000 亿元信贷投放计划。为长江经济带建设等重点项目投放贷款 108 亿元，承诺对长江产业基金投入 300 亿元。总资产居省内商业银行第 4 位。

1. 个人银行业务。

个人客户达 3260.25 万户，其中发展个人 VIP 客户为 31 万户，全国第 7 位，比年初增长 5 万户，全国第 5 位；个人 VIP 客户资产为 499 亿元，全国第 6，比年初增长 73 亿元，全国第 8 位。

个人存贷款业务。个人存款余额 3083 亿元，比年初增加 326 亿元，增长 11.84%。其中，个人活期存款增长 8.35%，个人定期存款增长 13.60%。个人贷款余额 410.1 亿元，比年初增加 55.3 亿元，增长 15.59%。其中，小额贷款余额 58.1 亿元，净增 -31.5 亿元；个人消费贷款余额 265.2 亿元，净增 87 亿元；个人商务贷款余额 86.8 亿元，净增 -0.4 亿元。

三农金融业务。搭建银政、银担、银协、银企、银保五大合作平台，建立全省统一的“银政”合作平台 6 个，签署合作协议 32 份，平台类贷款累计放款 4.32 亿元。累计批复创新产品 292 个，在全省 22 个现代农业示范区开展特色支行建设。举办“中国青年涉农产业创业创富大赛”；加快农村支付环境建设项目，共设立助农服务点 7206 个

银行卡业务。湖北省分行借记卡结存发卡量 3374.1 万张，全年消费金额 853.9 亿元，比上年增值 23.35%。其中，绿卡通 IC 借记卡结存发卡量 1018.5 万户。信用卡本年累计发卡 18 万张，全国第 4 位，比上年多增 7 万张。信用卡特商活动形式多样，有效拉动信用卡消费 123 亿元，比上年增长 67.61%；信用卡分期付款交易金额 3.64 亿元，比上年增长 63.96%。

养老金业务。湖北省分行代收代付养老金 1715.73 万笔，其中代收养老金 899.72 万笔，代发养老金 816.01 万笔，代收“新农保”交易笔数 111.12 万笔，交易金额 1.52 亿元。

代销基金、国债业务。加强与优秀基金公司合作，代销基金的产品总额 6.55 亿元。代销凭证式国债 2 期，实际销售 0.9 亿元，代销储蓄国债（电子式）8 期，实际销售 3.49 亿元。

代理保险业务。准入寿险、财险、健康险、意外险等产品 54 款，其中保障型保险产品 20 款，占比 37%；全年实现代理保险保费 184.79 亿元。

2. 公司银行业务。

公司存贷款业务。公司存款余额 443.90 亿元，净增 64.04 亿元，居全行第 6 位；日均余额 401.57 亿元，净增 55.36 亿元，居全行第 4 位。公司信贷 153.36 亿元，净增 48.8 亿元，票据贴现金额 138 亿元。291 个重点项目实施分层分级开发，233 个项目得以突破。全省 13 个市州、56 个县市取得国库代理行资格，存单、国债、理财质押承兑、

财政委托贷款、住房公积金抵押等新业务得以推进。发放承兑汇票质押贷款，满足客户抵质押物多样化的需求。参与湖北省地方政府债券投标，竞标地方债券13.1亿元。参与首期省级国库现金定期竞争性存放招标并中标2.7亿元国库定期存款。

小微企业金融业务。有效推进平台建设，探索银保担企合作模式，在"走政府"活动中，走访政府部门机构955个，210个达成合作意向，"助保贷"授信20亿元。推进与协会、核心企业、政府注资担保公司合作，尝试保证保险业务，提升批量展业能力；明确特色支行定位，优化省行级特色支行验收标准，制定《特色支行标准化建设手册》，发挥特色支行引领发展的示范作用。持续开展小微企业运行指数调研工作。全年完成12期小微企业运行指数数据采集工作，为支持小微企业发展提供数据信息参考及支撑。

国际结算与贸易融资业务。福费廷资产实现跨越发展，放款65.84亿元，结余41.79亿元，比上年增长40.53亿元，居全行第8位，较上年前进9位。

3. 金融市场业务。

总行与省政府签订湖北省长江经济带产业基金战略合作协议，意向投放300亿元。开办SPV同存、融贷通、股票质押式回购等8项同业投融资业务，理财资金对接两融资产和收益凭证、债券结构化、自主平衡债券主动管理等资产管理业务。机构理财业务排名全国第4位。三方存管业务于9月试点上线，4个月时间三方签约客户2.3万户，全国排名第6位。

4. 渠道拓展。

网点建设。全行营业网点1642个，其中：自营网点344个，占比20.95%；代理网点1298个，占比79.05%；营业网点县域占比达到80%。

电子银行。电子银行客户新增157万户达640万户；新建离行自助银行70家，达91家，居全行第2位。电子银行和自助渠道交易替代率达到71.79%，较上年提升6.36%。电子银行新增客户渗透率、交易金额、手机银行、个人网银客户激活率、交易笔数等6项指标均居全行前列，电子银行客户数、95580客户投诉处理满意率等5项指标全国晋位，荣获"2015湖北网友最喜欢的手机银行"称号。

5. 信息科技。

2015年是邮储银行新一轮IT规划实施的第1年，按照总行统一部署配合实施省内配套工作，高质量完成60多项工程建设任务。完成邮政金融网点授权集中系统433个网点的上线，全省自营335个网点全部上线。完成的重点创新项目：贷后管理系统及呼叫中心项目、信贷业务签约室项目建设、POS流水贷辅助管理系统、信贷签约流程管控系统、数据集市搭建项目、协同办公系统及KK优化等的建设。完成40个中间业务项目的开发和上线推广，自主完成4项专题数据分析项目。省分行光谷中心机房实现运维精细化、标准化管理，提升机房连续性保障水平。

6. 风险管理。

推行依法治行，"山清水秀"信贷生态综合整治取得实效。建立贷后管理监控中心，对内部人疑似道德风险和重大操作风险进行非现场监控，信贷签约系统上线，99个签约室运行，贷后管理APP上线，个贷审批、放款实现上收。开展信贷行为审慎年、"除隐患、提能力"支行整治等活动，出台各类制度58个，宣贯《十条禁令》、组织培训、警示教育、关爱活动，提升信贷从业人员合规意识。审计工作创新开展，坚持风险导向和"大数据"思维理念，创新数据提取方式，有效拓展审计视角，完成审计项目12个。层层签订《合规承诺书》，建立案件防控工作7大机制，推进案件防控工作有效实施。全面提高反洗钱能力，系统日常可疑交易识别完成率等三率稳居全行前3位。

引导信贷资源流向公司贷款和消费贷，实施主动风险规避，退出小企业法人高风险客户，退出小企业信贷高风险客户268户，退出金额达9.75亿元，暂停部分高风险业务经营权限，不断优化信贷结构，从源头上控制风险，促进信贷转型发展。投入780万元用于预报警系统接入工程，预算2300万用于新建、改造营业网点和自助银行的安防设施更新。持续开展全省区域授信政策调研活动和长江经济带建设战略研究，明确投放重点领域和金融服务方案，支持湖北重点特色领域发展。（邮储银行湖北省分行）

【速递物流湖北省分公司】

速递物流湖北省分公司辖有武汉市分公司、省邮件处理中心2个直属单位，13个市州分公司、3个直管市分公司和59个县（市、区）营业部，职工4500余人。全省完成业务量5300万件，比上年增长38.97%，完成收入7.04亿元，比上年增长21.11%。

1. 推进经营发展。

增长经济总量。全省完成业务量5300万件，比上年增长38.97%，完成收入7.04亿元，比上年增长21.11%，高于全国平均水平8%，增幅全国排名第5位，完成全年预算的100.9%，全国排名第8位，收入规模全国排名第9位，较上年提升2个位次。

增长企业效益。圆满地完成股份公司下达收入预算和利润指标。全省实现自营有效收入6.64亿元，比上年增长19.2%。自营劳产率超过15万元，比上年增幅17.4%，人事费用率下降1.4%，百元人工成本贡献率增加2.6%。

发展重点业务。标准特快邮件完成业务量2700万件，比上年增长10.8%，实现收入3.2亿元，比上年增长4.2%，规模全国排名第9位。快递包裹完成业务量2500万件，比上年增长87.9%，实现收入1.56亿元，比上年增长61.22%，增幅全国排名第2位，规模全国排名第5位。

国际业务完成业务量98万件，比上年增长96%，实现收入6300万元，比上年增长35.1%，增幅全国排名第10位。物流业务实现收入1.24亿元，比上年增长10.7%，增幅全国排名第8位。

推进重点市场发展。一是省内及同城市场持续发力。荆楚快件完成收入1.43亿元，比上年增长20.6%，占比标快48.4%，增长2%。开发良品铺子、亚马逊等省内重点项目，收入分别净增1000万元和300万元。武汉市分公司深入推进同城配送市场开发，拓展同城蔬果生鲜、同城药品、区域物料配送等，提升经营效益。二是服务模式不断创新。建设校园市场网点自营、校园代办、校企合作等服务模式；商企推进驻点、专班、团队服务，医药市场实现收入1394万元，比上年增长44.4%；政务市场在巩固、扩大传统项目的同时，开发全省法院专递项目，实现收入500万元，全省政务市场收入规模全国排名第6位。三是国际e邮宝跨越发展。开发神龙汽配、力源、日本动漫等百万元级核心大客户，全年净增e邮宝客户180家，武汉、荆州、咸宁和荆门等e邮宝收入突破百万。四是农村电商初现成效。签约淘宝湖北馆，试水潜江小龙虾项目，加大全省农业生鲜市场开发，全年涉农客户达到70余家。

速递物流湖北省分公司通过“自营＋代办＋校企代办”模式拓展校园市场。截至11月底，全省高校布局136个网点，其中，自营网点有19个，校企合作网点有16个，代办网点有101个，实现业务收入比上年增长36%。图为武汉市速递分公司校园营销团队人员向学生介绍EMS业务。（新闻宣传中心／提供　潘旭／摄）

转变经营发展。一是由关注收入指标向关注收入与利润指标并重转变。突出损益导向，优化转型E标准，退出无效、低效产品客户，重点产品资费全面提升，标准特快邮件件均单价比上年增长。二是由关注产品流量向关注产品流量与流向并重转变。大力发展优势线路市场，调整收寄规格，大力发展轻小件等，提升专线、邮航覆盖地区市场占比。三是由关注经营结果向关注经营结果与过程并重转变。通过优惠权限管控、系统资费检查、现场邮件检查、财务稽核等对全省资费情况加强了管控，全省平均单价水平环比回升，邮航二个频次装载率持续上升，航空运费管控成效明显。

2. 提升支撑能力。

提升营销能力。推进营销体系由“一个平台三个团队”向“五个中心”精细化、实体化转型，形成总部—省—市三级纵向营销组织体系，明确职责和关系，增强了全省市场营销的开发、指导和支撑的力度。

拓展渠道。一是持续推进揽投平台建设。全省揽投平台完成收入4.7亿元，比上年增长26%。二是加快代办点建设。建成有效代办点903家，其中城区代办点616家，乡镇代办点287家；全年累计揽收业务量36万件，揽收收入624万元，投递量343.5万件。在“双11”旺季生产期间，武汉地区代办点在投递中发挥极其重要的作用，投递量占武汉进口量的25%。三是探索末端服务新模式。通过开办校园、小区物业、社区便民服务店、中石油加油站等代投服务，解决“最后100米”服务问题，推行投递代办、投递外包，在改善末端服务的同时，释放经营活力，有益地探索新环境下湖北转型发展的新模式。四是引入电子新渠道。电子渠道下单量达22.7万件，开通支付宝、微信、POS支付等电子支付渠道，增强客户粘合度。

增强财务支撑。在继续实施揽投平台建设补贴、“双11”旺季生产成本补贴、区域邮路成本补贴等政策基础上，新增省内业务终端费减半政策、邮航超包仓补贴政策、财税优惠返还补贴政策等，全省累计调整各类补贴资金750万元。

增强网运能力。一是调整邮航发运。调整省内网络，提前上行关门频次发班时间，确保省际邮件全部衔接邮航一频次，实现次日递。二是扩增民航发运容量。东北、云南、广西、贵阳、甘肃、山西等路向经济航发运运能增加17.6吨。三是扩展陆运网络。增开西安、广州路向直达邮路，提升陆运邮件时限。四是优化武汉市趟。同城邮件纳入同城专网实现上午收寄当日递，支撑同城业务发展。五是实施国际营运中心流水化改造。六是加强网运时限管控。坚持一周一会制度，解决制约发展的突出问题，落实关键指标、关键环节的质控制度。七是不断增强信息支撑能力。全省16个地市处理中心和2个大项目直封中心均上线新系统，实现移动作业；实施信息系统互联互通，提高代投邮件质量管控等。

提升基础能力。完成固定资产投资规模8968万元，募投项目规模7200万元。一是建成华中最大、功能最全、智能化程度最高的华中（武汉）陆路邮件处理中心。实现生产智能化、操作标准化、流程规范化、管理信息化、控制可视化，持续进行流程优化，支撑全省运行。二是完成航空中心选址，奠定武汉作为邮航全国辅助航空中心地位。三是加大基础建设投入。完成国际邮件交换站场地改造、设备更新；支持荆门公司启动邮件处理中心及物流电商仓储规划、建设；投入220万元采购各类生产设备，满足生产经营的正常需求。

增强服务能力。调整投诉处理流程，11183投诉工单48小时反馈率由85.06%上升至98.02%。推广“一站式全程跟踪”主动客服，提升重点大客户的服务水平，全省开通主动客服的客户数量增加到129家。全省申投诉率持续下降，全年无新闻媒体曝光。

3. 精细管理。

财务管理。一是开展运费整治。通过专班入驻、动态调度、优化作业、调整邮路，以及实施包仓填仓政策等措施，邮航一频实现满载，邮航二频达到85.6%；民航邮件发运量和陆运加车数量下降，累计节省航空运费200余万元、干线运费300余万元。二是强化规范管理。严格招投标管理程序，加大集采力度。重新修订招投标管理办法，重新梳理工程建设、设备采购、运输采购招标品目，建立全省集采品名录，通过“以量定价、重新招标”的策略，重点对主要生产用品用具和一干、二干线路进行重新招标，压缩优化供应商，降低供应价格，实现用品用具采购价格节约300余万元，干线采购价格节约500余万元。规范三公经费管理。修订全省会议费、差旅费、业务招待费管理办法，开展小金库、业务招待费专项清查工作，通过完善程序、严控标准、强化督查等措施，杜绝三公经费违规开支和浪费行为，连续3年实现三公经费20%以上的下降。

网运管控。以整治运费为突破口，建立航空、干线陆路网运资源的动态调度和配置，并扩大至区域市趟、揽投网，实现整体运费的综合管理。抓住量、本、价、利等关键环节，将运费管控与资费管理、作业流程联结，促进网络运营与市场开发的有机结合，实现运费的效益管理。完善运费结算体系，加强结算政策的导向性，引导经营单位有效利用现有网络资源优势开发市场和绑定客户。

人力资源管理。一是加强干部队伍建设。完善人事管理制度，出台领导干部、非领导职务设置与管理等暂行规定，加强了干部日常考察力度，调整充实领导干部23人次。组织了两期42名年轻干部交流锻炼活动，开展校园招聘活动，增强企业人才储备。落实裸官清理、因私出国境清查、领导干部个人事项报告和“一报告两评议”、领导干部述职述廉工作，提高领导干部政治素养。二是调整薪酬分配。出台营销人员薪酬考核办法，激发营销活力；完善处理中心计件薪酬办法，突出按劳分配多劳多得；规范职工福利发放，严格落实中央巡视整改要求。三是加强用工管理。多元化用工，推进业务外包、劳务承揽，调整用工结构，盘活人力资源。招聘优秀劳务工，化解用工风险，稳定基层员工队伍。四是加强培训工作。开展高管培训、新进人员集中培训、重点工作全省培训、营销体系等分项培训等多种方式，提高各层级员工队伍素质；开展技能鉴定活动，全省841人参加考试；参加集团公司、省人社厅等技能竞赛活动，获得组织一等奖及38项个人奖项；启动交职院订单生培养，拓宽企业引智渠道。

服务质量管理。一是建立关键环节、关键指标的管控体系。荆楚快件市州城区次日妥投率稳定在80%以上，县市城区次日妥投率稳定在70%以上。二是强化视检。开展各种形式的专项活动，特别是邮件规格、资费专项检查考核得到推进、“抗战胜利70周年”确保邮件安全四个100%得到落实。全年共组织30余次规格资费专项检查，考核金额1.2万元。（速递物流湖北省分公司）

【中邮保险湖北省分公司】

中邮保险湖北分公司于2014年5月16日开业，是中邮保险在全国成立的第17家省级分公司。2015年，荣获省政府金融支持湖北经济发展贡献突出单位通报表彰；2014年~2015年，连续两年被省保监局评为风险评估A类分支机构。

1. 推进经营发展。

实现保费收入7.2亿元，完成年度计划的104%，规模排名全国第14位；居湖北寿险业（43家）第16位。其中期交保费规模突破1.5亿元，完成年度计划的112%，完成年度目标的102.9%，全国排名第11位，完成进度全国排名第7位。邮储银行渠道保费1749万元，期交保费283万元，其中十堰分行规模保费突破1000万元，孝感市分行期交保费达到149.65万元。全省有13个市州完成年度计划，6个市州新增保费过千万并完成年度目标。累计客户数22429户，其中2万元以上VIP客户达到11889户。

在中邮保险总公司开展的“中邮期交百亿工程”劳动竞赛中，武汉全国排名省会城市第2名；荆州全国排名先进市级单位第39名；松滋全国排名先进县级单位第32名；武汉二桥支行、武汉十里铺等22个支局的理财经理被授予“中邮期交百亿工程”营销标兵。

2. 推进联动转型。

推进邮保融合。深入基层累计送培715次，涉及6800余人次，组织理财沙龙60余场。3月3日~5日，邮保联合举办全省邮政代理保险期交转型培训，全省各市州200余人参训；11月，邮保联手组织“百名讲师 千个网点 万名客户”保险知识进万家宣传营销活动，全省中邮专兼职讲师和邮政内训师赴基层开展培训300余次，组织微型沙龙60余场。

加强宣传。与黄冈市分公司合作《童话世界》儿童剧项目，举办金融大客户答谢活动；冠名参与“2015年中国邮政明信片第三期开奖活动暨最佳明信片颁奖活动”；主动融入全省邮政金融网点开展的“三互”“一点一策”“效能提升”等活动，发放宣传折页50余万份，营销案例汇编3500册；在“7·8全国保险公众宣传日”“世界邮政日”活动期间，组织员工和邮政人员一同走进社区、走访客户，在当地各媒体开展客户推广宣传，赢得客户和社会的一致好评。

3. 夯实支撑能力。

加强运营保障能力。运营关键业务风险指标控制平稳，犹豫期撤单率 9.52%，退保率 0.52%，新契约合格率 91%，保全合格率为 95.36%，13 个月保费继续率 92.93%，保持全国领先。

优化理赔服务。5 月，全国首单“百倍保”240 万元在湖北荆州赔付，创造中邮保险金额最大、时间最短、效率最高的理赔处理新纪录。联动邮政，妥善处理东方之星”长江乘船翻沉事故。

深入客户服务活动。在中邮保险成立六周年、中国邮政成立 120 周年之际，先后开展“客户大走访”“客户游园”“微信客户有奖调查”等客服活动，收到客户有效反馈意见 39 条。

培训支撑。3 名专职讲师、10 名兼职讲师，各包点挂片部门员工分赴全省 17 个市州、72 个县市区、1621 个网点，培训场次达 715 场，培训人数超 6800 人次。2015 年 3 月、6 月、10 月，联合湖北省邮政分公司，举办全省邮政代理保险内训师暨中邮保险兼职讲师培训和选聘，培训覆盖率达到 100%，25 人被聘为全省邮政代理保险内训师暨中邮保险兼职讲师。

提升风险管控水平。梳理各项制度 208 项，开展“两个加强、两个遏制”和内部专项培训测试，合规知识、反洗钱培训涉及 11200 余人次，现场检查 10 个市 17 个县 41 个网点，整改 47 个问题，未发生一起风险事件。（中邮保险湖北省分公司）

湖南省

【湖南省分公司】

1. 推动业务发展。

推动代理金融业务发展。始终坚持“以存款为核心”的发展理念，以客户大走访和网点转型为重点，促进代理金融总资产规模和经营效益的双提升。推进网点转型，全面开展客户大走访和“厅堂有礼”“邮商联盟”等特色营销活动，加快网点建设改造和自助机具等设施布放，提升网点产能。全省代理储蓄存款规模突破 2000 亿元大关、达到 2153.2 亿元，全年净增代理储蓄余额 248.17 亿元、增幅 13.3%、市场占有率 11.5%。共计完成新单保费 105 亿元。电子银行替代率 63.18%，年提升 17.32%。全省实现代理金融收入 34.96 亿元，增幅 17.03%。

推动包裹快递业务发展。快速组建包裹快递业务机构和营销队伍，调整价格和产品体系，完善激励机制，以全业务市场主体身份，参与市场竞争，对标社会快递公司，与速递物流公司共同抢夺快递包裹市场。出台快递包裹业务运营标准，推出“次日递”服务承诺，提升快递包裹服务质量和客户体验，有力地促进了业务发展。快递包裹收寄业务量、收均较上年增长一倍。其中“双 11”收寄快递包裹 81.8 万件，比上年翻一番，日均收寄达 8 万件。全省包裹快递业务量收分别完成 1381.3 万件、2.4 亿元，增幅分别为 57%、35.8%。其中国内快包业务量收分别完成 1067.1 万件、1.1 亿元，增幅分别为 163.3%、122.2%。国际小包业务量、收分别增长 14%、25.6%。

建设综合便民服务平台。争取湖南省委、省政府支持，邮政综合便民服务平台建设被写入湖南省政府报告，并纳入省委、省政府对各市州党委、政府的绩效评估。各市州分公司也得到了地方党委、政府政策、资金等方面的支持。先后有 9 个市州党委、政府领导对便民服务平台进行视察指导。加快平台建设，初步构建“商超 + 便民服务 + 快包揽投 + 电商服务”的建点模式。在加快实体渠道建设的基础上，推进邮政与互联网融合发展。平台共开办邮政服务、政务服务、便民服务、电商服务、“三农”服务、金融服务等六大类，近 30 项业务，并利用邮政电商平台、邮掌柜系统、邮乐网站、邮三湘等平台，提高网点创收水平，固化盈利模式。全省邮政便民服务站达 17967 个。平台缴费业务服务 8522.6 万人次，代收代缴各类资金达 112.7 亿元。

推动传统业务转型。函件专业以转型促发展，文化演出项目全面铺开，“村志”项目启动。报刊发行稳中有升，《时代邮刊》发行创新高，期发量达到 66 万份，挺进“中国邮政畅销报刊”期刊前五强。零售专业图书巡展继续推进，销售额比上年增长 35%。集邮专业探索“互联网 +”，网厅湖南专区实现零售收入排全国首位。分季开展主题项目营销活动，实现收入 1 亿元。电商专业持续高效发展，短信业务收入比上年增长 34%。代办车险业务发展实现破题，完成车险保费 1.23 亿元，发展“自邮一族”会员 1.8 万户。分销专业借力邮乐优选、邮三湘平台，通过线上线下融合发展，实现销售额 2.33 亿元，业务收入比上年翻番。

农村电商发展模式取得重大进展。全面对接国家和省级电商示范县工作。

注重营销策略。围绕“互联网+”，携渠道网络优势，全力进军农村电子商务市场，启动“电商企业联盟计划”“青年互联网创业扶持计划”“供应商扶持计划”三大行动计划，成为省内19个国家级和省级电子商务进农村示范县唯一物流服务提供商或主要综合服务提供商，另有4个非示范县的农村电商对接工作也取得重大突破。开展创新创业“双创”活动，接连推出16个创业项目，同时开展合理化建议征求活动，设置经营创意奖，涌现出众多创业模范和创意项目。打造湖南邮政自有线上平台，试水微商，推出“邮三湘”微商平台，助力“工业品下乡，农产品进城”，实现销售额2097万元。函件、集邮、发行专业围绕“抗战胜利70周年”主题实行专业联动，开展线上线下宣传营销，“我心中的抗战”主题封片、抗战主题邮品、《中国大阅兵》图册等产品销售取得较好业绩。代理金融专业联合华夏保险公司举办“不朽荣光”关爱抗战老兵的大型公益活动，慰问抗战老兵161名，向省老龄事业发展会捐赠爱心基金124.17万元。关爱留守儿童“彩虹行”项目成效显著，募集捐赠款315.23万元，惠及全省3万多名留守儿童。与此同时，还加强了邮政业务三大板块之间的联动发展。与邮储银行联合开展“邮银一家，共拓蓝海”公司业务专项营销活动，日均新增余额和余额规模均全国排名前列。与中邮保险合力做大保险业务，中邮期交销售规模再创新高。与中邮证券联合拓展市场，有效开户数全国排名首位。

湖南省张家界天门山主题邮局。（湖南省分公司/提供）

2. 推动企业改革。

全省邮政人力资源服务支撑中心和会计核算中心建设有效推进。包裹快递业务改革完成，及时完成省、市专业机构设置、人员配备，出台相关政策、机制。通过县域托管实现全省县（市）邮速整合，全年县域托管量收增幅分别为16%、13.3%。薪酬分配机制得到调整优化，按照“下管两级”和“双调控”的要求，加强对市、县分公司领导班子的薪酬绩效考核管理；调整优化薪酬分配体系，重点提升一线员工薪酬标准，合同用工、劳务用工年人均收入比上年分别增长17.52%、18.66%；对市、县分公司实行分类、分级管理，极大地调动一线员工干事创业的积极性。“十二五”期间，湖南省分公司业务收入年均增长14.11%，2015年达到50亿元；代理邮储余额规模年均增长17.75%，2015年末达到2125.3亿元，比2010年翻了近一番；全员劳动生产率年均增长9.99%，2015年达18.44万元；员工个人年均收益增长8.16%；累计归还银行贷款8.68亿元，2015年贷款余额清零；累计解决历史遗留问题6.9亿元，其中：往来欠款2.47亿元，邮电分营前市州局欠省公司收支差额0.79亿元，邮电分营前结算中心欠款3.64亿元；累计归还资产回租资金2.1亿元，2015年资产回租租赁款全部还清。

3. 加强企业管理。

加强财务管理。通过加强预算，对标管理，压缩行政性费用13.25%，增加营销费用5400万元，保障企业经营发展需求。通过集中调配，科学管控，企业资金日均余额由上年的8.12亿元增加到11.98亿元，增加资金收益2000万元。全年归还银行贷款1.7亿元，实现贷款清零目标。加快资本运转，盘活长邮等公司大型资产1.04亿元。此外，省公司减免市州邮电分营前借款3.61亿元、欠缴收差7900万元，帮助市州分公司轻装减负、加快发展。

优化人力资源配置。按照“四个一部分”原则，调整用工结构，通过择优转招、推进劳务承揽和业务外包等举措，全省劳务用工占比16.21%，比年初下降22%。管理人员占比达到集团先进标准。

完善审计监督机制。发挥企业内部审计“免疫系统”功能，推动内部审计工作转型发展，完成企业审计项目16个，提出审计建议42条。完成工程审计项目809个，审减金额3221.81万元，平均审减率25.04%。

健全两级集中采购管理体系。完成21个集中采购项目，省内集采项目比年初预算节约1000余万元。

提升安全管理水平。严格落实安全生产责任制，强化金融资金风险管控和各重点部位安全隐患整治，杜绝各类安全生产事故和金融资金案件的发生。省公司再次荣获全省社会治安综合治理（平安创建）年度“先进单位”和“平安单位”称号。利用信息化手段加强寄递渠道安全管控的做法，在中央社会治安综合治理防控体系建设会议上被作为先进典型进行了推介。

推进法律事务工作。加强合同会审，妥善处理司法诉讼案件，及时发布风险预警，为企业健康发展作出贡献。

4. 推进基础建设。

加大基础设施建设。投入4.5亿元，用于网点改造、自助银行设备购置、中心局升级改造、干线和投递车辆购置等能力建设，为“一体两翼”战略提供有力支撑。完成邮政服务“三农”补贴项目4个，获得中央财政补贴资金

542 万元。

增强网运支撑能力。以“次日递”为目标，优化营、分、运、投四大环节衔接流程和省内邮运网，新增省内邮路159 条、里程 1.7 万公里，全面实现二级干线邮路三进三出，基本实现区内邮路二进二出，快递包裹省内互寄市州“次日递”率达到 90%、县（市）“次日递”率达到 80% 以上，指标全国排名前列。

完善运营管理体系。全力打造湖南邮政运营管控平台，实现对全省邮政网路运行、投递作业、营业管理、服务质量、安防检查以及重点项目、关键指标的集中管控、指挥、调度。接入 10 个应用系统，并通过实时监控和回放检查，加强对全省营业、投递、分转、金库等多场景的规范操作、安全生产的管理。

推进信息化建设。推进 ERP 上线工作，各模块上线进程在全国均名列前茅。充分利用信息技术手段对生产经营数据实时分析、整合运用，开发完善客户大走访支局宝、金融客户积分和网点免填单等系统。全面建成覆盖全省各支局所的可视会议系统。

5. 提升服务质量。

全省普遍服务和特殊服务工作得到加强。在做好邮政生产经营的同时，全面完成 939 处空白乡镇邮政局所补建运营工作。机要通信工作连续 9 年保持质量全红。持续开展提升邮政服务质量专项活动和无着邮件清理整治活动，服务申诉率低于集团公司千万分之三的管控指标，排全国前列。全年普邮全程时限达标率为 98.5%，其中挂信、挂刷、普包各分项均高于集团公司管控标准。查处多起违规经营行为，有效保障企业生产经营成果。

6. 建设和谐企业。

制定并实施“民生关爱”工程系列办法。成立湖南邮政企业互助帮扶基金会，全年受益职工 2064 人次。为所有邮政从业人员和退休员工购买补充医疗保险。统一全省邮政员工住房公积金缴费比例，规范五险参保缴费工作，确保五险 100% 参保。首批推出的 16 个员工创业项目，受到全省邮政职工及家属的响应。全省有 4 名员工荣获全国劳模称号，6 名员工荣获省劳模称号，全国劳模数排邮政行业和湖南省产业第一。全省以“关爱劳模生活、弘扬劳模精神”为主题，开展一系列劳模调查、座谈、慰问等活动，组织省部级以上劳模进行疗休等。（湖南省分公司　王俊、唐艳）

【邮储银行湖南省分行】

全年全行总资产达 3300.53 亿元，比上年增长 12.74%。各项存款余额 3197.84 亿元，比上年增长 12.64%。各项贷款余额 888.49 亿元，比上年增长 52.65%。不良贷款率 0.99%，拨备覆盖率 230.82%。全行实现营业收入 44.14 亿元，比上年增长 10.5%；实现净利润 13.18 亿元，增长 7.47%。

1. 个人银行业务。

全行个人客户达 1227.30 万户，其中个人 VIP 客户 88.82 万户。全行个人客户达 304.75 万户，其中个人 VIP 客户 24.58 万户。

个人存贷款业务。个人存款余额 2822 亿元，较年初增加 310 亿元，增长 12.36%。其中，个人活期存款增长 11.39%，个人定期存款增长 12.95%。个人贷款余额 517.53 亿元，较年初增加 142.93 亿元，增长 38.16%。借力平台模式，搭建“银政、银协、银企、银担、银保”，其中小额贷款净增 8.23 亿元，排全国第 8 位；小企业贷款（含个商）净增 0.48 亿元，其中个商净增排全国第 6 位；消费贷款净增 120 亿元，排全国第 7 位。

三农金融业务。涉农贷款余额 332.47 亿元，较年初增加 105.73 亿元，增速 46.63%，实现三农金融业务利息净收入 3.06 亿元。确立 24 家现代农业示范区特色支行，14 个小贷专营支行。平台搭建成效显著，省分行与农委、科协等政府职能部门先后签署了战略合作协议，参与湖南省新型农业经营主体贷款保证保险试点工作；与团省委合作共选送 41 名三农条线骨干到团委挂职；发放土地承包经营权抵押、林权抵押、农机具抵押贷款、涉农担保公司担保贷款，优化农机补贴贷款操作流程，实现免上门调查，受到省内红网、农家网等主要媒体的高度关注，打响了邮储零售信贷品牌。

银行卡业务。全行借记卡结存发卡量 3744.61 万张，全年消费金额 748.79 亿元，比上年增长 7.69%。其中，绿卡通 IC 借记卡结存发卡量 701.17 万张。信用卡全年消费金额 11.87 亿元，比上年增长 27.63%；期末透支余额 17.13 亿元，比上年增长 17.86%。

养老金业务。全行代收代付养老金 245 万笔，其中代收养老金 6300 笔，代发养老金 244 万笔，代收“新农保”交易笔数 103 万笔，交易金额 1.19 亿元。

代销基金、国债业务。加强与优秀基金公司合作，代销基金的产品总额 30.19 亿元。代销凭证式国债 4 期，实际销售 1.76 亿元，代销储蓄国债（电子式）10 期，实际销售 3.85 亿元。

代理保险业务。准入寿险、财险、健康险、意外险等产品 119 款，其中保障型保险产品 65 款，占比达 55%；全年实现代理保险保费 115.05 亿元。

2. 公司银行业务。

公司存贷款业务。公司存款总额 375.99 亿元，较年初增长 48.58 亿元，增幅达 12.92%。公司贷款 222.46 亿元，净增 107.23 亿元，增长了 92.05%。4 月 1 日，邮储银行总行与湖南省政府签订战略合作框架协议。为有效落实协议落地，湖南省分行重点支持省高速公路 30 亿元、湖南磁浮交通 37.5 亿元、长沙地铁 3 号线 17.9 亿元、黄花机场扩建工程 15 亿元等重点工程建设，有力支持五凌电力、隆平高科、湖南建工、电广传媒、中联重科、轻工盐业等省属大型企业发展。

小微企业金融业务。全行小企业法人贷款结余64.2亿元，较年初净增4838万元，法人客户1636户，户均392.2万元。转型升级成效明显，新产品净增16.77亿元，创新开拓服务领域。担保贷款、快捷贷、增信贷等标准化产品迅速做大规模。全年小企业快捷贷、担保公司担保贷款、增信贷分别实现净增9.04、3.31、0.59亿元。总行新产品加快复制落地，其中医院贷已授信超7亿元，已发放2.16亿元。建立小企业贷款“经营主责任人”走访制度。加快与政府类紧密型合作平台的对接。走访64个政府部门，与多个政府部门达成合作意向。助保贷、政采贷分别净增2988、270万元，实现突破。

国际结算与贸易融资业务。加快拓展边贸特色结算业务，推动跨境电商金融服务发展，国际结算业务全年结算量1.49亿美元，贸易融资业务余额28.98亿元。

票据业务。直贴业务规模扩大，承兑业务增速较快，票据大管家、商票贴现等新产品不断发展，票据贴现余额20亿元；2015年日均贴现余额31.6亿元，比年初增长20亿元。

3. 资金业务。

理财业务。全行理财产品余额121.9亿元，比年初增长73.4亿元，增幅150.9%；机构理财产品余额1.38亿元。

贵金属业务。销售实物贵金属产品26款，代理贵金属交易金额17.61亿元，实物贵金属交易金额1240.41万元。

金融市场业务实现收入3.09亿元，其中：同业业务1.81亿元，票据业务1.28亿元。

分行同业业务累计发生交易115笔，金额1058亿元；当年新增25笔，金额75.71亿元；结余金额318亿元。品种包括：同业存款、通道协存、受益权受让、投资理财、自主平衡理财、债权计划、股票质押回购、同业投资房地产等。

票据业务。办理转贴现共294个批次，交易量861.62亿元，排名全国第7位。

4. 渠道拓展。

网点建设。全行营业网点2067个，其中：自营网点410个，占比19.84%；代理网点1657个，占比80.16%；营业网点县域覆盖率达到100%。

电子银行。全行构建新型互联网金融服务体系，推出移动展业、商乐贷、掌柜贷、银证转账等13项新产品，新增、优化功能111项，电子银行交易替代率达到71.7%，交易笔数9318.57万笔。个人网银注册客户510.88万户，网上银行总交易金额575.18亿元；手机银行注册客户354.46万户，交易金额343.94亿元；电话银行注册客户430万户，交易金额522.58万元。加大自助设备投放力度，ATM/CRS总量达到3275台，交易金额184.23亿元；新建电子银行体验中心10个。

5. 信息科技。

坚持提升系统运维能力和工作质量。金融网系统运行稳定，全年无重大系统故障，在全国金融信息网安全运行年竞赛中继续保持先进行列。完成重要信息系统安全等级保护测评工作；重新制订《中国邮政储蓄银行湖南分行信息系统突发事件总体应急预案》。

坚持扎实推进信息化建设工作。全年完成逻辑集中国际业务切换上线、银监会数据采集平台上线、内容管理平台二期、会计稽核新增功能上线、集中授权三批752个网点的预演上线工作，完成邮政金融客户身份自动核查系统等近二十个新业务系统的上线工作；完善优化新业务开发流程，加快系统上线进度，完成2014年~2015年心计划跨年营销活动数据处理程序等5个项目的自主编程开发任务。

坚持推动全省金融数据分析工作的合规、常态化开展。完成“自营网点营运与柜员综合配置分析”“小额不良贷款清收分析”等8个主题的研发和落地。《自营网点转型升级研究分析》课题入选总行优秀案例库并荣获2014年度总行邮政金融数据分析优秀案例三等奖。

6. 风险管理。

强力推进资产保全工作。全省强力实施信贷资产质量控制方案，省分行行领导挂点督办，多管齐下采取“一对一”帮扶、点对点约谈、“一户一策”、小企业风险缓释、清收百日竞赛、配比清收费用等“快”“活”“硬”处置方式，加快不良责任认定，全年累计清收不良贷款2.02亿元，核销不良资产2.88亿元，分别完成总行计划的140%、171%。（邮储银行湖南省分行）

【速递物流湖南省分公司】

速递物流湖南省分公司有14个市（州）分公司，物流、电商、国际3个专业分公司和92个县营业部（分公司）。全省从业人员2753人，其中一线1481人。累计完成收入60924万元，增幅5.62%。

1. 转型传统模式。

一是扎扎实实抓营销体系。由“一个平台三个团队”向“五个中心”转型。省分公司成立大客户营销中心，市场部牵头，长沙分公司和三个专业分公司为成员，负责月收入5万元以上大客户、集团客户和全省联动项目开发、推广、维护与管控。全省共组建专项营销团队57个，专职营销员174人。成立政务、商企和渠道中心，与电商、国际分公司组成“五个中心”，形成“五三联动”的营销格局。重新梳理和分级全省协议客户，对重点客户建立周统计分析台帐，常态化监测。二是坚定不移抓标快业务。以国家邮政局今年1号文件发布为契机，做到政策传达到哪里，宣传和揽收进驻到哪里。全省各市州政府或政府办基本都发了文，不少市州、县还由党政主管领导出面，政府办牵头，邮管、工商、质监、公安等部门共同开展党政机关公文寄递整治活动。96588车管远程服务平台网上、网下项目拓展到26种，有10项业务开办寄递服务，点击量累计超过83万起，业务办理量达到11.2万起。集团公司已向中央政法委、公安部报送汇报材料，在全国推广。二代证搭载微信平台，创新了流程；港澳证加签与广东实现互办。还相继开发交通车辆报废通知单、公交卡、环保标志、职称英语考试、医师（护士）资格考试等多个政务类和考试类项目。以“113对标工作法”，即“一图一表三对策”为推手，开展“3万客户大走访”和“亮单行动”，每天都有3个以上的客户或项目开发，新增客户1823户，其中规模客户868户，是2014年全年的2倍以上。7月，开展“双千工程”，力争开发客户2000户以上。娄底、邵阳“一拖N”模式持续发力；益阳黑茶项目创新“仓配+融资”模式；岳阳与邮储银行在ETC和贷款客户等方面合作，邮储银行已将湖南速递物流指定为8家客户唯一的快递服务商。三是差异优势抓电商物流。博世项目华东线在7月1日重新启动，VMI项目不断做大；12个市州中标移动物资配送业务，年标的额2167万元；新开发供应链金融项目29个，监管授信敞口22亿元，创收932.3万元，增长117%；创新融信通等模式。嗨淘项目将昆山仓搬入星沙智能仓；常德分公司成为当地发展电子商务工作领导小组成员单位，提供快递解决方案，承担指导、协调市内各快递公司物流配送的相关工作。四是创新模式抓国际平台。跨境电商创业园展业和跨境电商协会筹建工作持续推进，引进6家湘籍跨境电商企业回湘创业。金霞保税物流项目也取得进展。五是整合资源抓县域发展。从3月起，县域速递业务交由邮政企业代管，城市和县域市场发展的责任主体更清晰，资源更集中，市场开发力度更大。业务发展明显回升，由1月~2月的-28.38%上升到3月当月的38.87%，有79个县正增长，其中38个超过30%。4月增幅15.36%，5月份增幅18.67%，6月是快递包裹改革的第1个月，增速放缓但仍然增长1.16%，7月起继续加快。客户开发明显突破，县域邮政企业从竞争对手手中抢回协议客户373户。企业管理明显加强，劳动纪律、基础管理、工作作风、精神面貌等都得到提升；大部分县提供更好的生产办公条件，一些市州还投入资金扩建改造，并减免租金；基本都提供员工食堂，还将速递物流纳入“职工之家”建设。明确县域整体收入增幅15%、利润率10%，让速递物流全力以赴打拼城市市场。

2. 调整人员结构。

在科学定员定编、公开竞聘的基础上，采取自动离职、停薪留职、提前退养、待岗培训、转入久病、个人创业等6种方式分流落聘人员。抢抓跨境电商机遇，与省政府驻港企业—三湘集团合作，尝试混合所有制，成立湘速跨境电商孵化器公司，一方面促进全省尤其是大学生网上创业，建成大众创业、万众创新的优质平台，形成一大批人才和智力储备；一方面对接国际业务上游，搭建自主销售平台；一方面鼓励全员创业，提高员工创富能力和幸福指数。基于包裹快递改革和自身转型的人员富余压力，鼓励员工自组加盟创业团队。全省原有合同工1880人，劳务工1112人，劳务承揽1618人，共4610人。因为设备与流程优化，操作人员得到精简，7月减少210人，下半年降低人工成本1300万元。员工结构也得到优化，创新创业意识和谋事干事热情明显提高。

3. 管控成本。

减员增效的同时，借助新处理中心投产加速流程优化，在全国率先实现全省集中分拣，出口168格口改为102个，推进到47个，进口由11个改为1个；进口名址匹配率88.96%，进口物品型邮件上机率76.18%，出口邮件上机率82.73%。邮处中心人均日处理968件，全国排名第1位，是平均水平（327件）的3倍。在成都路向开展邮改货试点。加强邮速资源整合，充分利用邮政一干，优化了省内二干，仅加车就从原来每天7台以上减少到每周不超过3台。运输成本占收入比重的降幅与邮件处理量增幅相差近50%。7月份开始，在全省推行成本费用包干管理，责权利更统一，当月完成利润-37万元，比上年增加665万元，增幅94.59%；17个经营单位中，有9个实现盈利。

4. 强化作风建设。

落实“三严三实”专题教育要求，处理欠费问题相关单位领导和责任人。开展工程审计8批次，金额391万元，审减105万元，审减率26.98%。1月16日起，省公司机关分两个批次四个阶段开展“强化作风、帮促基层”主题实践活动，走访14个市州分公司、41个县营业部、68个揽投部，访谈基层员工600余人次、客户573家。梳理出员工期待解决的问题56个，并拿出初步解决方案。从员工最现实、最迫切、最关心的问题入手，出台“关爱员工”系列办法，建设25个“职工之家”。

5. 改善内部环境。

理清未入账事项，摸清家底，全部由省分公司统筹，为基层轻装。清理员工垫付、借款等内部经济往来4587万元，为员工减负。12月份当月收回欠费和营收款8493万元；规范44个供应链金融在线项目，并逐步处置18个逾期项目；规范国际、物流、快乐购等业务外包行为，为企业松绑。清查出不正常履职人员228人，其中123人返岗，对仍不返岗的依法解除劳动关系14人，为公平加码。基本做到“凡事有章可循、凡事有据可查、凡事有人负责、凡事有人监督”；收入“去水分、优结构、重效益”；发展“重基础、重市场、重客户”；管理“重严谨、重规范、重制度”。发展的真实性、有效性和可控性都得到了很大的提升。

6. 规范管理。

立下“三条铁规”，从经营、管理、财务三大方面规范企业各类行为。推行“废改立”，按照“责任要界定、权力要加大、待遇要提高”，加强履职尽责，修订完善三公经费、作风建设等52项规章制度，五个关键岗位工作规范、“六个零容忍”运营质量标准、干部“六个一”体验等37项制度办法，创新了微信轮值、违规轮值、驻点挂片等多项机制。以“有问必答、开门议事、发文追踪”，对全省基础管理、制度执行、能力提升予以规范，优化工作机制，再造工作流程，理顺工作关系。（速递物流湖南省分公司）

【中邮保险湖南省分公司】

中邮保险湖南分公司于2013年3月18日开业，是中邮保险在全国成立的第13家省级分公司。

1. 实施“‘羊’帆起航开门红竞赛工程”。

一季度，实现新单保费收入10.18亿元，比上年增长159%，增幅全国排名第2位；期交新单保费5363万元，比上年增长169%，增幅排名全国第2位；团险保费480万元；小额保险47万元，全面完成“开门红”竞赛计划，为完成全年目标任务打下良好基础。

2. 实施“转型升级千百万期交工程”。

实现保费收入12.3亿元，在省内寿险业市场占比2.62%，位列第10；期交新单保费1.62亿元，比上年增长81.4%，续期保费9146万元，比上年增长372.4%。保障期10年及以上期交新单保费收入1531万元，比上年增长66%。团险保费1127万元，比上年增长364%，进度排名全国第1位。承保小额保险3973件，保费收入129.16万元，比上年增长173.4%。

3. 实施“创新工程”。

制订创新激励管理办法，成立“创新委员会”和创新办公室，设立创新基金，增加创新项目。策划主题为“人车联保 车泰人安”的“代理车险＋中邮百倍保”组合营销活动方案，为湖南邮政代理车险客户提供定制化人身意外保障。在郴州开发“公共自行车保险激活卡”，为公共事业提供保障。推动社区电商平台代理禄禄通9产品项目。开发销售辅助工具APP，开发日常查询功能的报表系统。

4. 实施“队伍共建工程”。

推动支局长、骨干营销队伍建设和投递员保险业务培训，累计组织市、县、网点各级机构开展业务培训，电视电话培训4场，集中面授培训294场，网点培训401场，其他培训3场，合计场次830场，涉及1.43万人次。协调省邮政分公司下发市、县中邮保险局考核办法和市、县代管机构人员考核办法等文件，按照考核得分对市州月度委托管理费进行浮动结算。

5. 实施“专业引领工程”。

建立健全相关营销管理制度。加强产品整合策划能力，规范产品的销售话术，运营质量不断提升。新契约抽检合格率为93.02%，新契约回访率90.03%，保全2日结案率96.45%，保全复核修改率1.08%，保全资料流转时效1.58天，理赔30日立案率为92%，累计隔月签单扫描率94.68%，13个月保费继续率为86.82%，25个月保费继续率为92.23%，宽末综合达成率93.76%，亿元保费投诉量0.16件。

加强风险管控。迎接湖南保监局业务合规性专项检查，针对发现问题切实整改到位。全年累计完成各类风险排查18次。完成对8个市级机构、41个县级机构、272个网点的合规检查工作，通过现场检查共计发现问题19类，下发检查通报8份、整改通知书27份，发现问题均已整改到位，未发生风险事件。

提升客户服务水平。直属营业部展业，成为客户服务和对外宣传的窗口。开展3·15消费者权益保护日和7·8保险公众宣传日等活动，组织以“感恩陪伴，一路有您”为主题的客服活动。

6. 实施“素质提升工程”。

提升人员政治素质。开展学习“八项规定”“反四风”和“三严三实”专题教育活动，组织开展专题党课和红色基地学习教育。2015年发展3名新党员、2名预备党员转正，2名入党分子参加党课培训。

提升人员专业素质。30多名员工完成湖南大学保险学专业本科函授学习，组织《新国十条解析和保险业转型发展》专题培训，组织员工包括中级寿险管理师考试，开展内部培训30余次。

提升专岗人员业务素质。分两批举办市县中邮保险局专岗人员技能提升培训班，对全省132名专岗人员进行运营、合规和团险等业务技能培训，开展全省运营质量达标竞赛。省分公司前往部分地市、县及网点，现场督导解决运营难题，并定期组织地市中邮保险局专岗人员到省分进行现场培训。

7. 实施“精细化管理工程”。

完善综合行政管理。建立健全公文、会议、招待、车辆等方面行政规章制度，组织省分公文写作技能竞赛，提高分公司整体公文水平。加强分公司品牌宣传、舆情管理，编辑《三湘邮报》专版3期和《湖南中邮保险信息》24期。

强化人力资源管理。制定绩效考核办法，完成人力资源管理系统的数据维护，并对所有人事档案逐份对照，强化机构编制管理和明确各部门职责，开层中层干部述职述廉暨民主评议工作，建立干部公开竞聘及双向选拔体系。

强化财务管理。编制分公司发展“十三五”规划纲要，修订差旅费办法、会议培训费等相关财务制度。获得湖南保监局授予的“湖南保险统计分析工作先进单位”称号。

加强技术管理。组织省分全体员工和全省专兼岗人员安全意识培训和，建立省内数据分析库，为省分挖掘出合适的应用数据产品。（中邮保险湖南省分公司）

广 东 省

【广东省分公司】

三大板块累计实现收入 261.6 亿元，比上年增长 16%；累计实现净利润 28.78 亿元。其中邮政企业累计实现总收入 116.2 亿元，比上年增长 14.9%，完成进度 104.9%；实现邮政业务收入 108.97 亿元，比上年增长 15.2%，业务总收入和邮政业务收入均位全国排名第 1；实现净利润 1.3 亿元，超额完成集团公司计划。

1. 业务发展。

金融翼发展。全年累计新增储蓄余额 87.7 亿元；累计实现新增保费 207.7 亿元，累计增幅 133%，在新增保费规模大省中增幅排名第一；全省开展中邮专家进驻项目，中邮期交完成 2.26 亿元；代理金融网点转型率达到 80% 以上。

寄递翼发展。国际小包完成收入 21.5 亿元，实现业务量 1.73 亿件，量收均全国排名第一，全年净增收入 7.2 亿元，对新增收入贡献比例高达 48%；“双 11”期间单日收寄量突破 100 万件。快递包裹完成业务量 5501 万件，比上年增长 42%；累计创收 3.76 亿元，比上年增长 35%。

农村电子商务项目。梅州平远、韶关南雄、潮州饶平、河源龙川四地邮政公司主动与政府沟通农村电商项目，其中梅州平远、韶关南雄已与县政府签订电商进农村合作协议。

传统邮政业务。“专业支撑＋综合营销”跨专业整合。以环保项目、中邮人寿—集邮两个项目为抓手，推动省市层面各专业间的联动营销。在重点地市组织开展“PTA+”营销试点活动，活动期间共举办“PTA+”小型网点沙龙 75 场，实现集邮收入 394 万元，中邮期交 821 万元。在此基础上，集邮保险专业双方进一步推动重点地市策划分板块 PTA 网点沙龙，举办集邮 PTA 网点沙龙 265 场，销售集邮品 486.54 万元，保险 PTA 网点沙龙 342 场，实现中邮期交 2723 万元。拓展微信公众服务平台，全省各级邮政建设微信公众号 130 多个，“广东邮政微邮局”官方微信平台开办报刊订阅、图书销售、集邮品销售、在线客服、邮编查询、邮件查询、中秋月饼、Y 掌柜邮好货、DIY 明信片、职工车险团购预约、车主服务业务，累计粉丝 57 万名，交易额 520 万元，比上年增长 541%，在线邮政便民咨询 15 万人次。承办政府公共服务，与广东省公安厅交通管理局签订全面业务合作协议，与省环保厅开展环保宣传进校园进社区进企业进乡村活动；推进国税双代业务。

广州市分公司将书架和各类热门刊物搬进有轨电车阅读专列，供市民免费取阅，与有轨电车共同打造广州特色文化旅游线路。在沿途的美妙风光中手捧书刊，市民可充分感受广州的文艺情怀。（新闻宣传中心 / 提供　郑秋琳、黄璐璐 / 摄）

2. 改革发展。

推进包裹快递业务改革，包裹快递业务连续 6 个月环比正增长。推进省级会计集中核算和 ERP 上线。推进薪酬分配改革，薪酬分配向一线倾斜，合理调控内部分配差距，基本提足工资总额和劳务性支出，低于社平工资的比例下降 6%。

3. 管控机制。

科技体验和应用推广；推进“邮政拥抱互联网 +”，引导传统邮政创新发展；加大市局创新扶持力度，创新县域邮政发展机制。创新激励约束机制，设立摘挡奋斗目标，鼓励各地市分公司争先发展。开展成本对标运营工作，非生产性费用比上年下降 7.6%，连续 3 年保持负增长。优化用工机制，全年精简压缩管理人员至 3431 人，超额完成集团下达控制目标；开展劳务工转聘和劳务承揽工作，全部从业人员比 2014 年底实际减少 2274 人；全员劳产率达到 24.48 万元，全国排名第 3，比上年增长 20.77%，高于业务收入增幅 5.86%。制定实施薪酬分配制度调整优化方案，实现一线员工收入水平提升。合规经理现场管控能力提升。实施重点单位“一点一策”消防安全管控，有效防控道路交通安全，完成抗战胜利 70 周年纪念等重大活动安全保障工作，全年无发生重大安全生产事故和金融资金案件。质监方面，在集团组织的客户满意度测评中得分超过 89 分，位全国排名前 5 位。审计方面，全省开展审计项目 4612 个，促进企业增收节支 3654 万元。

4. 企业核心能力。

实物网能力建设。国际网实现全面扩容，全省国际小包运能增长 85%。省内网向直封互换转型，提升邮件处理时限。省际网实现多点直达，调整一二级中心局布局，打造省际邮运精品线路。推进投递网的平台化转型，加大投递人员配置和硬件能力建设，重点地市新增铺设智能包裹柜近 1300 座，新增人工自提点 2917 个；优化普邮投递网络，满足普服和竞争业务协调发展需求。实施网运网络“六项转型”，广东省内网向直封互换转型：调整后由出口地市对进口地市直封处理，由进口地市处理中心自行分拣到投递部；同时，省内交换量达到标准的路向，组开点对点直运干线邮路，采用散件外走方式；交换量未达到标准的，分拣后散件用容器盛装区隔，集中到广州中心局进行“散件交换”。省际网向多点直达转型：广东调整一二级中心局布局，新增 3 个二级中心局（东莞、佛山、中山），同时将湛江、韶关调整为三级中心局；开通了深圳—郑州、深圳—成都、深圳—厦门等路向的直运一级干线邮路，组开广州至上海、郑州、杭州、南昌、武汉等 5 条省际线路的甩挂运输，开通了广州—苏州、广州—南京（2 频）、深圳—上海等精品线路。地市网向自主生产转型：压缩广州江高中心进口分拣格口，地市本地中心配备了必要的皮带装卸、传输设备和 PDA 扫描设备。处理节点向流水化转型：广州中心局配置一套双层包件分拣机，以及胶带设备与辅助器具，江高整体实际日处理能力由 2014 年的 30 万件提升到 44 万件；深圳中心局配置进口小包胶带辅助分拣设备，实际日处理能力由 2014 年的 16 万件提升到 26 万件。投递网向平台化转型：加强投递能力建设，下达第一批 380 人的投递人员增员计划；全省共新增汽车 131 台、投递 PDA1378 台、投递自助柜 600 台。支撑新快包包裹投递，全省采用专网、专段、专频、混投等灵活组网的方式。建设人工加设备的“易邮”网络，全省在广州、深圳、东莞等多个地市共铺设智能包裹柜近 1300 座，注册人数达 3000 多人；累计建成自取点 2917 个，其中社会自提点 1853 个。提高投递信息化水平，利用 PDA 和手机实现投递的实时反馈，开发投递手机 APP 方便管控。

代理金融。安排 40 个代理金融网点的改造，新购置 4 个广州、深圳公配网点；购置 200 台 CRS，解决各地 299 台 CRS 的需求。

人才队伍。邮电技工学校荣获 2015 年度国家人力资源和社会保障部颁发的“国家技能人才培育突出贡献奖”；广东省邮务代表队获“2015 年中国技能大赛第四届全国邮政通信特有职业技能竞赛团体优胜奖”第 1 名，金融代表队获得第六名，广东选手荣获个人全能第 1 名，多名选手获个人优秀奖和单项奖；推进银行持证工作，全省共有 1460 人通过银专双科认证，持证率达 75.4%，比 2014 年底增加 21%。

信息化建设。完成金融网点授权集中工程 660 个网点上线；完成集团国际业务综合服务平台试点推广和广航电子报关、VIP 发运等功能改造。加强省内信息网运维与安全管理，全国邮政企业信息网运维考核并列第 2，达到历史最好水平。（广东省分公司）

【邮储银行广东省分行】

总资产达 4232.29 亿元，列全省银行业第 6 位。各项存款余额 4106.85 亿元，全省银行业排名第 5 位。各项贷款余额 1326.88 亿元。不良贷款率 0.69%，拨备覆盖率 278.5%。实现自营收入 78.6 亿元，全国排名第 3 位，比上年增长 19.74%；实现净利润 22.21 亿元，比上年增长 23.7%。

1. 个人银行业务。

个人存贷款业务。储蓄存款余额 3366 亿元，全国排名第 5 位。推进借力平台模式，搭建“银政、银协、银企、银担、银保”，小额贷款余额 53.57 亿元，消费贷款净增 179.55 亿元，余额 570.14 亿元，均全国排名第 2。

三农金融业务。涉农贷款余额 372.79 亿元，占全部贷款余额的 28.2%，全年新增 56.13 亿元，增速达到 17.73%。在辖内的 11 家国家级现代农业示范区内累计建设示范区特色支行 13 家。示范区特色支行个人贷款余额 83.43 亿元，比上年年初新增 23.76 亿元。共设置 6455 个“助农取款服务点”，建设信用村 104 个

银行卡业务。信用卡发卡量创历史新高，达 15.6 万张；信用卡净收入达 1.23 亿元，全国排名第 3，比上年增长 46%。

人民币理财业务。人民币理财销售创历史新高，累计销售 382.43 亿元，比上年增幅超过 30%；理财保有量达 104.8 亿元，比上年增长 61%；中邮期交保险销售 4023 万元，规模和完成率分全国排名第 1、2 位。

2. 公司银行业务。

公司存贷款业务。公司存款时点、日均新增双过百亿，时点余额 724 亿元，全国排名第 3，日均余额 664 亿元，全国排名第 2。公司贷款新增 59.95 亿元，余额突破 300 亿元，全国排名第 3。

小微企业金融业务。小企业法人贷款与个人商务贷款余额277.52亿元，净增24.9亿元，税贷通、医院贷款等多项新产品获得总行肯定。

国际结算与贸易融资业务。国际贸易融资余额12.65亿美元，全国排名第1。国际结算量稳全国排名第1，年度结算量30亿美元。

票据业务。办理小票贴现1.34万张，贴现客户达到2600余家，挂牌“广东省中小微企业小额票据贴现中心”。

3. 资金业务。

同业投融资业务。同业投资余额643.38亿元，保持全国领先；同业融入实现破“零”，余额25亿元；自主平衡型理财产品累计发行81只，募集资金129.95亿元，全国排名第1；托管规模达到500.6亿元，全国排名第3。

贵金属业务。全省累计销售实物贵金属2189.22万元，实现手续费收入293万元，销量和手续费收入均全国排名第3，贵金属重点产品—抗战胜利70周年纪念章销售5071套，位全国排名第1。

4. 渠道拓展。

网点建设。全行营业网点各类网点总数1942个，其中自营网点512个，占比26.36%。

电子银行。电子银行客户数达1160万户，其中个人网银960万户，手机银行752万户，均全国排名第2。电子银行交易替代率达82.05%，全国排名第3。交易笔数2.06亿笔，全国排名第1；其中手机银行交易笔数1.17亿笔，比上年增长108%，成为交易量占比最大的电子渠道。

5. 信息科技。

自主开发“易方达基金跨行代付业务项目”成为银行业首创；在全国系统内首创理财及代销产品录音录像系统、网点免填单及无纸化应用、智慧网点平台系统等应用。

6. 风险管理。

推行“3+N”案防管理模式，前台业务把关、中台合规管理、后台加强监督、各部门合力履职的案防机制逐步形成。加强管理层推动，带头研究案防策略，主动督导合规活动，落实监管制度规定，特别是“三方会谈”要求。开展“两加强、两遏制”、尽职检查、邮银互查、审计检查等86个项目；印章规范使用，上收合规经理管理权限，防范重大资金案件的发生。安全保卫工作规范化管控，安防技防水平提升。

资产质量管控良好。全行不良贷款率0.69%，优于全国平均水平0.2%，远优于全省同业平均水平。资产质量控制较好的有揭阳、梅州、潮州。开展“顶冒名”贷款排查，不良压降成效卓著，小额贷款不良率由年初的6.68%下降至3.99%，优于全国平均水平；小企业法人贷款与个人商务贷款整体不良率为1.38%，优于全国平均水平2.34%。（邮储银行广东省分行）

【邮储银行深圳市分行】

全年分行总资产达729亿元，比上年增长109亿元，增幅18%。存款规模539亿元，比上年增长85亿元，增幅19%。贷款规模428亿元，比上年增长166亿元，增幅63%。不良贷款率0.68%，低于全国和深圳同业。实现自营收入17.2亿元，完成总行收入预算目标115%，比上年增长5.5亿元，增幅47.4%，增幅全国排名第1；实现利润4.3亿元，完成总行利润预算目标105%，比上年增长1.6亿元，增幅58.2%。

1. 个人银行业务。

全行个人客户达305.67万户，其中个人VIP客户21.48万户。

个人存贷款业务。个人存款余额115.30亿元，比年初增加-7808万元，增长-0.67%。其中，个人活期存款增长5.67%，个人定期存款增长-9.85%。2015年末，个人贷款余额148.49亿元，较年初增加55.27亿元，增长59.3%。推进借力平台模式，搭建“银协、银企、银担、银保”，小额贷款余额1.06亿元，净增-5696.5万元。个人消费贷款业务净增55.84亿元，不良率0.09%。

三农金融业务。小额贷款余额1.06亿元，比年初下降5696.5万元，降幅35.08%，实现三农金融业务利息净收入1707万元。

银行卡业务。全行借记卡结存发卡量1205万张，全年消费金额173亿元，比上年减少1.62%。其中，绿卡通IC借记卡结存发卡量252万张。信用卡全年消费金额5.79亿元，比上年增长76%；期末透支余额0.83亿元，比上年增长54%。

代销基金、国债业务。加强与优秀基金公司合作，代销基金的产品总额4.97亿元，代销国债的产品总额0.32亿元。

代理保险业务。全年实现代理保险保费9084.6万元，其中趸交保费8780.63万元，期交保费246.57万元。

2. 公司银行业务。

公司存贷款业务。公司存款总额158.10亿元，比年初增长87亿元，增幅达122.36%；公司贷款余额130亿元，较年初增长32亿元。

小微企业金融业务。深圳分行完成总行19期小微企业运行指数调研，参与调研达400人次。总行通报的调查完成率情况中深圳分行完成率为99%，在34家参与调研的分行中排名第1。其中，深圳分行小企业法人贷款结余30.7亿元，比年初净增5.19亿元，法人客户411户，户均747.01万元。

国际结算与贸易融资业务。拓展边贸特色结算业务，推动跨境电商金融服务发展，国际结算业务全年结算量7.8亿美元，贸易融资业务余额45.47亿元（含表内外融资）。

票据业务。直贴业务规模扩大，承兑业务增速较快，票据大管家、商票贴现等新产品发展。票据贴现余额10.32亿元，较年初增加9.82亿元。

3. 资金业务。

市场交易业务。本外币市场交易规模455亿元，比年初增长104.95%，交易笔数28笔。

投资业务。全行债券及同业存单投资的利息收入501万元。投资（包括委托其他金融机构投资）的商业银行理财产品、信托投资计划、资产管理计划及证券投资基金的余额总计660.53亿元。

同业融资业务。存放同业及其他金融机构款项和拆放同业及其他金融机构款项合计余额174.3亿元，同业及其他金融机构存放款项和同业及其他金融机构拆入款项合计余额33.65亿元。

理财业务。理财产品余额42.12亿元，较年初增长6.62亿元，增幅8.42%；机构理财产品余额21.37亿元。

贵金属业务。销售实物贵金属产品37款，销售金额389.47万元，收入67.02万元；代理贵金属交易金额63.98亿元，收入11.32万元。

托管业务。分行托管部运营产品规模约4000亿元，产品种类包括公墓基金、基金专户、券商资管、保险、保险资管、信托和他行理财。新开托管账户超过270户，累计处理清算指令超过2万笔，因深圳市分行责任导致处理失败笔数为零，完成所有托管产品付息计算与对账复核工作。

4. 渠道拓展。

网点建设。全行营业网点141个，其中：自营网点68个，占比48.23%；代理网点73个，占比51.77%；营业网点区域覆盖率达到100%。

电子银行。构建新型互联网金融服务体系，推出移动展业、商乐贷、掌柜贷、银证转账等13项新产品，新增、优化功能111项，电子银行交易替代率达到91.28%，交易笔数2.61亿笔。个人网银注册客户225.88万户，网上银行总交易金额361.79亿元；手机银行注册客户139.65万户，交易金额157.82亿元；电话银行注册客户228.57万户，交易金额146.17万元。自助设备投放力度加大，ATM总量达到2651台，交易金额1546.32亿元；新建电子银行体验中心25个。（邮储银行深圳市分行）

【速递物流广东省分公司】

速递物流广东省分公司有员工1.8万人，各类生产车辆2800多台，下辖1个地市分公司、4个直属单位和10个子公司。2015年，广东省分公司完成“子改分”的各项工作，推进广东邮政速递物流转型发展，企业运行质量、服务品质、管理效能、品牌形象都得到了改善和提升。

1. 经营业绩。

全年完成业务收入49.6亿元，比上年增长11.7%，增收5.2亿元，经营效益取得突破，全年减亏1.8亿元，实现利润5560万元，超额完成总部下达预算目标。其中：自营总收入完成48.4亿元，比上年增长12.6%，增收5.4亿元；国际e邮宝、政务、进口商业快件（含香港E特快）等高效业务合计完成22.2亿元，比上年增长57%，增收8亿元，为全省收入和利润的主要增长源。

2. 网运流程。

全省总发运量超过18万吨，比上年增1%，其中省际出口发运量为12.7万吨，比上年增长5.9%。

3. 服务质量。

政务类问题邮件72小时解决率达到100%，预警邮件及时处理率、理赔及时率达到100%，逾限邮件监控处理率达到99.87%（比上年上升0.2%）。客户申诉率由年初的16%下降到年底的5%，投诉率由万分之0.61下降到万分之0.26，服务工单48小时解决率由比91%提升到95%。

4. 管控能力。

一是成本管控不断加强。推进市场化结算政策，包括代收货款结算、省际航空费据实结算、航转陆邮件以陆运价格结算、及时赶发邮航的邮件实行N70优惠结算等。二是经营秩序管控继续强化。通过信息监控和现场检查等手段，规范日常检查，落实重大案件处理，堵塞邮件安全漏洞。查处邮件丢失案件42宗，涉案金额207万元，破案12宗，挽回损失31万元，10人解除劳动合同，其中4人移交公安机关处理。三是用工管理规范。落实劳务派遣新规，比上年减少劳务用工4551人。四是信息支撑能力增强。四是审计监督职能发挥较好。（速递物流广东省分公司）

【中邮保险广东省分公司】

中邮保险广东分公司于2013年3月25日开业，是全国第14家省级分公司。

1. 业务发展。

全省20个地市、96个县（区），1845个邮银网点开展业务。经营责任制考核保持全国前列，保费收入17.3亿元，期交保费收入2.66亿元，比上年增长123%，规模位全国排名第四，团险保费2175万元，规模全国排名第1。推行PTA营销模式，研发全产品系列图说、视频及问题指南，打造PTA营销全流程指引，初探团险PTA营销新模式。

2. 运营管控。

运营质量。续期保费1.19亿元，超额完成全年续期保费任务。保全复核修改率（0.48%）位全国排名第1，保全录入修改率（4.25%）、保全2日结案率（99%）排名全国第2，新契约合格率、新单综合回访率名列前茅。邮银团险项目全省理赔案件量，约占全国总量50%，团险审核正确率、服务时效和团险服务管理水平全国排名第1。

“自营＋代管”模式。协同省分公司制定下发《关于健全市县中邮保险机构、岗位设置及人员配备管理的通知》，明确机构和岗位设置，增设保险管理部，强化渠道专业管控考核，在全国创新实现渠道由岗位制管理向部门制管理转变。全省20个地市均增设保险管理部，配备保险管理部主任，为实现渠道专业化管理奠定良好的组织基础和人员基础。

客户服务。创新推出团险微信服务平台—中邮保险广东团险服务中心；规范“双录”服务流程，录制中邮保险售后服务视频，指导网点实施规范流程，建立省市县联动专业理赔服务队伍；利用微信互动平台，开展“中邮相伴，健康同行”客户服务活动。共计处理理赔案件5455件，平均赔付时效1.5天，理赔效率和服务效果受到一致好评。

运营管理。开发上线运营管理系统一期工程，建立市县机构运营作业管理规范，弱化手工操作；集中业务指令（已覆盖75%业务指令），提升运作效率；实现管理闭环操作，避免信息泄漏。

3. 合规管理。

防范风险。执行“两个加强，两个遏制”专项检查，通过广东保监局两次现场检查。

夯实基础。完成全省15个地市、38个县区、92个营业网点机构的合规现场检查，排查市县中邮保险局内控基础管理、业务操作、销售管理以及代理网点产品营销过程可能存在的风险隐患，加强问题整改与监督。

开展培训。运用易企秀等新形式，开展具有针对性的合规、反洗钱培训。

4. 管理机制。

组织机构设置。配置专职纪委书记，成立党群工作部，配备专职领导和纪检监察专岗人员；广纳人才，吸纳来自同业公司、应届毕业11名；制定员工个性化提升目标，鼓励员工持续学习，开展EDP培训课程，提升骨干队伍的管理视野及能力。

部门专业运作。顺应互联网发展趋势和渠道管理需求，转变市场部、运营部管理定位，成立5个中心小组，实现职能集中化、运作中心化；转变信息技术部维护职能的传统定位，引进开发人才，增强研发能力，加强平台建设，实现项目支撑运作。

企业核心制度。制定实施《绩效管理制度》和《人事考评管理办法》，建立长效激励办法。

“互联网+”管理。开通企业微信公众号、服务号和企业号，开发会议时间轴、手写签名、通知调查、周计划安排等微信企业号相关功能，初步构建起以微信为依托的信息化基础管理平台，加快公司“互联网+”管理探索的脚步。

优化资源配置。完善各项财务制度，优化财务流程，修订财务审批制度和采购制度，加强重点项目管控，合理配置使用财务资源，强化经营业务发展支撑。（中邮保险广东省分公司）

广西壮族自治区

【广西分公司】

广西分公司下辖直属单位9个，市分公司14个，县（市）分公司75个，邮政支局（所）1488处。员工总数16338人。全区邮政企业业务收入完成28.04亿元，比上年增长8.1%，完成集团预算的101.9%。全员劳动生产率17.72万元。按照集团公司部署，圆满完成“子改分”。组建省集中会计核算中心，筹建人力资源服务支撑中心。以市场为导向，遵循集团公司规定，实行区函件局、区集邮分公司合署办公，成立包裹业务中心。将部分操作环节外包，推进劳务承揽，劳务用工占比从47.3%降至18.9%。全面启动投递体制改革，基本实现商普分投，尝试按快递行业规律进行激励考核。

1. 推进业务发展。

邮务类业务。将媒体平台业务作为函件转型发展的重要抓手，完善政讯通平台管理，整合全区邮政屏幕媒体资源，尝试以商演项目打开转型新局面，全区累计搭建媒体平台35528个，举办商演96场，实现收入3496.9万元，比上年增长25%。集邮品鉴会、赶集营销等主题营销活动对收入拉动明显，累计实现销售额1816.19万元。生肖贺岁主题营销活动收入规模创历史新高，逐渐形成品牌营销。形象年册增幅明显，集邮网厅以方便快捷的优点吸引客户，2016年新邮预订业务取得较大突破。组织推进校园报刊、商务报刊、订阅有礼等重点项目，实现流转额45381.74万元；开展图书巡展，实现码洋793.16万元；介入数字发行业务领域，与邮储银行联合开展“中邮阅读”业务，为用户提供数字阅读增值服务；推出微信订阅项目，尝试数字化发行新模式。调整分销业务产品结构，消费品收入占比较上年提升17%；以预收预订模式驱动农资分销发展；开展邮乐优选项目，新增专员1655名、新发展会员9871名，在全国16个试点省中排名第4位；与保税港区管委会、联检部门等合作共建保税进口商品直销平台。增值业务收入规模居全区邮务类业务首位，短信业务近5年年均增幅达22%,收入规模实现翻番，储蓄短信加办率全国排名第3位；培育新增长点，车险业务销售额增长近3倍，增幅排全国第3位；代征税款项目上线运行。机要通信业务连续18年实现质量全红。

推动金融类业务。代理金融业务应对市场环境变化和政策调整保持高速增长，收入累计完成18.18亿元，比上年增长11.03%，代理储蓄余额净增39.04亿，市占率达8.01%。绿卡规模不断扩大，卡均余额全国排名第4位。新增自助机具844台，助农取款服务点累计3080个；电子渠道交易替代率达79.36%，排全国第2位。开展“一加强，两遏制”专项检查和“回头看”活动，自查698个网点，覆盖率达100%。代理保险业务全年累计新单保费38亿元，比上年多增31亿元，增长了4.5倍；实现代理手续费8227万元，完成计划的411%，增长了3.8倍。在一季度完成全年度任务的情况下，引入高现价产品，确保在网点“1+1”模式监管下，全年均有产品销售，缓解代理金融业务发展面临的严峻形势，新增收入占代理金融增量收入的36%。

推进寄递类业务。全面进军包快市场。依托梧州国际小包集中收寄点，全区国际业务收入累计完成2074.34万元，比上年增长201%；开展“收复失地、抢占高地”专项营销活动，全区年累计新增协议客户1091户，区内大同城业务比上年增长358%，业务收入累计完成1.68亿元，比上年增长6.6%，在全国同行位居第14位。

拓宽渠道。广西鑫达保安押运服务有限公司已建成全区唯一同时具备武装押运和普通保安两项经营资质的专业公司，全年实现业务收入1.74亿元。

2. 推进能力建设。

整合邮政内外资源，加快推进线上线下相结合的邮政综合便民服务平台建设，支撑邮政常态化发展。截至2015年底，全区线下便民服务站3205个，“三农”服务站2786个，村邮乐站点2873个，报刊亭1296处，智能包裹柜7处。线上推进邮政与互联网融合发展，广西邮政微信公众平台实现试运营，尝试开展邮掌柜平台“一县一馆”建设，让微商城、淘宝店等社会网络平台成为自有平台的有效补充。完成网点升级改造工作；丰富营业网点基础配置，满足网点生产服务需求。南宁、柳州、桂林邮件处理中心工艺化改造和梧州邮件处理中心建设基本完成，其他各市和部分试点县处理中心皮带分拣辅助设备基本投产。网运生产车辆、设备、设施投入创历史新高，全年新增投递车辆260辆、电动三轮车460辆、手持智能终端3020台、图形终端600台。推行应用PDA封车解车，建立全网干线运输实时监控和预警体系。完成全区邮运生产车辆GPS系统建设，监控范围覆盖各级干线邮路。做好ERP系统上线工作；引进资源管理系统，利用信息技术手段提升经营管理水平；重点推进中央信息库、网点资源管理、广西邮政财务监控分析系统、跨境电商综合平台、媒体平台管理、运钞车集中监控管理系统、代理金融自助设备远程集中监控系统等7个项目建设。

2月13日，广西分公司服务“三农”，送文艺送科技下乡灵山县大平村。（广西分公司/提供　方平/摄）

3. 提升服务水平。

全区60个空白乡镇网点全部开业运营，全区营业网点汇兑业务开办率实现100%。有序推进服务“三农”、普服网点和机要基础设施等国拨资金项目建设。梳理营业网点新增、撤销、停限办普遍服务业务等新流程，做好普遍服务履职工作。实行时限质量周分析制度，探索区内互寄快递包裹、大同城等重点业务全程时限内部承诺。截至2015年12月，快递包裹县城以上范围互寄T+1时限达标率88.18%，全区邮件时限综合达标率97.03%；全区平信邮件时限达标率稳定达标，全区邮件时限综合达标率为99.7%，排全国第4位。区11185客服中心增设主动客服职能，对大客户交寄邮件、邮件流量流向及指定业务种类开展主动跟踪；引入第三方舆情监测系统，主动跟进异常邮件，降低客户投诉率，提升区内寄递项目客户的用邮体验；简化包裹快递业务赔偿流程，全年用户有理由申诉率千万分之1.4，管理质量排全国第9位。

4. 加强企业管理。

以效益优先为原则确定市分公司、直属单位的考核指标、奖励办法，强化网点损益奖励、考核，完成集团公司下达的利润目标。开展往来账清理，应收款项减少0.97亿元，应付款项减少3.19亿元。深入推进对标管理，区市县均从各自层面开展横向对标。推广资金归集系统应用，推行集中采购。资源优先配置到代理金融、电子商务、包裹快递等业务，全年固定资产投资2.8亿元。克服人员、业务、作业方面的困难，实现省集中会计核算中心正式运营。

开展薪酬分配制度调整工作；创新采取与有效业务收入增幅挂钩的人工成本配置方式；完善薪酬集中发放，严格控制管理人员特别是领导人员收入增长，杜绝领导人员违规领取营销（积分）奖励和业务发展奖励。建立以需求为导向的培训计划生成和更新机制，培训覆盖80%以上从业人员。举办2015年中国技能大赛—广西邮政业务（营销）员职业技能竞赛和全区邮政信息技术岗位技能竞赛。按计划完成人力资源服务支撑中心筹建工作。

5. 推进党建工作。

结合实际，开展“桂邮党旗红”主题实践活动。组织全区职工思想调研和总经理读书荐书活动。突出抓好党组织规范化建设工作，并在全区邮政企业党组织中推广“一二三四”支部工作法，推动“三严三实”专题教育落到实处。制定下发《广西区邮政公司2015年度党风廉政建设和反腐败工作分工责任制》，强化“两个责任”落实。首次开展专项巡视工作。在全区14个市分公司、9个直属单位及区分公司机关内开展“小金库”专项治理“回头看”自查自纠工作。落实中央专项巡视反馈问题自查整改工作，列出28个重点问题，提出69项整改措施，限时整改，对“十八大”以来的信访进行“大起底”。（广西分公司）

【邮储银行广西分行】

全年广西分行总资产达1498亿元，比上年增长5.29%。各项存款余额1462.54亿元，比上年增长5.41%。各项贷款余额399.06亿元，比上年增长39.14%。不良贷款率1.50%，拨备覆盖率154.45%。全行实现营业收入40.26亿元，比上年增长10.91%；实现净利润4364万元。

1. 个人银行业务。

全年全行个人客户达1386万户，其中个人VIP客户36万户。

个人存贷款业务。个人存款余额1310.66亿元，比年初增加52.09亿元，增长4.1%。其中，个人活期存款增长5.49%，个人定期存款增长2.39%。个人贷款余额197.76亿元，较年初增加45.14亿元，增长29.58%。推进借力平台模式，搭建“银政、银协、银企、银担、银保”，小额贷款余额21.09亿元；个人消费贷款余额104.69亿元，业务净增45.83亿元；全面加快“快捷贷”推广工作，个人商务贷款结余71.99亿元。

三农金融业务。涉农贷款余额123.17亿元，比年初增加18.32亿元，增速17.47%。着手建设现代农业示范区支行7家；举办“2015年‘邮储银行杯’创业创富大赛（广西赛区）”活动；自2012年8月起在农村设立助农取款服务点，累计建设助农取款点3082个。

银行卡业务。全行借记卡结存发卡量2117.52万张，全年消费金额326.08亿元，比上年增长7.01%。其中，绿卡通IC借记卡结存发卡量549.49万张。信用卡全年消费金额73.4亿元，比上年增长61%；期末透支余额10.47亿元，比上年增长55%。

养老金业务。全行代收代付养老金348万笔，其中代收养老金21万笔，代发养老金327万笔。

代销基金、国债业务。加强与优秀基金公司合作，代销基金的产品总额18.71亿元。销凭证式国债8期，实际销售5004万元，代销储蓄国债（电子式）10期，实际销售16371万元。

代理保险业务。准入寿险、财险、健康险、意外险等产品72款，其中保障型保险产品47款，占比达65%；全年实现代理保险保费41.21亿元。

2. 公司银行业务。

公司存贷款业务。全年累计发放公司贷款41.57亿元，比上年增长16.17亿元；年末公司贷款余额76.54亿元，年增18.76亿元，增幅32.46%。供应链金融业务累计发放40笔，共3.92亿元，结余2.32亿元。

小微企业金融业务。共发放小企业贷款（含小企业法人和个人商务贷款）93.41亿元，余额达到118.65亿元，较2014年末增加1.68亿元，增幅1.42%（其中小企业贷款余额46.66亿元，个人商务贷款余额71.99亿元）。

国际结算与贸易融资业务。广西分行全年福费廷业务累计发生额28.21亿元，结余13.44亿元，比上年增长607%；贸易融资业务累计发生额4500万人民币，其中国内信用证议付业务3笔，合计2500万人民币、进口代付业务1笔2000万人民币；国际结算1.19亿美元，跨境人民币结算3.23亿元，比上年增长705%，超额完成年度目标，其中边贸结算系统内全国排名第1；外币存款余额5323万美元（折合人民币约3.47亿元），促进了本外币公司负债业务规模发展。

票据业务。广西分行全年共办理票据转贴现融资398.53亿元，余额51.67亿元；办理卖断式票据转贴现101.57亿元；年累计办理票据回购式转贴现297.34亿元，余额3.55亿元。

3. 资金业务。

投资业务。债券承销与投资余额53.68亿元，配合邮储银行总行承销及投资自治区人民政府地方债券26.08亿元。

同业融资业务。存放同业款项余额33亿元，同业存放款项余额15亿元。

理财业务。广西全辖理财产品余额59.04亿元，比年初增长32.22亿元，增幅55%。机构理财产品余额384.88万元。

贵金属业务。推出实物贵金属产品281款，代理贵金属交易金额11.29亿元，实物贵金属交易金额1393万元。

托管业务。全行托管资产规模135亿元，比上年增长79.45%。

4. 渠道拓展。

网点建设。全行营业网点979个，其中：自营网点281个，占比28.7%；代理网点698个，占比71.3%；营业网点县域覆盖率达到 100%。

电子银行。2015 年，邮储银行广西分行累计发展电子银行客户数 421.65 万户，年新增 74.77 万户。其中，个人网银累计发展客户 389.74 万户、手机银行累计发展客户 267.93 万户。全年电子银行交易量（含自助设备）2.97 亿笔，交易金额 2921.38 亿元，电子银行交易替代率（含自助设备）80.86%。全区累计布放 ATM（含 CRS）3014 台（县及县以下 2032 台，占比 67.4%），其他自助设备 456 台（县及县以下 290 台，占比 63.5%）。其中，2015 年新投放 ATM 设备 814 台（县城及县城以下投放数量为 627 台，占比 77%）。全年自助设备交易量 2.2 亿笔，交易金额 1796.97 亿元，ATM 交易替代率为 49.98%。

5. 信息科技。

按照“科技引领”的信息化发展要求，重点建设信息化项目：一是开发建设玉林社保业务、社保 IC 卡、柳州住宅维修款、南宁社保批扣发票补打、防城港市招投标保证金、新金融社保 IC 卡等中间业务重点项目，以及集中放款影像系统、个人积分系统、业务库信息管理系统、信贷业务流程监控系统等业务管理辅助系统。二是组织实施总行统一建设的网点授权集中工程、内容管理平台二期、成本费用报账系统、灾备管理系统等项目上线工作。三是开展数据分析支持业务发展，从不良贷款、中间业务特色交易、网点营运、小企业贷款行业及现金流监测等方面开展数据分析研究课题，推广“小额贷款集中用款审计预警分析”“信贷员贷后检查提醒分析”“代收付业务异常交易分析”“自营网点营运与柜员综合配置主题分析”等项目在业务条线落地应用。

6. 风险管理。

坚持“适度风险，适度回报”的风险偏好，严格遵守“防控重点风险，守住风险底线”的原则，提高风险管控水平。一是“不良率”指标合理控制，资产质量管理水平提升。二是“区市”两级风委会运行正常，风控委的作用增强。三是“多种”手段齐抓共管，风险监测预警、资产分类工作得到增强。加大培训工作力度，队伍能力素质得到提升。四是开展“除隐患，提能力”集中整治活动。一方面坚持“查改结合”，抓“隐患”消除。2015 年，全辖共排查人员 4942 人次，其中排查支行长 363 人次、网点人员 1789 人次、信贷从业人员 1033 人次和其他人员 1757 人次。（邮储银行广西分行）

【速递物流广西分公司】

速递物流广西分公司下辖 14 个地市分公司、75 个县营业部、68 个城区营业部，员工 2797 人。全区实现自营速递物流收入 3.75 亿元，增长 12%，与 2010 年相比增幅达 85%，保持行业领先地位。

1. 推进业务经营。

推动国内标准特快邮件业务增长。一是组织开展 73 个重点城市和文件型标准特快邮件业务会战以及省际标准特快邮件业务劳动竞赛，提高邮航装载率。二是采取“互联网 + 速递”新营销模式，开通微信及官网商城平台，有效推进政务、商企、校园、产业集群、生鲜特产等五个市场的业务拓展。三是加强总部营销，建立政务类“互联网+”平台，创新拓展电子便民服务渠道，促进政务类项目快速发展，收入增幅达 34.5%。四是灵活运用价格及产品组合优势，全区联动，重点锁定商圈、校园，推进商企市场开发。全年国内标准特快邮件业务完成专业自营收入 1.96 亿元，增长 9%，排全国第 7 位；其中梧州、防城港、崇左、贵港市分公司增幅达 20% 以上。

发展国际、电商业务。细分预算目标，开展劳动竞赛，拓展国际商务市场。加强与海关邮办的沟通，推进代收关税项目收入上规模。大力拓宽存量项目服务维度，增加合作粘度，扩大原有电商项目以及电视购物项目业务规模。全年专业自营国际业务收入完成 1983 万元，增长 6.4%；总部电商项目完成收入 3700 万元，实现正增长。

推动物流业务增长。一是以“仓储 + 配送 + 增值”业务模式为主，深度开发重点客户，上线区移动、恒大粮油等项目。二是以满足客户需求为导向，强化营销和客户维系，努力实现原有项目增值。三是按总部要求暂停供应链金融业务开发，妥善做好现有项目的运作和处置，加快寻找新业务增长点。全年物流业务完成收入 7913 万元，增长 5.1%。

2. 推动网络运营发展。

整合升级网络资源。一是两网整合工作基本完成。根据区内包裹快递改革工作部署，11 月与区分公司完成 14 个地市处理中心、75 个县封发中心、42 条区内二级干线和 6 条省际一级干线邮路的交接，完成广西陆运网整合工作。二是邮件处理场地转移工作有效衔接。因南宁邮件处理中心升级改造需要，将安吉物流仓物资转场至友谊路超大仓，再将南宁邮件处理中心转移至安吉物流仓，保障了南宁邮件处理中心分拣封发工作的正常开展。三是完成南宁航空邮件处理中心工程建设。11 月初完成邮件处理场地搬迁至航空邮件处理中心并实现投产，有效提升生产能力和邮件时限水平。航空进出口邮件处理能力达 5.9 万件 / 日，劳产率达 1.7 万件 / 人 / 月。四是加强揽投网建设。全年共新增电动三轮车 195 辆、PDA194 台。

精细化运营管理。一是按照邮航进出规律，科学调整作业组织，对邮航正、晚点实行不同作业计划，确保邮件时限。截至 11 月底，12 小时经转率为：标件总包 99.46%、经济件总包 98.61%，达到了总部考核要求。二是结合标准化处理流程和新 PDA 手持终端系统，将传统双人配合扫描封发，转变为单人流动封发，简化流程的同时实现与后台数据的同步交接。三是加强单车成本核算和考核，降低邮运成本；加强与航空发运代理商沟通，将部分航线经济航空发运价格、操作费用下调 0.2 元 / 公斤。

增强信息化支撑能力。一是研发并完善微信及官网支付、批量寄递二代证新流程、法院专递邮件跟踪服务程序、港澳二次签注业务微信平台等电子渠道新功能，有效提高客户服务能力。二是加快推广上线 RFS 营收及资金管理平台、ERP 系统、邮速系统数据互通和处理中心标准化系统。三是研发并推广唯品会接口、邮件成本预估、投递率监控、新 VIP 客服、海关税票打印等内部管理系统，实现新落地配项目的信息化支持；完善代收货款资金归集系统应用功能，促进代收货款清欠跟踪工作。四是结合项目运作实际，研发和完善仓储管理系统，调整作业流程，提高备货效率和分拣准确率。

3. 提高服务质量。

提升客户体验。一是加强运营质量管控。每周召开全区运营质量分析会，通报质量问题，通过漏斗式分析和对标管理，提升运营质量。设立质量监控中心，依托信息系统实时监控邮件各关键环节逾限情况，发现问题及时调度处理。二是对区内统签落地配项目和全区中高端项目开展主动客服，提升整体运营质量，其中年收入超过 20 万元的电商类项目妥投率 97.73%，比上年提升 9.37%。三是通过优化流程和强化监督考核，各市分公司对问题邮件的处理效率不断提升，客户满意度提高。全年客户申诉率为百万分之 8.63，排全国第 8 位；投诉率为万分之 0.6，排全国第 10 位，以上指标均优于总部考核标准。

强化监督检查。一是通过每月现场和信息系统检查，稽核全区协议客户出口邮件异常资费，并跟进责任单位落实整改，切实加强邮件和资费监控力度。全年共核查出各类问题邮件 5439 件。二是与邮政公司联合开展代收货款资金专项检查，有效清理历史陈账。三是强化邮件收寄安全检查，严把收寄验视关，有效防范邮件和资金安全隐患，较好地保障了抗战胜利 70 周年大阅兵、中国—东盟博览会等重大节日期间生产安全。全年航空安检不合格邮件为 528 件，占比为万分之 1，其中航空禁寄 5 件，比上年减少 71 件。

4. 加强企业管理。

加强财务管控。一是加强以收定支，规范资金使用渠道；推进财务信息化建设，完成 RFS 和 ERP 系统上线，实现从揽投员到财务人员的资金和欠费闭环管控。狠抓欠费管理和资金归集，努力提高企业资金运营效率。二是选取标杆，每月进行专题对标分析，严格预算执行，加强重点成本管控，努力促进企业降本增效。三是加强供应商和专用发票管理，完善报账管理制度，持续深化全区“营改增”工作。全区税负水平由 2014 年的 3.19% 下降至 2.08%，有效降低企业税负成本。四是深入推进营业部损益核算，将结果应用于揽投部经理绩效考核，促进经营效益提高。

人力资源管理。一是精兵简政，优化人员配置。调整鼓励部分部门领导、管理等二三线人员到生产、营销一线任职，为企业增收做贡献；结合包裹快递业务改革契机，妥善完成内部处理人员整合；坚持“向重点区域、重点城市、重点市场、重点项目倾斜”的增员原则，加强重点商圈写字楼营销和揽投人员投入。二是提高队伍素质。加大优秀人才引进力度，做好人才储备工作，共招录应届大学生 21 人。继续开展优秀劳务工转合同用工工作，全年 75 名劳务工转为 B 类合同用工。通过集中授课、送教上门、远程培训、技能竞赛等多种形式组织培训，提高员工队伍整体素质。全年组织培训 638 个班、18709 人次，职业技能鉴定合格 343 人。三是严格用工指标和人工成本管理，加快推进劳务承揽、业务外包，有效控制人工成本和降低用工风险。四是强化绩效考核，完善薪酬体系。继续健全经营单位绩效考核、计件工资、管理员晋级、星级揽投员评选、员工年度考评等管理办法；于 2015 年底，根据总部部署，结合广西实际，进行了薪酬分配改革，提高员工薪酬待遇，调动员工生产经营性。

开展审计监察工作。一是加强审计内控工作，规范工程管理、节约企业建设资金。全年完成工程结算审计项目 25 项，审减金额 24.93 万元。二是通过巡视检查方式，重点检查全区各单位民主集中制、“三重一大”决策、党内组织生活、请示报告等制度的执行情况。三是落实中央巡视整改工作，聚焦反馈的主要问题，结合公司实际，细化问题清单，明确整改任务、举措、责任和时限，着力推动整改落实。四是加强信访举报查处工作。全年受理群众信访 11 件，办结 9 件，有效维护了企业和谐稳定。（速递物流广西分公司）

福建省

【福建省分公司】

全年累计实现邮政业务总收入38.03亿元，规模全国排名第14位，比增1.3%。全省邮政系统紧紧围绕中国邮政集团公司“一体两翼”经营发展战略，突出抓好代理金融、包裹快递、农村电商等重点业务的发展，加快函件、报刊、集邮等传统邮务类业务发展转型，业务结构、收入结构不断优化。代理金融专业以效益为核心，加强余额的牵引作用，努力抓好旺季金融战役、基础客户拓展和重点项目推进等工作，全年新增客户金融资产206.25亿元。全年累计完成金融业务收入21.43亿元，比增6.8%，金融业务收入占比56.3%；邮银联动发展小额贷款规模、电子银行交易替代率、代理公司业务规模等全国排名邮政前列。全省包裹快递业务量收逐月走高，“省内件”实现快速增长，全年量收增幅分别达92.2%和44%；电子商务收入2.36亿元，国际小包约3.8亿元，国内快递包裹收入9228万元。福建邮政还出台了全省农村电商发展实施方案，打造以邮乐网为依托、以“卖商集、创业汇、买客集、便民汇”为功能抓手的福建邮政农村电商服务平台。全省邮政推进商函传媒业务创新，推进报刊重点产品和重点市场开发，推进集邮产品和渠道拓展，传统邮务类业务发展持续向新业务、新产品、新市场、新模式转型。此外，与政府和行业大客户的战略合作也取得新的突破，校园报刊、“青运会”运营服务、《清源山》邮票发行等项目运作良好。中邮证券福建省分公司正式挂牌成立，全省邮证联动实现开户3.1万户，位全国排名前列。完成福建省邮政公司子改分的工作。

按照“简约有效、抓住关键、突出重点”的原则，调整完善绩效考核办法，按照集团公司的要求，引导各经营单位集中精力加快代理金融和包裹快递等高效业务发展，以质效为先导，调整调整业务结构，夯实发展基础，提高发展质量。稳妥推进包裹快递业务改革，客户管理、资费管理规范和完善，网络和投递能力建设得到强化和提升，加大了包裹快递业务发展的激励政策，努力促进包裹快递业务加快发展。此外，推进ERP系统上线工作，完成省级会计核算中心和省级人力资源服务支撑中心组建工作，完成全省机要通信管理体系优化调整。

同时，调整资源配置，加大金融网点优化和自助设备布放投资力度，继续推进“三农”仓储及普服网点整修、翻建工作；组织实施邮政信息网网络改造工程，实现全省信息网络结构升级换代和通信宽带大提速。按照包裹快递业务改革要求和包裹快递运营标准，调整网路节点布局，实施省内网优化调整，再造邮件生产流程，推进网运转型升级。福建邮政指挥调度中心、平潭对台邮件处理中心、福州邮件处理中心等重点工程项目建设得到持续推进；完成厦门邮件处理中心流水化改造和福州邮区中心局场地改造；泉州、宁德、莆田新处理中心投产运行并实施省市两级分拣；增开38条省内邮路调整60条现有邮路，提升邮件运输能力。

加强财务管理，加强经营秩序和财务行为管理，加强成本管控，重点管控增量人工成本，强化资金过程管控，持续提升房屋资产效益；加强人力资源管理，完善领导人员任免工作程序，执行干部选拔任用规定，落实个人有关事项报告制度，组织开展领导人员兼职、“裸官”、持有因私护照等专项整治，强化领导干部薪酬合规发放管理，完成全员薪酬分配制度优化调整，健全工资正常增长机制，切实提高一线员工基本收入水平。有效巩固金融内部管控。扎实抓好邮政服务质量专项提升工作，全面开展自查自纠和问题整改，服务质量明显提升。同时，履行普遍服务和特殊服务义务，确保了党报党刊发行量稳中有升。强化机要通信基础管理，机要通信实现万无一失。加强工程审计、财务审计和经济责任审计，企业内控水平不断提升。落实集中采购职责，节约了企业成本。（福建省分公司　杨文振）

【邮储银行福建省分行】

全行总资产达1477.38亿元，比上年增长0.49%。各项存款余额1312.08亿元，比上年增长7%。各项贷款余额661.74亿元，比上年增长31.84%。不良贷款率0.86%，2015年，全辖完成收入36.25亿元，比上年增幅13.97%；完成利润11.2亿元，比上年增幅9.12%，双超总行预算目标。福州、宁德市分行收入规模和利润总额均进入全国50强，福州分行利润总额突破2.5亿元大关，福州、宁德、南平市分行人均创收、人均创利进入全国前50名。全辖点均利润、人均利润高于全国平均水平。不良贷款余额5.69亿元，不良率0.86%，实现总行下达的“双控”目标，低于全省同业1.9%。

1.个人银行业务。

全行个人客户达350万户，其中个人VIP客户5.88万户。

个人存贷款业务。个人存款余额1099.06亿元，年初增加68.10亿元，增长6.61%。其中，个人活期存款增长3.93%，个人定期存款增长5.44%。个人贷款余额455.19

亿元，xx年初增加53.60亿元，增长13.35%。推进借力平台模式，搭建“银政、银协、银企、银担、银保”，小额贷款余额64.49亿元，净增6.98亿元。个人消费贷款业务净增35.50亿元，不良率0.19%。全面加快“快捷贷”推广工作，个人商务贷款结余194.92亿元，净增9.35亿元。

三农金融业务。涉农贷款余额282.61亿元，较年初增加41.13亿元，增速17.03%。建设现代农业示范区支行18家；启动农村支付环境建设项目，建立助农业务平台，推出助农服务点专属产品“助农通”，设立助农服务点1117个。

银行卡业务。全行借记卡结存发卡量1945.04万张，全年消费金额612.91亿元，比上年增长34.77%。其中，绿卡通IC借记卡结存发卡量501.94万张。

养老金业务。全行代收代付养老金193.89万笔，其中代收养老金4548笔，代发养老金193.44万笔，代收“新农保”交易笔数56.17万笔，交易金额8091.79万元。

代销基金、国债业务。加强与优秀基金公司合作，代销基金的产品总额71.49亿元。代销凭证式国债4期，实际销售1.32亿元，代销储蓄国债（电子式）5期，实际销售2.56亿元。

代理保险业务。代理保险累计销售5.06亿元，比上年增长25.11%。

2. 公司银行业务。

公司存贷款业务。公司存款总额213.02亿元，较年初增加17.79亿元，增幅达9.11%；公司贷款余额94.51亿元，较年初减少3.44亿元，根据人民银行统计数据，公司存款、公司贷款增速分全国排名性商业银行第1位、第2位。

小微企业金融业务。面对企业融资需求持续疲软、信贷资产质量下滑的整体局面，全省分行通过产品创新、队伍建设、平台搭建等，加快小企业金融业务转型升级，围绕七大系列重点产品，通过省市县三级联动努力，实现医院贷、税贷通、政采贷等一系列产品创新及业务突破工作，海洋渔业、小水电行业发展规模位全国排名前列，资产质量总体可控。全省小企业贷款（含个商）本年净增12.9亿元、结余263.67亿元，其中个人商务贷款本年净增12.56亿元、结余198.13亿元，净增、结余分别排全国第8位、第5位。

国际结算与贸易融资业务。个人售汇金额3.35亿美元，占全国的48.47%，位全国排名首位。跨境电商开户数333户，在福建银行业占比26.82%，居全省同业第2，结算金额3386万，居同业第4。国内信用证自营福费廷、国内信用证卖方押汇、境外即期转收款、国际贸易资金增值产品组合放款、自贸区非分账核算进口信用证开立。

票据业务。利用闲置规模为同业代持高收益的商票，提高信贷规模的使用效益。特别是6月后，在总行减少票据资金投入时，福建省分行加大票据流量，办理票据买卖34笔106亿元，赚取利差567万元。

3. 资金业务。

同业融资业务。加强与公司业务部的配合协调，推进开展对省内大型优质企业债券业务的授信工作，同时挖掘企业发债信息，落实专人跟踪企业发债情况，加强与总行的沟通联系，加强与融资企业、属地中小金融机构之间的联动，及时了解相关信息。今年共投资5笔，金额3.5亿，其中理财投资1.1亿，截至11月末债券投资余额达4.6亿。

理财业务。全行个人理财产品余额101.56亿元，较年初增长29.34亿元，增幅41%。

贵金属业务。全省分行年度自营TD业务累计成交资金47.76亿元，全国排名第2。2015年度累计自营实物金柜面销量1637.22万元；展会销量年累计1496.37万元。

托管业务。依托理财自平衡业务，整合同业客户资源，发掘资产托管业务机会。同时盯住辖内理财大客户，持续跟进扩大托管规模。全年泉州银行理财累计托管190亿元，在该行理财托管中占比接近90%。

4. 渠道拓展。

网点建设。全行营业网点966个，其中：自营网点162个，占比16.77%；代理网点804个，占比83.23%；营业网点县域覆盖率达到72.98%。

电子银行。全行构建新型互联网金融服务体系，推出移动展业、商乐贷、掌柜贷、银证转账等13项新产品，新增、优化功能111项，电子银行交易替代率达到80.13%，交易笔数2.79亿笔。个人网银注册客户303万户，网上银行总交易金额901.11亿元；手机银行注册客户234.35万户，交易金额1970.55亿元，全国排名第1；电话银行注册客户244.51万户，交易金额1197.78万元。加大自助设备投放力度，ATM总量达到2144台，交易金额1653.9亿元；新建电子银行体验中心127个。

5. 信息科技。

深化“科技引领”战略，围绕以“科技创新促进转型升级”这个指导方针，坚持开展科技创新、提供数据服务、扎实做好运维保障、精心组织项目建设、严格防范科技风险。

推进科技向技术前沿前移、向同业经验前移、向业务需求前移、向基层应用前移，全年编写并向全行共享5期科技专刊，组织3次科技大讲堂活动，开展中间业务、IC卡行业应用、数据分析优秀案例等3次同业同行经验推介，同时主动介入业务需求梳理和编写，并参与到对一线生产经营的快速支撑，全年下基层近30次、且多次直接下到支行协助业务拓展，实现了业务技术的初步融合。

完成总行逻辑集中国际业务切换上线、网点授权集中推广工程、客户身份自动核查系统、内容管理平台二期、公司信贷系统二期、成本费用报账系统，以及省分行第三方接入网络改造、业务处理中心、安防监控中心网络搬迁改造等工程项目建设。完成省分行微信营销服务平台二期、邮储微社区系统、福企网金融广场子频道的建设，初步实现互联网应用平台的搭建。

依托全国中间业务平台进行自主研发，快速响应业务需求，全年共完成ETC联名卡、住宅维修资金、财政一体化、万里行旅游卡等近20个业务的开发和升级改造。

加强运维质量管理，持续提升运维服务水平，保障业务发展。受理事件单超过1.7万个，解决率+转发率达100%，全省代维服务指标比去年同期有效提升，及时到达率达到97.87%、及时修复率达到93.07%。

6. 风险管理。

建立健全“三个三”风控机制。通过落实信贷“三查”制度、加强“三道防线”风险管理履职、明确省市县“三级机构/部门”风险管控责任，以及实施“三个派驻”，提升各机构、各部门风险管理主观意识与能动性，推动各机构、各部门切实履行风险管理职责，有效落实全面风险管理要求。建立“三个三”风险管控机制相关制度39个，完善了二级分行风险评价办法，制定统一的支行风险评价标准；配备154名风险经理，明确25项基本工作职责内容及要求，发现重要风险隐患2156个，推动全面风险管理要求的有效落地。

信用风险管控推进。建立一级支行长责任追究制度，加强重点客户名单制管理，加大与政府、法院、公安的合作力度，提高诉讼时效管理，加快清收核销，严厉打击逃废债行为等工作，做到“一户一策”“一行一策”。全年收回不良贷款1.82亿元，核销2.74亿元，“降旧”计划完成率达207%，南平政和等13个支行资产质量管控有力，实现零不良，三明、宁德、福州分行在外部信用环境持续恶化的情况下，采取有力措施遏制不良蔓延态势，整体信用风险得到控制；不良贷款追责1679人次，经济处罚67.8万元，对17个支行长的不良贷款管理责任予以追究并全辖通报。

案件风险防控保持高压。结合“合规大行动”“一加强两遏制”检查、员工行为日常排查、“十条禁令”实施等，加大问责力度，保持案防的高压态势。检查发现问题11853个，整改11320个，累计处罚9483人次，及时发现并消除案件风险苗头和隐患。建立起银行卡盗刷案件防范与应急处置工作机制，处置多起涉案金额大、影响范围广、潜在舆情的盗刷风险事件。全省代理金融网点负责人全面实行任职资格考试，营业网点柜员100%实现轮岗。（邮储银行福建省分行）

【邮储银行厦门市分行】

全年全行总资产达140.18亿元，各项存款余额132.95亿元，年增幅为1.6%。各项贷款余额181.03亿元，比上年增长34.40%。不良贷款率0.75%，拨备覆盖率205.26%。全行实现营业收入6.59亿元，比上年增长5.68%；实现利润6326.13万元。

1. 个人银行业务。

全行个人客户达116.23万户，其中个人VIP客户6.67万户。

个人存贷款业务。个人存款余额115.94亿元，较年初增加2.67亿元，增长2.36%。其中，个人活期存款增长8.15%，个人定期存款增长-1.71%。零售信贷业务余额80.22亿元，比年初净增15.86亿元。其中，个人住房贷款结余71.01亿元，非住房消费类贷款结余8.51亿元，净增1.37亿元；小额及小额担保贷款（不含存单质押）结余0.69亿元，净增0.28亿元。再就业小额担保贷款业务连续4年保持结余、放款量和市场占有率稳居全市首位。

银行卡业务。全行借记卡结存发卡量199.06万张，全年消费金额36.89亿元，比上年增长3.97%。其中，绿卡通IC借记卡结存发卡量54.37万张。信用卡全年消费金额13.53亿元，比上年增长52.73%；期末透支余额2.06亿元，比上年增长61.33%。

代收付业务。全行代收代付311.25万笔，金额80.30亿元。其中代付133.53万笔，金额67.91亿元；代收177.72万笔，金额12.39亿元。

代销基金、国债业务。代销基金的产品总额8.88亿元。代销凭证式国债4期，实际销售0.34亿元，代销储蓄国债（电子式）5期，实际销售0.6亿元。

代理保险业务。准入寿险、财险、健康险、意外险等产品50款，其中保障型保险产品8款，占比达16%；全年实现代理保险保费3.86亿元。

贵金属业务。代理金交易金额4.51亿元，实物金销售金额440万元。

2. 公司银行业务。

公司存贷款业务。公司存款期末余额达15.62亿元，日均余额达15.35亿元，较2014年增长3.54亿元，增幅29.97%。公司贷款余额24.34亿元，较年初增长13.34亿元。

小微企业金融业务。截至年末，全行小企业法人贷款结余30.50亿元，较年初净增1.15亿元，法人客户142户，户均392万元。

国际结算与贸易融资业务。办理全国首笔掉期外币存款项下质押贸易融资业务，挂牌成立全国邮储系统“两岸金融研发中心”和“两岸人民币业务中心”，设立自贸试验区嵩屿支行，全面启动对台金融和自贸区业务创新。全行累计办理国际结算业务笔数3505笔，位全国排名第3，国际结算量118313.34万美元，位全国排名第4。全行累计贸易融资贷款折合8015.04万美元，吸引公司外汇存款5561.15万美元，比上年增长达46.78%。

票据业务。直贴业务规模持续扩大，票据贴现余额9.16亿元，比年初增加0.78亿元。

3. 资金业务。

同业融资业务。紧跟政策变化，拓展市场，开展存放同业业务 53.5 亿元。

票据业务。控制风险，紧抓发展，完成转贴现业务 213 亿元。

4. 渠道拓展。

网点建设。全行营业网点 81 个，其中：自营网点 32 个，占比 39.51%；代理网点 49 个，占比 60.49%。

电子银行。着力打造本地服务特色，持续推动电子银行业务量质并举发展。电子银行交易替代率为 86.0%，排名全国第 2，其中，个人网银等四个电子银行交易替代率达 46.31%，排名全国第 1；个人网银、手机银行结存客户激活率分别是 79.1% 和 56.3%，均排名全国第 1；电子银行客户渗透率达 29.2%，排名全国第 3。

5. 信息科技。

完成 18 个重大信息系统工程上线工作，全行信息系统继续保持安全稳定运行，中心机房骨干网络可用率、系统完好率和主干设备完好率达 99.9% 以上。自主研发建设信贷业务流程管理公示系统，建成个人信贷客户综合贡献度模型、信用风险客户名单库，完成《信用卡潜在客户挖掘分析》等 7 项主题分析项目，有效促进管理模式创新。（邮储银行厦门市分行）

【速递物流福建省分公司】

速递物流福建省分公司下辖福建省中邮物流有限责任公司、9 个地市分公司、晋江市分公司和 56 个县（市）分公司（营业部），共有员工 8000 多人。2015 年，福建邮政速递物流以“坚定信心、加快发展、提升质效”为工作方针，加快发展速度，改善服务质量，提升效益水平，重塑品牌形象，福建邮政速递物流发展呈现出新局面。全年完成业务收入 19.26 亿元，比上年增长 9.2%，规模全国排名第 4。

1. 深化企业改革。

强化经营管控能力。全面对接包裹快递改革方案，健全资费管理体系，明确分等分级优惠标准，加强省内二级管控，形成灵活高效的资费管理机制。推进揽投部穿透分析，形成省分公司重点分析、各地市全面分析、揽投部主动分析的局面，有效提高揽投部经营管理成效。

完善营销体系建设。推进全省营销体系转型升级，将“一个平台三个团队”向“五大营销中心”转型，加强行业客户分析管理，提升行业解决方案能力和营销效能。不断壮大营销队伍，完善客户开发维护体系，明确首席客户经理客户开发目标，实现客户高效开发和深度维护，全年新增有用邮客户 10238 个。

健全全省网运调度体系。成立福州、厦门区域调度中心，理顺各级网运生产调度部门的机构与职责，提升区域性网运资源综合利用水平。对全省各环节生产运行情况进行实时、可视化集中监控，实现全省统一指挥、动态调度和有序对接。建立全省质量监控中心，负责全省运营质量的总体监控，对关键环节、薄弱环节集中精力攻克，对问题解决效果跟踪落实，时限管控和异常件处理能力得到有效提升。

2. 提升市场竞争能力。

拓展市场渠道。国际速递业务持续快速发展。实现自营业务收入 5.7 亿元，比上年增长 33.5%，超预算 3784 万元。以项目管理为抓手，通过举办系列跨境电子商务推介会大会，创造营销机会，国际 e 邮宝业务收入比上年增长 105%，净增 2 亿元。融入地方政府跨境电商项目，参与福建省各口岸首票试点。

国内标快业务实现恢复性增长。聚焦政务、商务、电商、零星四大细分市场，通过组织开展揽投部 PK 赛、零售市场竞赛，强化激励导向，激发综合平台发展活力；开展省际专线营销活动，突出宣传重点优势线路，提升省际互寄收入规模。全省国内标快业务实现收入 4.5 亿元，扭转负增长局面。

快递包裹业务较好发展。锁定十大电商集群市场，对标主要竞争对手，开展销号式营销，争抢重点市场。大力推广电商仓配运营模式，促进服务模式转型，开展淡季线路包仓活动，分路向确定营销重点，提高重点流向量收。全省快递包裹业务实现收入 2.8 亿元，比上年增长 11.3%，规模全国排名第 3。

物流业务增长。持续围绕“综合物流”“电商”“供应链金融”三大板块进行业务定位，实现冠捷，博世多个项目延伸拓展。持续跟进鞋服线上线下全渠道营销，提升自身物流核心能力。组建华东营运中心，开发博世、卡特、奔驰等多个优质项目，业务收入比上年比增 50%，完成物流业务异地扩张。实现业务收入 4.94 亿元，效益水平提升。

推进重点项目。一是总部经济项目。2015 年，全省围绕公安、司法、通信、金融和保险五大重点行业，保存量促增量，全年实现收入 15325 万元，净增约 1784 万元。公安“两证”项目。全省公安“两证”（含二代证加急证、出入境证照）项目实现收入 6084 万元，净增 912 万元，增幅 17.6%。交管司法项目。全省交管司法（交警、法院）业务共实现收入 3570 万元，净增 825 万元，增幅 30.1%。金融保险行业项目。全省金融保险行业项目实现收入 3938 万元，净增 453 万元，增幅 13%。其中：金融行业增幅 7%，保险行业增幅 26%。通信行业项目。由于通信行业整体费用紧缩和实名制推进影响，全省通信行业实现收入 1733 万元，增幅 -19%。二是“三进”项目。全省要着力推进“进楼宇、进园区、进校园”的“三进”项目，强化重点区域商务客户开发，1 月 ~8 月份实现收入 8330 万元，净增 1964 万元。商厦楼宇项目。全省 235 栋重点商厦楼宇共有用邮客户 2132 户，新开发客户 455 户，实现收入 2555 万元，比上年增幅 19.4%。园区市场项目。全省 202 个重点园区市场共实现收入 9898 万元，比上年增幅 35.1%。校园项目。全省校园市场共实现业务收入约 772 万元，其中录取通知书项目（剔除名址二次寄递）实现业务收入 493 万元，校园日常用邮实现业务收入约 279 万元。

10 月 18 日 ~27 日，第一届全国青年运动会在福建省福州市举行。由于部分预赛提前进行，作为唯一的快递物流服务商，速递物流福州市分公司选拔的服务团队也提前进驻服务。（新闻宣传中心 / 提供　黄世永 / 摄）

3. 不断提升竞争能力。

提升网络能力。福厦泉处理中心软硬件基础设施全面升级后，网络运行稳定性和经济性大幅提升。晋江新处理中心投产，日最高处理能力 4 万件。新增、调整 26 条省内线路，其中新增线路 2 条，小车换大车线路 7 条，串跑改直达线路 7 条，调整时刻线路 12 条，增加运输能力 55 吨。全省 23 个揽投部或县分公司（营业部）配备了生产辅助设备，其中爬坡滚轴机 12 台，动力爬坡机 3 台，滚筒传输机 12 台。

提升网运质量。网络运行评价逐月排名名全国排名前茅，总部重点管控五项指标完成较好，重点城市及时妥投率稳定在 85% 以上，省内自营互寄次日妥投率持续稳定在 95% 以上。北京路向文件型邮件衔接计划优化后，福州—北京路向文件型邮件次日妥投率由 10% 左右提升至 70% 以上。国际运营质量稳中有升，卡哈拉出口 LEG1 环节时限准时率、出口 LEG2 时限准时率、进口 LEG2 时限准时率和进口 LEG3 时限准时率四项指标全面达标。

提升客户体验。以提升服务质量专项活动为抓手，在总部对各省全年质效考评服务质量得分全国排名第 1，申诉率、投诉率、问题邮件处理及时率等各项指标均超额完成指标。落实“一会一中心”制度，省内重点城市运行质量提升，56 个重点城市内部承诺考核量累计降幅达 77%。组织开展服务质量和资费管理规范性专项整治活动，客户申投诉有责丢损比上年减少 30%。高效支撑快递包裹整合，11183 福州中心接通率全年稳定在 96% 以上，平均质检合格率为 90.1%，比上年上升 10%，KPI 月均得分为 99.37 分，比上年提升 4.59 分。

完善电子渠道建设。建设自主微信平台，打造便民公众服务平台，多渠道宣传推广，积累目标客户群，为业务发展打好基础。

推进作业流程优化。成立全省流程优化工作小组，研究和理顺各生产作业环节衔接关系，提高生产作业效率。标准化处理中心作业系统推广至所有处理中心。推进容器改革，快速分类处理省内、区内及贵重物品邮件。全省进口名址自动匹配率由 80% 提升至 92.5%，信息化分拣能力提升。

4. 提升管控能力。

加强财务集中管控。建立企业盈利模式，通过对各专业盈利能力、各区域和平台的盈利情况以及主要成本的构成分析，确立适合全省业务发展和区域发展的策略。纵深推进损益核算，引导企业合理调整业务结构，调整资源配置，引导一线人员关注盈利水平。加强财务信息化建设，全省完成资金及用户欠费管理系统的上线应用，加快资金回笼速度。全力推进 ERP 系统应用，实现对企业的动态控制和各种资源的集成和优化。加强资金资产筹划，全省资金由 2010 年成立时的 1.31 亿元增加至 3.5 亿元，增加 2.19 亿元。速递欠费的回收天数比全国平均水平提前 5.7 天。加强政府招商引资和税务等相关政策的研究，全年共争取“重点物流企业扶持政策”奖励 600 万元。

提升队伍素质。开展“新员工培训、三支队伍轮训、省公司集中培训、职业技能鉴定”培训。其中：基层新员工入职培训班 26 期 525 人。三支队伍轮训平均每季度 5205 人。尤为可喜的是，在第四届全国邮政特有职业技能竞赛中，福建省代表队以个人赛总排名第 1、团体赛成绩第 1 的优异成绩荣获全国速递物流板块团体优胜奖第 1 名。（速递物流福建省分公司）

海南省

【海南省分公司】

全年邮政营业总收入完成9.04亿元，比上年增长7.17%，完成集团公司预算的103.76%、省分公司预算的101.46%。收支差额累计完成-5826万元，完成全年预算的96.41%，节支217万元。劳动生产率达到21.13万元/人，比上年增长13%。

1. 推动经营发展。

实施“次日递”。提出省内各市县同城互寄的快递邮件、省内各市县城区（不含三沙市）之间互寄的快递邮件、省内重点乡镇（镇区）互寄的快递邮件均要100%实现“次日递”的目标。为此，加强能力建设，改造扩容19处邮件、投递场地，增加车辆、终端等设备投入；将直线邮路调整为环岛邮路，沿途省内互寄邮件可以“卸交”；实施邮件与报纸分别运输，增开4条报纸专线邮路；调整投递作业时间，增加小夜班投递；与海汽集团、省供销社、海南苏宁云商签订战略合作协议；开展体验式营销。“次日递”工作试运行以来，包裹快递业务量收下滑局面逐步改观，寄递服务质量提升，改革效果初显。全省邮政包裹快递业务收入（不含普包）比上年增长6%，较“次日递”实施前提升近20%。“双11”期间，在邮件量相当于去年同期三倍的情况下，进口邮件处理实现“快进快出，不积压、不爆仓”。

激励代理金融业务发展。出台以网点损益核算为基础的金融网点业务发展激励办法。提出代理金融网点有效收入按一定比例直接用于奖励网点员工；将省分公司机关、专业局与各市县分公司的代理金融业务发展进行关联考核；适当提升支局长、理财经理、大堂经理等基层关键岗位待遇，有效激励了员工。全省邮政代理金融业务收入达到61685万元，比上年增长8.67%。全省邮储余额达到438亿元，其中邮政代理占68.97%；活期占比64.87%，位全国排名第1位；电子银行替代率为78.19%，全国排名第3位。全省有效收入实现正增长的代理金融网点达223个，占全部网点的82.2%，网点员工人均每月增加约707.62元收入。

推进综合便民服务平台建设。主动对接地方政府做强热带高效农产品销售的需求，利用综合便民服务平台，努力探索邮政农村电商业务的新路子。一是2356个便民服务站覆盖全省所有乡镇。月点均收益702元，全国排名第3位。二是2610个村邮站覆盖全省所有行政村并全部投入运营。其中，定安县“村邮站+农家书屋+行政便民服务点”的三方共建模式受到央视新闻联播、《人民日报》、海南新闻联播关注。三是增值业务保持高速发展。全省邮政增值业务收入占非金融收入比重达23.57%，比上年增长15%。其中储蓄短信用户占活期比达42.21%，全国排名第2位；便民代缴费成为主要的增长点，代缴电费市场占有率达43%。四是注册“园生递”农村电商品牌，开通海南邮政园生递微信公众服务号和淘宝店，全省各市县土特产品相继上线，乐东腰果爆款秒杀、哈密瓜众筹等销售模式初见成效。

创新邮务类业务。结合海南地方经济特色，培育新的市场需求，拓展新的业务增长点。一是转型发展政务市场。海南省2016年度报刊大收订实现流转额15375.61万元，比上年增长5%，提前超额完成集团公司计划。二是挖掘海南特色旅游市场，开发世界海洋日暨全国海洋宣传日系列邮品、三沙《爱国爱岛 乐守天涯》、环岛高铁开通等题材的明信片产品及《惠游海南》旅游套票等具有海南特色旅游产品，在欢乐节、冬交会、环岛高铁首发车设置DIY明信片体验台，不断拓展个人旅游市场。此外，多经单位经营效益逐步提升，工贸公司收入、收支差分别比上年增长66.3%和212.5%，物业公司收支差比上年增长100%。

2. 推动在改革创新。

推进包裹快递业务改革。按照集团公司的部署推进包裹快递业务改革，加快推进邮件处理场地和投递场地改造，将海口、三亚一体化地区的经济快递邮件的内部处理、投递环节从速递物流公司调整到邮政公司，邮件处理流程优化，资源得到充分利用。同时，与速递物流省分公司联合出台资费优惠等管理办法，努力形成合力，提高邮政在包裹快递市场的竞争力。海南邮政包裹快递业务改革自6月1日起实施。

有序落实“子改分”和ERP上线工作。按照集团公司“子改分”工作部署，按时完成海南省邮政分公司本部和所辖33个单位的“两证一照”变更、账户开立等工作。做好业务、人事、税务承接、挂牌等工作，开展“子改分”涉及资产权证过户相关工作。截至12月，全省已更名及过户房屋110处；土地资产权属变更完成130处；涉及的432辆车辆权属变更全部完成。推进ERP上线工作，海南邮政率先在全国邮政实现ERP系统全省上线。

提升财务管控水平。一是在争取集团公司支持的基础上，加强重点成本费用的管控，持续推进财务对标管理，引导各单位更加注重发展效益，优化成本结构，优化资源配置，促进企业节支增效。二是加强对企业往来账款清理和库存的管控。清理长欠不清的应收账款 1009 万元，长期应付未付款项 2697 万元；定期进行库存盘点和账实核对，确保账实相符。三是加强对企业资金的管控。深化资金、投资和借款“三集中”管理，将投资重点向终端能力、网点能力、信息化建设及竞争性业务、重点业务、重点地区倾斜。全年会议费、业务招待费分别比上年下降 23.73% 和 32.5%。四是加强对企业资产的管控。持续推进闲置资产盘活工作，截至 12 月份，全省房屋出租收入达到 2695 万元，比上年增长 18.72%。

完善人力资源管理机制。一是出台加强干部队伍建设实施意见，选优配强干部，尤其是“一把手”；规范执行干部退出、干部编制、干部监督管理等相关制度；动态管理市县分公司类别；加大激励考核和干部选拔交流力度。二是出台选拔和培养优秀年轻员工的指导意见，每两年进行一次选拔，2015 年度选拔出来的 30 名优秀年轻员工已列入人才储备库，将有针对性地进行培养。三是稳妥推进优秀劳务用工转招工作。加大投递员、关键岗位人员的转招力度，共有 697 名优秀劳务工转为了 B 类合同用工，用工结构得到合理优化。四是优化机构和薪酬分配。按照集团公司部署，对薪酬分配制度进行调整优化，成立人力资源服务支撑中心；借儋州分公司升格为地市分公司契机，将儋州分公司与洋浦分公司合署办公，实行两块牌子一套班子。

7 月 31 日，海南邮政 2015 年新入职大学生汇报演出。（海南省分公司 / 提供　陈媛 / 摄）

健全安全管理机制。加大安全监督检查的力度，尤其是节假日、重要节庆期间的安全监督检查；在全省邮政组建 130 人的义务安全员队伍；组织开展全省邮政金融机构安全评估工作，全省邮政安全防范合格单位达到了 100%，271 个代理金融网点的评估分数均在 88 分以上；完成全省邮政第二期农村业务库（四类）达标改造工作，99 个农村业务库（四类）已基本达标；定安、儋州、昌江等市县分公司的 20 个邮储网点农村业务库实现异地值守。

3. 加强能力建设。

推进重点项目建设。在实物网方面，海口邮件处理中心工程得到集团公司的政策支持，并被省政府列入重点建设项目；完成 2014 年普遍服务及机要通信基础设施建设、8 个代理金融网点标准化改造；2015 年普遍服务和机要通信基础设施建设项目已开工建设。在信息网方面，做好集团公司统一项目的上线工作，尤其是实现 ERP 项目的整体上线；完成视频集中监控系统三期、海南邮政业务库安防设施达标改造二期省内工程建设验收等工作；加强电子化渠道建设，实施信息网无线接入平台建设工程，三沙永兴岛营业厅建成电子化支局。

加快推进终端服务能力建设。贯彻落实集团公司优先发展电子银行的战略布局，加大对代理金融网点 CRS、清分机、理财终端等的配备力度；推进 PDA 在全省的推广应用，利用 PDA 封车解车，用 PDA 实现分拣处理邮件、封发邮件等一系列操作，提高邮件处理的效率。

4. 提升服务水平。

“抓特色”服务地方经济。一是在博鳌亚洲论坛年会期间，配合海南省政府，做好报纸专送、会场服务等工作，得到了海南省政府有关部门的肯定和表扬。二是加强三沙邮政服务工作。成立三沙分公司，在永兴岛设营业厅、在赵述岛、晋卿岛设代办所。永兴岛营业厅接入便民综合服务平台，开办汇款、代收代缴、报刊订阅等业务，为三沙军民提供更便捷的邮政服务。《中国邮政报》边疆邮路行采访团对海南邮政服务三沙工作进行了报道，引起广泛关注。

提升营投服务质量。一是把提升服务质量作为“一把手”工程，抓住投递、窗口营业等关键环节，加强服务监督检查和关键指标管控，服务关键指标明显提升。二是组织开展全面提升邮政服务质量、集中开展无着邮件清理整治、邮件退回质量专项检查、直属机关人员参与服务质量监督等活动，查找服务质量问题并进行整改，促进了营投运行质量的提升。12 月，全省快递包裹城市当日妥投率为 88%，农村及时妥投率为 92%，分别比 5 月份包裹快递业务改革前提升 7.41% 和 30.94%,用户申诉量持续下降。（海南省分公司　韩冰、洪文娴）

【邮储银行海南省分行】

全年中国邮储银行海南省分行员工 1565 人，海南省分行下辖海口、三亚 2 家二级分行，16 家一级支行，共拥有 350 个营业网点（自营网点 79 个、邮政代理金融网点 271 个）。11 月在三沙市设立自助银行。资产总额 531 亿元，信贷资产不良率 0.20%，处同业较优水平。实现收入 8.41 亿元，比上年增幅 14.07%，完成总行收入目标的 103.39%。资产总额 531 亿元，其中信贷资产 135 亿元。负债总额 529 亿元，其中自营个人存款 136 亿元，公司存款78亿元。海南省分行在总行综合考核位全国排名13名，前进5个位次(海南省GDP排名全国28位)。

1. 个人银行业务。

抢滩社区市场。应对利率市场化挑战，开展“进社区、近万家”活动，落实总行优化协议存款定价政策，在社区金融服务、大理财、卡品创新、带动三大业务板块联动发展、交叉营销等方面保持增长，并取得大的突破。中间业务收入占比达到24.35%。活期余额占比全国第2，VIP客户领卡率位全国排名第2。自营储蓄余额达到136亿元，储蓄市场占有率14.85%，排名全国第4位。挖掘社区的公司业务、零售信贷业务客户856户，比上年增长200%。2015年4月，李国华董事长对海南省分行“进社区、近万家”活动给予肯定，并做重要批示；11月6日，在全国个人金融会议上，海南省分行做了经验介绍。

零售信贷跨越式发展。零售信贷新老产品结合，拓宽新的收益渠道。在新型农业主体合作社、家庭农场，以及新业务烟草贷、汽车消费、自建房、保证保险贷款等项目上多点启动，收到成效。房屋贷款拉动零售信贷业务健康发展。在全国第一家开办个人自建房贷款，一手房准入项目34个，一手房放款2.18亿元，比上年增长350%。2015年，零售贷款发放26.50亿元，比上年增长49.70%，净增13.40亿元；农民小额贴息贷款发放12亿元，完成省政府下达任务的162%，连续3年完成率排名全省金融机构第一位。

2. 公司银行业务。

公司业务快速发展，在海南城镇化建设、农业转型、医疗健康产业中早布局、谋发展。做好“总对总”签约落实工作。广泛搭建与政府合作平台，加强银政、银企合作，先后与省国开行、省国税局、地税局、省供销联社，签订全面战略合作协议，助推业务发展。在燃油附加费和国土出让金、渔船燃油补贴、非税业务、地产预售、南沙生产渔船贷款、税贷通、增信贷等业务领域有新拓展。2015年，公司存款余额78.80亿元，增幅44.67%，排名全国系统内第16位；新增市场占有率达到3.50%，排名全省金融机构第12位；公司信贷放款39亿元，比上年增幅39.28%。

3. 金融市场业务强力拉动收入。

结合财政部PPP项目撬动同业投资，推进与非银行金融机构合作，参与票据买断、买入返售业务，在自主平衡理财项目、同业机构资产证券化以及同业融入方面取得突破。全年金融市场业务累计交易量达到423亿元，其中买断交易金额215亿元，卖断交易金额91亿元；正回购交易金额5.36亿元；发行了六期海南省分行专属理财产品，金额3亿元；开办第三方存管业务，准入券商达到10家，累计签约客户558户。金融市场业务收入连续3年强力拉动全省业务收入，为海南省分行发展做出了突出贡献。

4. 管理工作。

内部管理精细化，促降本增效。加强指标考核，对于总行每季度公布的考核重点指标，时时跟进、细化分解，集中力量提升弱项指标。建立以集中管理为核心的财务管理体系。集中报账，预算监督。以提升点均、人均盈利能力为导向，重点加快网点转型升级。较优网点提档升级，较差网点末位降级。将绩效考核结果与岗位职级、绩效及岗位轮换等挂钩。压缩三公经费。海南省分行招待费下降11%，差旅费下降16%，会议费下降64%。

科学配置人力资源，以能力用人、以业绩选人。坚持“德才兼备、以德为先、注重实绩”原则，在全省分行范围内选拔优秀干部，充实分支行班子；打开干部晋升通道，干部能上能下。加大社会招聘力度，调整业务人才结构。校园招聘65人全部用在市县行一线岗位，重点满足新增网点、新业务拓展、对外销售类人员的增员需求。加强干部中长期规划培养。

授信管理提能力促效能。建立批发零售差异化审批授权体系，开展平行作业，组建授信B团队，实行限时服务，差异化审批；通过以评促管、以工代训提升能力；细化海南区域特色行业，建议总行形成区域授信政策，取得明显成效。全行受理零售信贷审批为19452笔，比上年增幅20.54%，审批金额45.95亿元；审批一手房按揭贷款项目33个，金额32.63亿元。

5. 渠道拓展。

网点建设。派业务团队赴深圳分行的直属支行、工行、建行网点学习考察。全省智能化网点改造方案正在推进中，将增加智能化终端，合理布局网点，规划功能分区，优化资源配比，扩大客户线上体验空间，缩小网点人员投放，提高营运效率，推行无纸化、节能的交易系统，打造低碳银行。提供大数据分析助力业务发展，提高客户营销和服务质量。

电子银行。能力建设上着眼未来，优质网点做大做强、单一网点全功能改造、低产自助式服务。通过自助服务设备的增加和替代，降低网点运营成本。2013年以来，投放122台ATM\CRS设备，总数279台。电子银行替代率达到79%，全国系统内排名第7位。努力做到了功能分区、客户分类、服务分层。

6. 信息科技。

总行项目完成邮政金融网点集中授权、逻辑集中国际业务等切换上线，中间业务系统优化升级，完善功能、调整业务流程。自主开发项目完成体彩系统、南方电网代收付系统、非税缴费系统等项目的开发上线，有效满足了海南省分行对于海南市场的业务发展需求。通过加强微信平台建设促进业务发展，几大业务板块都建立了业务研讨微信平台，打造业务发展智能化平台。全省共有研讨平台7个。

7. 风险管理。

“整体移位、驻点排查”。对全行潜在风险的重点业务、重点分支行进行地毯式驻点排查。2015年，共实施排查4次，覆盖16个市县的36个自营网点；跨市县异地轮换75人交叉检查，派驻检查105天，检查各市县分支行网点（含邮政代理网点）347个，共2211人次。

催收逾期、压降不良。抽调省分行机关20名人员，分成10个督导催收组，对重点地区、重点行，进行持续跟踪，催收督导，提供司法诉讼法律支持，清收逾期贷款2000万元，不良贷款780万元，压降逾期贷款2亿元，不良贷款率下降到0.20%。省分行资产优良得到了2015年来琼调研的李国华董事长、徐学明副行长、邵智宝副行长的肯定。

合规管理持续强化。落实“两个加强、两个遏制”活动，深入开展“除隐患、提能力”支行建设集中整治、民间借贷专项排查和资产业务合规检查等活动。加强法律合规管理对业务发展的服务和支撑保障，“十条禁令”实施以后，海南省分行在八周年行庆时，举办“十条禁令”知识竞赛，并先后组织两次考试，提升从业人员合规意识，对检查发现的违规人员给予开除处分，起到震慑作用。

审计监督从严从实。开展专项审计项目5个，专项检查1次，审计调查1项。提出审计建议21条，出具审计报告19份。（邮储银行海南省分行）

【速递物流海南省分公司】

速递物流海南省分公司全年业务收入实现3270万元，比上年增长15.12%。

1. 推动业务发展。

发展政务类业务。根据政务类客户的需求特点，结合相关政策的调整变化，设计改进服务方案，联系目标客户，巩固扩大法律文书、银行票据、银行卡、保险单、国税发票专递、出入境证件、免税商品寄递等政务类业务的主导作用。政务类市场创收163.5万元，比上年增长7.5%；法律文书创收77万元，比上年增长10%；出入境港澳通行证寄递业务比上年增128%；统签银行票据业务创收200多万元，比上年增长7.5%。

拓展商务市场。开展商务写字楼专项营销活动、“假日经济”专项营销活动，大力推进优势路线营销和文件类邮件提速营销，通过商务写字楼驻点服务、多段道共享客户信息，提高客户响应速度、持续关注假日上门揽收及时率等多措并举，大力发展商务类业务。全年创收240万元。

发展农产品电商业务。坚持立足服务区域经济，参与市场竞争，通过优化服务手段，改进软硬件支撑能力，使用热敏详情单、淘宝商家订单管理系统、批量邮件跟踪查询系统，及时开展主动客服，提高服务质量，改善客户体验，有力地促进农产品电商业务发展。全年电商业务创收1093万元，比上年增长37.2%。

开发重点项目。与公安部门签订交管速递项目合作协议，拓展了离岛免税项目，参与物流项目竞标，中标红塔物流烟草配送项目和儋州烟草配送项目。

2. 加强运行管控。

提升运行质量。调整民航线路，组织做好陆运和航空发运工作，调整包裹快递业务改革后的网络支撑，加强全程时限管控，提高重点城市间全程时限水平；落实股份公司总部全流程信息化分拣改革，开展标准化处理中心生产作业，借助信息技术手段，使用内场PDA完成内部处理环节接收、开拆、封发、发运等全部生产操作及验单处理，实现“一把枪”生产处理全覆盖；开展小夜班揽投作业，加快邮件投递速度。按周召开质量分析会，通报每周服务质量情况，跟踪查找运行质量的短板，查缺补漏，对存在的不足问题，及时将责任分解落实到相关部门，按周进行整改完善，运行质量不断得到改善。邮件及时妥投率从年初的76.69%提高至12月份的86.09%；邮件及时揽收率从75.4%提高至91.8%；重点监控指标出口收寄—封发（标快）超24小时占比由年初的33.27%下降至4.12%，下降29%；封发—发运（标快）超24小时占比由3.69%下降至0.5%，下降3%。

提升客服质量。强化客服基础建设，制订客服标准，建立快速理赔制度，优化客服组织，将客服中心和调度中心进行整合，充实客服能力，开展主动客服，每天及时跟踪各项客服指标，客服水平增强，各项客服指标得到显著提升。协查工单48小时回复率从年初的62%提高至97%，理赔及时率从29%提高至100%；申诉率从59%下降至8.8%；投诉率从3.06%下降到0.77%。

3. 强化企业管理。

完善制度建设。建立完善经营管理各项规章制度，制定完善了《航空邮件处理操作规范》《采购管理办法》《违反财经纪律处理处罚实施细则（试行）》等多项操作标准和制度办法，从业务经营管理考核、工程项目招投标、物资采购等方面进行规范完善，企业管理不断向规范化迈进。

完善机制建设。在规范经营管理操作的同时，扎实开展经营机制建设，不断探索完善经营机制，建立运行质量管控工作机制，按周通报分析改进运行质量，形成“一周一会”的质量管控制度。9月，对出口邮件处理实行计件薪酬制度，按照员工处理邮件的件数和质量核发薪酬；运营机制的完善，调动员工工作的积极性和主动性。

完善营销体系建设。组建专业的营销团队，对营销岗位实行竞争上岗，在内部招聘23名营销人员，按业务项目，分类组建政务类、电子商务类、国际和商务类以及渠道运营中心等营销团队；同时完善营销管理考核制度，实行底薪+提成的薪酬制度。

调整人力资源管理。分两批组织人员参加职业技能鉴定考试，组织开展职业技能竞赛；下半年，充分利用社会资源，稳妥推进劳务承揽，对邮件处理中心进口邮件分拣封发作业和揽投作业实行了劳务承揽。通过招标，将进口邮件分拣封发作业和部分投递作业承揽给海南红海人力资源开发有限公司。全公司员工386人，其中，同合用工253人，劳务派遣人员133人。随着企业的发展，基层员工的收入不断增长。一线生产人员（揽投员）2015年人均收入比上年增长15.16%，二线生产人员（内勤等）2015年人均收入比上年增长5.09%。

加强财务管理。全面推进盈利模式建设，初步建立企业盈利模型；加强成本核算管理，规范企业帐务处理，从计划、审批、支出标准、报帐规范、审计检查等方面加大成本管控力度，严控零星工程、航空运输费等各类成本支出；加强资金管理，理顺回款对帐流程，并开展固定资产、应收账款清查，加快资金回流。

保障安全生产。落实安全生产责任制，与各部门签订《安全生产责任书》，组织开展安全生产工作，按月开展安全生产检查，突出抓好重点时期、重要会议期间的安全生产保障工作，加强对邮件安全的日常检查和管理，加强邮件验视，落实收寄实名制，实行邮件安检过机操作，“四个100%”和“四个确保”工作得到深入推进，确保了生产安全。（速递物流海南省分公司）

重庆市

【重庆市分公司】

1. 质量效益。

业务收入从2010年的15.02亿元发展至2015年的31.07亿元；收入规模升档进位，排名从全国第21位上升至第18位；收入年均增幅15.65%，比同期重庆地方GDP年均增幅（12.8%）高出2.85%；增幅连续五年位全国排名前5位，其中2012、2014年均全国排名第1位，2015年比上年增幅14.2%，超全国平均增幅4.96%。

企业利润五年累计实现利润1.99亿元；劳动生产率由2010年的10.43万元/人提升至21.94万元/人，年均增幅16%。2015年，企业利润首次突破亿元大关，实现利润1.28亿元。

2. 结构调整。

代理金融业务收入22.55亿元，年均增幅达到20%；余额规模1516亿元，全国排名第10位；代理储蓄余额市场占有率12.68%，全国排名第1位。新增余额156.55亿元，比上年增幅11.51%，全国排名第7位。新导入转型网点340个，累计转型网点779个，转型覆盖率52.42%，高出集团公司要求25.42%；转型网点新增金融综合资产、新增储蓄余额、保险销售等金融重点指标比上年增幅均全国排名前10位；新增资产万元以上客户数量占全市新增客户数量的36.84%，全国第5位。

包裹快递业务通过强化团队建设、投递质量、客户服务、业务宣传和政策激励措施，实现业务收入1.46亿元，比上年增长29.13%，增幅排名全国第5位。其中：标准快递实现收入5168.7万元，比上年增幅8.7%；快递包裹实现收入4247万元，比上年增幅99.7%；两项增幅排名均全国排名第2位。

7月7日，卢沟桥事变78周年纪念日，位于重庆市渝中区李子坝嘉陵新路62号的重庆友好飞虎队展览馆内，全球唯一以飞虎队命名的邮局—“飞虎邮局”对外开业。（新闻宣传中心/提供　陈明月/摄）

农村电商线上线下平台建设，争取各级党委政府支持，先后与市商委、市农委及秀山、黔江、忠县、彭水、城口5个区县政府签订战略合作协议，确保全市8个全国“电子商务进农村”综合示范县建设进度；全年建成区县农村电商运营中心15个、乡镇服务中心112个、村级服务站586个；17个区县在“邮乐农品网”上建成本地“特产馆”，引进农业企业113余家，带动上千款特色产品销向全国；开通“邮掌柜”账号2179个，产生订单171万笔，实现交易额 2.36 亿元；助农取款交易 61 万笔，实现交易金额 13 亿元；培训农村地区电商带头人 2000 余名。

3. 企业竞争力。

全年投资 1.8 亿元，购置网点 38 个，实施网点建设改造 209 个。全市建成便民服务站 3988 个、“三农”服务站 2750 个、村邮站 2418 个、报刊亭 704 个；累计投放金融自助设备 1940 台、商易通 1108 台。新增和更新生产汽车 665 辆、摩托车 1937 辆、电动三轮车 130 辆，扩充邮件处理中心和投递部场地 79 处，增加面积约 1 万平方米；全面调整邮区邮路、市趟邮路及一级干线邮路，“大西南、大重庆、大主城”快速邮运网初步构成。推行“营分运投”全环节流程优化，生产能力扩充，重庆邮区中心局快递包裹集中收寄能力提升至 4 万件 / 日、处理能力提升至 11 万件 / 日、全市快递包裹投递能力提升至 6 万件 / 日；渝蓉、渝黔、渝新、渝苏、渝皖等线路时限优势明显，大重庆范围城区互寄快递包裹 T+1 提升至 92%；安装智能包裹柜 445 台，建成人工自提点 2832 个，快递包裹自提量占比达到 8.33%，全国排名第 1 位；快递包裹收寄信息准确率 96.08%、城市当日妥投率 91.59%、投递信息实时反馈率 95%，均全国排名前列。

《重庆市邮政条例》正式施行，开展《重庆市主城区邮政设施专项规划（2008—2020 年）》修编工作；万州、黔江、永川区政府通过邮政设施专项规划。

履行普遍服务和特殊服务义务，提升服务质量。全市 114 个空白乡镇网点全部建成并开业运营；党报党刊投递及时准确；机要文件失密丢损率为零，连续 23 年保持机要通信质量全红。开展以“情系万家”为品牌的提升服务质量大整改系列活动，通过加强监督检查、强化问题整改、加大能力投入、实施流程优化、开展劳动竞赛等措施，服务质量提升，用户体验改善。全市邮件综合时限达标率 99.29%，全国第 1 位；用户有效申诉率得到控制，相关质量指标全国第 2 位；用户满意度第三方测评 89.35 分，创近五年新高。

4. 参与地方经济建设。

与市委市政府合作项。一是“渝新欧”铁路班列重庆至阿拉木图运邮测试。二是《重庆邮政跨境电商综合服务平台规划》编制完成，与重庆跨境贸易电商综合服务平台实现互联互通。三是预付卡、互联网支付及移动电话支付第三方支付牌照申领工作进入央行审批阶段。四是跨境电商邮件仓储和处理中心的规划布局，第三邮件处理中心建设启动。五是市政府与邮储银行总行签订战略合作备忘录，中邮金融租赁公司落户重庆。

服务旅游经济。一是与市旅游局签署战略合作框架协议，邮旅合作共同推动重庆旅游业发展。二是助推合川涞滩古镇入选《中国古镇（一）》特种邮票，发行“重庆非去不可”旅游邮资图。三是开展主题邮局建设，展示邮驿文化及山水重庆文化特色。已建成武隆“大唐邮局”、沙坪坝“旅人邮亭”26 个特色主题邮局。四是举办《长江》特种邮票暨《山水重庆》邮票珍藏册首发式活动，《山水重庆》邮票珍藏册成为市委市政府指定外宣品，获得市委市政府主要领导的高度肯定。（重庆市分公司）

【邮储银行重庆市分行】

总资产达 2150 亿元，比上年增长 10.1%。各项存款余额 2079 亿元，比上年增长 10.14%。各项贷款余额 518 亿元，比上年增长 42.32%。不良贷款率 1.08%，拨备覆盖率 178.58%。全行实现营业收入 28.47 亿元，比上年增长 19%；实现净利润 6.56 亿元。成本收入比上年下降 4.86%，人均劳产率 65 万元，比上年增幅 18.4%；人均利润 17 万元，点均利润 301 万元。

1. 个人银行业务。

个人存贷款业务。个人存款余额 1925.04 亿元，比年初增加 192.62 亿元，增长 11.12%。其中，个人活期存款增长 10.36%，个人定期存款增长 11.43%。个人贷款余额 260.16 亿元，比年初增加 71.1 亿元。推进借力平台模式，搭建“银政、银协、银企、银担、银保”，小额贷款余额 21.15 亿元，净增 4.14 亿元。个人消费贷款业务净增 66.97 亿元，新增贷款市场占有率至同业第 3 位，不良率 0.35%。

三农金融业务。涉农贷款余额达 156.75 亿元，比上年净增 40.52 亿元，增长 34.86%。创新推广家庭农场（专业大户）贷款、烟草贷等新产品、新项目，小额贷款拥有细项产品及项目近 20 多个，初步构建普适性产品与区域特色产品相结合的产品体系。

银行卡业务。全行借记卡结存发卡量 1953.95 万张，全年消费金额 294.78 亿元，比上年增长 11.95%。其中，绿卡通 IC 借记卡结存发卡量 720.10 万户。全行信用卡结存发卡量 30.25 万张，信用卡全年消费金额 82.46 亿元，比上年增长 144.39%；期末透支余额 10.31 亿元，比上年增长 73.28%。

养老金业务。全行代收代付养老金 3956.60 万笔，其中代收养老金 1311.58 万笔，代发养老金 2645.02 万笔，交易金额 441.10 亿元。

代销基金、国债业务。加强与优秀基金公司合作，代销基金的产品总额 31.86 亿元。代销国债产品总额 15.59 亿元。

代理保险业务。全年实现代理保险保费 75.86 亿元，其中期交保费 8809 万元，占比 1.16%。

2. 公司银行业务。

公司存贷款业务。公司存款余额 156 亿元，新增日均存款 16 亿元。创新金融服务，长安汽车资金归集及合格证管理项目试点运行，累计归集资金 16 亿元，国库集中支付、烟草等15个项目形成公司存款37亿元。为城投、高速等21户大型企业授信72亿元。新开办福费廷转卖、商票贴现、银承敞口等新业务。

小微企业金融业务。全年发放贷款125亿元，结余139亿元。出台小微信贷专项激励政策，提高风险容忍度，引导有限信贷资源向中小企业等经营实体倾斜。开发新产品及要素调整包括快捷贷、医院小企业贷、转期贷等9项，累计发放651笔，金额4.86亿元。提高授信额度，满足不同规模企业融资需求。开展"走政府"营销工作，与合川、綦江、秀山等政府达成合作协议，共同推进"小企业助保贷"，支持地方小企业发展。推行新产品开发"平行作业"模式，提升开发效率，小企业产品达17个，构建了较丰富的产品体系。

3. 资金业务。

同业投资业务，全行同业投资业务余额约220亿元。同业融资业务，存放同业业务余额149.2亿元，当年新增76.9亿元。

理财业务。全行个人理财产品余额81.96亿元，比年初增长29.18亿元，增幅55.3%。

贵金属业务。全行代理贵金属交易金额1.69亿元，实物贵金属交易金额549.38万元。

托管业务。全行托管资产规模639.80亿元，比上年增长1043.11%。

4. 渠道拓展。

网点建设。全行营业网点1730个，其中：自营网点244个，占比14%；代理网点1486个，占比86%；营业网点县域覆盖率达到100%。

电子银行。电子银行交易替代率达到66.7%，交易笔数2.11亿笔。个人网银注册客户达到315万户，网上银行总交易金额172亿元；手机银行注册客户达到261万户，交易金额349亿元；电话银行注册客户达到230万户，交易金额103万元。加大自助设备投放力度，自营ATM总量达到615台，交易金额2.3亿元。离行自助银行总数共计24个，新开业6个，已开业总数达18个。试点建成全国首个警银亭，创新自助银行建设的模式。建成电子银行体验区14个，体验区总数达到50个。

5. 信息科技。

完成网点授权集中系统、内管平台二期工程、公司信贷二期项目、成本费用报账系统4个总行重点项目上线，推进分行长安合格证管理及资金归集项目、水气代收等10个自主开发和系统建设项目，完成汽车消费贷款客户特征分析、信用卡客户营销分析、柜面交易替代率分析等8个数据分析课题，配置各类信息设备3204台。全网网络运行质量故障次数比上年减少80%。

6. 风险管理。

风险管理。完善风险与内控委员会运行机制，建立"全面统一、动态监测、快速预警、联动处置"的风险预警管控体系，设立14类56项风险监测指标，下发风险提示20期。开展"除隐患，提能力"支行集中整治活动、机构风险评价及新业务风险评估。强化资产保全工作，通过不良资产委外催收、抵债及转让等方式，全年收回不良贷款本息2110万元，核销呆账1185万元。

内控和案防工作持续加强。开展"员工行为管理强化年"、合规回头看、"强履职、治顽疾"违规问题专项治理、"一加强、两遏制"自查整改等活动，落实"十条禁令"。全面梳理银行成立以来的制度，修订21项，制定75项，废止75项。整体接管、突击检查56个网点。问责1.03万人次、金额239万元。调整消费者权益保护管理职能，加强了消费者权益保护。

安全保卫工作有效增强。投入400多万元完善营业网点、自助银行、自助设备安防及消防设施，推进营业网点预报警工程建设，全面升级110报警系统，实现"视频监控"向"报警监控"转变。

审计质量不断提高。开展离任审计、信贷业务、新业务、财务管理等审计项目52个，完成装修工程审计34项，送审2687万元，审减135万元。（邮储银行重庆市分行）

【速递物流重庆市分公司】

实现收入42239万元，比上年增长17.28%。

1. 经营发展。

政务市场。全年政务类市场收入规模再创历史新高，增幅达到35%，用户满意度超过98%。全市已经设立出入境、车管、法院专递、高路执法文书等十余个政务类专项项目组，配备专职项目经理，实行项目管理，效果良好。

车管项目开办网上车管所、现场车牌与档案寄递、车牌后制作收件人付费等一系列业务，收入增幅达到54%，收入规模全国排名第七位。法院专递项目设立项目组，实施主动客服，加强返单返回质量，配合分公司加强与法院的协作沟通。法院专递业务量、收增幅均超过75%。出入境项目通过优化流程、加大宣传、加强与公安联动，实现寄递占比超过40%。开办检察法律文书和劳动争议仲裁文书专递业务。

商企市场。全市已入驻楼宇超过200栋，入驻人员达到180人；全年商圈、写字楼客户增长46%，工业园区客户增长32%。

国际市场业务。国际业务比上年增长43%。其中国际e系列产品量、收增长均超过200%。

电商与合同物流市场业务。电商市场开发上，切入安利省内项目；切入小米空气净化器项目；上线中视购物省内配送和代收货款项目。合同物流市场上，一是针对在线的惠普、华硕等项目，持续进行项目流程优化，不断提升项目运行质量，将其做成精品项目、模范项目。二是开发新的合同物流项目。中标太极集团、和平药房、光能苏打水等三大合同物流项目，并上线运行。三是仓配一体化项目获得明显进展。恒大粮油、老板电器、水林商贸等项目上线运行。康佳电器在原有运输业务的基础上叠加了仓储管理服务。

增值业务。在线代收货款项目 92 个，揽收近 90 万件。代收货款资金达到 2.4 亿元。增值服务业务收入比上年增长 43.5%，增幅全国排名第 6 位。12 月产生的订单占互联网渠道港澳续签人数的 40%。

2. 网控运行质量。

质量管控。按"一会一中心"制度落实日监控、周例会、月通报工作机制。重点对进出口超时邮件处理情况、民航及邮航邮件及时赶发情况、重庆出口至 72 重点城市次日递情况、进口邮件投递情况、全名址录入情况、虚假信息、邮件安全等进行实时监控。

航空网络支撑能力。新增 8 条民航航线；调整重庆—上海航空邮件的承运商；重庆航空出口邮件的时限得到明显提升。

处理中心标准化流程。使用内场 PDA 完成邮件的接收、开拆、封发、发运等生产操作及验单处理邮件在处理中心内部处理环节的扫描次数减少 2 次以上。

网运成本管控。建立邮航运能实时调控机制，提高邮航载运率；与航空承运商洽谈，降低承运单价。对重庆—成都、武汉两条一级干线汽车邮路，实行油价调整与运价挂钩的机制。取消 300 公里以下的 7 条夜间邮路的"双驾代押"。

重点项目发展。调整重点项目的作业流程，推广热敏打印模式，增加转运频次，实行专人质量监控，及时发现反馈解决异常情况。

旺季支撑工作。"双 11""双 12"邮件高峰期间，优化投递组网模式，抽调机关、直属单位人员支援一线，得到了社会各界的充分肯定。

客服质量。建立专兼职客服队伍，推行内部客服、主动客服工作，客户服务质量明显提升，客户体验明显改变。11183 派揽订单及时揽收率、揽收率，服务工单回复及时率，协查邮件一次解决率、投诉率，邮件及时理赔率均达到或超过总部管控指标。

3. 体制机制。

五大营销中心。根据细分市场和业务发展需要，组建政务、商企、渠道、国际、电商物流等五个营销中心，建立市—城片区—区县三级纵向营销组织体系。

包裹快递业务改革。与重庆市邮政分公司联合成立工作组，拟定实施方案，确立政务类的"内部专营权"，梳理在册客户，完成原经济快递客户向快递包裹客户的平稳过渡。包裹快递业务下半年的发展速度高于上半年 6.6%。其中，四季度速递业务比上年增长 38%，收入比上年增长 32%。（速递物流重庆市分公司）

【中邮保险重庆市分公司】

重庆分公司于 2014 年 4 月 16 日成立，是中邮保险第 16 家展业省级分公司。分公司设有综合部、市场部、营运管理部、计划财务部、风险与合规管理部、信息技术部、党群工作部、营业部 8 个部室，38 名合同制员工，服务范围遍布重庆全市 38 个区县 1467 个网点。连续两年获评重庆保监局风险状况评级 A 级机构、人民银行重庆市金融机构综合评价 A 级机构，荣获全市"双 A"机构。

1. 经营发展。

转型发展。累计实现保费收入 7.4 亿元，比上年增幅 53.8%，高于全国平均增速 41.1%，完成计划进度 102.4%。其中，期交新单保费 4538 万元，比上年增量 3743 万元，比上年增幅 346.8%，目标达成进度 149.6%，进度达成全国排名第 1 位，在重庆邮银渠道期交市场占比位列全市第 4。其中，保障期 10 年及以上期交新单保费 1389 万元，完成进度 106.8%，进度达成全国排名第 2 位，占新单期交比重 30.6%，全国排名第 1 位。

邮政金融内训师。根据区县经营管理方式、人才队伍基础、营销习惯等不同特点，采取"一类一策"扎实推进队伍共建，全年送培 26 个区县，授课达 167 场次，涉及 6286 余人次。

展业范围。11 月，第三批 12 个单位的网点获批入网，至此，全市 38 个单位 1467 个网点全部入网，展业范围全覆盖。按照合规经营的要求，共配备片区、县中邮保险人员 143 人，其中专岗 64 人，兼岗 79 人。

2. 营运管理。

建立中邮保险局考评机制。将中邮保险运营管理质量与各区县邮政分公司委托管理费、相关人员岗位绩效挂钩核发，实现按月考核兑现，各级中邮保险局履职得到有效提升，全市运营管理整体情况良好，重点指标均达到监管要求，新单回访率、续期业务达成率等指标位全国排名前茅。

完成年年好新 A 款产品集中退保。成立集中退保联合领导小组，制定集中退保应急预案，开展应急演练。累计完成年年好新 A 款产品退保 13123 件，金额 6.53 亿元，未发生客户投诉，退保资金全部安全到账。

开展客服宣传活动。在"3·15"消费者权益日，开展设摊宣传、"三进"宣传、社会监督员参观座谈等多种活动。在"7·8 全国保险公众宣传日"，围绕"一键保险，呵护无限"活动主题，设立总经理接待日，参加重庆保险行业协会展览及布点宣传。全年不定期举办保险知识讲座、客户答谢会等，对筛选出的 12 名大客户，开展针对性的慰问活动并赠送相关纪念品。

推进各项培训。开展运营管理相关培训 23 次，涉及中邮保险局人员及网点理财经理。举办全市中邮保险局人员集中培训2次。督促区县对网点人员进行转培训。

3. 加强合规管控。

履行法律事务职责。聘请专业律师事务所作为法律顾问，在制度建设、经济合同、人力资源管理及理赔案件分析等方面提供专业支撑。《“自营＋代管”模式下重庆中邮保险联动反洗钱防控体系建设》项目，获得重庆人民银行2015年度创新项目奖。

开展分公司内控检查。1月~6月，开展“两个加强，两个遏制”专项检查活动，抽检材料23项，检查7个中邮保险局和6个网点，组织1期专项培训和考试活动。自查发现问题已全部整改到位。

完善组织架构，邮银保联动管理体系初步建成。邮银保联合制定下发《重庆邮政中邮保险合规与风险管理体系建设实施方案》，明确邮银保三方各自职责以及联动管理措施、领导小组联席会议以及各片区金融内控检查等内容，打造以“邮、银、保”三方联动，“市、片区、县（区）、网点”四级管控为中心的矩阵式管理架构。

开展合规知识竞赛。9月24日~10月10日，联合重庆市邮政分公司开展“第一届重庆邮政‘中邮保险杯’代理保险合规知识竞赛”活动，全市共6616邮政名工参赛，包括各区县分公司金融管理人员、金融检查人员、金融网点负责人和柜员。区县分公司参赛率达到100%，员工总参赛率达到99.5%，全市竞赛成绩合格率为97.20%。（中邮保险重庆市分公司）

四川省

【四川省分公司】

全年实现业务收入58.23亿元，规模保持全国第6位；增幅达到10.08%，超全国平均水平0.84%；完成集团公司下达预算的102.77%。三大板块实现总收入151.84亿元，比上年增幅30.17%。实现利润总额9136万元，比上年增加1954万元，超集团公司下达预算4151万元；全员劳动生产率达到19.49万元。函件、包裹快递、机要、报刊、集邮、增值、代理金融、分销业务分别实现收入1.31亿元、2.98亿元、0.11亿元、4.2亿元、2.61亿元、4.82亿元、39.91亿元、0.69亿元，其中报刊、代理金融、分销专业增幅超过全国平均水平，增值、代理金融专业增幅超过两位数；代理金融、增值专业收入占比分别为68.54%、8.28%。全省有3个市州收入过4亿，2个县收入过亿，35个支局收入突破千万。

1. 深化改革转型。

落实“一体两翼”经营发展战略。着力综合便民平台建设，按照“统一指挥，专业支撑”模式，建立健全工作制度，建成有效便民服务站1.1万个，乡镇覆盖率100%，叠加业务28项，2015年创收2059万元。着力金融转型发展，推动证券业务开办工作，中邮证券四川分公司于4月23日正式挂牌开业，开通邮储银行三方存管业务；持续推动代理金融转型，转型网点达到900个，覆盖率35%，ATM/CRS达到3215台，电子银行替代率达到62.62%；全年新增余额243亿元，储蓄余额规模达到2508亿元。着力包裹快递改革，出台《四川邮政包裹快递业务改革实施方案》，组建包裹快递业务省市县三级组织架构，选定20个试点整合县，探索分网省的联动发展模式。

推进法人体制调整工作。按照集团公司统一部署，全省邮政上下联动、通力配合，有序推进省、市、县“子改分”法人体制调整工作，按时完成各级营业机构证照变更、印鉴制作、银行账户开立变更等工作。中国邮政集团公司四川省分公司于5月1日起正式对外运营。

启动ERP系统上线工作。作为全国第一批推广上线单位，四川省邮政分公司成立领导小组和工作组，制定组织机构、供应商、客户、员工主数据收集清理实施方案，推进各

10月15日~17日，“2015中国（四川）电子商务发展大会”在中国科技城（绵阳市）召开。四川省分公司以央企和服务电子商务进农村重点单位亮相大会，全面展示了四川邮政践行“互联网＋”新形象。（四川省分公司/提供　林芝/摄）

项工作。9月29日，四川邮政ERP系统上线试运行，12月11日正式运行，基本实现全省21个市（州）分公司及各直属单位（专业局）各类系统的业财一体化集成。

融入农村电商发展。出台《2015年全省邮政农村电子商务发展指导意见》，组建四川邮政农村电商发展领导小组，统筹配置人、财、物等资源；探索邮政特色农村电商发展模式，以邮掌柜系统推广和服务站建设为载体，发展邮掌柜6649个，建成“村邮乐购”农村电商服务站近1000个，与西充、三台、安岳等12个国家级、省级示范县开展电商进农村项目合作。

2. 强化企业管理。

优化财务管理。以全面深化集中管控为中心，深入推进预算集中管控、资金集中使用、资产集中管理，资金管理效益、资产创利能力提升。开展财务对标、“小金库”专项治理、清欠压库和财务合规检查，加强财务数据分析，规范收入计列，财务行为规范，企业赢利能力明显增强。

加强人力资源管理。推进用工结构调整和不规范用工清理，劳务用工占比下降至15.81%；完善薪酬分配体系、劳动用工管理制度，出台五年人才发展规划；完善选人用人制度体系，开展领导干部个人有关事项集中填报、个人事项抽查核实、人事档案专项审核工作，加强干部监督管理；举办四川省第六届邮政通信特有职业技能竞赛；中邮网院四川省分院晋级为五星级省分院。

夯实基础管理。重视安全生产，层层落实安全责任，做好员工人身、邮件寄递、行车、信息网、消防等安全管理；狠抓风控管理，举全省之力解决金融风控薄弱环节和隐患问题，组建160人的专职检查队伍，全面落实“十条禁令”；加强审计、集采等工作，引入驻场法律顾问，推进依法治企；改善服务质量，围绕用户关心的热点难点问题，完善服务运行机制，调整管理流程，改善客户体验。机要通信连续22年保持质量全红。

3. 增强服务能力。

增强网运支撑。实施网运转型升级，完成成都邮件处理中心工艺改造，日处理能力提升至30万件，实施15个市州邮件处理中心扩能，更新1100台邮运车辆；开展省内网调整，快递包裹市州城区同城T+1稳定在90%以上，省内互寄T+1（县以上，不含三州）提升至70%。

推进投递优化。创新实施“分网＋分层”“自取＋投递”运作模式，打造商业投递网络，城市机动车投递占比36%；布放智能包裹柜1918台，建成自提点8278处，配置PDA5124台。快递包裹城市当日妥投率达86.54%，农村及时妥投率达89.25%。

完善技术平台建设。深入推进信息化建设，完成871个金融网点授权集中系统上线运行，实现储蓄逻辑集中工程切换，金融个人客户营销系统上线运行，完成网运转型升级和包裹快递产品整合信息化改造等项目，在全国率先完成省中心网络改造一期工程。贴近市场、围绕经营，开展数据分析应用，启动全省数据综合应用平台建设。

推进服务网络建设。主动寻求邮政服务地方经济和社会民生的契合点，圆满完成1406个空白乡镇网点补建（占全国总量的1/6）、开业运营任务，探索出多种运营模式，实现了全省“乡乡通邮”目标。省公司与省供销社、省农业厅、省民政厅、省建行、苏宁云商开展战略合作，业务触角不断延伸。（四川省分公司）

【邮储银行四川省分行】

全年全行资产规模达到4180.81亿元，新增420.75亿元；各项存款余额4035.45亿元，新增395.27亿元；各项贷款余额1133.93亿元，新增208.6亿元，增量居省内同业第4位。全年实现自营收入60.06亿元，利润总额14.6亿元，累计向四川投放资金1008.68亿元。

1. 个人银行业务。

全年全行个人客户达4166.42万户，其中个人VIP客户122.24万户。

个人存贷款业务。个人存款余额3487.65亿元，比年初增加349.63亿元，增长11.14%。其中，个人活期存款增长7.05%，个人定期存款增长13.17%。个人消费贷款业务净增80.58亿元，新增贷款市场占有率至同业第6位，不良率0.3%。

三农金融业务。涉农贷款余额425.29亿元，比年初增加82.29亿元，增速23.99%，实现三农金融业务利息净收入5.25亿元。着手建设现代农业示范区支行35家；参与总行“中国青年涉农产业创业创富大赛”。担纲“三农”金融服务生力军，全国推进“银会合作”工作现场会在四川眉山召开，推广“四川模式”，省委书记王东明作出“银会合作也是‘三农’工作的创新，应予重视、支持”的重要批示。

银行卡业务。全省借记卡结存发卡量4398.81张，全年消费金额672.49亿元，比上年增长9.63%。其中，绿卡通IC借记卡结存发卡量1348.14万张。信用卡全年消费金额58.95亿元，比上年增长57.20%；期末透支余额8.86亿元，比上年增长52.50%。

养老金业务。全行代收代付养老金6240.61万笔，其中代收养老金330.84万笔，代发养老金5909.77万笔，代收“新农保”交易笔数198.70万笔，交易金额8.23亿元。

代销基金、国债业务。加强与优秀基金公司合作，代销基金的产品总额18.73亿元。代销凭证式国债4期，实际销售1.42亿元，代销储蓄国债（电子式）10期，实际销售3.4亿元。

代理保险业务。准入寿险、财险、健康险、意外险等产品119款；全年实现代理保险保费154.20亿元。

2. 公司银行业务。

公司存贷款业务。公司存款总额 551.15 亿元，比年初增长 46.26 亿元，增幅 9.16%；公司贷款余额 233.63 亿元，比年初增长 33.98 亿元。

小微企业金融业务。小企业法人贷款结余 100.84 亿元，比年初净增 6.14 亿元，法人客户 1977 户，户均 510 万元。

国际结算与贸易融资业务。加快国际结算及贸易融资业务，国际结算业务全年结算量 7160.06 万美元，贸易融资业务余额 5206.23 万美元。

3. 资金业务。

市场交易业务。本外币市场交易规模 431611 亿元，比年初增长 144.49%，交易笔数 84910 笔。

投资业务。债券推荐费收入、其他金融市场利息净收入 8143 万元。推荐投资延期支付业务、券商双融收益权、融贷通业务、商业银行理财、代持业务余额总计 192.4 亿元。

同业融资业务。营销推荐存放同业及其他金融机构合计余额 51 亿元，同业及其他金融机构存放款项（结算性）合计余额 1.65 亿元。

理财业务。全行理财产品余额 122.22 亿元，比年初增长 35.41 亿元，增幅 40.79%；机构理财产品余额 4.12 亿元。

贵金属业务。推出实物贵金属产品 292 款，销售实物贵金属 960 万元，其中《邮储贺岁金》占总销售的 81.7%。

托管业务。全行托管资产规模 159.82 亿元，较上年末增长 47.5%。

4. 渠道拓展。

电子银行。电子银行交易替代率达到 69.43%，交易笔数 4 亿笔。个人网银注册客户 700 万户，网上银行总交易金额 379.3 亿元；手机银行注册客户 549.6 万户，交易金额 275.6 亿元；电话银行注册客户 517.9 万户，交易金额 439 万元。加大自助设备投放力度，ATM 总量达到 4777 台，交易金额 2452.9 亿元。

5. 人才培养。

校园招聘 254 人，省分行机关引进清华、北大等名校研究生 21 名。筹建省分行培训中心，制定教育培训 3 年规划。全年组织各类培训 1676 期，培训 6.9 万人次。（邮储银行四川省分行）

【速递物流四川省分公司】

速递物流四川省分公司完成收入 6.7 亿元，比上年增长 9.22%。

1. 推进业务转型。

推进标准业务。全省专业公司实现标准业务收入 2.61 亿元，比上年增长 2.96%，高于全国平均增幅 1.53%。政务类业务高速发展，实现收入 6689 万元，比上年增长 24.42%。代收货款业务实现邮费收入 2386 万元，比上年增长 5.7%。“京东”项目实现收入 1863.42 万元，比上年增长 33%。收件人付费业务实现邮费收入 260 万元，比上年增长 37.22%。

发展快递包裹业务。快递包裹业务实现收入 7346 万元，比上年增长 16.57%，实现了“经济快递”向“快递包裹”产品的平稳过渡。春茶项目实现业务收入 322.75 万元，比上年增长 57.91%。

发展电商与物流业务。一是合同物流业务发展稳中向好，实现收入 2.24 亿元，比上年增长 6.75%。二是供应链金融业务实现转型发展。开发上线京东金融—四川家美佳项目，为客户提供“仓储 + 配送 + 金融”的供应链服务模式，年收入 170 万元，利润率 25% 以上。三是电子商务业务组建专门项目团队，开设门店，专客专服。目前运作仓配服务及其他增值服务项目 11 个，完成收入 211 万元。

发展国际业务。全省国际特快完成收入 4861.04 万元，比上年增长 40.32%。其中国际 e 邮宝业务收入 2294.37 万元，比上年增长 75.08%。四川邮政跨境电商监管及产业园区于 12 月开建，计划用 2~3 年时间建设成为中国邮政集团西南地区最大的跨境电商监管及产业园区，为跨境电商企业提供产品、智能仓储、通关、物流、海外仓、金融、办公、国家政策扶持等供应链一体化服务。

拓展渠道建设。建立“四川邮政 EMS”微信公共平台，累计关注人数达 6249 人次。全国首批上线的“跨省港澳通行证二次签注”业务，累计产生订单 212 件；配合总部大力推广电子渠道下单以及电子支付，通过微信以及支付宝支付邮费 7656 笔，归集资金 38.43 万元。

2. 推动改革创新。

改革包裹快递业务。速递物流四川省分公司与四川省邮政分公司协作，坚持市场化、专业化方向，整合营销资源、网络资源，增强经营服务能力。在运行保障、客户管理、损益核算、绩效评价、薪酬分配、资费管理等方面建立了一系列贴近市场、贴近客户、贴近竞争对手的配套机制，包裹快递业务改革推进，发展平稳有序。

建设营销体系。以市场为导向，以客户为中心，以效益为目标，推进营销机构由“一个平台三个团队”向“五个中心”精细化、实体化转型。省公司成立政务服务部、商企服务部、国际分公司、电商服务部 4 个直属经营单位和渠道中心；18 个市州分公司陆续成立了政务服务、商企服务、国际业务、物流项目等 4 个实体化团队以及专职的渠道运营专员，形成了省—市两级纵向营销组织体系。全省政务、商企、国际、电商、渠道等团队达到 37 个，专职营销经理达到 686 人。

3. 优化网络建设。

增强末端网络竞争优势。持续深化揽投网建设及揽投网标准化管理工作，推动揽投部的整体管理方式向经营、管理平台转变。全省揽投部 151 个，30 分钟上门响应时间基本得到保证，揽投（部）站服务范围实现有效覆盖。深入推进新收寄流程和新问题邮件处理流程应用，促进揽投部生产作业和客户服务的标准化、规范化。

革新生产作业组织。一是自动分拣机全面投产。6月，成都集散处理中心自动分拣机全面投产运行，峰值日处理能力超过30万件。二是全省进出口邮件实现集中处理。调整封发关系，取消省内7个省际进口封发局，将进口邮件全部集中到成都集散处理，全网省际封发局减少到102个。同时减少分拣层级，将进口邮件直分到市州、县揽投部和县邮政公司。加强名址自动匹配，名址地址库增加8万条，名址自动匹配率达到91%。三是全面上线推广标准化处理中心生产作业系统。完成全省（除成都、德阳外）16个市州分公司标准化处理中心生产作业系统应用推广工作。

利用两网资源，确保标准特快邮件及时赶发。结合速递物流全省进出口特快邮件由成都集散处理中心大集中处理模式的运行，调整邮路计划频次，对省内网二干汽车邮路和区内邮路进行优化调整，确保邮件及时赶发。完成快递包裹收寄、处理、投递等各环节作业计划与邮路计划的运行时限标准维护。

支撑重点项目运营。全力保障"极速鲜"、贵品寄递、苏宁易购仓配等项目上线运行，确保苏宁易购邮件投递率达到99%以上。苹果新品发售项目当天投递及时率达到99.92%。采用新地址匹配模式和新封发运输模式等新技术，支撑重点项目实现收寄端至揽投部直达运输组织。

4. 改善客户体验不断，运行和服务质量实现新提升。

强化运营过程管控。深入推进"一会一中心"为核心的解决问题机制，全面落实"关键指标关键人"质量控制体系，实现全环节全过程控制。每周对56、68、73个重点城市及时妥投率采用穿透式分析，建立衰减模型。利用时限监控系统，对收件—出口封发、出口封发—发运、超时未妥投、进口接收—下段、进口及时妥投率五项指标进行每日监控、每周分析。全省运行质量稳中有升，56个重点城市间出口次日妥投率为54.25%，比上年提升2.19%；73个重点城市标准特快邮件及时妥投率76.68%，比上年提升1.06%。

改进服务质量。加强五项运行服务质量监控，11183揽收及时率全年平均达到92.8%，问题邮件48小时回复及时率全年平均达到93.5%，工单升级率从年初的12%下降至年末的4%左右。全省开通代收货款主动客服的客户数量达到56个，总部级、省级、地市级VIP主动客服的客户数量86个，处理问题邮件近5万件，VIP客户问题邮件及时解决率达96.3%。加强问题邮件服务调度的监控管理及分析，"双11"业务旺季期间，全省产生投诉工单量比上年下降30.87%，问题邮件及时解决率比上年提升18%。规范和梳理速递邮件理赔流程，实现11183按章直赔，全省理赔及时率比年初提升近30%。

5. 企业管理日益强化，运营效率得到新提高。

精细财务管控。一是推进盈利模式建设，促进基本经营单位减亏。二是加强成本精细化管理。运输及处理成本比上年下降2%，招待费比上年下降31%，会议费比上年下降61%。三是提高财务核算质量。建立政务服务部、商企服务部、国际分公司以及电商物流核算体系，建立全省决算工作机制，确保损益核算质量。四是推进财务系统应用，完成报账系统一期、二期和ERP系统的上线试运行。五是规范集中采购工作，在招投标全过程体现公平、公开、公正原则。

规范人力资源管理。一是规范企业用工结构。截至11月底，全省实现劳务派遣人员全部转劳务承揽工作。二是推进薪酬优化调整。加大一线员工尤其是操作、营销序列员工的固定薪酬比例。调整优化企业、部门分类办法和岗位序列划分。三是加强教育培训。省、市级培训班培训人数632人次，参加集团公司、股份公司远程培训班1823人次。营销人员参加职业技能鉴定498人次，执证上岗率达83.09%。四是加强干部队伍管理。对省公司机关、电商物流分公司、成都集散处理中心、成都市分公司等单位的领导人员进行交流调整。

加强审计监督管理。全年完成离任经济责任审计项目8个、内部控制管理审计项目、跨年度财务收支审计项目和用户欠费专项审计调查项目各1个，审计总金额17亿元，查处违规违纪金额1301万元，提出审计意见或建议70条。

加强经营管理。一是加强资费管理。健全速递资费管理体系，加强省内二级管控。强化重点环节资费稽核，加大资费违规视检和处罚力度。二是加强用户欠费管理。规范欠费管理的关键环节和管理流程，从资金周转天数、逾期用户欠费率、欠费业财数据匹配率三个维度对市州公司领导班子按月进行用户欠费考核、通报。三是加强供应链金融业务风险控制。在全省范围内集中开展大规模的风险排查活动，梳理出56个风险点并提出了解决措施，保证供应链金融业务良性发展。下线风险项目21个，涉及敞口5.05亿元。

提升安全生产管控能力。加强各项安全生产制度落实，狠抓邮件、信息网、航空、消防、交通和员工等安全管理，开展邮件收寄实名制、发航邮件100%收寄验视拍照和部分路向邮件在成都集散预安检工作，保障企业生产经营进行。（速递物流四川省分公司）

【中邮保险四川省分公司】

2010年2月5日，中邮保险四川分公司在成都成立，这是中邮保险在全国首批设立的第2家省级分公司。

1. 增长保费规模。

全年实现保费收入26.85亿元，规模排名全国第2。其中，实现期交新单保费收入2.14亿元（含长期期交

3946万元），比上年增长68.2%，规模排名全国第6，省内市场份额占比排名第2。实现团险保费收入1030万元，比上年增长168.23%，规模排名全国第7。实现续期保费收入2.18亿元，比上年增长24.56%，规模排名全国第4。

2. 加强板块联动发展。

率先在全国承接四川省分公司和速递物流的两项保险项目，并联合省邮政分公司启动中邮保险荣誉体系建设，建立相对完善的市县机构分级奖励、管理体系，按年评选优秀市县机构和人员，由省邮政分公司和四川分公司分别给予精神荣誉和物质激励，增强市县人员的荣誉感和归属感。

3. 创新营销项目。

一是以季度为周期，联合省分公司开展旺季营销、“乘风波浪”“决战金秋”和“天王争霸”竞赛活动，营造中邮保险期交发展氛围，激发市县邮政企业发展热情。二是抓典型树榜样，与省邮政分公司联合开展打造13个重点市州和50个重点县的“‘携手同进共创美好’重点城市重点网点转型发展”工作，组织“中邮保险期交业务发展先进县局评选活动”。针对50个期交发展重点县开展“一战到底”期交竞赛活动。

4. 共建专业队伍。

开展“亮剑行动第三季精兵计划”共建。通过分批次集中特训、训后“一对一”辅导等手段，在实战中帮扶等，锻炼了一支能挑起邮政金融和中邮保险转型发展重担，具有专业知识、综合素质强的网点精兵队伍。

开展“蒲公英计划”第二阶段队伍共建。以2014年打造的自贡富顺县局“蒲公英”骨干营销队伍为基础和模板，2015年又相继在资阳、德阳、达州、乐山、广安、绵阳、眉山启动各具特色的骨干营销队伍共建活动。

创新开展兼职内训师队伍共建。以“敢讲你就来”为思路组建一支50人的兼职内训师队伍，由省邮政分公司颁发聘书并纳入邮政培训讲师体系进行管理。通过专业培训和开展首届内训师大赛，有效提升队伍的授课能力，初步缓解分公司培训力量不足的现状。

完善督导模式。改进一对一督导模式，实行片区AB督导制，以老带新，采取督导驻点帮扶措施，组成转型发展推进支撑小组，深入市县协助当地制定转型发展实施方案，延伸督导广度和深度。

5. 规范管理。

推进营运管理。应对首个满期给付年，实现3.68万件、6.1亿元的满期给付平稳、有序处理，无客户投诉；全面开展保单质押借款逾期清理工作，清理借款逾期325件，有效防范经营风险；重点开展失效保单清理工作，对失效客户信息进行多方排查，累计复效保单1713件。在业务规模不断扩大、服务客户日益增多的情况下，新契约合格率（95.82%）、隔月签单扫描率（100%）、续期宽末综合达成率（93.95%）、理赔5日结案率（98.95%）、保全复核修改率（1.38%）、标准退保率（2.38%）、新契约综合回访率（88.37%）等指标均达到考核要求。

加强财务管理。完善财务内控机制，严格落实中央八项规定要求，加强三公经费使用管理，调配财务资源向高效业务发展倾斜；围绕财务管理创新，重点做好对标管理和“营改增”两项工作；大力提升资产管理水平，利用“管易通”强化资产的系统化管控。

提升人力资源管理。完善绩效考核办法，突出“按劳分配、多劳多得”的主导思想，激发员工工作热情；扎实开展各类教育培训，共开展素质、管理、业务、法律法规等类别的培训23场，培训员工1381人/次。

优化信息化支撑。建设满期给付高速路，实现中邮保险管理向网点延伸；架设续期催收定位系统，全程追踪每一笔续期业务，实现动态、实时监测和管控；开发微信公众号，实现产品介绍、承保试算等12项功能。

强化审计监督。完成总分审计工作交流，组织、参与审计项目5个，出具审计报告3份，落实问题整改2项；在总部组织或授权下，开展内控、反洗钱、关联交易、IT及合同审计，延伸审计广度和深度；对审计发现问题整改落实情况开展自查2次，梳理整改开业以来审计发展问题和缺陷53个，助推风险防范体系不断完善。

加强合规管控。组织开展“两个加强、两个遏制”专项自查及整改相关工作；深化邮银保联动风控机制，三方联合开展风险排查治理工作3次，开展保全业务可疑数据排查以及代收代付、代理保险、电子银行三项业务联合检查，促进业务健康、可持续发展。（中邮保险四川省分公司）

云南省

【云南省分公司】

全年实现业务收入 20.5 亿元，比上年增长 5.81%，增收 1.12 亿元，完成年度预算的 100.54%。代理金融业务实现收入 11.26 亿元，比上年增长 13.74%；邮务类业务实现收入 5.99 亿元，比上年负增长 4.37%；包裹快递业务实现资费收入 2.36 亿元，比上年增长 2.26%。代理金融、机要通信 2 个专业完成云南省分邮政公司下达的预算目标。14 个州市分公司实现了收入比上年正增长，6 个州市增幅超过两位数。

1. 经营发展。

增强项目营销能力。全省邮政以重点项目带动整体业务发展。切入会展经济，连续第 3 年创新服务南博会，实现业务收入 1300 万元；推进“两油”项目，全省累计纳入邮政资金归集项目的“两油”站点数 590 个，累计代收资金总量 150 亿元，实现资金归集、仓储配送收入 3956 万元。

邮政服务水平。全省邮政履行边疆少数民族地区普遍服务和特殊服务义务，做好空白乡镇网点补建工作。6 月，全省 111 个邮政空白乡镇补建局所全部开业运营。响应服务“三农”号召，创新服务，打造综合便民服务平台，利用全省 1736 个营业局所、564 个报刊亭以及 4172 个便民服务站、596 个“三农”服务站等实体渠道，以及邮政网站、移动终端等电子渠道，为百姓提供邮政、金融、代收代付水电费、税费及代办证照等“一站式”综合便民、利民服务。依托邮乐网电子商务平台，发展农村电商。全省邮政围绕邮政业务与地方经济建设的契合点，拓展各类业务市场，开展服务中小企业活动。

2. 管理体制。

建立代理金融专业化管理体系。全省已完成 433 个网点转型模型导入，超额完成年度目标，转型覆盖率达到 61.59%。

深化体制改革。6 月 1 日，全面开展包裹快递业务改革，成立省包裹业务局，将分销业务划转至电子商务局，依靠整合资源、创新机制全面促进包裹快递业务快速发展，完成 256 个揽投站的建设工作，实现包裹快递业务改革管理，扭转代理时期连续 6 年负增长局面。

成立会计核算中心和人力资源支撑中心。8 月 25 日，成立省会计核算中心。12 月 7 日，成立人力资源服务支撑中心，提升财务管理水平和人力资源工作效能。

落实精准扶贫。全省广大邮政员工参与到扶贫开发工作中，提出对宾川县平川镇得底么村有效扶贫的“时间表”和“路线图”：一是开展党建扶贫。在宾川县党委、政府的领导下，协助平川镇党委、政府加强对得底么村组基层党组织建设，指导和依靠基层党组织带领群众实现增收致富；二是开展行业扶贫。由云南省邮政分公司投资建设“村邮站”“农村邮乐店”，逐步实现购物不出村、销售不出村、便民服务不出村、金融服务不出村、农民创业不出村；三是开展产品扶贫。鼓励得底么村增加特色、绿色农副土特产品的种植养殖，实行定单收购运输；四是开展金融扶贫。协调邮储银行加大发放小额信贷力度，对得底么村贫困户在相同条件下，适当放宽条件，给予优惠小额信贷、小微企业优惠贷款、水果种植户水果权证贷款等；五是开展用工扶贫。优先招录得底么村民到邮政企业工作；六是开展教育扶贫。共建帮扶得底么村完小并冠名为“平川镇得底么村邮政完小”，设立教育基金，帮助培养优秀人才，七是开展关爱扶贫。捐建 1 个村小组活动室部分设施，设立帮扶基金，动员员工向得底么村捐资捐物献爱心；八是开展驻村扶贫。选派 1 名年轻优秀的中共党员到得底么村协助扶贫项目的推进，确保扶贫项目的对接落地，带动当地电子商务发展，助推当地经济“走出去”和“引进来”；九是开展政策扶贫。根据宾川县对得底么村的规划，发挥邮政优势，协助政府相关部门给予政策支持，争取项目尽早落地。

3. 加强基础能力建设。

推进营投网改造。优化网点布局，加大对效益网点和代理金融精品网点搬迁建设改造力度和硬件设施投入，不断增强网点社会化服务功能，提升营业平台的市场竞争能力。2015 年，将 42 个手工网点改造为电子化联网网点，全省营业网点电子化联网率达 98.3%，所有电子化联网网点及便民服务站均加办综合服务平台。同时，加强投递服务支撑，加强日常监督管理，开展提升服务质量专项活动，投递服务质量提升。

提高网路运行双效。深化网路结构优化，改革内部处理方式，实现网运转型升级。扩充一干邮路运能，对标竞争对手时限，优化省内干线网路，尝试省内火车、航空等多种方式运邮，以电商包裹为导向，调整省内邮件分拣封发关系，按照快进快出、以快带慢的原则，实现邮件快速集散。

提升信息化水平。全省邮政形成省、州市、网点三级信息网络支撑运维体系，保障网络运行畅通、安全。实施 ERP、国内小包等信息化工程。开发金融客户经理管理系统，加强软件研发推广，助推便民服务站跨越式发展。

推进重点基建项目。推进昆明邮区中心局流水化改造及三枢纽前期规划工作，不断增强全省邮政基础设施和通信服务能力。

4. 提升科学管控水平。

规范财务管理。以服务经营、支撑发展为主线，推进集中管理，促进财务转型，有力支撑经营发展，实现企业质效并重发展。依托ERP系统上线带来的信息化手段创新，以省级会计集中核算为切入点，推动财务职能逐步向价值管理型转变。有序推进“子改分”工作。构建以利润为导向的财务管理体系。引入财务对标管理，加强投资计划、资金、用户欠费管理，强化财务管控，提升财务管理水平。同时，强化固定资产实物管理工作，提高实物使用效率和效益。

优化人力资源配置。推进战略人力资源管理转型，有效支撑企业发展。加强干部队伍建设，狠抓干部监督管理，提升干部队伍素质。全面贯彻落实人才发展规划，持续推进人力资源优化。全省邮政企业从业人员控制在11030人以内，其中劳务用工人数控制在2110人以内，劳务工占比下降12%，控制在20%以内。申报省级就业见习基地，有效缓解用工压力，全省申请到政府稳岗补贴275万元。加强薪酬分配管理，平稳实施薪酬调整优化工作。

推进审计监督。有序推进各项审计工作的开展，提高审计管理，推进审计工作成果转化，促进企业健康发展。2015年，全省邮政共完成各类审计项目919个，审减工程价款1614.53万元。

2月13日，云南省分公司举办团拜活动，机关员工编排丰富多彩的文艺节目。（云南省分公司/提供 崔莹/摄）

实现安全管理既定目标。加强金融资金安全，提高风险防范能力，邮银联合开展安全管理检查和金融机构安全评估。加大安防达标建设力度，网点达标率提高17.38%，业务库达标率提高21.72%，切实提高安全管理水平。（云南省分公司　甘静）

【邮储银行云南省分行】

全行各项存款余额746.43亿元，增幅7.73%，各项贷款余额404.47亿元，增幅25.83%；2015年，全行实现收入15.39亿元，比上年增幅19.80%，增幅全国排名第10位，完成总行预算目标105.55%，超出预算绝对值0.8亿元。

1. 个金业务。

储蓄业务发展渠道拓宽，信用卡业务发展加快。信用卡发卡计划完成进度全国排名第10位，卡片激活率全国排名第4位，客户额度使用率全国排名第3位；POS业务与商圈建设联动发展，POS特约商户账户沉淀余额6.03亿元，比上年增长36%；大学生网商大赛楚雄分行荣获全国总决赛季军；手机银行客户新增计划完成率排名全国第1位，交易替代率排名全国第17位，增幅全国排名第1位；与公司业务联动开展机构理财产品销售，机构理财销量突破8亿元，理财业务日均保有量增幅全国排名第12位；全省自营网点非现场服务质量检查得分全国排名第12位，网点“神秘人”检查得分全国排名第15位。

2. 零售信贷。

小额贷款业务增长势头良好，小额贷款累计新增额全国排名第1位，逾期、不良控制较好，排名全国第3位，其中，再就业贷款发放笔数位居省内同业第1位，扶贫贷款业务覆盖10个州市，增量位全国排名前列。消费贷款净增量为去年同期的2倍，比上年增长创历史新高。坚持小额分散，降低单户授信金额，个人商务贷款规模及效益保持稳定。调整小企业组织营运模式、授信业务制度要素，重新制定客户选择标准，小企业贷款发展。建成通用类、区域类和特色类3个层面的零售贷款创新产品体系，零售信贷金融服务能力不断提升。

3. 公司业务。

营销省财政厅、省公积金中心、ETC中心结算账户等项目；部分分行已取得县市国库集中支付代理资格，加入省财政厅省人行非税系统开发，完成一期开发上线；制定公司信贷业务下沉管理方案，明确流程及收益分配原则，有效激励业务发展，优化业务管理机制。13个州市28人全程参与40个贷款项目、4个集团授信的上报工作。精准营销，抓重点行业，上下联动共投放公司信贷34.7亿，审批通过项目22个，授信额度161.55亿元。新增理财质押承兑和敞口承兑业务、包买福费廷业务、国内信用证项下议付业务和现金管理智能资金池业务；深挖重点客户潜力，通过开通银企直联业务、智能资金池业务，签署银企战略合作协议、制定个性化金融服务方案等，开展综合金融服务，改善单一服务的状况，全省开通3种以上公司产品的客户35户，高出全国考核小组26户的平均水平。

4. 市场业务。

全行新增信贷规模57.77亿元，其中票据新增23亿元；与昆明市政府合作开展的政府存量债务置换项目，与昆明交通投资有限公司合作项目融资 33 亿元，与昆明地铁三号线及草海片区城镇化开发项目进行间接融资 5 亿元，参与了云南省财政厅牵头的云南省 PPP 融资支持基金项目，项目规模预计 50 亿，入围财政厅合伙基金名单；推动股票质押式回购、两融业务收益权、资产证券化等创新类业务；开展二级资本债券的营销工作，做到省内法人金融机构营销全覆盖。实现金融市场业务收入 1.89 亿元，完成预算收入 156.67%。

5. 风险内控管理。

信用风险管理。一是推进全面风险管理体系建设。建立资本、信用、市场、流动性、操作、法律、合规和信息科技风险等风险限额管理体系，明确各类风险管理工作职责和工作流程，引导全行资产和资源的优化配置；二是组织开展全行信贷业务风险排查，及时对问题贷款风险进行处置和化解；三是动态实施房产土地评估机构准入管理，开展第三方评估中介机构押品网上询价合作，防止押品高评高估、有价无市等风险；四是强化资产质量管控，真实揭示和反映资产质量状况，明确二级分行的资产质量控制目标，并加强督促管控工作；四是针对前期客户准入存在的问题，调整小企业信贷产品要素，实行对二级分行行长资产质量和不良压降工作约谈，对单笔金额、过度授信、抵押物质量、第一还款来源、客户信息真实性、还款方式等方面进行了限制和明确，有效控制了风险的快速积累和暴露。

资产保全。通过开展全行不良贷款百日清收竞赛活动，推进保全清收、不良重组、抵债资产及呆账核销等一系列工作，提升资产保全队伍能力，提高不良存量压降工作实效。制定问题资产处置和离岗清收管理制度，明确问题贷款的管理职责，规范工作流程、落实管理要求，推动现金清收工作的开展和资产保全工作履职效能的提升。截止 2015 年末，共清收不良贷款 9623.61 万元，核销不良贷款 18382.74 万元，完成总行下达全年计划的 242.84%。

合规管理工作基础。一是加大法律合规条线履职考核力度，发挥考核的激励导向作用，建立法律合规联络员工作机制。二是完善案防组织体系，逐级签订案件防控责任书，强化各级机构“一把手”在案件防控中的核心作用。三是组织开展全方位、全覆盖的合规大检查活动，并开展后续审计评估，受到中国银监会和云南银监局的好评。四是组织开展全行员工《十条禁令》的学习考试，参考率和合格率都达到 100%，全省举办案件防控培训 6270 人次。五是建立监管意见库，对存在的风险隐患及时下发风险提示，提高风险监测的针对性和时效性。六是强化反洗钱系统运行效率，加强反洗钱学习宣传工作。七是构建消费者权益保护工作体系，完善客户投诉、受理、处理考核机制，完成金融消费权益保护相关系统的上线工作，组织开展消费者权益保护各项宣传工作。（邮储银行云南省分行）

【速递物流云南省分公司】

速递物流云南省分公司实施经营模式、客户服务模式、管理体制机制“三个变革”，实现市场占有率、服务品质、企业效益三个提升。自营速递物流实现收入 30427 万元，比上年增长 13.9%。

1. 转型发展。

经营模式创新。按照“突出重点、专注核心、讲求效益”的发展思路，打造以市场为导向、效益为核心的经营模式。一是建立速递项目制经营模式，形成统一揽投项目、客户营销中心项目、烟草（区域网）项目三个经营、核算主体。二是突出“邮航网络”核心优势，重点加快省际标准特快邮件业务的发展。自营标准特快邮件业务增幅全国排名第 14 位。三是发挥 42 个营销团队的作用，提出五大类 23 个重点项目、制定项目开发计划、责任人、进度要求进行项目经营。四是开展以商厦、写字楼、园区、专业市场等为重点的商务市场经营，确定 162 个商务重点市场。重点商务市场人均揽收量达到 30 件 / 天，如顺城等核心商务区，市场占有率达 40%。五是加强总部营销工作，发挥省市（昆明）营销团队的优势，以昆明为重点，加强全省性项目开发。开发快件监管中心项目，实现收入 1583 万元。加大鲜花、水果、野生菌等生鲜市场的开发力度。六是以“有所为有所不为”的经营定位，以“总分仓”“仓储 + 运输 + 供应链金融 + 快递物流”“电商云仓”等经营模式，拓展优质品牌 B2C 客户。

物流业务转型。一是机制变革，市场化运作物流业务。开展省市合一，组建电商物流公司，实施垂直管理，一体化经营。二是资源整合，向第四方物流转变。重点做好仓储、运配资源的整合发展工作，通过整合王家营等社会仓储资源，净增 2.1 万平方米，依托项目，拓展整合社会运输车辆超过 1000 辆。三是从单一环节服务向供应链全环节服务转变。中石化从单一的非油品仓储、配送向供应链上游客户拓展，引入中石化的 4 名上游客户，并探索供应链金融增值服务，形成整合服务。来思尔乳业形成昆明仓储管理、干线冷链运输、信息化规划实施，并打通“来思尔”乳业产品进入中石化的销售渠道。

2. 重塑 EMS 品牌。

建成全国邮政第一个进入机场飞行隔离区，并实现空侧开口和安检进驻的航空邮件处理中心；邮航飞机落地昆明；打破传统管理模式，全面推进三个体系建设，初步建立一套全环节全过程控制的网状节点互联直通型时限质量监控和保障体系，质量指标持续提升、客户体验持续改善。昆明出口 72 个重点城市标准快递互寄邮件次日递率达 62.89%，进口邮件及时妥投率达 91.03%，民航发运执行率达 93.29%，信息及时录入率达 98.51%。云南网运时限质量考核全国排名前列。

网运和质量管控模式创新。围绕网管、质控、客服三个方面的网控工作重点，落实“一会一中心”制度，构建“三个体系”，建立全环节全过程控制的网状节点互联直通型时限质量监控和保障体系，组织与管理全省速递物流生产运行，实现各环节作业组织操作流程的标准化和规范化；实现生产信息系统的规范有效应用。及时有效监控全省进出口邮件全程时限，分析责任环节，提出改进措施，确保时限和客服质量持续提升。

调整网络结构。调整各环节作业处理时限，加快邮件发运。调整省内21条二级航空邮路发运计划，全省16个州市已有13个州市加入南京集散，明确各生产环节衔接邮航、民航的卡口时间和赶班频次顺序；强化全省揽投网管理，统一全省揽投站建站标准、设置标准和作业标准等管理内容。深化信息系统应用，推广上线处理中心标准化生产作业系统，做到处理中心作业流程化标准化、管理规范化可视化，实现邮件“快进快出”。推进新收寄流程上线工作，新收寄流程应用率达到96.72%。加强车辆、设备清理管理，全省共精简车辆80辆，清退揽投PDA380台。

客户体验提升。建立客户服务中心，实行7×24小时值班或带班制度，保证客户查询投诉渠道畅通，设立赔偿基金，实现对丢损邮件快理快赔，全省标准特快邮件理赔及时率达到97%。开展提升服务质量专项活动，客户申诉率、邮件丢损率、及时理赔率等主要管控指标持续改进提升。理顺客服工作，调整工单处理流程，确保每天进口的工单在当天内能全部处理完毕，工单处理效率大幅提升，48小时工单回复率达标；对重点项目、重要客户邮件实行定人、定时监控跟踪，效果明显，获得全国优秀一体化项目管理团队、戴尔优秀项目组和优秀项目经理、苹果项目优秀项目经理等荣誉。

3. 变革体制机制。

财务管理。按照抓好“对标、降本工程”搭建“八个体系”为实现路径，全面提升公司经营效益。财务资源变传统按需配置、按历史配置为以市场为导向、以效益为目的配置，达到效益最大化。财务管控由事后管理、分散管理变革为事前、事中，扁平集中、信息化的财务管理。建立省、地市、揽投站的三级资费稽查体系。二干运费比上年下降373万元；减少揽投车辆65辆，比上年减少车辆费用97.5万元。

激励与约束机制。将激励和约束的重点由原来的规模效益质量并重转变为以“效益”为核心，突出以“利润”为中心的激励与约束考核机制，围绕企业利润目标的完成情况实施阶段性激励。

人力资源配置机制。以企业经济效益为中心，以公司转型发展需求为导向，以双定标准为基准，多维度对改革所释放的人力资源进行盘活配置，适度补充标准特快邮件营销岗位，增强揽收及运作能力，做到人量匹配，岗能相宜，最大限度地发挥人力资源的作用，推动公司经营向专业化、市场化、高端化发展。（速递物流云南省分公司）

贵州省

【贵州省分公司】

全年实现业务收入22.57亿元，比上年增长8.36%。其中：代理金融业务实现收入12.53亿元，比上年增长6%；增值业务实现收入3.11亿元，比上年增长11.7%；报刊业务实现收入1.88亿元，比上年增长8.8%；包裹快递业务实现收入1.25亿元，比上年增长25.9%；集邮业务实现收入1.14亿元，比上年增长14.3%；函件业务实现收入1.12亿元，比上年增长0.1%。全省9个市州、85个县级邮政分公司收入均为正增长。2015年，贵州省分公司完成有效收入14.97亿元，占总收入的67.16%，比上年增长9.23%，高于总收入增幅0.87%；新增货币资金存量1亿元，比上年增长12.49%；管理费用增幅低于总成本和业务收入增幅，营业收入资金回笼率为97.40%，国有资产保值增值率达到105.21%；员工劳动生产率达到24.66万元/人，比上年增长22.75%；员工平均收入比上年增长12%，其中一线员工收入比上年增长13.76%。2015年，贵州省分公司建成校园邮局28个，建成主题邮局17个，开发邮资封片卡106种共818枚；建成农村电商便民服务站2553个，安装“邮掌柜”系统3535套，交易量达1.41亿元；建成邮乐贵州馆并招商97家，上线商品666种；集邮网厅贵州专区正式运营，订单量突破3000单。2015年共立项总部项目107个，比上年新增18个，累计实现总部经济收入7381.53万元。其中，在一季度代理金融旺季营销中，实现季度新增余额53.69亿元、单月新增余额超50亿元、单日新增余额超5亿元的经营业绩；国内标准特快邮件业务在国家机关公文寄递、“二代证”等项目带动下，比上年增长 17.7%；在县域集邮市场开发方面，全省 88 个县区分公司新邮预订均较 2014 年增长 100 套以上；在报刊大收订项目中，全省邮政企业一次性大收订流转额突破 4 亿元大关，达到 4.16 亿元。贵州省分公司分别与贵州省公安厅交通管理局、贵州省银联、贵州省移动公司等单位签订了战略合作协议；与贵州省教育厅联合下发通知，共同推进高校邮局建设；参与商务部确定的贵州省 8 个农村电商国家级示范县建设工作。贵州省分公司推进经营转型升级，组建 63 个代理金融理财经理团队，促进大理财保有量新增 35.52 亿元，比上年增长 150.09%；通过开展精品图书巡展活动，实现图书销售收入 500 余万元，码洋 1500 余万元；通过开发"生肖茅台酒"等收藏投资产品，实现项目收入 2352.05 万元；组织儿童剧商演活动 41 场，吸引观众近 3 万人次，实现巡演收入 467.5 万元。

贵州省分公司开展专项活动促服务质量提升，各级邮政企业因地制宜推出优化服务举措。图为地处苗族侗族聚集地的黔东南州分公司在部分网点开设少数民族语言服务窗口，为当地少数民族群众提供用邮指导，使他们享受到更加贴心的邮政服务。（新闻宣传中心 / 提供　韩静桦 / 摄）

1. 实施企业改革创新。

贵州省邮政分公司组建省、市包裹快递业务中心（局），通过实施机构调整、陆运网资源整合、统一产品管理、统一营销政策等，推进包裹快递业务改革发展；通过设立人力资源服务中心，推动邮政企业人力资源工作向战略人力资源转型；通过设立会计核算中心，实施 ERP 系统报账，完善报账流程及相关规章制度，逐步上收市州分公司会计核算职能；通过制定《2015 年网络运营改革及流程优化工作指导意见》，调整省际进口报刊分拣封发关系，调整贵州日报社早报交接作业模式，合并市州邮件处理中心转运与分拣车间功能，规范邮件发运秩序，缓解装车压力，贵阳等 6 个市州分公司实现邮件分拣封发到段作业，黔南等 3 个市州分公司实现分拣、投递环节联合作业。

2. 强化企业基础管理。

贵州省分公司完成"子改分"工作，开立市县分公司账户 273 个，重建企业资金收支两条线，对账户变动实行动态监控，清理往来账款 6957 万元，不断强化企业资金集中管理水平；通过实施土地、房屋、车辆等资产权属变更工作，解决部分历史遗留问题，房屋出租收入较 2014 年增长 410 万元。2015 年，贵州省分公司提任领导干部 4 人，调整任职岗位 11 人，选派 17 人开展双向交流锻炼；累计清理干部任免档案 460 余份、人事档案专项整治 304 份；通过业务外包、劳务承揽、劳务工转聘等工作，不断优化企业用工结构，用工总量控制在 1 万人以内，比上年减少 901 人，劳务工比重下降至 22.82%，比上年降低 13.06%；通过实施薪酬分配制度调整优化，取消部门分类，强化绩效导向，建立了健全员工收入正常增长机制。2015 年，贵州省分公司一级邮运干线准班率达到 100%，及时卸车率达到 98.93%，比上年提升 33.25%；干线邮路发车准点率达到 89.51%，到达准点率达到 89.48%，分拣封发及时率达到 99.53%，标快、快递包裹 24 小时发运率稳定在 99% 以上；通过调整优化贵阳至织金等 26 条干线邮路，《贵州日报》等党报党刊当日见报的县以上城市从 2014 年的 70 个增加到了 75 个。贵州省分公司继续完善《邮政企业领导人员经济责任审计实施办法》，将"三重一大"制度执行、薪酬集中发放等纳入审计内容。全年完成审计项目 170 项，其中工程项目审计 128 项，审计金额 5374.31 万元，审减金额 532.95 万元。2015 年，贵州省分公司通过制定代理金融业务风险防控考核办法，对检查人员进行市州集中管理，在邮政金融评估专项自查中，平均得分为 97.61 分，9 个市州分公司评分均高于 95 分，达到金融安全防范优秀单位标准。

3. 加快企业能力建设。

贵州省分公司完成贵州邮政信息大厦装修改造，对 9 个市州分公司邮件处理中心和 24 个县级分拣处理场地进行了升级改造；完成 6 个县区分公司综合楼建设，改造营业网点 182 个、危旧局房支局所 111 个，购置全功能金融网点 2 个。ERP 项目完成前期数据收集、导入工作，财务板块系统上线运行；开发网运结算清分系统（三期）、警邮违法处理等 12 个信息系统，246 个代理金融网点集中授权系统上线运行。全省新增更新运钞车 26 辆、报刊亭 23 个，购置投递汽车 118 辆、网运汽车 77 辆、电动三轮车 109 辆，配备投递用 PDA 1562 台、图形终端 476 台，布放 CRS/ATM 机具 290 台、POS 机具 8991 台。印发营销岗位定岗定级管理办法，对全省 499 名营销人员进行定岗定级。（贵州省分公司　李昂）

【邮储银行贵州省分行】

全年全行总资产达 886.3 亿元，比上年增长 9.6%。各项存款余额 861.2 亿元，比上年增长 9.5%。各项贷款余额 262.4 亿元，比上年增长 55.6%。不良贷款率 1.17%，拨备覆盖率 201.3%，全行实现营业收入 23.3 亿元，比上年增长 14.7%；实现利润总额 1.9 亿元，比上年增长 15.7%。在“2016 年贵州企业 100 强”评选中，位居贵州省第 56 位。

1. 个人银行业务。

全行个人客户达 157.37 万户，其中个人 VIP 客户 3.04 万户。

个人存贷款业务。个人存款余额 126.33 亿元，比年初增加 4.22 亿元，增长 3.46%。其中，个人活期存款增长 2.58%，个人定期存款增长 4.58%。个人贷款余额 155.62 亿元，比年初增加 27.49 亿元，增长 21.46%。小额贷款余额 9.35 亿元，净增 1.30 亿元。个人消费贷款余额 100.65 亿元，净增 24.66 亿元。个人商务贷款余额 45.56 亿元，净增 1.52 亿元。

三农金融业务。涉农贷款余额 90.72 亿元，比年初增加 34.45 亿元，增速 61.82%。大力开展小额贷款“三天放款”和农业龙头企业“走总部”专题营销活动 实地走访企业 150 家，对核心企业授信金额 1.3 亿元，贷款金额 1 亿元；扶持新型农业经营主体发展，累计发放家庭农场贷款 1.95 亿元；创建 6 家国家级农业示范区特色支行，累计贷款结余 12.03 亿元；设立助农服务点 404 个；荣获 2015 年中国邮政储蓄银行零售信贷客户经理业务技能竞赛四川片区竞赛二等奖。

银行卡业务。全行借记卡结存发卡量 285.40 万张，全年消费金额 46.95 亿元，比上年增长 4.85%。其中，绿卡通 IC 借记卡结存发卡量 66.89 万张。信用卡全年消费金额 31.31 亿元，比上年增长 72%；期末透支余额 5.20 亿元，比上年增长 54%。

养老金业务。全行代付养老金 56.34 万笔，金额 13.10 亿元，代收“新农保”交易笔数 2.43 万笔，交易金额 595.88 万元。

代销基金、国债业务。加强与优秀基金公司合作，代销基金的产品总额 1.02 亿元。代销凭证式国债 4 期，实际销售 1157.91 万元，代销储蓄国债（电子式）10 期，实际销售 2378.55 万元。

代理保险业务。准入寿险、财险、健康险、意外险等产品 233 款，全年实现代理保险保费 8.1 万元。

2. 公司银行业务。

公司存贷款业务。公司存款总额 72.53 亿元，较年初增长 29.09 亿元，增幅达 66.97%；公司贷款余额 64.97 亿元，较年初增长 46.56 亿元。

小微企业金融业务。全行小企业法人贷款结余 22.02 亿元，较年初净增 4.87 亿元，法人客户 539 户，户均 416.17 万元。

国际结算与贸易融资业务。加快拓展边贸特色结算业务，推动跨境电商金融服务发展，国际结算业务全年结算量 7998.58 万美元，贸易融资业务余额 3 亿元。

票据业务。直贴业务规模扩大，承兑业务增速较快，票据大管家等新产品不断发展，票据贴现余额 6.92 亿元，较年初增加 2.16 亿元。

3. 资金业务。

市场交易业务。票据转贴现交易规模 202.67 亿元，比年初下降 29.49%，交易笔数 45 笔。

投资业务。全行营销债券及券商收益凭证投资的余额 6.1 亿元。投资（包括委托其他金融机构投资）的信托投资计划和资产管理计划的余额总计 17.9 亿元。

同业融资业务。全行营销存放同业及其他金融机构款项余额 10.9 亿元，同业及其他金融机构存放款项余额 5 亿元。

理财业务。全行理财产品余额 14.36 亿元，比年初增长 7.2 亿元，增幅 100.55%；机构理财产品余额 1.88 亿元。

贵金属业务。2015 年，黄金自营交易量 6.63 千克，白银自营交易量 3 吨，代理贵金属交易金额 1062.56 万元，实物贵金属交易金额 333.09 万元。

托管业务。全行托管资产规模 214.87 亿元，比上年末增长 83.02%；其中，纯托管规模 151.95 亿元，比上年增长 58.17%。

4. 渠道拓展。

网点建设。全行营业网点 953 个，其中：自营网点 138 个，占比 14.48%；代理网点 815 个，占比 85.52%；营业网点县域覆盖率达到 81.82%。

电子银行。全行构建新型互联网金融服务体系，电子银行交易替代率达到 81.25%，交易笔数 4064 万笔。个人网银注册客户 60 万户，网上银行总交易金额 51 亿元；手机银行注册客户 41 万户，交易金额 31 亿元；电话银行注册客户 37 万户。加大自助设备投放力度，ATM 总量达到 443 台，交易金额 211.26 亿元。

5. 信息科技。

项目建设实施，网点集中授权等 20 个项目上线，重点完成 37 家县支行的电视电话会议系统建设工作，实现全省所有县支行均接入了全省电视电话会议系统，完善了省—市—县的沟通体系；完成《信用卡逾期风险预警分析》《自营网点运营和柜员优化配置综合分析》等多项主题分析工作，完善数据销毁体系，形成了数据提取—使用—销毁的闭环体系；项目开发有序进行，完成 5 项项目优化上线工作，重点完成毕节烟叶跨行代发项目开发工作上线工作；完成首次机房网络设备切换演练工作，应急管理体系初步建立。（邮储银行贵州省分行）

【速递物流贵州省分公司】

速递物流贵州省分公司目前设有 1 个省直属经营单

位、7个市州特区分公司，44个营业部，共有员工1083人。全省共有揽投车辆335辆，揽投服务段道394条。省际直达航空邮路33条，有效航班57架次。2015年贵州分公司实现了速递物流收入12054.8万元，比上年增长13.9%。

1. 推动转型升级。

同步推进标准特快邮件业务与项目拓展。标准特快邮件业务通过细分目标市场，搭建“便民服务平台”，加快政务类客户开发，全年累计收入实现6214.6万元，其中身份证项目累计寄递87.05万件，实现业务收入1316.44万元，比上年增加收入122.82万元，增幅10.29%；高考录取通知书项目收入457.97万元，比上年增长22%；电话直销车险项目收入215.28万元，比上年增长54%；校园包裹项目标准特快邮件揽收23024件，实现收入46.18万元。

运用新媒体创新电商业务。搭建贵州邮政EMS电商平台，在淘宝天猫商城开设“邮政速递食品专营店”和微商城“黔邮E购”，引进老干妈辣椒、长顺绿壳养生土鸡蛋、罗甸火龙果、凉都红心猕猴桃等知名贵州土特产在EMS电商平台上销售；携手途牛网开通港澳证续签业务；为国美在线提供配送服务；作为省内唯一物流合作商与京东开展业务合作等，提升贵州邮政EMS在电子商务领域的竞争力和认知度。推出手机EMS微信平台扫描EMS二维码查询高考录取通知书寄递信息、2016贵州年货节“黔货”线上选购等业务，为第五届贵阳国际汽车展览会主办方提供微信平台开展展会宣传，通过线上与线下相结合，为客户提供多元化服务，让群众“足不出户”通过邮政EMS服务满足需求。

发展国际业务。国际速递业务通过构建经营管理团队，以国际包裹、国际速递产品为基础，优化产品价格，开展优势线路促销活动，探索开办海关监管仓、保税区等项目，促进了业务发展。全省国际速递业务完成268.3万元，增幅27.7%，比上年实现较快增长。

发展合同物流业务。上线老板电器项目，提供传统销售渠道与电子商务销售相结合、仓库出货与门店调换货相结合的物流综合服务。借鉴老板电器云仓模式，探索物流专业化、市场化发展新路径，开发潜力客户。合同物流规模客户16家，其中含仓储等增值服务的客户占比为56%，合同物流收入占全部物流收入比重达到93%。

创新合作。与贵州职业技术学院深入开展校企合作，为学院提供学生实训岗位，学院为速递物流贵州省分公司提供人员储备，缓解用工紧缺；利用省委出台的《关于加强留守儿童困境儿童关爱救助保护工作的实施意见》、省人民政府出台的《关于大力发展电子商务的实施意见》为契机，开展“寄给留守儿童的爱”公益活动；联合共青团贵州省委、贵州省快递协会启动开发“贵青E创”快递一站通项目，为大、中专学生提供勤工俭学的工作岗位，为农村青年提供创业机会，促进农民工返乡创业、就业；通过与政府协调，成为省委省政府和阿里巴巴集团联合组织的首个电商项目“2016贵州年货节”仓储配送一体化服务供应商，圆满完成淘宝网线上商品和“年货节”贵州特色商品在京展示展销会商品仓配任务。

2. 增强核心竞争能力。

实施两网资源整合和省内陆运网改革。实施两网资源整合和省内陆运网改革，原经济快递和标准特快分拣、快速邮路、市趟及航空盘驳转趟等交由贵阳邮区中心局负责。明确改革后省邮政分公司为省内陆运网的管控和运营主体、省速递物流分公司为航空网的管控和运营主体。通过改革，包裹快递邮件实现了统一处理，减少内部分拣封发处理时间2~5小时。从贵阳至各市州的运输频次从过去每天一个频次到现在两个频次以上，贵阳至省内各县的直达邮路由8个县增加到24个县。进口快递邮件全部由市州、县邮政公司统一处理，减少了区乡邮件的盘驳。改革后邮件省内提速12小时以上。

完善网络衔接和优化生产流程。以黎平为试点，尝试县营业部出口邮件通过航空运输直达贵阳。取消遵义省际进出口分拣封发功能，将出口分拣封发格口从168个调减到102个，降低内部分拣封发作业难度。调整了电商物流“落地配”邮件内部处理模式，实行分拣前置。将贵阳集散中心航空邮件接发场地搬迁到民航货运站，并将邮件的装卸和处理外包给民航快递公司。“双11”旺季期间，优化业务流程，将进港邮件在民航货运站台上实施分拣前置，按照“散件外走”和“够整车直发”作业原则发运邮件，提高进出口邮件的处理时限，贵州省分公司在民航货运站不足200平方的处理场地内日均处理量提升到27133件，生产效率得到极大提高。

落实每周质量分析会议制度和专项活动。坚持“一会一中心”制度，每周召开一次质量分析会，每半月邮速联合召开全省质量分析通报电视电话会，省邮政分公司和省速递物流分公司领导、网控部门负责人，各市州分公司领导、网控部门以及邮区中心局负责人参加会议。开展“提升速递物流服务质量”、“速递物流邮件丢失专项治理”等活动。质量管控力度和监督力度明显提升。标准快递及时妥投率从年初46.24%上升至77.93%；全环节信息采集完整率从年初99.16%上升至99.64%；详情单及时扫描率从年初98.41%上升至99.2%；全信息及时录入率从年初98.2%上升至99.25%；派揽及时率从年初88.4%上升至92.9%。

完善客服体系。11185与11183两个客服中心实施整合，全省统一为一个速递物流客服体系，统一行使调度权。通过采取完善客服处理流程，加强客服人员培训，增强售后服务能力，不断加大管控力度，加速对问题邮件的处理，邮速协作处理申投诉，在客服环节进行补救等措施，申投诉指标逐步达到总部考核要求。

3. 加强基础能力建设。

加快渠道建设提升业务发展能力。出台代办点建设激励及补贴考核奖励办法，鼓励市州公司针对竞争对手网点，加快自建点部以及在校园、社区和主要商圈设立代办点的步伐。建立 518 个渠道代办点，比上年新增 491 个，累计产生收入 94.82 万元，投递邮件 19.49 万件。同时推出营业部承包办法，给予承包人在人、财、物上更多的权利，鼓励员工以及社会人士参与到邮政速递物流的网点建设和市场开发中来。因地制宜地释放经营活力，提升业务发展能力。

加快基础建设。投入资金 114.24 万元，对贵阳小河、沙冲、营业部，富士康商贸城、西南商贸城点部等生产、办公场地进行了标准化改造。对贵阳瑞北、修文等营业部监控设施进行了维修和补装。投入 110.46 万元启动和实施贵阳机场邮件处理中心及龙里快递园区项目的前期工作。通过基础设施的建设，改善了生产办公环境，提升市场服务能力和对外服务形象。（速递物流贵州省分公司）

西藏自治区

【西藏分公司】

全年总收入累计完成 2.6 亿元，同口径增长 7.4%，完成集团公司预算 103%。

1. 推动业务总体发展。

全年实现业务收入 10153 万元，占总收入的 39.6%。

推动代理金融业务。实现业务收入 7292.6 万元，比上年增长 6.7%，全年新增金融资产 7.4 亿元。推进电子渠道建设，个人网银结存 5.2 万户，手机银行累计注册 3.6 万户；在用 POS 商户达到 622 户，在用 ATM 机和 CRS 机 99 台，网点自助设备覆盖率达到 100%；利用移动发卡机拓展发卡渠道，全年新增绿卡 6.3 万张，结存总户数达到 10.6 万户；开展客户走访，全年走访客户 13.2 万户；与农行自治区分行签订全面战略合作协议，携手推动普惠金融发展；银监局批复 10 个代金网点，填补了拉萨城区金融网点空白，代理金融业务发展基础更加坚实。

推动包裹业务。以培育电商市场为手段，以开发合作商户为抓手，累计发展电商合作客户 22 家，与拉萨一中、拉萨师专等联合举办“亿路有你”杯硬笔书法大赛活动，与西藏大学联合举办“毕业生包裹邮寄”活动，全年实现业务收入 5560.8 万元，占总收入的 21.7%。

推动报刊业务。开拓数字阅读市场，不断丰富报刊零售品种，发展个人市场，整合多种资源稳固纸质媒体的忠实读者群体。2016 年度报刊大收订流转额实现 7096 万元，完成预算的 100.6%，比增 8.6%，完成率和增幅均全国排名第一。

推动集邮业务。以《西藏自治区成立五十周年》特种邮票首发等活动为契机，做好各项主题项目营销；借助旅游资源、民俗文化以及特色公共题材，大力开发特色邮品，实现了“一地一品、一县一册”的目标；通过集邮协会、集邮展览，营造集邮文化氛围，培育西藏集邮市场，全年集邮业务实现收入 3063 万元，完成预算的 112.7%，业务收入比上年增长 27.8%，有效收入比上年增长 50.2%，两项指标全国排名第 1，集邮产品毛利率达到 55%，全国排名第 2。

推动函件业务。与西藏自治区旅游发展委员会签订战略合作协议，继续巩固景点门票、账单业务的市场地位，加大开发约投挂号市场的力度，研发具有西藏特色的函件新产品；在条件成熟的地方建设主题邮局，拓宽社会代理渠道，多途径拉动函件业务收入增长，实现收入 2439 万元，比上年增长 9.8%，全国排名第 2。

推动分销业务。通过“进位争先”等竞赛活动和“天上西藏”淘宝网等线上线下相结合的营销模式，不断提升员工参与营销奖励的积极性，丰富快消产品种类。全区 175 名投递员（含乡邮员）实现分销业务收入 120.7 万元。组织营销创优竞赛，涌现出优秀营销团队 5 个，优秀营销员 10 名，优秀营销项目 4 个，创收 3000 余万元，打造企业、员工双赢的格局。

推动增值业务。把便民服务站、农村电商网点建设作为拉动代收代缴类业务的重要手段，在传统的代收电信类和电费业务基础上叠加了航空机票、火车票等业务。全年销售机票 8.99 万张，比上年增长 22.61%；销售航空交通意外险 4.31 万份，比上年增长 39.85%。代售火车票 35.1 万张，实现收入 70.2 万元。通过不断加大项目开发力度，全面代理太平洋保险公司保险、财险等业务；推进警邮合作项目，开办代收交警罚没款业务，代办交通违章提醒短信业务 0.84 万笔，实现收入 25.1 万元。

2. 推动企业改革。

西藏分公司完成全区工商、税务、组织机构代码等“三证”变更及税收清算和部分实物资产证照权属变更，向主管税务机关争取政策扶持，取得资产过户划转免税，确保了“子改分”工作有序推进。中国邮政集团公司西藏自治区分公司及所辖机构于5月1日正式对外运营。

理顺机构设置。西藏分公司调整合并成立网运（安保）部、企业发展与科技部、报刊发行（电商分销）局、集邮函件广告局、新闻宣传中心。地市业务机构统一设置为市场经营部、营业中心、揽投中心、代理金融业务局和网运（物流）部，其他业务机构进行整合。推进以ERP系统为核心的企业级管理支撑平台建设，ERP系统主数据管理、财务管理模块上线试运行，完成报销报账、人力资源、营业、集邮、小包、代理金融等外围系统的集成，业财一体化管理平台初具雏形。

3. 加强能力建设。

持续推进项目建设。开展4个“十二五”结转项目方案设计和30个金融网点改造项目，启动“十三五”规划编制，制定《西藏邮政分公司科技项目管理办法》，实施4个信息科技项目。集中采购74项，采购总金额达6598万元，节约资金496万元。组织宣传贯彻《企业形象管理手册》等集团新标准，推进了企业标准化建设。

逐步提升网运能力。西藏分公司投入3199.5万元，更新、新增车辆及网运生产设备近300台。推进两网资源共享，全面代处理速递邮件。全面推行包状和信函邮件混封作业模式，调整信函和报刊发运计划，全年减少运行费用360万元。包裹分拣辅助设备投产使用，结束西藏邮政邮件内部处理纯手工作业历史。实施邮件装卸环节外包，缓解了转运生产人员紧张的问题。

加快建设信息支撑。完成集团公司、邮储总行9个系统和18个自建系统建设上线工作；自主开发绩效考核管理系统等5个应用软件。强化信息技术支撑，保障西藏自治区成立50周年大庆、抗战胜利70周年、“4·25”抗震救灾等重要时期的邮政服务；升级应用系统150余次，处理问题单2400余个；完成4个数据分析课题及30多项数据提取工作。深入开展金融系统安全运行年暨运维质量竞赛活动和信息安全等级保护工作。

发挥运营支持效能。远程集中监控中心实施7×24小时运作模式，全年先后5次梳理全区1440个监控探头，实例通报各金融网点不合规操作问题，督促落实隐患整改。电子稽查集中上收覆盖拉萨、日喀则和昌都，并完成对山南、林芝、阿里的短期试点。11185客服中心有力支撑改革后的快递包裹客服保障工作。

4. 规范企业管理。

发挥财务支撑作用。深化以利润为导向的财务管理体系，对地市经营规模和利润目标捆绑实行摘档管理。持续推进对标、达标、创标工作，强化重点指标的监控，建立数据收集和日常分析工作机制。加强资金资产管理，清理往来账款，对长年积累的债权债务进行了清收、处理，确保企业资产真实完整。规范出租房屋管理，保障生产经营的资源配置需要。加大对业务支撑力度，业务费比上年增加3000万元。成立省级会计集中核算中心，实现全区财务集中核算。配合速递物流业务改革，制定速递物流业务结算办法，同地方税务协调纳税事宜，降低税收风险。

优化人力资源管理。加强人力资源配置，开展针对机构设置、管理人员配置、劳动用工、人工成本、人力资源系统和人事档案等内容的专项整改工作。完成阿里、日喀则分公司和报刊发行局领导班子调整，选拔、交流干部充实到专业局和地市分公司领导班子，选派2名本地干部到县分公司任职锻炼，完成后备干部选拔考察。援藏干部管理工作规范，制定《中国邮政集团公司西藏自治区分公司对口支援西藏干部管理暂行办法》。推进投递、内部处理、集中监控、11185客服和门卫等环节外包，盘活优化21人，转招35名优秀劳务派遣人员。加强人工成本预算执行情况考核，开展全区邮政系统员工薪酬调整工作。全年组织各类集中培训56期，3650人次参培，远程培训覆盖率达100%。组织289人参加各级邮政企业职业技能鉴定，鉴定合格率达62.6%。

强化审计监督职能。加大经济责任审计力度，完成拉萨邮区中心局、山南分公司领导人员任中经济责任审计及阿里分公司领导人员离任经济责任审计工作。开展2014年度财务收支、中央预算资金建设项目、函件业务其他收入等专项审计检查。完成工程建设审计项目56项，审减金额300.9万元，审减率达6.5%。

增强安全生产管理。狠抓敏感时期和重要时段的企业内部各项安全稳定工作，确保实现“三不出”维稳工作目标。严格落实各项安全生产责任制度，加大安全监督检查力度，落实安全隐患整改。开展邮政金融“一加强、两遏制”专项检查，继续组织“飞虎队”，对林芝、昌都、那曲的4个金融网点实施空降式全面接管检查。

5. 提高服务水平。

推进普遍服务和特殊服务。全区565个空白乡镇网点实现全部开业运营。改善农牧区邮政服务，全年共投递农牧区邮件3375.8万件（份），布放助农取款终端123台。机要通信服务实现连续23年质量全红。

提升服务质量。以邮政服务质量大提升专项活动为契机，加大对服务质量的监督检查、自查和考核的工作力度，重点跟进解决投递服务质量问题，集中开展无着邮件清理整治活动。严格落实首问负责制，及时、规范、妥善处理和解决客户投诉问题。邮政服务综合满意度测评达90.4分，高于集团公司考核指标。（西藏分公司）

2月2日~3日，西藏自治区阿里地区普降大雪，邮运驾驶员随车携带除雪工具和各种保暖应急设备，缓慢行驶，确保大雪期间一二级干线邮路运行准班、准点，邮件安全到达各站点及各县局。（新闻宣传中心/提供）

【邮储银行西藏分行】

全年中全区邮政金融业务（含贷款补贴）实现收入3.00亿元。其中银行总收入（含贷款补贴）完成2.34亿元，金融业务收入完成1.71亿元，完成总行预算的109.36%。实现考核利润0.93亿元，完成总行预算的151.76%。

1.业务运行。

个金业务持续发展。全年实现个人业务收入0.61亿元，比上年增长3.78%。全区个人储蓄存款余额达到52.98亿元，比年初减少1.95亿元，降幅3.83%。其中自营网点余额24.74亿元，比年初减少0.21亿元，降幅0.85%，与邮政代理金融的差距在逐渐拉大。全年新增绿卡12.51万张，银行自营实现交易手续费收入0.08亿元，比上年增长11.04%。信用卡新增发卡1020张，首个年度完成发卡任务。全口径基金、理财、保险、国债业务总量15.49亿元，比上年增长44%，创造历史新纪录。

公司存款业务快速发展。充分发挥产品优势，加大公司业务创新力度，依托住房公积金资金归集平台，加强区、市、支三级联动营销、重点项目营销，推动公司存款增长。年末公司存款余额达到28.88亿元，全年新增存款4.04亿元，比年初增长16.26%，全年实现公司存款业务收入0.48亿元，比上年增长53.71%。

信贷业务发展乏力。全年实现信贷业务收入0.88亿元，比上年增长178.17%。年末结余贷款16.88亿元，较年初下降8.91亿元。

资金业务持续下滑。全年实现资金业务收入0.33亿元，比上年下降53.05%。其中，票据转贴现业务利息收入0.1亿元，实现交易量146.52亿元，较上年增加15.1亿元。存放同业利息收入110万元，信托受益权买入返售收入0.1亿元，参与总行托管业务、同业投资等业务，实现收入0.11亿元。

2.基础管理。

财务管控得到加强。加强预算管理，实现各部门协同联动的预算工作机制。完善业务发展奖励政策，优化激励指标，确保预算目标的执行。完善财务制度，加强内部控制，使事前事后审批流程优化。加强成本管控，调整成本结构，收入利润率达到51.86%。加强固定资产投资管理，完善立项申报和审批决策管理流程。

人力资源持续优化。调整薪酬分配体系，按照公开透明，多劳多得的原则，充分调动全分行职工发展业务的积极性。加大人才引进力度，全年通过校招、社招途径共招聘职工38人，摆脱离职率攀升的困境，全分行职工的年龄、学历和专业分布结构得到优化。转招9名工作表现突出、成绩优秀的劳务工为合同制职工，彻底解决劳务性用工。加强教育培训和技能竞赛，为提升职工的业务技能和服务水平提供有力支撑。

会计与营运工作加强。加强业务管控工作力度，促进业务营运水平。优化清分中心作业流程，备付率由去年年均2.68%下降至2.17%，实现向管理要效益。完成全区74个网点的集中授权系统上线，较全国其他省提前实现全覆盖。

授信能力逐步到位。主动融入西藏经济社会发展大局，科学运用授信政策，统一前中后台风险偏好与理念，持续监测、反馈授信政策执行情况，持续为后续动态优化调整创造条件。加强审查审批限时服务考核，通过努力获得总行差异化授信政策，为西藏分行的可持续发展提供有力的支撑和保障。

3.能力建设。

渠道服务能力不断加强。完成堆龙德庆县支行建设工程，提升服务能力和企业形象。新建离行式自助银行2处，新增ATM/CRS设备5台，新增POS机具355台。电子银行客户突破14.43万户，较年初增长22%，电子渠道交易替代率较年初提高8.27%，达到79.57%，位全国排名第5位。

信息支撑作用逐步体现。在保障全分行业务系统和管理系统安全运行的前提下，完成逻辑集中工程国际业务、集中授权系统、成本报账系统、邮政金融客户身份核查系统、内容管理平台二期和稽核系统新增功能、财税库银横向联网系统、中间业务平台优化升级和大数据平台的上线等9个项目建设上线。自主完成代收电费和代收交警罚没款项目软件开发，填补西藏分行成立以来中间业务项目开发的空白。

服务水平提高。以项目建设、平台建设、项目储备为抓手，通过加大华西健康卡的发卡力度，交警罚没款、电力代缴费项目开发，完善VIP客户服务体系，推动信用卡分期、微信平台、IC卡功能叠加、亿路有你、19.9元刷卡等活动，为客户提供个性化金融服务，增强支行的营销抓手，丰富服务手段，提升与客户的粘性。

品牌影响力逐步提升。通过与自治区人民政府签订《全面战略合作协议》《产业基金战略合作协议》，增强邮储银行与政府之间的联系，也为西藏分行可持续发展创造了条件和机遇，有力提升在政府的影响力。加强与主流媒体的日常沟通和联系，牢固树立声誉风险防范意识，坚持每日做好舆情监测，有效应对突发事件，维护银行声誉。

4. 风险管理。

风险合规全面加强。全分行干部员工风险意识得到加强，风险管理委员会对全行风险管理的组织协调作用日益加强，风险指标对全行经营的导向作用已经显现。持续开展“一加强，两遏制”专项检查活动等各类合规检查，各项经营活动更加规范。资产保全工作机制逐步完善，全年核销信用卡不良资产 5.88 万元，清收不良资产 34.9 万元。反洗钱工作成效显著，在人民银行开展的反洗钱工作评级活动中，西藏分行被评为 A 级，并获反洗钱工作进步奖。

审计监督持续推进。坚持以风险导向审计为指引，继续加强对高风险业务和机构的监督，推动审计转型，加强对人财物等后台支撑部门管理监督，加大了问题整改跟踪力度。开展经济责任审计 14 人次，完成专项审计 6 项，开展专项调查 2 项，并配合成都审计分局开展内控评价和信贷业务中后台履职情况审计。

安全维稳工作不断加强。深入开展安保工作能力提升活动，实现集中监控中心值守外包，推行 7*24 小时值守模式。扎实开展安保制度学习，网络参考率、合格率均达到 100%，在总行考核中排名前 5 位。开展应急预案演练工作，各支行应急预案演练工作规范，更加贴近实战要求。不断强化外包业务的监督检查和考核，确保了外包业务的合规运营。全年较好地完成安全管理各项任务，实现“三不出”管理目标，保持了“零”案件、“零”事故的记录。（邮储银行西藏分行）

【速递物流西藏分公司】

速递物流西藏分公司全年实现业务收入 5190 万元。

1. 推进业务发展。

推进产品创新和模式创新。巩固存量市场，开展“思乡月”、高考录取通知书、“军营包裹”“返乡包裹”等专项营销活动，实现收入 87.14 万元。结合市场需求，对标竞争对手，开办“贵品”服务，新增收入 50 万元；建立“极速鲜”寄递平台和运营标准，运作松茸产品，实现收入 0.85 万元；拓展校园市场，开发考试类证书和学生档案寄递业务，实现收入 5.83 万元。借力高考、中考和小考，深挖散户用邮，推广 VIP 会员卡 1100 余张。以时限提升为核心，开展精品专线营销拓展活动，加大政务市场标准特快邮件发展，促进省际标准特快邮件业务发展。开通西藏邮政 EMS 微信公众平台，扩大公司品牌宣传和业务推广。

优化发运渠道和报价体系。结合总部专线营销活动，以国际特快为主导，国际包裹为补充，开展西藏区内国际精品线路促销活动，收入增幅明显。拓宽国际非邮渠道，发力重货市场，实现收入 5.89 万元。优化国际产品报价体系，实行单品成本测算，提出接近市场的指导价格，提高业务竞争力。

拓展精品业务和重点项目。完成西藏铁塔公司项目投标工作，实现收入 52.76 万元；完成党中央慰问全区各族人民的大庆礼品配送任务，实现项目收入 110 万元。规范和优化移动、电信、烟草等存量合同物流项目，打造速递物流核心优势，全年实现收入 2054.79 万元，完成总部预算 110.47%。深入开展物流项目调研和区内返程物流市场调研，为提升项目运作效率、拓宽物流业务发展渠道提出可行性意见和建议。

2. 完善制度建设。

加强制度建设。分析市场，找准定位，制定《重点业务发展指导意见》，明确标准特快邮件、经快、国际、合同物流等重点业务发展目标。建立速递物流协议客户集中管理机制，修订完善《协议客户管理办法》，细化分层管控的责任范围，完善大客户流失追责机制，提升客户管控能力。全年共签订协议客户 373 户，实现收入 804.53 万元，其中二级以上客户 23 户，收入占比为 45.74%；新增协议客户 186 户，新增收入 149 万元。

强化管控能力。本着“措施要具体，手段要过硬，态度要坚决”的要求，下发《关于加强邮政速递资费管控的通知》，对资费管理、资费稽核、经营秩序等内容进行了规范和加强。

提供营销支撑。雪顿节期间针对重点市场和重点客户开展标准特快邮件促销活动，有效带动业务收入增长。开展标准特快邮件业务“营销状元”“揽投标兵”竞位争先活动，营造齐头并进、你追我赶、奋勇争先的良好工作氛围。

3. 完善管理体系。

改革包裹快递业务。落实集团公司、股份公司总部包裹快递业务改革要求，制定上报了《西藏分公司包裹快递业务改革实施方案》，完成产品整合和业务培训、做好过渡期间的业务指导、客户梳理和资费管控等配套工作，确保业务调整平稳过渡和客户迁移工作完成。

建设营销体系。推进“五个中心”落地，突出市场化、专业化、实体化，实现了营销体系建设由“一个平台，三个团队”的构建模式向“五个中心”的精细化转型。结合五个中心业务实际运作情况，深化营销体系建设，搭建以大客户、重点项目开发维护为主的大客户营销团队和以中小客户为主的渠道支撑团队，提升一线营销能力和营销性。营销中心实现业务收入 219 万元，比上年增长 163.4%，速递业务收入占 80% 以上，营销体系改革走出探索性的第一步。

4. 提升客户服务水平。

精细客服管理。其中客户72小时工单结案率达97.56%，查单及时回复有效率达95.6%，派揽揽收及时率完成90.26%，均达到总部考核指标。问题邮件有责投诉率完成1.76%，速递邮件理赔及时率完成72.07%，全区有责申诉率完成22.54%，实现提升目标。

开展视察检查。定期或不定期对重要节点开展日常和专项视察检查48次，下发视察检查报告书36份，下发整改通知书6份，下发视察检查月通报12份，并通过总部视察检查相关材料的调阅检查工作。根据股份公司要求开展资费检查专项活动及规范经营检查活动，规范各揽投部的经营管理工作。根据国家邮政局等相关主管部门的要求，率先在同行业中推动邮件收寄实名制登记工作，得到行业监管部门的高度评价。

5. 强化财务管理和人力资源管理。

安排企业能力建设。将有限的资源优先配置到公司生产急需项目上，开展纳金、柳梧两个揽投部标准化改造项目；购置30辆电动车投入揽投一线使用；完成固定资产投资130.02万元。二是保持绩效考核的相对稳定性，在全面预算管理保持整体框架不变的情况下，强化公司对案件以及安全事故的考核力度。三是服务企业改革，全面推进财务转型升级。推进子改分、ERP系统上线和包裹快递业务改革的各项财务配套工作。四是加强资金资产管理，推进资金归集系统的应用，开展往来账清理工作和用户欠费管理工作，清理历史账目11.17万元；年末用户欠费余额307.38万元，达到历史低点。五是强化集中采购制度建设，建立公司二级采购目录，完成公司成立以来采购档案的整理归集工作，按规定开展集中采购工作，采购8批次，金额113.91万元。六是严肃财经纪律，强化规章制度的执行力。做好小金库自查自纠和违反财经纪律处理处罚办法的贯彻落实工作，对2013年以来公司业务招待费进行自查自纠，对不符合列账规定的2.23万元招待费进行责任人缴款处理。

改善薪酬分配办法。推行绩效考核与计件考核相结合的薪酬激励分配机制，完善体现岗位价值、工作业绩和个人能力的分配体系。完成薪酬分配制度调整优化工作。二是持续优化员工队伍结构。12名员工新取得职业资格证书，3名员工取得高级职业资格证书，3名员工取得本科学历证书，12名员工取得大专学历证书，22名劳务工招用为合同用工。三是持续强化员工教育培训。通过开展“双周学习”、参加中邮网院培训、参加上级和主管单位部门举办的集中教育培训以及组织开展公司内部培训的方式，努力提升员工的工作技能水平，全年完成不同岗位、不同业务培训1236人次。四是持续规范用工管理。建立员工重大疾病、意外伤害等商业保险制度，健全员工劳动合同、人事管理及社会保险台帐，公司合同用工劳动合同签订率和劳务用工劳务派遣率均达到100%，员工参保率达到100%，劳务用工队伍比重下降到10%，达到国家政策及法律规定和要求。（速递物流西藏分公司）

陕西省

【陕西省分公司】

全年实现收入31.75亿元，完成预算103.79%，增幅10.58%，收入规模全国排名第16位，增幅全国排名第12位，超额完成利润目标。下辖10个市分公司，11个直属单位，89个县（市）分公司。全省邮政支局所1871处，邮政代办点84处。全省农村投递线路124902公里，自办汽车邮路32085公里。西安邮区中心局（一级中心局）和宝鸡、安康两个二级邮区中心局承担着全省全网干线邮政运输的中转任务。全省在岗职工人数13382人。

1. 业务发展。

代理金融业务。全年完成代理金融业务收入23.05亿元，增幅14.61%。加强中邮期交保险、财险、基金定投等战略产品发展，加快电子银行、手机银行推广应用。细化客户分级管理，为客户提供综合理财规划服务，实现精准营销。全年代理储蓄余额新增152.53亿元，全国排名第10位，余额规模1431.01亿元，增幅全国排名第5位。新增代理保费56.84亿元，增幅60.35%。新增理财保有量24.9亿元，增幅78.87%。电子渠道交易替代率达到68.93%。较年初提升8.8%。

包裹快递业务。包裹快递业务全年完成业务收入2.3亿元（含结算收入），进度115.68%，业务量超千万件。其中，国内快包业务量547万件，增幅149%，实现收入5664万元，增幅74.8%，全国排名第6位。国际包裹快递收入增幅超行业平均水平。各市分公司加强揽投队伍建设和协议客户开发，半年新增协议客户695户。同时，开拓各类市场，新鲜水果、土特产寄递市场创收226.98万元；“校园包裹”创收382.45万元，增幅全国第1位；抓紧时点项目，“双11”期间协议客户业务量31.19万件，增幅311.27%；“双12”期间业务量25.91万件，线下客户业务量全国排名第5位。

陕西省分公司启动爱心包裹活动。（陕西省分公司/提供）

农村电商业务。陕西省分公司与陕西省商务厅、共青团省委、邮储银行陕西分行签订农村电商综合服务战略合作协议。陕西洛川、黄陵、靖边、吴堡县分公司分别与各县政府达成协议。县域邮政形成洛川、黄陵“线上线下+大客户寄递”、礼泉“仓储+电商企业寄递”、眉县“微商+散户寄递”、武功“公共服务+末端投送”等发展模式。邮掌柜系统与“邮乐优选”、便民服务站、邮储网银、包裹代投自提、快包收寄系统实现“六合一”叠加发展。对全省15个示范县的农村电商服务中心进行了改造，2015年，农村电商服务站点发展达到3600处。

邮务类业务。全省邮务类业务完成收入5.21亿元，进度93.73%。通过拓展文化、旅游、餐饮等市场，商演活动创收337万元，“玩转亚洲”明信片项目创收400万元，“陕西饭票”深受欢迎，少儿书信活动形式不断得到丰富。全年自制邮品收入5407万元，增幅79%，集邮品毛利率达到52%；加强合规经营管理，创新集邮“网厅+微店”销售方式，全年集邮品线上销售收入570万元；“集邮文化节季”实现收入2285万元。校园报刊流转额提前3个月完成全年计划；全年多个自办发行报刊回归邮发渠道，新增流转额2552万元；党报党刊征订和年度报刊大收订完成。提升线上线下渠道发展能力，实现代收款28亿元，增幅36.42%。新增便民服务站3188处，国电费代收点达到3926个，车辆保险规模达到1784处（含代理金融渠道）；开展“分销产品创富订货会”活动94场，机要通信业务保持优质服务，用户满意度98.73分。全省建立微信公众平台近100个，开办集邮、函件专业微店44个。个人客户营销系统行为类、业绩类指标名列全国前茅，营销积分系统上线，全年开展数据库营销活动50次。开展各种形式的营销培训，“全国邮政特有职业技能竞赛”中陕西省分公司邮务、金融代表队分获“团体组织奖”和“十佳营销案例奖”。专职客户经理综合营销收入2.22亿元，占邮务类比重41.2%，全省40%以上专职营销人员实现跨板块综合营销，客户综合用邮率40.2%。建立“客户经理制”服务体系，全省共计开发总部项目68个，创收1.07亿元。国际港务区跨境电商平台最高日出口量突破万件大关；公安交管项目已开展代办ETC、违法信函告知寄递、二代身份证寄递等业务，创收205万元。

2. 企业管理。

陕西省分公司突出投资重点，全力支撑代理金融和包裹快递等核心业务能力建设。加强预算管理，实行摘档考核，形成以利润目标为导向的财务管控体系。完善财务对标管理，加强弱项指标管控力度，重点对标指标逐步趋好。规范集中采购及招投标流程，有效降低企业投资成本。“子改分”工作完成，ERP系统上线。经营管理注重过程督导。以经营质量和经营效益为先导，引导业务转型和创新发展。突出过程管控，按季量化考核，对重点指标、重点单位、重点项目加强跟踪分析，机关部室分片包抓开展督导调研，对薄弱环节注重帮扶支撑。开展总部项目开发、数据库营销，省管类重点项目创收超2亿元。审计监督强化风险防范。完成审计项目481项，审减工程费用2880万元，综合审减率17.85%。安全管控保障平稳运行。巩固“平安单位”创建成果，加强安防设施配备，重点抓好资金安全内控外防，全年企业平稳运行。人力资源着力优化提升。加大干部监督管理，规范领导干部选拔任用程序。科学构建企业人才体系。有效落实用工计划管控标准，全省减少劳务派遣用工3544人，精简管理人员57人。启动营投岗位按量计酬绩效管理，全面实现薪酬省级集中发放，薪酬优化调整重点向一线倾斜。2015年，在全国邮政特有职业技能竞赛活动中，陕西邮政取得历届最好成绩。

3. 全网服务能力。

中心工艺流程改造。西安邮区中心局文景路处理中心工艺流程改造完成，草滩干线处理工程如期投产，双场地作业合理组织，保证“双11”旺季生产期间邮件快进快出。扩容改造8处重点市县邮件处理中心，支撑包裹快递和农村电商业务发展。制定全省时限运营标准，强化分拣封发功能，以散件外走、流水化作业组织模式为核心，优化实物网流程。

营投网服务。完成215处低效网点改造，475处空白乡镇补建局所开业运营。增配揽投汽车、电动三轮车1058辆、手持PDA2747部。加强投递队伍建设，6个市分公司先行推广投递人员计件工资制。加强质量监督检查和两岗履职管控，加强客户申诉处理、无着邮件清理整顿，服务投诉明显降低。在全国率先开展“体察实情、破解难题，提升投递服务质量”和“当一天大堂经理、投递员”等活动，服务质量不断改善。

科技融合。推进邮务类生产终端准入、代理金融网点授权集中等15项工程建设。西安国际港务区跨境电商平台等系统对接，全国11185夜班技术支持中心问题解决率100%，着力提升自助设备可用率，全年信息网运行安全稳定。（陕西省分公司）

【邮储银行陕西省分行】

全年陕西省分行总资产达2314.86亿元，比上年增长9.65%。各项存款余额2253.51亿元，比上年增长9.14%。各项贷款余额596.82亿元，比上年增长35.65%。不良贷款率0.76%，拨备覆盖率291.39%。全行实现营业收入34.8亿元，比上年增长19.17%；实现净利润11.21亿元，增长16.5%。收入规模和增幅均排全国第15位；利润规模和增幅分别排全国第12位和第11位。

1. 个人银行业务。

全年个人客户达1494.24万户，其中个人VIP客户61.79万户。

个人存贷款业务。个人存款余额1885.90亿元，较年初增加175.88亿元，增长10.29%。其中，个人活期存款增长11.87%，个人定期存款增长9.46%。个人贷款余额335.18亿元，较年初增加84.8亿元，增长33.87%。推进借力平台模式，搭建"银政、银协、银企、银担、银保"，小额贷款余额35.51亿元，净增1.54亿元。个人消费贷款业务净增77.71亿元，新增贷款市场占有率至省内同业第2位，不良率0.22%。全面加快"快捷贷"推广工作，个人商务贷款结余76.44亿元。

三农金融业务。三农贷款余额57.93亿元，比年初减少1.95亿元，年发放贷款58.25亿元，实现三农金融业务利息净收入3.98亿元。开展现代农业示范区特色支行建设工作，全省共建成农业示范区特色支行22家；加大业务转型发展力度，升级小额贷款商业模式，通过开展"两走"活动，强化与"银政、银协、银企、银担、银保"等五大平台的合作；强化业务管理，开展"顶冒名"贷款排查及整治活动，制定零售信贷从业人员行为"十八条"禁令，强化信贷人员岗位资格管理，通过每周一课、季度会考等形式提升队伍能力素质。

银行卡业务。借记卡结存发卡量2579.50万张，全年消费金额299.21亿元，比上年增长10.09%。其中，绿卡通IC借记卡结存发卡量436.12万张。信用卡全年消费金额92亿元，比上年增长30%；期末透支余额13亿元，比上年增长44%。

养老金业务。代收代付养老金1952万笔，其中代收养老金20万笔，代发养老金1933万笔，代收"新农保"交易笔数19.62万笔，交易金额5161万元。

代销基金、国债业务。加强与优秀基金公司合作，代销基金的产品总额11.11亿元。代销凭证式国债4期，实际销售2.67亿元，代销储蓄国债（电子式）10期，实际销售6.91亿元。

代理保险业务。代销寿险、财险、健康险、意外险等产品110款，其中保障型保险产品42款，占比达38%；全年实现代理保险保费73.92亿元。

2. 公司银行业务。

公司存贷款业务。公司存款总额368.76亿元，比年初增长13.33亿元，增幅3.75%；公司贷款余额220.84亿元，较年初增长85.80亿元。公司存款、公司贷款年增幅分别排全国第20位、第5位。

小微企业金融业务。将产品创新与平台营销、担保创新相结合，以银政平台、商品交易市场为突破口，推进小微企业金融发展全行小企业法人贷款结余33.48亿元，比年初净增0.61亿元，法人客户832户，户均402.42万元。

贸易融资业务。全国首笔买方信贷业务在陕西省分行放款，年末贸易金融余额4093.99万元，规模比年初增长2594万元，增幅排全国第10位。

票据业务。直贴业务规模提升，承兑业务增速较快，敞口承兑、理财质押承兑等新产品相继破局并快速发展，票据贴现交易量78亿元，比上年增加13亿元；承兑业务全年累计签发金额14.44亿元，全国排名第9位。

3. 资金业务。

市场交易业务。本外币市场交易规模677.68亿元。其中，同业融资业务本币市场交易规模119亿元，比年初增长495%，交易笔数3笔；票据转贴现占规模余额4.7亿元，比年初下降52.13%，转贴现交易量548.89亿元，交易笔数185笔；机构理财交易规模74.79亿元，比年初增长790.36%，交易笔数41笔。

投资业务。协助总行营销及参与投后管理的项目实现收入1.70亿元。余额总计186.9亿元。

同业融资业务。协助总行营销同业融资业务，其中，存放同业余额为54亿元，同业存放余额为65亿元。

理财业务。理财产品余额123.94亿元，较年初增长49.16亿元，增幅66%；机构理财产品余额（含开放式理财）57.21亿元。

贵金属业务。共推出实物贵金属产品284款，代理贵金属交易金额8216万元，实物贵金属交易金额471万元。

托管业务。陕西省分行托管资产规模853.55亿元，较上年末增长30.55%。

4. 渠道拓展。

网点建设。陕西省分行共有营业网点1272个，其中：自营网点238个，占比18.71%；代理网点1034个，占比81.29%；营业网点县域覆盖率达82.22%。

电子银行。电子银行交易替代率达到82.47%，交易笔数2.2亿笔。个人网银注册客户462.61万户，网上银行总交易金额331.41亿元；手机银行注册客户379.77万户，交易金额 341.35 亿元；电话银行注册客户 408.36 万户，交易金额 309.49 万元。ATM 总量达到 2007 台，交易金额 1246 亿元；新建电子银行体验中心 43 个。

5. 信息科技。

以集团总部“安全运行年竞赛”为抓手，创新运维管理手段，实现全年各系统运行平稳，无重大事故发生，安全运行年全国排名第 15 位，确保了银行金融信息网安全平稳运行。有效加速全行系统优化，配合总行完成 14 个项目省内上线，省内自主研发能力不断提升，技术支撑领域持续深入，科技创新成效初见，2015 年累计开展项目实施共计 16 个,其中科技创新项目 4 个。金融综合智能柜台、网点综合服务管理平台获得 2014~2015 年度中国邮政储蓄银行科技创新优秀项目奖，且被总行列为全国六大科技创新实验室试点省之一，充分发挥了创新驱动、科技引领优势。数据分析不断推进，全年为业务部门提取数据 223 份，开展主题分析 5 个，其中《自营网点营运与柜员综合配置分析》《小企业贷款行业及客户现金分析》，对全行经营分析和管理决策起到了支撑作用。（邮储银行陕西省分行）

【速递物流陕西省分公司】

1. 推进改革创新。

形成差异化盈利模式。着力构建公司化运营机制，明晰各市分公司盈亏平衡模型，通过进口补充结算和出口发展激励，保障各单位基本运营。在此基础上，对高效收入加大激励，对重点质量、效益指标实施考核，引导各单位提升经营和管理效益，初步打造出各地差异化盈利模式和造血机制。省专业分公司启动了实体化运作，西安邮件处理中心通过深化承包总成本费用较上年下降 3.2%。公司化运营激发了全省各单位自我发展的积极性和经营主动性，大多数单位实现了收入增、成本降、资金活、质量升，总体走上良性发展轨道。

探索推进经营承包制。分层实施揽投部承包、段道承包和“店长 + 店员”模式，全省 83 个揽投部、732 条揽投段道、128 个重点市场和 8 个物流总部项目全面实行了承包，并在损益核算基础上探索了以利润为核心的承包制。搞活了终端激励机制，基层单元的经营活力、一线人员的主人翁意识和发展性都得到极大激发，业务量收和承包人的收入同步提高。

探索管理扁平化。省公司班子成员和部门负责人担任西安市内分公司“政委”，省公司部门与各分公司挂钩“包扶”，集中省市力量抓重点、舞龙头。按照总部统一部署，完成全省“子改分”工作。

推进渠道建设多元化。围绕重点市场、校园、居民区着力发展便利店、小超市代办点，统一标识、编号和管理，建成授权代办点 143 家。为了提高非一体化区域的运营质量，与社会公司建立了县及以下区域的投递外包合作机制，部分项目邮件通过其网络代投。

推进薪酬分配市场化。实施薪酬分配制度优化调整，提高一线员工基本工资标准。各经营单位每月人工成本与收入、质量、利润完成情况挂钩，省公司部门月奖与重点指标、重点工作完成情况、包扶单位收入进度挂钩考核，充分体现市场导向。

2. 推进转型发展。

共同提升业务规模和收入质量。全省圆满完成年度收入预算，量收规模均实现两位数增长。完成收入近 3 亿元，完成预算的 100.01%，增幅 14.05%，高于全国平均水平。出口业务量达到 1167 万件，增幅 15.27%。全年有效收入较上年增长 24.1%，超出收入增幅 10%，增长绝对值 5470 万元。

优化业务结构和成本结构。全省有效收入比重较上年提高 15.8%。文件类业务量比重提高 1.3%，文件类收入增幅超出标快整体增幅 18.2%。国际速递收入比重较上年提升 1.7%。合同物流收入比重提升 4.3%。全省总成本费用连续两年下降，结构不断优化，运输费用比重下降 2.9%，管理费用比重下降 1.9%。

推进重点市场和项目开发。四大战役成效良好，文件主导战巩固了文件寄递主渠道地位。标准文件业务量完成 438 万件，收入 6756 万元，量收增幅都超过 16%，街区争夺战以揽投部、段道为单位，贴近重点市场与竞争对手展开争夺，全年速递协议客户新增 104 户，较上年增收 1800 万元。项目开拓战深挖六大行业市场潜力，累计创收突破亿元。协同反击战强化了与邮政企业沟通协调。

创新业务模式和经营方式。紧跟“互联网 +”发展趋势，大力推进“互联网 + 速递物流”、“仓储 +”开发，上线 5 个电商云仓项目，老板电器中邮云仓第一分仓落户西安。创新开发了国际代收税款产品。国际 e 邮宝业务收入增长 4 倍。微信公众号关注人数达到 1.4 万人。通过微营销方式发展传统时点项目，实现收入 502 万元。

3. 提升服务质量。

提升网络运营质量。推行西安地区直封直运网络优化调整，进口及时妥投率接近 85%，较年初提高 25%，处理中心错分率从 20% 下降至 3%。“双 11”网运保障到位，在全省进出口总量较上年增长 10% 的情况下，进出口时限质量指标均较上年提高 10% 多，超过全国平均水平。苹果项目两次新品首发投递率、妥投率均全国排名前列。

提高服务保障水平。对服务质量 3 大类 10 项 KPI 进行重点监控管理，申诉率比上年下降 40%。主动客服 24 小时结案率提升至 85%，理赔邮件结案率达 100%，出口邮件理赔及时率从年初的 6% 提升至 97%。深入开展邮件安全专项整治，邮件丢失率较上年下降近 20%。申投诉率、直派调度工单转换率、邮件赔偿及时率、问题邮件 48 小时解决率等 5 项重点服务质量指标均达标。

增强网络运营能力。推进网络升级，组建了西咸同城“当日递”网络，当日率稳定在95%以上。调整优化了省内网运行计划，推出省内“次日递”时限承诺。咸阳机场航空电商物流中心项目投资协议正式签订，草滩电商仓配中心一期14000平方米仓储建成投产。

加强信息化建设应用。推进ERP系统、资金归集系统、报账系统、增值税管理系统上线应用。推进出口邮件重量稽核系统、省内运营质量监控系统、趟车GPS监控系统的建设。

4. 完善体系支撑。

建设市场经营体系。建立政务、商企、渠道、电商、国际、物流六大营销中心，推进揽投平台向营销平台转型，形成了“营销中心＋揽投部站”条块联动的营销体系。以揽投部站为单位发展代办加盟，形成了“自营＋代理＋代办＋加盟”经营服务模式的雏形。

建设网络运营体系。组建西咸同城网，优化省内网，形成了以市场为导向、紧密衔接的同城、省内、省际三级网络运营架构。贴近市场优化揽投部区域布局，推进揽投终端标准化运营。建立了事前预防、事中纠偏、事后整改、重点分析、持续提升的管理闭环。

建设客户服务体系。建立了全省协同客服队伍，提升客服队伍整体协调力，促进了服务质量问题有效解决。完善全省客服体系运行流程和功能，突出了客户服务对营销前端的支撑。建立运营监控闭环管理机制。

建设财务管理体系。以财务一级核算、多级应用为基础，通过各单位公司化运营，细化损益核算，清晰损益责任，严格预算管控，强化考核激励，完善监督机制，形成预算管理、资金支撑、考核激励、监督检查闭环管理。引导各单位因地制宜确立盈利模式，有效实现了收入规模增长、成本合理缩减、资金快速周转、效益提升的目标。

建设人力资源体系。加强干部队伍建设。推进市场化用工，形成以合同用工为主体，其他用工方式为补充的用工结构。全省员工2699人，一线揽投人员比重达48.7%，较上年提高1.88%，管理人员占比降至5.18%。实行人工成本动态管控，劳动生产率比上年增长10.17%。提升员工素质，全年参训3万余人次，全员参训率达80%。（速递物流陕西省分公司）

【中邮保险陕西省分公司】

中邮保险陕西分公司于2010年2月8日正式开业，是中邮保险在全国首批设立的第3家省级分公司。

1. 推进转型发展。

全年实现保费收入9.63亿，比上年增长20%，完成年计划105%，进度排名全国第3。扎实推动期交“百亿工程”，实现期交保费收入2.95亿，期交保费占比达到31%，较2014年底提升16%，高于全国平均占比6%，新单期交保费1.62亿，比上年增长46%，完成全年计划的121%，续期保费1.33亿，完成全年计划的107%，获全国续期业务三等奖。期交新单和续期进度均排名全国第5。在四季度全国期交营销活动中实现期交保费收入4897万，完成计划136%，排名全国第4。实现团险保费收入1562万，完成年计划400%，比上年增长300%，团险保费进度排名全国第2，规模排名全国第4。

2. 夯实市县管理职能。

落实中国邮政集团公司市县中邮保险管理考核工作和运营“达标争先”劳动竞赛，提升市县中邮保险专业化运营服务水平，客户满意度保持较高水平。加强市县中邮保险运营管理人员专业培训，全年组织市县专业岗位培训71场次，参训人员1065人次。推行运营管理“三三制”，增强各级中邮保险业务受理人员的风险意识。重新制作配发网点业务操作指南，明确各项运营业务在网点的受理规范。做好满期给付应对，明确各级机构职责、处理流程及时限要求，开展满期给付专项培训，为首批满期给付的开展提供有力支撑。全年满期给付17285笔，共计3.66亿元，未发生一起满期给付投诉和群体性事件。

3. 规范运营管理。

新契约合格率90%、续期达成率95%、理赔五日结案率99%等关键运营指标均保持行业领先水平。亿元保费投诉量0.19件，继续处于行业较低水平，投诉处理客户满意度100%，平均处理时间3天，低于监管要求的10天标准。

4. 加强财务管理。

健全全面预算管理体系，扎实落实财务标杆管理工作，节约管理成本，提升经营效能。坚持价值导向，完善绩效考核办法，引导业务结构调整，提高高效业务占比，各项财务综合评价指标均有提升。业务费比上年下降8%，行政管理费用比上年下降12%。其中，车辆费用比上年下降33%，杂费比上年下降16%，招待费比上年下降53%。

5. 提高风险防控水平。

完成“两个加强，两个遏制”专项检查和监管部门现场检查整改工作，各项工作获陕西保监局高度肯定。案件风险管理工作获监管优秀评级，评分达到99分，在陕西保险行业排名第1。开展打击非法集资宣传活动，累计在1045块LED显示屏上滚动播放宣传标语、发送短信360条、发放宣传折页176份，切实增强各级从业人员和大众防范非法集资意识。全年对6个市、32个区县和54个网点开展合规检查共计92次。（中邮保险陕西省分公司）

甘肃省

【甘肃省分公司】

全年累计实现业务收入12.63亿元，完成集团年度预算目标的106%，高于全国平均水平3.58%，进度排名全国第5位；收入比上年增长12.5%，高于全国平均水平3.24%，增幅排名全国第7位；达到集团公司下达的第三档利润目标（年初摘取第二档）；用户欠费较上年同期下降45.35%；综合欠费率为1.83%，低于集团监控指标3.17%；库存商品较2014年同期下降12.8%；劳产率比上年增长22%。

代理金融业务围绕“抓旺季、促发展，抓转型、上能力，抓项目、拓市场，抓合规、强内控”，并推行“窗口多元服务，外围项目营销”，全年累计实现收入7.3亿元，比上年增长21.4%，排名全国第1位。坚持储蓄余额发展不放松。以保险、基金、理财等多元服务为手段，做到“存量客户不流失，资产总量不减少，业务收入不下降”。2015年，累计销售保险36.08亿元，比上年增长162.2%，排名全国第7位，累计销售基金14.93亿元，排名全国第9位；理财保有量累计增长25.2亿元，规模增幅达73.4%。发展电子银行，累计新增个人网银客户30.84万户，结存客户激活率64.64%，排名全国第4位；新增手机银行客户36.16万户，结存客户激活率34.88%，排名全国第9位；电子银行交易替代率70.94%，排名全国第7位。

寄递业务以做大做强邮政“寄递翼”为目标，全省邮政包裹快递业务实现资费收入（不含税）9971万元，收入比上年增长10%，排名全国第12位。国内标准特快邮件业务实现收入4958万元，比上年增长-6.3%，排名全国第6位；国内快递包裹业务实现收入3034万元，比上年增长30%，排名全国第16位；国内普通包裹业务实现收入1513万元，比上年增长25%，排名全国第1位。

公共服务业务通过“跑项目、拓服务、建渠道、搭平台”，电子商务业务累计实现收入7509万元，比上年增长22.5%。

与省国税合作推广“双代”业务，“双代”业务在省内13个市州、57个县区、226个邮政网点上线，累计代开发票10.35万笔，代征税款6917万元。

在巩固和扩大票务业务市场的同时，推进旅游、车险等综合商旅服务。销售航空机票7.34万张，比上年增长4.3%；销售火车票88.8万张，比上年增长35.3%；车险保费突破1000万元，达到1188万元。

把握农村电商发展机遇，以服务“全国电子商务进农村综合示范县”为重点，取得一定成效。结合农村电商发展需要，提出“一二三四五”邮政农村电商服务模式。在全省8个“全国电子商务进农村综合示范县”试点，相关工作初见成效。发挥自身优势，并结合电商专业户、大学生创业户、乡镇商超户特点和需求，初步探索形成三种特色服务模式。示范县试点工作得到政府相关部门高度评价和认可，并计划以“商务厅指导协调＋邮政公司渠道支撑＋示范县政府牵头组织＋各类专业农户参与共同创业”的模式，推动全省农村电商健康快速发展。

函件业务将广告作为转型的切入点，加强《读友报》、户外媒体、DM广告、主题邮局、“赶集会”及商演“六个平台”的建设；全年累计实现收入5344.5万元，比上年增长-24.2%；累计压减封片库存969.8万元，完成压库目标的138.54%。集邮业务在旅游市场、个人市场、商务市场、节会市场上深挖客户需求，全年累计实现收入7476万元，比上年增长-4.76%；定向压库523万元，完成压减目标的105%。报刊业务以第三方订阅和广告订阅为主，推进营销方式和盈利模式转变，全年累计实现收入1.1亿元，比上年增长3.43%；全省商务期刊实现流转额468万元，比上年增长31.7%；2016年度一次性报刊大收订流转额2.83亿元，比上年增长2.1%。

邮政临时邮局“助力”兰州马拉松赛事。（甘肃省分公司/提供）

1. 提升基础管理水平。

规范财务管理。按照集团公司“子改分”法人体制调整要求，按期完成证照变更、股权划转等“子改分”配套工作，并于5月1日正式对外运营；按照集团公司会计集中核算有关要求，完成6个市州分公司以及省分公司机关和直属单位的集中核算工作；切实做好数据清理、人员培训等工作，ERP系统和报销报账系统上线；组织开展代办费、“小金库”等专项检查，并对照《违反财经纪律处理处罚办法》，对省内各级邮政企业财务管理情况进行全面自查和重点排查，促进企业的健康合规发展。

加强人力资源管理。加快推进全省邮政企业劳务承揽工作，全省转承揽1474人，劳务工占比降至30.8%；重新制订《薪酬省级集中发放管理办法》，在3月实现全省邮政企业合同用工、非全日制用工和保留劳动关系人员薪酬的集中统一发放；根据集团公司统一部署，稳妥地推进省内薪酬分配制度调整工作；开展全省邮政企业人力资源管理专项整改工作，并对全省邮政企业领导人员薪酬发放情况开展全面自查整改，有效夯实人力资源管理基础；规范并完善干部选拔、任用、退出程序，强化了干部任免管理；按照集团党组统一部署，对全省邮政企业各级领导干部人事档案进行了专项审核，并对选人用人工作开展“一报告两评议”，全省邮政企业干部管理工作加强。

提升网运管理水平。全面接收速递邮路13条，实现了平稳过渡；全面负责省际进口经济快递邮件处理，确保服务水平不降低；全面接收一体化地区经济快递邮件投递，保证改革地区生产需要；根据“谁收寄、谁主导；谁组网、谁核查”的原则，高效处理标快和快递包裹工单。将全程时限管理职责调整到网运部，有效提升省内网运调度能力和网络运行效率；同时建立全省指挥调度体系，并完善省内陆运网保畅通、保时限、保质量、保安全的制度管理规范。与省速递公司建立全省网运全流程质量考核机制，邮速跨网统一考核；同时，将事项考核与结算收入考核相结合，提高各单位对网运和时限管理的重视程度。完成全省网运系统上线任务，并全面推进PDA封车解车工作以及GPS车辆管理系统应用，实现了寄递业务“营业收寄—分拣运输—投递”的全过程信息化对接。

加强经营基础管理。按照集团公司《违反经营纪律处理处罚办法》，细化和明确纪律执行要求，并组织人员对全省各单位经营纪律执行情况进行全面检查和及时整改；按照集团公司安排，全面开展“提升邮政服务质量”专项活动，并深入开展“两加强、两遏制”回头看等重点活动；以“一个加强”为主线，以“三个统一”和“三个推行”为目标，提升营业网点效能和基础管理能力；下发《关于规范全省邮政营业工作的通知》等文件，对邮政营业、收寄、封发等环节工作进行了规范；同时，邮银、邮速联合制定各类业务规范和制度办法，有效规范经营行为，一致对外做大业务规模。

加强安防管理。每月（季度）召开安全生产例会，研究安全形势和任务，及时解决安全管理中存在的问题；推行月度安全检查通报制度，建立市县隐患排查整改台账，实现排查整改的闭环管理；加大日常检查频次，组织开展安全管理互查互学、重大活动期间安全综合检查等活动，不断拓展检查广度和深度；编印《甘肃邮政职工群防群治工作手册》，组织开展寄递安全检查工作，并将信息安全纳入检查内容，强化各专业安全管理；投入1300余万元，建设省分公司监控中心，实现自助设备和四类业务库的远程监控，并对各市州分公司生产场地消防基础设施进行了改造。

提升基础管理能力。按照“三明确，两健全，一提升”的要求，在全省邮政企业范围内组织开展“基础管理年”提升活动。活动开展以来，各部门、各岗位和各环节职责理顺，绩效考核、选人用人、集中采购、三重一大等各类制度办法完善，省分公司建立生产设备、风险隐患、自查整改、合同管理等各类台账49种，市州分公司平均考核得分达94分，基础管理工作整体达到良好水平。按照“领导服务员工，机关服务基层，后台服务前台”的要求，向基层单位承诺了65项办理事项，并全面实行“限时办结制”。省分公司受理各类承诺限时办结事项4567件，全部做到“能解决的限期解决，不能解决的限期答复”。全面梳理企业各项办事程序，并按照“简明扼要、图文并茂”的原则绘制“流程图”。省分公司共编制集中采购、合同审批、岗位调整、投诉处理、信息网建设、集中核算报账等各类流程图38个，切实为基层提供方便，并有效提升工作效率。

2. 加强能力建设。

推进网运能力建设。全年投入超过8200万元，对各市州邮件处理场地进行改造扩建，对全省邮路进行优化和改造，并大力配备各类网运生产设备，全面支撑寄递业务发展。2015年，全省新增一级干线汽车邮路3条，二级干线邮路24条，支线及市趟邮路19条，并调整优化农村邮路300余条；同时，兰州中心局转运过渡场地投入运行，临夏、武威、平凉、酒泉、白银等市州处理场地问题有效解决，满足网运生产需要。

通过邮路的调整和场地的改造新建，全省出口二频市县增加5个，进口三频及以上市县增加16个，90%的市县邮件速度实现提升；兰州下行快递包裹可实现次日递的市县达到73个，占比90%，比上年提升62%；上行快递包裹可实现次日递的市县达到75个，占比93%，比上年提升63%；农村周6和周7班期占比提高至77%；三季度以来，全省普通邮件出、进、转时限达标率均超过97%，全面超出集团公司96%的达标标准，且12月份综合排名全国第5位。

推进投递网建设。以“两网整合、分层运作、平台支撑、对标竞争”为原则，推进速递物流和普邮投递资源整合。同时，出台《加快投递网建设和改造的指导意见》，以“网络布局网格化、投递终端自助化、投递服务差异化、资源配置市场化、作业流程科学化、内部管理规范化”为方向，解决制约投递能力和质量的瓶颈问题。5个试点城市主城区完成投递网格化改造建设工作，并经受住“双11”高峰的考验，体现新型投递网络更强的吞吐能力和服务能力，其中张掖和嘉峪关分公司组织推进有力，改造效果明显。

推进信息化能力建设。全年安排信息化和终端设备投资超过7000万元，重点用于网点视频监控联网、信息网安全加固、网点自助服务机具购置等项目，全省邮政服务能力和安防水平得到了较大提升。同时，相继完成金融网点集中授权、ERP系统等重点项目的实施工作，并完成国税“双代”业务以及各类企业微信平台的开发工作，信息化支撑重点业务发展和企业管控的能力增强。

推进综合服务平台建设。全省邮政综合服务平台新增4622处，总量达到14580处，其中城市便民服务站6448处，“三农”服务站8132处。此外，综合平台一体机已开发完成并投入使用。（甘肃省分公司）

【邮储银行甘肃省分行】

全年全行总资产达684.83亿元，比上年增长0.17%。各项存款余额604.79亿元，比上年增长7.06%。各项贷款余额309.75亿元，比上年增长44.12%。不良贷款率0.67%，拨备覆盖率312.68%，劳产率60.83万元/人，人均利润12.04万元。完成金融业务总收入22.85亿元，比上年增长29.15%，高于全国平均水平15%，全国排名第2位。其中，银行自营收入16.66亿元，比上年增长38.47%，高于全国平均水平23%，全国排名第2位。自营收入规模全国排名第24位，较上年提升2位。实现利润总额3.70亿元，比上年增长103.75%；利润总额全国排名第21位，较上年提升4位，增幅全国排名第1位，较上年提升3位；实现净利润3.3亿元，净利润实现翻番。先后荣获“省长金融奖”“省级精神文明单位”、双联“民心奖”、甘肃省“五一劳动奖状”、绚丽甘肃·丝绸之路经济带甘肃黄金段100张名片“最具影响力甘肃金融”等荣誉称号；荣获总行2015年“全国邮政金融业务发展综合三等奖”“全国邮政金融小企业金融业务发展一等奖”“全国邮政金融三农金融业务发展三等奖”“全国邮政金融个人金融业务发展三等奖”“全国邮政金融电子银行业务发展三等奖”、全国“客户满意度”排名第5位等诸多荣誉。

1. 个人银行业务。

全行个人客户达195.42万户，其中个人VIP客户3.5万户。

个人存贷款业务。个人存款余额127.27亿元，较年初增加10.63亿元，增长26.48%。其中，个人活期存款增长16.21%，个人定期存款增长2.33%。个人贷款余额184.15亿元，比年初增加45.95亿元，增长33.25%。推进借力平台模式，搭建“银政、银协、银企、银担、银保”，小额贷款余额67.66亿元，净增7.99亿元。个人消费贷款业务净增29.17亿元，占全部零售贷款的50.69%，不良率0.10%。全面加快“快捷贷”推广工作，个人商务贷款结余56.94亿元。

三农金融业务。涉农贷款余额177.27亿元，比年初增加44.59亿元，增速33.61%，实现三农金融业务利息净收入105亿元。建设现代农业示范区支行18家；在2015年第二届中国西北金融高峰论坛会议中，甘肃省分行“双业贷款”助力农牧民脱贫致富、“妇女小额担保贷款”喜获“甘肃金融扶贫经典案例”和“甘肃金融扶贫特别致敬案例”两项殊荣。

银行卡业务。全行借记卡结存发卡量200.59万张，全年消费金额1245.01万元，比上年增长40.42%。其中，绿卡通IC借记卡结存发卡量24.5万张。信用卡全年消费金额28.12亿元，比上年增长121.59%；期末透支余额3.93亿元，比上年增长92.64%。

养老金业务。全行代发养老金140.64万笔，金额37.51亿元。

代销基金、国债业务。加强与优秀基金公司合作，代销基金的产品总额7.48亿元。代销凭证式国债4期，实际销售985.2万元，代销储蓄国债（电子式）10期，实际销售2441.49万元。

代理保险业务。共准入寿险、财险、健康险、意外险等产品55款，其中保障型保险产品14款，占比达25%；全年自营实现代理保险保费8104万元。

2. 公司银行业务。

公司存贷款业务。公司存款总额9212亿元，较年初增长1441亿元，增幅达18.54%；公司贷款余额7213亿元，较年初增长1269亿元，根据人民银行统计数据，公司存款增速全国排名性商业银行第1位。

小微企业金融业务。联合《经济日报》社对外发布“经济日报—中国邮政储蓄银行”小微企业运行指数，全省小企业法人贷款结余112.84亿元，较年初净增22.07亿元，法人客户33248户，户均33.94万元。

国际结算与贸易融资业务。加快拓展边贸特色结算业务，推动跨境电商金融服务发展，已与境内外900家银行建立了代理行关系，国际结算业务全年结算量165亿美元，贸易融资业务余额1204亿元。

票据业务。直贴业务规模扩大，承兑业务增速较快，票据大管家、商票贴现等新产品不断发展，票据贴现余额1109亿元，比年初增加605亿元。

3. 资金业务。

投资业务。全行债券及同业存单投资的利息收入12.1亿元。投资（包括委托其他金融机构投资）的商业银行理财产品、信托投资计划、资产管理计划及证券投资基金的余额总计87.5亿元。

同业融资业务。存放同业及其他金融机构款项和拆放同业及其他金融机构款项合计余额24.21亿元，同业及其他金融机构存放款项和同业及其他金融机构拆入款项合计余额15亿元。

理财业务。全行个人理财产品余额25.01亿元，较年初增长17.20亿元，增幅220.36%；机构理财产品余额5.46亿元。

贵金属业务。共推出实物贵金属产品102款，代理贵金属交易金额6603.92万元，实物贵金属交易金额3064.47万元。

托管业务。全行托管资产规模102.62亿元，比上年末增长130.09%。

4. 渠道拓展。

网点建设。全行营业网点605个，其中：自营网点146个，占比24.13%；代理网点459个，占比75.87%；营业网点县域覆盖率达到100%。

电子银行。全行构建新型互联网金融服务体系，电子银行交易替代率达到73.78%，交易笔数992.65万笔。个人网银注册客户38.03万户，网上银行总交易金额60.36亿元；手机银行注册客户27.72万户，交易金额50.37亿元；电话银行注册客户24.13万户，交易金额58.89万元。加大自助设备投放力度，ATM总量达到404台，交易金额2.89亿元；

5. 信息科技。

全年信息系统平稳运行，安全运行竞赛成绩提升。完成总行统版网点集中授权、内容管理平台二期、公司信贷二期、成本费用报账等系统全省推广，实施省内ETC推广、微信公众平台、兰州大学一卡通、重要凭证管理系统、省内风险防控预警系统、员工持证上岗系统和员工休假管理系统等自建系统开发，信息科技工作对全省业务发展支撑作用愈加显著。

6. 风险管理。

信用风险。全行信贷资产质量总体保持稳定，但风险形势依然严峻。年末全省总资产规模达到684.83亿元，比上年增加1.15亿元，比上年增幅0.17%；负债总额达到681.53亿元，比上年减少0.63亿元，比上年降幅0.09%；累计实现所有者权益3.30亿元，比上年增加1.78亿元，比上年增幅117.83%。年末全省不良贷款余额2.08亿元，较年初增加1.52亿元，不良率0.67%，环比持平，较年初上升0.41%。小企业受对外担保代偿及生产经营不善等风险因素影响，逾期余额快速增长。信用卡资产质量仍在持续恶化，供应链融资资产质量堪忧，票据无不良暴露。全行开展不良贷款清收“百日竞赛活动”。通过清收和核销全力压降不良，全年移交后清收现金1694.61万元，核销551笔，金额2234.18万元。

市场风险管理。分行存款利差空间缩小。贷款方面，批发类贷款客户对利率调整政策较为敏感，加之融资渠道较多，分行的营销难度加大，二是全年贷款增幅不大，与年初基本持平；供应链贷款客户为中小客户，对利率政策敏感度不高，收益率与上年基本保持不变。

流动性风险管理。全行流动性基本保持平稳充裕，各分行上划款大于申请下拨款，12月全省存贷比为51.22%，12月全省新增存贷比为244.20%。均高于总行控制平均水平。

合规及操作性风险管理。二季度、四季度甘肃省银监局对甘肃省分行进行“两个加强、两个遏制”及“回头看”检查。庆阳、武威、陇南、定西、甘南等银监分局也分别对当地分行进行了检查。庆阳市分行根据庆阳银监分局下发的《行政处罚意见书》(庆银监罚字〔2015〕3号)要求，停止开办新业务及增设分支机构半年时间。2015年三季度，甘肃省平凉、酒泉、金昌、甘南分行分别接受了当地人行的综合执法、现金管理等现场检查。目前，除甘南分行受到当地人行1万元经济处罚外，其余3家分行暂未受到当地人行处罚。处罚原因主要是银行卡收单业务办理不合规。违规布放移动POS8户、费率执行不符合规定5户。

分行受到监管处罚仅1万元，比上年下降77.2万元，降幅98.7%。分行合规风险状况有了较大改善。（邮储银行甘肃省分行）

【速递物流甘肃省分公司】

速递物流甘肃省分公司下辖天水、酒泉2个市分公司，下辖直属营业部、电商物流分公司、大客户营销中心、集散中心4个直属单位，下辖敦煌市1个县级营业部。截止2015年12月31日，公司有员工895人，汽车139辆，电动三轮车314辆，航空邮路2条，省际陆路邮路1条，省际航空邮路65条。累计完成自营邮政速递物流业务总收入9094.19万元，比上年增长4.89%。

1. 坚持“三个聚焦”。

聚焦细分市场。针对标准特快邮件市场，全力实施“一点部一方案”，重点攻关现金客户、商圈客户、校园市场和重点项目等四个市场。针对电子商务市场，建设省级电子商务研发团队、电子商务营销团队。针对国际业务市场，加强基层培训和服务支撑，强化国际营销中心能力建设，拓宽非邮货代渠道。针对物流业务市场，突出典型合同物流的发展，狠抓“仓加配”项目，探索“仓储、运输、信息”平台建设，电商物流公司整合1800平方米社会仓库，在处理中心建成900平方米自有仓库，扎实推进规模老项目扩量和新项目开发。稳妥运维供应链金融项目，并确保退出。

聚焦目标客户。在标准特快邮件客户上，开发网上车管、检察专递等政务类项目，开展以牛羊肉、鲜百合、土特产寄递为主的“迎春EMS邮礼”专项营销活动，天水樱桃寄递纳入总部“极速鲜”项目管控。在电商客户上，开发酒仙网、牛大坊、三和玫瑰、飞利浦小家电、苏泊尔小家电、小魏百合、栖云山庄等优质电商客户，仅“双11”期间，全省重点电商客户就累计发件3.6万件，实现收入33.4万余元，比上年分别增长50%和51%。在国际客户上，直属营业部开发兰石集团从兰州至伊朗、土库曼斯坦等地空运业务，天水市分公司国际客户华天科技收入比上年增长20%以上。在物流业务上，实现甘肃移动、苏宁电器、中石油等规模老项目扩量，并开发汾酒、恒大粮油、中水电、瑞琪医疗和青海电子等新项目。

聚焦经营单元。在营销体系建设方面，持续推进渠道、政务、商企、电商和国际营销“五个中心”建设，省公司层面3人对接“五个中心”的管理，全省初步确定各中心经理9人，渠道管理3人，行业客户经理31人，明确“五个中心”管理人员、经理职责、管理流程和考核制度。在基层揽投部日常工作方面，深入开展“穿透”分析，建立揽投部穿透分析关键指标关键人体系，将揽投部穿透分析纳入渠道管理主要工作职责，推进揽投部穿透分析的制度化、常态化。在省公司监管方面，重点做好关键指标、具体客户、真实原因的分析，突出做好存在问题的整改分析和落实，确保分析落实到具体指标、具体客户。在资费管控和协议客户管理方面，借助ERP上线和子改分，梳理客户档案和欠费明细，健全资费管理体系，落实分级授权审批，加强省内二级管控，实施省、市两级监控制度，加强收寄、处理中心等环节的资费稽核，防止邮费跑冒滴漏。

2. 坚持“三个提升”。

提升省际省内邮件次日递率。加强航空网管控，推进航空网与省内陆运网有效衔接，完成夏秋季、2015年~2016年冬春季两个航季的航空运能采购工作，重新梳理制定各生产环节紧密衔接航空网的作业时长，制定新的交航加密频次计划；7月3日起通过民航，加入南京集散；先后开通酒泉至北京、上海、广州、西安，敦煌至兰州，兰州至敦煌，酒泉至兰州航空线路，省际次日递覆盖范围扩大到82个城市，次日递率提升4%。与省分公司联合，完成陆运网整合，6月1日起集散中心和天水、酒泉市分公司只处理进出口航空标准特快邮件邮件，完成省内大网与速递物流专网邮路衔接调整，将集散中心与兰州邮区中心局、兰州火车站枢纽之间的局站盘驳计划由原来的六上六下调整为四上四下，按日抽查非一体化地区逾限邮件，全省陆运网运行成本压缩、时限加快、运行顺畅。

提升各项质量管理指标。坚持用制度管人管事不手软，按奖先罚后原则调整优化年度运营质量考核奖励办法，将运营指标考核与问题邮件考核相结合，强化问题邮件监控、通报、考核和责任追究。与省邮政公司联合开展质量考核，累计考核4.5万元，促进非一体化地区质量提升。坚持运行质量监控不放松，落实“一会一中心”制度和日监控、周分析、月考核要求，突出监控出口超时未投递、收件封发比对逾限、封发发运比对逾限、进口接收下段比对和进口妥投逾限邮件等五项重点指标，分析整改出口封发发运省际间24小时逾限、超时未投递、收寄封发比对逾限问题，按日监控出口重点城市邮件时限、惠普、戴尔等总部统签物流重点项目和苹果、小米等速递重点项目，以及省内新开发重点项目，逾限邮件占比下降13.46%，苹果6新品首发日投递信息反馈率100%，及时投递率99.95%。

提升揽投部服务能力。增强核心区域揽投能力，在核心揽投部增加商圈及写字楼驻点人员，在各大高校设立客户经理或授权代办点，对揽收为主、业务潜力大的区域和段道推进设部、增人、扩段、派驻等优化措施，实行流动揽投车辆盘驳驻点邮件，揽投部市场开发服务能力得到提高，重点商圈写字楼实现收入80万元，比年初增长13万元，环比增长近20%。调整非核心揽投部设置，将以投为主、日均收入不足1500元或没有发展潜力且利润长期为负数的揽投部并入就近的揽投部或搬迁至核心区域，增强核心区域揽投能力。撤销揽投站，改为代办点或就近并入揽投部，优化出来的揽投资源充实核心区域。加快代投网络建设，在兰州市区自主安装2台智能包裹柜，同时与“速递易”“日日顺”等公司合作建设智能包裹箱221处，累计代投速递邮件18.78万件，客户反映较好，利用节约下来的人力物力资源支撑了核心区域服务能力提升。启动揽投部标准化建设，统一揽投网点形象标准，规范业务操作流程，揽投部规范管理水平提升，综合服务效率提高。

3. 坚持“三个加强”。

加强管理工作目标化。细化完善年度收入预算编制、实施、监控、调整机制，加强日常督促指导，实现总体预算管控目标化，对全省年度工作会确定任务实行清单管理。实行目标倒逼法，用全年发展目标反推得出每个单位、每个部门和每个岗位每月、每周、每日需要完成的工作目标。

实现管理过程流程化。落实《公文及重大事项限时办结办法》《公文处理办法》和公文流转时限有关要求，明确各环节工作流程和办结时限，机关工作节奏加快，服务基层能力提升。实行资金资产成本管控日常化，编制各单位资金月度调拨计划和使用额度并严格执行，修订《欠费超账期客户挂牌督办考核办法》，强化资费管控和资费稽核，强化全省性资金日常调度使用。制定《集中采购管理办法》，扩大集中性采购范围，系统化管理车辆，提升车辆利用效率，严控非生产性支出，将有限的资金用在刀刃上，财务效益逐渐趋好，经营性现金净流出幅度收窄。

加强管理工作规范化。强化规矩准则意识，落实党委中心组月度集体学习和个人自学要求，提升各级干部思想政治水平，夯实规范管理的认识基础。强化制度完善追责，修订公务用车、通信费、招待费和保密、视察检查、无着邮件、基层党组织建设方面的管理办法，全面落实“三重一大”系列制度规定，严格按制度规定和程序办事，严格落实“一岗双责”和“两个责任”。严格干部人事管理，制定《干部选拔任用管理办法补充规定》和《干部交流任职管理办法》，落实领导干部向职代会述职、接受职工代表评议制度，突出在员工招转聘和干部提拔任用方面的公平、公正、公开原则要求，对违规违纪干部严肃执纪问责，党的政治保障作用和纪检监察的监督保障作用有效发挥。（速递物流甘肃省分公司）

宁夏回族自治区

【宁夏分公司】

全年实现收入3.96亿元，比上年增长6.4%，完成集团公司预算的104.4%。代理金融实现收入2亿元，比上年增长9.3%；新增金融总资产21.1亿元，其中，净增加余额4.5亿元，邮储余额达到88.3亿元；代理保险实现保费收入886万元，增幅99.83%，中邮期交超额完成集团目标，期交渠道占比处于全国领先地位。邮务类业务实现收入1.1亿元，比上年增长1.1%；集邮、电子商务收入分别增长13%和19%。包裹快递实现收入3552.8万元。药品配送超额完成计划目标。

1. 营销模式。

经营理念。以“产品为中心向以客户为中心”，以“政务客户、大客户为中心向商务客户、个人客户为中心”转型。加强专业指导，注重过程管控和细节管理，促进经营方式从粗放型向精细化转变。

项目落实。适应市场变化，关注政府关心的热点、难点问题，以及社会重大事件，充分利用新邮发行等资源，梳理出区管重点项目，区、市、县三级联动，策划实施《黄河》邮票首发、“思乡月”“儿童剧巡演”“状元大讲堂”等系列区管项目，使项目成为新的收入来源。

推进专业联动。以区管项目为平台，推出“五节联送”“秋季抢收特训营”“走千访万”等综合营销项目，改变各专业单打独斗的局面，真正实现客户资源共享，专业、板块联动和综合营销，实现了项目规模发展。

拓展渠道。抓好邮政自有渠道、社会渠道和线上渠道的建设运营，实现板块、专业均衡发展。通过合理调整网点布局，抓住网点客户资源开展邮政、金融业务相互转介，变被动营销为主动营销，实现网点销售能力大提升。加强社会渠道管控，便民服务站代收代缴金额达3.94亿元，比上年增长20.12%；丰富站点服务方式，加大“邮掌柜”“村邮乐购”推广使用力度，全年新建便民服务站267个，总数达到2548个，建设布放“邮掌柜”系统354个。加快线上渠道拓展，组织开展“网银手拉手”“亿路有你”和“星火相传”电子银行营销活动，电子银行交易替代率达64.1%，较上年提高13.4%。集邮网厅建设运营效果初显，实现收入157万元。

走进农户，提供生鲜寄递服务。（宁夏分公司/提供）

2. 变革机制。

完善经营绩效考核办法，绩效分配重点向一线倾斜。强化考核过程管控，采取“年度考核为主、季度考核为辅”的模式，充分发挥绩效考核的价值导向作用，引导各经营单位围绕经营质效提升开展工作。按照精简高效和扁平化的原则，设置省级财务核算中心、人力资源支撑服务中心，取消代理速递物流业务局，成立包裹快递业务局；撤销区分公司企发部、机关服务局、大客户中心、建设中心等机构；调整“邮虹一卡通”公司和邮盛通达国际货运代理公司隶属，将其调整至银川市分公司；取消集邮公司、电商分销业务局的自主营销职能，强化专业管理职责。全面推进区分公司机关部室、各专业局定编及竞聘上岗工作，共压缩机关及直属单位人员98人。同时启动市分公司管理人员竞聘上岗工作。全面完成“子改分”体制改革工作。

3. 企业管理。

规章制度。加强制度建设和落实，对重大决策、干部任免、重要项目安排和投资计划等“三重一大”事项，严格落实集体议事制度，规范决策程序。修订完善了涉及业务发展、人力资源管理、财务考核、安全管理等各类办法40余项。加大工作督办力度，对部署的各项工作进行全程跟踪督办，强化执行力。

财务管理。一是全面实施省级集中核算，实现会计作业分工的专业化和处理的流程化。二是完成ERP系统财务模块上线工作，规范业务流程。三是深化收支两条线管理，加强代收付类业务资金管理，提升资金使用效益。优化资源配置，严控投资计划，切实加强资金资产管理。四是强化预算管理，明确管控职责，重点对市分公司开展收入、利润预算管理质询工作，据实重新核定，严格考核。

人力资源管理。一是加大对用工总量、用工结构调控力度，强化用工规范管理，全系统用工总量比上年减少113人。二是对5个市分公司领导班子进行规范设置和部分调整，配齐纪委书记，稳定了班子队伍。三是出台区分公司机关及直属单位选人用人、借调人员和大学生招聘等办法，严控管理人员编制。四是对全区邮政员工薪酬绩效、社保和公积金进行集中管理。完成全区邮政薪酬分配制度调整工作。五是扎实推进人才培养。首次开展向社会公开招聘大学生工作；选派8名干部赴安徽交流锻炼；选派3名同志参加了集团公司干部培训班。加强储蓄网点营业人员“一岗双证”专业培训，全区金融从业人员“一岗双证”率达到52%；代理金融网点从业人员轮岗率达到100%。举办了宁夏邮政第四届特有职业技能竞赛活动。

强化内控管理。 是通过对普遍服务、“三农”专项资金进行会审、清理，加强对国拨资金的使用管理。成立宁夏邮政指挥调度中心、职工活动中心和银川邮件处理中心建设项目组，完成邮翔国际物流快递中心土地使用确权手续，不断强化工程建设管理。二是规范集中采购、招投标管理，深入开展效能监察。三是加强经济责任、财务收支、工程项目及中央预算内资金建设项目专项审计。集中开展“小金库”专项治理“回头看”活动。四是强化风险管控和服务质量管理，发挥各类监控系统作用，切实抓好日常监督检查，提高风险管控水平。做好永宁案件维稳工作，全年未发生集资户上访事件。五是做好办公用房清理和公务用车规范管理工作。

4. 能力建设

基础能力。全年装修改造代理金融网点7处、自助服务厅14处；布放ATM、CRS、理财POS机等金融自助设备177台；新增及更新投递车辆26辆、电动三轮车72辆；为网运及投递部门配备PDA设备469个。完成医药配送场地、市分公司及中心局投递、分拣场地改造工作。完成宁夏机要通信局搬迁工作。

网络保障能力。一是完成区内陆运网资源整合工作，调整干线网运组织，加快邮件传递速度。二是完成中心局流水化作业改造，调整邮件处理流程，降低劳动强度，提升内部处理效率。调整分拣封发关系，完成地市网运信息系统和分拣资料库上线工作。三是做好“双11”“双12”网运组织工作，确保经营生产平稳安全畅通。

信息化。加强应用系统开发，完成“邮生活”宁夏代收费业务系统对接，以及医药配送、代办车险、代理金融外拓客户管理等系统研发工作。做好ERP系统、金融集中授权系统等建设，各类系统运行稳定。加强数据分析工作，完成自助设备、报刊客户、电子渠道、金融代发、ETC客户和理财POS运营效益等数据分析和应用，为业务发展提供了有力支撑。（宁夏分公司）

【邮储银行宁夏分行】

全年全行总资产规模达到205.3亿元，比上年增长14.1%。各项存款余额154亿元，年新增9.7亿元，自营新增5.2亿元。各项贷款余额快速增长，全年投放信贷资金82.2亿元，创历史新高，贷款余额达到120.8亿元，年新增49.2亿元，较年初增长68.65%，增量居同业第3位，高于四大行。全行实现营业收入6.3亿元，比上年增长13.1%，完成总行下达预算105.4%，增幅列系统内第24位。实现净利润8946万元，完成总行下达预算103.9%。年末成本收入比为58.45%，较年初下降2.97%。二级分行全面完成收入利润预算目标。

1. 个人银行业务。

全行个人客户达252.49万户，其中个人VIP客户7.35万户。自营个人客户资产增量10亿元，储蓄、理财和保险分别占24.92%、72.72%和2.36%。

个人存贷款业务。个人存款余额131.23亿元，较年初增加6.93亿元，增长6.58%。其中，个人活期存款增长10.2%，个人定期存款增长0.68%。小额贷款余额16.83亿元。消费贷款保持快速增长，与10家楼盘开展一手房房屋按揭贷款合作，年新增8.4亿元，余额突破28亿元，利率水平居系统内第6位。

三农金融业务。小额贷款稳定增长，年新增3.44亿元，系统内排名第13位；投放新型农业主体贷款1.9亿元，促进了“三农”服务转型发展。主动承担普惠金融责任，多渠道服务“三农”、助力小微企业成长，涉农贷款增速达到31.95%，小微贷款增速达到22%。对六盘山连片扶贫区发放扶贫贷款2万多笔16.39亿元；公司信贷投放23亿元，有力支持了地方经济发展。

银行卡业务。全行借记卡结存发卡量269.3万张，全年消费金额4.091亿元，比上年增长10.57%。其中，绿卡通IC借记卡结存发卡量66.96万张，新增10.73万张，结存卡沉淀存款11.34亿元。信用卡量质并重快速发展，以特惠商户为抓手，策划“1元观影礼”“新百感恩回馈”等营销活动，发卡2.06万张，完成年度目标103%，激活率和活跃率系统内排名第1。

养老金业务。全行代收代付养老金222万笔，其中代收养老金6万笔，代发养老金216万笔，代收“新农保”交易笔数2.9万笔，交易金769万元。

代销基金、国债业务。加强与优秀基金公司合作，代销基金的产品总额3.51亿元。销售国债0.64亿元。

代理保险业务。共准入寿险、财险、健康险等产品，全年实现代理保险保费2.45亿元。

2. 公司银行业务。

公司存贷款业务。公司存款总额23.49亿元，较年初增长2.78亿元，增幅达13.42%；公司贷款余额27.77亿元，较年初增长20.25亿元，公司存款继续加大财政社保类项目营销，年新增3.54亿元。结合区域经济特点，聚焦龙头企业，实现对煤炭、电力等重点工程的融资支持，公司贷款年新增20.25亿元。

小微企业金融业务。小微企业贷款通过“走政府、走总部”专题营销，搭建银证、银税等合作平台，支持服务小微企业；推进新产品落地，开展跨年度“7+1”活动等，发放增信贷、医院贷等小企业贷款2.55亿元；与自治区经信委、人保财险合作，发放系统内第一笔“政银保”小企业贷款。

票据业务。公司银行票据贴现业务发展迅速，年贴现12.75亿元；票据大管家托管票据8.31亿元，居系统内第3位。金融市场业务在低利率、低利差、可用资金有限的情况下，不断提升票据转贴现操作能力，办理票据业务118.69亿元。

3. 资金业务。

贵金属业务。实物贵金属交易金额545.51万元，销售重量80.15千克，代理贵金属交易金额993.59万元。

存管业务。第三方存管业务获准运行，开户932户，交易金额1592.66万元。

4. 渠道拓展。

网点建设。全行营业网点202个，其中：自营网点42个，占比20.79%；代理网点160个，占比79.21%；营业网点县域覆盖率达到100%。全行建成银川市贺兰县、灵武市等7处支行电子银行体验中心和自助银行，增配ATM和CRS26台、自助缴费终端16台，石嘴山游艺街社区银行试点运营。

电子银行。“电子银行优先”成效显著，电子银行替代率达到72%，较年初增长13%；新增客户4.15万户，交易额突破61.6亿元。在“邮储银行杯”第八届全国大学生网商大赛中，宁夏分行3支团队分别荣获全国总决赛特等奖、一等奖。

5. 信息科技。

信息科技作用发挥。配合总行完成逻辑集中国际业务系统、网点集中授权132个网点系统推广上线等工作。组织开展ETC改造工程、12366企业报税功能等省内业务系统开发，实施全行网点备份线路建设，确保系统、外设设备平稳运行。

6. 风险管理。

风险管理机制不断完善。充分发挥风险与内控委员会在全面风险管理中的牵头作用，从成员部门参与度、风险议题准确性、决策事项执行力三个方面入手，建立风险问题决策和督办机制，推动各职能部门风险管理职责落地。优化调整绩效考核方案，提高转型发展和风险管理指标的权重占比，贯彻落实《员工违规行为处罚办法》，建设员工违规积分管理系统，风险管理的激励约束机制已逐步形成。开展机构风险评价，风险管理全面性、整体性和系统性提升。

信贷风险防范和化解能力持续增强。严把授信风险，落实限时服务，加强授信政策研究，强化重点行业和关注客户监测，开展授信专项检查、抵质押物价值重估和风险排查，增强风控的有效性和前瞻性。开展不良贷款“量率双控”限额管理，持续规范资产风险分类工作，开展“顶冒名贷款”专项整治活动，票据业务专项排查，防范信用卡进件风险，促进重点区域、重点业务的风险化解。

运营管控能力加快提升。自营网点和60%代理网点实现了个人业务集中授权，公司结算集中处理年平均退回率为5.46%，比上年下降34%；会计稽核督导监控效能发挥，年平均差错率0.51%，比上年下降43%；业会不符由年初的370万元核查清理为零。

合规案防工作有序推进。全年开展“除隐患、提能力”支行建设、合规回头看、十条禁令排查、“两加强，两遏制”回头看等专项活动，对屡查屡犯、履职不到位问题加大追责力度，合规水平提升。开展安全保卫能力提升年活动，建成区分行视频监控中心，实现24小时双人值守，技防建设和安全保卫能力明显提升。邮银协同加强代理网点风险管控，在联席会议的基础上，开展网点支行长行为排查、非法集资、民间借贷、网点授权管理等专项排查，形成了“责任明确、齐抓共管”的案防工作局面。

审计职能有效发挥。全年完成14个审计项目、2项审计调查和9个工程结算审计项目，重点审计了消费贷款、零售贷款新产品，以及公司授信、不良贷款管理、经济责任和财务收支管理等，提出意见建议72条，促进各条线的规范经营管理。（邮储银行宁夏分行）

【速递物流宁夏分公司】

速递物流宁夏分公司全年完成总收入9550万元，比上年增长14.8%；完成自营总收入8700万元，比上年增长19.4%。

1. 营销体系建设初见成效，重点业务发展增势向好

建设营销体系。政务金融、国际、商企、电商物流和

渠道中心5个专业营销机构已按职责开展营销、管理工作，专职营销人员达到29名。调整商务楼宇驻点营销到各营业部，增强营业部对驻点营销工作的支撑力度。

发展重点业务。物流业务通过扩大与夏进、统一、中石油、中石化等在线项目的深度与广度，全年实现收入3128万元，比上年增长17.2%，其中，仓储收入115万元，比上年增长30.9%。通过拓展新的领域市场，开发了新华百货、电信、移动物料和烟草配送项目。供应链金融业务在宏观经济形势持续下行和总部业务发展政策重大调整的前提下，一方面向总部汇报争取政策支持，另一方面向银行说明情况达成互信，通过逐个项目梳理，采取控制规模、细化监管方案、严把审批上线关等措施强化风险管控，全年在线运行项目51个，涉及煤炭、矿石、羊绒、油品、有色金属和酒品六个种类，融资总额度43.7亿元，税后实现清分收入2095.4万元，超年计划目标28.9%，绝对值增加562.4万元。

标准特快邮件业务通过抓住南京集散中心衔接邮航线路推出的有利时机，开展省际标准特快邮件重点线路营销，四季度省际标准特快邮件实现收入258万元。融入地方特色，依托"极速鲜宁夏羊肉"和"灵武长枣"专项营销活动，分别实现标准特快邮件收入57万元和35万元，比上年增长147%和105%，有效带动了标准特快邮件市场的开发。

2. 提升服务质量。

加强运行质量监控。通过落实"一（时限质量分析）会一中心（运营质量监控）"制度，提高服务质量，质量监控水平提高。27项重点运行服务质效指标中，21项达标，6项基本达标，在质效第四考评小组中排名第2。公司荣获2015年度惠普项目优秀团队称号。

缩短寄递时限。民航航班衔接南京集散中心，银川市寄往14个城市邮件实现次日递。通过邮件全程跟踪、客户回访、按日通报业务量排名和寄递时限等措施，南京集散中心邮件整体运营平稳，标准特快专递邮件竞争力提升。

调整理赔方案。通过提高自营理赔及时率带动全区理赔及时率达标等方法，理赔及时率指标稳中有升，赔付支出占比逐渐减小。

3. 加强企业统一管控。

精细财务管控。通过优化收入和成本费用结构，促进企业减亏增效，利润额较去年同期增加306万元。通过加大集中采购和集中支付力度及非生产性开支管控力度，建立成本管理长效机制"三费"较去年同期下降23. 6万元。强化欠费管控，全年共清理超账期历史欠费52万元。按照集团和总部关于ERP建设的总体安排，完成应收、应付、资产和总账四个模块的系统上线工作，为推进财务管理的科学化、规范化和精细化夯实了基础。

提升人力资源效能。开展领导班子和领导干部年度考核和民主评议工作。开展薪酬调整工作，提高一线员工尤其是操作、营销序列员工的固定薪酬水平，激发了一线员工的工作动力。开展多层次的企业管理者和员工培训，员工年培训率达到100%，持有职业资格证书的人员占比达39%，具有大专以上学历的人员占比达57%。

依法治企。"子改分"后，对现行的规章制度进行全面梳理，开展"废、改、立"工作。企业预算管理、资金管理和资产管理更加严格，招标管理、采购管理和工程管理更加规范，合同管理制度得到有效落实。

完成工程改造项目。火车站枢纽楼改造工程圆满完工。11月22日公司乔迁新址。

稳固安全基础。加强安全生产管理，落实各项安全生产制度，狠抓邮件安全、资金安全和信息安全工作，保障企业生产经营的进行。（速递物流宁夏分公司）

【中邮保险宁夏分公司】

中邮保险宁夏分公司于2011年10月28日开业，是中邮保险在全国成立的第10家省级分公司。

1. 完成主要经营指标。

扩大保费规模。全年实现总保费收入8980万元，比上年增长7.5%，完成预算111%；新单趸交保费收入5876万元，比上年下降11%，完成预算108%。宁夏中邮保险保费市场占有率1.48%，银代市场占有率6.4%。中邮保费规模邮银渠道占比19.1%（其中邮政16%，邮储银行71%），连续四年保持全国第1。团险保费收入86万元，比上年增长51%，完成预算108%。

发展期交业务。实现期交新单保费收入1662万元，比上年增长100%，完成预算119%。长期期交保费收入279万元，比上年下降18%。续期保费1206万元，比上年增长62%，完成预算110%。期交业务占比22%，与2014年同期相比提高11%；期交保费渠道占比92%，排名全国第2。

发展小额保险持续发展。实现小额保险保费收入150万元，比上年增长16%，保费规模位全国排名第2，信贷客户保险加办率24%。

2. 提升营运质量。

完成营运指标。严格落实各项业务制度，执行操作流程，加大抽检频次，加强质量通报，在业务量快速增长的情况下，分公司运营管理整体情况良好。续期实收24126件，比上年增长85.19%；理赔结案34件，比上年增长47.83%。新契约综合合格率92.80%，隔月签单扫描率100%，理赔5日结案率100%，标准退保率20.04%（含年年好新A款产品），新契约综合回访率90.38%（含年年好新A款产品）。全区运营操作和服务风险指标继续保持较好水平，犹豫期撤单率8.66%，保全合格率96.10%，重空单证回销率100%，不件、问题件10日结案率100%，各项业务处理时效较快。

推进续期工作。抓好重点市县续期业务达成工作，开展效力中止保单清理活动。全年续期件数应收4295件、1215万元，实收4126件、1154万元。13个月保费继续率91.07%，25个月保费继续率94.27%。

应对新年A集中退保。制定年年新A款产品退保方案，成立工作组，明确退保资料前置扫描流程及时限要求，做好年年新A款产品退保的审核、录入工作，退保全流程时效0.71天。全区新年A退保1042件，退保金额4770万元，未发生纠纷、投诉。

创新客户服务。开展春节客户回馈活动、"3·15"保险消费者权益保护客户服务活动、"7·8全国保险公众宣传日"客户体验活动，发送温馨短信，回馈节日礼品，进行客户服务满意度调查，做客宁夏经济广播，宣导中邮保险特色产品和保全、理赔等客服常识。

完善理赔服务。全年理赔报案36起，立案34起，赔付金额共计64万元，其中小额信贷保险理赔5起，赔付金额19.1万元。

3. 增强风险管控能力。

推进内控工作。落实年度《风险防控与安全责任书》，印发《中邮人寿股份有限公司声誉风险管理办法（试行）》《中邮人寿保险股份有限公司合同管理办法》制度，梳理分公司制度156个。完成"两个加强、两个遏制"专项检查和监管部门现场检查及整改工作，未有重大违规行为和管理缺陷，公司经营和内控合规管理得到监管部门认可。组织合规知识培训4场次。全年对5个市分公司、16个县局、52个网点进行检查，下发整改通知书56份，对银川市邮政分公司下发整改意见函1份。向总公司上报月份风险排查报告12份，年度风险报告1份。每季度召开分公司风险防控通报会，分析问题，落实责任。在总公司开展的省分月份合规与风险管理综合评价中宁夏整体情况良好，前三个季度排名位列开业省分前列。完善反洗钱制度和系统，开展反洗钱培训和宣传。组织开展防范打击非法集资活动和案件清理排查工作。开展2014年度内部控制自我评估，反洗钱工作审计、关联交易审计和IT审计。严格合同审核、会签工作，继续签约续聘分公司法律顾问。

加强财务管理。以促进公司价值成长为主线，定期测算公布分公司各项效益型指标、价值指标完成情况，引导分公司注重长效业务发展，提升价值。分公司百元标准保费承保费用较2014年下降24.15%，新业务现值较2014年增长24.75%。严格管理各项成本费用开支，整体费用支出控制良好，业务招待费、差旅费、车辆使用费较2014年分别下降51.12%、24.09%、32.86%。推进财务对标工作，与同组分公司及全国平均水平进行对比分析，寻找差距原因，促进各项指标优化。开展"小金库"、集中采购、固定资产投资、业务招待费、历年财务检查问题等专项检查整改工作，梳理资料，完善流程，修订制度。根据总公司统一安排启动营改增工作。

完善人力资源管理。设立分公司党群、工会组织。完善月度、季度考评工作。分公司领导人员薪酬纳入总公司集中发放。做好人力资源系统维护、人事档案专项检查审核及整改工作。备案中层以上人员出入境管理，完成分公司高管人员年度考核、个人重大事项报告以及员工年度考核工作。全年组织培训13期，送外培训14期，远程培训5期，组织全员参加综合知识考试4次，员工年平均参加培训达到80小时。

维稳信息系统。抓好日常运行维护、信息系统安全及设备标准化管理，及时解决业务处理过程中遇到的问题，设备使用情况良好，系统运行指标均达到总公司要求。组织开展病毒防范应急演练，提高员工应对计算机病毒爆发等突发问题的应急处理能力。建设微信平台，在宣传新产品、传播保险理念方面起到一定的作用。做好2014年度、2015上半年及一、三季度中邮渠道占比情况分析、客户分析及新契约交易率等。（中邮保险宁夏分公司）

青海省

【青海省分公司】

全年实现邮政业务收入完成3.23亿元，比上年增长4.58%，完成集团预算的101.32%。成本费用完成5.34亿元，比上年增长12.61%；净利润完成-1.17亿元，完成预算的134.2%。全员劳动生产率10.61万元。

1. 推进各项业务发展。

创新邮务类业务。函件业务主动融入青海重大经济、旅游、文化活动中，开展"把大美青海寄出去"明信片万人寄递活动，取得良好的社会效益；围绕旅游市场持续开发了乐都柳湾彩陶博物馆、互助北山森林公园等景区门票；

围绕政务市场开发了政策宣传、征询调查、民生直达等功能性系列邮资封片；围绕商务市场和个人市场，开发“西宁饭票”6000册。拓宽封片销售渠道，与省内10余家知名青年旅舍、3家高等学校实现合作。开发多媒体广告客户32家，实现收入132.90万元。

集邮业务开展集邮文化季活动，特别是在青海省黄河流经的16个县联动举办《黄河》邮票首发式和营销活动。深入挖掘“大美青海”内涵，定向开发《天境祁连东方瑞士》《天上玛多》等12个项目,实现收入450万元。举办“纪念中国人民抗日战争暨世界反法西斯战争胜利70周年”主题集邮巡展，开展集邮进军营、进校园等系列活动。年内盘活库存邮品1268万元。集邮品毛利率保持在53%以上。

报刊业务开展政务图书、商务期刊、校园形象期刊及中小学教科书配送等项目开发，实现项目收入263万元。竞标“中小学标准化建设”项目图书47万元。2016年度报刊大收订流转额完成8327万元，完成集团公司计划的104.08%，比上年增幅7.16%；全国进度排名第6位，增幅排名第3位。

分销业务通过团购、网点批销、区域代理商发展及线上营销等方式，不断丰富快消品种类。“亲情粽”项目实现收入78.49万元；“思乡月”项目实现收入87.64万元；酒水业务实现收入148.47万元；农资业务实现收入15.62万元。

增值业务把便民服务站建设作为拉动代收代缴类业务的重要手段，在传统的代收电信类和电费业务基础上叠加了电费卡、航空机票、汽车票、便民汇款等业务。全年销售机票4.6万张，比上年增长12.72%；销售航空交通意外险3.41万份，比上年增长9.88%。代售汽车票4.2万张，实现收入12.64万元。

7月20日，青海省分公司在第十四届环湖赛期间设立环湖赛流动邮局。（青海省分公司/提供　刘德锦/摄）

促进“金融翼”。代理金融业务坚持稳中求进总基调，通过加快金融网点转型不断提高邮政金融服务能力，夯实客户基础。全省邮政组织开展“我为百亿做贡献”等系列金融业务劳动竞赛活动。竞赛期间全省储蓄余额新增10.89亿元，年末余额规模达到100.68亿元，实现“余额过百亿”目标。全年新增金融总资产13.24亿元，金融总资产达到111.51亿元，余额规模、金融总资产实现“过百亿”，标志着青海邮政代理金融业务发展水平迈上新台阶。

保险业绩再创新高。保险业务以“按时点、分阶段、短平快”为发展思路，全省累计实现寿险保费2.74亿元，邮银占比100%；银保市场占有率达到42%，位居全省银保市场第1位。财险累计实现保费434万元。

理财类业务规模不断扩大。理财类业务作为吸引、留存客户的重要手段，维护和拓展高端客户群。全年累计销售人民币理财产品22.21亿元，完成目标计划的148.09%；销售基金9633.03万元，完成目标计划的602.06%。

金融服务渠道更加多元。金融服务渠道加大金融自助设备布放，新增ATM、CRS设备44台，全省123个金融网点实现点均布放1台；新增商易通152部，累计结存1635部；布放POS设备187部，累计结存448部。

网点转型成效显著。全省103个网点完成转型，覆盖率达到83.74%，高于集团公司对西部省份转型网点覆盖率56.74%，在西部省份排名第1位。其中，新增转型网点23个，完成全省转型目标的121.05%。标准版转型网点金融综合资产本年新增10.81亿元，增幅44%，全国排名第1位；保险本年销售2.65亿元，占全省保险销售总额的96.71%，增幅415%，全国排名第4位；基金本年销售0.84亿元，增幅714%，全国排名第1位。

推动“寄递翼”发展。在集团公司部署下，按照“以客户需求为中心、以时限为主线”的原则，完成包裹和快递业务的统一整合。全省包裹快递业务已依照新的产品、整合后的信息系统运行。

针对省内邮运网滞后，寄递业务竞争力不足的现状，组织实施省内网调整。西宁至各市州府及民和、乐都、海晏等13个县邮件实现次日投递；西宁至祁连、兴海、玛多等9个县邮件实现48小时内投递；西宁、海东、海南、海西、海北区域互寄邮件实现次日投递；各市州府及22个重点县发往外省的邮件实现24小时内出口。通过省内网优化，省内邮件传递的全程时限减少8到10个小时，西宁至各市州邮路的时限标准均高于其他民营快递，党报党刊传递速度及普遍服务水平也有明显提高。

12月15日，召开省内邮运网优化调整暨“限时递”业务开办信息发布会，省内外30多家新闻媒体和网站迅速报道，社会反响强烈。“限时递”业务着力打造省内邮政寄递服务体系，推出“限时递”+标快、“限时递”+快包、“限时递”+协议客户等产品组合和省内“限时递”+仓储物流服务、“限时递”+开办专线服务、“限时递”+多元化服务等个性化服务。“限时递”业务还向全省作出郑重承诺：“限时未达，邮费退还”。

开展“绝地反击 百舸争流”包裹快递业务劳动竞赛，竞赛期间实现收入2420.97万元，占全年包裹快递业务总收入一半以上，弥补收入缺口。加大协议客户开发，协议客户累计交寄量达24.01万件；加强党政机关一般公文类邮件的揽收，累计开发客户342家；完善“窗口+揽收”营销模式，普邮投递人员揽收快递邮件5.26万件；持续做好爱心包裹项目，累计捐赠“爱心包裹”11480个，捐赠额114.8万元，捐赠总额排名全国第5位，增幅排名全国第2位；累计捐赠“母亲邮包”1033个，捐赠额10.33万元，捐赠总额排名全国第7位。

2. 拓展业务渠道。

建设综合便民服务平台。新增便民服务站162个，累计604个，其中有效站点503个，占比达83.28%。便民服务站全年累计实现收入162万元，占代收代缴类业务收入的40%，经济效益初步显现。在具备条件和有发展潜力的农村地区，接入邮乐网和天猫等第三方购物平台开展网上代购业务，全省131个便民服务站叠加了“邮掌柜”系统。三农服务站总量达到101个。全省270个补建的乡镇邮政局所全部开业运营，实现了“乡乡设所”，提升邮政服务群众能力。

推动农村电商业务。海南州共和县分公司在当地政府的大力支持下，取得邮政企业全部承接推进农村电子商务项目的资格，实现邮政推进农村电子商务发展的新突破。对此，青海省分公司非常重视，指导帮助共和县成立项目组并筹建运营中心。年内，共和县对11个乡镇网点进行了两个批次的培训，邮乐网农产品进城合作商家上线3家，品种达80余种。全省各市州分公司在自有网点和便民服务站开通电商业务，全省与当地商务部门（或经委）共同签约挂牌电商服务网点101个。

探索“互联网+邮政业务”。中国集邮网上营业厅青海网厅自5月开业运营以来，累计销售各类邮品近6000种，实现收入80多万元。全省9个市州分公司全部开办集邮微商城，上架产品总数达到202种，成为集邮业务发展新增长点。开通青海邮政“鲜邮购”微商城，与青海弘大公司等12家企业合作打造生鲜时蔬销售平台，年内总浏览量达10.2万人，订单量累计1621件。基于邮乐网电子商务平台，持续推进邮乐购业务，与当地种植户、土特产加工企业联系，全省邮乐网上线产品累计达360种。

推动项目落地。全省邮政上下联动，加快“邮善促民生”“供邮惠民”“警邮合作”“国税双代”等多个总部经济项目的落地。玉树州分公司在“邮善促民生”项目中代发民政补助资金800万元；黄南分公司在省供销社“供邮惠民”项目中争取到两个试点网点筹建资金20万元。省电力公司代收电费手续费由原来的0.5元/笔提高至0.8元/笔；省社保局“社保权益记录单寄递项目”全年寄递社保账单共65万件，实现收入190万元。大力实施项目带动战略，省分公司制定项目管理办法，每年设置项目奖励基金200万元，以激励取得良好效益和成果的经营、管理和科技创新项目。

3. 加强能力建设。

加强邮运网建设。多方筹集资金和争取政策，全年累计投资300多万元，购置运邮车15辆，增加运邮吨位100多吨，全力提升邮运网支撑能力。同时，增开6条西宁至各市州点对点快速往返邮路，新建4个市县邮运中心，开通州内支线邮路，调整部分县邮件经转路径，提高省内邮件运递时限。

推进营投网建设。全年投资4290万元，重点改善邮政营业及投递环境，增强邮政企业终端服务能力和投递水平。完成全省邮政普遍服务和机要通信基础设施建设项目。布放智能包裹柜10台，新增投递汽车76辆，对全省180辆投递三轮车加装了防雨棚，累计配发PDA设备264部，有效提升投递效率。

实施重点工程建设。西宁邮件处理中心工程进行主体内部施工及安装工作；化隆县群科新区邮政综合楼项目于8月完工，其功能将改造为全省职工培训中心及技能鉴定中心；果洛州分公司综合楼改造项目和职工周转房项目、玉树灾后重建中民主路邮政支局建设项目已全部完成。

加强信息化建设。全力完成ERP系统、金融网点授权集中业务系统、省中心机房UPS电源系统的建设、更新工作。全年完成数据提取和分析28次，为省内邮政业务的客户分析、精细管理提供科学依据。开发了邮政金融管理及风险防控系统、客户积分管理系统、省内邮政服务网点及投递区域分布的电子地图、青海邮政微信平台等系统，发挥了信息技术的支撑和引领作用。

4. 规范企业管理。

完善财务管控体系。完成青海邮政“子改分”工作，走在了全国前列。通过与省税务部门、发改委、房产管理等单位的沟通协调，争取到相关优惠政策，减免资产过户税费和产权过户（变更）费1660万元。全面推进了ERP系统上线工作。开展“小金库”专项治理“回头看”工作。加强资产管理和经营，在优先满足企业生产经营的前提下，快速、有效盘活西宁邮件处理中心总面积为17600平方米和西宁市三明市场总面积为5887平方米的两处房屋资产，两项资产每年可为企业带来近1300万元的租赁收入，实现了企业资产的保值增值。严格控制非生产性支出，全年会议费下降9.5%，业务招待费下降14.5%。推进省内集中采购制度，采购资金节约率提升。强化了欠费管理，全年收回用户欠费2148万元。

调整人力资源配置。全省范围内招聘100名大学生进行邮政储蓄营业员定向委培，报名考试人员达到1800多名，成为青海邮政企业招聘考试参与人数最多的一次，有力提升企业影响力，也为地方解决部分就业岗位。建立企业人才储备库，探索解决专业人才队伍建设瓶颈问题的新途径。全年招聘85名大学毕业生，择优转招48名劳务（承揽）人员为B类合同用工。继续实施市州县及网点分类管理与考核办法，激励政策更加规范科学。在全国第四届邮政特有职业技能竞赛中青海邮务组代表队尹俊燕同志获得邮务类单项奖第8名和个人优秀奖，邮务组代表队获优秀组织奖。全年举办各类培训154次，参培人数3508人次，参培率达84.6%。通过全省公开竞聘和选调人才，成立省级会计核算中心和省级人力资源服务支撑中心。

推进质量安全管理。扎实开展“提升邮政服务质量专项活动”，在集团公司的专项活动验收考评中获得93分，专项活动“回头看”验收考评中获得94分。开展营业收寄、分拣封发、运输环节、投递服务、无着邮件和日常质量管控六项专项整治，网点日常质量管控工作明显提高。高度重视社会监督和用户意见，全省未发生通信质量媒体曝光和服务质量“热点”等问。集团公司调查青海邮政企业服务综合满意度为86.85分，高于全国平均水平。全力确保“两会”、各类重大会议及活动期间邮件寄递安全。开展金融业务“一加强、两遏制”、合规大行动等专项检查。组织开展重点环节和重点场所安全管理大检查活动，切实整改各种安全隐患，全年未发生重大安全事故。

四是审计监督发挥效能。围绕企业热点、难点和经营管理中可能存在的风险，强化监督，全年完成财务收支、工程建设、经济责任审计及专项审计调查160项，审计总金额达到11.6亿元，提出审计意见或建议被采纳142条，促进建章立制7条，工程审计综合审减率达21.42%，为企业节约建设资金507.25万元。（青海省分公司　韩建）

【邮储银行青海省分行】

全年青海省分行总资产达213.54亿元，比上年增长6.73%。各项存款余额255.97亿元，比上年增长24.11%。各项贷款余额129.53亿元，比上年增长66.94%。不良贷款率0.82%，拨备覆盖率190.65%，。青海省分行实现营业收入5.53亿元，比上年增长29.06%；实现净利润1.27亿元，增长26%。

1. 个人银行业务。

全年个人客户达58.43万户，其中个人VIP客户1.82万户。

个人存贷款业务。个人存款余额48.6亿元，比年初增加4.41亿元，增长9.98%。其中，个人活期存款增长15%，个人定期存款增长5%。个人贷款余额19.56亿元，较年初增加4.06亿元，增长26.19%。推进借力平台模式，搭建“银政、银企、银担”，小额贷款余额2.52亿元，净增1.23亿元。个人消费贷款业务净增8492万元，新增贷款市场占有率列同业第6位，不良率0.82%。全面加快“快捷贷”推广工作，个人商务贷款结余14.18亿元。

三农金融业务。截至2015年末，涉农贷款余额20亿元，较年初增加6亿元，增速42.86%，实现三农金融业务利息净收入1517万元。建设现代农业示范区支行2家；举办“中国青年涉农产业创业创富大赛（青海赛区）”；启动农村支付环境建设项目，建立助农业务平台，共设立助农服务点85个。

银行卡业务。截至2015年末，青海省分行借记卡结存发卡量147.67万张，全年消费金额33.33亿元，比上年增长5.91%。其中，绿卡通IC借记卡结存发卡量30.92万张。信用卡全年消费金额5.89亿元，比上年增长31%；期末透支余额9246.17万元，比上年增长41%。

养老金业务。代发社保资金35万笔，交易金额1.78亿元；代发“新农保”20万笔，交易金额1.49亿元。

代销基金、国债业务。加强与优秀基金公司合作，代销基金的产品总额1.84亿元。代销凭证式国债4期，实际销售0.24亿元，代销储蓄国债（电子式）10期，实际销售0.39亿元。

代理保险业务。建立合作机构7家，其中寿险5家，财险2家；全年实现代理保险保费2.8亿元，比上年增幅242%。

2. 公司银行业务。

公司存贷款业务。公司存款总额106.52亿元，较年初增长38.64亿元，增幅达56.92%；公司贷款余额57亿元，较年初增长23.95亿元。

票据业务。直贴、转贴业务规模扩大，承兑业务增速较快，票据大管家、商票贴现等新产品不断发展，截至年末，票据融资余额36.83亿元，较年初增加20.15亿元。

3. 资金业务。

投资业务。中标地方政府债券共计24.3亿元。青海省分行债券投资的收入0.02亿元。

同业融资业务。累计办理同业融出6笔，累计办理金额34.3亿元。

理财业务。青海省分行理财产品余额22.87亿元，较年初增长8.49亿元，增幅67%；机构理财产品余额1.8亿元。

贵金属业务。共推出实物贵金属产品284款，贵金属交易金额0.04亿元。

4. 拓展渠道。

网点建设。共有营业网点180个，其中：自营网点57个，占比31.67%；代理网点123个，占比68.33%；营业网点县域覆盖率达到100%。

电子银行。构建新型互联网金融服务体系，推出“流动服务车＋移动展业”服务模式，有效扩展服务体系。截至年末，电子银行交易替代率达到62.26%，交易笔数45.44万笔。个人网银注册客户5.74万户，网上银行总交易金额25.06亿元；手机银行注册客户6.69万户，交易金额23.83亿元。加大自助设备投放力度，ATM总量达到230台，自营106台、代理122台。交易金额101亿元；新建电子银行体验中心2个。

5. 信息科技。

完成工程建设项目 11 处，其中：骨干营业网点改造 7 处。完成工程、货物及服务等集中采购事项 51 项，总投资额 1630.9 万元，节约资金 241.8 万元，节约率 14.8%。

6. 风险管理。

信用风险管理方面，继续推行审慎、稳健的信用风险管理政策，持续推动风险管理体制机制建设，及时调整和完善各项信贷政策，健全风险限额管理体系，调整信贷业务结构；建立差异化授权管理体系，推进信审标准化作业，加强客户准入管理，强化改善贷后管理；加强信贷资产质量管控，通过开展信用风险压力测试、重点风险问题排查，严格控制重点领域信用风险，加大不良贷款清收处置力度；加强信用风险系统建设，完善信贷资产风险分类功能，升级信用风险监测系统。

青海省分行接受来自集团公司、总行和成都审计分局，以及银监、证监、保监、人民银行和国家外汇管理局等多家监管机构的检查，检查内容涵盖业务、风险、内控、制度、财务和审计等多方面，密集的内外部检查，有效促进风险内控管理水平的提升。

*青海省分行合规管理能力和案防能力双提升。*一是通过开展“一加强、两遏制”回头看、“除隐患提能力”等专项活动，累计发现问题 52 条，整改提高 50 条，整改率达到 96.16%；二是完善内控与合规制度体系，宣贯《员工行为十条禁令》，全员主动合规意识有效提升；三是完成对 178 个网点的合规检查，确保全年无资金案件发生；四是反洗钱、合同管理、法律事务、消费者权益保护等工作效能得到提升；五是定期与邮政代理机构召开资金安全联席专题会议，全面提升邮政金融整体案防能力。

*风险控制能力有效提升。*落实全面风险管理工作要求，细化风险管理制度体系，定期召开风险管理委员会会议，建立风险报告和追踪制度；面对由于经济下行带来的不良贷款增加，加强信用风险的日常监测，下达风险限额管控目标，开展催收和不良资产处置，提升信贷资产质量。年末，青海省分行不良贷款余额 1.06 亿元，不良贷款率 0.82%。全年通过资产保全手段，累计回收不良贷款 3204 万元。（邮储银行青海省分行）

【速递物流青海省分公司】

速递物流青海省分公司全年总收入完成 3778 万元，特快邮件进出口量达到 247.9 万件，月均处理量达到 20.7 万件，比上年增长 4.82%。

1. 推进企业改革。

按照集团公司、股份公司“子改分”工作的统一部署，完成公司法人体制调整和重大合同主体变更、业务资质继承、人事关系继承、资产权属变更等工作。同时根据集团公司年初工作会议的要求，在中国邮政“一体两翼”发展战略引领下，打造中国邮政强大的“寄递翼”，推进包裹快递改革的产品整合、网络调整、统一客服体系等工作。确定了包裹快递产品整合后邮政、速递双方相关利润补偿方案、结算政策调整、会计账务调整等。

2. 转型业务发展。

*发展两标业务。*结合西宁重点区域的市场竞争特点，新增 6 个重点市场，突出发展省际标快业务。针对重点商务区和主要竞争对手市场，开展进驻式和嵌入式营销，选拔营销能力强的员工进驻重点市场，开展精准营销，效果明显。重点市场业务收入增幅达到 141%，有效拉动省际标快业务的快速发展。全面对标竞争对手的经营模式，转变工作思路，向客户提供差异化服务，赢得客户认可。围绕重点市场的商务客户，从资费标准和服务品质与竞争对手对标，特别是采取主动客服方式，对特殊邮件实行全程跟踪，提升客户体验，极大地促进了标快业务的发展。

*加大项目开发力度。*在电商落地配项目运作过程中，开发运营 2 个省内电商落地配项目，全年实现收入 166 万元；抢抓“清食展”等会展经济，开展省内配送业务，取得良好成效；挖潜高考录取通知书项目，全年实现收入 47 万元。上下联动开展“亲情粽”、“思乡月”等专项营销活动，实现收入 176 万元，项目拉动收入增幅明显。开发“极速鲜”寄递项目，12 月单月收入 28 万元，实现特色寄递业务新突破。

*发展合同物流。*将非油品省内配送业务作为发展合同物流的重点配送项目，实现收入 195.62 万元；加强与烟草公司的深度合作，统签全省烟草二级配送协议，实现收入 189.24 万元。

3. 提升运营质量。

制定下发《2015 年青海省速递物流质效考核办法》，将各项关键考核指标细分到各部门及具体责任人，并与各部门季度绩效挂钩考核。自 7 月起按总部要求每周召开“一会一中心”，对关键 KPI 指标逐项进行分析，查找问题，采取整改措施，限期督促整改，有针对性地分类指导，各项 KPI 指标得以快速提升，质效考核综合得分 109.4 分，全国排名第 2，小组排名第 1。国家局公布 EMS 服务满意度达到 83.7 分，全国排名 50 个城市第 4 位。EMS 申诉率降至百万分之五。“家有购物”“优购物”电商落地配邮件的妥投率分别达到 89.4% 和 90.2%，青海邮政 EMS 服务质量获得家有物流服务新锐奖、妥投率卓越奖，优购物优妥投奖等业界殊荣，为拓展电商落地配项目规模奠定了坚实基础。

4. 加大基础能力建设。

着眼于促进发展方式转变和业务结构调整，围绕公司长远发展目标，不断加大能力建设投入力度，将有限资源向“时效性、高效性、长效性”等方面投入。一是争取总部支持，投入近 600 万元完成朝阳仓储场地的建设，该仓储场地的投入使用为公司发展“仓储 + 配送”业务奠定基础，保障发展仓储业务的能力提升。二是投资 9.98 万元，完成分公司会议音响系统设备配置，提高会议效率。三是依据资产租赁效益评估结果，合理规划揽投网点布局，提升网点整体效益，对城东营业部、城中营业部、七一揽投部、电商与物流营业部等营业场所进行了改造，重塑了对外服务新形象。四是对51辆电动揽投车按新标准化要求进行整体改造。

5. 提高管理效能。

精细财务管理。一是发挥信息化引领功能，完成总部ERP信息系统、资金归集及欠费管理系统的上线。二是按照“营改增”政策要求，争取地方政府支持，全年争取到税收补贴66万元。三是强化集中采购力度，对车辆维修、保险、封装胶带和包装箱进行集中招标，实行统一标准，统一采购，降低采购成本。

优化人力资源管理。充分发挥绩效分配在生产经营管理工作中的激励作用，促进公司运行质量和服务品质的提升，制定《2015年公司全员绩效考核管理办法》，从业务发展、运营质量、经营效益、个人岗位履职、部门重点工作完成等方面推进全员绩效考核，将员工业绩、岗位履职等与月度、季度绩效相挂钩，极大地调动了员工的工作性和创造性，为省分公司各项生产经营发展和管理工作提供了支撑。探索符合企业实际的教育培训方式，通过外聘讲师、打造内训师团队等方式开展教育培训，加大教育培训力度，全年参培人数1357人次，参培率达100%。开展全员“传统文化与职业礼仪”大型拓展培训；组织举办营销策划及营销技巧培训班；组织开展职业技能鉴定，省分公司103人参加鉴定，占生产一线人员的42%，合格率达到69%。（速递物流青海省分公司）

新疆维吾尔自治区

【新疆分公司】

全年实现收入37.55亿元，增长12.6%（同口径比）。全员劳动生产率达到人均16.4万元，比上年增长12.3%。

1. 推动转型发展。

推动经营发展。部分专业发展突出，增幅和规模均位全国排名前列。函件专业增幅14.1%，增幅全国排名第1位；集邮专业增幅18.1%，增幅全国排名第4位；分销专业增幅25.8%，增幅全国排名第5位；报刊专业增幅3.5%，增幅全国排名第9位。增值（不含短信）业务规模全国排名第6位；包裹快递业务规模全国排名第7位；分销业务规模全国排名第8位，为其他专业经营发展做出了表率。

推动代理金融发展。持续开展营销活动，有效组织客户走访，大力营造网点氛围，整合资源，多措并举促进代理金融业务发展。2015年全区储蓄余额规模475.15亿元，较上年末增长4.42%，本年累计新增余额20.1亿元，全国排名第21位。新增代发工资户338家，月代发资金1.95亿元；开发代收付项目146个，代付资金17.85亿元。引入财富管理理念，加大理财类业务协调发展。全区累计新单保费销量、基金认申销量、理财产品销量比上年增幅分别为252.48%、46.95%、42.49%。全区理财类业务收入达3092万元，收入占比提高2.17%。借助第三方咨询公司，对5个地州的17处网点实施销售化转型，取得良好效果。全区转型网点达135个，转型覆盖率达到25%。

推进包裹快递发展。实施包裹快递业务改革。深入推进“绝地反击 百城会战”活动，加快揽收团队建设，加大专项市场开发，促进包裹快递业务发展。2015年实现收入3.62亿元，比上年增长8%。做大法院文书、护照、二代身份证、驾驶证等同城寄递项目，累计实现标快业务收入8477万元，收入规模全国排名第6位，比上年增幅全国排名第5位，进度率全国排名第2位。加大电商、网购市场开发力度，快递包裹业务发展提速，累计完成收入5809万元，比上年增长46.3%。组织开展网套包裹、军营包裹、校园包裹集中收寄，巩固扩大普通包裹业务规模。全区累计收寄网套包裹49.32万件，实现收入2896.2万元。

推动电子商务发展。增值业务规模稳中有升。抓重点，促储蓄短信业务增速发展。全区邮政储蓄短信收入累计完成7434万元，比上年增长9.5%。稳基础，保代办税务业务收入规模。全区代开国、地税发票业务累计代征税额13.19亿元，累计实现收入5808万元，比上年增长10.9 %。增速度，大力拓展车务代办项目。车务代办业务实现收入275.4万元，比上年增长112%。电子渠道加快推广。1月至12月手机银行客户规模达到51.6万户，本年新增20.4万户，比上年增长28.56%，手机银行交易金额较去年同期增长一倍。全年个人网银客户规模达到76.14万户，本年新增18.3万户，电子银行替代率为67.73%，较上年末提高7.32%。集邮网厅正式上线，为集邮业务发展增添了新动力，实现清分收入107万元。

转型传统业务。函件业务提升内涵，创新形式，开发了一批重点封片项目。开发31处景点门票，创收227万元。组织开展“我为新疆代言”募捐明信片捐购倡议活动，实现收入50.8万元，为新疆维吾尔自治区见义勇为基金会募集捐款16.9万元。突破电销保单约投挂号业务，实

《新疆维吾尔自治区成立六十周年》纪念邮票。（新疆分公司/提供）

现收入17.55万元。开发中秋节日贺卡、“手拉手，心连心，共筑中国梦”书信结对子项目，实现收入40.6万元。同心圆饭票项目在7个地州市分公司和3个县分公司落地，实现收入54.5万元。开发小包贴士商函媒体业务，5个分公司实现突破，创收25.8万元。空中邮局项目广告客户覆盖全区，2015年出刊19期，创收135.8万元。“新疆礼物明信片传祝福”活动、会展商演项目等实现收入超百万。集邮业务开展以“方寸描绘中国梦”为主题的集邮文化季活动，共举办各类鉴赏活动51场，完成收入1700余万元，同时联动发展了代理金融、函件等其他邮政业务。“生肖贺岁季”营销项目实现收入4915万元，超额完成计划目标。围绕“自治区成立60周年”举办邮票首发式和集邮展览，制作专题邮册1.35万册，创收1254万元。报刊发行扩大合作领域。运作，实现了《中国青年报》《中国教育报》《中国妇女报》等赠阅流转额568万元，创收227万元；保障了10万多份《兵团日报》，4355万元流转额，1088万元收入不流失。重启了《中国妇女报》（维文版）的出版发行。将《今日十二师报》《兵团工运》《伴侣》等7种报刊纳入邮发，《中国纪检监察》杂志回归邮发。校园市场开发取得成效，走访中小学、幼儿园280余所，比上年新增流转额352万元。分销业务以节日营销为契机，组织“五节联送”、端午、中秋三大营销活动，销售额达7390.15万元，实现收入3267.5万元，比上年增长12.63%。农资、快消品、农产品三大品类的收入结构更趋合理，农资收入占比持续降低，业务抗风险能力不断增强。

2. 彰显品牌精神。

不断延伸服务平台。推进综合服务平台建设，全区各类平台渠道建设共完成547个，其中：新增便民服务站232个，新增邮件代投点134个，新增农邮合作社28个。全面完成空白乡镇网点补建运营工作，实现了补建、开业运营“两个百分百”。完成110处农村乡镇网点的汇兑加办工作，推进了农村邮政服务均等化。主动对接公共服务，拓展业务范围，实现了7类公共事业费、11种营业款、3类通信费的代收代缴，代收代缴、代扣代发的各类资金达到103亿元。服务军营、院校、棉花务工和工业园区等市场，取得良好的社会效益，其中全年累计慰问和服务部队252个，实现收入934万元。

不断深入“三农”服务。布局线下线上渠道，打造“农产品进城”和“工业品下乡”双向通道。农村电商发展实现突破。与新疆维吾尔自治区商务厅签订农村电子商务发展战略合作协议。线下推进农村邮乐店建设，共建成农村电子商务体验店39处，布放邮掌柜13个，实现交易410笔，累计销售额10.5万元。线上开发“新邮寄”微商城销售平台，访问量突破700万人次。加快各地优质原产地特色农产品直销，引入17类360余种商品上线销售，产生交易2.27万笔，实现交易额266.9万元。吐鲁番分公司探索干鲜果品线上销售，共寄递“西州蜜25号”哈密瓜1.3万件，销售其他干鲜果类1.67万件，实现收入65.72万元，销售果品价值达181.32万元。围绕涉农市场开展服务，开发了代付棉花、夏粮、秋粮、瓜果、红枣、核桃等涉农资金项目，代付资金额达到14.91亿元，其中棉花务工市场代付资金达到9.64亿元。

不断拓展跨境通道。与浙江金华金义都市新区、乌鲁木齐经济技术开发区三方共建新疆邮政跨境仓，吸引速卖通平台7家跨境电商入驻。出货3000笔，累计实现出口贸易额6万美金。为22家国际小包协议客户提供优质服务，累计收寄国际小包521万件，比上年增长73%；累计实现收入1.36亿元，比上年增长47%；累计实现出口贸易额约1.5亿元人民币，比上年增长50%。在稳定和畅通奥伦堡专线的基础上，申请新建阿拉山口、恢复吐尔尕特国际邮件交换站，开通了乌市对欧洲国家的总包直封关系。尝试用哈铁运力带运俄向总包邮件取得，组织首批国际邮件在阿拉山口口岸集结通关，发往莫斯科。

3. 推进改革创新。

增强提质增效主动性。突出利润为导向的财务预算管理，保证增量收入用于各单位业务发展。预算重点向人工成本、业务发展倾斜，变动成本增量重点用于业务费。加大对业务发展、营销奖励的激励力度；制定经营性利润超额奖励办法，鼓励各单位多创利润，多做贡献；按照规模、效益、服务等因素对各地州市分公司和县分公司进行分类，分类结果与各单位薪酬激励、各序列岗位职级和绩效标准挂钩，引导各单位关注发展质量，提升企业效益。将乌鲁木齐邮区中心局纳入区内一、二级干线运费结算主体，按照结算量进行成本费用补偿，实现区内干线运费结算主体的全覆盖。

提高业务发展性。修订年度绩效考核办法，加大年度考核结果在领导班子奖励和处罚中的权重，新增末位淘汰制，做到奖罚分明、重奖重罚。完善各单位工效挂钩和劳务性支出管理办法，取消新增效益工资保底政策，对劳务用工劳动报酬按月核算、按季下达。将专业奖励工资与专业经营发展及利润贡献挂钩，体现人工成本效益导向。完善收入分配机制，采取“基数 × 系数”的方式制定岗位绩效薪酬标准，凸显激励导向；员工营销积分管理办法和专职营销人员管理办法激发了员工创意策划、参与营销、发展业务的激情。全区营销积分总额 3014.2 万分，其中 232 名专职营销人员营销积分 273.7 万分。

发挥整体资源有效性。邮速联动，推动全区包裹快递业务改革实施，邮速实现业务收入 5.84 亿元，比上年增长 17.2%；合力做大身份证、护照、法院文书等同城标快业务。邮银联动，组织开展“邮银一家 共拓蓝海”公司业务专项营销活动。代理营销公司业务存款余额 1.6 亿元，日均余额 2.05 亿元。新增公司非零账户 84 户，新增日均余额 0.52 亿元。专业联动，实现营销效益最大化。树立经营客户理念，为客户提供符合需求的一揽子服务。新邮寄微商城联动发展分销、储蓄与寄递业务，中秋思乡月联动发展分销、函件与寄递业务，集邮品鉴会联动发展集邮、储蓄和保险业务，各单位联动发展的意识和思路愈加清晰，收益逐步显现。上下联动，组织开展部队市场、节日市场、校园市场、特色种植业市场等综合联动营销活动，有力推进业务发展。19 个区级重点营销项目实现业务收入 3.76 亿元；11 个区级综合联动项目实现业务收入 1.35 亿元，占全区邮务类业务收入的 24.27%。“十三冬”项目全区累计招商客户 34 家，实现招商额 322.3 万元。

突出便民合作开放性。与自治区体育局签订邮政服务第十三届全国冬季运动会合作协议，在合作招商、门票销售、场馆服务等方面助力政府、方便群众。与区速递物流分公司联合自治区公安厅开办身份证加急业务。与自治区交警总队签订了警邮服务合作协议，在缴纳交通罚没款、办理车管业务等方面为用户提供便利。与自治区交通运输厅、中国移动新疆分公司、中国电信新疆分公司、中石油新疆销售公司分别签订了战略合作框架协议。与兵团日报社签订了《兵团日报》《兵团画报》发行框架合作协议。

提升参与市场竞争性。合理定位各中心局功能，强化乌鲁木齐邮区中心局对全区邮件的集散，撤消库尔勒二级邮区中心局，升级阿克苏、喀什为二级邮区中心局，阿克苏、和田、克州及喀什各县进口邮件平均提速 12 小时以上。对陆运网资源进行整合和统一调度，各生产环节运行平稳，提升网运双效。推进乌鲁木齐邮区中心局包分机流水化改造项目，在“双 11”旺季中发挥重要作用。

4. 加强科学管控。

全面推进依法治企。制定依法治企实施办法并全力推进。对现行的规章制度进行全面梳理，开展“废、改、立”工作，梳理规章制度 228 个并编印成册。开展依法治企征文活动，共征集论文 27 篇。加强法治工作组织体系建设，明确了法律事务归口管理部门，配备兼职法律事务工作人员 17 人。企业预算管理、资金管理和资产管理更加严格，招标管理、采购管理和工程管理更加规范，合同管理制度得到有效落实。

推进财务管控。持续推进全区财务对标管理，引导各单位针对性地改善问题，提升水平。加强预算管控手段，建立了预算预警制度，确保各项财务预算指标完成。组织做好“子改分”工作，完成法人体制调整涉及的股权划转、资产变更、债权债务承接等工作。归还集团公司到期分销专项借款 2000 万元。利用存量资金减少银行借款 3000 万元，完成 2.7 亿元的再融资工作。支付融资租赁费 1651 万元、上缴集团公司集中资金 3954 万元。全区支撑业务奖励 5962 万元，区分公司统一营销项目奖励 858 万元，支撑业务资金周转 1.25 亿元。全区城市自办盈利网点达 344 个，占网点总数的 91.7%。完成省级大集中与 ERP 系统的全面上线。强化资产管理，全区设备及车辆修理费比上年减少 82 万元，降幅 1.89%。集中采购规模效益日益显现，完成区分公司采购项目 45 项，采购金额 6914 万元，预算节约 753 万元。完成鸿鑫酒店清理清算。

提升人力资源效能。深化干部人事制度改革，开展领导班子和领导干部年度考核工作并进行反馈。对纪检监察、包裹业务管理和代理金融业务管理等 7 个岗位面向全区邮政公开竞聘。对部分三级副领导岗位面向全区邮政各单位公开竞聘。坚持用工总量控制，调整用工结构，择优招用 708 人为 B 类合同工，清退低素质劳务工 46 名。组建全区财务集中核算中心和人力资源支撑服务中心。

安全基础更加稳固。层层签订安全目标管理责任书，落实各级安全责任。继续推进安全生产基层建设年活动，提升企业安全生产管理的科学化、制度化、规范化水平。完成邮政金融网点安全评估自评工作，对 647 个网点、177 个机构进行复查。将南疆三地州及县分公司 21 个业务库联入全区业务库集中监控异地值守系统，提升资金安全防范水平。区分公司在自治区人民政府组织的安全生产考评中获得好成绩。

提高服务质量。开展无着邮件清理整治、提升服务质量和抗战胜利 70 周年纪念活动期间安全工作专项检查；加大了通信质量、服务质量及邮件安全的监督检查力度，狠抓规章制度落实，全区邮政通信、服务质量总体运行良好，主要通信服务质量指标提升。用户满意度为 88.86 分，比上年提高 1.16 分。机要通信连续 15 年保持质量全红。无重大质量问题发生，无重大投诉及新闻媒体曝光事件。11185、11183、95580 客户服务中心处理各类用户投诉 12.24 万件，比上年下降 16%。有责投诉 1.72 万件，占投诉量的 14.07%，结案率 100%。受理其他渠道投诉共计 588 件，比上年下降 6.6%，所有投诉均进行妥善处理，得到用户好评。

5. 提升能力水平。

一是核心能力建设保障发展。完成固定资产投资 1.04 亿元；改造邮政网点 106 处；改造县邮政局房 9 处；购置边防邮路用车 13 辆；改造机要通信网点 5 处；建设区域仓储配送中心 2 处，直营店仓储配送中心 15 处，直营店 4 处；更新运钞车 20 辆，配置生产用车 138 辆；新增 CRS220 台、

ATM80台、智能填单机30台；布放智能包裹柜123个，投递PDA终端1739部、网运PDA终端340部，投递终端450部。二是信息化建设助推发展。完成ERP（会计核算新系统）、授权集中系统等9个统建项目，数据分析支持平台等6个区内信息化项目；投入使用151台金融自助设备；实现全区84个业务库的全覆盖。利用现有企业数据资源，完成邮政个人会员管理系统等7个系统的研发，电子商务平台完善3项业务，新增4项业务。三是网运能力建设支撑发展。开通了乌市—杭州省际火车邮路；开通了阿克苏—喀什、阿克苏—和田、乌市—塔城区内夜班邮路，延伸乌市—吐鲁番邮路至鄯善，实现进出口邮件提速，乌鲁木齐至北疆各地州市中心互寄邮件实现次日递；全区县乡周三班以上频次占全部县乡邮路的74.7%；在乌鲁木齐邮区中心局推行车等邮件、随分随装随运，取消发运次序，先进先出；在全区一、二级干线实施PDA封车解车。在乌鲁木齐地区实施市趟邮路总包交接改革试点。（新疆分公司　康燕）

【邮储银行新疆分行】

全年全行资产规模801亿元，比上年增长3.6%。各项存款余额737亿元，净增56亿元，比上年增长8%。各项贷款余额300亿元，净增65亿元，比上年增长28%。不良贷款率0.71%，拨备覆盖率283.72 %。全区邮政金融收入累计完成24.3亿元，比上年增长12.6%，完成预算106%。银行自营收入累计完成16.5亿元，比上年增长17.6%，增幅高于全国平均水平2.03%，全国排名第19位，比上年上升9位，超预算1.28亿元。实现利润总额2.51亿元，比上年增长70%。

1. 个人银行业务。

全行个人客户达522.85万户，其中个人VIP客户15.82万户。

个人存贷款业务。个人存款余额630亿元，较年初增加24亿元，增长4%。其中，个人活期存款增长2.7%，个人定期存款增长4.9%。个人贷款余额300亿元，较年初增加65亿元，增长28%。小额贷款余额41亿元，净增1亿元。个人消费贷款业务净增20亿元，不良率0.09%。个人商务贷款结余52亿元。

三农金融业务。涉农贷款余额41亿元，较年初增加1亿元，增速2.6%，实现三农金融业务利息净收入3.69亿元。

银行卡业务。全行借记卡结存发卡量1102.41万张，全年消费金额176.19亿元，比上年增长3.14%。其中，绿卡通IC借记卡结存发卡量395.08万张。信用卡全年消费金额28.58亿元，比上年增长52.21%；期末透支余额4.32亿元，比上年增长53.42%。

养老金业务。全行代收代付养老金3783165笔，其中代收养老金310677笔，代发养老金3472488笔，代收“新农保”交易笔数19074笔，交易金额2579223110.7元。

代销基金、国债业务。加强与优秀基金公司合作，代销基金的产品总额12.72亿元。代销凭证式国债4期，实际销售7984.48万元，代销储蓄国债（电子式）5期，实际销售 12338.71万元。

代理保险业务。全年实现代理保险保费11.73亿元。其中保障型保险产品销量为82211.3万元，保障型产品占比达70%。

2. 公司银行业务。

公司存贷款业务。公司存款总额107亿元，较年初增长32亿元，全国排名第20位。非税账户开立实现突破。公司信贷项目授信56.2亿元，放款7.98亿元。公司贷款余额45亿元，较年初增长4亿元。

小微企业金融业务。全年投放小企业贷款20亿元，比上年增长2.4%。签订“银政担”业务合作意向，开办“助保贷”业务，走政府、走企业专项营销活动深入开展。小企业法人贷款结余18.78亿元，较年初净增0.83亿元，法人客户464户，户均404万元。

国际结算业务。国际结算业务全年结算量800美元。

票据业务。直贴业务规模扩大，承兑业务增速较快，票据大管家、商票贴现等新产品不断发展，票据贴现余额60亿元，较年初增加27亿元。

3. 资金业务。

投资业务。全行债券及同业存单投资的利息收入　亿元。投资（包括委托其他金融机构投资）的商业银行理财产品、信托投资计划、资产管理计划及证券投资基金的余额总计30.001亿元。

同业融资业务。存放同业及其他金融机构款项和拆放同业及其他金融机构款项合计余额28亿元（非结算类）。

理财业务。全行理财产品余额121.98亿元，较年初增长28.38亿元，增幅30.32%；机构理财产品余额1.58亿元。

贵金属业务。共推出实物贵金属产品122款，交易量共计375.11千克，代理贵金属交易金额5.44亿元，实物贵金属交易金额3101.83万元。

托管业务。全行托管资产规模107.91亿元，较上年末增长314%。

4. 渠道拓展。

网点建设。全行营业网点647个，其中：自营网点107个，占比16.54 %；代理网点540个，占比83.46 %；营业网点县域覆盖率达到100%。

电子银行。全行构建新型互联网金融服务体系，推出移动展业、E捷贷、票据大管家、商乐贷、卡贷通等13项新产品，新增、优化功能108项，电子银行交易替代率达到72.47%，交易笔数0.94亿笔。个人网银注册客户0.01亿户，网上银行总交易金额0.02亿元；手机银行注册客户33.76万户，交易金额73.16亿元；电话银行注册客户132.03万户，交易金额0.007亿元。加大自助设备投放力度，ATM总量达到1263台，交易金额668.23亿元；新建电子银行体验中心19个。

5. 信息科技。

推进信息科技制度建设，全行科技管理和运行维护规范化水平提升。总分联动开发5个新系统，年内完成总行统建项目10个，区内自建项目6个。深入开展数据分析工作，完成7项课题分析与成果应用，提供数据服务百余次。

6. 风险管理。

打造风险管理“一把手”工程，推行区地风险分级管理，提高风险管理体系运行效能。加大风险排查与分析研判力度，提升风险管理精准性。全年发布各类风险提示204份。实施风险限额动态管理，有效控制全区资产管理质量。截至12月末，不良资产2.14亿元，不良贷款率0.71%，较上年末下降0.33%，资产质量优于全国邮储和区内同业水平。舆情风险监测和应对处置工作扎实有效，获得总行通报表扬。（邮储银行新疆分行）

【速递物流新疆分公司】

速递物流新疆分公司挂靠生产单位1个，直属单位2个，地市分公司2个，2015年末从业人员1159人。2015年，新疆分公司速递物流收入完成2.22亿元，比上年增长24.2%。

1. 推进业务发展。

推进企业改革。全面完成企业经营管理体制由“母子制”改为“总分制”各项工作。包裹快递业务改革整合全面推进。五大营销中心实体化建设初步到位，大客户开发、项目营销取得突破。揽投部优化裂变及以超利润分配为核心的“众创众享”经营承包试点工作全面展开。

推进经营发展。项目营销全面展开。检察专递业务签约，实现收入0.03万元。开办身份“加急证”业务8.58万件，增长118%，实现收入262.8万元，比上年增长53.8%。开办护照寄递业务量39.79万件，增长205.4%，实现收入834.56万元，增长196.6%。开发唯品会、天狮等落地配规模电商客户，其中唯品会项目累计收入已达21.18万元。国税项目运作。自治区人民医院司法鉴定、化验单寄递业务，实现收入21.12万元。依托特色鲜果原产地优势，组织开展极速鲜业务，实现业务收入2万元。利用微信服务平台，线上线下结合，全年节庆营销活动累计实现收入242万元。

国际速递取得突破。业务渠道和产品结构同步优化，跨境电商E产品开始运作。与野马跨境电商公司、顺华通拓公司和多家速卖通个人电商客户合作，发运e邮宝邮件1699件，创收7.3万元。特别是俄向e邮宝邮件，创收7.12万元，占e邮宝总收入的97%。以中速重货产品拓宽国际市场和客户群，收寄中速快件2657件，创收69.28万元，增长25%。

电子商务成效初显。运作老板电器云仓项目，并被股份公司评为老板项目云仓2015年最佳仓储团队奖。初步建成集仓储、集散、配送一体的邮政速递物流仓配中心，仓储服务面积达4.5万平方米。

合同物流稳中有升。签约合同客户24家，续签老客户10家，在线合作客户共44家。其中年收入达千万元的客户1家，1000~500万元的客户3家，500~100万元客户7家，100~50万元客户6家，合同物流规模收入占物流总收入的68.74%。

加大能力建设。完成固定资产投资3907万元。乌鲁木齐邮政速递物流邮件处理中心转场搬迁，通过初验。新增仓储租赁场地1.1万平方米，新增租赁揽投网点9处，投资75万元装修改造揽投部25处。完成职工小家建设项目53万元，购置电动三轮车30辆，16万元。为新处理中心购置设备41万元。

夯实基础管理。财务管控有效。争取政府扶持，获得350万“营改增”财政扶持资金，从总部结回资金1365万元为业务发展提供支持。严格以收定支、加大欠费考核，全年累计收回欠费1.27亿元，清欠率为86.42%。深化专业责任中心和网点损益核算，盈利网点达7个，占网点总数的35%。强化资产管理，及时梳理关联资产，租赁费用减少37万元。完成资金归集及用户欠费系统、全环节结算系统和ERP系统的全面上线。集中采购规模效益显现，完成采购项目27项，采购金额420万元，预算节约54.47万元。

人力资源保障有力。深化干部人事制度改革，严格开展领导班子和领导干部年度考核。组织开展校园招聘，共招录大学生23人。择优转录39名劳务工为B类合同工，清退低素质劳务工10名。重点落实转外包工作，累计使用业务外包人员213人，劳务用工占比为38.06%。强化干部监督，核查领导人员薪酬。对2009年以来提任的10人次三级副以上领导干部选人用人档案整理，加大了对领导干部个人有关事项报告抽查核实的力度。

运营质量明显提升。加大业务视察检查考核力度，开展资费规范管理专项整治工作，清查以邮谋私违规行为，坚持依法治企，严肃追责。会同区邮政公司对营业网点、分拣封发及投递班组实地检查，督促落实整改。全区速递运行10项重点指标有5项比上年提升，7项达到集团考核标准。及时妥投率比上年提升14.1%。全区申诉率百万分之16.9，比上年降低52.3个点。与“人保财险”公司续签速递邮件保险服务协议，确保出口贵品“零丢失”。做好抗战胜利70周年、自治区成立60周年重大活动期间邮件安保工作。（速递物流新疆分公司）

中国邮政
CHINA POST

重要文献

- 关于大力发展电子商务加快培育经济新动力的意见
- 关于促进农村电子商务加快发展的指导意见
- 关于 2015 年小微企业金融服务工作的指导意见
- 关于印发《村邮站服务规范》的通知
- 中国邮政集团公司“十三五”规划

国务院办公厅关于大力发展电子商务加快培育经济新动力的意见

国发〔2015〕24号

各省、自治区、直辖市人民政府，国务院各部委、各直属机构：

近年来我国电子商务发展迅猛，不仅创造了新的消费需求，引发了新的投资热潮，开辟了就业增收新渠道，为大众创业、万众创新提供了新空间，而且电子商务正加速与制造业融合，推动服务业转型升级，催生新兴业态，成为提供公共产品、公共服务的新力量，成为经济发展新的原动力。与此同时，电子商务发展面临管理方式不适应、诚信体系不健全、市场秩序不规范等问题，亟需采取措施予以解决。当前，我国已进入全面建成小康社会的决定性阶段，为减少束缚电子商务发展的机制体制障碍，进一步发挥电子商务在培育经济新动力，打造“双引擎”、实现“双目标”等方面的重要作用，现提出以下意见：

一、指导思想、基本原则和主要目标

（一）指导思想。全面贯彻党的十八大和十八届二中、三中、四中全会精神，按照党中央、国务院决策部署，坚持依靠改革推动科学发展，主动适应和引领经济发展新常态，着力解决电子商务发展中的深层次矛盾和重大问题，大力推进政策创新、管理创新和服务创新，加快建立开放、规范、诚信、安全的电子商务发展环境，进一步激发电子商务创新动力、创造潜力、创业活力，加速推动经济结构战略性调整，实现经济提质增效升级。

（二）基本原则。一是积极推动。主动作为、支持发展。积极协调解决电子商务发展中的各种矛盾与问题。在政府资源开放、网络安全保障、投融资支持、基础设施和诚信体系建设等方面加大服务力度。推进电子商务企业税费合理化，减轻企业负担。进一步释放电子商务发展潜力，提升电子商务创新发展水平。二是逐步规范。简政放权、放管结合。法无禁止的市场主体即可为，法未授权的政府部门不能为，最大限度减少对电子商务市场的行政干预。在放宽市场准入的同时，要在发展中逐步规范市场秩序，营造公平竞争的创业发展环境，进一步激发社会创业活力，拓宽电子商务创新发展领域。三是加强引导。把握趋势、因势利导。加强对电子商务发展中前瞻性、苗头性、倾向性问题的研究，及时在商业模式创新、关键技术研发、国际市场开拓等方面加大对企业的支持引导力度，引领电子商务向打造“双引擎”、实现“双目标”发展，进一步增强企业的创新动力，加速电子商务创新发展步伐。

（三）主要目标。到2020年，统一开放、竞争有序、诚信守法、安全可靠的电子商务大市场基本建成。电子商务与其他产业深度融合，成为促进创业、稳定就业、改善民生服务的重要平台，对工业化、信息化、城镇化、农业现代化同步发展起到关键性作用。

二、营造宽松发展环境

（四）降低准入门槛。全面清理电子商务领域现有前置审批事项，无法律法规依据的一律取消，严禁违法设定行政许可、增加行政许可条件和程序。（国务院审改办，有关部门按职责分工分别负责）进一步简化注册资本登记，深入推进电子商务领域由“先证后照”改为“先照后证”改革。（工商总局、中央编办）落实《注册资本登记制度改革方案》，放宽电子商务市场主体住所（经营场所）登记条件，完善相关管理措施。（省级人民政府）推进对快递企业设立非法人快递末端网点实施备案制管理。（邮政局）简化境内电子商务企业海外上市审批流程，鼓励电子商务领域的跨境人民币直接投资。（发展改革委、商务部、外汇局、证监会、人民银行）放开外商投资电子商务业务的外方持股比例限制。（工业和信息化部、发展改革委、商务部）探索建立能源、铁路、公共事业等行业电子商务服务的市场化机制。（有关部门按职责分工分别负责）

（五）合理降税减负。从事电子商务活动的企业，经认定为高新技术企业的，依法享受高新技术企业相关优惠政策，小微企业依法享受税收优惠政策。（科技部、财政部、税务总局）加快推进"营改增"，逐步将旅游电子商务、生活服务类电子商务等相关行业纳入"营改增"范围。（财政部、税务总局）

（六）加大金融服务支持。建立健全适应电子商务发展的多元化、多渠道投融资机制。（有关部门按职责分工分别负责）研究鼓励符合条件的互联网企业在境内上市等相关政策。（证监会）支持商业银行、担保存货管理机构及电子商务企业开展无形资产、动产质押等多种形式的融资服务。鼓励商业银行、商业保理机构、电子商务企业开展供应链金融、商业保理服务，进一步拓展电子商务企业融资渠道。（人民银行、商务部）引导和推动创业投资基金，加大对电子商务初创企业的支持。（发展改革委）

（七）维护公平竞争。规范电子商务市场竞争行为，促进建立开放、公平、健康的电子商务市场竞争秩序。研究制定电子商务产品质量监督管理办法，探索建立风险监测、网上抽查、源头追溯、属地查处的电子商务产品质量监督机制，完善部门间、区域间监管信息共享和职能衔接机制。依法打击网络虚假宣传、生产销售假冒伪劣产品、违反国家出口管制法规政策跨境销售两用品和技术、不正当竞争等违法行为，组织开展电子商务产品质量提升行动，促进合法、诚信经营。（工商总局、质检总局、公安部、商务部按职责分工分别负责）重点查处达成垄断协议和滥用市场支配地位的问题，通过经营者集中反垄断审查，防止排除、限制市场竞争的行为。（发展改革委、工商总局、商务部）加强电子商务领域知识产权保护，研究进一步加大网络商业方法领域发明专利保护力度。（工业和信息化部、商务部、海关总署、工商总局、新闻出版广电总局、知识产权局等部门按职责分工分别负责）进一步加大政府利用电子商务平台进行采购的力度。（财政部）各级政府部门不得通过行政命令指定为电子商务提供公共服务的供应商，不得滥用行政权力排除、限制电子商务的竞争。（有关部门按职责分工分别负责）

三、促进就业创业

（八）鼓励电子商务领域就业创业。把发展电子商务促进就业纳入各地就业发展规划和电子商务发展整体规划。建立电子商务就业和社会保障指标统计制度。经工商登记注册的网络商户从业人员，同等享受各项就业创业扶持政策。未进行工商登记注册的网络商户从业人员，可认定为灵活就业人员，享受灵活就业人员扶持政策，其中在网络平台实名注册、稳定经营且信誉良好的网络商户创业者，可按规定享受小额担保贷款及贴息政策。支持中小微企业应用电子商务、拓展业务领域，鼓励有条件的地区建设电子商务创业园区，指导各类创业孵化基地为电子商务创业人员提供场地支持和创业孵化服务。加强电子商务企业用工服务，完善电子商务人才供求信息对接机制。（人力资源社会保障部、工业和信息化部、商务部、统计局，地方各级人民政府）

（九）加强人才培养培训。支持学校、企业及社会组织合作办学，探索实训式电子商务人才培养与培训机制。推进国家电子商务专业技术人才知识更新工程，指导各类培训机构增加电子商务技能培训项目，支持电子商务企业开展岗前培训、技能提升培训和高技能人才培训，加快培养电子商务领域的高素质专门人才和技术技能人才。参加职业培训和职业技能鉴定的人员，以及组织职工培训的电子商务企业，可按规定享受职业培训补贴和职业技能鉴定补贴政策。鼓励有条件的职业院校、社会培训机构和电子商务企业开展网络创业培训。（人力资源社会保障部、商务部、教育部、财政部）

（十）保障从业人员劳动权益。规范电子商务企业特别是网络商户劳动用工，经工商登记注册取得营业执照的，应与招用的劳动者依法签订劳动合同；未进行工商登记注册的，也可参照劳动合同法相关规定与劳动者签订民事协议，明确双方的权利、责任和义务。按规定将网络从业人员纳入各项社会保险，对未进行工商登记注册的网络商户，其从业人员可按灵活就业人员参保缴费办法参加社会保险。符合条件的就业困难人员和高校毕业生，可享受灵活就业人员社会保险补贴政策。长期雇用5人及以上的网络商户，可在工商注册地进行社会保险登记，参加企业职工的各项社会保险。满足统筹地区社会保险优惠政策条件的网络商户，可享受社会保险优惠政策。（人力资源社会保障部）

四、推动转型升级

（十一）创新服务民生方式。积极拓展信息消费新渠道，创新移动电子商务应用，支持面向城乡居民社区提供日常消费、家政服务、远程缴费、健康医疗等商业和综合服务的电子商务平台发展。加快推动传统媒体与新兴媒体深度融合，提升文化企业网络服务能力，支持文化产品电子商务平台发展，规范网络文化市场。支持教育、会展、咨询、广告、餐饮、娱乐等服务企业深化电子商务应用。（有关部门按职责分工分别负责）鼓励支持旅游景点、酒店等开展线上营销，规范发展在线旅游预订市场，推动旅游在线服务模式创新。（旅游局、工商总局）加快建立全国12315互联网平台，完善网上交易在线投诉及售后维权机制，研究制定7天无理由退货实施细则，促进网络购物消费健康快速发展。（工商总局）

（十二）推动传统商贸流通企业发展电子商务。鼓励有条件的大型零售企业开办网上商城，积极利用移动互联网、地理位置服务、大数据等信息技术提升流通效率和服务质量。支持中小零售企业与电子商务平台优势互补，加强服务资源整合，促进线上交易与线下交易融合互动。（商务部）推动各类专业市场建设网上市场，通过线上线下融合，加速向网络化市场转型，研究完善能源、化工、钢铁、林业等行业电子商务平台规范发展的相关措施。（有关部门按职责分工分别负责）制定完善互联网食品药品经营监督管理办法，规范食品、保健食品、药品、化妆品、医疗器械网络经营行为，加强互联网食品药品市场监测监管体系建设，推动医药电子商务发展。（食品药品监管总局、卫生计生委、商务部）

（十三）积极发展农村电子商务。加强互联网与农业农村融合发展，引入产业链、价值链、供应链等现代管理理念和方式，研究制定促进农村电子商务发展的意见，出台支持政策措施。（商务部、农业部）加强鲜活农产品标准体系、动植物检疫体系、安全追溯体系、质量保障与安全监管体系建设，大力发展农产品冷链基础设施。（质检总局、发展改革委、商务部、农业部、食品药品监管总局）开展电子商务进农村综合示范，推动信息进村入户，利用“万村千乡”市场网络改善农村地区电子商务服务环境。（商务部、农业部）建设地理标志产品技术标准体系和产品质量保证体系，支持利用电子商务平台宣传和销售地理标志产品，鼓励电子商务平台服务“一村一品”，促进品牌农产品走出去。鼓励农业生产资料企业发展电子商务。（农业部、质检总局、工商总局）支持林业电子商务发展，逐步建立林产品交易诚信体系、林产品和林权交易服务体系。（林业局）

（十四）创新工业生产组织方式。支持生产制造企业深化物联网、云计算、大数据、三维（3D）设计及打印等信息技术在生产制造各环节的应用，建立与客户电子商务系统对接的网络制造管理系统，提高加工订单的响应速度及柔性制造能力；面向网络消费者个性化需求，建立网络化经营管理模式，发展“以销定产”及“个性化定制”生产方式。（工业和信息化部、科技部、商务部）鼓励电子商务企业大力开展品牌经营，优化配置研发、设计、生产、物流等优势资源，满足网络消费者需求。（商务部、工商总局、质检总局）鼓励创意服务，探索建立生产性创新服务平台，面向初创企业及创意群体提供设计、测试、生产、融资、运营等创新创业服务。（工业和信息化部、科技部）

（十五）推广金融服务新工具。建设完善移动金融安全可信公共服务平台，制定相关应用服务的政策措施，推动金融机构、电信运营商、银行卡清算机构、支付机构、电子商务企业等加强合作，实现移动金融在电子商务领域的规模化应用；推广应用具有硬件数字证书、采用国家密码行政主管部门规定算法的移动智能终端，保障移动电子商务交易的安全性和真实性；制定在线支付标准规范和制度，提升电子商务在线支付的安全性，满足电子商务交易及公共服务领域金融服务需求；鼓励商业银行与电子商务企业开展多元化金融服务合作，提升电子商务服务质量和效率。（人民银行、密码局、国家标准委）

（十六）规范网络化金融服务新产品。鼓励证券、保险、公募基金等企业和机构依法进行网络化创新，完善互联网保险产品审核和信息披露制度，探索建立适应互联网证券、保险、公募基金产品销售等互联网金融活动的新型监管方式。（人民银行、证监会、保监会）规范保险业电子商务平台建设，研究制定电子商务涉及的信用保证保险的相关扶持政策，鼓励发展小微企业信贷信用保险、个人消费履约保证保险等新业务，扩大信用保险保单融资范围。完善在线旅游服务企业投保办法。（保监会、银监会、旅游局按职责分工分别负责）

五、完善物流基础设施

（十七）支持物流配送终端及智慧物流平台建设。推动跨地区跨行业的智慧物流信息平台建设，鼓励在法律规定范围内发展共同配送等物流配送组织新模式。（交通运输部、商务部、邮政局、发展改革委）支持物流（快递）配送站、智能快件箱等物流设施建设，鼓励社区物业、村级信息服务站（点）、便利店等提供快件派送服务。支持快递服务网络向农村地区延伸。（地方各级人民政府，商务部、邮政局、农业部按职责分工分别负责）推进电子商务与物流快递协同发展。（财政部、商务部、邮政局）鼓励学校、快递企业、第三方主体因地制宜加强合作，通过设置智能快件箱或快件收发室、委托校园邮政局所代为投递、建立共同配送站点等方式，促进快递进校园。（地方各级人民政府，邮政局、商务部、教育部）根据执法需求，研究推动被监管人员生活物资电子商务和智能配送。（司法部）有条件的城市应将配套建设物流（快递）配送站、智能终端设施纳入城市社区发展规划，鼓励电子商务企业和物流（快递）企业对网络购物商品包装物进行回收和循环利用。（有关部门按职责分工分别负责）

（十八）规范物流配送车辆管理。各地区要按照有关规定，推动城市配送车辆的标准化、专业化发展；制定并实施城市配送用汽车、电动三轮车等车辆管理办法，强化城市配送运力需求管理，保障配送车辆的便利通行；鼓励采用清洁能源车辆开展物流（快递）配送业务，支持充电、加气等设施建设；合理规划物流（快递）配送车辆通行路线和货物装卸搬运地点。对物流（快递）配送车辆采取通行证管理的城市，应明确管理部门、公开准入条件、引入社会监督。（地方各级人民政府）

（十九）合理布局物流仓储设施。完善仓储建设标准体系，鼓励现代化仓储设施建设，加强偏远地区仓储设施建设。（住房城乡建设部、公安部、发展改革委、商务部、林业局）各地区要在城乡规划中合理规划布局物流仓储用地，在土地利用总体规划和年度供地计划中合理安排仓储建设用地，引导社会资本进行仓储设施投资建设或再利用，严禁擅自改变物流仓储用地性质。（地方各级人民政府）鼓励物流（快递）企业发展“仓配一体化”服务。（商务部、邮政局）

六、提升对外开放水平

（二十）加强电子商务国际合作。积极发起或参与多双边或区域关于电子商务规则的谈判和交流合作，研究建立我国与国际认可组织的互认机制，依托我国认证认可制度和体系，完善电子商务企业和商品的合格评定机制，提升国际组织和机构对我国电子商务企业和商品认证结果的认可程度，力争国际电子商务规制制定的主动权和跨境电子商务发展的话语权。（商务部、质检总局）

（二十一）提升跨境电子商务通关效率。积极推进跨境电子商务通关、检验检疫、结汇、缴进口税等关键环节“单一窗口”综合服务体系建设，简化与完善跨境电子商务货物返修与退运通关流程，提高通关效率。（海关总署、财政部、税务总局、质检总局、外汇局）探索建立跨境电子商务货物负面清单、风险监测制度，完善跨境电子商务货物通关与检验检疫监管模式，建立跨境电子商务及相关物流企业诚信分类管理制度，防止疫病疫情传入、外来有害生物入侵和物种资源流失。（海关总署、质检总局按职责分工分别负责）大力支持中国（杭州）跨境电子商务综合试验区先行先试，尽快形成可复制、可推广的经验，加快在全国范围推广。（商务部、发展改革委）

（二十二）推动电子商务走出去。抓紧研究制定促进跨境电子商务发展的指导意见。（商务部、发展改革委、海关总署、工业和信息化部、财政部、人民银行、税务总局、工商总局、质检总局、外汇局）鼓励国家政策性银行在业务范围内加大对电子商务企业境外投资并购的贷款支持，研究制定针对电子商务企业境外上市的规范管理政策。（人民银行、证监会、商务部、发展改革委、工业和信息化部）简化电子商务企业境外直接投资外汇登记手续，拓宽其境外直接投资外汇登记及变更登记业务办理渠道。（外汇局）支持电子商务企业建立海外营销渠道，创立自有品牌。各驻外机构应加大对电子商务企业走出去的服务力度。进一步开放面向港澳台地区的电子商务市场，推动设立海峡两岸电子商务经济合作实验区。鼓励发展面向“一带一路”沿线国家的电子商务合作，扩大跨境电子商务综合试点，建立政府、企业、专家等各个层面的对话机制，发起和主导电子商务多边合作。（有关部门按职责分工分别负责）

七、构筑安全保障防线

（二十三）保障电子商务网络安全。电子商务企业要按照国家信息安全等级保护管理规范和技术标准相关要求，采用安全可控的信息设备和网络安全产品，建设完善网络安全防护体系、数据资源安全管理体系和网络安全应急处置体系，鼓励电子商务企业获得信息安全管理体系认证，提高自身信息安全管理水平。鼓励电子商务企业加强与网络安全专业服务机构、相关管理部门的合作，共享网络安全威胁预警信息，消除网络安全隐患，共同防范网络攻击破坏、窃取公民个人信息等违法犯罪活动。（公安部、国家认监委、工业和信息化部、密码局）

（二十四）确保电子商务交易安全。研究制定电子商务交易安全管理制度，明确电子商务交易各方的安全责任和义务。（工商总局、工业和信息化部、公安部）建立电子认证信任体系，促进电子认证机构数字证书交叉互认和数字证书应用的互联互通，推广数字证书在电子商务交易领域的应用。建立电子合同等电子交易凭证的规范管理机制，确保网络交易各方的合法权益。加强电子商务交易各方信息保护，保障电子商务消费者个人信息安全。（工业和信息化部、工商总局、密码局等有关部门按职责分工分别负责）

（二十五）预防和打击电子商务领域违法犯罪。电子商务企业要切实履行违禁品信息巡查清理、交易记录及日志留存、违法犯罪线索报告等责任和义务，加强对销售管制商品网络商户的资格审查和对异常交易、非法交易的监控，防范电子商务在线支付给违法犯罪活动提供洗钱等便利，并为打击网络违法犯罪提供技术支持。加强电子商务企业与相关管理部门的协作配合，建立跨机构合作机制，加大对制售假冒伪劣商品、网络盗窃、网络诈骗、网上非法交易等违法犯罪活动的打击力度。（公安部、工商总局、人民银行、银监会、工业和信息化部、商务部等有关部门按职责分工分别负责）

八、健全支撑体系

（二十六）健全法规标准体系。加快推进电子商务法立法进程，研究制定或适时修订相关法规，明确电子票据、电子合同、电子检验检疫报告和证书、各类电子交易凭证等的法律效力，作为处理相关业务的合法凭证。（有关部门按职责分工分别负责）制定适合电子商务特点的投诉管理制度，制定基于统一产品编码的电子商务交易产品质量信息发布规范，建立电子商务纠纷解决和产品质量担保责任机制。（工商总局、质检总局等部门按职责分工分别负责）逐步推行电子发票和电子会计档案，完善相关技术标准和规章制度。（税务总局、财政部、档案局、国家标准委）建立完善电子商务统计制度，扩大电子商务统计的覆盖面，增强统计的及时性、真实性。（统计局、商务部）统一线上线下的商品编码标识，完善电子商务标准规范体系，研究电子商务基础性关键标准，积极主导和参与制定电子商务国际标准。（国家标准委、商务部）

（二十七）加强信用体系建设。建立健全电子商务信用信息管理制度，推动电子商务企业信用信息公开。推进人口、法人、商标和产品质量等信息资源向电子商务企业和信用服务机构开放，逐步降低查询及利用成本。（工商总局、商务部、公安部、质检总局等部门按职责分工分别负责）促进电子商务信用信息与社会其他领域相关信息的交换共享，推动电子商务信用评价，建立健全电子商务领域失信行为联合惩戒机制。（发展改革委、人民银行、工商总局、质检总局、商务部）推动电子商务领域应用网络身份证，完善网店实名制，鼓励发展社会化的电子商务网站可信认证服务。（公安部、工商总局、质检总局）发展电子商务可信交易保障公共服务，完善电子商务信用服务保障制度，推动信用调查、信用评估、信用担保等第三方信用服务和产品在电子商务中的推广应用。（工商总局、质检总局）

（二十八）强化科技与教育支撑。开展电子商务基础理论、发展规律研究。加强电子商务领域云计算、大数据、物联网、智能交易等核心关键技术研究开发。实施网络定制服务、网络平台服务、网络交易服务、网络贸易服务、网络交易保障服务技术研发与应用示范工程。强化产学研结合的企业技术中心、工程技术中心、重点实验室建设。鼓励企业组建产学研协同创新联盟。探索建立电子商务学科体系，引导高等院校加强电子商务学科建设和人才培养，为电子商务发展提供更多的高层次复合型专门人才。（科技部、教育部、发展改革委、商务部）建立预防网络诈骗、保障交易安全、保护个人信息等相关知识的宣传与服务机制。（公安部、工商总局、质检总局）

（二十九）协调推动区域电子商务发展。各地区要把电子商务列入经济与社会发展规划，按照国家有关区域发展规划和对外经贸合作战略，立足城市产业发展特点和优势，引导各类电子商务业态和功能聚集，推动电子商务产业统筹协调、错位发展。推动国家电子商务示范城市、示范基地建设。（有关地方人民政府）依托国家电子商务示范城市，加快开展电子商务法规政策创新和试点示范工作，为国家制定电子商务相关法规和政策提供实践依据。加强对中西部和东北地区电子商务示范城市的支持与指导。（发展改革委、财政部、商务部、人民银行、海关总署、税务总局、工商总局、质检总局等部门按照职责分工分别负责）

各地区、各部门要认真落实本意见提出的各项任务，于2015年底前研究出台具体政策。发展改革委、中央网信办、商务部、工业和信息化部、财政部、人力资源社会保障部、人民银行、海关总署、税务总局、工商总局、质检总局等部门要完善电子商务跨部门协调工作机制，研究重大问题，加强指导和服务。有关社会机构要充分发挥自身监督作用，推动行业自律和服务创新。相关部门、社团组织及企业要解放思想，转变观念，密切协作，开拓创新，共同推动建立规范有序、社会共治、辐射全球的电子商务大市场，促进经济平稳健康发展。

国务院办公厅

2015年5月4日

国务院关于促进农村电子商务加快发展的指导意见

国办发〔2015〕78号

各省、自治区、直辖市人民政府，国务院各部委、各直属机构：

农村电子商务是转变农业发展方式的重要手段，是精准扶贫的重要载体。通过大众创业、万众创新，发挥市场机制作用，加快农村电子商务发展，把实体店与电商有机结合，使实体经济与互联网产生叠加效应，有利于促消费、扩内需，推动农业升级、农村发展、农民增收。经国务院批准，现就促进农村电子商务加快发展提出以下意见：

一、指导思想

全面贯彻党的十八大和十八届三中、四中、五中全会精神，落实国务院决策部署，按照全面建成小康社会目标和新型工业化、信息化、城镇化、农业现代化同步发展的要求，深化农村流通体制改革，创新农村商业模式，培育和壮大农村电子商务市场主体，加强基础设施建设，完善政策环境，加快发展线上线下融合、覆盖全程、综合配套、安全高效、便捷实惠的现代农村商品流通和服务网络。

二、发展目标

到2020年，初步建成统一开放、竞争有序、诚信守法、安全可靠、绿色环保的农村电子商务市场体系，农村电子商务与农村一二三产业深度融合，在推动农民创业就业、开拓农村消费市场、带动农村扶贫开发等方面取得明显成效。

三、重点任务

（一）积极培育农村电子商务市场主体。充分发挥现有市场资源和第三方平台作用，培育多元化农村电子商务市场主体，鼓励电商、物流、商贸、金融、供销、邮政、快递等各类社会资源加强合作，构建农村购物网络平台，实现优势资源的对接与整合，参与农村电子商务发展。

（二）扩大电子商务在农业农村的应用。在农业生产、加工、流通等环节，加强互联网技术应用和推广。拓宽农产品、民俗产品、乡村旅游等市场，在促进工业品、农业生产资料下乡的同时，为农产品进城拓展更大空间。加强运用电子商务大数据引导农业生产，促进农业发展方式转变。

（三）改善农村电子商务发展环境。硬环境方面，加强农村流通基础设施建设，提高农村宽带普及率，加强农村公路建设，提高农村物流配送能力；软环境方面，加强政策扶持，加强人才培养，营造良好市场环境。

四、政策措施

（一）加强政策扶持。深入开展电子商务进农村综合示范，优先在革命老区和贫困地区实施，有关财政支持资金不得用于网络交易平台的建设。制订出台农村电子商务服务规范和工作指引，指导地方开展工作。加快推进信息进村入户工作。加快推进适应电子商务的农产品分等分级、包装运输标准制定和应用。把电子商务纳入扶贫开发工作体系，以建档立卡贫困村为工作重点，提升贫困户运用电子商务创业增收的能力，鼓励引导电商企业开辟革命老区和贫困地区特色农产品网上销售平台，与合作社、种养大户等建立直采直供关系，增加就业和增收渠道。

（二）鼓励和支持开拓创新。鼓励地方、企业等因地制宜，积极探索农村电子商务新模式。开展农村电子商务创新创业大赛，调动返乡高校毕业生、返乡青年和农民工、大学生村官、农村青年、巾帼致富带头人、退伍军人等参与农村电子商务的积极性。开展农村电子商务强县创建活动，发挥其带动和引领作用。鼓励供销合作社创建农产品电子商务交易平台。引导各类媒体加大农村电子商务宣传力度，发掘典型案例，推广成功经验。

（三）大力培养农村电商人才。实施农村电子商务百万英才计划，对农民、合作社和政府人员等进行技能培训，增强农民使用智能手机的能力，积极利用移动互联网拓宽电子商务渠道，提升为农民提供信息服务的能力。有条件的地区可以建立专业的电子商务人才培训基地和师资队伍，努力培养一批既懂理论又懂业务、会经营网店、能带头致富的复合型人才。引导具有实践经验的电子商务从业者从城镇返乡创业，鼓励电子商务职业经理人到农村发展。

（四）加快完善农村物流体系。加强交通运输、商贸流通、农业、供销、邮政等部门和单位及电商、快递企业对相关农村物流服务网络和设施的共享衔接，加快完善县乡村农村物流体系，鼓励多站合一、服务同网。鼓励传统农村商贸企业建设乡镇商贸中心和配送中心，发挥好邮政普遍服务的优势，发展第三方配送和共同配送，重点支持老少边穷地区物流设施建设，提高流通效率。加强农产品产地集配和冷链等设施建设。

（五）加强农村基础设施建设。完善电信普遍服务补偿机制，加快农村信息基础设施建设和宽带普及。促进宽带网络提速降费，结合农村电子商务发展，持续提高农村宽带普及率。以建制村通硬化路为重点加快农村公路建设，推进城乡客运一体化，推动有条件的地区实施农村客运线路公交化改造。

（六）加大金融支持力度。鼓励村级电子商务服务点、助农取款服务点相互依托建设，实现优势互补、资源整合，提高利用效率。支持银行业金融机构和支付机构研发适合农村特点的网上支付、手机支付、供应链贷款等金融产品，加强风险控制，保障客户信息和资金安全。加大对电子商务创业农民尤其是青年农民的授信和贷款支持。简化农村网商小额短期贷款手续。符合条件的农村网商，可按规定享受创业担保贷款及贴息政策。

（七）营造规范有序的市场环境。加强网络市场监管，强化安全和质量要求，打击制售假冒伪劣商品、虚假宣传、不正当竞争和侵犯知识产权等违法行为，维护消费者合法权益，促进守法诚信经营。督促第三方平台加强内部管理，规范主体准入，遏制“刷信用”等欺诈行为。维护公平竞争的市场秩序，推进农村电子商务诚信建设。

五、组织实施

各地区、各部门要进一步提高认识，加强组织领导和统筹协调，落实工作责任，完善工作机制，切实抓好各项政策措施的落实。

地方各级人民政府特别是县级人民政府要结合本地实际，因地制宜制订实施方案，出台具体措施；充分发挥农村基层组织的带头作用，整合农村各类资源，积极推动农村电子商务发展。同时，加强规划引导，防止盲目发展和低水平竞争。

各部门要明确分工，密切协作，形成合力。商务部要会同有关部门加强统筹协调、跟踪督查，及时总结和推广经验，确保各项任务措施落实到位。

国务院办公厅

2015年10月31日

中国银行业监督管理委员会关于2015年小微企业金融服务工作的指导意见

银监发〔2015〕8号

各银监局，各政策性银行、国有商业银行、股份制商业银行，邮政储蓄银行，中国银行业协会、中国融资担保业协会、中国小额贷款公司协会：

为贯彻落实党中央国务院关于金融支持小微企业发展的决策部署，持续改进小微企业金融服务，促进经济提质增效升级，现就2015年小微企业金融服务工作提出以下指导意见：

一、明确工作目标，努力实现“三个不低于”

当前我国经济发展已进入新常态，商业银行要认真贯彻党中央国务院的决策部署，进一步改进小微企业金融服务，积极推动大众创业、万众创新。2015年要继续执行好现有的各项小微企业金融服务政策，强化利率风险定价机制、独立核算机制、高效审批机制、激励约束机制、专业人员培训机制和违约信息通报机制等“六项机制”建设，落实小微企业金融服务专营机构单列信贷计划、单独配置人力资源和财务资源、单独客户认定与信贷评审、单独会计核算的“四单原则”。在有效提高贷款增量的基础上，努力实现小微企业贷款增速不低于各项贷款平均增速，小微企业贷款户数不低于上年同期户数，小微企业申贷获得率不低于上年同期水平。

二、单列信贷计划，优化信贷结构

商业银行要围绕小微企业贷款增速不低于各项贷款平均增速的目标，年初单列全年小微企业信贷计划，并于一季度末前将经本行主要负责人审批的小微企业信贷计划报送监管部门，执行过程中不得挤占、挪用。年中调整信贷计划的商业银行，需及时向监管部门报告并说明调整原因。

商业银行要优化信贷结构，用好增量，盘活存量。通过信贷资产证券化、信贷资产转让等方式腾挪信贷资源用于小微企业贷款。要进一步扩大小微企业专项金融债发行工作，对发债募集资金实施专户管理，确保全部用于发放小微企业贷款。

三、加强机构建设，扩大网点覆盖面

商业银行要继续深化小微企业金融服务机构体系建设，增加有效供给，提升专业化水平。要加大小微企业专营机构建设力度，增设扎根基层、服务小微的社区支行、小微支行，提高小微企业金融服务的批量化、规模化、标准化水平。地方法人银行要坚持立足当地、服务小微的市场定位，向县域和乡镇等小微企业集中的地区延伸网点和业务。进一步丰富小微企业金融服务机构种类，支持在小微企业集中的地区设立村镇银行、贷款公司等小型金融机构。

四、落实尽职免责，调动工作积极性

商业银行要落实小微企业贷款尽职免责制度。经检查监督和责任认定，有充分证据表明授信部门和授信工作人员按照有关法律法规以及商业银行相应的管理制度勤勉尽职地履行了职责的，在授信出现风险时，应免除授信部门和相关授信工作人员的合规责任。商业银行应于二季度末前制定小微企业业务尽职免责办法，并报送监管部门备案。尽职免责办法应对尽职免责的适用对象、审核程序、认定标准、免责事由、免责范围规定具体明确的操作细则。

五、改进考核机制，激发内生动力

商业银行要按照相关监管要求，改进小微企业业务的管理、考核和激励机制，确保小微企业业务条线的资源配置充足。要在内部明确小微企业业务的牵头主管部门，强化跨部门统筹协调机制。要强化绩效考核倾斜，对小微企业业务设立专门的考核指标，科学设置小微企业业务在全部业务中的考核权重。要落实有关提高小微企业贷款不良容忍度的监管要求。小微企业贷款不良率高出全行各项贷款不良率年度目标 2% 以内（含）的，不作为内部对小微企业业务主办部门考核评价的扣分因素。

六、加大金融创新，提升服务能力

商业银行要结合金融系统深化改革和大数据等网络信息技术广泛应用的新趋势，加强产品创新、服务创新和渠道创新。要落实《中国银监会关于完善和创新小微企业贷款服务提高小微企业金融服务水平的通知》（银监发〔2014〕36 号）要求，加强小微企业贷款还款方式创新。要积极为小微企业全面提供开户、信贷、结算、理财、咨询等基础性、综合性金融服务，运用手机银行、网上银行等新渠道，提高服务便利度。鼓励商业银行与保险公司合作，探索以信用保险、贷款保证保险等产品为主要载体，多方参与、风险共担的经营模式。

七、规范服务收费，切实降低融资成本

商业银行要认真贯彻落实《国务院关于扶持小型微型企业健康发展的意见》（国发〔2014〕52 号）、《国务院办公厅关于多措并举降低企业融资成本的指导意见》（国办发〔2014〕39 号）和相关监管政策要求，及时清理收费项目，进一步规范对小微企业的服务收费。要在建立科学合理的小微企业贷款风险定价机制基础上，努力履行社会责任，对诚实守信、经营稳健的优质小微企业减费让利。要缩短融资链条，清理各类融资“通道”业务，减少搭桥融资行为。

八、严守风险底线，抓好风险防控

要按照风险可控、商业可持续原则，坚持金融服务小微企业的大方向，坚守有效识别、防范、化解风险的基础防线。要落实国家产业政策，密切防范产业结构调整中“两高一剩”产业导致的风险传染。要加强对贷款资金流向的监测管理，防止借款企业违规挪用贷款。对符合产业政策、产品具有核心竞争力、长期能够实现盈利、但暂时出现经营困难的小微企业，不宜简单地压贷、抽贷、断贷。要加强对互保联保、过剩产能等重点风险的识别、防控，做好风险处置预案。对小微企业贷款要提足专项风险拨备，符合条件的不良贷款要及时核销。要加强与政府部门、司法机关和同业的沟通协调，防范逃、废债，完善风险处置手段，依法维护银行债权。

九、强化监管激励约束，确保政策落实

各级监管部门要坚持正向激励的监管导向，在市场准入、专项金融债发行、风险资产权重、存贷比考核及监管评级等方面落实对小微企业金融服务的差异化政策。从 2015 年起，商业银行适用小微企业金融服务相关的正向激励政策，应以实现小微企业贷款增速不低于各项贷款平均增速、小微企业贷款户数不低于上年同期户数、小微企业申贷获得率不低于上年同期水平为前提。

各银监局要加强对小微企业金融服务工作条线的人员配置，确保专人专岗负责相关工作。要加强对辖内小微企业贷款覆盖率、服务覆盖率和申贷获得率等指标的统计监测，及时在全辖通报。

各级监管部门要根据商业银行小微企业金融服务工作

开展情况，适时对专项金融债募集资金的专户管理与使用、信贷资产证券化和信贷资产转让腾挪资金用于小微企业贷款、尽职免责办法制定与执行、服务收费等事项加大监督检查力度，确保各项监管政策落到实处。

十、加强多方联动，优化服务环境

各方要密切配合，形成合力，确保各项措施落地见效。各银监局、商业银行要继续推动和协调各级政府部门有效整合小微企业信息共享与发布渠道，推动建立小微企业信贷风险补偿基金，加强与财税政策的配套联动。建立健全主要为小微企业服务的融资担保体系，积极发展政府支持的融资担保和再担保机构。加强银证合作、银担合作，丰富小微企业金融服务方式。发挥非存款类机构对小微企业融资的支持作用。银行业协会、融资担保业协会和小贷公司协会要积极发挥在行业信息交流和通报方面的作用。

中国银行业监督管理委员会
2015 年 3 月 3 日

国家邮政局关于印发《村邮站服务规范》的通知

各省、自治区、直辖市邮政管理局：

《村邮站服务规范》已经 2015 年 3 月 24 日第 6 次局长办公会议审议通过，现予印发，请结合实际认真贯彻执行。

村邮站服务规范

第一条　为规范村邮站服务行为，维护用户合法权益，保障农村地区邮政普遍服务质量，促进普遍服务发展，依据《中华人民共和国邮政法》《邮政普遍服务》标准、《邮政普遍服务监督管理办法》等规定，制定本服务规范。

第二条　本规范用于指导全国范围内村邮站的建设和服务提供。

第三条　村邮站是设在建制村（含农村社区）负责接收、转交邮件的固定场所。村邮站的基本功能包括邮件、报刊的接收、保管和转交。

第四条　村邮站需有固定的工作场所，房屋一般由村民委员会提供，形式可为独立或与其他场所共用，工作场所面积原则上不少于 15 平方米。

第五条　村邮站需配备接转邮件必备的办公设施，包括用于分拣的办公桌椅、专用信报箱柜、载重自行车、专用投递包、挂号夹、标志牌和村邮员岗位职责、工作制度板等。村邮站需配有规范的邮件接收、转交记录单册，相关单册由邮政企业提供。

村邮站门外需挂有村邮站名牌，标明村邮站服务时间、服务电话及投诉和申诉电话；在站内或站外明显位置张贴基本功能及各项盈利性服务的收费标准等。

第六条　村邮站每周服务时间原则上不少于 5 天，每天服务时间根据当地实际需要由村民委员会商邮政管理部门、邮政企业确定。

村邮站遇到特殊情况暂停工作，应事先告知当地邮政企业和村民委员会，在村邮站张贴告示对外公告，并委托其他人员或采取措施保证服务不中断。

第七条　村邮员岗位可按规定申报公益性岗位，由村民委员会指定人选。村邮员为固定岗位，如有人员变动要办理工作移交手续，及时告知邮政企业，并对外公告。村邮员需具备以下条件：

（一）热心公益事业，有较强的责任心；

（二）具有一定文化水平，身体健康；

（三）接受过专门培训，熟悉邮件、报刊接收、转投基本规定，掌握相关操作规范。

第八条　村邮员在进行邮件接收时，主要负责以下工作：

（一）按规定的时间和频次与邮政企业投递人员交接邮件、报刊；

（二）接收邮件、报刊时，应当面验视，发现破损、短少等情况要与投递人员当面确认，明确责任；

（三）在接收给据邮件、报刊时，应对邮件实物和投递清单逐件核对，在邮政企业投递清单的签收栏中盖章签收，并在邮件接收单册上做好相关记录，接收后的邮件、报刊要妥善保管。

第九条　村邮员在进行邮件转交时，主要负责以下工作：

（一）结合地方实际和村民生活习惯，保证邮件和报刊及时、安全转交到户，不得积压、滚存，不得擅自停办；

（二）对于不能投交到户的邮件、报刊，需将信息传达到收件人；

（三）投交给据邮件时，需按照规定要求收件人在邮件转投单册上盖章或者签名，代收的应注明代收关系，必要时可要求登记身份证号码；

（四）对无法成功投交的邮件、报刊，要批注原因、妥善保管，并及时将邮件、报刊退回邮政企业；

（五）建立给据邮件、报刊的投交清单，并在村邮站归档保存。

第十条　村邮员需及时整理上交各类业务清单，确保邮件反馈信息及时准确。

第十一条　村邮员需妥善处理用户投诉，听取用户意见。爱护村邮站场地、用品用具及设施，不得挪作他用。村邮站需与邮政企业签订业务委托协议，自觉服从并接受邮政企业的业务指导，接受相关政府管理部门的管理和监督检查。

第十二条　村邮站履行基本服务功能的，不得以任何方式向收件人收取额外费用。

村邮站在保证基本服务功能的基础上，可根据当地条件扩展以下民生服务或盈利性服务内容：

（一）代收寄邮件；

（二）代收寄和代投递快件；

（三）报刊征订、邮票预订等其他邮政服务；

（四）供水、供电、通信等公共事业费用缴纳和飞机票、汽车票、火车票预订等代理代办便民服务；

（五）农村物流、普惠金融等服务“三农”业务。

提供代收代投快件服务的村邮站，应到所在地邮政管理部门进行登记备案。

第十三条　代收寄邮件、快件时应配合业务委托方依法执行收寄验视和其他安全管理制度。

第十四条　由村民委员会指定村邮员人选的，可参考本规范的相关要求，会同邮政管理部门和邮政企业对村邮员服务情况进行定期考核。对于考核结果未达到标准的村邮员，可取消其资格，另行指定人员。

对于发生私拆、隐匿、毁弃、丢失、积压邮件、快件和报刊等行为的，依法追究相关人员法律责任。

第十五条　本规范由国家邮政局负责解释。

第十六条　本规范自发布之日起施行。

国家邮政局
2015 年 3 月 31 日

中国邮政集团公司“十三五”规划

“十三五”时期是我国全面建成小康社会的决胜阶段，也是中国邮政加快改革创新、推进转型升级、实现“建成世界一流邮政企业”奋斗目标的关键时期。《中国邮政集团公司“十三五”发展规划》紧紧围绕“建成世界一流邮政企业”战略目标编制，主要阐明中国邮政集团公司未来五年的战略意图与发展目标，明确战略任务与保障措施，是“十三五”期间中国邮政发展的总括蓝图，也是全体邮政员工的行动纲领。

规划全面研究了“十三五”时期企业发展面临的一系列重大问题，认为“十三五”时期要牢固树立五大发展理念，坚持市场导向打造新的增长极，明确了中国邮政在“十三五”末建成世界一流邮政企业、实现 7000 亿收入的总体目标，提出坚持“一体两翼”经营发展战略、科技兴邮、人才强邮战略，确定了七大战略任务。规划设置了四大类发展指标，提出 37 项实施举措。规划共包括五大部分，具体内容如下。

一、“十三五”发展环境

“十三五”期间，中国邮政发展的基本面在更高起点上总体向好，既存在重大机遇也面临严峻挑战，仍处于大有作为的重要战略机遇期，中国邮政将从高速增长转为中高速增长态势。一方面，新一轮国企改革的启动、“一带一路”等国家战略的实施、“大众创业、万众创新”经济发展新引擎的打造以及“互联网 +”行动计划的落实等将为中国邮政深化体制机制改革、加快创新转型发展创造有利的条件。另一方面，世界经济在调整中曲折复苏，国内经济下行压力加大，利率市场化、金融脱媒、互联网金融的不断发展，快递物流市场竞争主体的多元化和竞争的日趋激烈，新技术、新产品和新业态对传统邮政业务的冲击等对中国邮政市场份额和经营效益的提升带来了巨大的挑战。

“十三五”期间，中国经济步入增长保持中高速、质量迈向中高端的新常态。在新形势下，中国邮政面临的内外环境将发生深刻变化，新旧因素相互交织，既给企业发展带来重大挑战，又带来新的机遇。

二、“十三五”发展目标

（一）发展目标。到2020年，将中国邮政集团公司建设成规模效益领先、多业并举发展、增长动力持续、治理结构规范、服务品质一流、社会满意、员工自豪，具有较强竞争能力和可持续发展能力的世界一流邮政企业，形成“一体强大，两翼齐飞，协同发展”的新格局。

规模效益领先——收入规模保持中高速增长，到2020年，集团公司收入规模力争达到7000亿元，进入世界500强企业前100名、中国100强企业前20名、全球邮政前2名；实现企业效益稳步提升，到2020年，集团公司利润规模力争达到576亿元。

多业并举发展——以邮政综合便民服务平台为基础，重点发展金融和寄递“两翼”业务，形成邮政金融、寄递、电子商务、文化传媒、便民服务等多元化的产品服务体系，促进“一体两翼”邮政业务融合发展。

增长动力持续——培育形成中邮保险、包裹快递、农村电商三个新的增长极；产品创新和商业模式创新成为常态，海外市场拓展取得突破，资本运作实现快速扩张。

治理结构规范——混合所有制改革取得突破，实现股权多元化；形成符合现代企业制度的公司治理结构；建立事权明晰、运营管理高效的集团管控体系；建立以客户为中心的经营组织架构。

服务品质一流——产品和服务满足消费需求并富有时代特色；服务质量和服务水平优于竞争对手；用户满意度显著提高。

社会满意——认真履行普遍服务义务和特殊服务职责，邮政服务民生、服务“三农”的水平进一步提升，社会影响力进一步增强；包裹快递业务发展与行业发展水平相适应；邮政金融巩固行业地位并力争有所提升。

员工自豪——从业人员人均收入与企业效益同步增长；员工保障机制更为完善；员工职业发展通道更加畅通；员工对企业的认同感与归属感明显增强。

（二）指导思想和发展理念。指导思想：深入贯彻党的十八届五中全会精神，围绕“四个全面”战略布局，以五大发展理念为引领，全面实施“一体两翼”经营发展战略、科技兴邮战略、人才强邮战略，切实履行邮政普遍服务和特殊服务义务，持续推进转型升级，积极打造新的增长极，在改革体制机制、构建一体平台、拓展两翼市场、加强资本运营、强化集团管控、履行社会责任等方面取得新突破，实现更高质量、更有效率、更可持续的发展，确保建成世界一流邮政企业。发展理念：实现“十三五”时期发展目标，破解发展难题，提升发展质量和效益，必须牢固树立创新、协调、绿色、开放、共享的发展理念。

（三）发展路径。在“一体两翼”经营发展战略的引领下，着力打造中邮保险、包裹快递、农村电商三个新的增长极，同时加快资本运营步伐，在业务发展和资本运营的双轮驱动下，不断提升企业整体竞争实力，确保“十三五”发展目标的实现。中邮保险强化价值成长导向，加快发展方式转型升级，推进公司规模发展，提升企业经营能力，通过“自营＋代管、承保＋投资”的发展模式实现高效发展。包裹快递抓住电子商务蓬勃发展的机遇，整合内部资源，加快能力建设，发挥整体优势，对标行业水平提升竞争能力，做大市场规模。农村电商按照经营平台的理念，建立邮政农村电商综合服务体系，与“两翼”业务协调发展，将中国邮政打造成为农村电商的主力军。运用资本运营手段推进“一体两翼”战略实施，开展相应的资产和业务重组，建立和完善多元投融资平台，参与资本市场和产业市场投资，实现企业快速扩张。

三、战略任务和举措

为破解发展难题，厚植发展优势，实现“十三五”时期的发展目标，未来五年中国邮政要结合企业改革发展实际，努力完成七大任务。

（一）推进创新驱动发展。通过制度创新、管理创新、业务创新等，实现企业的可持续发展。根据国家分类推进国有企业改革的要求，结合中国邮政实际，推进混合所有制改革。完善现代企业制度，建立规范的法人治理结构。优化调整组织架构，突破体制机制方面深层次问题。转变经营思路，推进业务模式创新，挖掘新的经济增长点，为邮政持续发展注入新的生机。

（二）实施“一体两翼”经营发展战略。全面实施“一体两翼”经营发展战略，打造以邮政核心资源为基础的“一体”平台，做优做强金融和寄递“两翼”业务，构建以“一体”为根基、“两翼”为驱动，各板块业务协同发展的经营发展格局。“一体”突出平台特色，助力“金融翼”打造普惠金融服务网络，全面促进“寄递翼”快速发展，支撑邮政公司经营的渠道平台类业务，形成多方位的盈利模式。“金融翼”依托“一体”资源，采取“自营+代理（代管、协同）”的模式，不断创新和整合金融产品。保持银行业务的持续发展，推进邮储银行向一流大型零售商业银行迈进。大力推进保险业务发展，加快发展方式的转型升级，尽快形成集团新的增长极。以邮政资源为依托，实现中邮证券的跨越式发展。“寄递翼”整合全网资源，加快能力建设，提升运营质量，做大包裹快递业务市场规模，逐步实现从传统寄递服务商向综合物流服务商的转变，重新确立中国邮政在寄递市场的主导地位。

（三）实施科技兴邮战略。坚持信息化引领的科技兴邮战略，增加企业科技及信息化投入，构建技术先进、开放共享的邮政信息网。加强信息网资源融合，实现信息资源内云化，实现基础设施和数据资源的共用共享，形成平台化的信息服务能力。加大在生产经营领域新兴技术的研发应用，提升客户体验。借助信息技术优化作业流程，实现生产作业的高效运转和环节间的无缝衔接，加大先进装备技术研发应用，加速大数据、物联网、云计算等新技术向实际应用转化，提高生产经营效率和效益。强化标准化工作，提升企业标准化水平。

（四）实施人才强邮战略。坚持以人为本的人才强邮战略，紧紧围绕支撑“一体两翼”经营发展战略，从人才引进、培养、评价、流动、激励等方面加快体制机制创新，培养造就一支数量充足、结构合理、素质优良、精干高效、适应邮政深化改革和转型发展要求的人才队伍，为建成世界一流邮政企业提供坚强的人才保证和智力支持。

（五）加强资本运营。发挥邮政品牌和资源优势，加大资本运营力度，推进“一体两翼”经营发展战略实施，推进有条件的业务板块组建事业部、公司化改革，并逐步通过引战、混改直至上市，提升“一体”平台竞争力，完善金融产业链，打造速递物流生态圈。建立和完善多元投融资平台，开展资本市场和产业市场投资，探索产融发展之路。

（六）强化集团管控。明确集团公司及各板块职责定位，完善集团管控体系，构建多层次集团战略绩效管理体系。构建科学财务管控体系，加强投资计划统一管控和工程建设全方位管理，加强内控制度建设，构建完善有效的风控合规体系。建成统一的企业文化体系，加强邮政企业品牌建设与管理，提升企业发展软实力。增强板块协同，加强实物网、信息网资源整合，健全板块协同机制，加大业务联动，强化资本协同，促进各业务板块优势互补。

（七）履行企业社会责任。按照国家要求，认真履行普遍服务义务，与时俱进提高邮政普遍服务能力。利用邮政优势，继续深化邮政服务“三农”工作，完善农村电子商务服务，拓展邮政农村服务体系，健全普惠金融服务功能，创新普惠金融服务方式，助推国家基本公共服务均等化。

四、资源配置

规划期新增资源将重点放在核心类业务能力建设及战略性业务能力布局方面，投资重点包括普遍服务基础设施建设、网运和仓储能力建设、投递网能力建设、信息化能力建设、跨境电商能力建设、农村电商能力建设、金融板块能力建设七大方向。

集团规划期累计投资1292.2亿元，其中邮政公司预期累计投资总额为418.8亿元，速递物流公司95亿元，邮储银行752.5亿元，中邮保险19.9亿元，中邮证券6亿元。

五、保障措施

为确保十三五的期间战略任务的执行和规划的落地，要做好以下保障措施，概括为“五个加强”：加强党的建设，把握正确方向。加强审计工作，促进规范管理。加强法治建设，推进依法治企。加强舆情管理，强化安全责任。加强工会工作，构建和谐企业。加强闭环管理，确保规划落地。（战略规划部）

中国邮政
CHINA POST

统计资料

- 各省（自治区、直辖市）邮政分公司邮政业务量表
- 各省（自治区、直辖市）邮政分公司邮政局所表
- 各省（自治区、直辖市）邮政分公司生产用房表
- 各省（自治区、直辖市）邮政分公司邮路表
- 各省（自治区、直辖市）邮政分公司主要设备表

各省（自治区、直辖市）邮政分公司邮政业务量表

机构\指标	邮政业务总量（万元）	国内函件（含1-5月国内小包）（万件）	国际及港澳台函件（含国际小包）（万件）	国内普通包裹（万件）	国际及港澳台包裹（含代理）（万件）	国内汇票（万张）	国际及港澳台汇票（万张）	订销报纸期发数（万份）	订销杂志期发数（万份）	附：包裹快递（含国内小包，国际小包（万件）
合　计	10795272.8	402410.9	55731.3	3382.1	93.7	6986.5	7.6	9387.3	6152.3	97821.1
北　京	515143.5	49540.0	11704.5	341.1	7.5	281.7	0.0	330.6	183.9	11644.3
天　津	152828.9	5214.2	369.2	77.2	5.9	67.1	0.0	97.2	63.2	942.8
河　北	380927.2	14272.8	45.8	195.1	1.2	160.5	0.0	761.0	418.4	1979.8
山　西	265088.6	3767.9	123.9	46.9	0.9	122.4	0.0	240.4	111.6	575.0
内蒙古	127487.9	1453.8	0.8	33.0	0.5	233.9	0.0	171.7	212.3	341.5
辽　宁	317995.2	6803.6	61.2	136.1	7.8	298.5	0.1	245.4	159.6	889.8
吉　林	203415.6	1871.5	51.9	82.4	3.1	134.7	0.1	125.9	60.8	498.6
黑龙江	317434.2	3741.4	866.9	87.3	6.9	124.2	0.0	168.1	129.1	1618.0
上　海	579668.2	91581.3	9037.0	318.8	12.7	361.5	0.6	590.2	183.9	12078.7
江　苏	931665.9	45093.9	3675.0	149.2	6.4	557.9	0.0	663.5	440.6	10098.3
浙　江	601916.2	37599.9	7608.0	192.0	4.7	446.6	0.8	656.7	377.5	11391.5
安　徽	412298.5	8135.1	256.9	74.9	1.1	42.5	0.0	308.6	288.5	1714.4
福　建	304729.5	10445.1	2478.0	79.1	3.6	235.0	1.3	827.8	370.3	3674.3
江　西	268229.2	3514.9	117.2	76.4	0.7	98.4	0.0	213.9	132.6	1321.2
山　东	660173.2	19368.7	122.9	209.8	7.3	260.6	0.1	504.7	438.5	2501.0
河　南	637167.7	11598.5	412.0	170.0	1.3	452.5	0.0	674.9	305.4	1811.4
湖　北	470714.6	6627.4	130.0	85.7	1.4	70.4	0.1	292.5	294.2	2083.9
湖　南	435518.3	4505.7	48.1	58.1	1.1	147.8	0.0	297.1	238.9	1366.5
广　东	1052772.8	46748.6	17798.1	174.8	12.3	1130.3	4.4	342.3	421.1	23895.3
广　西	220682.4	3552.7	49.8	78.5	1.3	182.2	0.0	178.1	218.6	615.2
海　南	76789.0	539.4	2.5	21.7	0.3	36.1	0.0	69.7	32.7	153.6
重　庆	296710.3	3072.7	46.3	71.4	0.7	44.8	0.0	180.5	161.2	779.8
四　川	532302.9	6263.1	71.9	135.6	1.5	224.6	0.0	434.5	263.3	1446.0
贵　州	221237.4	3794.1	1.1	17.1	0.3	246.0	0.0	150.2	102.5	614.3
云　南	172892.9	6655.1	9.6	122.5	1.2	380.9	0.0	183.9	143.7	862.3
西　藏	17145.4	211.7	4.3	13.6	0.0	52.7	0.0	38.9	12.7	97.9
陕　西	295571.8	2384.8	114.6	111.7	1.1	80.1	0.0	201.5	177.4	976.9
甘　肃	103824.4	1580.1	2.3	51.9	0.2	105.9	0.0	124.4	65.4	451.1
青　海	26522.3	369.7	1.1	8.6	0.1	39.0	0.0	33.8	16.9	123.8
宁　夏	46739.7	574.3	0.5	12.4	0.1	26.1	0.0	33.0	24.3	132.2
新　疆	149678.8	1529.1	520.0	149.1	0.3	341.6	0.1	246.4	103.2	1141.5

（财务部/提供）

各省（自治区、直辖市）邮政分公司邮政局所表

机构\指标	邮政局所总数（处）	农村局所（处）	提供邮政全功能服务的局所（处）	电子化局、所（处）	自办局所（处）	代办所（处）	邮政储蓄点（处）	信筒、信箱（个）
合　计	53751	39438	27042	41813	38284	15467	31750	129572
北　京	762	190	425	711	755	7	429	5442
天　津	421	169	239	414	356	65	285	3784
河　北	2470	1883	670	1607	1380	1090	1074	2718
山　西	1582	1158	644	1033	927	655	949	1320
内蒙古	1505	1000	587	950	962	543	646	1229
辽　宁	1693	1062	1103	1673	1483	210	1362	4025
吉　林	1000	720	620	884	763	237	901	1295
黑龙江	1626	1041	859	1418	1366	260	1334	2738
上　海	537	197	378	534	537	0	379	3111
江　苏	2385	1782	1991	2350	2345	40	2099	8065
浙　江	1855	1390	1057	1514	1580	275	1320	26904
安　徽	1929	1442	1199	1633	1701	228	1406	2401
福　建	1360	1008	606	1150	1188	172	853	8730
江　西	1830	1401	979	1473	1286	544	1112	2130
山　东	2870	2049	2398	2853	2780	90	2439	5548
河　南	2595	1923	1665	2555	2540	55	1824	4148
湖　北	1678	1172	1238	1595	1587	91	1299	2417
湖　南	2649	2156	1451	1797	1670	979	1657	2451
广　东	3140	1812	1259	2840	1857	1283	1503	7294
广　西	1488	1176	108	1460	1044	444	698	4805
海　南	425	321	246	329	299	126	271	3259
重　庆	1756	1349	1486	1659	1645	111	1486	2184
四　川	6117	5347	2542	3018	2924	3193	2552	11037
贵　州	1778	1452	717	1439	823	955	815	2351
云　南	1828	1384	625	1790	1024	804	703	1885
西　藏	738	620	61	130	127	611	61	725
陕　西	1781	1353	791	1039	1011	770	1034	2425
甘　肃	1655	1296	375	800	1003	652	459	2603
青　海	457	333	115	156	144	313	123	351
宁　夏	316	186	128	171	184	132	160	333
新　疆	1525	1066	480	838	993	532	517	1864

（财务部/提供）

各省（自治区、直辖市）邮政分公司生产用房表

机构\指标	自有房屋建筑面积合计（平方米）	生产用房面积（平方米）	非生产用房面积（平方米）
合　计	43446330	27903450	15542880
北　京	1022640	699300	323340
天　津	410366	288515	121851
河　北	1484567	1060153	424413
山　西	1045122	621386	423737
内蒙古	669646	454480	215166
辽　宁	1264730	976129	288601
吉　林	755666	535459	220207
黑龙江	1421669	1055455	366214
上　海	677082	465771	211311
江　苏	3131920	1746363	1385558
浙　江	2366168	1943546	422622
安　徽	1111922	749856	362065
福　建	2280877	1324242	956635
江　西	1595817	968671	627146
山　东	2171731	1579460	592271
河　南	2856206	1890887	965319
湖　北	1986765	1125022	861743
湖　南	1556852	908668	648183
广　东	4060309	2502530	1557779
广　西	1779653	1038265	741388
海　南	494287	210929	283357
重　庆	900210	532927	367283
四　川	2292227	1242906	1049321
贵　州	899165	630037	269128
云　南	1364468	835853	528615
西　藏	346949	189711	157238
陕　西	1316461	800443	516017
甘　肃	814886	699185	115701
青　海	201333	129741	71593
宁　夏	251699	166867	84833
新　疆	914940	530694	384246

（财务部/提供）

各省（自治区、直辖市）邮政分公司邮路表

机构\指标	邮路总长度（单程）（公里）	航空邮路（公里）	铁道邮路（公里）	自办汽车邮路（公里）	委办汽车邮路（公里）
合　计	1941783	3729	164987	1023936.48	720765
北　京	82933	0	23616	58353	0
天　津	19736	0	2436	10537	6763
河　北	65362	0	1783	36397.7	26055
山　西	43473	0	4196	31104	6167
内蒙古	76350	0	2720	36132.6	36809
辽　宁	54281	0	2842	40012.6	11297
吉　林	33709	0	3748	21057.2	8667
黑龙江	59074	0	9098	26562.5	23348
上　海	59147	0	10920	32916	14403
江　苏	90729	0	0	59188.4	31541
浙　江	106052	0	14470	50132.5	38194
安　徽	45395	0	1109	32735.3	11417
福　建	42807	0	1302	22829.9	18052
江　西	56291	0	1775	28877.1	25280
山　东	79605	0	1616	35934.9	41862
河　南	74194	0	3508	36117.5	34050
湖　北	62159	0	3209	42661.8	16158
湖　南	83577	0	0	44389.5	38849
广　东	137770	0	15223	79638.81	42395
广　西	64877	0	0	12522	51953
海　南	16448	0	0	11598.3	4375
重　庆	45796	0	5686	36881.9	3135
四　川	101452	0	2117	62968.95	24993
贵　州	48285	0	2536	14991	30758
云　南	110264	3729	11308	31097.5	63769
西　藏	19611	0	1972	15204.8	2434
陕　西	60616	0	3549	32085.7	23051
甘　肃	85237	0	3837	23696.02	57066
青　海	33661	0	0	18352.8	15308
宁　夏	11461	0	2315	6834	1747
新　疆	71432.2	0	28096	32125.2	10873.5

（财务部/提供）

注：未包含单独的机要邮路（6552公里）。

各省（自治区、直辖市）邮政分公司主要设备表

机构\指标	邮船（艘）	火车邮厢（辆）	邮运汽车（辆）	邮政装卸汽车（辆）	商函处理作业线（台）	信函分类理信机（套）	信函分拣机（套）	包裹分拣机（套）
合　计		292	11871	386	299	33	76	69
北　京		41	1061	40	8	0	8	5
天　津		11	125	5	4	0	1	1
河　北		4	324	13	16	2	2	1
山　西		10	336	1	3	0	1	2
内蒙古		5	326	3	12	2	1	1
辽　宁		10	327	4	11	0	0	3
吉　林		15	194	4	2	0	1	2
黑龙江		25	288	6	3	1	1	3
上　海		16	417	35	16	1	8	6
江　苏		2	647	17	25	2	2	2
浙　江		7	517	8	40	4	8	5
安　徽		3	367	11	12	1	1	2
福　建		3	294	59	10	2	1	3
江　西		6	298	11	12	0	1	2
山　东		8	440	12	7	3	4	5
河　南		19	552	0	7	2	2	2
湖　北		13	525	5	7	0	3	2
湖　南		0	518	27	16	0	9	2
广　东		7	956	43	40	0	7	6
广　西		0	299	28	4	3	2	3
海　南		0	111	0	4	0	0	0
重　庆		5	288	2	4	2	2	1
四　川		4	739	10	8	0	2	2
贵　州		5	203	9	8	0	1	1
云　南		13	425	5	7	2	2	1
西　藏		0	131	15	1	0	0	1
陕　西		18	371	4	0	2	2	2
甘　肃		13	291	2	5	2	2	1
青　海		4	113	0	3	0	0	0
宁　夏		5	56	1	2	0	0	1
新　疆		20	332	6	2	2	2	1

（财务部/提供）